中国现代流通体系规划与建设政策文献汇编（第十三辑）
北京市哲学社会科学“十一五”规划项目（10AfJG400）
北京物资学院　北京现代物流研究基地　资助出版

两岸四地流通体系构建与发展

孙前进　主编

中国物资出版社

图书在版编目（CIP）数据

两岸四地流通体系构建与发展/孙前进主编．—北京：中国物资出版社，2012.11

（中国现代流通体系规划与建设政策文献汇编）

ISBN 978-7-5047-4319-0

Ⅰ．①两…　Ⅱ．①孙…　Ⅲ．①商品流通—流通体系—研究—中国　Ⅳ．①F724

中国版本图书馆 CIP 数据核字（2012）第 119218 号

策划编辑　司昌静　　**责任印制**　何崇杭　王　洁

责任编辑　司昌静　　**责任校对**　孙会香　梁　凡

出版发行　中国物资出版社

社　　址　北京市丰台区南四环西路 188 号 5 区 20 楼　　**邮政编码**　100070

电　　话　010-52227568（发行部）　010-52227588 转 307（总编室）

010-68589540（读者服务部）　010-52227588 转 305（质检部）

网　　址　http://www.clph.cn

经　　销　新华书店

印　　刷　北京京都六环印刷厂

书　　号　ISBN 978-7-5047-4319-0/F·1849

开　　本　710mm×1000mm　1/16　　**版　　次**　2012 年 11 月第 1 版

印　　张　39.25　　**印　　次**　2012 年 11 月第 1 次印刷

字　　数　813 千字　　**定　　价**　80.00 元

版权所有·侵权必究·印装差错·负责调换

对中国流通理论与实践的宝贵贡献。中国流通体系的形成与发展是在社会经济体制转型中实现的。其特点在于，与社会主义市场经济相适应的市场流通体系，不是自然形成的，而是在政府的引导与支持下规范而有序形成的。其中既有市场自发发育，又有政府规划与推进。因此，认识和研究中国的流通问题，必须追踪改革前后政府相关规制的沿革与演进。不必说，搜集、查阅分散而又浩繁的文件资料是一件苦差事。《中国现代流通体系规划与建设政策文献汇编》的成书和面世，无疑为学者、企业家和政府官员提供了诸多便利。这套书共20辑，1500多万字，可谓卷帙庞然，工程巨大，颇具使用价值。编者爬罗剔抉之艰辛不难体会。具有重大的社会效益，而又难以计入个人的研究成果，这种奉献精神值得所有从中受益者赞赏与尊重。当前，流通理论与实践从业者往往受制于一些基础性资料的匮乏，本套书的出版弥补了一项空白。我们剀切希望编者们循此前进，扩大战果，争取做出更大的成绩。

中国市场学会理事长
国家粮食储备局原局长　　**高铁生**

历史的轨迹。改革开放三十多年来，中国的流通产业发生了翻天覆地的变化，流通体制改革逐步深化，流通产业加速发展，流通业对国民经济的巨大贡献日益显现，对扩大消费、引导生产、促进和谐以及充分利用国内外两种资源、两个市场，发挥着不可替代的先导性作用。在社会主义市场经济条件下，流通业的发展离不开政府的宏观调控与市场配置资源，即看得见的手与看不见的手有机结合。而《中国现代流通体系规划与建设政策文献汇编》正是这三十多年来中国特色流通业发展轨迹的真实记录。全套书共20辑，1500多万字，是一部极好的文献巨著，将成为经济工作者、历史工作者、教育工作者的好帮手。

中国物流与采购联合会首席顾问
中国物流与采购联合会原常务副会长　　**丁俊发**

现代流通是发展的最高阶段，是国际化、信息化、社会化和混沌化大流通阶段。在经济全球趋势加速发展的情况下，资源配置已经从一个工厂、一个地区、一个国家扩展到整个世界，国际分工以追求资源配置的优化为前提，利用现代信息技术、网络技术和现代物流技术，实现流通的网络化、系统化、智能化、信息化和虚拟化，从而极大地降低流通成本，提高流通的效率和效益。在这个阶段，实物经济与虚拟经济共同构成现代经济的两个轮子。而流通理论的研究有助于推动现代流通的发展，《中国现代流通体系规划与建设政策文献汇编》的编撰出版，为我国经济体制改革、现代流通体系的确立做了一项极有意义的学术工程。

国务院研究室司长
中国国际经济交流中心总经济师　　**陈文玲**

非常欣喜看到《中国现代流通体系规划与建设政策文献汇编》付梓成书。在经济全球化和信息技术革命的背景下，我国流通领域也在悄然发生着革命性的变化。从连锁经营、物流配送、电子商务到供应链管理、服务外包、物联网应用，无论是组织形式、经营业态的创新，还是自动化和信息技术的广泛采用，都突出体现了现代流通的特征，这就是与国际接轨，与制造业现代化、消费现代化同步；在某些方面，如供应链管理，甚至引领和带动制造业和消费领域的现代化。构建现代流通体系是一项巨大的系统工程，需要市场的良好发育，企业的不断创新，政府政策和规划的引导，行业协会、中介组织、学校、科研机构的鼎力合作。实现流通现代化有多重路径，如何找出一条符合世界发展趋势，效率比较高，经济、社会和生态综合成本比较低的路径，是我们面临的课题。相信此丛书的出版在探索上述路径方面，会给读者带来有益的帮助。

商务部流通业发展司副司长　王选庆

《中国现代流通体系规划与建设政策文献汇编》是用现代流通理论将全国人大常委会、中共中央、国务院及所属行政部门自改革开放以来所颁发与公布的同流通领域相关的近3000件行政法规分门别类，编撰成书。丛书共20辑，总字数约1500万字。该丛书的出版，是一项繁杂浩大的学术工程，是中国现代流通体系建设的一部忠实记录，也是一部对中国流通现代化改革发展进行学术创新与探索具有重要文献参考价值的作品。长期的理论研究、教学与编辑工作，使我深知其工作量之巨大、资料收集之艰辛以及编辑者所付出的心血。本丛书资料丰富、珍贵，时间越久越能显示出其学术和文献参考价值。

《中国流通经济》杂志总编辑
北京物资学院教授　陈建中

我在1990—2011年的21年间，几乎每年数次来北京大学、复旦大学、南开大学等教学研究单位讲课与学术交流，亲眼目睹了中国改革开放、经济体制转轨变型所带来的飞速发展和巨大变化。《中国现代流通体系规划与建设政策文献汇编》可以说是中国经济体制改革、现代流通体系建设的忠实记录，是中国政府致力于经济体制转轨变型的历史见证，也是研究中国经济体制改革的必要资料和重要文献。我从东京大学法学部毕业后一直在政府部门工作，深知在市场经济体制的国家，政府部门的调控引导作用与经济政策的重要。祝贺丛书的出版发行。

日本　政策研究大学院大学教授、副校长
总务省原总务审议官　堀江正弘

总　序

中国现代经济体制改革始于1978年的十一届三中全会，但真正意义上的改革则起于邓小平的南巡讲话。此后，在中国大地上展开了一幅波澜壮阔、史无前例的经济体制改革长轴画卷。这是中国近现代史上一次伟大的、影响久远的社会变革与改革，令世界瞩目。

在实行计划经济的时代，我们重生产轻流通，或者说那时我们根本没有真正意义上的商品流通。改革开放以来，特别是在21世纪的前十年，我国流通业发生了巨大变化，国有商业企业改革、加入WTO、认可外资流通企业进入中国市场、连锁经营方式普及、电子商务发展、物流配送兴起、超市林立等，足以证明我国流通领域发生了或正在发生着巨大的变化。

商务部等七部门联合发布的《深化流通体制改革试点方案的通知》（商改发〔2004〕654号）中明确指出：流通是国民经济运行的重要环节，消费通过流通决定生产，现代化的流通带动现代化的生产。随着我国社会主义市场经济体制的不断完善，流通业在引导生产、拉动消费、稳定物价、吸纳就业等方面的作用日益突出，已成为促进国民经济发展的先导性产业。

温家宝总理在2011年政府工作报告中讲到：必须坚持政府调控与市场机制有机统一。健全的市场机制，有效的宏观调控，都是社会主义市场经济体制不可或缺的重要组成部分。市场作用多一些还是政府作用多一些，必须相机抉择。

高铁生认为：与社会主义市场经济相适应的市场流通体系，不是自然形成的，而是在政府的引导与支持下规范而有序形成的。丁俊发写到：流通业的发展离不开政府的宏观调控与市场配置资源，即看得见的手与看不见的手有机结合。

为了更好地研究我国政府宏观调控综合政策，推进现代流通体系建设，北京市哲学社会科学规划办公室设专项课题，我们组织力量编撰了这套《中国现代流通体系规划与建设政策文献汇编》。本丛书由20辑构成，每辑75万字左右，总字数1500多万。内容除经济体制改革与市场体系之外还包括国内流通、国际（地区）流通、交通运输与物流三大部分。

国内流通部分由农村改革与农业现代化、农产品流通体系、农业生产资料流通体系、农村商业流通体系、粮食流通体系、生产资料流通体系、商贸流通体系、零售业改革与发展、电子商务体系、商务服务业体系等十个方面，九部书构成。因篇幅所限，农业生产资料与农村商业流通体系合在一本书里。

国际（地区）流通由国际流通体系、外资引进与管理体系、两岸四地流通体系、海关监管与保税物流体系等四个部分构成。

交通运输与物流由综合交通体系、综合运输管理体系、远洋运输与国际物流体系及物流业发展与物流体系等四个部分构成。

流通领域食品安全体系、循环经济与回收物流体系因为贯穿国内、国际两个市场的整个流通过程，所以这两部分单独列出。

关于流通一词，国内学者认为对应的英文是Distribution或Circulation，而在日本无论是学界、业界以至官方均使用Distribution一词。编者认为两词之间是有明显区别的，原因是由于美、日两国经济体制差异致使对两词所赋予的内涵及概念不同。这里流通的概念与内涵使用Distribution一词。按照现代流通理论，流通有广义与狭义之分，狭义的流通定义为商贸流通中的批发与零售业；广义的流通定义为处于生产者（企业）与消费者之间的所有领域，包括金融、保险、运输、物流、仓储、餐饮、住宿、广告、信息产业及其关联产业，即位于生产与消费之间的所有经济活动，与一般所使用的服务业、第三产业概念相近或重叠。按照现代流通理论，流通业包括商流、物流、资金流与信息流，但流通的核心活动是商流与物流。商流解决了商品所有权转移，物流处理了商品的移动，而资金流与信息流则起着完善与辅助功能。

关于现代流通，20世纪50年代以来，世界范围内的经济格局与国际流通秩序进行了多次重组与排列，世界各国走向了恢复经济、繁荣市场的道路，零售业在这段时间得到了长足的发展。

1989年前后，随着苏联的解体和柏林墙的推倒，以美、苏为首的两大阵营冷战结束，和平与发展已经成为世界发展的主流。西方发达国家为过剩资本和先进技术寻求国际市场，而实行计划经济体制的国家也开始了改革开放、引进外资的政策，由此商品及社会生产的全要素的国际流通真正开始。我国的流通业也经历了由计划经济向社会主义市场经济体制的巨大转变。

今天，在国内零售市场上，百货店、综合超市、便利店、自动售货机、药杂店、专门店、网上购物等各种商业零售业态一路发展而来，形成了各种业态共存、大中小零售企业互补、中外零售企业激烈竞争的局面。

综合观察国内外流通业发展变革，编者认为现代流通主要具有下述十大特征：即具有完善良好的流通环境、大型流通企业占主导地位、大量的中小商业企业存在、流通业对GDP的贡献度日益增大、连锁经营与特许经营的普及、信息系统的普及与应用、具有完善的现代物流体系、电子商务的流通模式创新、无国界的全球流通与多种业态共存互补等。

作为探讨与尝试，编者提出了由4个二级体系，25个三级体系构成的“中国现代流通体系”的框架结构（如下图所示）。

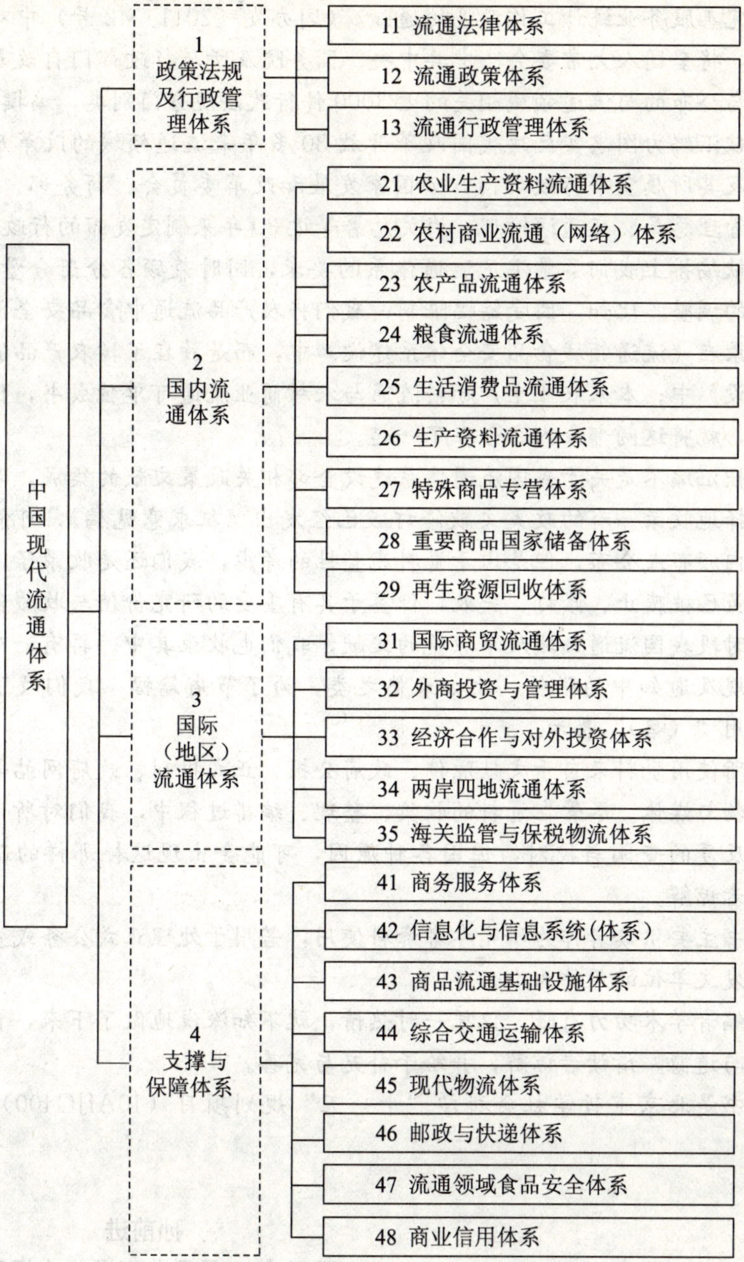

“中国现代流通体系”构成示意图

《中国现代流通体系规划与建设政策文献汇编》以该框架结构为基础，结合现代流通理论，参考《国家统计局关于印发〈三次产业划分规定〉的通知》（国统字〔2003〕14号）中对于第三产业的分类以及《国务院办公厅转发统计局关于加强和完善服务业统计工作意见的通知》（国办发〔2011〕42号）中对于服务业的分类，将全国人大常委会、中共中央、国务院及所属行政部门自改革开放以来所颁发与公布的与流通领域相关的近3000件行政法规分门别类，编撰成书。

本文献汇编力图忠实反映我国改革开放30多年来流通领域的改革历程，涉及国务院及其所属多个行政部门，如国家发展和改革委员会、商务部、农业部、工商行政管理总局、交通运输部、海关总署等近30年来制定发布的行政法规。

在文献编排上我们尽量满足流通体系的要求，同时兼顾各分册分量的均衡，做了些许的调整。比如，因受篇幅限制，我们将农产品流通中食品安全问题的内容没有收录在《流通领域食品安全体系建设》中，而是放在了《农产品流通体系规划与建设》中；本来农业生产资料流通与农村商业流通可单独成书，但考虑到篇幅所限，就将这两部分内容合在了一起。

本文献汇编不是关于我国流通体系建设全部相关政策文献的集成，而是有重点、有选择地收录。有的政策文献修订版已经发出《征求意见稿》，可能修订版会在近期内颁布或公布，但是出于资料完整性的考虑，我们还是收录了旧版。有少量文件虽已被废止、修订、失效，但鉴于其有重要的研究价值与收藏价值，并能反映某时段我国流通领域改革原貌的文献，我们也收录其中。再有，对于一部分行政法规及通知中的附件，比如表格之类，为了节省篇幅，我们做了删略处理，一般用“（略）”表示。

丛书所使用资料来自于文献原件、政府公报、正式报刊、政府网站等公开的正式发行物与媒体。尽管在资料的收集、整理、编排过程中，我们对所用资料进行了认真反复的查阅与校对，但因各种原因，可能会出现这样那样的疏漏与差错，请读者谅解。

本丛书主要供读者作为研究参考资料使用，若用于处理正式公务或资料引用时，请以发文单位的原件为准。

由于编者学术功力有限，仅凭一时热情，就不知深浅地做了下来，自知存在许多不足与遗憾，请读者谅解，并给予补充与完善。

本丛书是北京市哲学社会科学“十一五”规划项目（10AfJG400）的最终成果。

孙前进

2011年9月于北京通州大运河畔

前　言

《两岸四地流通体系构建与发展》是《中国现代流通体系规划与建设政策文献汇编》系列丛书的第十三辑。本书内容是总序中所列出的“中国现代流通体系”中的“两岸四地流通体系”（三级编号 34）部分，由台湾、香港、澳门三篇构成。两岸四地是指台湾海峡两岸，大陆、香港、澳门、台湾四地。

1997 年 7 月 1 日，中国政府恢复对香港行使主权，香港特别行政区成立。2003 年 6 月 29 日，《内地与香港关于建立更紧密经贸关系的安排》（CEPA）签署。《安排》涵盖货物贸易、服务贸易和贸易投资便利化三大范畴，《安排》和九项补充协议使以香港作为来源地的产品得以零关税进入内地市场。

1999 年 12 月 20 日，中国政府对澳门恢复行使主权，澳门特别行政区成立。2003 年 10 月 17 日，《内地与澳门关于建立更紧密经贸关系的安排》（CEPA）及其附件在澳门正式签署。《安排》于 2004 年 1 月 1 日起实施。此后，中央有关部门和特区陆续签署九项 CEPA 补充协议。

2008 年 12 月 15 日，海峡两岸空运、海运直航和直接通邮同步实施，“三通”终于在这一天从梦想变成了现实。从 1949 年起，60 多年过去；从 1979 年元旦《告台湾同胞书》首倡两岸“三通”以来，也已经 30 多年。从近在咫尺不能通到“小三通”的突破，从“小三通”到“大三通”的实现，从间接、单向、局部通航向直接、双向、全面通航的转变，这符合两岸同胞的共同利益，也顺应了时代发展的大趋势、大潮流。海协海基两会历经万般艰难困苦，筹谋、设计、建设了“两岸大流通体系”工程，功在千秋。

1990 年 11 月 21 日，台湾方面成立海峡交流基金会，并于 1991 年 3 月 9 日正式开始运作。该基金会是台湾当局授权与大陆联系、协商、“处理涉及公权力的两岸事务的唯一机构”。海峡两岸关系协会是于 1991 年 12 月 16 日在北京成立的社会团体法人，以促进海峡两岸交往，发展两岸关系，实现祖国和平统一为宗旨。

1993 年 4 月 27 日至 29 日，海峡两岸关系协会会长汪道涵与海峡交流基金会董事长辜振甫在新加坡举行首次会谈，海协会和海基会代表各 10 人参加。这是海峡两岸授权民间机构最高负责人之间的首次会晤，也是隔绝 40 多年后两岸高层人士的首次正式接触。4 月 29 日，汪道涵与辜振甫签署了《汪辜会谈共同协议》、《两会联系与会谈制度协议》、《两岸公证书使用查证协议》、《两岸挂号函件查询、补偿事宜协议》四项协议。

1998 年 10 月 14 日，受海协会邀请的海基会董事长辜振甫先生赴上海、北京的“参访”活动终于成行。10月15日，辜振甫与海协会会长汪道涵会面，这是两岸两会自1995年6月中断商谈以来的首次高层对话，是汪道涵先生和辜振甫先生1993年新加坡会谈之后的第二次握手。双方在会谈中达成了四项共识。

2008年6月12日，海峡两岸关系协会会长陈云林与海峡交流基金会董事长江丙坤在北京钓鱼台国宾馆举行会谈。这标志着中断近10年的两会协商谈判正式恢复。6月13日上午，双方签署了《海峡两岸包机会谈纪要》、《海峡两岸关于大陆居民赴台湾旅游协议》协议文本。

2008年11月4日，海峡两岸关系协会会长陈云林与台湾海峡交流基金会董事长江丙坤在台北圆山大饭店举行正式会谈，签署了《海峡两岸空运协议》、《海峡两岸海运协议》、《海峡两岸邮政协议》和《海峡两岸食品安全协议》四项协议。

2009年4月26日，海峡两岸关系协会会长陈云林与台湾海峡交流基金会董事长江丙坤第三次会谈在南京紫金山庄举行。同日下午，双方签署了《海峡两岸空运补充协议》、《海峡两岸金融合作协议》、《海峡两岸共同打击犯罪及司法互助协议》四项协议。

2009年12月22日，海峡两岸关系协会会长陈云林与台湾海峡交流基金会董事长江丙坤在台中市举行两会恢复协商以来的第四次领导人会谈，签署了《海峡两岸渔船船员劳务合作协议》、《海峡两岸农产品检疫检验合作协议》、《海峡两岸标准计量检验认证合作协议》三项协议。

2010年6月29日，海峡两岸关系协会会长陈云林与台湾海峡交流基金会董事长江丙坤在重庆申基索菲特大酒店举行第五次领导人会谈，签署了《海峡两岸经济合作框架协议》、《海峡两岸知识产权保护合作协议》两项协议。

2010年12月21日，海峡两岸关系协会会长陈云林与台湾海峡交流基金会董事长江丙坤在台北举行第六次会谈，商谈并确认了《海峡两岸医药卫生合作协议》，当天下午签署了这项协议。

2011年10月20日上午，海峡两岸关系协会会长陈云林与台湾海峡交流基金会董事长江丙坤在天津举行第七次会谈。当日下午，陈云林与江丙坤签署了《海峡两岸核电安全合作协议》，公布了《海协会与海基会关于推进两岸投保协议协商的共同意见》、《海协会与海基会关于加强两岸产业合作的共同意见》。

2012年8月9日，海峡两岸关系协会会长陈云林与台湾海峡交流基金会董事长江丙坤在台北举行两会恢复协商以来的第八次会谈。下午，陈云林与江丙坤签署了《海峡两岸海关合作协议》及《海峡两岸投资保护和促进协议》。

一切，将记入史册。

大流通两岸。

编　者

二〇一二年十月

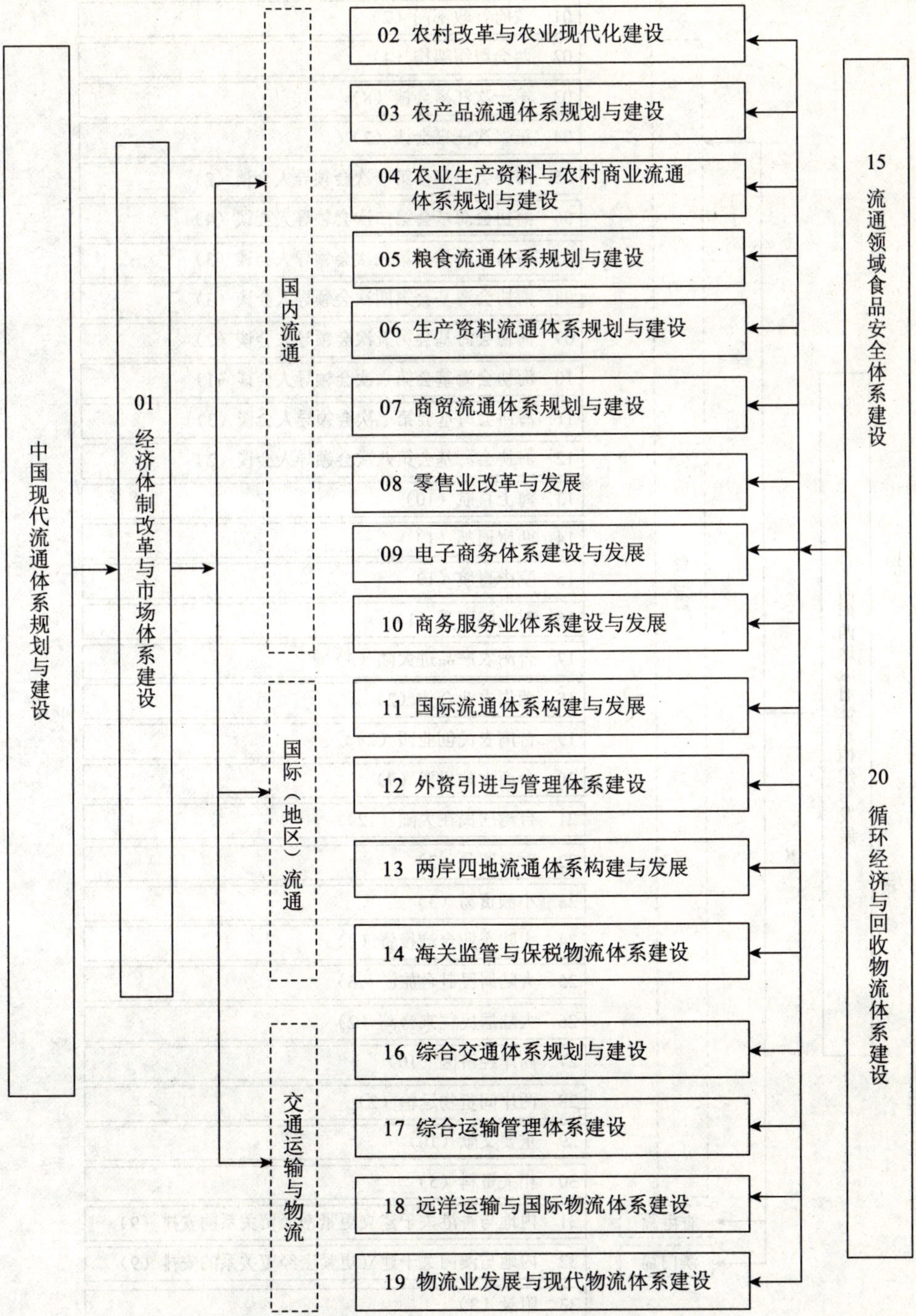

《中国现代流通体系规划与建设政策文献汇编》逻辑结构图

- 两岸四地流通体系构建与发展
  - 台湾篇
    - 01 政府行政部门（2）
    - 02 两会组织架构（4）
    - 03 第一次汪辜会谈（8）
    - 04 第二次汪辜会谈（2）
    - 05 海协会海基会第一次会领导人会谈（2）
    - 06 海协会海基会第二次会领导人会谈（4）
    - 07 海协会海基会第三次会领导人会谈（3）
    - 08 海协会海基会第四次会领导人会谈（3）
    - 09 海协会海基会第五次会领导人会谈（2）
    - 10 海协会海基会第六次会领导人会谈（1）
    - 11 海协会海基会第七次会领导人会谈（3）
    - 12 海协会海基会第八次会领导人会谈（2）
    - 13 海上直航（10）
    - 14 两岸通邮（1）
    - 15 空中直航（1）
    - 16 对大陆贸易（1）
    - 17 台湾农产品进大陆（3）
    - 18 两岸农业合作（2）
    - 19 台湾农民创业园（2）
    - 20 台商大陆投资（9）
    - 21 台湾居民在大陆（12）
    - 22 对台贸易（2）
    - 23 小额贸易（3）
    - 24 大陆企业台湾投资（2）
    - 25 大陆居民赴台旅游（6）
    - 26 大陆居民往来台湾（2）
    - 27 西岸经济区（10）
    - 28 两岸间货物运输（2）
    - 29 重要文献（10）
    - 30 相关资料（5）
  - 香港篇
    - 31 内地与香港关于建立更紧密经贸关系的安排（9）
  - 澳门篇
    - 32 内地与澳门关于建立更紧密经贸关系的安排（9）
    - 33 附录（3）

《两岸四地流通体系构建与发展》内容结构图

目　录

一　政府行政部门

台湾篇

二　两会组织架构

三　第一次汪辜会谈

四　第二次汪辜会谈

五　海协会海基会第一次领导人会谈

六　海协会海基会第二次领导人会谈

七　海协会海基会第三次领导人会谈

八　海协会海基会第四次领导人会谈

十四 两岸通邮

十五 空中直航

十六 对大陆贸易

十七 台湾农产品进大陆

十八　两岸农业合作

十九　台湾农民创业园

二十　台商大陆投资

二十一　台湾居民在大陆

二十二　对台贸易

二十三 小额贸易

二十四 大陆企业台湾投资

二十五 大陆居民赴台湾旅游

二十六 大陆居民往来台湾

二十七　西岸经济区

二十八　两岸间货物运输

二十九　重要文献

三十　相关资料

香 港 篇

三十一　内地与香港关于建立更紧密经贸关系安排

澳门篇

三十二　内地与澳门关于建立更紧密经贸关系安排

三十三　附　　录

一　政府行政部门

001

中共中央台湾工作办公室、国务院台湾事务办公室简介

根据《国务院关于机构设置的通知》（国发〔2008〕11号，国务院台湾事务办公室与中共中央台湾工作办公室一个机构两块牌子，列入中共中央直属机构序列。

一、主要职责

1. 研究、拟订对台工作方针政策；贯彻执行党中央、国务院确定的对台工作的方针政策。

2. 组织、指导、管理、协调国务院各部门和各省、自治区、直辖市的对台工作；检查了解各地区、各部门贯彻执行党中央、国务院对台方针政策情况。

3. 研究台湾形势和两岸关系发展动向；协调有关部门研究、草拟涉台的法律、法规，统筹协调涉台法律事务。

4. 按照国务院的部署和授权，负责同台湾当局及其授权社会团体谈判及签署协议文件的有关准备工作。

5. 管理协调两岸通邮、通航、通商事务；负责对台宣传、教育工作和有关台湾工作的新闻发布；处理涉台的重大事件。

6. 会同有关部门统筹协调和指导对台经贸工作和两岸金融、文化、学术、体育、科技、卫生等各个领域的交流与合作，以及两岸人员往来、考察、研讨等工作，国际会议的涉台工作。

7. 完成国务院交办的其他任务。

二、内设机构

根据工作职责，中共中央台湾工作办公室、国务院台湾事务办公室设11个职能局和机关党委，分别是：秘书局、综合局、研究局、新闻局、经济局、港澳涉台事务局、交流局、联络局、法规局、投诉协调局、政党局，机关党委（人事局）。

1. 秘书局负责协调机关日常工作；承办文电、秘书、会议、通信、信息工作；负责档案、报刊、图书资料工作；编辑刊物；负责机关财务、房产、基本建设、物资设备、环境秩序管理及后勤服务的规划、协调与监督，承办重要活动会务、接待工作，负责赴台审批办理工作，联系各地各部门涉台机构。

2. 综合局负责承办海峡两岸关系协会的日常工作。负责并协调有关部门与台湾当局授权的团体和人士进行协商谈判；负责并归口管理与台湾海峡交流基金会的联系事宜；协调指导有关部门和地方处理涉台突发事件和两岸双向遣返及有关问题；按照《海协会章程》，开展与岛内、海外团体和人士的联系与合作。管理台属及台胞捐赠工作。

3. 研究局负责研究台海形势和两岸关系中的重大问题，研拟相关政策和提出工作建议，指导并协调中央有关部门和地方的对台调研工作。

4. 新闻局负责涉台新闻工作的组织、指导、管理、协调；负责台湾记者来大陆采访及两岸新闻交流合作的管理规划；负责指导各地、各部门的涉台教育工作；承办国务院台办新闻发布工作。

5. 经济局负责管理和协调两岸“三通”事务；统筹协调和指导对台经济工作；研究协调对台商投资和赴台投资的政策；会同有关部门研究、草拟对台经济、贸易、金融、科技等方面的法律、法规、政策，并负责协调和检查落实；会同有关部门和地方协调对台重要经贸项目和活动；指导、管理台资企业协会，负责对台资企业的政策指导及服务工作。

6. 港澳涉台事务局负责协同有关部门处理香港特别行政区、澳门特别行政区涉台工作中有关事务。

7. 交流局负责组织、指导、管理、协调两岸文化、教育、科技、影视、出版、体育、卫生、社科、民政、民族、宗教、民间信仰、工会、青年、妇女、基层民众等交流事宜；研究两岸人员往来有关政策。

8. 联络局负责对台有关政党和团体等联络工作，承担台湾重要团组和人士来访等接待安排工作，指导并协调中央有关部门和地方台办的对台联络工作。

9. 法规局负责研拟涉台法律政策，研拟审核涉台法律法规，研究台湾地区涉及两岸关系法制动态，指导协调涉台法律事务，审批管理两岸法律交流事项，办理本部门依法行政事宜。

10. 投诉协调局负责协调处理重大、复杂的台湾同胞投诉案件；指导检查各地台办的台胞投诉案件的处理；组织各地台办投诉协调工作经验和信息交流，通报台湾同胞投诉案件处理情况；负责台胞、台属来信来访及涉台维稳工作；承担国共两党有关机构保护台商合法权益工作平台的联系、服务工作；承担台商权益保障工作联席会议办公室工作职责。

11. 政党局负责开展对台湾政党、政治团体的研究；承办党际交流平台相关事宜；协调、指导与台湾主要政党和重要政治团体的交流。

12. 机关党委（人事局）负责机关党的思想、组织、作风建设和纪律检查工作，领导机关精神文明建设，以及工、青、妇等工作。

负责机关人员的考核、任免、调配、劳资和所属事业单位的机构、人员编制工作；承办机关人员因公出国、出境的报批、政治审查、护照、签证工作以及外派干部的管理工作；了解掌握各地区、各部门台办主要干部的情况；组织指导本办及全国对台工作系统干部的培训、教育工作。

负责离退休干部工作。

002

国务院港澳事务办公室简介

一、主要职能

（一）贯彻执行“一国两制”方针和中央对香港、澳门的政策规定，执行香港特别行政区基本法、澳门特别行政区基本法。

（二）了解香港、澳门的有关情况，提出政策建议。

（三）负责与香港、澳门特别行政区政府的有关工作联系。

（四）承办国务院交办的与香港、澳门有关的法律事宜，就基本法实施涉及的相关法律问题研究提出意见。

（五）负责指导和管理内地与香港、澳门因公往来的有关事务，协同有关部门和地方推动与香港、澳门在经济、科技、文化等领域的交流与合作。

（六）参与拟订对驻香港、澳门中资机构有关管理的政策，参与内地企业和中资机构在香港、澳门的有关协调工作。

（七）对中央驻香港、澳门机构提出的有关事宜提供意见、建议和工作协助。

（八）承办国务院交办的其他事项。

二、内设机构

国务院港澳事务办公室设 6 个内设机构（正司局级）

秘书行政司：负责机关文电、机要、档案和安全保密、信访工作；负责机关财务、基建工作。

（一）综合司：承办中央对港澳重要政策落实的督促检查工作并协调解决执行中的有关具体问题。

（二）政研司：了解和研究香港、澳门政治经济社会发展情况和重要动态，起草有关重要文稿。

（三）联络司：承办内地与香港、澳门特别行政区政府联系的有关事务；承担内地公务人员因公赴港澳的审核、审批及证件的签发、管理工作；依法管理港澳在内地新闻机构和记者事务；办理中央政府驻港澳机构提出的有关事宜；承办新闻发布工作。

（四）交流司：了解香港、澳门经济、科技、文化等领域的有关情况，协同有关部门和地方拟订交流与合作的政策和措施，参与拟订内地派驻香港、澳门中资机构有关政策；参与重大交流合作事项的协调工作；承办内地与香港、澳门民间交往的有关审核管理工作。

（五）法律司：宣传香港特别行政区基本法、澳门特别行政区基本法，研究基本法实施中涉及的有关法律问题；承办与香港、澳门特别行政区法律机构的往来事务；协同有关部门办理涉港澳司法协助事宜。法律司：宣传香港特别行政区基本法、澳门特别行政区基本法，研究基本法实施中涉及的有关法律问题；承办与香港、澳门特别行政区法律机构的往来事务；协同有关部门办理涉港澳司法协助事宜。

（六）机关党委（人事司）：负责机关和直属单位的党群工作。人事司承担机关和直属单位人事管理及机构编制工作；负责机关离退休干部工作。

台湾篇

二 两会组织架构

003

海峡两岸关系协会简介

海峡两岸关系协会（简称海协）于 1991 年 12 月 16 日在北京成立。它以促进海峡两岸交往，发展两岸关系，实现祖国和平统一为宗旨。

海协成立以后的工作重点主要有 4 项：

一、逐步建立和发展与台湾岛内外民间团体和人士的联系与相互合作，发挥民间力量，共同促进两岸的直接三通和双向交流。根据国台办的授权，协会将负责与台湾海峡交流基金会有关团体进行联系，处理相关问题。

二、将就合作打击台湾海峡海上走私、抢劫问题与台湾授权团体海基会具体商谈。

三、协会如受到委托，也将协同有关方面与台湾授权团体或人士就处理台湾海峡海上渔事纠纷和违反有关规定进入对方地区之居民及相关问题进行商谈。

四、协会将积极为台湾岛内外各团体、各界人士提供有关祖国大陆投资、贸易和其他交流活动的政策、法规等咨询和服务。同时也积极向祖国大陆有关方面和地方提供对台文化、学术、体育、科技交流等咨询。

004

海峡两岸关系协会章程

（1991 年 12 月 16 日通过）

第一章 总 则

第一条 本会定名为海峡两岸关系协会，是社会团体法人。

第二条 本会以促进海峡两岸交往，发展两岸关系，实现祖国和平统一为宗旨。

第三条 为实现上述宗旨，本会致力于：

一、加强同赞成本会宗旨的社会团体和各界人士的联系与合作。

二、协助有关方面促进海峡两岸各项交往和交流。

三、协助有关方面处理海峡两岸同胞交往中的问题，维护两岸同胞的正常权益。

第四条 本会接受有关方面委托，与台湾有关部门和授权团体、人士商谈海峡两岸交往中的有关问题，并可签订协议性文件。

第五条 本会会址设在北京。

第二章 组织机构

第六条 本会最高权力机构为理事会、协商产生。理事任期三年，可连任。

第七条 本会设会长一人，常务副会长一人，副会长若干人，秘书长一人。

本会聘请名誉会长。

本会聘请顾问。

第八条 理事会的职责是：每年度会务报告；修订章程；每年经费预算、决算；推举会长、常务副会长、副会长；聘请名誉会长；聘请顾问；决定增免理事；根据会长提名，决定秘书长人选。

第九条 理事会每年举行一次全体会议。会长、常务副会长认为必要或经三分之一以上理事提议，可以临时召开理事会议。

第十条 理事会决议事项，须经出席会议的多数理事通过。

第十一条 会长、常务副会长、副会长、秘书长组成常务理事会，作为理事会的常设执行机构。

常务理事会的职责是：召集理事会会议；增免理事，并提请理事会审议追认；根据秘书长提名，决定副秘书长人选。

第十二条　会长领导本会工作。常务副会长、副会长协助会长工作。常务副会长主持日常会务。

第十三条　会长、常务副会长、副会长代表本会。经本会常务理事会授权，理事可代表本会办理某项具体事宜。

第十四条　本会根据需要设办事机构。

第三章　经　　费

第十五条　本会经费来源：民间赞助和捐赠；国家资助；咨询服务等其他合法收入。

第十六条　本会的收入、支出，受理事会监督。

第四章　附　　则

第十七条　本会的解散，应依法办理手续。

第十八条　本会章程自理事全体会议通过之日起生效。

第十九条　本会章程由理事会修改。理事会全体会议修改章程，须四分之三以上理事出席，并须出席会议的三分之二以上理事同意。

第二十条　本会章程由常务理事会解释。

海峡两岸关系协会机构

一、“海协两岸关系协会”首任组成人员

名誉会长：荣毅仁

顾　问：张克辉　林丽韫　蔡子民

会　长：汪道涵

常务副会长：唐树备

副会长：经叔平　邹哲开

秘书长：邹哲开（兼）

理　事：（略）

二、“海协两岸关系协会”二任组成人员

会　长：陈云林

常务副会长：郑立中

执行副会长：孙亚夫

驻会副会长：李炳才

副会长：王富卿　王在希　安民　张铭清

秘书长：李亚飞

三、组织机构

秘书部、研究部、综合部、协调部、联络部、经济部

联系方式

地　址：北京宣武区广安门南街6-1号（北京2908信箱）

电　话：86-10-83551779

传　真：86-10-63571505

邮　编：100053

开户银行：工商银行西四支行

账　号：144275-80

海协驻澳门办事处

职　能：依照海协指示，加强同赞成海协宗旨的台湾及海外社会团体和各界人士的联系与合作；为台湾同胞、工商团体和各界人士提供两岸交流交往、经贸合作等方面的联络、咨询等服务；协助办理维护两岸同胞权益的事项；办理海协及其主管部门交办的其他事项。

地　址：澳门佛山街51号新建业商中心大厦18层G座

电　话：00853-780220　780221

传真电话：00853-780725

005

财团法人海峡交流基金会简介

财团法人海峡交流基金会（简称“海基会”），成立于 1990 年月 11 月 21 日，是台湾当局处理两岸关系的“中介团体”。

海基会初成立时的宗旨是“以协调处理台湾地区与大陆地区人民往来有关事务，并谋保障两地区人民权益为宗旨，不以营利为目的”。该会主要工作：

1. 台湾地区与大陆地区人民入出境案件之收件、核转及有关证件之签发补发等事宜。

2. 大陆地区文书之验证、身分关系之证明、协助诉讼文书之送达及两地人犯之遣返等事宜。

3. 大陆地区经贸资讯之搜集、发布；间接贸易、投资及其争议之协调处理等事宜。

4. 两地区人民有关文化交流之事宜。

5. 协助保障台湾地区人民在大陆地区停留期间之合法权益。

6. 两地区人民往来有关咨询服务事宜。

7. 政府委托办理之其他事项。

006

财团法人海峡交流基金会组织章程

（1990年11月21日通过）

第一章　总　则

第一条　本财团法人定名为“财团法人海峡交流基金会”（以下简称本会）。

第二条　本会以协调处理台湾地区与大陆地区人民往来有关事务，并谋保障两地区人民权益为宗旨，不以营利为目的。但提供服务时，得酌情收服务费用。

第三条　本会为达成前条所定之宗旨，办理及接受政府委托办理下列业务：

一、台湾地区与大陆地区人民入出境案件之收件、核转及有关证件之签发补发等事宜。

二、大陆地区文书之验证、身分关系之证明、协助诉讼文书之送达及两地人犯之遣返等事宜。

三、大陆地区经贸资讯之搜集、发布；间接贸易、投资及其争议之协调处理等事宜。

四、两地区人民有关文化交流之事宜。

五、协助保障台湾地区人民在大陆地区停留期间之合法权益。

六、两地区人民往来有关咨询服务事宜。

七、政府委托办理之其他事项。

第四条　本会之主事务所设于台北市，并得视业务需要，在海外及大陆地区设置分事务所。

第五条　本会基金来源，由捐助人五十三人共捐助新台币陆亿柒仟万元成立之。本会经费之来源如下：

一、基金运用之孳息。

二、委托收益。

三、政府或民间捐赠。

四、依本章程第二条所收取之费用。

第二章　组　织

第六条　本会设董事会，为本会之决策机构，掌理基金之筹募、保管及运用，秘书长之任免，工作方针之核定，业务计划及预算之审议等事宜。

第七条 本会董事会置董事四十三人。第一届董事由捐助人选聘之。

本会置董事长一人，综理业务，对外代表本会。置副董事长一至三人，襄助董事长处理会务。均由董事互选之。

本会置名誉董事长一人，由董事会敦聘德高望重之人士担任。名誉董事长、董事长、副董事长及董事，均为无给职，但得酌支交通费。

第八条 董事任期三年，连选得连任。

董事长、副董事长、董事在任期内，遇有辞职或其他原因出缺时，得由本届董事会补选之。其任期以补足原任期为限。

第九条 每届董事会于任期届满前一个月，推选次届董事人选。新任董事会于上届任满之日成立，并依第七条第二项规定选举董事长及副董事长。

第十条 董事会每三个月召开会议一次，由董事长召集并为主席。董事长因故缺席，由副董事长代理之。董事长、副董事长均缺席时，由董事互推一人代理之。董事长认为必要或经董事三分之一以上提议，得召开临时董事会。

第十一条 董事会之决议，须经二分之一以上董事出席，并以出席董事过半数同意行之。

第十二条 董事因故不能出席前条所定之会议时，得委托其他董事代行职务。但每一董事以受一人委托为限。

第十三条 本会置秘书长一人，由董事长提名，经董事会同意聘任之；解任时亦同。秘书长承董事会之命，综理本会事务。

第十四条 本会置副秘书长一至三人，主任秘书一人，由秘书长提请董事长同意聘任之；解任时亦同。

第十五条 本会设左列各处，办理第三条所定业务：

一、秘书处

二、文化服务处

三、经贸服务处

四、法律服务处

五、旅行服务处

六、综合服务处

各处置处长一人，视业务繁简，得置副处长一至二人，专员、组员、办事员、雇员若干人，并得于处下分科办事，本会视需要得设人事室及会计室。

本会海外及大陆地区设立之分事务所各置主任一人，视业务繁简，得置副主任一至二人，其他人员配置得比照前项办理之。

第二项及第三项所定工作人员，由秘书长提请董事长聘任之。其职掌及人员分配，另以职掌表及编制表定之。

第十六条 本会置监事六人，由捐助人选聘之，掌理基金、存款之稽核，财务状况之监督及决算表册之查核等事宜。

第十七条　监事之任期、缺任、给与及次届监事之产生等，均准用本章程有关董事之规定。

第十八条　本会得因业务需要，由秘书长提请董事长同意聘任顾问若干人。

第十九条　（删除）。

第三章　基金之管理

第二十条　本会之会计年度，与政府之会计年度同。

第二十一条　本会秘书长应于会计年度开始前三个月拟定业务计划及预算，提报董事会审议通过后执行。

第二十二条　本会基金之保管及运用，应于会计年度结束后二个月内编制基金保管及运用报告、暨全年度决算，提报董事会通过后，送请监事核备。

第二十三条　本会年度经办业务及基金收支平衡表，均应依法向主管机关报备。

第四章　附　则

第二十四条　本会因情势变更，致不能达捐助目的时，得依法报经主管机关许可后，解散之。

本会解散后，应依法办理清算。其剩余财产，归属国库。

第二十五条　本章程未规定事宜，依有关法令规定办理之。

本章程于一九九零年十一月二十一日经董事会通过订定，于报请主管机关核备后施行。

三 第一次汪辜会谈

1993 年 4 月 27 日至 29 日，海峡两岸关系协会会长汪道涵与海峡交流基金会董事长辜振甫在新加坡举行首次会谈，海协会和海基会代表各 10 人参加。这是海峡两岸授权民间机构最高负责人之间的首次会晤，也是隔绝 40 多年后两岸高层人士的首次正式接触。

4 月 29 日，汪道涵与辜振甫签署了《汪辜会谈共同协议》、《两会联系与会谈制度协议》、《两岸公证书使用查证协议》、《两岸挂号函件查询、补偿事宜协议》四项协议。

007

辜振甫先生抵达新加坡时的讲话稿

1993 年 4 月 26 日

本人今天再度来到这个美丽的国家，心情特别愉快。首先要感谢新加坡政府对这次会谈所给予的协助，使本人能顺利地和海峡两岸关系协会汪会长道涵晤谈。

这次会谈是一项民间性、事务性、经济性及功能性的会谈。本会副董事长兼秘书长邱进益先生与海协会常任副会长唐树备先生这个月上旬，为此曾经举行过预备性磋商。他们一共达成了七点共识。本人期望双方能在这个基础上，坦诚交换意见，为两岸关系的将来，奠定良好的发展基础。

海峡两岸，不仅有地理、历史、文化的溯源，更有血浓于水的民族感情。李登辉先生明白告诉我们："台湾与整个中华民族的关系是切不断的"。

展望未来，如何消除彼此间多年来的隔阂与离异，这的确是一项十分艰巨的工程，企盼海峡双方都能以开阔的胸襟、理性的了解、高度的智慧、务实的态度以及稳健的步伐来加以推动。

综观当今的世界潮流，"对抗"已经为"和解"所替代，而"和解"逐渐迈进"互利互惠"的阶段。今后，海峡两岸的中国人都应该扬弃"零和"的逻辑，秉持"双赢"的理念，相互扶持，在经济上，增进市场效应，在文化上，发扬传统价值。

海基会与海协会已跨出了历史性的一步，我祝愿也相信这一步可以为两岸的中国人在追求他们的理想上，带来更大的希望与更强的信心。

008

汪道涵先生抵达新加坡时发表的讲话

1993年4月25日

各位朋友：

今天，我再次来到美丽的新加坡，心情格外愉悦。请允许我代表海峡两岸关系协会，谨向新加坡各界人士致以诚挚的问候。

众所周知，我此行是专为同海峡交流基金会董事长辜振甫先生会谈而来。我为能与在台湾政界、工商界具有重要影响力的辜振甫先生就两岸关系发展的问题会谈，感到高兴。会谈中我们将要讨论台湾海峡两岸经济交流及科技、文化交流的问题，也将讨论海协会与海基会两会会务的问题。这次会谈，虽然是民间性、经济性、事务性、功能性的，但也是两岸交往中跨出的重要一步。

这次会谈能够举行，是海峡两岸有关各方面共同努力的结果。去年初，海峡两岸关系协会成立之初，就邀请海基会董事长、副董事长、秘书长赴大陆访问。当年8月4日我又再次函邀辜先生会晤。辜先生给予了积极回应，8月22日亲自加函表示愉快地接受邀请。为尊重辜先生的意愿，我们商定在新加坡举行会谈。今年4月8日至10日，海协常务副会长唐树备先生与海基会副董事长兼秘书长邱进益先生在北京进行了会谈的预备性磋商，最终确定了这次广为各方关注的会谈。在此，我谨向海峡两岸有关方面和各界人士为促成这次会谈所作出的努力，表示衷心的感谢。

我认为，为了中华民族包括二千万台湾同胞的根本利益，两岸同胞都更具有前瞻性地去面对未来，把握住国际发展的趋势所赋予我们中国人的历史机遇，以宽阔的胸怀向前看，加强合作，携手努力，共同振兴中华。我们主张和平统一，只要双方都有发展两岸关系，实现和平统一的愿望，就没有什么不能坐下来谈的问题。我深信，只要双方本着相互尊重、平等协商、实事求是、求同存异的精神，就一定能使这次会谈顺利进行，并取得积极成果。

我与辜先生此行，身负着两岸同胞的殷切期许，任重责深。本人愿以满腔热忱，为维护两岸同胞正当权益，为发展两岸关系，竭尽绵薄之力。我衷心地希望这次会谈能为发展两岸关系作出贡献。

借此机会，我再次向为会谈提供一切方便与帮助的新加坡各界人士表示衷心的感谢；向所有关心祖国统一、中华民族振兴的海外侨胞表示衷心的感谢。

009

汪道涵先生在汪辜会谈中的谈话提纲

1993年4月27日

辜先生、邱先生和海基会的各位先生：

早上好。这次我和唐先生及协会的同仁们，很高兴地来到新加坡与辜先生会谈。这次会谈经过唐先生与邱先生的预备性磋商，已有了很好的基础。我希望与辜先生的会谈能取得圆满成果，不辜负海峡两岸同胞和广大海外侨胞的殷切期望。

现在，我首先转达江泽民先生、李鹏先生向辜先生的问候，并请辜先生转达他们个人对李登辉先生、连战先生的问候。

他们也向曾支持这次会谈的郝柏村先生问好。

第一部分　会谈的议题、性质和主旨精神

根据预备性磋商达成的共识，这次会谈有三类议题，一是海协和海基会两会会务，二是两岸经济交流，三是两岸科技与文化交流。贵我两会共同关心或各自关心的问题，只要各自感到方便，都可以适当方式提出来讨论。

这次会谈是民间性、经济性、事务性、功能性的会谈。对经济科技、文化交流问题，我们主要是要谈出一个基本的方向，具体问题可以由两会、两岸其他民间团体或两岸有关部门以适当名义继续磋商。

海峡两岸隔绝了近40年之后进行交往，有大量的问题需要解决。我们反复讲，只要坐下来谈，一切问题都好商量，对于事务性问题，贵我两会只要本着互相尊重、平等协商、实事求是、求同存异的精神，总会找到解决问题的妥善办法。我希望这次会谈谈出积极成果。

第二部分　关于海峡两岸经济交流合作问题

1. 两岸经济交流合作的迫切性和必然性

我们积极主张海峡两岸经济合作，并且认为这种合作不但有其迫切性，而且有其必然性。适应和大力推动这种合作趋势，才能造福于整个中华民族。

新的世界经济格局正在形成之中。亚太地区经济快速增长。海峡两岸的经济与科技发展面临挑战，同时也有机遇。邓小平先生一再强调，要抓住机遇，加快发展。大陆在加快发展中，重视吸引和利用台湾的资金、技术和企业管理经验。

台湾工商界普遍认为，在未来国际经济发展的压力下，更显得台湾经济的前途在大陆。李登辉先生也认为，台湾经济的发展要以大陆为腹地。我们对这种远见表示赞赏，并希望看到实际举措。为使中华民族在世界经济中占有重要的地位，两岸应携手合作，“合则两利”。

两岸经济各具特点和优势，互补性很强，具备合作的良好基础。

大陆 14 年改革开放和经济建设的成就，举世公认。去年 12.8%的经济增长率，震动了整个世界。中共十四大确立了建设社会主义市场经济体制为经济体制改革目标，而且在全国人大八次会议上写进了宪法。以经济建设为中心和改革开放政策非但不会变，而且要继续深化改革，扩大开放。大陆经济发展的前景是好的。大陆的社会主义市场逐步发育、扩大，并且有望成为世界最大的几个投资、消费市场之一。面对这样一个大市场，外国资本迫不急待地挤进来。台湾资金不进来，西欧、北美、东亚、东南亚各国的资金也要进来。我们希望两岸合作，共同繁荣大陆这个市场。这也有利于台湾经济的发展。

2. 对两岸经济合作的基本主张

我们对两岸经济科技交流与合作的基本主张是：和衷共济，互补互利，共同繁荣，振兴中华。现阶段应当把两岸经济交流与合作放在两岸关系的首要位置上，政治上的歧异不应当妨碍经济合作。

3. 直接三通应当摆上议事日程

两岸经贸交往发展至今，直接三通更显得很有必要，应当摆上议事日程。从现实出发，并考虑到建立互信需要一个过程，可以先从货运的海上定点直航谈起，双方可以就这些问题商谈的准备程序交换意见。海协愿与海基会讨论三通中的一些具体问题。

4. 关于两会共同筹开民间的经济交流会议（制度）的建议

海协与海基会共同筹开两岸民间的经济交流会议并形成相对稳定的制度。这个会议的宗旨为推动两岸经济、科技交流与合作，性质为得到授权的讨论实质问题的民间会议，有别于学术研讨会，形式可分为定期和不定期，定期每年一次，在两岸轮流举行，不定期每年若干次，由双方根据需要商定；地点在大陆或台湾。海协理事与海基会董监事可以参加会议；有关主管方面的官员可以民间名义参加会议。会上形成的意见和建议，可以由贵我两会商谈，并签署协议性文件。

5. 台商在大陆投资和大陆经贸界人士访台问题

我们一贯重视保护台商在大陆投资的合法权益。大陆政治安定，投资环境包括法制环境基本上是好的。台商在大陆投资既有利又安全。当然，也难免存在一些问题。我们愿意听取台商、海基会以及台湾有关方面的建议，进一步研究更好地保护台商在大陆的投资权益的措施。希望台湾方面能本着互利互惠的原则，放宽台商来大陆投资的限制，放宽对进口大陆商品的限制，向大陆开放劳务市场，开放大陆企业界人士到台湾访问、考察和投资。

我们考虑了贵会提出的签署“台商投资权益保障备忘录（草案）”的建议，认为在目前台湾方面现行的经贸政策下签署这样一份“备忘录”是不适宜的，但这不影响贵我两会就台商在大陆投资问题交换意见。我建议将台资企业征收的补偿问题、台资企业的收益汇出问题、台资企业所需设备进口问题，以及放宽台商来大陆投资问题、放宽对进口大陆商品的限制，向大陆开放劳务市场，开放大陆企业界人士赴台访问、考察和投资问题等同时作为“两岸经济交流会议”的议题，由两会组织台商及相关专业人士研讨，提出具体建议，供两岸有关方面考虑。并将这个建议写入贵我两会在商谈结束时发布的共识中。

6. 两岸劳务合作问题

由于台湾方面迟迟没有开放大陆劳务人员去台，致使两岸无法建立正常的劳务合作渠道。我们认为，双方应尽快就有组织、有计划地开展两岸劳务合作问题交换意见。台湾方面可以光提出项目、人员数量、劳工素质、劳动期限和待遇等方面的要求，大陆方面可以提供台湾所需要的具备各种技术专长的劳务人员去台，并依合同规定，按期往返，不在台湾滞留。

我们建议可由海协与海基会，或两岸其他的团体，就远洋劳务合作问题进行协商。台方可提出合作海域、劳务数量、人员技术要求等合作条件，经双方协商，大陆方面将选派合格的船员；台方需保证船员的安全、必要的劳动条件及正当权益。

7. 台湾参与开发浦东、三峡、图们江问题

我们欢迎台湾同胞参加浦东、三峡开发建设。有关项目都可采取大陆和台湾合作开发的方式。因图们江开发涉及到国际合作，两岸工商界可以共同组建公司，参与开发。

8. 合作开发能源、资源问题

能源、资源业是经济发展的重要基础产业，无论是基本建设还是技术改造，我们都欢迎台湾方面参与，投资合作开发，所获产品可经过协商后长期稳定地向台湾提供。例如，煤矿的共同开采和长期、稳定地向台湾提供煤炭问题，黑色金属和某些有色金属矿的开采及其产品向台湾供应问题等。总之，我们愿意在台湾缺乏的资源、能源方面，与台湾进行长期稳定的合作，如台湾方面同意，可以原则上达成协议，由有关方面具体讨论。

第三部分　关于两岸科技、文化交流问题

1. 两岸产业科技合作与交流

两岸产业科技的交流与合作，应做好以下三个方面的工作：

(1) 积极开展各领域科技人员相互考察、访问，做好科技资料和科技出版物

的正常交换。研究建立两岸科技专利等信息系统。

（2）考虑到两岸在科技名词上的异同，需要探讨统一名称的办法，重视知识产权的保护和标准化统一的问题，研究交流合作规范的建立，做好基础性工作。

（3）在双方都有兴趣的产业科技领域中，选择好合作项目，特别是重视科学园区的交流，促进两岸高科技产业合作的发展。项目方面，具体说来，①光电领域，以下项目可作为首选合作项目。a. 光电元件及组件：液晶显示器、热效打印头（热感应印字头）、感光辊筒 OPC（OPC DROM）、电荷藕合器（CCD）。b. 光电产品：传真机、激光打印机（镭射印表机）、光电医疗仪器、激光及激光加工机。②计算机领域，可考虑在计算机外部设备、智能计算机、高性能计算机、兴办计算机技术研展中心等方面进行合作。③机械领域，可合作的有基础零部件、高速火车、数控机床、造船等。④通讯领域，有移动电话、电讯设备标准一致化。⑤航天领域，大陆高温陶瓷的商品化、温度控制技术等方面的合作前景广阔。⑥生物技术与医药领域，大陆中草药资源丰富，台湾的新药开发程度上略有规模，两岸在原料药、制剂药的合作上潜力很大。

2. 两岸知识产权保护

大陆方面欢迎台湾同胞来大陆注册商标、申请专利以及进行版权贸易和出版交流，依法保护台湾同胞的知识产权，为此还专门制定了一系列规范性规定，采取了包括行政、司法程序、代理制度在内的一整套保护手段和便利措施。据了解，大陆作者的著作权在台湾被侵犯的情况比较突出，台湾企业抢注或侵害大陆著名商标、专利的事件也屡有发生，大陆知识产权权利人和版权、商标、专利代理机构不能直接入台交流和考察。我们十分乐见两岸知识产权界加强联系与合作，希望台湾方面为确保这种经济、文化交流，提供切实保障和便利。海协已得到授权，愿意与海基会就两岸知识产权保护问题进行商谈。

3. 两岸青少年交流

对两岸青少年交流，我们一贯持积极的态度。我们认为，两岸青少年应该实行双向交流。一方面，我们热情地欢迎台湾青少年来大陆访问，除大、中学生及社会各界青年外，也应包括少年儿童。另一方面，也希望大陆青少年能有机会去台湾交流访问。两岸之间存在的政治问题不应对青少年的交流造成影响。

对于两岸青少年交流的组织工作，我们建议，通过两岸民间适当的机构进行，贵我两会从中可发挥桥梁作用。

4. 两岸新闻界交流

我对两岸新闻双向交流的初步实现表示高兴。我会同意在这次会谈中讨论两岸新闻界交流问题，并经大陆有关方面授权，提出如下意见：

（1）台湾方面应尽快、尽量简化大陆记者赴台采访的申办手续。

（2）台湾有关方面制作的有关大陆记者赴台采访证件，应取消大陆新闻界不宜接受的用语。我会建议对于大陆记者赴台采访，台湾有关方面可授权有关民间团体代为办理相关手续。

(3) 为促进两岸新闻从业人员相互交流、交往，本会拟于今年分别联系或组织大陆主要新闻机构负责人和资深记者团赴台湾参观访问；同时拟邀请台湾主要媒体负责人来大陆参观考察。希望两会能互相提供协助。

第四部分　关于海协和海基会两会会务问题

1. 对加强两会联系与合作的主张

(1) 两会应当竭诚为两岸同胞服务，努力推动两岸交往，积极促进两岸经济、科技、文化交流。

(2) 两会应当相互尊重、平等协商、实事求是、合情合理地处理两岸同胞交往中产生的具体问题，积极推进事务性商谈。

(3) 两会应当尊重两岸一切致力于发展两岸关系的团体和人士的作用，共同推动两岸关系发展。

2. 建立两会联系与会谈制度

在预备性磋商中，双方已就签署“两会联系与会谈事宜协议”交换了意见。我会建议，这个协议应包括两会负责人会谈、两会不同层级人士定期就会务问题交换意见、协商促进事务性商谈的开展、及时协商处理紧急性突发事件、各自成立专门小组磋商促进各项交流、处理交往中产生的具体问题等内容。其中高层会谈由海协会长与海基会董事长约期进行，海协副会长与海基会副董事长或两会秘书长每半年进行一次；业务会谈由两会副秘书长或部门主管每三个月进行一次。会谈及事务性商谈应在海峡两岸轮流进行。如有必要，经双方商定，也不排除在第三地进行。海协会长与海基会董事长会谈地点也可另行商定。这个问题，这两天邱先生与唐先生会谈时，又有些新的想法，还可以讨论嘛。

3. 两会各自组成专业小组

我们同意海基会提出的各自组成经济、科技、旅游三个专业小组和处理突发事件小组的建议。我会已将此项内容补充到“两会联系与会谈事宜协议”之中，具体运作方式还可进一步讨论。

我们认为，为了各小组深入讨论，并能够切实解决两岸交往中的专业性问题，这些小组应当全面掌握两岸交往中的相关业务情况，应当具有一定的专业业务知识和水平，并与有关业务主管部门保持经常性的联系，必要时应得到业务主管部门的授权。我会考虑由海协理事与海协工作人员分别组成经济、综合事务小组。这些理事都是各有关方面具有相当资历和代表性的人士。处理突发事件小组，建议两会各指定由一位副秘书长负责。

4. 相互提供两会人员工作往来方便问题

相互提供两会人员工作往来方便的问题，是同两会负责人互访和在海峡两岸轮流进行工作会谈及事务性商谈联系在一起的。在海基会正式邀请我会负责人士人台访问，以及能够在台湾进行两会的工作会谈和事务性商谈以后，我们再根据实际状况进一步讨论相互提供方便的具体办法，并征得大陆有关主管部门批准后实施。

对两会秘书长以上负责人及经两会协议商定的事务性商谈人员互相提供适当的入境方便，由对方代为办理入境手续，并代持入境证件；对两会秘书长以上负责人及随行人员实行免验入关，对两会副秘书长及随行人员实行从宽验放入关；双方应至迟于一周前提出入境申请，确有特殊情况，申请期限另行商定。

两会其他人员往来应按正常途径办理入境手续。双方应尽可能提供方便。

5. 继续推动海峡两岸事务性商谈

在预备性磋商中，唐先生与邱先生已达成共识，在汪辜会谈中正式宣布结束“违反有关规定进入对方地区之人员的遣返及相关问题”、“有关共同打击海上走私、抢劫等犯罪活动问题”、“协商两岸海上渔事纠纷之处理”等三项问题的程序性商谈，我完全同意，建议于今年内安排正式商谈。有关的具体安排，可以由两会的秘书长磋商。

6. 两岸司法方面的联系与协作问题

在预备件磋商时，唐先生与邱先生就两会商谈两岸司法方面的联系与协作问题已达成原则共识。关于商谈议题的表述，我们考虑了贵会的意见，建议采用“两会代为有关法院之间的联系与协助”或“两岸有关法院相互委托办理民事诉讼事项”的提法。我会建议将上述议题列入贵我两会今年事务性商谈的议题，商谈的名义和内容可以由两会进行具体的讨论。

此外，我希望台湾方面放宽原籍台湾、现在大陆居住的台湾同胞回台湾探亲的限制；简化因台湾方面邀请赴台进行各项交流活动的入境手续。具体内容可由两会进行讨论。

附：

辜振甫先生在会谈中的发言稿

1993 年 4 月 27 日

汪会长、唐常务副会长、邹秘书长、邱副董事长兼秘书长、各位女士、诸位先生，大家安好。

一、前言

海峡两岸关系协会、财团法人海峡交流基金会两会先后成立于海峡两岸，分别接受主管机关的委托，处理有关民间往来的事务，在运作一至两年之后，今天双方高层负责人首度在此见面会商，开启两岸民间沟通的管道，意义重大。

去年八月蒙道涵先生来函建议与本人会晤，讨论有关两会会务及经贸问题，鉴于本项会晤有助于两会未来的互动关系，本人经认真、严肃考虑之后，建议在新加坡举行。唯以本人内外俗务缠身，两会文书查证及挂号信函的事务性协商又迟未能获致结论，以致稽延至再，未能及时进行。本年三月底，上述事务商谈经双方业务主管的努力而达成初步协议，接着由邱副董事长、唐常务副会长二位于四月七日至十日进行本次会谈的预备性磋商，一共达成了七点共识，今天汪会长与本人将在这个基础上，就两会重要会务、两岸的经贸、社会、文教及科技交流等问题交换意见，希望能建立两会联系协商的制度，以解决两岸民间交流所衍生的各种问题。

二、建立两会联系与协商制度

两会自成立以来，除就两岸共同打击海上犯罪、文书查证及两岸挂号函件查询补偿问题有过几次会商之外，对于其他业务上的联系多系以电传行之，虽然能够解决了一些个案，发挥了保障人民的权益及稳定两岸关系的功能，但是在整体运作上，仍然未尽令人满意。所以，希望在这次会谈中能建立高层会谈、事务协商、紧急联系等各种不同层次与功能之联系协商制度。当然，在此无可避免地要谈到双方会务人员入出境的问题，我们希望在平等看待的基础上，给予对方入出境的方便，并能将在第一阶段的预备性磋商中所达成的共识，予以落实而签署协议。

三、社会交流方面

两岸的民间交流日益频繁，固然对于增进彼此间的了解与互信，有其正面意义，但是在交流过程中也难免发生一些脱序现象，亟待妥善处理。例如：

(一) 非法入境人员之遣送

关于违反规定非法入境人员的遣返问题，双方的红会虽然曾经签订“金门协议”，并已生效实施，但在执行上，因天候的阻碍或协调上的困难，仍然不能有效而迅速地送回私自人境的违法人员，以致发生不少困扰之事。希望能够检讨目前的运作方式，例如考虑空运或由我方派船送人等方式之可行性，尤其贵我两会已经成立，应予一并考虑接办这项工作的问题。

(二) 共同打击海上犯罪活动

据我方主管机关统计，近年来渔船在海上遭受打劫者不下三十起，其中更有伤及人命者。为维持台海安宁，两岸自有必要共同给予打击。两岸不法分子相互勾结，走私各种物品，甚至包括枪械、毒品等，危及两岸之社会安全与经济秩序，非采取有效之行动加以遏止不可。

（三）海上渔事纠纷之处理

两岸以一衣带水之隔，共同享有台海渔业资源，在作业中因绞网或碰撞引起纠纷，乃属常见者。大陆渔民求偿心切，在责任未明之前常有扣人或自行取偿之行为，演成刑事案件，也造成两岸渔民关系之紧张，例如“闽狮渔二二九四、二二九五”、“闽连渔〇九四五、〇九四六”均属其例。就此，贵我双方确有必要磋商建立解决纠纷之模式。

四、经济交流方面

两岸各自拥有独特的重要经济资源，也有截然不同的发展过程与体制，近年来为求互补互利之功，台商开始将资金及技术带进大陆是两岸经济交流的第一步。固然两岸目前的情势，还不能进入直接双向投资的阶段，但是进一步保障台商在大陆投资之权益，却至关重要。而如何开诚磋商在法律上、行政上采取切实的措施，确是增进两岸经济交流的重要做法，诸如优惠待遇、征收之限制及补偿、战争骚乱等之损害赔偿、经营利润及撤资等之汇出、不当费用摊派之禁止、人身及财产安全、相关法规之透明化、融资及币券使用之困难、争端之公正解决及成立联谊组织等问题都能经过磋商而达成协议，并予以落实保障。海基会方面，鉴于两岸交流日趋密切，认为有必要促成开放两岸工商界人士互访，并与贵会共同研究筹开民间性质经济交流会议之可行性。至于讨论能源、资源交流问题，我们也认为值得研究。

五、文教科技交流方面

青少年系民族未来之主人翁，为增进两岸人民之了解与互信，两岸青少年的互访交流尤有加以重视的必要，其举办形式如举办研讨会、各种竞赛、交换有关图书资料等。

新闻媒体扩大报导两岸事务，对于促进彼此间的了解及建立互信，实有积极之意义。目前台湾记者到大陆从事采访者为数不少，唯大陆记者访台报导仍属少数，亟待贵我两会积极促成。

另外，在科技发展方面两岸各擅胜场，如何经由相互的交流，以提升两岸产业的水准，也值得贵我双方切实探讨。

六、结语

今天的会谈汪先生与我就有关议题方面先作以上之大体讨论，细节问题可交由邱副董事长与唐常务副会长进一步磋商，我们对会谈之结果寄予殷切的期望，希望能圆满成功。

010

汪辜会谈共同协议

1993 年 4 月 29 日

财团法人海峡交流基金会（以下简称海基会）辜振甫董事长与海峡两岸关系协会（以下简称海协）汪道涵会长代表两会于本年 4 月 27 日至 29 日在新加坡进行会谈。本次会议为民间性、经济性、事务性与功能性之会谈，海基会邱进益副董事长与海协常务副会长唐树备、副会长兼秘书长邹哲开等参加会谈。双方达成以下协议：

一、本年度协商议题

双方确定今年内就“违反有关规定进入对方地区人员之遣返及相关问题”、“有关共同打击海上走私、抢劫等犯罪活动问题”、“协商两岸海上渔事纠纷之处理”、“两岸智慧财产权（知识产权）保护”及“两岸司法机关之相互协助（两岸有关法院之间的联系与协助）”（暂定）等议题进行事务性协商。

二、经济交流

双方均认为应加强两岸经济交流，互补互利。双方同意就台商在大陆投资权益及相关问题、两岸工商界人士互访等问题，择时择地继续进行商谈。

三、能源资源开发与交流

双方同意就加强能源、资源之开发与交流进行磋商。

四、文教科技交流

双方同意积极促进青少年互访交流、两岸新闻界交流以及科技交流。在年内举办青少年才艺竞赛及互访。促成青年交流、新闻媒体负责人及资深记者互访。促进科技人员互访、交换科技研究出版物以及探讨科技名词统一与产品规格标准化问题，共同促进电脑及其他产业科技之交流，相关事宜再行商谈。

五、签署生效

本共同协议自双方签署之日起三十日生效实施。

本共同协议于四月二十九日签署，一式四份，双方各执两份。

海峡两岸关系协会会长　　　　财团法人　海峡交流基金会董事长

汪道涵、唐树备　　　　　　　　辜振甫、邱进益

011

两会联系与会谈制度协议

1993年4月29日

海峡两岸关系协会（以下简称海协）与财团法人海峡交流基金会（以下简称海基会）为建立联系与会谈制度，经协商达成以下协议：

一、会谈

海协会长与海基会董事长，视实际需要，经双方同意后，就两会会务进行会谈，地点及相关问题另行商定。

海协常务副会长与海基会副董事长或两会秘书长，原则上每半年一次，在两岸轮流和商定之第三地，就两会会务进行会谈。

两会副秘书长、处长、主任级人员，就主管之业务，每季度在两岸择地会商。

二、事务协商

双方同意就两岸交流中衍生且有必要协商之事宜，尽速进行专案协商，并签署协议。

三、专业小组

双方同意因业务需要，各自成立经济小组与综合事务小组。

四、紧急联系

双方同意各自指定副秘书长作为紧急事件之联络人，相互联系并采行适当措施。

五、入出境往来便利

双方同意因本协议所定之事由，相互给予经商定之两会会务人员适当之入出境往来与查验通关等便利，其具体办法另行商定。

六、协议履行、变更与终止

双方应遵守协议。

协议变更或终止应经双方协商同意。

七、未尽事宜

本协议如有未尽事宜，双方得以适当方式另行商定。

八、签署生效

本协议自双方签署之日起三十日生效。

012

两岸公证书使用查证协议

1993 年 4 月 29 日

海峡两岸关系协会、中国公证员协会与财团法人海峡交流基金会，就两岸公证书使用查证事宜，经协商达成以下协议：

一、联系主体

（一）关于寄送公证书副本及查证事宜，双方分别以中国公证员协会或有关省、自治区、直辖市公证员协会与财团法人海峡交流基金会相互联系。

（二）本协议其他相关事宜，由海峡两岸关系协会与财团法人海峡交流基金会联系。

二、寄送公证书副本

（一）双方同意相互寄送涉及继承、收养、婚姻、出生、死亡、委托、学历、定居、扶养亲属及财产权利证明公证书副本。

（二）双方得根据公证书使用需要，另行商定增、减寄送公证书副本种类。

三、公证书查证

（一）查证事由

公证书有下列情形之一，双方应相互协助查证：

1. 违反公证机关有关受理范围规定；

2. 同一事项在不同公证机关公证；

3. 公证书内容与户籍资料或其他档案资料记载不符；

4. 公证书内容自相矛盾；

5. 公证书文字、印鉴模糊不清，或有涂改、擦拭等可疑痕迹；

6. 有其他不同证据资料；

7. 其他需要查明事项。

（二）拒绝事由

未叙明查证事由，或公证书上另加盖有其他证明印章者，接受查证一方得附加理由拒绝该项查证。

（三）答复期限

接受查证一方，应于收受查证函之日起三十日内答复。

（四）查证费用

提出查证一方应向接受查证一方支付适当费用。

查证费用标准及支付方式由双方另行商定。

四、文书格式

寄送公证书副本、查证与答复，应经双方协商使用适当文书格式。

五、其他文书

双方同意就公证书以外的文书查证事宜进行个案协商并予协助。

六、协议履行、变更与终止

双方应遵守协议。

协议变更或终止，应经双方协商同意。

七、争议解决

因适用本协议所生争议，双方应尽速协商解决。

八、未尽事宜

本协议如有未尽事宜，双方得以适当方式另行商定。

九、签署生效

本协议自双方签署之日起三十日后生效实施。

013

两岸挂号函件查询、补偿事宜协议

1993 年 4 月 29 日

海峡两岸关系协会、中国通信学会邮政专业委员会与财团法人海峡交流基金会，就两岸挂号函件查询及补偿事宜，经过协商，达成以下协议：

一、开办范围

本协议所称挂号函件系指信函、明信片、邮简、印刷物、新闻纸、杂志及盲人文件。上述开办范围双方得以书面协议增减。

二、联系方式

挂号函件之查询由中国通信学会邮政专业委员会与财团法人海峡交流基金会或其指定之邮件处理中心（航邮中心）相互联系。

其他相关事宜由海峡两岸关系协会与财团法人海峡交流基金会相互联系。

三、传递方法

挂号函件通过第三地转运办理。

四、查询期限

挂号函件查询，应自原寄件人交寄次日起十二个月内提出。

五、答复期限

接受查询一方应于收受查询文件之日起三个月内答复。

六、缮发验单

一方接收他方封来之函件总包，遇有挂号函件遗失、被窃或毁损等情形，应即缮发验单，由对方迅予查复。

七、各自理赔

挂号函件发生遗失、被窃或毁损等情形，概由原寄一方负责补偿，不相互结算。

八、文件格式

双方各依邮政惯例印制查询表格、验单、答复函及简函，相互认可后使用。

九、协议履行、变更与终止

双方应遵守协议。

协议变更与终止，应经双方协商同意。

十、争议解决

因适用本协议所生争议，双方应尽速协商解决。

十一、未尽事宜

本协议如有未尽事宜，双方得以适当方式另行商定。

十二、生效实施

本协议自双方签署之日起三十日后生效实施。

014

历史的昭示与未来的抉择

——写在“汪辜会谈”8周年之际

海峡两岸关系协会会长　汪道涵

2001年4月28日

八年前举行的“汪辜会谈”，是1949年以来海峡两岸最高层级的会谈，标志着两岸关系进程中历史性的重要一步。八年来，“汪辜会谈”及海协与台湾海基会的一系列商谈与对话，成为促进两岸交往、改善两岸关系的重要标志。

“汪辜会谈”之所以成功举行，取决于双方以对国家、对民族、对人民的历史责任感，以诚意和善意构建了两会交往与商谈的共同基础，这就是各自以口头方式表述“海峡两岸均坚持一个中国原则”的共识。没有这一共识作基础，双方是不可能坐到一起来的。在1992年11月达成的两会共识中，海基会向海协表示“在海峡两岸共同努力谋求国家统一的过程中，双方虽均坚持一个中国的原则，但对于一个中国的涵义，认知各有不同”。海协向海基会表示“海峡两岸都坚持一个中国的原则，努力谋求国家统一。但在海峡两岸事务性商谈中，不涉及一个中国的政治含义”。虽然双方对于实现国家统一前的一个中国的政治涵义，在看法上有所不同；但对于“海峡两岸均坚持一个中国原则”、“努力谋求国家统一”这个大是大非的问题，态度是一致的；双方承诺的是“海峡两岸均坚持一个中国原则”和“努力谋求国家统一”的态度，暂时搁置的是对一个中国政治含义的争议；并且愿意在坚持一个中国原则、暂不涉及一个中国政治含义的情况下，平等协商，共同找出解决问题的办法。这是“汪辜会谈”能够产生政治互信并建立两岸制度化协商机制的基础。

“汪辜会谈”的历史性意义，在于它充分体现了海峡两岸同属于一个中国的客观现实。我与辜先生数度握手，凝结的是中国人的民族认同和民族情感，昭示的是两岸虽然尚未统一、但中国的主权和领土完整没有分割。它具体地说明，“海峡两岸均坚持一个中国原则”是双方在长达四十多年的时间里共同的态度。在这样的态度下，双方可以以求同存异的精神解决一些政治问题，可以暂时搁置一些政治争议，也可以就政治分歧坦诚地进行对话，这才是两岸中国人平等协商的具体写照。江泽民主席多次指出，“在一个中国的前提下，什么问题都可以谈”。1998年10月我对辜振甫先生讲的关于坚持一个中国原则的86个字，去年以来钱其琛副总理多次阐述的“世界上只有一个中国、大陆和台湾同属于一个中国、中国的主权和领土完整不容分割”，都是“汪辜会谈”历史精神的体现。我念兹在兹的，就是一个中国、平等协商、共议统一。

八年的风风雨雨将两岸关系送入新的世纪。在经历了“两国论”的分裂逆流和台湾政局重大演变后，“汪辜会谈”比以往任何时候都更能昭示它对两岸关系发展的启示意义。当前，两岸同胞强烈要求稳定和改善两岸关系，关心两会何时恢复商谈。我们也同台湾同胞一样，由衷地希望两会尽快在1992年共识的基础上谈起来。但是一年多来，台湾当局新领导人始终不承认一个中国原则，一再否认1992年两会共识。在此情况下，两会对话与商谈难以在“汪辜会谈”的框架内继续进行。需要指出的是，我们珍视1992年两会共识，并要求在此基础上重开谈判，维护的是“汪辜会谈”的既有协商基础和丰富成果，没有对两会复谈提出任何新的、超出“汪辜会谈”之外的要求。而台湾当局一方面表示尊重“汪辜会谈”、希望重开对话，另一方面却以各种借口否定、歪曲两会共识。他们实际上是给两会重开谈判提出了一个无理要求，即“海峡两岸均坚持一个中国原则”的共识不必承认，两岸商谈不必在“大陆和台湾同属于一个中国”的框架内进行。这种企图改变“汪辜会谈”和两会商谈基础的做法，给两岸重开谈判设置了严重障碍。这不是什么“搁置争议”、寻求和解，而是制造麻烦、制造紧张。以什么为基础重开谈判的问题，是关系到是维护中国主权与领土完整、还是搞“台独”分裂的民族大义问题。我相信台湾同胞对此是看得很清楚的。

历史昭示着未来。坚持1992年两会共识，以恢复两会协商基础，才能真正接续“汪辜会谈”开创的对话与商谈机制，才能在相互尊重、平等协商、实事求是、求同存异的精神下，增强互信，积累共识，使两岸关系尽早得以改善和发展。台湾当局如果真有对话的诚意，就应该承认一个中国原则，承认1992年两会共识，以实际行动为重开两会对话做出自己的努力。

四 第二次汪辜会谈

1998年10月14日，受海协会邀请的海基会董事长辜振甫先生赴上海、北京的“参访”活动终于成行。辜先生是近五十年来第一位踏足祖国大陆的由台湾当局正式授权的代表，祖国大陆对此次参访十分重视，并给予很高的礼遇，江泽民总书记、钱其琛副总理分别会见辜先生一行，这是海峡两岸自1949年以来最高级别的公开接触。

10月15日，辜振甫与海协会长汪道涵会面，这是两岸两会自1995年6月中断商谈以来的首次高层对话，是汪道涵先生和辜振甫先生1993年新加坡会谈之后的第二次握手。双方在会谈中达成了四项共识：

一、两会决定进行包括政治、经济等各方面的对话，由两会负责人具体协商作出安排。

二、进一步加强两会间的交流，包括两会负责人等多层次的互访。

三、涉及两岸同胞生命财产安全的事件，两会将加强个案协助，相互委托。

四、辜振甫先生邀请汪道涵会长访问台湾。汪道涵对此表示感谢，愿意在适当的时候到台湾访问，加深了解。

015

汪道涵会见辜振甫谈话提纲

1998年10月14日

一、欢迎辜振甫先生率海基会参访团来访

我本人和海协全体同仁，对辜先生夫妇及海基会各位的到来表示热烈欢迎。1993年新加坡汪辜会谈以来，我们已经5年没有见面了。此次辜先生能来上海，我十分高兴。辜先生率贵会各位来大陆参访，是两会共同努力的结果。作为两会安排的交流活动，辜先生和各位先生来访，可以促进两会的相互了解，推动两会的交流和沟通。各位先到上海，我希望就此机会，与辜先生及各位就双方共同关心或各自关心的问题广泛交换意见。我还为各位在上海安排了一些参访项目，包括参观浦东新区、上海博物馆、上海证券交易所等，几十年来，特别是改革开放以来，上海的变化很大。欢迎各位在上海各地走走，了解上海的发展情况。在北

京，江泽民先生将会见辜先生夫妇，钱其琛先生、陈云林先生也将会见各位，各位还将与海协顾问、理事见面。我相信这些重要的会面和交流，必将对两岸、两会关系的改善起到积极的推动作用。

二、两岸应尽早进行政治谈判及其程序性商谈

促进两岸政治谈判是现阶段全面推进两岸关系的关键。我们一贯主张，在一个中国的前提下什么问题都可以谈。江泽民先生提出，第一步先就“在一个中国的原则正式结束两岸敌对状态”进行谈判，并达成协议。在此基础上，共同承担义务，维护中国的主权和领土完整，并对两岸关系的发展进行规划。在一个中国原则下正式结束敌对状态，是进一步发展两岸关系的必经步骤，符合海峡两岸人民的利益，符合台湾同胞求安定、求和平的愿望；同时这一步骤体现了我们实事求是、分阶段逐步实现和平统一的重要思想。当前，首先要就上述政治谈判准备，作出程序性安排；通过程序性商谈，就政治谈判的议题、代表名义、方式等问题达成双方可以接受的协议。有了这样一个渠道和机制，台湾方面关心的其他问题都可以提出来进行沟通讨论。今年 1 月 26 日，陈云林先生已经宣布，中共中央对台工作主管部门愿意授权海协与台湾方面进行政治谈判程序性商谈。我们希望海基会作出认真的、积极的、明确的回应。

三、对过去两岸事务性商谈的评价和两岸政治谈判开启后两会经济性事务性商谈的安排

过去几年，两会进行了“汪辜会谈”和多次事务性商谈，对促进两岸交流产生过重要作用。两会商谈应为发展两岸关系服务，现在形势发生了变化，应赋予两会商谈及两会渠道以新的内容。以往两会商谈难以取得进展的根本原因，就在于已涉及政治问题而又没有条件进行讨论。事实上，事务性议题避不开政治问题，如果回避政治谈判，还只局限于事务性面谈，是不利于问题的解决，不利于两岸关系的发展。因此，政治谈判已客观地提上议事日程。实现两岸政治谈判，就可以为解决两岸经济性事务性问题创造更好的条件。我愿意重申，在两岸开始政治谈判的程序性商谈后，两会可以重开经济性事务性商谈。

四、两会应尽快开展对话，包括政治对话

今年 8 月 24 日，中共中央台办、国务院台办负责人发表谈话，阐述了对当前两岸关系中重大问题的看法。其中谈到“我们主张两岸政治谈判，第一步先谈‘在一个中国原则下正式结束两岸敌对状态’。目前应就政治谈判的程序性安排进行商谈，随之重新开始海峡两岸关系协会与台湾的海峡交流基金会的经济性、事务性商谈”。还谈到“为了有利于增进了解、寻求共识，海协正扩大与台湾海基会的接触与交流，也愿意和海基会进行一切有利于和平统一、有利于发展两岸关

系的政治对话”。我们注意到、台湾方面人士包括辜先生本人也就两岸举行对话或者建设性对话作出过表示。我会已于 9 月 14 日正式致函海基会，表达了上述建议。

我主张我们这次见面后海协与海基会继续保持接触。我们建议的进行政治谈判的程序性商谈，如果台湾方面现在开始政治谈判程序性商谈还有困难，我们也建议在此之前两会可先进行一切有利于和平统一、有利于发展两岸关系的对话，包括政治对话，因为进行两岸对话很难排除政性的对话。这是既兼顾双方立场又推动两岸关系向前迈出一步的积极建议。充分体现了大陆方面求同存异，为重启两岸协商进行不懈努力的诚意。

五、两会应继续保持交流与接触

今年初，钱其琛先生提出，希望两会扩大交流和接触为及早实现两岸政治谈判的程序性商谈寻求共识、创造条件。继续保持两会交流与接触，可以共同举办两岸关系研讨会或座谈会，也可由两会副秘书长率交流团组，两会负责人率顾问、理事团或董监事团互访，为两岸政治对话创造条件。在两会商谈未开始前，涉及两岸同胞权益的事件，两会可在各自许可的范围内加强个案合作。

六、关于一个中国原则的涵义问题

世界上只有一个中国，台湾是中国的一部分，目前尚未统一，双方应共同努力，在一个中国的原则下，平等协商，共议统一。一个国家的主权和领土是不可分割的，台湾的政治地位应该在一个中国的前提下进行讨论。

七、结束敌对状态，实现直接“三通”，是当前攸关两岸同胞权益的最突出问题

随着两岸人员往来的频繁，难免发生一些有关两岸同胞生命财产受损害的突发事件。大陆有关方面将一如既往地本着维护两岸同胞权益的宗旨予以高度重视，妥善处理。海协也将继续通过与海基会相互联系与委托的方式，尽可能提供各种协助，努力维护两岸同胞的合法权益。

我们认为，当前两岸关系发展中真正攸关台湾 2100 多万同胞和 12 亿大陆同胞权益的问题，一是尽快结束两岸敌状态；二是实现两岸直接“三通”。敌对状态没有结束，使两岸长期处于不正常、不稳定状态；两岸同胞之间不能正常来往，直接损害着台湾同胞的切身利益和整体权益；从某种程度上说，也是衍生各类纠纷与事件的重要原因。

016

辜振甫谈话要点稿

1998 年 10 月 14 日

这次本人能来大陆访问，和汪会长见面，觉得格外高兴。从去年十一月海基会发函建议由本人率团前来访问以来，经过双方人员不断地磋商，得以成行，可说是十分难得。今天见到汪会长，本人不禁想起五年前在新加坡会谈的情景，当时气氛良好，成果丰硕，签订了《两会联系与会谈制度协议》等四项协议，奠定制度化协商管道，的确是两岸关发展历程中突破性的一步。

本人此行到上海、北京两地进行参访，并和汪会长等有关人士见面，希望能透过坦诚沟通和自由交换意见，增进理解，消除不必要的误会，为推动两会会务营造良好的气氛，更为中断三年多的制度化协商管道带来重新启动的契机，进一步促成两会领导人第二次会谈的尽早召开。同时，希望经由建设性对话，就双方所关心的重要问题交换意见，以建立两岸之间的互信，寻求良性互动的共识，为两岸关系的改善与长期稳定创造有利的条件。

贵会近年来主张舍弃事务性协商而就政治谈判进行序性磋商，本人认为事务性协商攸关人民的权益不可偏废。最近十年以来，随着两岸人员往来频繁、贸易及投资快速增长，民间交流成为两岸关系非常重要的部分，因而衍生的问题，例如，台湾地区人民在大陆地区的人身安全；台商在大陆地区的投资保障以及有关税务、关务等事宜；渔事纠纷处理；偷渡犯遣返、共同打击犯罪；两岸司法互助等事项，以及贵我两会会务往来所发生的问题，因贵会片面中断制度协商，以致迄今仍无法得到解决，也造成两岸关系的倒退。贵我两会既然是两岸政府正式授权处理两岸事务的民间团体，当务之急应是遵守新加坡协议，以示诚信，取信于民，尽快恢复制度化协商，致力解决这些较不具政治争议的人民切身关心的问题。进言之，在进行事务性协商中可以理出政治性障碍，在未来协商时逐一加以理性排除，这才是建两岸所欠缺的“互信”的正确途径。

台湾人民的祖先都是四百年前从大陆过来定居的。一百年前，中国视台湾为化外之地、化外之民，把我们割让给日本。第二次世界大战结束后，许多殖民地和托管地纷纷寻求独立，但通过开罗宣言和波茨坦公告等国际协议，台湾回来了。从一九四九年开始，两岸隔海对等分治、互不隶属已近五十年，“一个分治的中国”，既是历史事实，更是政治现实。接受分治的中国，什么问题都可以谈。大陆的对台政策是和平统一，我们同意和平。我方已经与一九九一年宣布结束动员勘乱时期放弃以武力手段解决两岸问题，并透过扩大交流和积极协商，为促进两岸和平作出具体贡献。谈统一的前提是没有统一，谈统一要接受分治，才能谈政治问题。还未统一之前，台湾应有国际空间。台湾有若干国际空间，并不是排除或取代大陆；台湾二千一百万同胞的声音在国际上听不到，是不公平的。遗憾的是，大陆方面不肯尊重现实，也不肯放弃对台湾使用武力；而且在国际上设法阻断我方的活动空间。这种以假设“中华民国”（明显为当前世界为重要政经实体之一）在国际上已经不存在的做法，只有加激台湾人民的反感，完全无助于两岸关系的改善，也是我方所无法认同的。重要的是，唯有彼此对等定位、相互尊重，才会使所谓政治性对话具备实质内涵。希望双方在尊重分治的现实基础上，展开建设性的对话，逐步寻求全体中国人长远的福祉、全中国未来的民主统一。

此外，我们已经注意到，汪会长对于“一个中国”原则的定义有较具弹性的看法，这种说法在大陆内部也引起关注；同时，钱其琛先生近期也提出所谓“一个中国，内外有别”的见解，我们对于何者为实际运作的基准有所质疑，在此必须明确指出，一项政策用不同标准诠释，并不符合现代化国家的做法；而更重要的是，两岸既为对等的政治实体，就不宜区别对待。因此针对所谓“一个中国，内外有别”，希望能得到明确的讯息，以避免发生误判。

本人在此强调，追求国家的民主化与现代化是当今世界不可抵挡的潮流，也是两岸关系长期稳定发展的方向，台湾是民主化的国家，追求民主和追求现代化是不可分的。在此过程中，我们不朝向“独立”的方向发展，而是相反。彼此尊重、给台湾国际上的地位和空间，这是台湾人民所共拥有的观念。这个问题决定着国家统一的进程。同时，大随民主化与两岸关系的发展，便是国家统一进程的决定因素，企盼大陆方面充分了解台湾半世纪来的民主化重大演变。我们乐意将所累计的民主化及经济转型发展的经验与大陆分享，以开创互惠互信双赢局面，不仅成为东亚区域安全繁荣的稳定力量，并能符合国际社会的期望，而为世界和平作出积极的贡献。

话不坦率不能增进了解、解决问题。找到双方共同的发展方向应该是必要的。只有坦诚沟通，才能慢慢走近。台湾是中国的一部分，但大陆也是中国的一部分。不能说因为还未统一，就这也不行，那也不行。不要制造障碍，把台湾推到分离的边沿去。假如心中没有一个中国，就不会讲统一，也不会讲分治，这是非常重要的一点。政治谈判我不回避，但韩国与朝鲜五年前就谈政治，可现在人民还不相互往来。而台湾方面却积极开放了两岸人民的往来。假如能够承认台湾是一个政治实体，什么问题都变的简单了。我的话很直率，希望汪会长谅解！

五 海协会海基会第一次领导人会谈

2008 年 6 月 12 日，海峡两岸关系协会会长陈云林与海峡交流基金会董事长江丙坤在北京钓鱼台国宾馆举行会谈。这标志着中断近 10 年的两会协商谈判正式恢复。

在会谈中，陈云林与江丙坤都高度肯定“汪辜会谈”、“汪辜会晤”的历史贡献，表达了对已故海协会会长汪道涵和海基会董事长辜振甫的缅怀。

6 月 13 日上午，双方签署了《海峡两岸包机会谈纪要》、《海峡两岸关于大陆居民赴台湾旅游协议》协议文本。

017

海峡两岸包机会谈纪要

2008 年 6 月 13 日

海峡两岸关系协会与财团法人海峡交流基金会认为，近年来两岸节日包机、紧急医疗包机、人道包机及专案货运包机相继开通，促进了两岸人民往来和经济交流。为尽早实现两岸直接通航，双方就开通两岸客运包机和货运包机等事宜，经平等协商，形成会谈纪要如下：

一、承运人。双方同意在航班总量相等的情形下，各自指定包机承运人，并事先知会对方。

二、搭载对象。双方同意凡持有效旅行证件往返两岸的旅客均可搭乘客运包机。

三、飞行航路。双方同意尽快协商开通两岸直达航路和建立双方空管方面的直接交接程序。在直达航路开通前，包机航路得暂时绕经香港飞行（航）情报区。

四、通关便利。双方同意简化客、货通关手续，为旅客及机组人员提供便利。

五、保税措施。双方同意对承运人租用机场公共保税仓库储备飞机维修配件，提供便利并予以保税监管。

六、互设机构。双方同意包机承运人得在对方航点设立办事机构。在本纪要签署后，大陆包机承运人即可派出员工驻台，办理有关业务，设立办事机构筹备处。台湾方面同意大陆承运人于六个月内设立办事机构。

七、辅助安排。双方同意有关地面代理、销售途径、票款结算、航空器及机组证照证明与检查、机务及飞行前安全检查、检验检疫等事宜，比照节日包机做法处理。如遇飞行安全、急难救助等特殊情况，双方同意以个案方式协商处理，并提供必要协助。

八、申请程序。包机承运人按照各方规范逐月申请飞行班次，每次飞行前十五日提出申请。

九、准用事项。双方同意节日包机、紧急医疗包机等仍暂按双方已经公布的框架性安排执行，并得准用本纪要搭载对象等条款。

十、货运事宜。双方同意在周末客运包机实施后三个月内就两岸货运包机进行协商，并尽速达成共识付诸实施。

十一、定期航班。双方同意尽快就开通两岸定期直达航班进行协商，以实现两岸人民的共同愿望、增进两岸人民的福祉。

十二、联系机制。本会谈纪要议定事项，由海峡两岸航空运输交流委员会与台北市航空运输商业同业公会相互联系。必要时，经双方同意得指定其他单位进行联系。

十三、签署生效。本会谈纪要自双方签署之日起七日后生效。纪要的附件与本纪要具有同等效力。

本会谈纪要于六月十三日签署，一式四份，双方各执两份。

附件：海峡两岸周末包机时段、航点及班次

海峡两岸关系协会　　　　　　　　财团法人　海峡交流基金会

会长　陈云林　　　　　　　　　　董事长　江丙坤

附件：

海峡两岸周末包机时段、航点及班次

一、时段。周末包机时段为每周五至下周一计四个全天。自七月四日起正式开始实施。

二、航点。大陆方面同意先行开放北京、上海（浦东）、广州、厦门、南京五个航点，并陆续开放成都、重庆、杭州、大连、桂林、深圳，以及其他有市场需求的航点。台湾方面同意开放桃园、高雄小港、台中清泉岗、台北松山、澎湖马公、花莲、金门、台东等八个航点。

三、班次。双方同意在周末包机初期阶段，每周各飞十八个往返班次，共三十六个往返班次。根据市场需求等因素适时增加班次。

每周台湾方面至上海（浦东）的班次不超过九个往返班次；大陆方面至台中清泉岗的班次不超过六个往返班次。

018

海峡两岸关于大陆居民赴台湾旅游协议

2008年6月13日

为增进海峡两岸人民交往，促进海峡两岸之间的旅游，海峡两岸关系协会与财团法人海峡交流基金会，就大陆居民赴台湾旅游等有关两岸旅游事宜，经平等协商，达成协议如下：

一、联系主体

（一）本协议议定事宜，双方分别由海峡两岸旅游交流协会（以下简称海旅会）与台湾海峡两岸观光旅游协会（以下简称台旅会）联系实施。

（二）本协议的变更等其他相关事宜，由海峡两岸关系协会与财团法人海峡交流基金会联系。

二、旅游安排

（一）双方同意赴台旅游以组团方式实施，采取团进团出形式，团体活动，整团往返。

（二）双方同意按照稳妥安全、循序渐进原则，视情对组团人数、日均配额、停留期限、往返方式等事宜进行协商调整。具体安排详见附件一。

三、诚信旅游

双方应共同监督旅行社诚信经营、诚信服务，禁止“零负团费”等经营行为，倡导品质旅游，共同加强对旅游者的宣导。

四、权益保障

（一）双方应积极采取措施，简化出入境手续，提供旅行便利，保护旅游者正当权益及安全。

（二）双方同意各自建立应急协调处理机制，相互配合，化解风险，及时妥善处理旅游纠纷、紧急事故及突发事件等事宜，并履行告知义务。

五、组团社与接待社

（一）双方各自规范组团社、接待社及领队、导游的资质，并以书面方式相互提供组团社、接待社及领队、导游的名单。

（二）组团社和接待社应签订商业合作合同（契约），并各自报备，依照有关规定办理业务。

（三）组团社和接待社应按市场运作方式，负责旅游者在旅游过程中必要的医疗、人身、航空等保险。

（四）组团社和接待社在旅游者正当权益及安全受到威胁和损害时，应主动、及时、有效地妥善处理。

（五）双方对损害旅游者正当权益的旅行社，应分别予以处理。

（六）双方应分别指导和监督组团社和接待社保护旅游者正当权益，依合同（契约）承担旅行安全保障责任。

六、申办程序

组团社、接待社应分别代办并相互确认旅游者的通行手续。旅游者持有效证件整团出入。

七、逾期停留

双方同意就旅游者逾期停留问题建立工作机制，及时通报信息，经核实身份后，视不同情况协助旅游者返回。任何一方不得拒绝送回或接受。

八、互设机构

双方同意互设旅游办事机构，负责处理旅游相关事宜，为旅游者提供快捷、便利、有效的服务。

九、协议履行及变更

（一）双方应遵守协议。协议附件与本协议具有同等效力。

（二）协议变更，应经双方协商同意，并以书面形式确认。

十、争议解决

因适用本协议所生争议，双方应尽速协商解决。

十一、未尽事宜

本协议如有未尽事宜，双方得以适当方式另行商定。

十二、签署生效

本协议自双方签署之日起七日后生效。

本协议于六月十三日签署，一式四份，双方各执两份。

附件：

一、海峡两岸旅游具体安排

二、海峡两岸旅游合作规范

海峡两岸关系协会　　　　　　　　　　财团法人　海峡交流基金会

会长　陈云林　　　　　　　　　　　　　　　董事长　江丙坤

附件一：

海峡两岸旅游具体安排

依据本协议第二条，议定具体安排如下：

一、接待一方旅游配额以平均每天三千人次为限。组团一方视市场需求安排。第二年双方可视情协商作出调整。

二、旅游团每团人数限十人以上，四十人以下。

三、旅游团自入境次日起在台停留期间不超过十天。

四、自七月十八日起正式实施赴台旅游，于七月四日启动赴台旅游首发团。

附件二：

海峡两岸旅游合作规范

依据本协议第四条、第五条、第七条，两岸旅游业者应遵守如下规范：

一、海旅会和台旅会提供的组团社和接待社名单内容包括：旅行社名称、负责人、地址、电话、传真、电子邮件、联系人及其移动电话等信息。若组团社或接待社的相关信息发生变动，应即时以书面方式通知对方。

二、台旅会应设置旅游咨询服务及投诉热线，以便旅游者咨询及投诉。

三、海旅会和台旅会作为处理旅游纠纷、逾期停留、紧急事故及突发事件的联系主体，各自建立应急协调处理机制，及时交换信息，密切配合，妥善解决赴台旅游过程中出现的问题。

四、组团社应向接待社提供旅游团旅客名单及相关信息，组团社应为旅游团配置领队，接待社应为旅游团配置导游。旅游过程中出现的问题，由领队和导游共同协商，妥善处理，并分别向组团社和接待社报告。

五、接待一方应向组团社提供接待旅游团团费参考价。

六、接待社不得引导和组织旅游者参与涉及赌博、色情、毒品及有损两岸关系的活动。

七、组团社、接待社均不得转让配额及旅游团。接待社不得接待非组团社的旅游者，不得接待持其他证件的旅游者。如有违反，应分别予以处理。

八、旅游者未按规定时间返回，均视为在台逾期停留。因自然灾害、重大疾病、紧急事故、突发事件、社会治安等不可抗力因素在台逾期停留之旅游者，接待社和组团社应安排随其他旅游团返回。无正当理由、情节轻微者，接待社和组团社应负责安排随其他旅游团返回。不以旅游为目的、蓄意逾期停留情节严重者，由台旅会和海旅会与双方有关方面联系，安排从其他渠道送回；须经必要程序者，于程序完成后即时送回。

九、旅游者逾期停留期间及送回所需交通等费用，由逾期停留者本人承担。若其无能力支付，由接待社先行垫付，并于逾期停留者送回之日起三十天内，凭相关费用票据向组团社索还。组团社可向逾期停留者追偿。

六、海协会海基会第二次领导人会谈

2008年11月4日，海峡两岸关系协会会长陈云林与台湾海峡交流基金会董事长江丙坤在台北圆山大饭店举行正式会谈，签署了《海峡两岸空运协议》、《海峡两岸海运协议》、《海峡两岸邮政协议》和《海峡两岸食品安全协议》四项协议。

019

海峡两岸空运协议

2008年11月4日

为促进海峡两岸经贸关系发展，便利两岸人民往来，海峡两岸关系协会与财团法人海峡交流基金会就两岸空运直航事宜，经平等协商，达成协议如下：

一、空中航路

双方同意开通台湾海峡北线空中双向直达航路，建立两岸空（航）管部门的直接交接程序。

双方同意继续磋商开通台湾海峡南线空中双向直达航路及其他更便捷的航路。

二、承运人

双方同意两岸资本在两岸登记注册的航空公司，经许可得从事两岸间航空客货运输业务。

三、直航航点

双方同意根据市场需求开放适宜客货直航的航点。

四、定期航班

双方同意尽可能在本协议实施半年内就定期客货运航班作出安排。

五、货运包机

双方同意开通两岸货运直航包机，运载两岸货物。

六、客运包机

双方同意在两岸周末包机的基础上，增加包机航点、班次，调整为客运包机常态化安排。

七、公务（商务）包机

双方同意视情开办非营利性公务（商务）包机。

八、准用条款

双方同意客货运包机等相关事宜，准用《海峡两岸包机会谈纪要》的规定。

九、联系主体

（一）本协议议定事项，由海峡两岸航空运输交流委员会与台北市航空运输商业同业公会相互联系。必要时，经双方同意得指定其他单位进行联系。

（二）本协议其他相关事宜，由海峡两岸关系协会与财团法人海峡交流基金会联系。

十、协议履行及变更

（一）双方应遵守协议。协议附件与本协议具有同等效力。

（二）协议变更，应经双方协商同意，并以书面方式确认。

十一、争议解决

因适用本协议所生争议，双方应尽速协商解决。

十二、未尽事宜

本协议如有未尽事宜，双方得以适当方式另行商定。

十三、签署生效

本协议自双方签署之日起四十日内生效。

本协议于十一月四日签署，一式四份，双方各执两份。

附件：海峡两岸空中航路、客货运包机安排

海峡两岸关系协会　　财团法人　海峡交流基金会
会长　陈云林　　董事长　江丙坤

附件：

海峡两岸空中航路、客货运包机安排

依据本协议第一条、第三条、第五条及第六条，议定具体安排如下：

一、直达航路

双方同意由两岸空（航）管部门以适当方式，就建立北线上海与台北飞行（航）情报区直达航路、空（航）管交接程序进行联系并作出具体安排。

北线飞航路线为：

自 B576BERBA 点（N27°04′41″E123°00′00″）经双方议定之航管交接点 A 点（N27°26′20″E122°25′19″）至东山双向使用。

二、货运包机

（一）承运人：双方同意各自指定二或三家航空公司经营货运包机业务。

（二）航点：大陆方面同意开放上海（浦东）、广州，台湾方面同意开放桃园、高雄小港作为货运包机航点。

（三）班次：双方每月共飞六十个往返班次，每方三十个往返班次。其中，双方上海（浦东）、广州两个航点每月每航点各飞十五个往返班次。在每年十月至十一月间的货运旺季，双方可各自增加十五个往返班次。

（四）商务安排：双方航空公司采取商业合作方式经营，并向双方航空主管部门备案后实施。

三、客运包机

（一）航点：大陆方面同意在现有北京、上海（浦东）、广州、厦门、南京五个周末包机航点的基础上，开放成都、重庆、杭州、大连、桂林、深圳、武汉、福州、青岛、长沙、海口、昆明、西安、沈阳、天津、郑州等十六个航点作为客运包机航点。台湾方面同意将已开放的桃园、高雄小港、台中清泉岗、台北松山、澎湖马公、花莲、金门、台东等八个航点作为客运包机航点。

（二）班次：双方每周七天共飞不超过一百零八个往返班次，每方各飞不超过五十四个往返班次。其中台湾方面至上海（浦东）的班次不超过二十个往返班次。今后视市场需求适时增减班次。

（三）其他事宜：客运包机常态化安排实现后，此前的节日包机安排不再执行。春节期间可视情适量增加临时包机。

（四）邮件运输：双方同意利用客运包机运送双方邮件。

020

海峡两岸海运协议

2008 年 11 月 4 日

为实现海峡两岸海上客货直接运输，促进经贸交流，便利人民往来，海峡两岸关系协会与财团法人海峡交流基金会就两岸海运直航事宜，经平等协商，达成协议如下：

一、经营资格

双方同意两岸资本并在两岸登记的船舶，经许可得从事两岸间客货直接运输。

二、直航港口

双方同意依市场需求等因素，相互开放主要对外开放港口。

三、船舶识别

双方同意两岸登记船舶自进入对方港口至出港期间，船舶悬挂公司旗，船艉及主桅暂不挂旗。

四、港口服务

双方同意在两岸货物、旅客通关入境等口岸管理方面提供便利。

五、运力安排

双方按照平等参与、有序竞争原则，根据市场需求，合理安排运力。

六、税收互免

双方同意对航运公司参与两岸船舶运输在对方取得的运输收入，相互免征营业税及所得税。

七、海难救助

双方积极推动海上搜救、打捞机构的合作，建立搜救联系合作机制，共同保障海上航行和人身、财产、环境安全。发生海难事故，双方应及时通报，并按照就近、就便原则及时实施救助。

八、辅助事项

双方在船舶通信导航、证照查验、船舶检验、船员服务、航海保障、污染防治及海事纠纷调处等方面，依航运惯例、有关规范处理，并加强合作。

九、互设机构

双方航运公司可在对方设立办事机构及营业性机构，开展相关业务。

十、联系主体

（一）本协议议定事项，由海峡两岸航运交流协会与台湾海峡两岸航运协会联系实施。必要时，经双方同意得指定其他单位进行联系。

（二）本协议其他相关事宜，由海峡两岸关系协会与财团法人海峡交流基金会联系。

十一、协议履行及变更

（一）双方应遵守协议。协议附件与本协议具有同等效力。

（二）协议变更，应经双方协商同意，并以书面方式确认。

十二、争议解决

因适用本协议所生争议，双方应尽速协商解决。

十三、未尽事宜

本协议如有未尽事宜，双方得以适当方式另行商定。

十四、签署生效

本协议自双方签署之日起四十日内生效。

本协议于十一月四日签署，一式四份，双方各执两份。

附件：海峡两岸直航船舶、港口安排

海峡两岸关系协会
会长　陈云林

财团法人　海峡交流基金会
董事长　江丙坤

附件：

海峡两岸直航船舶、港口安排

依据本协议第一条、第二条，议定具体安排如下：

一、两岸资本并在香港登记的船舶比照直航船舶从事两岸间海上直接运输，在进出两岸港口期间，其船舶识别方式比照《港台海运商谈纪要》有关香港船舶的规定。

二、目前已经从事两岸试点直航（境外航运中心）运输、两岸三地集装箱（货柜）班轮运输、砂石运输的两岸资本权宜船，经特别许可，可按照本协议有关船舶识别等规定，从事两岸间海上直接运输。

三、双方现阶段相互开放下列港口：

大陆方面为六十三个港口，包括：丹东、大连、营口、唐山、锦州、秦皇岛、天津、黄骅、威海、烟台、龙口、岚山、日照、青岛、连云港、大丰、上海、宁波、舟山、台州、嘉兴、温州、福州、松下、宁德、泉州、肖厝、秀屿、漳州、厦门、汕头、潮州、惠州、蛇口、盐田、赤湾、妈湾、虎门、广州、珠海、茂名、湛江、北海、防城、钦州、海口、三亚、洋浦等四十八个海港，以及太仓、南通、张家港、江阴、扬州、常熟、常州、泰州、镇江、南京、芜湖、马鞍山、九江、武汉、城陵矶等十五个河港。

台湾方面为十一个港口，包括：基隆（含台北）、高雄（含安平）、台中、花莲、麦寮、布袋（先采专案方式办理）等六个港口，以及金门料罗、水头、马祖福澳、白沙、澎湖马公等五个“小三通”港口。

双方同意视情增加开放港口。

021

海峡两岸邮政协议

2008 年 11 月 4 日

为扩大两岸邮政业务合作，便利两岸人民联系与交流，海峡两岸关系协会与财团法人海峡交流基金会就两岸直接邮政合作事宜，经平等协商，达成协议如下：

一、业务范围

双方同意开办两岸直接平常和挂号函件（包括信函、明信片、邮简、印刷品、新闻纸、杂志、盲人文件）、小包、包裹、特快专递（快捷邮件）、邮政汇兑等业务，并加强其他邮政业务合作。

二、封发局

大陆方面邮件封发局为：北京、上海、广州、福州、厦门、西安、南京、成都；台湾方面邮件封发局为：台北、高雄、基隆、金门、马祖。双方可视需要，增加或调整邮件封发局，并由增加或调整一方通知对方。

三、邮件运输

双方同意通过空运或海运直航方式将邮件总包运送至对方邮件处理中心。

四、规格及限定

双方同意商定邮件尺寸、重量等规格，并尊重对方禁限寄规定。

五、账务结算

双方同意建立邮政业务账务处理直接结算关系。

六、文件格式

处理邮件使用的袋（吊）牌、清单、邮袋、查询表格等，依双方认可之格式。

七、邮件查询

挂号函件、小包、包裹及特快专递（快捷邮件）等邮件业务的查询，由双方邮件处理中心相互联系，并应提供便捷的业务联系渠道。

八、查询期限

挂号函件、包裹之查询，应自原寄件人交寄之次日起六个月内提出；特快专递（快捷邮件）自交寄之次日起三个月内提出。

九、补偿责任

双方对于互相寄递的挂号函件、包裹发生遗失及其内容全部或一部分遗失、被窃或毁损等情形，应由责任方负责补偿，并相互结算。

特快专递（快捷邮件）之遗失、内件被窃或毁损等情形，概由原寄一方自行负责补偿，不相互结算。

十、联系主体

（一）本协议议定事项，由海峡两岸邮政交流协会与财团法人台湾邮政协会相互联系。具体邮政业务由双方邮件处理中心联系实施。

（二）本协议其他相关事宜，由海峡两岸关系协会与财团法人海峡交流基金会联系。

十一、协议履行及变更

双方应遵守协议。

协议变更，应经双方协商同意，并以书面方式确认。

十二、争议解决

因适用本协议所生争议，双方应尽速协商解决。

十三、未尽事宜

本协议如有未尽事宜，双方得以适当方式另行商定。

十四、签署生效

本协议自双方签署之日起四十日内生效。

本协议于十一月四日签署，一式四份，双方各执两份。

海峡两岸关系协会	财团法人　海峡交流基金会
会长　陈云林	董事长　江丙坤

022

海峡两岸食品安全协议

2008 年 11 月 4 日

为增进海峡两岸食品安全沟通与互信，保障两岸人民安全与健康，海峡两岸关系协会与财团法人海峡交流基金会就两岸食品安全事宜，经平等协商，达成协议如下：

一、信息（讯息）通报

双方同意相互通报涉及两岸贸易的食品安全信息（讯息），并就涉及影响两岸民众健康的重大食品安全信息（讯息）及突发事件，进行即时通报，提供完整信息（讯息）。

针对前项查询请求，应迅速回应并提供必要协助。

二、协处机制

双方同意建立两岸重大食品安全事件协处机制，采取下列措施妥善处理：

（一）紧急磋商、交换相关信息（讯息）；

（二）暂停生产、输出相关产品；

（三）即时下架、召回相关产品；

（四）提供实地了解便利；

（五）核实发布信息（讯息），并相互通报；

（六）提供事件原因分析及改善计划；

（七）督促责任人妥善处理纠纷，并就确保受害人权益给予积极协助；

（八）双方即时相互通报有关责任查处情况。

三、业务交流

双方同意建立两岸业务主管部门专家定期会商及互访制度，就双方食品安全制度规范、检验技术及监管措施进行业务交流及信息（讯息）交换。

四、文书格式

双方信息（讯息）通报、查询及业务联系，使用双方商定的文书格式。

五、联系主体

（一）本协议议定事项，由双方食品安全等业务主管部门指定的联络人相互联系实施。必要时，经双方同意得指定其他单位联系实施。

（二）本协议其他相关事宜，由海峡两岸关系协会与财团法人海峡交流基金会联系。

六、协议履行及变更

双方应遵守协议。

协议变更，应经双方协商同意，并以书面方式确认。

七、争议解决

因适用本协议所生争议，双方应尽速协商解决。

八、未尽事宜

本协议如有未尽事宜，双方得以适当方式另行商定。

九、签署生效

本协议自双方签署之日起七日后生效。

本协议于十一月四日签署，一式四份，双方各执两份。

海峡两岸关系协会　　　　财团法人　海峡交流基金会

会长　陈云林　　　　董事长　江丙坤

七　海协会海基会第三次领导人会谈

2009 年 4 月 26 日，海峡两岸关系协会会长陈云林与台湾海峡交流基金会董事长江丙坤两会领导人第三次会谈在南京紫金山庄举行。同日下午，双方签署了《海峡两岸空运补充协议》、《海峡两岸金融合作协议》、《海峡两岸共同打击犯罪及司法互助协议》三项协议。

023

海峡两岸空运补充协议

2009 年 4 月 26 日

海峡两岸关系协会与财团法人海峡交流基金会，根据《海峡两岸空运协议》第一条、第三条、第四条规定，就开通两岸定期客货运航班等事宜，经平等协商，达成补充协议如下：

一、飞行航路

双方同意在台湾海峡北线航路的基础上开通南线和第二条北线双向直达航路，并继续磋商开通其他更便捷的新航路。

二、运输管理

双方同意两岸定期航班使用的运输凭证及责任条款，参照两岸现行作业方式管理。

三、承运人

双方同意可各自指定两岸资本在两岸登记注册的航空公司，在本补充协议附件规定的航点上经营分别或混合载运旅客、行李、货物及邮件的定期和不定期航空运输业务，并事先知会对方。撤销或更改上述指定时亦同。

四、通航航点

双方同意两岸通航航点沿用《海峡两岸空运协议》的规定，并可根据市场需求经双方协商确定增开新的航点。

五、航空运价

双方同意两岸航空公司应向两岸航空主管部门提交定期航班的运价。

六、代表机构

双方同意两岸航空公司可在对方区域通航地点设立代表机构，并自行或指定经批准的代理人销售航空运输凭证、从事广告促销及运行保障（运务）等与两岸航空运输有关的业务。上述代表机构的工作人员应遵守所在地规定。

七、互免税费

双方同意在互惠的基础上，磋商对两岸航空公司与经营活动有关的设备和物品，相互免征关税、检验费和其他类似税费，具体免税费项目及商品范围由双方共同商定，并对两岸航空公司参与两岸航空运输在对方取得之运输收入，相互免征营业税及所得税。

八、收入汇兑

双方同意两岸航空公司可随时将其在对方区域内取得的收入按照所在地规定的程序兑换并汇至公司总部所在地或其他指定地点。

九、航空安全

双方同意建立航空安全联系机制，相互提供一切及时和必要的协助，共同保障两岸航空运输的飞行安全及旅客的人身财产安全。发生危及航空安全事件或威胁时，双方应相互协助，采取适当的措施，以便迅速、安全地结束上述事件或威胁。

十、辅助事项

双方同意有关证照查验、适航认证、机场安检、检验检疫、地面代理、资料提供、服务费率等事宜，参照航空运输惯例和有关规定办理，并加强合作，相互提供便利。

十一、适用规定

双方同意两岸航空公司在对方区域内从事两岸航空运输，应适用所在地有关规定。

十二、联系机制

双方同意两岸航空主管部门建立联系机制，视必要随时就两岸航空运输的相关事宜进行沟通并交换意见。

十三、实施方式

本补充协议议定事项的实施，由双方航空主管部门指定的联络人，使用双方商定的文书格式相互联系，并相互通报信息、答复查询等。

双方对协议的实施或者解释发生争议时，由两岸航空主管部门协商解决。

十四、签署生效

本补充协议自签署之日起各自完成相关准备后生效，最迟不超过六十日。

本补充协议于四月二十六日签署，一式四份，双方各执两份。

附件：海峡两岸航路及航班具体安排

海峡两岸关系协会　　　　　　　　　　财团法人　海峡交流基金会

会长　陈云林　　　　　　　　　　　　董事长　江丙坤

附件：

海峡两岸航路及航班具体安排

依据本协议第一条、第三条、第四条，议定具体安排如下：

一、新辟航路

双方同意由两岸空（航）管部门以适当方式，就建立南线广州与台北飞行（航）情报区直达航路、第二条北线上海与台北飞行（航）情报区直达航路及空（航）管直接交接程序进行联系并作出具体安排。

南线飞航路线为：

自 N22°57′00″ E116°21′36″经双方议定管制交接点 N23°00′00″ E117°30′00″至 N22°36′15″ E117°57′16″双向使用。

第二条北线飞航路线为：

自 N30°45′46″ E123°41′39″经双方议定管制交接点 N28°41′57″ E123°41′39″至 N27°56′18″ E123°41′39″双向使用。

二、客运

（一）承运人

除上海（浦东）与桃园和台北松山机场航线双方各指定四家航空公司外，其余航点每条航线双方各指定二家航空公司承运。

（二）航点

1. 大陆方面同意在现有北京、上海（浦东）、广州、厦门、南京、成都、重庆、杭州、大连、桂林、深圳、武汉、福州、青岛、长沙、海口、昆明、西安、沈阳、天津、郑州等二十一个航点基础上，新增合肥、哈尔滨、南昌、贵阳、宁波、济南等六个航点。上述二十七个航点可经营定期航班。

2. 台湾方面同意桃园与高雄航点可经营定期航班，其余台北松山、台中、澎湖（马公）、花莲、金门、台东等六个航点为客运包机航点。

（三）班次

双方同意客运定期航班和包机班次总量为每周共二百七十个往返班次，每方每周一百三十五个往返班次。其中以下航点每方每周往返班次不超过：

1. 大陆方面：上海（浦东）二十八班；北京十班；深圳十班；广州十四班；昆明十四班；成都十四班。

2. 台湾方面：台北松山二十一班。

其他航点可根据市场需求在航班总量范围内安排定期航班或包机。

三、货运

（一）承运人

每条航线双方各指定二家航空公司承运。

（二）航点

1. 大陆方面同意上海（浦东）、广州航点可经营定期航班。

2. 台湾方面同意桃园、高雄航点可经营定期航班。

（三）班次

双方同意货运定期航班和包机班次总量为每周共二十八个往返班次，每方每周十四个往返班次。其中广州每方每周七个往返班次，上海（浦东）每方每周七个往返班次。

（四）腹舱载货

双方同意相互开放客运定期航班腹舱载货。

四、其他事宜

双方同意在有定期航班飞行的航线上原则上不再许可包机飞行。

024

海峡两岸金融合作协议

2009 年 4 月 26 日

为促进海峡两岸金融交流与合作，推动两岸金融市场稳定发展，便利两岸经贸往来，海峡两岸关系协会与财团法人海峡交流基金会就两岸金融监督管理与货币管理合作事宜，经平等协商，达成协议如下：

一、金融合作

双方同意相互协助履行金融监督管理与货币管理职责，加强金融领域广泛合作，共同维护金融稳定。

（一）金融监督管理

双方同意由两岸金融监督管理机构就两岸银行业、证券及期货业、保险业分别建立监督管理合作机制，确保对互设机构实施有效监管。

双方银行业、证券及期货业、保险业等金融监督管理机构得依行业惯例，就合作事宜作出具体安排。

（二）货币管理

双方同意先由商业银行等适当机构，通过适当方式办理现钞兑换、供应及回流业务，并在现钞防伪技术等方面开展合作。逐步建立两岸货币清算机制，加强两岸货币管理合作。

（三）其他合作事项

双方同意就两岸金融机构准入及开展业务等事宜进行磋商。

双方同意鼓励两岸金融机构增进合作，创造条件，共同加强对双方企业金融服务。

二、交换资讯

双方同意为维护金融稳定，相互提供金融监督管理与货币管理资讯。对于可能影响金融机构健全经营或金融市场安定的重大事项，双方尽速提供。

提供资讯的方式与范围由双方商定。

三、保密义务

双方同意对于所获资讯，仅为金融监督管理与货币管理目的使用，并遵守保密要求。

有关第三方请求提供资讯之处理方式，由双方监督管理机构另行商定。

四、互设机构

双方同意在本协议生效后，由两岸金融监督管理机构考量互惠原则、市场特性及竞争秩序，尽快推动双方商业性金融机构互设机构。

有关金融机构赴对方设立机构或参股的资格条件以及在对方经营业务的范围，由双方监督管理机构另行商定。

双方同意对于金融机构赴对方设立机构或参股的申请，相互征求意见。

五、检查方式

双方同意依行业惯例与特性，采取多种方式对互设金融机构实施检查。检查方式由双方监督管理机构另行商定。

六、业务交流

双方同意通过人员互访、培训、技术合作及会议等方式，加强金融监督管理与货币管理合作。

七、文书格式

双方资讯交换、征询意见等业务联系，使用双方商定的文书格式。

八、联系主体

（一）本协议议定事项，由双方金融监督管理机构、货币管理机构指定的联络人相互联系实施。必要时，经双方同意得指定其他单位进行联系。

（二）本协议其他相关事宜，由海峡两岸关系协会与财团法人海峡交流基金会联系。

九、协议履行及变更

双方应遵守协议。

协议变更，应经双方协商同意，并以书面形式确认。

十、争议解决

因执行本协议所生争议，双方应尽速协商解决。

十一、未尽事宜

本协议如有未尽事宜，双方得以适当方式另行商定。

十二、签署生效

本协议自签署之日起各自完成相关准备后生效，最迟不超过六十日。

本协议于四月二十六日签署，一式四份，双方各执两份。

海峡两岸关系协会　　　　　　　　　　　　财团法人　海峡交流基金会

会长　陈云林　　　　　　　　　　　　　　董事长　江丙坤

025

海峡两岸共同打击犯罪及司法互助协议

2009 年 4 月 26 日

为保障海峡两岸人民权益，维护两岸交流秩序，海峡两岸关系协会与财团法人海峡交流基金会就两岸共同打击犯罪及司法互助与联系事宜，经平等协商，达成协议如下：

第一章　总　　则

一、合作事项

双方同意在民事、刑事领域相互提供以下协助：

（一）共同打击犯罪；

（二）送达文书；

（三）调查取证；

（四）认可及执行民事裁判与仲裁裁决（仲裁判断）；

（五）移管（接返）被判刑人（受刑事裁判确定人）；

（六）双方同意之其他合作事项。

二、业务交流

双方同意业务主管部门人员进行定期工作会晤、人员互访与业务培训合作，交流双方制度规范、裁判文书及其他相关资讯。

三、联系主体

本协议议定事项，由各方主管部门指定之联络人联系实施。必要时，经双方同意得指定其他单位进行联系。

本协议其他相关事宜，由海峡两岸关系协会与财团法人海峡交流基金会联系。

第二章　共同打击犯罪

四、合作范围

双方同意采取措施共同打击双方均认为涉嫌犯罪的行为。

双方同意着重打击下列犯罪：

(一)涉及杀人、抢劫、绑架、走私、枪械、毒品、人口贩运、组织偷渡及跨境有组织犯罪等重大犯罪；

(二)侵占、背信、诈骗、洗钱、伪造或变造货币及有价证券等经济犯罪；

(三)贪污、贿赂、渎职等犯罪；

(四)劫持航空器、船舶及涉恐怖活动等犯罪；

(五)其他刑事犯罪。

一方认为涉嫌犯罪，另一方认为未涉嫌犯罪但有重大社会危害，得经双方同意个案协助。

五、协助侦查

双方同意交换涉及犯罪有关情资，协助缉捕、遣返刑事犯与刑事嫌疑犯，并于必要时合作协查、侦办。

六、人员遣返

双方同意依循人道、安全、迅速、便利原则，在原有基础上，增加海运或空运直航方式，遣返刑事犯、刑事嫌疑犯，并于交接时移交有关证据（卷证）、签署交接书。

受请求方已对遣返对象进行司法程序者，得于程序终结后遣返。

受请求方认为有重大关切利益等特殊情形者，得视情决定遣返。

非经受请求方同意，请求方不得对遣返对象追诉遣返请求以外的行为。

第三章　司法互助

七、送达文书

双方同意依己方规定，尽最大努力，相互协助送达司法文书。

受请求方应于收到请求书之日起三个月内及时协助送达。

受请求方应将执行请求之结果通知请求方，并及时寄回证明送达与否的证明资料；无法完成请求事项者，应说明理由并送还相关资料。

八、调查取证

双方同意依己方规定相互协助调查取证，包括取得证言及陈述；提供书证、物证及视听资料；确定关系人所在或确认其身分；勘验、鉴定、检查、访视、调查；搜索及扣押等。

受请求方在不违反己方规定前提下，应尽量依请求方要求之形式提供协助。

受请求方协助取得相关证据资料，应及时移交请求方。但受请求方已进行侦查、起诉或审判程序者，不在此限。

九、罪赃移交

双方同意在不违反己方规定范围内，就犯罪所得移交或变价移交事宜给予协助。

十、裁判认可

双方同意基于互惠原则，于不违反公共秩序或善良风俗之情况下，相互认可及执行民事确定裁判与仲裁裁决（仲裁判断）。

十一、罪犯移管（接返）

双方同意基于人道、互惠原则，在请求方、受请求方及被判刑人（受刑事裁判确定人）均同意移交之情形下，移管（接返）被判刑人（受刑事裁判确定人）。

十二、人道探视

双方同意及时通报对方人员被限制人身自由、非病死或可疑为非病死等重要讯息，并依己方规定为家属探视提供便利。

第四章　请求程序

十三、提出请求

双方同意以书面形式提出协助请求。但紧急情况下，经受请求方同意，得以其他形式提出，并于十日内以书面确认。

请求书应包含以下内容：请求部门、请求目的、事项说明、案情摘要及执行请求所需其他资料等。

如因请求书内容欠缺致无法执行请求，可要求请求方补充资料。

十四、执行请求

双方同意依本协议及己方规定，协助执行对方请求，并及时通报执行情况。

若执行请求将妨碍正在进行之侦查、起诉或审判程序，可暂缓提供协助，并及时向对方说明理由。

如无法完成请求事项，应向对方说明并送还相关资料。

十五、不予协助

双方同意因请求内容不符合己方规定或执行请求将损害己方公共秩序或善良风俗等情形，得不予协助，并向对方说明。

十六、保密义务

双方同意对请求协助与执行请求的相关资料予以保密。但依请求目的使用者，不在此限。

十七、限制用途

双方同意仅依请求书所载目的事项，使用对方协助提供之资料。但双方另有约定者，不在此限。

十八、互免证明

双方同意依本协议请求及协助提供之证据资料、司法文书及其他资料，不要求任何形式之证明。

十九、文书格式

双方同意就提出请求、答复请求、结果通报等文书，使用双方商定之文书格式。

二十、协助费用

双方同意相互免除执行请求所生费用。但请求方应负担下列费用：

（一）鉴定费用；

（二）笔译、口译及誊写费用；

（三）为请求方提供协助之证人、鉴定人，因前往、停留、离开请求方所生之费用；

（四）其他双方约定之费用。

第五章　附　　则

二十一、协议履行与变更

双方应遵守协议。

协议变更，应经双方协商同意，并以书面形式确认。

二十二、争议解决

因适用本协议所生争议，双方应尽速协商解决。

二十三、未尽事宜

本协议如有未尽事宜，双方得以适当方式另行商定。

二十四、签署生效

本协议自签署之日起各自完成相关准备后生效，最迟不超过六十日。

本协议于四月二十六日签署，一式四份，双方各执两份。

海峡两岸关系协会　　　　　　　　财团法人　海峡交流基金会

会长　陈云林　　　　　　　　　　　董事长　江丙坤

八 海协会海基会第四次领导人会谈

2009 年 12 月 22 日，海峡两岸关系协会会长陈云林与台湾海峡交流基金会董事长江丙坤在台中市举行两会恢复协商以来的第四次领导人会谈。签署了《海峡两岸渔船船员劳务合作协议》、《海峡两岸农产品检疫检验合作协议》、《海峡两岸标准计量检验认证合作协议》三项协议。

026

海峡两岸渔船船员劳务合作协议

2009 年 12 月 22 日

为维护海峡两岸渔船船员、渔船船主正当权益，促进两岸渔船船员劳务合作，海峡两岸关系协会与财团法人海峡交流基金会就两岸渔船船员劳务合作事宜，经平等协商，达成协议如下：

一、合作范围

双方同意在符合双方各自雇用渔船船员规定下，进行近海、远洋渔船船员（以下简称船员）劳务合作，并对近海与远洋劳务合作分别采取不同的管理方式。

二、合作方式

双方同意两岸船员劳务合作应通过双方各自确定的经营主体办理，并各自建立风险保证制度约束其经营主体。

三、合同（契约）要件

双方同意商定船员劳务合作合同（契约）要件。

四、权益保障

（一）双方同意保障船员以下基本权益：

1. 船员受签订合同（契约）议定的工资保护；

2. 同船同职务船员在船上享有相同福利及劳动保护；

3. 在指定场所休息、整补或回港避险；
4. 人身意外及医疗保险；
5. 往返交通费；
6. 船主应履行合同（契约）的义务；
7. 双方商定的其他权益。
（二）双方同意保障渔船船主（以下简称船主）以下基本权益：
1. 船员体检及技能培训应符合双方各自规定；
2. 船员应遵守相关管理规定；
3. 船员应接受船主、船长合理的指挥监督；
4. 船员应履行合同（契约）的义务；
5. 双方商定的其他权益。

五、核发证件

双方同意各自核发船员身份或查验证件。

六、协调机制

双方同意各自建立船员、船主申诉制度和两岸船员劳务合作突发事件处理机制，并指导经营主体解决劳务纠纷和突发事件。

如遇重大安全事件等情形，双方应及时通报，共同采取措施，妥善处理。并严格处理违反协议的经营主体。

七、交流互访

双方同意定期进行工作会晤、交流互访，评估协议执行情况。

八、文书格式

双方同意信息通报、查询及业务联系，使用商定的文书格式。

九、联系主体

（一）本协议议定事项，由双方业务主管部门指定的联络人相互联系实施，经双方同意可指定其他单位负责实施。

（二）本协议其他事宜，由海峡两岸关系协会与财团法人海峡交流基金会联系。

十、协议履行及变更

（一）双方应遵守协议。协议附件与本协议具有同等效力。

（二）协议变更，应经双方协商同意，并以书面方式确认。

十一、争议解决

因适用本协议所生争议，双方应尽速协商解决。

十二、未尽事宜

本协议如有未尽事宜，双方可以适当方式另行商定。

十三、签署生效

本协议自签署之日起各自完成相关准备后生效，最迟不超过九十日。
本协议于十二月二十二日签署，一式四份，双方各执两份。

附件：海峡两岸渔船船员劳务合作具体安排

海峡两岸关系协会　　　　　　　　　财团法人　海峡交流基金会
会长　陈云林　　　　　　　　　　　　　董事长　江丙坤

附件：

海峡两岸渔船船员劳务合作具体安排

根据本协议第二条、第三条、第四条、第五条、第六条，双方议定具体安排如下：

一、经营主体

大陆方面经营主体为业务主管部门核准的渔船船员劳务合作经营公司，台湾方面经营主体为业务主管部门核准的中介机构。

双方将在协议签署后尽快交换并公布经营主体名单。

二、合同（契约）种类

两岸船员劳务合作须签订以下合同（契约）：
（一）经营公司与中介机构签订劳务合作合同（契约）；
（二）经营公司与船员签订外派劳务合同（契约）；
（三）船主与船员签订劳务合同（契约）；
（四）中介机构与船主签订委托劳务合同（契约）。

三、合同（契约）要件

（一）经营公司与中介机构签订劳务合作合同（契约）要件如下：

1. 船主名称、服务船舶名称、作业渔场区域、拟雇佣船员的职务及合同（契约）期限；

2. 船员资格条件及应遵守事项；

3. 应给付船员工资额度及支付方式；船员人身意外及医疗保险；船员往返双方口岸及返乡交通费分担标准；

4. 船员及船主基本权益保障事项；

5. 船主及船员违约处理；

6. 可归责船员或船主的故意或重大过失行为造成对方损失，由经营公司与船员或中介机构与船主负连带赔偿责任；

7. 纠纷调处及违反合同（契约）处理；

8. 其他经双方议定事项。

（二）船主与船员签订劳务合同（契约）要件如下：

1. 船主名称、船员姓名及其住址、服务船舶名称、作业渔场区域、船员的职务及合同（契约）期限；

2. 船员工资、人身意外及医疗保险、交通费和支付方式；

3. 船员劳动保护、在暂置场所休息和避险的权利、食宿、福利；

4. 船员遵守事项；

5. 船主提供福利；

6. 纠纷调处及违反合同（契约）处理；

7. 其他经双方议定事项。

四、证件查验

近海船员须持登轮作业证件领取当地查验证件；远洋船员须持海员证件。在双方商定的过渡期内，近海船员可持登轮作业证件或身份证件领取当地查验证件。

五、船员人身意外及医疗保险

双方共同议定船员人身意外及医疗保险等事项。

六、转船程序

双方同意严格界定船员合理转船和违规转船事项，具体程序由双方商定。

七、接驳船舶

双方同意船员接驳船舶须符合对客船等有关技术安全标准要求，并持有相关主管部门颁发的可搭载非本船船员人数的证明文件。

八、近海船员登船港口

大陆方面近海船员登船港口为：福建省福州平潭东澳、厦门东渡同益、漳州漳浦旧镇、泉州惠安崇武、莆田湄州宫下、宁德霞浦三沙、宁德福鼎沙埕；浙江省舟山沈家门、温州霞关。

近海登船港口可视需要调整，并知会对方。

九、暂置场所

（一）台湾方面岸置处所为：宜兰县南方澳渔港、基隆市八斗子渔港、新竹市新竹渔港、台中县梧栖渔港、高雄市前镇渔港及屏东县东港渔港。

（二）台湾方面划设暂置区域之渔港为：基隆市长潭里渔港、外木山渔港；台北县淡水第二渔港、富基渔港、磺港渔港、野柳渔港、东澳渔港、龟吼渔港、万里渔港、深澳渔港、鼻头渔港、龙洞渔港、澳底渔港；桃园县永安渔港；云林县箔子寮渔港；台南县将军渔港；台南市安平渔港；高雄县兴达渔港；台东县伽蓝渔港、新港渔港、大武渔港、小港渔港；花莲县花莲渔港；宜兰县大溪渔港、大里渔港、石城渔港、乌石渔港、梗枋渔港；澎湖县马公渔港、锁港渔港、桶盘渔港、山水渔港、龙门渔港、鸟屿渔港、竹湾渔港、风柜东渔港、潭门渔港、七美渔港、虎井渔港、南北寮渔港、沙港东渔港、赤崁渔港、吉贝渔港、横礁渔港、合界渔港、小门渔港、大池渔港、赤马渔港、内垵北渔港、内垵南渔港、外垵渔港、将军南渔港、东屿坪渔港、花屿渔港；连江县东引中柱港、莒光青帆渔港、福澳渔港、北竿后澳渔港。

（三）船员第一次进港台湾方面查验渔港为：宜兰县南方澳渔港、大溪第二渔港；基隆市八斗子渔港；台北县淡水第二渔港、澳底渔港、野柳渔港、磺港渔港、深澳渔港；桃园县永安渔港；新竹市新竹渔港；台中县梧栖渔港；云林县箔子寮渔港；台南县将军渔港；台南市安平渔港；高雄县兴达渔港；高雄市高雄港第二港口；屏东县东港渔港；台东县伽蓝渔港、新港渔港；花莲县花莲渔港；澎湖县马公渔港、桶盘渔港、龙门渔港、鸟屿渔港、潭门渔港、七美渔港、虎井渔港、赤崁渔港、吉贝渔港、小门渔港、内垵南渔港、外垵渔港、将军南渔港、东屿坪渔港、花屿渔港；连江县东引中柱港、福澳渔港。

暂置场所可视需要调整，并知会对方。

十、过渡安排

本协议签署生效后，双方应尽快交换经营主体风险保证制度等相关规定。台湾方面负责将已在台湾近海渔船工作的大陆船员进行登记并与大陆方面交流有关资讯。同时，台湾船主应根据规定为已在台湾近海渔船作业尚未办理保险的大陆船员办理保险，并要求上述船员合同（契约）期满后返回大陆。如需雇用，需依本协议办理。

027

海峡两岸农产品检疫检验合作协议

2009 年 12 月 22 日

为保障海峡两岸农业生产安全与人民健康，促进两岸农产品贸易发展，海峡两岸关系协会与财团法人海峡交流基金会就两岸农产品检疫检验合作事宜，经平等协商，达成协议如下：

一、合作原则与目标

双方同意本着互信互惠原则，在科学务实的基础上，加强检疫检验合作与交流，协商解决农产品（含饲料）贸易中的检疫检验问题，防范动植物有害生物传播扩散，确保农产品质量安全。

二、业务交流

双方同意建立业务会商、研讨、互访、考察及技术合作机制。必要时，可成立工作小组开展检疫检验专项领域技术合作研究。

三、讯息查询

（一）双方同意提供检疫检验规定、标准、程序等讯息查询，并给予必要协助。

（二）双方同意加强农药及动物用药残留等安全卫生标准交流，协调处理标准差异问题。

四、证明文件核查

双方同意建立检疫检验证明文件核查及确认机制，防范伪造、假冒证书行为。

五、通报事项

（一）双方同意及时通报进出口农产品重大疫情及安全卫生事件讯息。

（二）双方同意定期通报进出口农产品中截获的有害生物、检出的有毒有害物质及其他不合格情况。

六、紧急事件处理

双方同意建立重大检疫检验突发事件协处机制，及时通报，快速核查，紧急磋商，并相互提供协助。

七、考察确认

双方同意建立农产品安全管理追溯体系，协助进口方到出口农产品生产加工场所考察访问，对确认符合检疫检验要求的农产品，实施便捷的进口检疫检验措施。

八、文书格式

双方同意讯息通报、查询及业务联系，使用商定的文书格式。

九、联系主体

（一）本协议议定事项，由双方业务主管部门指定的联络人相互联系实施。必要时，经双方同意可指定其他单位联系实施。

（二）本协议其他相关事宜，由海峡两岸关系协会与财团法人海峡交流基金会联系。

十、协议履行及变更

（一）双方应遵守协议。

（二）协议变更，应经双方协商同意，并以书面方式确认。

十一、争议解决

因适用本协议所生争议，双方应尽速协商解决。

十二、未尽事宜

本协议如有未尽事宜，双方得以适当方式另行商定。

十三、签署生效

本协议自签署之日起各自完成相关准备后生效，最迟不超过九十日。

本协议于十二月二十二日签署，一式四份，双方各执两份。

海峡两岸关系协会　　　　财团法人　海峡交流基金会

会长　陈云林　　　　董事长　江丙坤

028

海峡两岸标准计量检验认证合作协议

2009年12月22日

为便利海峡两岸经贸往来，促进两岸产业合作，创造良好投资环境，提升两岸贸易产品质量（品质）及安全，保护消费者权益，海峡两岸关系协会与财团法人海峡交流基金会就两岸标准、计量、检验、认证认可（验证认证）及消费品安全合作事宜，经平等协商，达成协议如下：

一、合作范围

双方同意共同采取措施，开展下列领域的交流合作：

（一）标准领域：积极探索和推动重点领域共通标准的制定；开展标准信息（资讯）交换，并推动两岸标准信息（资讯）平台建设；加强标准培训资源共享。

（二）计量领域：促进两岸法制（法定）计量合作、计量技术和计量管理信息（资讯）交流；合作研究最高量值准确可靠的装置，并开展相关装置的比对；推动测量仪器溯源校准（校正）的技术合作。

（三）检验领域：沟通两岸检验标准和程序；建立两岸贸易中商品检验合作与磋商机制；开展商品安全检验检测技术合作。

（四）认证认可（验证认证）领域：沟通两岸认证认可（验证认证）标准和程序；共同推动两岸新领域认证认可（验证认证）制度的建立和实施；推动两岸认证认可（验证认证）结果的互信，就双方同意的项目作出具体安排。

（五）消费品安全领域：建立两岸消费品安全信息（讯息）通报联系机制；建立两岸贸易消费品安全协处机制；加强对不合格消费品处理的沟通与协调。

（六）加强上述合作领域内相关制度规范的信息（资讯）交换。

（七）双方同意的其他合作事项。

二、合作形式

双方同意就前述合作领域采取如下措施：

（一）分别成立两岸标准、计量、检验、认证认可（验证认证）及消费品安全合作工作组，共同商定具体实施计划，明确活动范围等，并可根据需要形成相关领域的合作文件。

（二）以技术合作、专家会议、信息（资讯）交流、人员互访及业务培训等方式开展标准、计量、检验、认证认可（验证认证）及消费品安全领域的交流与合作。

（三）双方业务主管部门负责指导、协调各工作组开展工作，并指定联络人负责各领域业务的日常联络及工作方案的实施。

三、相互协助

双方同意对执行本协议的相关活动提供必要的协助。

四、保密义务

双方同意对于在执行本协议相关活动中所获信息（资讯），遵守约定的保密要求。

五、文书格式

双方同意信息（资讯）交换、通报、查询及业务联系，使用商定的文书格式。

六、联系主体

（一）本协议议定事项，由双方业务主管部门指定的联络人相互联系实施。

（二）本协议其他事宜，由海峡两岸关系协会与财团法人海峡交流基金会联系。

七、协议履行及变更

双方应遵守协议。

协议变更，应经双方协商同意，并以书面方式确认。

八、争议解决

因适用本协议所生争议，双方应尽速协商解决。

九、未尽事宜

本协议如有未尽事宜，双方可以适当方式另行商定。

十、签署生效

本协议自签署之日起各自完成相关准备后生效，最迟不超过九十日。

本协议于十二月二十二日签署，一式四份，双方各执两份。

海峡两岸关系协会　　　　　　　　财团法人　海峡交流基金会

会长　陈云林　　　　　　　　　　董事长　江丙坤

九 海协会海基会第五次领导人会谈

2010 年 6 月 29 日，海峡两岸关系协会会长陈云林与台湾海峡交流基金会董事长江丙坤在重庆申基索菲特大酒店举行第五次领导人会谈。签署了《海峡两岸经济合作框架协议》、《海峡两岸知识产权保护合作协议》两项协议。

029

海峡两岸经济合作框架协议

2010 年 6 月 29 日

序　言

海峡两岸关系协会与财团法人海峡交流基金会遵循平等互惠、循序渐进的原则，达成加强海峡两岸经贸关系的意愿；

双方同意，本着世界贸易组织（WTO）基本原则，考虑双方的经济条件，逐步减少或消除彼此间的贸易和投资障碍，创造公平的贸易与投资环境；通过签署《海峡两岸经济合作框架协议》（以下简称本协议），进一步增进双方的贸易与投资关系，建立有利于两岸经济繁荣与发展的合作机制；

经协商，达成协议如下：

第一章　总　则

第一条　目标

本协议目标为：

一、加强和增进双方之间的经济、贸易和投资合作。

二、促进双方货物和服务贸易进一步自由化，逐步建立公平、透明、便利的投资及其保障机制。

三、扩大经济合作领域，建立合作机制。

第二条　合作措施

双方同意，考虑双方的经济条件，采取包括但不限于以下措施，加强海峡两岸的经济交流与合作：

一、逐步减少或消除双方之间实质多数货物贸易的关税和非关税壁垒。

二、逐步减少或消除双方之间涵盖众多部门的服务贸易限制性措施。

三、提供投资保护，促进双向投资。

四、促进贸易投资便利化和产业交流与合作。

第二章　贸易与投资

第三条　货物贸易

一、双方同意，在本协议第七条规定的“货物贸易早期收获”基础上，不迟于本协议生效后六个月内就货物贸易协议展开磋商，并尽速完成。

二、货物贸易协议磋商内容包括但不限于：

（一）关税减让或消除模式；

（二）原产地规则；

（三）海关程序；

（四）非关税措施，包括但不限于技术性贸易壁垒（TBT）、卫生与植物卫生措施（SPS）；

（五）贸易救济措施，包括世界贸易组织《关于实施1994年关税与贸易总协定第六条的协定》、《补贴与反补贴措施协定》、《保障措施协定》规定的措施及适用于双方之间货物贸易的双方保障措施。

三、依据本条纳入货物贸易协议的产品应分为立即实现零关税产品、分阶段降税产品、例外或其他产品三类。

四、任何一方均可在货物贸易协议规定的关税减让承诺的基础上自主加速实施降税。

第四条　服务贸易

一、双方同意，在第八条规定的“服务贸易早期收获”基础上，不迟于本协议生效后六个月内就服务贸易协议展开磋商，并尽速完成。

二、服务贸易协议的磋商应致力于：

（一）逐步减少或消除双方之间涵盖众多部门的服务贸易限制性措施；

（二）继续扩展服务贸易的广度与深度；

（三）增进双方在服务贸易领域的合作。

三、任何一方均可在服务贸易协议规定的开放承诺的基础上自主加速开放或消除限制性措施。

第五条　投资

一、双方同意，在本协议生效后六个月内，针对本条第二款所述事项展开磋商，并尽速达成协议。

二、该协议包括但不限于以下事项：

（一）建立投资保障机制；

（二）提高投资相关规定的透明度；

（三）逐步减少双方相互投资的限制；

（四）促进投资便利化。

第三章　经济合作

第六条　经济合作

一、为强化并扩大本协议的效益，双方同意，加强包括但不限于以下合作：

（一）知识产权保护与合作；

（二）金融合作；

（三）贸易促进及贸易便利化；

（四）海关合作；

（五）电子商务合作；

（六）研究双方产业合作布局和重点领域，推动双方重大项目合作，协调解决双方产业合作中出现的问题；

（七）推动双方中小企业合作，提升中小企业竞争力；

（八）推动双方经贸社团互设办事机构。

二、双方应尽速针对本条合作事项的具体计划与内容展开协商。

第四章　早期收获

第七条　货物贸易早期收获

一、为加速实现本协议目标，双方同意对附件一所列产品实施早期收获计划，早期收获计划将于本协议生效后六个月内开始实施。

二、货物贸易早期收获计划的实施应遵循以下规定：

（一）双方应按照附件一列明的早期收获产品及降税安排实施降税；但双方各自对其他所有世界贸易组织成员普遍适用的非临时性进口关税税率较低时，则适用该税率；

（二）本协议附件一所列产品适用附件二所列临时原产地规则。依据该规则被认定为原产于一方的上述产品，另一方在进口时应给予优惠关税待遇；

（三）本协议附件一所列产品适用的临时贸易救济措施，是指本协议第三条第二款第五项所规定的措施，其中双方保障措施列入本协议附件三。

三、自双方根据本协议第三条达成的货物贸易协议生效之日起，本协议附件二中列明的临时原产地规则和本条第二款第三项规定的临时贸易救济措施规则应终止适用。

第八条　服务贸易早期收获

一、为加速实现本协议目标，双方同意对附件四所列服务贸易部门实施早期收获计划，早期收获计划应于本协议生效后尽速实施。

二、服务贸易早期收获计划的实施应遵循下列规定：

（一）一方应按照附件四列明的服务贸易早期收获部门及开放措施，对另一方的服务及服务提供者减少或消除实行的限制性措施；

（二）本协议附件四所列服务贸易部门及开放措施适用附件五规定的服务提供者定义；

（三）自双方根据本协议第四条达成的服务贸易协议生效之日起，本协议附件五规定的服务提供者定义应终止适用；

（四）若因实施服务贸易早期收获计划对一方的服务部门造成实质性负面影响，受影响的一方可要求与另一方磋商，寻求解决方案。

第五章　其　他

第九条　例外

本协议的任何规定不得解释为妨碍一方采取或维持与世界贸易组织规则相一致的例外措施。

第十条　争端解决

一、双方应不迟于本协议生效后六个月内就建立适当的争端解决程序展开磋商，并尽速达成协议，以解决任何关于本协议解释、实施和适用的争端。

二、在本条第一款所指的争端解决协议生效前，任何关于本协议解释、实施和适用的争端，应由双方通过协商解决，或由根据本协议第十一条设立的“两岸经济合作委员会”以适当方式加以解决。

第十一条　机构安排

一、双方成立“两岸经济合作委员会”（以下简称委员会）。委员会由双方指定的代表组成，负责处理与本协议相关的事宜，包括但不限于：

（一）完成为落实本协议目标所必需的磋商；

（二）监督并评估本协议的执行；

（三）解释本协议的规定；

（四）通报重要经贸信息；

（五）根据本协议第十条规定，解决任何关于本协议解释、实施和适用的争端。

二、委员会可根据需要设立工作小组，处理特定领域中与本协议相关的事宜，并接受委员会监督。

三、委员会每半年召开一次例会，必要时经双方同意可召开临时会议。

四、与本协议相关的业务事宜由双方业务主管部门指定的联络人负责联络。

第十二条　文书格式

基于本协议所进行的业务联系，应使用双方商定的文书格式。

第十三条　附件及后续协议

本协议的附件及根据本协议签署的后续协议，构成本协议的一部分。

第十四条　修正

本协议修正，应经双方协商同意，并以书面形式确认。

第十五条　生效

本协议签署后，双方应各自完成相关程序并以书面通知另一方。本协议自双方均收到对方通知后次日起生效。

第十六条　终止

一、一方终止本协议应以书面通知另一方。双方应在终止通知发出之日起三十日内开始协商。如协商未能达成一致，则本协议自通知一方发出终止通知之日起第一百八十日终止。

二、本协议终止后三十日内，双方应就因本协议终止而产生的问题展开协商。

本协议于六月二十九日签署，一式四份，双方各执两份。四份文本中对应表述的不同用语所含意义相同，四份文本具有同等效力。

附件一：货物贸易早期收获产品清单及降税安排（略）
附件二：适用于货物贸易早期收获产品的临时原产地规则
附件三：适用于货物贸易早期收获产品的双方保障措施
附件四：服务贸易早期收获部门及开放措施
附件五：适用于服务贸易早期收获部门及开放措施的服务提供者定义

海峡两岸关系协会　　　　　　　　　财团法人　海峡交流基金会
会长　陈云林　　　　　　　　　　　　董事长　江丙坤

附件二：

适用于货物贸易早期收获产品的临时原产地规则

第一条　定义

就本规则而言：

海关估价协定是指作为《马拉喀什建立世界贸易组织协定》组成部分的《关于实施 1994 年关税与贸易总协定第七条的协定》。

可互换材料是指在商业上可互换的材料，其性质实质相同，仅凭目视无法加以区分。

公认的会计原则是指一方有关记录收入、支出、成本、资产及负债、信息披露以及编制财务报表方面公认的实质上具有权威性的会计准则。上述准则包括普遍适用的概括性指引、详细的标准、惯例及程序。

材料是指构成另一货物的一部分或用于生产另一货物的货物，包括组成成分、零件、部件、组件及半组装件。

中性成分是指在另一货物的生产、测试或检验过程中使用，但本身不构成该货物组成成分的货物。

非原产材料是指除依据本规则规定具备原产资格的材料以外的其他材料。

原产材料或原产货物是指依据本规则规定具备原产资格的材料或货物。

生产是指获得货物的方法，包括但不限于种植、饲养、开采、收获、捕捞、耕种、诱捕、狩猎、捕获、采集、收集、养殖、提取、制造、加工或装配。

协调制度是指世界海关组织编制的《商品名称及编码协调制度》。

品目是指协调制度使用的四位数编码。

子目是指协调制度使用的六位数编码。

第二条 原产货物

除本规则另有规定外，符合下列情况之一的货物应认定为原产于一方：

（一）该货物是依据本规则第三条的规定，在一方完全获得；

（二）该货物完全是在一方或双方，仅由原产材料生产；

（三）该货物是在一方或双方使用非原产材料生产，符合第四条产品特定规则。

第三条 完全获得货物

依据本规则第二条（一）的规定，下列货物应认定为在一方完全获得：

（一）在一方出生并饲养的活动物；

（二）在一方从上述（一）所述活动物中获得的产品；

（三）在一方收获、采摘或采集的植物或植物产品；

（四）在一方狩猎、诱捕、捕捞、耕种、采集或捕获获得的货物；

（五）在一方采掘的矿物；

（六）一方在相关的水域、海床或底土获得的产品；

（七）在一方注册的加工船上，完全用上述（六）所述货物加工、制造的货物；

（八）在一方加工过程中产生且仅用于原材料回收的废碎料，或在一方消费后所收集且仅用于原材料回收的废品；

（九）在一方完全从上述（一）至（八）所述货物获得的货物。

第四条 产品特定原产地规则

除本规则另有规定外，在一方或双方使用非原产材料生产的货物，应依据本规则附件规定的税则归类改变、区域价值成分、加工工序标准或其他标准确定其原产资格。

上述附件由双方原产地规则磋商小组另行商定后实施。

第五条　税则归类改变

在适用本规则第四条所称的税则归类改变标准时，货物生产过程中所使用的非原产材料，在一方或双方经过生产后，均须发生本规则附件所规定的税则归类改变。

第六条　区域价值成分

一、在适用本规则第四条所规定的区域价值成分（RVC）标准时，其区域价值成分应依据下列公式计算：

$$RVC=\frac{FOB-VNM}{FOB}\times 100\%$$

上述 VNM 是指非原产材料的价格。该价格应以到岸价格（CIF）为基础进行确定。

二、本规则所述的离岸价格（FOB）和到岸价格（CIF）应依据《海关估价协定》及公认会计原则进行核定。

第七条　加工工序

在适用本规则第四条所规定的加工工序标准时，货物只有在一方或双方经过本规则附件所规定的加工工序后，方能赋予原产资格。

第八条　累积规则

一方的原产材料在另一方构成另一货物的组成部分时，该材料应视为原产于该另一方。

第九条　微小加工

一、本条所称“简单”是指既不需要专业技能，也不需要专用的机器、仪器或设备即可进行加工或处理。

二、对货物的本质特性影响轻微的简单加工或处理，无论是单独或合并，均应认定为微小加工，不得赋予原产资格。其中包括但不限于：

（一）为确保货物在运输或储藏期间处于良好状态而进行的处理，例如通风、干燥、冷藏、冷冻、上油、涂抹防锈漆、包覆保护层、加盐或水溶液；

（二）为便利托运而对货物进行的拆解、组装；

（三）以销售或展示为目的的包装、拆包或重新包装等处理；

（四）动物屠宰、冷冻、分割、切片；

（五）过滤、筛选、挑选、分类、分级、匹配（包括成套物品的组合）、纵切、弯曲、卷绕、展开等作业；

（六）洗涤、清洁、除尘、去除氧化物、除油、去漆以及去除其他涂层；

（七）简单的上漆、磨光、削尖、研磨、切割、装配或拆卸等作业；

（八）装瓶、装罐、装袋、装箱、装盒、固定于纸板或木板及其他类似的包装工序；

（九）在产品或其包装上粘贴或印刷标志、标签、标识及其他类似的区别标记；

（十）稀释、溶解或简单混合，未实质改变货物本质的；

（十一）除稻米以外的谷物的去壳、部分或完全的漂白、抛光及上光；

（十二）食糖上色或形成糖块的操作；

（十三）纺织品的熨烫或压平；

（十四）水果、坚果及蔬菜的去皮、去核或去壳。

第十条 微小含量

货物不符合本规则附件规定的税则归类改变标准，但同时符合下列条件的，仍应视为原产货物：

一、对于不符合税则归类改变的非原产材料，其依据第六条规定核定的价值不超过该货物离岸价格的百分之十；

二、该货物符合其所适用的本规则所有其他规定。

第十一条 可互换材料

一、在确定货物是否为原产货物时，任何可互换材料应据实加以区分；或依据出口方公认会计原则承认的库存管理方法择一办理。

二、上述经择定的库存管理方法，应在其整个会计年度内，连续使用该方法对上述货物或材料进行管理。

第十二条 中性成分

在确定货物是否为原产货物时，下列中性成分的原产地应不予考虑：

（一）燃料、能源、催化剂及溶剂；

（二）用于测试或检验货物的设备、装置及相关用品；

（三）手套、眼镜、鞋靴、衣服、安全设备及用品；

（四）工具及模具；

（五）用于维护设备和建筑的备用零件及材料；

（六）在货物生产过程中使用，虽未构成该货物组成成分，但能合理表明为该货物生产过程一部分的其他货物。

第十三条 成套货品

协调制度归类总规则三规定的成套货品，如果各组成货品均原产于一方，则该成套货品应认定为原产于该方；若部分组成货品非原产于一方，依第六条规定所确定的非原产材料价格不超过该成套货品离岸价格的百分之十，该成套货品仍应认定为原产于该方。

第十四条 包装材料及容器

一、对于应适用本规则附件所列税则归类改变标准的货物，如果零售用包装材料及容器与该货物归在同一税号，则在确定该货物的原产地时，零售用包装材料及容器应不予考虑。但对于必须符合区域价值成分标准的货物，在确定该货物原产地时，零售用包装材料及容器的价值应视实际情况认定为原产材料或非原产材料后予以核计。

二、在确定货物原产地时，用于货物运输的包装材料及容器应不予考虑。

第十五条　配件、备用零件及工具

一、对于本规则附件规定的原产地所需税则归类改变标准，在货物进口时，货物的配件、备用零件、工具、说明书及信息资料等，与该货物一并报关，并与该货物归入同一税号，且不单独开具发票，则在确定该货物原产地时，上述配件、备用零件、工具、说明书及信息资料等应不予考虑。

二、对于必须符合区域价值成分标准的货物，如果配件、备用零件、工具、说明书及信息资料等，与该货物一并报关，且不单独开具发票，则在计算该货物的区域价值成分时，上述配件、备用零件、工具、说明书及信息资料的价值应视实际情况认定为原产材料或非原产材料后予以核计。

三、上述配件、备用零件、工具、说明书及信息资料的数量和价值，应符合该货物的惯例。

第十六条　直接运输

一、申请适用优惠关税待遇的一方原产货物，应在双方之间直接运输。

二、货物运经双方以外的一个或多个第三方，不论是否在第三方转换运输工具或临时储存，若同时符合下列条件，仍应视为在双方之间直接运输：

（一）基于地理原因或运输需要；

（二）货物在该第三方未发生贸易、商业或消费的情况；

（三）除装卸、重新包装或使货物保持良好状态所需的处理外，货物在该第三方未经任何其他处理。

三、在本条第二款规定情形下，货物在第三方临时储存的停留时间，自运抵该方之日起不得超过六十天，并且货物在停留期间必须处于该第三方海关监管之下。

四、对于本条第二款所述货物，在货物申报进口时，应提交中转方海关出具的证明文件以及进口方海关认可的其他证明文件。

第十七条　原产地相关操作程序

执行本规则所需的操作程序由双方原产地规则磋商小组另行商定后实施。

附件三：

适用于货物贸易早期收获产品的双方保障措施

一、进口方因履行早期收获计划，导致从另一方进口特定产品的数量绝对增加或与其产量相比相对增加，且此种情况已对其生产同类或直接竞争产品的产业造成严重损害或严重损害威胁，进口方可要求与另一方进行磋商，以寻求双方满意的解决方案。

根据上述规定，经调查，如一方决定采取双方保障措施，可将所涉产品适用的关税税率提高至采取双方保障措施时实施的普遍适用于世界贸易组织成员的非临时性进口关税税率。

二、双方保障措施的实施期限应尽可能缩短，并以消除或防止进口方产业受到损害的范围为限，最长不超过一年。

三、当一方终止针对某一产品实施的双方保障措施时，该产品的关税税率应根据《海峡两岸经济合作框架协议》附件一所规定的降税模式，按照该措施终止时的关税税率执行。

四、实施双方保障措施时，对于本附件中未规定的规则，双方应对相关条款作必要修改后适用世界贸易组织《保障措施协定》，但世界贸易组织《保障措施协定》第五条所列的数量限制措施及第九条、第十三条、第十四条不适用。

五、本附件适用世界贸易组织《保障措施协定》条款时所称的“货物贸易理事会”或“保障措施委员会”均指《海峡两岸经济合作框架协议》所称的“两岸经济合作委员会”。

六、一方不得对另一方同一产品同时实施以下措施：

（一）双方保障措施；

（二）《1994 年关税与贸易总协定》第十九条及世界贸易组织《保障措施协定》规定的措施。

附件四：

服务贸易早期收获部门及开放措施

大陆方面非金融服务部门的开放承诺①

服务提供模式：（1）跨境交付（2）境外消费（3）商业存在

①部门分类使用世界贸易组织《服务贸易总协定》服务部门分类（GNS/W/120），部门的内容参考相应的联合国临时中央产品分类（CPC，United Nations Provisional Central Product Classification，ST/ESA/STAT/SER. M/77）。

九　海协会海基会第五次领导人会谈

部门或分部门	市场开放承诺	其他承诺
1. 商业服务		
A. 专业服务 b. 会计、审计和簿记服务（CPC862）	（1）没有限制 （2）没有限制 （3）除在加入世界贸易组织时承诺的内容外，不作承诺	允许台湾会计师事务所在大陆临时开展审计业务时申请的《临时执行审计业务许可证》的有效期为1年
B. 计算机及其相关服务 b. 软件实施服务（CPC842）	（1）没有限制 （2）没有限制 （3）在加入世界贸易组织时承诺的基础上，允许台湾服务提供者在大陆设立独资企业，提供软件实施服务	
c. 数据处理服务（CPC843，不包括CPC8439）	（1）没有限制 （2）没有限制 （3）在加入世界贸易组织时承诺的基础上，允许台湾服务提供者在大陆设立独资企业，提供数据处理服务	
C. 研究和开发服务 ——自然科学和工程学的研究和实验开发服务（CPC8510）	（1）没有限制 （2）没有限制 （3）允许台湾服务提供者在大陆设立合资、合作或独资企业，提供自然科学和工程学的研究和实验开发服务	
F. 其他商业服务 s. 会议服务（CPC87909）	（1）没有限制 （2）没有限制 （3）在加入世界贸易组织时承诺的基础上，允许台湾服务提供者在大陆设立独资企业，提供会议服务	
F. 其他商业服务 ——专业设计服务（CPC87907）	（1）没有限制 （2）没有限制 （3）允许台湾服务提供者在大陆设立合资、合作或独资企业，提供专业设计服务	

续 表

部门或分部门	市场开放承诺	其他承诺
2. 通讯服务		
D. 视听服务 ——录像的分销服务，包括娱乐软件及（CPC83202） ——录音制品分销服务	（1）没有限制 （2）没有限制 （3）除在加入世界贸易组织时承诺的内容外，不作承诺	根据台湾有关规定设立或建立的制片单位所拍摄的、拥有50%以上的电影片著作权的华语电影片经大陆主管部门审查通过后，不受进口配额限制在大陆发行放映。该电影片主要工作人员组别①中台湾居民应占该组别整体员工数目的50%以上
8. 与健康相关的服务和社会服务（除专业服务中所列以外）		
A. 医院服务（CPC9311）	（1）不作承诺 （2）不作承诺 （3）允许台湾服务提供者在大陆设立合资、合作医院；允许台湾服务提供者在上海市、江苏省、福建省、广东省、海南省设立独资医院②	
11. 运输服务		
C. 航空运输服务 d. 飞机的维修和保养服务③（CPC8868）	（1）不作承诺④ （2）没有限制 （3）在加入世界贸易组织时承诺的基础上，允许台湾服务提供者以独资或合资形式投资大陆航空器维修领域，台湾服务提供者必须为法人或多个台湾服务提供者共同投资时其主要投资者必须为法人	

①主要工作人员组别包括导演、编剧、男主角、女主角、男配角、女配角、监制、摄影师、剪接师、美术指导、服装设计、动作/武术指导，以及原创音乐。

②应符合大陆关于外商投资设立合资、合作或独资医院的有关规定。

③适用世界贸易组织《服务贸易总协定〈关于空运服务的附件〉》的定义。

④由于缺乏技术可行性，因此不作承诺。

大陆方面金融服务部门的开放承诺

部门名称	具体承诺
保险及其相关服务	允许台湾保险公司经过整合或战略合并组成的集团，参照外资保险公司市场准入条件（集团总资产 50 亿美元以上，其中任何一家台湾保险公司的经营历史在 30 年以上，且其中任何一家台湾保险公司在大陆设立代表处 2 年以上）申请进入大陆市场
银行及其他金融服务（不包括证券期货和保险）	1. 台湾的银行比照大陆《外资银行管理条例》的有关规定，在大陆申请设立独资银行或分行（非独资银行下属分行），提出申请前应在大陆已经设立代表处 1 年以上 2. 台湾的银行在大陆的营业性机构申请经营人民币业务，应具备下列条件：提出申请前在大陆开业 2 年以上且提出申请前 1 年盈利 3. 台湾的银行在大陆的营业性机构具备下列条件可申请经营在大陆的台资企业人民币业务：提出申请前在大陆开业 1 年以上且提出申请前 1 年盈利 4. 台湾的银行在大陆设立的营业性机构可建立小企业金融服务专营机构。具体要求参照大陆相关规定执行 5. 为台湾的银行申请在大陆中西部、东北部地区开设分行（非独资银行下属分行）设立绿色通道 6. 主管部门审查台湾的银行在大陆分行的有关盈利性资格时，采取多家分行整体考核的方式
证券、期货及其相关服务	1. 对符合条件的台资金融机构在大陆申请合格境外机构投资者资格给予适当便利 2. 尽快将台湾证券交易所、期货交易所列入大陆允许合格境内机构投资者投资金融衍生产品的交易所名单 3. 简化台湾证券从业人员在大陆申请从业人员资格和取得执业资格的相关程序

台湾方面非金融服务业的开放承诺[①]

服务提供模式：（1）跨境提供服务（2）境外消费（3）商业据点呈现

行业或次行业别	市场开放承诺	其他承诺
一、商业服务业		
C. 研究与发展服务业（CPC851、852、853）	（1）没有限制 （2）没有限制 允许大陆服务提供者在台湾以独资、合资、合伙及设立分公司等形式设立商业据点，提供研究与发展服务	
F. 其他商业服务业 （s）会议服务业（CPC87909＊） ——＊指为会议或类似事件提供计划、组织、管理及行销等营业性活动（包括外烩及饮料服务）	（1）没有限制 （2）没有限制 （3）允许大陆服务提供者在台湾以独资、合资、合伙及设立分公司等形式设立商业据点，提供会议服务	
F. 其他商业服务业 （s）展览服务业（CPC87909） ——限合办之专业展览		允许大陆企业、事业单位、与会展相关之社团或基金会等来台从事与台湾会展产业之企业或公会、商会、协会等团体合办之专业展览，惟须符合相关规定
F. 其他商业服务业 （t）其他 v. 特制品设计服务业（CPC87907） ——凡从事室内设计以外专门设计服务之行业均属之，如服装、珠宝、家具等商品及其他个人或家庭物品之设计、视觉传达（平面）设计及包装设计等服务	（1）没有限制 （2）没有限制 （3）允许大陆服务提供者在台湾以独资、合资、合伙及设立分公司等形式设立商业据点，提供特制品设计服务	

①行业分类使用世界贸易组织《服务贸易总协定》服务行业分类（GNS/W/120），行业的内容参照联合国中央产品分类暂行版（CPC，United Nations Provisional Central Product Classification，ST/ESA/STAT/SER. M/77）。

续　表

行业或次行业别	市场开放承诺	其他承诺
二、通讯服务业		
D. 视听服务业 (b) 电影放映服务业 ——华语电影片和合拍电影片		根据大陆有关规定设立的制片单位所拍摄、符合台湾相关规定所定义之大陆电影片，经台湾主管机关审查通过后，每年以10部为限，可在台湾商业发行映演，并应符合大陆电影片进入台湾发行映演相关规定
四、配销服务业		
A. 经纪商服务业（活动物除外） (CPC 621) —凡以按次计费或依合约计酬方式，从事有形商品买卖居间说合而收取佣金之行业均属之。经由网际网路从事商品经纪亦归入本类	(1) 没有限制 (2) 没有限制 (3) 允许大陆服务提供者在台湾以独资、合资、合伙及设立分公司等形式设立商业据点，提供经纪商服务	
十、娱乐、文化及运动服务业（视听服务业除外）		
D. 运动及其他娱乐服务业 (CPC96411、96412、96419)	(1) 没有限制 (2) 没有限制 允许大陆服务提供者在台湾以独资、合资、合伙及设立分公司等形式设立商业据点，提供运动休闲服务	
十一、空运服务业		
(c) 电脑订位系统①	(1) 没有限制 (2) 没有限制 (3) 允许大陆服务提供者在台湾以独资、合资、合伙及设立分公司等形式设立商业据点，提供电脑订位系统服务	

①适用世界贸易组织《服务贸易总协定〈空运服务业附则〉》的定义。

台湾方面金融服务业的开放承诺

行业别名称	具体承诺
银行及其他金融服务（不包括证券期货和保险）	大陆的银行经许可在台湾设立代表人办事处且满 1 年，可申请在台湾设立分行

附件五：

适用于服务贸易早期收获部门及开放措施的服务提供者定义

双方同意，就《海峡两岸经济合作框架协议》附件四（以下简称附件四）所列并超出各自在世界贸易组织承诺的服务部门及开放措施制定适用的服务提供者定义①如下：

一、适用于服务贸易早期收获部门及开放措施的服务提供者，指为另一方提供服务的一方自然人或一方法人。②

（一）“一方自然人”指持有两岸任一方身份证明文件的自然人；

（二）“一方法人”指根据两岸任一方相关规定在该方设立的实体，包括任何公司、信托、合伙企业、合资企业、独资企业或协会（商会）。

二、一方法人服务提供者应同时具备下列条件：

（一）在该方提供服务的性质和范围，应包含其拟在另一方提供服务的性质和范围；③

（二）在该方从事实质性商业经营，应符合下列规定：

1. 在该方从事与拟在另一方提供服务的性质和范围相同的商业经营持续三年以上④。其中：

从事银行及其他金融服务（不包括证券期货和保险）的一方银行机构，应在该方获得银行业监督管理机构营业许可并注册或登记设立且从事商业经营持续五年以上；

从事证券期货及其相关服务的一方证券期货公司，应在该方获得证券期货监督管理机构营业许可并注册或登记设立且从事商业经营持续五年以上；

从事保险及其相关服务的一方保险公司，应在该方获得保险业监督管理机构

---

①仅适用于以商业存在模式提供服务的服务提供者。

②不包括在一方登记的分公司、办事处、联络处和其他非法人机构。

③就台湾方面医疗服务提供者而言，包括：（1）法人医疗机构；（2）医疗机构的设置人；（3）医疗机构设置的特定目的公司。

④就台湾方面医疗服务提供者而言，注③规定的医疗机构应符合此项规定。

营业许可并注册或登记设立且从事商业经营持续五年以上；

2. 在该方缴纳所得税；

3. 在该方拥有或租用经营场所。

三、一方服务提供者为享有附件四所列并超出在世界贸易组织承诺的优惠待遇，应按下列规定向该方业务主管部门或其委托机构提供文件、资料，申请“服务提供者证明书”：

（一）一方自然人服务提供者应提供身份证明文件，及业务主管部门或其委托机构认为需要提供的其他文件、资料；

（二）一方法人服务提供者应提供：

1. 注册登记证明副本；

2. 最近三年或五年的完税证明副本；

3. 最近三年或五年经审计的财务报表；

4. 拥有或租用经营场所的证明文件或其副本；

5. 其他证明提供服务性质和范围的文件或其副本；

6. 业务主管部门或其委托机构认为需要提供的其他文件、资料。

四、一方服务提供者按本附件第三条规定提供相关文件、资料，业务主管部门或其委托机构认为符合本附件规定，向其核发服务提供者证明书。

五、一方服务提供者申请在另一方提供附件四所列并超出在世界贸易组织承诺的服务时，应向另一方的相关业务主管部门提交有效的服务提供者证明书，及申请所涉服务部门规定的文件、资料。

六、已在另一方提供服务的一方服务提供者可按照本附件的相关规定申请取得服务提供者证明书，以享有附件四所列并超出在世界贸易组织承诺的优惠待遇。

030

海峡两岸知识产权保护合作协议

2010年6月29日

为保障海峡两岸人民权益，促进两岸经济、科技与文化发展，海峡两岸关系协会与财团法人海峡交流基金会就两岸知识产权（智慧财产权）保护合作事宜，经平等协商，达成协议如下：

一、合作目标

双方同意本着平等互惠原则，加强专利、商标、著作权及植物新品种权（植物品种权）（以下简称品种权）等两岸知识产权（智慧财产权）保护方面的交流与合作，协商解决相关问题，提升两岸知识产权（智慧财产权）的创新、应用、管理及保护。

二、优先权利

双方同意依各自规定，确认对方专利、商标及品种权第一次申请日的效力，并积极推动作出相应安排，保障两岸人民的优先权权益。

三、保护品种

双方同意在各自公告的植物品种保护名录（植物种类）范围内受理对方品种权的申请，并就扩大植物品种保护名录（可申请品种权之植物种类）进行协商。

四、审查合作

双方同意推动相互利用专利检索与审查结果、品种权审查和测试等合作及协商。

五、业界合作

双方同意促进两岸专利、商标等业界合作，提供有效、便捷服务。

六、认证服务

双方同意为促进两岸著作权贸易，建立著作权认证合作机制，于一方音像（影音）制品于他方出版时，得由一方指定之相关协会或团体办理著作权认证，并就建立图书、软件（电脑程式）等其他作品、制品认证制度交换意见。

七、协处机制

双方同意建立执法协处机制，依各自规定妥善处理下列知识产权（智慧财产权）保护事宜：

（一）打击盗版及仿冒，特别是查处经由网络（网路）提供或帮助提供盗版图书、音像（影音）及软件（电脑程式）等侵权网站，以及在市场流通的盗版及仿冒品；

（二）保护驰名（著名）商标、地理标志或著名产地名称，共同防止恶意抢注行为，并保障权利人行使申请撤销被抢注驰名（著名）商标、地理标志或著名产地名称的权利；

（三）强化水果及其他农产品虚伪产地标识（示）之市场监管及查处措施；

（四）其他知识产权（智慧财产权）保护事宜。

在处理上述权益保护事宜时，双方可相互提供必要的资讯，并通报处理结果。

八、业务交流

双方同意开展知识产权（智慧财产权）业务交流与合作事项如下：

（一）推动业务主管部门人员进行工作会晤、考察参访、经验和技术交流、举办研讨会等，开展相关业务培训；

（二）交换制度规范、数据文献资料（资料库）及其他相关资讯；

（三）推动相关文件电子交换合作；

（四）促进著作权集体管理组织交流与合作；

（五）加强对相关企业、代理人及公众的宣导；

（六）双方同意之其他合作事项。

九、工作规划

双方同意分别设置专利、商标、著作权及品种权等工作组，负责商定具体工作规划及方案。

十、保密义务

双方同意对于在执行本协议相关活动中所获资讯予以保密。但依请求目的使用者，不在此限。

十一、限制用途

双方同意仅依请求目的使用对方提供之资料。但双方另有约定者，不在此限。

十二、文书格式

双方同意交换、通报、查询资讯及日常业务联系等，使用商定的文书格式。

十三、联系主体

本协议议定事项，由双方业务主管部门指定的联络人相互联系实施。必要时，经双方同意得指定其他单位进行联系。

本协议其他相关事宜，由海峡两岸关系协会与财团法人海峡交流基金会联系。

十四、协议履行与变更

双方应遵守协议。

本协议变更，应经双方协商同意，并以书面形式确认。

十五、争议解决

因适用本协议所生争议，双方应尽速协商解决。

十六、未尽事宜

本协议如有未尽事宜，双方得以适当方式另行商定。

十七、签署生效

本协议签署后，双方应各自完成相关程序并以书面通知对方。本协议自双方均收到对方通知后次日起生效。

本协议于六月二十九日签署，一式四份，双方各执两份。

海峡两岸关系协会
会长　陈云林

财团法人　海峡交流基金会
董事长　江丙坤

十　海协会海基会第六次领导人会谈

2010年12月21日，海峡两岸关系协会会长陈云林与台湾海峡交流基金会董事长江丙坤在台北举行第六次会谈，商谈并确认了《海峡两岸医药卫生合作协议》，当天下午签署了这项协议。

031

海峡两岸医药卫生合作协议

2010年12月21日

为了维护人的健康价值，保障海峡两岸人民健康权益，促进两岸医药卫生合作与发展，海峡两岸关系协会与财团法人海峡交流基金会就两岸医药卫生合作事宜，经平等协商，达成协议如下：

第一章　总　则

一、合作领域

双方同意本着平等互惠原则，在下列领域进行交流合作：

（一）传染病防治；

（二）医药品安全管理及研发；

（三）中医药研究与交流及中药材安全管理；

（四）紧急救治；

（五）双方同意的其他领域。

二、合作方式

双方同意以下列方式进行医药卫生业务交流与合作：

（一）推动业务主管部门人员定期工作会晤、考察参访、技术交流及举办研讨会等；

（二）交换、通报、查询及公布相关业务资讯、制度规范及实际运作措施；

（三）双方同意的其他合作方式。

三、联系主体

本协议议定事项，由双方相关业务主管部门指定的联络人相互联系实施。必要时，经双方同意得指定其他单位进行联系。

本协议其他相关事宜，由海峡两岸关系协会与财团法人海峡交流基金会联系。

四、工作规划

双方同意分别设置下列工作组，负责商定具体工作规划、方案：

（一）传染病防治工作组；

（二）医药品安全管理及研发工作组；

（三）中医药研究与交流及中药材安全管理工作组；

（四）紧急救治工作组；

（五）检验检疫工作组；

（六）双方商定设置的其他工作组。

各工作组应于本协议生效后三个月内召开会议，商讨资讯交换和通报项目、内容、格式、频率及联系窗口等相关事宜。

必要时，各工作组得商定变更相关事宜，并得另设工作分组。

第二章　传染病防治

五、合作范围

双方同意就可能影响两岸人民健康之传染病的检疫与防疫、资讯交换与通报、重大传染病疫情处置、疫苗研发及其他事项，进行交流与合作。

传染病范围、类别依双方各自规定及商定办理。

六、检疫与防疫措施

双方同意依循公认检疫防疫准则所规范的核心能力，加强合作，采取必要检疫及防疫措施，避免或减少传染病传播至对方。

双方同意对在己方发现对方的疑似或确诊传染病病人，进行适当处置或协助返回原居住地治疗。

七、传染病疫情资讯交换与通报

双方同意平时应以书面方式定期互相交换传染病疫情及卫生检疫等资讯。

双方同意尽速通报可能或已构成重大突发公共卫生事件的传染病疫情，并持续沟通及通报相关资讯。如接获对方查询时，应尽速给予回应与协助。

重大疫情通报的内容，包括病例定义、实验室检验数据、疫情来源、病例数、死亡数及采取的防治措施等。必要时，双方得商定变更通报内容。

如有对方人民在发生重大疫情方受感染的资讯，该方应通报对方。

八、重大疫情处置

发生重大疫情方，应即时采取有效监测及处置措施；必要时，得请求对方积极提供协助。

发生重大疫情方，于对方请求时，应提供疫情调查情况，并积极考量协助对方实地了解疫情。

九、共同关切的传染病防治交流与合作

双方同意就共同关切的传染病防治策略、检疫标准、处置措施及其实务演练、检验技术与实验室标本以及疫苗研发等，进行交流与合作。

第三章　医药品安全管理及研发

十、合作范围

本协议所称医药品，指药品、医疗器材、保健食品（健康食品）及化妆品，不包括中药材。

双方同意就两岸医药品的非临床检测、临床试验、上市前审查、生产管理、上市后管理等制度规范，及技术标准、检验技术与其他相关事项，进行交流与合作。

十一、品质与安全管理

双方同意就下列两岸医药品事项，建立合作机制：

（一）非临床试验管理规范（GLP）、临床试验管理规范（GCP）及生产管理规范（GMP）的检查；

（二）不良反应及不良事件通报、处置与追踪；

（三）伪、劣、禁及违规医药品的稽查，并交换资讯及追溯其来源。

十二、协处机制

双方同意建立两岸重大医药品安全事件协处机制，采取下列措施妥善处理：

（一）紧急磋商，交换相关资讯；

（二）采取控制措施，防止事态蔓延；

（三）提供实地了解便利；

（四）核实发布资讯，并相互通报；

（五）提供事件原因分析，及时通报调查及处理结果；

（六）督促应负责的厂商及其负责人妥善处理纠纷，并就受损害厂商及消费者权益的保障，给予积极协助。

十三、标准规范协调

双方同意在医药品安全管理公认标准（ICH、GHTF 等）的原则下，加强合作，积极推动双方技术标准及规范的协调性，以提升医药品的安全、有效性。

在上述基础上，进行医药品检验、审批（查验登记）及生产管理规范检查合作，探讨逐步采用对方执行的结果。

十四、临床试验合作

双方同意就彼此临床试验的相关制度规范、执行机构及执行团队的管理、受试者权益保障和临床试验计划及试验结果审核机制等，进行交流与合作。

在符合临床试验管理规范（GCP）标准下，以减少重复试验为目标，优先以试点及专案方式，积极推动两岸临床试验及医药品研发合作，并在此基础上，探讨逐步接受双方执行的结果。

第四章　中医药研究与交流及中药材安全管理

十五、合作范围

双方同意就中药材品质安全保障措施、中医药诊疗方法研究、中医药学术研究及其他相关事项，进行交流与合作。

十六、品质安全

双方同意进行下列合作：

（一）中药材品质安全标准及检验方法的交流合作；

（二）相互协助中药材检验证明文件查核及确认。

十七、输出检验措施

双方同意采取措施，保障输往对方的中药材符合品质安全要求：

（一）输入方应及时通知输出方最新制度规范、检验标准、检测方法及限量要求，并由输出方转知相关机构及企业，要求企业对输往对方的中药材，依输入方要求取得检验证明文件，保证品质和安全；

（二）输出方应对申报输出的中药材实施检验，并对输入方多次通报的品质安全不合格项目，根据需要实施密集输出检验。

十八、通报及协处机制

双方同意建立两岸中药材重大的安全事件、不良反应及品质安全问题通报及协处机制，并依第十二条所定措施妥善处理。

十九、中医药研究与交流

双方同意共同商定中医药研究与交流优先合作项目，建立交流平台，积极举办交流活动，促进中医药发展。

第五章　紧急救治

二十、合作范围

双方同意就两岸重大意外事件所致伤病者的紧急救治措施、资讯交换及伤病者转送等事项，进行交流与合作。

二十一、紧急救治措施

双方同意对在己方因重大意外事件所致伤病的对方人民，提供紧急救治，协助安排收治医院，并采取其他适当医疗措施。

二十二、紧急救治资讯交换

双方同意重大意外事件发生方，应尽速提供对方伤病者名册、伤病情形、收治医院和联系方式，以及其他相关资讯。

二十三、紧急伤病者转送协助

双方同意重大意外事件发生方，于对方请求时，应积极协助办理伤病者转送事宜。

第六章　附　　则

二十四、保密义务

双方同意对于执行本协议相关活动所获个人资料、营业秘密及其他资讯予以保密。但依请求目的使用者，不在此限。

二十五、限制用途

双方同意仅依请求目的使用对方提供的资料。但双方另有规定者，不在此限。

二十六、文书格式

双方同意资讯交换、通报、查询及业务联系等，使用商定的文书格式。

二十七、协议履行与变更

双方应遵守协议。

本协议变更，应经双方协商同意，并以书面形式确认。

二十八、争议解决

因适用本协议所生争议，双方应尽速协商解决。除另有约定外，协商应于请求提出后十五个工作日内举行。

二十九、未尽事宜

本协议如有未尽事宜，双方得以适当方式另行商定。

三十、签署生效

本协议签署后，双方应各自完成相关程序并以书面通知对方。本协议自双方均收到对方通知后次日起生效。

本协议于十二月二十一日签署，一式四份，双方各执两份。

海峡两岸关系协会　　　　　　　　财团法人　海峡交流基金会

会长　陈云林　　　　　　　　　　董事长　江丙坤

十一 海协会海基会第七次领导人会谈

2011年10月20日上午，海峡两岸关系协会会长陈云林与台湾海峡交流基金会董事长江丙坤在天津举行第七次会谈。双方就两岸核电安全合作议题进行了商谈，就继续推进两岸投保协议协商、加强两岸产业合作交换了意见，并讨论了两会已签协议执行情况、加强会务联系与交流合作等事宜。当日下午，陈云林与江丙坤签署了《海峡两岸核电安全合作协议》，公布了《海协会与海基会关于推进两岸投保协议协商的共同意见》、《海协会与海基会关于加强两岸产业合作的共同意见》。

032

海峡两岸核电安全合作协议

2011年10月20日

“安全第一”是核电应用普遍遵守的基本原则，攸关人的健康、安全、财产及环境。为保障两岸人民福祉，提升两岸核电运转安全，加强核电安全资讯透明化，促进两岸核电安全资讯及经验交流，海峡两岸关系协会与财团法人海峡交流基金会就两岸核电安全合作事宜，经平等协商，达成协议如下：

一、合作范围

双方同意本着平等互惠原则，就两岸核电安全及事故紧急通报等事宜，在下列领域进行交流合作：

（一）核电安全法规与标准

核电安全相关之法规、标准、导则、参考文献等资讯交流。

（二）核电安全分析与审查评估经验

核电安全分析与审查评估之方法、流程、报告、参考文献及安全分析审查评估所需使用之相关工具发展等资讯交换及经验交流。

（三）核电安全监督方法与经验

核电安全监督架构作业方式、报告、参考文献等资讯交换及经验交流。

（四）核电厂基本资讯

核电厂机组运转、工作人员辐射剂量、环境辐射监测、安全指标、异常事件及机组兴建进度等相关基本资讯定期交换。

（五）核安事件安全评估与运转经验回馈

就国际核安事件分级（INES）各级之重要核电机组异常事件，定期交换调查报告、改进措施及后续安全监督报告，并进行经验交流。

（六）核电厂老化管理

核电厂老化管理、评估、监督、现场查证等资讯交换及经验交流。

（七）核电安全研究经验

核电安全研究发展，包含燃料安全、热传流力、数位仪控、防火安全、人因工程、风险评估、地震与海啸防护、事故分析与评估及非破坏检测品质验证等资讯交换及经验交流。

（八）核电厂事故紧急通报

任一方发生国际核安事件分级（INES）二级及二级以上或引发大众关注之事件，事故（件）方在通报相关方面的同时，应通报对方，并持续沟通及通报完整即时之相关资讯，如接获对方查询时，应尽速给予回应与协助。双方指定联系及事故通报的单位与人员，平时定期进行通报测试。

核电厂事故通报内容包括事故电厂名称、事故发生时间及可能原因、机组最新状况、放射性物质外释状况、未来可能影响及进行评估的相关资料、已采取的防护措施等。必要时，双方得商定增加通报内容。

事故方应积极协助确认对方人民在事故方受影响地区的安全情况，并提供必要协助。

（九）核电厂环境辐射监测资讯

进行环境辐射监测资讯交换及符合公认标准之环境样品放射性分析比对之交流。

（十）核电厂事故紧急应变及准备之经验

核电厂事故紧急应变经验交流，包含应变计划、平时准备、民众防护行动、复原规划等。

（十一）核电安全资讯公开之经验

核电安全资讯公开，包含资讯透明化、民众参与、科普实务等经验交流。

（十二）双方同意之其他核电安全合作事项。

二、合作方式

双方同意核电安全及紧急应变主管部门以下列方式进行核电安全事宜的交流与合作：

（一）双方人员每年至少举行一次工作业务交流会议，由双方轮流主办。

（二）推动人员参访、举办研讨会等交流活动。

（三）发生核电厂重要事件或紧急事故时，进行通报、资讯交换、查询与公开。

（四）双方同意的其他增进核电安全之合作方式。

三、联系主体

本协议议定事项，由双方核电安全及紧急应变主管部门指定的联络人相互联系实施。

本协议其他事宜，由海峡两岸关系协会与财团法人海峡交流基金会联系。

四、工作规划

双方同意设置工作组，负责商定具体工作规划、方案。

工作组应于本协议生效后二个月内召开首次会议，商讨双方联系及事故通报窗口、资讯交换与通报的项目、内容、格式、方式、频率及工作业务交流会议、交流活动等相关事宜。

五、限制用途

双方同意仅依请求目的使用对方提供的资料。但双方另有约定者，不在此限。

六、文书格式

双方同意资讯交换、通报、查询及业务联系等，使用商定的文书格式。

七、协议履行及变更

双方应遵守协议。

协议变更，应经双方协商同意，并以书面方式确认。

八、争议解决

因适用本协议所生争议，双方应尽速协商解决。除另有约定外，协商应于请求提出后十个工作日内举行。

九、未尽事宜

本协议如有未尽事宜，双方得以适当方式另行商定。

十、签署生效

本协议签署后，双方应各自完成相关程序并以书面通知对方。本协议自双方均收到对方通知后次日起生效。

本协议于十月二十日签署，一式四份，双方各执两份。

海峡两岸关系协会　　　　财团法人　海峡交流基金会

会长　陈云林　　　　董事长　江丙坤

033

海协会与海基会关于推进两岸投保协议协商的共同意见

2011 年 10 月 20 日

海峡两岸关系协会会长陈云林与海峡交流基金会董事长江丙坤 10 月 20 日在天津举行会谈。会谈中，双方就继续推进两岸投保协议协商达成如下共同意见：

两岸投保协议协商经一年来双方协商团队多次积极、深入的业务沟通，已取得重要和积极进展。双方就协议内容形成诸多共识并基本达成一致，两会对此表示充分肯定。鉴于协议涉及面广、专业性强，且双方管理体制存在差异，还需要各自内部及相互之间进行必要的沟通协调，两会同意继续并加快最后阶段的商谈，在下一次两会会谈时签署协议。

双方认为，两岸投保协议是《海峡两岸经济合作框架协议》（以下简称框架协议）后续商谈的重要内容，对促进两岸经贸关系制度化发展具有重要意义。双方同意依据框架协议相关规定尽速完成协商，以保护两岸投资者权益、促进相互投资、创造公平的投资环境、增进两岸经济繁荣。

双方同意，协议内容应参考一般投保协议的基本框架、考虑两岸特殊性、回应双方投资者关切，并强化协议的可操作性。文本内容包括定义、适用范围和例外、投资待遇、透明度、逐步减少投资限制、投资便利化、征收、损失补偿、代位、转移、拒绝授予利益、争端解决、联系机制等重要议题：

——妥善定义投资及投资者，明确协议的适用范围。

——投资待遇的规定兼顾投资及投资者待遇，将对投资者人身自由和安全保护作出适当安排，并依据框架协议的规定，就逐步减少双方相互投资的限制、提高投资相关规定的透明度、促进投资便利化等进行规范。

——双方同意征收（包括间接征收）应符合公共利益等基本原则，并按公平市场价值予以补偿；损失补偿、代位、转移及拒绝授予利益等条文，则参考通行惯例妥善处理。

——双方已就争端解决的机制架构进行充分沟通，并将就协议双方的争端解决、投资者与投资所在地一方的争端解决、双方投资者商事合同争议解决进行深入讨论，以期达成有效解决相关争端的机制安排。

——双方将建立联系平台及相关协处机制，以有效执行协议，强化对双方投资者的相关服务。

两会肯定双方团队在协商过程中积极谋求共识的善意及诚意，并表示将继续积极沟通，早日完成协商。

034

海协会与海基会关于加强两岸产业合作的共同意见

2011 年 10 月 20 日

海峡两岸关系协会会长陈云林与海峡交流基金会董事长江丙坤 20 日在天津举行会谈。会谈中，双方讨论了加强两岸产业合作事宜，就合作愿景、目标及先期合作项目达成如下共同意见：

双方同意，合作愿景包括继续完善两岸投资环境，发挥产业互补优势，研究双方产业合作布局，扩大产业合作范围，提高产业合作层次，强化合作创新能力，发展自主品牌，促进两岸产业转型升级，共同培育两岸企业参与国际竞争合作的新优势和竞争力，繁荣两岸经济。

双方表示，将积极推动重大项目合作，协调解决合作中出现的问题，促进中小企业发展，增加两岸人民就业机会。

双方选定，以 LED 照明、无线城市、冷链物流、TFT-LCD 和电动汽车作为先期合作项目，并将继续优先在双方的重点发展产业中选择合作项目。

双方同意，将定期举办两岸产业合作论坛，协助推动产业合作，以达到凝聚共识、加强交流和深化合作的成效。

十二 海协会海基会第八次领导人会谈

2012年8月9日，海峡两岸关系协会会长陈云林与台湾海峡交流基金会董事长江丙坤在台北举行两会恢复协商以来的第八次会谈。双方就两岸投资保护和促进、海关合作议题进行了商谈，回顾了两岸经济合作框架协议（ECFA）和两会已签协议执行情况，讨论了下半年会谈议题规划。下午，陈云林与江丙坤签署了《海峡两岸海关合作协议》及《海峡两岸投资保护和促进协议》。

035

海峡两岸海关合作协议

2012年8月9日

为促进两岸经贸交流与发展，海峡两岸关系协会与财团法人海峡交流基金会依据《海峡两岸经济合作框架协议》（以下简称ECFA）第六条有关规定，就两岸海关合作事宜，经平等协商，达成协议如下：

第一章　总　　则

第一条　定义

在本协议中：

海关程序指双方海关及行政相对人应遵守的相关程序及规定；

海关合作指双方为执行海关规定而进行的各项合作；

运输工具指用以载运人员、货物、物品进出境的各种船舶、车辆及航空器；

请求方海关指请求协助的一方海关；

被请求方海关指被请求协助的一方海关。

第二条　范围

本协议适用于执行海关程序及进行海关合作的相关事宜。

第三条　目标

本协议目标为：

一、促进双方海关程序的简化及协调，提高通关效率，便利ECFA的执行。

二、便利两岸人员及货物的往来，促进两岸贸易便利与安全。

第二章　海关程序

第四条　便利化

一、双方应确保海关程序及其执行具有可确定性、一致性及透明性，其海关估价、商品归类等规定应与世界贸易组织或世界海关组织有关规定相一致。

二、双方应采取适当措施，以便利货物、物品及运输工具的通关，并逐步应用信息技术，促进无纸化通关的发展。

第五条　风险管理

双方海关应注重识别高风险企业及货物，实施经认证的经营者（以下简称AEO）认证制度，便利货物通关。

第六条　透明度

双方海关应采取包括但不限于以下措施提高透明度：

一、公布与行政相对人权利义务有关的规定。

二、设置必要的咨询点，受理行政相对人相关业务咨询。

三、一方海关规定有重大修正，且可能对本协议的实施产生实质影响时，应及时通知另一方海关。

四、应一方海关请求，另一方海关应就已公布并影响行政相对人规定的变动情况提供信息。

第七条　行政救济

双方海关的规定应赋予行政相对人对海关作出的决定申请行政救济的权利。

第三章　海关合作

第八条　合作内容

双方海关在包括但不限于以下领域内进行合作：

一、相互通报有关海关规定；及时交换与ECFA货物贸易有关的海关估价、商品归类及原产地确定所需的证件、文书等相关资料。

二、为正确计征ECFA货物贸易进口货物关税，主动或应请求提供及核查海关估价、商品归类及原产地确定有关信息。

三、进行查处走私相关合作与技术交流，主动或应请求提供查处走私及其他违反海关规定行为的情报资料与协助。

四、对通关过程中产生的问题应及时进行沟通协调，采取必要措施予以解决。

五、对各自海关监管中应用的风险管理方法，选取可行项目进行合作。

六、逐步实施AEO相互承认并给予通关便利。

七、对各自海关监管中应用无线射频识别技术（RFID）的方法，进行交流与合作。

八、加强在海关特殊监管区域海关管理方面的交流与合作。

九、建立与ECFA货物贸易有关的海关电子信息交换系统。

十、对暂准货物通关事项进行合作。

十一、进行海关贸易统计合作，定期交换贸易统计数据，进行贸易统计制度、方法、统计数据差异分析等技术交流。

十二、进行人员互访、交流、观摩学习及专题研讨。

第四章 请求程序

第九条 请求的方式

请求方海关应以书面方式提出请求，并附所需文件。如情况紧急，请求方海关可提出口头请求，但应尽速以书面方式加以确认。

第十条 请求的内容

一、依据本协议所提出的请求应包括下列内容：

（一）提出请求的海关；

（二）请求的目的及理由；

（三）请求事项的相关情况；

（四）请求采取的措施；

（五）涉及有关规定的说明；

（六）答复时限及联络方式；

（七）其他经双方海关同意应说明的事项。

二、被请求方海关必要时可要求请求方海关对上述请求进行更正或补充。

第十一条 请求的执行

一、被请求方海关应在其权限及能力范围内采取合理的执行措施。

二、被请求方海关可依请求提供经过适当认证的文件资料及其他物件。除被特别要求书面文件外，被请求方海关可传送电子信息并提供必要的说明。

三、若请求事项涉及被请求方海关以外的其他相关部门，被请求方海关应将该项请求转送相关部门，并将处理情况通知请求方海关。

四、被请求方海关可按请求方海关的要求执行有关请求，除非该要求与被请求方海关的规定或做法相抵触。

第五章 其 他

第十二条 联系机制

一、双方同意，由两岸经济合作委员会海关合作工作小组负责处理本协议及海关合作相关事宜，由双方海关各自指定的联络人负责联络，并建立联络热线，以保障协议的顺利实施。必要时，经双方同意，可指定其他单位负责联络特定事项。

二、海关合作工作小组可视需要成立工作分组负责处理本协议有关事宜，并向海关合作工作小组报告。

三、双方海关视需要举行会议，以评估本协议执行情况及研究解决有关问题。

第十三条　保密义务

一、依据本协议所取得的任何信息，应受到在接受方取得同类信息所应受到相同程度的保护。

二、一方海关对所提供信息的保密性有特殊要求并说明理由，另一方海关应给予特殊保护。

三、如未事先获得被请求方海关的书面同意，请求方海关不得将取得的信息转交其他单位及人员，亦不得在司法及行政程序中作为证据使用。

第十四条　费用

一、双方海关就执行请求所产生的一切费用，原则上应放弃获得补偿的要求。如执行请求需要支付巨额或特别性质的费用，双方海关应商定执行该项请求的条件及有关费用负担的办法。

二、双方海关可就执行本协议第八条规定的合作事项所产生费用的补偿问题另行商定。

第十五条　文书格式

基于本协议所进行的业务联系，应使用双方商定的文书格式。

第十六条　修正

本协议修正，应经双方协商同意，并以书面形式确认。

第十七条　生效

本协议签署后，双方应各自完成有关程序并以书面通知另一方。本协议自双方均收到对方通知后次日起生效。

本协议于八月九日签署，一式四份，双方各执两份。四份文本中对应表述的不同用语所含意义相同，四份文本具有同等效力。

海峡两岸关系协会	财团法人　海峡交流基金会
会长　陈云林	董事长　江丙坤

036

海峡两岸投资保护和促进协议

2012年8月9日

为保护海峡两岸投资者权益，促进相互投资，创造公平投资环境，增进两岸经济繁荣，依据《海峡两岸经济合作框架协议》第五条规定，海峡两岸关系协会与财团法人海峡交流基金会经平等协商，达成协议如下：

第一条　定义

本协议内：

一、“投资”指一方投资者依照另一方的规定，在该另一方所投入的具有投资特性的各种资产，包括但不限于：

（一）动产、不动产及其他财产权利；

（二）企业的股份或出资额及其他形式的参股；

（三）金钱请求权或其他具有经济价值的履行请求权；

（四）知识产权、企业名称及商号、商誉；

（五）交钥匙、工程建造、管理、生产、收益分配及其他类似合同权利；

（六）经营特许权，包括培育、耕作的特许权利，以及勘探、开采、提炼或开发自然资源的特许权利；

（七）各种担保债券、信用债券、贷款及其他形式的债。

投资特性指资本或其他资源的投入、对收益或利润的期待和对风险的承担。作为投资的资产发生任何符合投资所在地相关规定的形式上变化，不影响其作为投资的特性。

二、“投资者”指在另一方从事投资的一方自然人或一方企业：

（一）一方自然人指持有一方身份证明文件的自然人；

（二）一方企业指根据一方规定在该方设立的实体，包括公司、信托、商行、合伙或其他组织；

（三）根据第三方规定设立，但由本款第一项或第二项的投资者所有或控制的任何实体，亦属一方企业。

三、“收益”指投资所产生的收入，包括利润、股息、利息、资本利得、提成费和其他合法收入。

四、“措施”指包括任何影响投资者或投资的规定、政策或其他行政行为。

五、“两岸投资争端解决机构”指本协议生效后，经双方确认并书面通知的仲裁机构、调解中心及其他调解机构。

第二条 适用范围和例外

一、本协议应适用于一方对另一方投资者及其投资采取或维持的措施。

二、本协议应适用于一方投资者在另一方于本协议生效前或生效后的投资，但不适用于本协议生效前已解决的本协议第十三条第一款所指的“投资争端”。

三、本协议适用于任一方各级主管部门及该类部门授权行使行政职权的机构所采取或维持的措施。

四、一方可采取、维持或执行其认为必要的任何措施，以确保其重大的安全利益。

五、一方基于非任意与非不合理歧视的原则，且对贸易或投资不构成隐性限制，可于下列情形采取或维持对投资的限制措施：

（一）为遵守与本协议不相抵触的规定所采取的必要措施；

（二）为保护人类、动物或植物的生命或健康所采取的必要措施；

（三）为保护可耗尽的自然资源所采取的必要措施。

六、一方基于审慎理由可采取或维持与金融服务有关的措施。该等措施包括但不限于：

（一）为保护投资者、存款人、保单持有人或金融服务提供者对其负有忠实义务的人所采取的措施；

（二）为确保金融体系运作与稳定所采取的措施。

七、本协议不适用于：

（一）公共采购；

（二）由一方提供的补贴或补助。

八、除下列情形外，本协议不适用于任一方的税收措施：

（一）如一方投资者以书面形式向另一方税收主管部门主张该另一方的税收措施涉及本协议第七条的规定，双方税收主管部门应于六个月内共同决定该措施是否构成征收。如该税收措施构成征收，则本协议应适用于该措施。

（二）如双方税收主管部门未能在六个月内一致认定该税收措施不构成征收，该一方投资者可依本协议第十三条及附件的规定寻求解决。

第三条 投资待遇

一、一方应确保给予另一方投资者及其投资公正与公平待遇，并提供充分保护与安全：

（一）“公正与公平待遇”指一方的措施应符合正当程序原则，且不得对另一方投资者拒绝公正与公平审理，或实行明显的歧视性或专断性措施。

（二）“充分保护与安全”指一方应采取合理、必要的措施，保护另一方投资者及其投资的安全。

一方违反本协议其他条款，不构成对本款的违反。

二、双方应加强投资者及相关人员在投资中的人身自由与安全保障，依各自规定的时限履行与人身自由相关的通知义务，完善既有通报机制。

三、一方对另一方投资者就其投资的运营、管理、维持、享有、使用、出售或其他处置所给予的待遇，不得低于在相似情形下给予该一方投资者及其投资的待遇。

四、一方对另一方投资者就其投资的设立、扩大、运营、管理、维持、享有、使用、出售或其他处置所给予的待遇，不得低于在相似情形下给予任何第三方投资者及其投资的待遇。

五、本条第三款及第四款不适用于一方现有的不符措施及其修改，但一方应逐步减少或消除该等不符措施，且对该等不符措施的任何修改或变更，不得增加对另一方投资者及其投资的限制。

六、另一方投资者不得援引本条第四款的规定，要求适用本协议以外的争端解决程序。

第四条 透明度

一、一方应依其规定及时公布或用其他方式使公众知悉普遍适用的或针对另一方与投资有关的规定、措施、程序等。

二、应另一方请求，一方应依其规定，就已公布并影响另一方投资者的规定、措施、程序的变化提供讯息。

第五条 逐步减少投资限制

一、双方同意，本着互利互惠的原则接受并保护相互投资。

二、双方同意，逐步减少或消除对相互投资的限制，创造公平的投资环境，努力促进相互投资。

第六条 投资便利化

一、双方同意逐步简化投资申请文件和审核程序。

二、双方同意相互提供投资便利，包括：

（一）一方对另一方投资者取得投资讯息、相关营运证照，以及人员进出和经营管理等提供便利；

（二）一方对另一方及其投资者举办说明会、研讨会及其他有利于投资的活动提供便利。

第七条 征收

一、除符合下列所有条件外，一方不得对另一方投资者在该一方的投资或收益采取征收（包括直接征收和间接征收）：

（一）基于公共利益；

（二）依照一方规定及正当程序；

（三）非歧视性且非任意的；

（四）依据本条第四款给予补偿。

二、间接征收指效果等同于直接征收的措施。确定一项或一系列措施是否构成间接征收应以事实为依据逐案评估，并应考虑以下因素：

（一）该措施对投资的经济影响，但仅对投资的经济价值有负面影响，不足以推断构成间接征收；

（二）该措施在范围或适用上对另一方投资者及其投资的歧视程度；

（三）该措施对另一方投资者明显、合理的投资期待的干预程度；

（四）该措施的采取是否出于善意并以公共利益为目的，且措施和目的之间是否符合比例原则。

三、双方为保护公众健康与安全、环境等正当公共福利所采取的非歧视性管制措施，不构成间接征收。

四、本条第一款所称的补偿应以征收时或征收为公众所知时（以较早者为准）被征收投资或收益的公平市场价值为基准，并应加计征收之日起至补偿支付之日止，按合理商业利率计算的利息。补偿的支付不应迟延，并应可有效实现、兑换及自由转移。

第八条　损失补偿

一方投资者在另一方的投资或收益，如因发生在该另一方的武装冲突、紧急状态或其他类似事件而遭受损失，另一方给予其恢复原状、补偿或其他解决方式的待遇，应不低于相似条件下给予该另一方投资者或任何第三方投资者的待遇中最优者。

第九条　代位

一、一方指定的机构根据其与投资有关的货币汇兑、征收等非商业风险的担保、保证或保险合同给付一方投资者后，可以在与投资者同等的范围内代位行使该投资者的权利和请求权，并承担该投资者与投资相应的义务。

二、一方应将其依本条第一款指定的机构及其变更通知另一方。

第十条　转移

一、一方应依其规定准许另一方投资者转移其投资及收益，包括但不限于：

（一）设立、维持和扩大投资的资本；

（二）利润、股息、利息、资本利得、提成费及其他与知识产权相关的费用；

（三）与投资合同相关的支付，包括贷款协议产生的相关款项；

（四）出售或清算全部或部分投资所得款项；

（五）自然人投资者与该项投资相关的收入和报酬；

（六）根据第七条和第八条所获得的款项；

（七）依本协议附件第三款所获得的补偿。

二、除本协议另有规定外，双方应保证本条第一款转移以可自由兑换的货币或双方同意且按当时规定可汇兑的货币，以转移当日的市场汇率不延迟地进行。

三、基于公平、公正、非歧视的原则，一方可于下列情况下，诚信适用相关规定阻止或延迟转移，不受本条第一款及第二款的限制：

（一）破产、无力偿还或保护债权人利益；

（二）有价证券、期货、期权和其他衍生品的发行、买卖、交易、处理；

（三）刑事犯罪侦查或行政处罚调查中的必要保全措施；

（四）现金或其他货币工具必要的转移申报；

（五）确保司法裁判或行政处罚决定的执行。

四、一方对外收支出现或可能出现严重失衡时，可依规定或惯例暂时限制转移，但实施该等限制应遵循公平、非歧视和善意的原则。

第十一条　拒绝授予利益

第三方的自然人或企业所有或控制的一方企业如在该一方未从事实质性商业经营，则另一方有权拒绝授予该企业在本协议项下的利益。

第十二条　本协议双方的争端解决

双方关于本协议解释、实施和适用的争端，应依《海峡两岸经济合作框架协议》第十条规定处理。

第十三条　投资者与投资所在地一方争端解决

一、一方投资者主张另一方相关部门或机构违反本协议规定的义务，致该投资者受到损失所产生的争端（以下称“投资争端”），可依下列方式解决：

（一）争端双方友好协商解决；

（二）由投资所在地或其上级的协调机制协调解决；

（三）由本协议第十五条所设投资争端协处机制协助解决；

（四）因本协议所产生的投资者与投资所在地一方的投资补偿争端，可由投资者提交两岸投资争端解决机构通过调解方式解决，两岸投资争端解决机构应每半年将投资补偿争端的处理情况通报本协议第十五条的投资工作小组；

（五）依据投资所在地一方行政复议或司法程序解决。

二、投资者根据本条第一款第四项解决投资补偿争端，适用本协议附件的规定。

三、协议生效后，双方应尽快交换并公布本条第一款第四项规定的两岸投资争端解决机构名单。双方经协商可调整该机构名单。

四、如投资者已选择依本条第一款第五项解决，除非符合投资所在地一方相关规定，投资者不得再就同一争端提交两岸投资争端解决机构调解。

五、本协议生效前已进入司法程序的本条第一款所指的“投资争端”，除非当事双方同意并符合投资所在地一方相关规定，不适用本条第一款第四项规定的调解程序。

第十四条　投资商事争议

一、双方确认，一方投资者与另一方自然人、法人、其他组织依相关规定及当事人意思自治原则签订商事合同时，可约定商事争议的解决方式和途径。

二、一方投资者与另一方自然人订立商事合同时，可就有关投资所产生的商事争议订立仲裁条款。如未订立仲裁条款，可于争议发生后协商提交仲裁解决。

三、一方投资者与另一方法人或其他组织订立商事合同时，可就有关投资所产生的商事争议订立仲裁条款。如未订立仲裁条款，可于争议发生后协商提交仲裁解决。

四、商事争议的当事双方可选择两岸的仲裁机构及当事双方同意的仲裁地点。如商事合同中未约定仲裁条款，可于争议发生后协商提交两岸的仲裁机构，在当事双方同意的仲裁地点解决争议。

五、双方确认，商事合同当事人可依据相关规定申请仲裁裁决的认可与执行。

第十五条　联系机制

一、双方同意由两岸经济合作委员会投资工作小组负责处理本协议相关事宜，由双方业务主管部门各自指定的联络人负责联络。

二、投资工作小组设立下列工作机制，处理与本协议相关的特定事项：

（一）投资争端协处机制：协助处理投资者与投资所在地一方的投资争端，并相互通报处理情况；

（二）投资咨询机制：交换投资讯息、开展投资促进、推动投资便利化、提供纠纷处理及与本协议相关事项的咨询；

（三）经双方同意的其他与本协议相关的工作机制。

第十六条　文书格式

基于本协议所进行的业务联系，应使用双方商定的文书格式。

第十七条　修正

本协议的修正，应经双方协商同意，并以书面形式确认。

第十八条　生效

本协议签署后，双方应各自完成相关程序并以书面通知另一方。本协议自双方均收到对方通知后次日起生效。

本协议于八月九日签署，一式四份，双方各执两份。本协议的附件构成本协议的一部分。四份文本中对应表述的不同用语所含意义相同，四份文本具有同等效力。

海峡两岸关系协会　　　　　　　　财团法人　海峡交流基金会
会长　陈云林　　　　　　　　　　董事长　江丙坤

附件：

投资补偿争端调解程序

一、调解原则及程序

（一）一方投资者依据本协议第十三条第一款第四项提出调解申请后，两岸投资争端解决机构应依其规则受理申请，启动调解程序。两岸投资争端解决机构应客观、公正、公平及合理地处理投资补偿争端。争端双方应积极、诚信参与调解，不得无故拖延。

（二）除争端双方另有约定外，调解过程不公开。

（三）除争端双方同意公开的事项外，两岸投资争端解决机构及其工作人员、调解员对投资争端案件应保守秘密。

二、调解成立

（一）调解员应保持中立，促使争端双方达成合意。

（二）争端双方经调解达成合意，调解员应根据合意内容制作调解协议，由争端双方及调解员在调解协议上签字或盖章，并加盖两岸投资争端解决机构印章。

（三）双方应确保建立、完善与调解协议执行相关的制度。投资者可依据执行地一方相关规定申请调解协议的执行。

三、补偿方式

投资补偿争端的补偿方式以下列类型为限：

（一）金钱补偿及适当利息；

（二）返还财产，或以补偿金和相应利息代替财产返还；

（三）争端双方同意的其他合法补偿方式。

四、调解请求权的消灭

自投资者知道或应当知道另一方违反本协议义务之日起，如超过三年未行使调解请求权，则该请求权消灭。但因不可抗力导致的延误，不计入前述三年期间内。

五、调解信息的使用限制

如投资补偿争端依本协议第十三条第一款第四项所规定的程序仍无法解决，除争端双方另有约定外，任何一方均不得在其后就同一争端进行的行政或司法程序中，援引对方当事人和调解员在前述程序中所做出的任何陈述、承认和让步，作为不利于对方当事人的资料或证据。

六、调解规则的通报

两岸投资争端解决机构的调解规则应向本协议第十五条的投资工作小组进行通报。

十三 海上直航

037

海协关于确认《港台海运商谈纪要》事函（1）

海峡交流基金会：

根据我会委托，香港船东会赵世光先生等人经与财团法人海峡交流基金会张良任先生等人协商，拟定并签署《港台海运商谈纪要》全文如下：

港台海运商谈纪要

香港船东会赵世光先生等人与财团法人海峡交流基金会张良任先生等人经协商，就今年 7 月 1 日后在香港注册的商船进入台湾开放港口，及在台湾登记的商船进入香港港口的有关事宜，达成以下共识：

一、在香港注册的商船自进入台湾港口至出港期间，在船艉，只悬挂香港特别行政区区旗；在船舶主桅杆，暂不悬挂旗，待双方协商确定后，再行悬挂。

二、在台湾登记的商船自进入香港港口至出港期间，在船艉旗杆，暂不悬挂旗，待双方协商确定后，再悬挂；在船舶主桅杆，也暂不悬挂旗。

三、在两地注册（登记）的商船自进入对方港口至出港期间，还可悬挂各自的公司旗和信号旗。此外，在两地注册（登记）的商船增悬挂任何旗帜或变更上述旗帜，应由双方协商确定。

四、本商谈纪要经海峡两岸关系协会、财团法人海峡交流基金会核可并换文确认，于今年 7 月 1 日起正式生效。

五、本商谈纪要于 5 月 24 日签署，一式四份，双方各执两份。

我会同意上述商谈纪要。请贵会对上述纪要回函以确认。

本电传文本另于本日以快递邮件寄送贵会。

顺致

时祺

海峡两岸关系协会

一九九七年六月十六日

附：

海基会 6 月 16 日来函

海峡两岸关系协会：

贵会本（十六）日九七（研）〇八六号函收悉。

贵会函告之“港台海运商谈纪要”全文，业经我方确认特此函复。

本会本（十六）日下午请贵会确认“台港海运商谈纪要”之海仁陆（法）字第八六____〇六一八六号函以文本函均将于本日以快速寄送贵会。

专此　顺致

时祺

海峡交流基金会

一九九七年六月十六日

038

海协关于确认《港台海运商谈纪要》事函（2）

海峡交流基金会：

贵会本日下午"《台港海运商谈纪要》换文事"函及所附纪要文本，业经本会核对无误。现回函予以确认。

顺致

时祺

海峡两岸关系协会

一九九七年六月十六日

附：

海基会6月15日来函

海峡两岸关系协会：

本会张良任副秘书长与贵会所委托香港船东会赵世光先生等人于本年五月二十四日在台北签署之《港台海运商谈纪要》，业经我方核可。纪要全文如左，请予确认。

专此　顺致

时祺

海峡交流基金会

一九九七年六月十六日

港台海运商谈纪要

财团法人海峡交流基金会张良任先生等人与香港船东会赵世光先生等人经协商，就今年七月一日后在台湾登记的商船进入香港港口，及在香港注册的商船进入台湾开放港口的有关事宜，达成以下共识：

一、在台湾登记的商船自进入香港港口至出港期间，在船艉旗杆，暂不悬挂旗，待双方协商确定后，再悬挂；在船舶主桅杆，也暂不悬挂旗。

二、在香港注册的商船自进入台湾港口至出港期间，在船艉，只悬挂香港特别行政区区旗；在船舶主桅杆，暂不悬挂旗，待双方协商确定后，再行悬挂。

三、在两地注册（登记）的商船自进入对方港口至出港期间，还可悬挂各自的公司旗和信号旗。此外，在两地注册（登记）的商船增悬挂任何旗帜或变更上述旗帜，应由双方协商确定。

四、本商谈纪要经海峡两岸关系协会、财团法人海峡交流基金会核可并换文确认，于今年 7 月 1 日起正式生效。

五、本商谈纪要于五月二十四日签署，一式四份，双方各执两份。

张良任　赵世光

一九九七年五月二十四日

039

关于促进两岸海上直航政策措施的公告

中华人民共和国交通运输部公告2009年第21号

为贯彻落实《海峡两岸海运协议》，进一步推动海峡两岸全面双向直航，为两岸贸易和人员往来提供更加便利海运服务，我部于2009年5月16日发布了大陆方面促进两岸海上直航的九项政策措施，现公告如下：

一、关于直航港口

大陆方面增加以下5个直航港口（港区）：铜陵港，石岛港，莱州港，台州港大麦屿港区，宁波—舟山港沈家门港区。截至目前，大陆方面共有68个港口（港区）为两岸海运直航港口。

二、关于运力调控

根据《海峡两岸海运协议》确定的“平等参与、有序竞争，根据市场需求，合理安排运力”的原则，为避免运力盲目增长，导致恶性竞争，交通运输部将根据市场供求关系，以集装箱班轮、客船和散装液货船为重点进行运力宏观调控。

三、关于砂石运输

为两岸砂石贸易提供运输便利，更好地满足台湾方面砂石运输需求，促进两岸经贸发展，不再对天然砂运输船实行单独发证，将天然砂运输船的业务范围统一调整为“砂石运输”，同时加强对老旧船舶安全检查。

四、关于互免税收

自2008年12月15日起，大陆方面对台湾航运公司从事海峡两岸海上直航业务在大陆取得的运输收入和所得，免征营业税和企业所得税。

五、关于互设机构

大陆方面已就落实《海峡两岸海运协议》确定的互设机构做好了安排，欢迎台湾航运公司在大陆投资设立经营性机构，大陆相关部门将积极提供协助和便利。同时，大陆方面支持两岸验船机构开展合作交流，积极促成互在对方设立办事处；在设立办事处前，为验船人员来往两岸开展业务提供便利，及时执行检验和处理紧急事务。

六、关于两岸登记船舶

允许两岸登记的非运输两岸间贸易货物的船舶，从两岸港口或第三地港口进入对方港口，挂旗方式按照《海峡两岸海运协议》规定的船舶识别方式执行。如上述船舶运送两岸之间的贸易货物或中转货物，应按照两岸主管部门对直航船舶的管理规定办理。

七、关于非商业运输船舶

对两岸资本的非商业运输船舶（如：航海教学实习船、海洋科学考察船、工程船、救助打捞船等）进入对方港口，按照《海峡两岸海运协议》确定的精神，予以支持，按个案方式予以审批。

八、关于《海峡两岸海运协议》联系实施机制

大陆方面的海峡两岸航运交流协会将进一步加强与台湾方面相应机构的联系，为两岸相关行业主管部门指定人员提供便利的联络渠道和服务，及时协调处理《海峡两岸海运协议》实施中的相关事务。

九、关于海上安全

大陆方面将继续推动两岸海上安全等方面的交流和合作，加强对口磋商，共同保障海上人命、环境和航行安全，并尽快协商编制两岸直航船舶共同技术标准和监管办法。

中华人民共和国交通运输部

二〇〇九年六月十九日

040

关于公布进一步促进海峡两岸海上直航政策措施的公告

中华人民共和国交通运输部公告 2009 年第 54 号

为更好地贯彻落实《海峡两岸海运协议》，现将促进两岸海上直航的三项政策措施公告如下：

一、关于两岸间空箱调运从事国际集装箱班轮运输且在两岸登记的船舶，可在两岸港口间承运经营者自有的、租用的或其他公司拥有的空集装箱。经营者应提前向交通运输部备案，取得《台湾海峡两岸间空箱调运备案证明书》后，方可从事空集装箱调运业务。经营者应在每年 1 月 10 日前，将上一年度所运送空集装箱数量报交通运输部。

二、关于两岸间集装箱直航运输经交通运输部批准从事两岸间集装箱直航运输的船舶，可运输两岸贸易货物，也可运输中转货物。

未经交通运输部批准，取得两岸直航集装箱班轮运输资格的经营者，不得向不具备经营两岸直航集装箱班轮运输资格的经营者出租舱位，或者用两岸直航班轮航线的舱位与其他航线的舱位进行互换；也不得以任何方式将其经营资格转让他人使用。

三、关于两岸间海上客运从事两岸间海上客运的船舶应经验船机构检验，符合有关公约的技术标准，持有两岸相互认可的有效证书；客船经营公司应建立安全管理体系，并依法办理船东责任和旅客意外伤害有关保险。

根据《海峡两岸海运协议》确定的“平等参与、有序竞争，根据市场需求，合理安排运力”的原则，并有利于两岸间客运市场的培育和发展，目前每条客运航线只投入一艘船舶，自船舶首航之日起，一段时期内原则上不安排新的船舶运力。

中华人民共和国交通运输部

二〇〇九年十二月十四日

041

关于促进台湾海峡两岸海上直航政策措施及实施事项的公告

中华人民共和国交通部公告 2007 年第 22 号

为扩大两岸在交通运输领域的合作与交流，推进两岸“三通”，2007 年 4 月 29 日，我部在第三届两岸经贸文化论坛上宣布了五项促进台湾海峡两岸海上直航的政策措施，具体规定如下：

一、鼓励台湾相关企业直接投资参与大陆码头、公路建设和经营。

二、台湾相关航运和道路运输企业可以直接在大陆设立独资船务、集装箱运输服务、货物仓储、集装箱场站、国际船舶管理、无船承运、道路货运和汽车维修企业，以及合资国际船舶代理、道路客运公司。

其中，独资船务公司的业务范围为为母公司拥有或经营的船舶提供揽货、签发提单、结算运费、船舶代理服务和签订服务合同等日常业务服务。

独资集装箱运输服务公司的业务范围为从事订舱、拆装箱、仓储、签发货物收据、收取运费和其他获准服务的费用、维修和保养集装箱及其设备、联系及与卡车公司签订运输服务合同等业务。

三、从事福建沿海与金门、马祖、澎湖海上直接通航的台湾客运公司可以在福建相关口岸设立办事机构，从事相关票务业务。对海峡两岸船公司从事福建沿海与金门、马祖、澎湖海上直接通航业务在大陆取得的运输收入免于收营业税和企业所得税。

四、为台湾船员和潜水员培训、发证提供方便，免收考试、发证费。

五、支持、鼓励两岸民间专业组织在两岸海上搜救、打捞方面开展技术交流与合作，大陆海上救助力量将全力以赴对发生在台湾海峡的自然灾害和海难事故提供紧急救援，共同维护台湾海峡人命和环境安全。

以上政策措施的实施，按下述办法办理：

台湾相关企业欲按照本公告的规定，投资参与大陆码头、公路建设和经营的，应分别参照《港口建设管理规定》（交通部令 2007 年第 5 号）、《港口经营管理规定》（交通部令 2004 年第 4 号）和相关交通基本建设程序办理。

台湾相关航运或道路运输企业欲按照本公告的规定，在大陆投资设立相关独资或合资公司的，应分别参照交通部、原对外经济贸易部 2001 年联合发布的《外商投资道路运输业管理规定》（交通部、外经贸部令 2001 年第 9 号）及补充规定和交通部、商务部2004年联合发布的《外商投资国际海运业管理规定》（交通部、商务部令2004年第1号）办理。设立独资船务公司的，还应符合交通部、原对外经济贸易部2000年联合发布的《外商独资船务公司审批管理暂行办法》（交通部、外经贸部令2000年第1号）所规定的资质条件。

按照本公告享受免征营业税和企业所得税待遇的航运公司应直接或委托其扣缴义务人分别向原应缴纳营业税和企业所得税的所在地国家税务局填报《免征所得税证明表》，向所在地地方税务局填报《免征营业税证明表》，经所在地税务部门核准后，可免予缴纳营业税和企业所得税。但财政部或国家税务总局另有规定的，从其规定。

到大陆参加船员或潜水员培训的台湾船员和潜水员，可由其所在公司或通过台湾海员工会分别与以下部门联系，有关船员培训事宜与交通部海事局联系，有关潜水员培训事宜与交通部救助打捞局救助处联系，由以上部门根据培训要求做出适当安排。

有关两岸海上搜救、打捞技术交流与合作事宜，可通过台湾的“中华搜救协会”与中国海上搜救中心总值班室或中国航海学会救助打捞专业委员会联系。

中华人民共和国交通部

二〇〇七年七月十七日

042

台湾海峡两岸直航船舶监督管理暂行办法

中华人民共和国交通运输部　海船舶〔2008〕597号
2008年12月12日

第一章　总　　则

第一条　为保障人命及财产安全，防止船舶污染水域，促进海峡两岸经贸交流，便利人员往来，依据《海峡两岸海运协议》和相关法律法规的规定以及航海惯例，制定本办法。

第二条　本办法适用于从事两岸间客货直接运输的船舶（以下简称直航船舶）及有关单位和个人。

第三条　海事管理机构按照《关于台湾海峡两岸间海上直航实施事项的公告》的相关要求，依照本办法对直航船舶实施监督管理。

第二章　公司、船舶和船员

第四条　从事两岸间客货直接运输的航运公司应持有《台湾海峡两岸间水路运输许可证》，直航船舶应持有《台湾海峡两岸间船舶营运证》。

第五条　直航船舶应持有符合船籍港规定的有效船舶证书和文书。

在申请核发《台湾海峡两岸间水路运输许可证》、《台湾海峡两岸间船舶营运证》时，直航船舶的船舶证书和文书应经海事管理机构审核。

第六条　直航船舶应至少满足近海航区等级的要求。

在大陆登记直航船舶应按照海事管理机构的要求进行技术条件复核。

第七条　直航船舶应按船籍港的要求配备适任船员，直航船舶的船员所持的适任证书应满足船籍港的规定要求。

第三章　航行、停泊和作业

第八条　直航船舶进出两岸对方港口期间只悬挂公司旗。

第九条　直航船舶航行、停泊和作业，应遵守当地的有关安全和防污染管理规定。

第十条　直航船舶进出港口应配备满足航行安全要求的最新航海图书资料，及时报告船舶动态，接收航行安全信息。

第十一条　直航船舶拟进入大陆港口，船方或具备相应资质的船舶代理人应在直航船舶驶离上一港口时向抵达港的口岸查验部门提出申请，经许可后方可进港。

第十二条 直航船舶进出大陆港口，船方或具备相应资质的船舶代理人应向海事管理机构申请办理进出港查验手续。

船舶在港停泊时间不足24小时的，经海事管理机构同意，进出港查验手续可以同时办理。船舶领取出港许可证后，情况发生变化或者24小时内未能驶离港口的，应重新办理出港手续。

第十三条 海事管理机构在办理直航船舶进出港查验手续时，必须查验下列证书和资料：

（1）船舶登记证书；

（2）船舶检验证书；

（3）船员适任证书（包括其他特殊培训证书）；

（4）《船舶最低安全配员证书》；

（5）危险货物申报单（适用于装载危险货物的船舶）；

（6）《台湾海峡两岸间水路运输许可证》和《台湾海峡两岸间船舶营运证》；

（7）安全监督管理所需要的其他证书。

对未经许可擅自从事两岸间航运业务的船舶，海事管理机构不得为其办理进出港手续，并通报交通主管部门。

第十四条 直航船舶进出港申请、许可和查验使用专用单证格式和专用印章。

第十五条 直航船舶进出中国大陆港口可申请引航。但有下列情形时，应申请引航：

（一）直航船舶的船长首次到港；

（二）按内河航行规定需要引航的船舶；

（三）因安全原因海事管理机构认为需要引航的船舶。

第十六条 直航船舶在港内进行安全作业、危险货物和防污染作业应遵守港口有关安全和防污染管理规定，并办理相关手续。

第十七条 直航船舶在航行途中，因遇险、发生故障、船员或旅客患急病、避风等特殊情况，需临时进港的或者需要进入非直航港口临时停泊的，应事先向海事管理机构报告，经批准后方可进入。

第四章 监督检查

第十八条 海事管理机构应对直航船舶依法实施监督检查，直航船舶应主动接受、配合海事管理机构的监督检查。

第十九条 海事管理机构对直航船舶实施安全检查应依照有关船舶安全检查

程序规定并参照船籍港有关船舶、船员管理规定和标准实施。

对在台湾登记的直航船舶实施安全检查后，由具有授权的人员另纸签发《船舶安全检查通知书》。

第二十条 直航船舶有下列情形之一的，海事管理机构有权责令其整改；未按要求整改的，海事管理机构有权禁止其进、离港，并将情况通报有关部门。

（一）处于不适航状态；

（二）船舶证书、船舶配员及其船员适任证书不符合船籍港有关规定的；

（三）发生水上交通或污染事故且事故手续未清的；

（四）未缴付应承担的款项，又未提供适当担保者；

（五）按照规定应禁止进、离港的情形。

第二十一条 直航船舶需要进行临时技术性检验，可以向海事管理机构指定的船舶检验机构提出申请。

第二十二条 直航船舶及其船员违反有关法律法规和本办法规定的，由海事管理机构依据有关法律法规进行处理。

第五章 应急处置和事故调查

第二十三条 直航船舶应熟悉所到港口的防抗台风、搜救、水上污染处置等突发事件应急要求，并按照要求做好防范措施和应急反应。

第二十四条 直航船舶发生水上交通事故和污染事故，应采取一切有效措施组织自救，防止损失扩大，并立即向事故发生地海事管理机构和搜救中心报告。

第二十五条 海事管理机构和搜救中心接到事故报告后，应立即组织救助。直航船舶和参加事故救助的船舶、设施，必须听从指挥。

第二十六条 直航船舶发生水上交通事故，应按规定向事发地或第一个抵达港口的海事管理机构提交海上交通事故报告，并接受调查处理。

第二十七条 海事管理机构接到事故报告后，应立即派员前往现场，进行调查和取证，查明事故发生的原因，判明当事人的责任。

第二十八条 接受海事管理机构调查、取证的有关人员，应当如实提供有关情况和证据，不得谎报或者隐匿、毁灭证据。

第六章 附 则

第二十九条 本办法所称“直航船舶”，是指从事台湾海峡两岸间海上直接运输业务，使用两岸资本并在两岸登记的船舶。

第三十条 属于两岸资本且经许可从事两岸间客货直接运输的外国籍船舶，应持有《台湾海峡两岸间水路运输许可证》和《台湾海峡两岸间船舶营运证》，进出大陆港口按照外国籍船舶实施管理。

第三十一条 属于两岸资本并在香港登记的经许可从事两岸间客货直接运输的船舶，应持有《台湾海峡两岸间水路运输许可证》和《台湾海峡两岸间船舶营运证》，进出大陆港口参照港澳航线船舶实施管理。

第三十二条 福建沿海地区与金门、马祖、澎湖间海上直航的船舶，按照《福建沿海地区与金门、马祖、澎湖间海上直接通航运输管理暂行规定》和相关规定实施监督管理。

第三十三条 本办法未明确的其他事项，按照相关规定执行。

第三十四条 本办法自2008年12月15日起施行。

043

关于海峡两岸海上直航营业税和企业所得税政策的通知

财税〔2009〕4 号

各省、自治区、直辖市、计划单列市财政厅（局）、国家税务局、地方税务局，新疆生产建设兵团财务局：

为推动海峡两岸海上直航，经国务院批准，现对海峡两岸海上直航业务有关税收政策通知如下：

一、自 2008 年 12 月 15 日起，对台湾航运公司从事海峡两岸海上直航业务在大陆取得的运输收入，免征营业税。

对台湾航运公司在 2008 年 12 月 15 日至文到之日已缴纳应予免征的营业税，从以后应缴的营业税税款中抵减，年度内抵减不完的予以退税。

二、自 2008 年 12 月 15 日起，对台湾航运公司从事海峡两岸海上直航业务取得的来源于大陆的所得，免征企业所得税。

享受企业所得税免税政策的台湾航运公司应当按照企业所得税法实施条例的有关规定，单独核算其从事上述业务在大陆取得的收入和发生的成本、费用；未单独核算的，不得享受免征企业所得税政策。

三、本通知所称台湾航运公司，是指取得交通运输部颁发的“台湾海峡两岸间水路运输许可证”且上述许可证上注明的公司登记地址在台湾的航运公司。

中华人民共和国财政部

中华人民共和国国家税务总局

二〇〇九年一月十九日

044

关于台湾海峡两岸间海上直航实施事项的公告

中华人民共和国交通运输部公告 2008 年第 38 号

根据《海峡两岸海运协议》以及相关法律、行政法规、规章的规定，现将海峡两岸海上客货直接运输的实施事项公告如下：

一、管理模式

两岸间航运业务实行特殊管理，交通运输部对经营两岸间航运业务的航运公司和营运船舶实施行政许可。

二、航运公司

在两岸注册的两岸资本且具有企业法人资格的航运公司，经许可后，方可从事两岸间海上直接运输业务。

三、营运船舶

从事两岸间海上直接运输业务，须使用两岸资本并在两岸登记的船舶。直航船舶在进出直航港口期间，应符合《海峡两岸海运协议》关于船舶识别的约定。

四、直航港口

海峡两岸直航港口名单见附件，今后将根据实际需要，适时增加直航港口。

五、申请程序

在大陆注册的航运公司申请经营两岸间航运业务，应当向交通运输部报送申请文件，同时将申请文件抄报公司所在地的省、自治区、直辖市交通运输主管部门。

其他航运公司应当委托其在大陆的船舶代理人，向交通运输部报送申请文件。

六、申请文件

申请经营两岸间航运业务的航运公司，应当提交下列文件：

（一）申请书（须经公司法定代表人签署）；

（二）营业执照复印件和公司旗标识彩色图案；

（三）公司安全管理符合证明（DOC 证书）复印件；

（四）船舶资料（包括：船舶登记证书、检验证书、安全管理证书等复印件；使用期租或光租船舶的，应提交船舶租赁合同复印件；必要时，需提供两岸资本证明材料）；

（五）提单样本；从事集装箱班轮运输的，应提交航线挂港、班期和运价本；从事旅客运输（含邮轮运输）的，还应提交客票样本。

七、审核时限

交通运输部自收到齐全、有效的申请文件之日起 20 日内，决定许可或者不许可，并书面通知申请人。

省、自治区、直辖市交通运输主管部门应在收到抄报的申请文件后 10 日内提出意见报送交通运输部。

八、许可证书

获准许可的航运公司及其船舶，由交通运输部分别核发新的《台湾海峡两岸间水路运输许可证》和《台湾海峡两岸间船舶营运证》，并使用“台湾海峡两岸间水路运输审批专用章”。

班轮航线挂港、营运船舶发生变更的，航运公司应提前 10 日申请换发《台湾海峡两岸间船舶营运证》。

原《台湾海峡两岸间水路运输许可证》和《台湾海峡两岸间船舶营运证》自 2009 年 1 月 1 日起停止使用。

获准许可的航运公司及其船舶名单将在交通运输部网站公布。

九、特别事项

（一）运力投放按照平等参与、有序竞争、双向直航、互惠互利的原则，结合两岸贸易、人员往来需求和航运市场状况，合理安排运力。

（二）两岸资本并在香港特别行政区登记的船舶，经许可，可参与两岸间海上直接运输，在进出两岸直航港口期间，其船舶识别方式应符合《海峡两岸海运协议》附件第一项的规定。

（三）本公告发布前经许可已经从事两岸试点直航运输、两岸三地集装箱班轮运输、砂石运输的两岸资本的方便旗船，航运公司应向交通运输部申请特别许可并换发《台湾海峡两岸间水路运输许可证》和《台湾海峡两岸间船舶营运证》后，方可从事两岸间海上直接运输。

（四）本公告发布前经许可已经取得两岸间不定期船舶运输经营资格的航运

公司，符合直航条件的，应向交通运输部申请并换发《台湾海峡两岸间水路运输许可证》和《台湾海峡两岸间船舶营运证》后，方可从事两岸间海上直接运输；不符合直航条件的，经交通运输部特别许可，可临时从事两岸间海上运输，保持原有航行模式不变。

（五）未经特别许可，外国航运公司及外国籍船舶不得从事两岸间航运业务。经个案特别许可，临时经营两岸间单航次贸易货物运输的外国航运公司及外国籍船舶，保持原有航行模式不变。

（六）福建沿海地区与金门、马祖、澎湖间海上直航，仍依照《福建沿海地区与金门、马祖、澎湖间海上直接通航运输管理暂行规定》办理。

（七）经营两岸航运业务，不得有下列行为：以低于正常、合理水平提供运价服务，妨碍公平竞争；在会计账簿之外暗中给予托运人回扣，承揽货物；以歧视性价格或其他限制性条件给交易对方造成损害；其他损害交易对方或者损害航运市场秩序的行为。

十、监管措施

海事管理机构对从事经营两岸间航运业务的船舶依法实施监管。对未经许可擅自从事经营两岸间航运业务的船舶，海事管理机构不得为其办理进出港口手续，对非法从事经营两岸间航运业务的船舶依法处罚。交通运输部将对违规从事经营两岸间航运业务的航运公司及其船舶代理人依法予以查处。

十一、互设机构

两岸航运公司可在对方设立办事机构及经营性机构，开展相关业务。

台湾航运公司申请在大陆设立经营性机构，按照《关于促进台湾海峡两岸海上直航政策措施及实施事项的公告》（交通部 2007 年第 22 号公告）规定办理。

十二、互免税收

两岸航运公司参与两岸船舶运输在对方取得的运输收入，相互免征营业税及所得税。

台湾航运公司应依照大陆财政、税务主管部门的相关规定，办理大陆的免税手续。

十三、联系协商

两岸海上直航实施中需要进一步细化的事项，由海峡两岸航运交流协会和台湾海峡两岸航运协会联系协商后，报请有关单位研究解决。

十四、生效日期

本公告自 2008 年 12 月 15 日起施行。

附件：海峡两岸海上直航大陆港口（港区）名单

中华人民共和国交通运输部

二〇〇八年十二月十日

附件：

海峡两岸海上直航大陆港口（港区）名单

（共计 63 个）

丹东、大连、营口、唐山、锦州、秦皇岛、天津、黄骅、威海、烟台、龙口、岚山、日照、青岛、连云港、大丰、上海、宁波、舟山、台州、嘉兴、温州、福州、松下、宁德、泉州、肖厝、秀屿、漳州、厦门、汕头、潮州、惠州、蛇口、盐田、赤湾、妈湾、虎门、广州、珠海、茂名、湛江、北海、防城、钦州、海口、三亚、洋浦等 48 个海港，以及太仓、南通、张家港、江阴、扬州、常熟、常州、泰州、镇江、南京、芜湖、马鞍山、九江、武汉、城陵矶等 15 个河港。

注：台湾方面直航港口为 11 个，包括：基隆（含台北）、高雄（含安平）、台中、花莲、麦寮、布袋（先采专案方式办理）等 6 个港口，以及金门料罗、水头、马祖福澳、白沙、澎湖马公等 5 个“小三通”港口。

045

关于网上办理台湾海峡两岸间船舶营运证的通知

中华人民共和国交通运输部办公厅厅水字〔2008〕62号

各有关船舶运输、船舶代理企业：

为提高行政效率，便于船舶运输企业或其船舶代理人申请办理《台湾海峡两岸间船舶营运证》（单航次），我部决定自2008年8月1日起，试行网上受理行政许可申请。现将有关事项通知如下：

一、网上办理的范围

网上办理仅适用于台湾海峡间不定期船舶运输的单航次审批。

二、申请人资格主体及身份确认

为保证申请人网上提交申请材料的真实性、可靠性、安全性，根据有关法律法规的规定，申请人应事先申请取得"企业网上电子身份证书"（以下称"电子钥匙"）。下列两类经营人应办理"电子钥匙"：

1. 经营两岸航运的大陆船舶运输企业；

2. 为两岸航运船舶提供代理服务的大陆船舶代理企业。

"电子钥匙"申领程序见附件1"企业网上电子身份证书申领流程"，由中交网科技有限公司代办"电子钥匙"。

三、办理程序

1. 申请人事先申请取得"电子钥匙"；

2. 登陆交通运输部政府网站（www. mot. gov. cn）后，在网站首页"办事服务"栏目凭"电子钥匙"进入台湾海峡两岸船舶运输业务网上办理系统；

3. 在网上填报申请并将申请材料扫描后即时传输，申请材料填报方法详见附件2"《台湾海峡两岸间船舶营运证》网上办理指南"；

4. 我部依据《台湾海峡两岸间航运管理办法》（交通部令1996年第6号）等有关规定进行审批，并在网上公布审批结果；

5. 申请人在网上自行打印《台湾海峡两岸间船舶营运证》，并提交口岸海事部门查验。

四、其他事项

申请人在使用网上办理系统前应认真阅读使用指南，并保证申请材料的真实、齐全、有效；发现有虚假内容的，将按有关规定严肃处理。使用过程中如有疑问，请通过下列电话咨询：

(010) 64442842（中交网科技有限公司）

(010) 65292656（水运司）

附件

1. 企业网上电子身份证书申领流程（略）

2.《台湾海峡两岸间船舶营运证》网上办理指南（略）

中华人民共和国交通运输部办公厅

二〇〇八年七月九日

046

关于报台湾海峡两岸间海上货物运输运量统计报表的通知

各有关航运公司：

为掌握台湾海峡两岸海上货物运输的经营情况，现将统计报表报送事项通知如下：

一、从事两岸间集装箱班轮运输的航运公司报送的报表为：

附表1：两岸海上直航集装箱班轮运量统计报表；

附表2：两岸间接航线集装箱班轮运量统计报表。

二、从事两岸间不定期货物运输的航运公司报送的报表为：

附表3：两岸海上直航散杂货物运量统计报表。

三、上述报表须于2009年4月5日前以电子邮件的形式上报我部水运司。各有关船代公司应协助通知相关航运公司报送报表。

联系电话：010-65292656

邮件地址：shipping@moc.gov.cn

中华人民共和国交通运输部办公厅

二〇〇九年三月十三日

十四　两岸通邮

047

关于台胞在大陆使用邮电通信问题的公告

中华人民共和国邮电部

1987 年 12 月 2 日

一、邮电部热诚欢迎台湾同胞来祖国大陆探亲、旅游，愿为台湾同胞在大陆使用邮电通信业务提供方便。

二、台湾同胞在祖国使用邮政和电信各项通信业务，享有与大陆用户同等的待遇。

三、在目前祖国大陆与台湾省尚未建立直接通邮通电的情况下，邮电部门对台湾开办的邮政业务有：平常函件和挂号函件，其中包括信函、明信片、印刷品（暂不办理印刷品专袋）、小包、盲人读物、保价信函；普通信函、明信片、印刷品、盲人读物等几种业务在全国所有局均可办理；挂号函件、小包在指定办理港澳和国际业务的邮局办理；保价信函在设关邮局办理。

四、邮电部门目前对台湾开办的电信业务有：电报、电话和用户电报。凡已开办港澳和国际电报、电话业务的各局均可受理发往台湾的电报、电话业务；凡已开办港澳和国际用户电报业务的各局均可受理发往台湾的用户电报业务。

五、回祖国大陆探亲、旅游的台湾同胞使用邮电通信业务，应遵守祖国政府的有关邮电法律、法规和邮电部门的有关规章制度。

六、由于目前祖国大陆与台湾省之间尚未建立直接通邮通电关系，寄往台湾的邮件和发往台湾的电报、电话需要经第三地区中转。我们诚恳希望台湾邮电当局予以协作配合，使大陆寄发的邮件和电报、电话能够顺利地到达和接通。

七、我们再次希望，能与台湾有关部门进行磋商，尽早开辟海峡两岸之间的直达邮路和直达电路，建立直接的通邮通电关系，以利于两岸人民之间的相互交往和通信联系。

十五 空中直航

048

关于海峡两岸空中直航营业税和企业所得税政策的通知

财税〔2010〕63号

各省、自治区、直辖市、计划单列市财政厅（局）、国家税务局、地方税务局、新疆生产建设兵团财务局：

为推动海峡两岸空中直航，经国务院批准，现对海峡两岸空中直航业务有关税收政策通知如下：

一、自2009年6月25日起，对台湾航空公司从事海峡两岸空中直航业务在大陆取得的运输收入，免征营业税。

对台湾航空公司在2009年6月25日起至文到之日已缴纳应予免征的营业税，从以后应缴的营业税税款中抵减，在2010年内抵减不完的予以退还。

二、自2009年6月25日起，对台湾航空公司从事海峡两岸空中直航业务取得的来源于大陆的所得，免征企业所得税。

对台湾航空公司在2009年6月25日起至文到之日已缴纳应予免征的企业所得税，在2010年内予以退还。

享受企业所得税免税政策的台湾航空公司应当按照企业所得税法实施条例的有关规定，单独核算其从事上述业务在大陆取得的收入和发生的成本、费用；未单独核算的，不得享受免征企业所得税政策。

三、本通知所称台湾航空公司，是指取得中国民用航空局颁发的“经营许可”或依据《海峡两岸空运协议》和《海峡两岸空运补充协议》规定，批准经营两岸旅客、货物和邮件不定期（包机）运输业务，且公司登记地址在台湾的航空公司。

中华人民共和国财政部

中华人民共和国国家税务总局

二〇一〇年九月六日

十六 对大陆贸易

049

中华人民共和国海关总署令

第 200 号

《中华人民共和国海关〈海峡两岸经济合作框架协议〉项下进出口货物原产地管理办法》已于 2010 年 12 月 22 日经海关总署署务会议审议通过，现予公布，自 2011 年 1 月 1 日起施行。

署长　盛光祖

二〇一〇年十二月二十九日

中华人民共和国海关《海峡两岸经济合作框架协议》项下进出口货物原产地管理办法

第一条　为了正确确定《海峡两岸经济合作框架协议》（以下简称《协议》）项下进出口货物原产地，促进两岸的经贸往来，根据《中华人民共和国海关法》（以下简称《海关法》）、《中华人民共和国进出口货物原产地条例》、《协议》的规定，制定本办法。

第二条　本办法适用于大陆与台湾之间《协议》项下进出口货物的原产地管理。

第三条　从台湾直接运输进口的货物，符合下列条件之一的，其原产地为台湾，适用《中华人民共和国进出口税则》（以下简称《税则》）中的《协议》协定税率：

（一）在台湾完全获得的；

（二）在台湾仅由大陆或者台湾原产材料生产的；

（三）在台湾非完全获得，但符合《协议》项下产品特定原产地规则的。

该规则是本办法的组成部分，由海关总署另行公告。

第四条　本办法第三条第（一）项所述“在台湾完全获得”的货物是指：

（一）在台湾出生并饲养的活动物；

（二）在台湾从上述第（一）项所述活动物中获得的货物；

（三）在台湾收获、采摘或者采集的植物、植物产品；

（四）在台湾狩猎、诱捕、捕捞、耕种、采集或者捕获获得的货物；

（五）在台湾采掘的矿物；

（六）在台湾相关的水域、海床或者底土获得的货物；

（七）在台湾注册的加工船上，完全用上述第（六）项所述货物加工、制造的货物；

（八）在台湾加工过程中产生并且仅适用于原材料回收的废碎料，或者在台湾消费后所收集并且仅适用于原材料回收的废品；

（九）在台湾完全从上述第（一）项至第（八）项所述货物获得的货物。

第五条　《协议》项下进口货物在生产过程中使用了非台湾原产材料，非台湾原产材料的税则号列与进口货物的税则号列不同，但是从非台湾原产材料到进口货物的税则归类改变符合《协议》项下产品特定原产地规则中相应税则归类改变标准的，该进口货物应当视为原产于台湾的货物。

第六条　在台湾使用非台湾原产材料生产的货物，符合《协议》项下产品特定原产地规则中该货物所对应的区域价值成分标准的，应当视为原产于台湾的货物。

本条第一款中的区域价值成分应当按照下列公式计算：

$$区域价值成分=\frac{货物船上交货价格（FOB）-非台湾原产材料价格}{货物船上交货价格（FOB）}\times 100\%$$

非台湾原产材料价格，是指非台湾原产材料的进口成本、运至目的港口或者地点的运费和保险费（CIF）。

货物船上交货价格（FOB）和非台湾原产材料价格应当依据《海关估价协定》及公认会计原则进行核定。

第七条　在台湾使用非台湾原产材料生产的货物，符合《协议》项下产品特定原产地规则中该货物对应的加工工序标准的，应当视为原产于台湾的货物。

第八条　原产于大陆的材料在台湾被用于生产另一货物，并构成另一货物组成部分的，在确定另一货物原产地时，该材料应当视为台湾原产材料。

第九条　下列微小加工或者处理不影响货物原产地确定：

（一）为确保货物在运输或者储藏期间处于良好状态而进行的处理，例如通风、干燥、冷藏、冷冻、上油、涂抹防锈漆、包覆保护层、加盐或者水溶液；

（二）为便利托运而对货物进行的拆解、组装；

（三）以销售或者展示为目的的包装、拆包或者重新包装等处理；

（四）动物屠宰、冷冻、分割、切片；

（五）过滤、筛选、挑选、分类、分级、匹配（包括成套物品的组合）、纵切、弯曲、卷绕、展开等作业；

（六）洗涤、清洁、除尘、去除氧化物、除油、去漆以及去除其他涂层；

（七）简单的上漆、磨光、削尖、研磨、切割、装配或者拆卸等作业；

（八）装瓶、装罐、装袋、装箱、装盒、固定于纸板或者木板及其他类似的包装工序；

（九）在产品或者其包装上粘贴或者印刷标志、标签、标识及其他类似的区别标记；

（十）稀释、溶解或者简单混合，未实质改变货物本质的；

（十一）除稻米以外的谷物的去壳、部分或者完全的漂白、抛光及上光；

（十二）食糖上色或者形成糖块的操作；

（十三）纺织品的熨烫或者压平；

（十四）水果、坚果及蔬菜的去皮、去核或者去壳。

第十条　适用《协议》项下产品特定原产地规则中税则改变标准确定原产地的货物，其生产过程中所使用的部分非台湾原产材料未能满足税则归类改变标准，但这部分非台湾原产材料依据本办法第六条计算的价格不超过货物船上交货价格 10%，货物同时符合本办法所有其他适用规定的，该货物应当视为原产于台湾。

第十一条　在确定货物原产地时，对性质相同，为商业目的可互换的货物或者材料，仅靠视觉观察无法加以区分的，应当通过下列方法加以区分：

（一）货物的物理分离；

（二）出口方公认会计原则承认的库存管理方法。

依照本条第一款第（二）项规定使用库存管理方法的，应当在其整个会计年度内连续使用该方法对上述货物或者材料进行管理。

第十二条　在确定货物的原产地时，货物生产过程中使用，本身既不构成货物物质成分、也不成为货物组成部件的下列材料或者物品，其原产地不影响货物原产地的确定：

（一）燃料、能源、催化剂及溶剂；

（二）用于测试或者检验货物的设备、装置及相关用品；

（三）手套、眼镜、鞋靴、衣服、安全设备及用品；

（四）工具及模具；

（五）用于维护设备和建筑的备用零件及材料；

（六）在生产过程中使用的其他材料或者物品。

第十三条　属于协调制度归类总规则三规定的成套货品，其中全部货物均原产于台湾的，该成套货品即为原产于台湾；其中部分货物非原产于台湾，但是按照本办法第六条确定的价格不超过该成套货品船上交货价格 10%的，该成套货品仍然应当视为原产于台湾。

第十四条 运输期间用于保护货物的包装材料及容器的原产地不影响货物原产地的确定。

适用《协议》项下产品特定原产地规则中税则归类改变标准确定原产地的货物，其零售用包装材料及容器与该货物在《税则》中一并归类的，该零售用包装材料及容器的原产地不影响货物原产地确定。

适用《协议》项下产品特定原产地规则中区域价值成分标准确定原产地的货物，其零售用包装材料及容器的价格应当纳入原产材料价格或者非台湾原产地材料价格予以计算。

第十五条 适用《协议》项下产品特定原产地规则中税则归类改变标准确定原产地的货物，与该货物一同申报进出口的配件、备用零件、工具、说明书及信息资料，在《税则》中与该货物一并归类，并且不单独开具发票的，其原产地不影响货物原产地确定。

适用《协议》项下产品特定原产地规则中区域价值成分标准确定原产地的货物，与该货物一同申报进出口的配件、备用零件、工具、说明书及信息资料，不单独开具发票的，在计算该货物的区域价值成分时，该配件、备用零件、工具、说明书及信息资料的价格应当纳入原产材料价格或者非台湾原产材料价格予以计算。

本条第一款与第二款所述配件、备用零件、工具、说明书及信息资料的数量与价格应当在合理范围之内。

第十六条 本办法第三条所称的“直接运输”是指《协议》项下进口货物从台湾直接运输至大陆，途中未经过大陆、台湾以外的其他第三方。

原产于台湾的货物经过大陆、台湾以外的一个或者多个第三方，不论是否在第三方转换运输工具或者临时储存，同时符合下列条件的，应当视为“直接运输”：

（一）由于地理原因或者运输需要；

（二）货物在该第三方未进行贸易或者消费；

（三）除装卸、重新包装或者使货物保持良好状态所必需的处理外，货物在该第三方未经其他处理；

（四）该货物在第三方作临时储存时，处于该第三方海关监管之下。

本条第二款规定情形下，货物进入第三方停留时间自运抵该方之日起不得超过60日。

第十七条 货物申报进口时，进口货物收货人或者其代理人应当按照海关的申报规定填制《中华人民共和国海关进口货物报关单》，申明适用《协议》协定税率，并同时提交下列单证：

（一）由台湾签证机构签发的有效原产地证书正本（见附件1）。

（二）货物的商业发票正本、装箱单以及相关运输单证。

货物经过大陆、台湾以外的第三方运输至大陆的，应当提交在台湾签发的联运提单、第三方海关出具的证明文件以及海关认可的其他证明文件。

货物申报进口时，进口货物收货人或者其代理人未提交有效原产地证书正本，也未就该进口货物是否具备台湾原产资格向海关进行补充申报，海关应当依法按照该货物适用的最惠国税率、普通税率或者其他税率计征关税及进口环节海关代征税，并按照规定办理进口手续、进行海关统计。收货人或者其代理人在货物征税放行后向海关提交原产地证书的，海关不予受理，已征税款不予调整。

第十八条 原产地申报为台湾的进口货物，收货人或者其代理人在申报进口时未提交原产地证书的，应当在办结海关手续前就该进口货物是否具备台湾原产资格向海关进行补充申报（见附件 2)。

进口货物收货人或者其代理人依照本条第一款规定就进口货物具备台湾原产资格向海关进行补充申报的，海关可以根据进口货物收货人或者其代理人的申请，收取相当于应缴税款的等值保证金后放行货物，并按照规定办理进口手续，进行海关统计。依照法律、行政法规规定不得办理担保的情形除外。

第十九条 同时具备下列条件的，进口货物收货人或者其代理人可以自缴纳保证金之日起 1 年内，向海关申请退还：

（一）进口时已就进口货物具备台湾原产资格向海关进行补充申报，申明适用《协议》协定税率；

（二）提交有效原产地证书及海关要求提供的与货物进口相关的其他文件。

进口货物收货人或者其代理人未在缴纳保证金之日起 1 年内提出退还保证金申请的，海关应当立即办理保证金转为进口税款手续，海关统计数据同时作相应修改。

第二十条 原产地证书自签发之日起 12 个月内有效。

第二十一条 进口货物收货人或者其代理人向海关提交的原产地证书应当同时符合下列条件：

（一）由台湾签证机构在货物申报出口前签发；

（二）在有效期内；

（三）以附件 1 规定的格式正确填制、署名和盖章；

（四）仅有一份正本，并且具有单一证书编号；

（五）所列的货物为同一批次的进口货物，项数不超过 20 项；

（六）一份进口报关单上所列货物对应一份原产地证书。

第二十二条 具有下列情形之一的，出口商或者生产商可以自货物实际出口之日起 90 日内申请补发原产地证书：

（一）因不可抗力或者符合台湾规定的正当理由，未能在货物出口报关前申请签发原产地证书的；

（二）签证机构已签发原产地证书，但由于在填制或者签发证书时产生的技术性错误，出口商已申请注销在先原产地证书的；

（三）原产地证书遗失或者损毁，并且未经使用的。

补发的原产地证书应当注明“补发”字样，并自货物实际出口之日起12个月内有效。

本条第一款第（三）项情形下，原产地证书已使用的，补发的原产地证书无效。

第二十三条 海关对《协议》项下原产地证书的真实性，部分或者全部进口货物是否原产于台湾，或者是否符合本办法其他规定产生怀疑时，可以通过以下方式进行核实：

（一）要求进口货物的收货人或者其代理人在《协议》规定的期限内提供补充资料；

（二）通过台湾原产地核查联络机构书面要求出口商、生产商或者签证机构提供相关核查协助；

（三）与台湾海关商定的其他方式。

第二十四条 具有下列情形之一的，该进口货物不适用《协议》协定税率：

（一）进口货物的原产地不符合本办法第三条至第十六条规定的；

（二）货物申报进口时，进口货物收货人或者其代理人未向海关提交有效原产地证书正本，也未就进口货物具备台湾原产资格进行补充申报的；

（三）原产地证书未按照附件1规定的格式正确填制、署名和盖章的；

（四）原产地证书所列内容与实际进口货物不符的；

（五）在《协议》规定的期限内，海关未收到进口货物收货人或者其代理人、台湾有关部门答复结果，或者答复结果未包含足以确定原产地证书真实性、货物真实原产地信息的；

（六）原产地证书所列内容与其他申报单证不符的；

（七）原产地证书所列货物名称、8位级税则号列、数量、重量、包装唛头、编号、包装件数或者种类等内容与进口货物不符的；

（八）进口货物收货人或者其代理人存在其他不遵守本办法有关规定行为的。

第二十五条 出口货物申报时，出口货物发货人或者其代理人应当按照海关的申报规定填制《中华人民共和国海关出口货物报关单》，并向海关提交《协议》项下原产地证书电子数据或者原产地证书正本的复印件。

第二十六条 海关对依照本办法规定获得的商业秘密依法负有保密义务。未经进出口货物收发货人同意，海关不得泄露或者用于其他用途，但是法律、行政法规及相关司法解释另有规定的除外。

第二十七条　违反本办法，构成走私行为、违反海关监管规定行为或者其他违反《海关法》行为的，由海关依照《海关法》和《中华人民共和国海关行政处罚实施条例》的有关规定予以处理；构成犯罪的，依法追究刑事责任。

第二十八条　本办法下列用语的含义：

海关估价协定，是指作为《马拉喀什建立世界贸易组织协定》组成部分的《关于实施1994年关税与贸易总协定第七条的协定》；

非台湾原产材料，是指除依据本办法规定具备台湾原产资格的材料以外的其他材料；

生产，是指获得货物的方法，包括但不限于种植、饲养、开采、收获、捕捞、耕种、诱捕、狩猎、捕获、采集、收集、养殖、提取、制造、加工或者装配。

第二十九条　本办法由海关总署负责解释。

第三十条　本办法自2011年1月1日起施行。

附件：

1. 大陆原产地证书格式（略）
2. 台湾原产地证明书格式（略）
3. 原产资格申明书（略）

十七 台湾农产品进大陆

050

关于对原产于台湾地区的15种进口鲜水果实施零关税的公告

中华人民共和国海关总署公告2005年第37号

经国务院批准，自2005年8月1日起对原产于台湾地区的15种进口鲜水果实施零关税。现就有关事项公告如下：

一、实施零关税的台湾地区水果共计15种，均为鲜（包括冷藏）水果（详见附件1）。

二、海关凭经海关总署认可的台湾地区签发水果产地证明文件的有关机构和民间组织（详见附件2）于2005年8月1日后签发的、能够证明水果原产于台湾地区的产地证明文件，办理享受零关税水果的征税验放手续。原产于台湾地区水果的原产地标准为在台湾地区完全获得，即在台湾地区收获、采摘或采集。

三、享受零关税的台湾地区水果，应符合如下运输要求：

（一）直接从台湾本岛、澎湖、金门或马祖运输到大陆关境口岸。

（二）经过香港、澳门或日本石垣岛转运到大陆关境口岸。

经过上述地点转运到大陆关境口岸的，在进口申报时须向海关提交在台湾地区签发的，并以台湾地区为启运地的运输单证。

四、企业申报进口享受零关税的台湾地区水果时，报关单“随附单据”栏“优惠贸易协定代码”填报“06”，其他具体填制要求，仍按海关总署2004年第34号公告执行。

特此公告。

附件：

1. 大陆对原产于台湾地区的进口鲜水果实施零关税的产品清单

2. 海关总署认可的台湾地区签发水果产地证明文件的有关机构和民间组织（第一批）

中华人民共和国海关总署

二〇〇五年七月二十九日

附件 1:

大陆对原产于台湾地区的进口鲜水果实施零关税的产品清单

序号	税则号列	货品名称	最惠国税率（%）	对台湾地区的税率（%）
1	08011990	鲜椰子	12	0
2	08029010	鲜槟榔	10	0
3	08043000	鲜菠萝	12	0
4	08045010	鲜番石榴	15	0
5	08045020	鲜芒果	15	0
6	08054000	鲜柚	12	0
7	08072000	木瓜	25	0
8	08093000	桃	10	0
9	08094000	梅	10	0
10	08109050	番荔枝	20	0
11	08109060	杨桃	20	0
12	08109070	莲雾	20	0
13	08109090	枣	20	0
14	08109090	柿子	20	0
15	08109090	枇杷	20	0

附件 2:

海关总署认可的台湾地区签发水果产地证明文件的有关机构和民间组织（第一批）

1. 台湾省商业会
2. 台北市商业会
3. 台北县商业会
4. 台中市商业会
5. 台中县商业会
6. 彰化县商业会
7. 台南市商业会
8. 高雄市商业会
9. 高雄县商业会
10. 屏东县商业会
11. 金门县商业会

051

关于对来自台湾水果实施便捷检验检疫措施的通知

国质检动函〔2005〕388号

各直属检验检疫局：

为促进台湾农产品在大陆销售，总局于2005年5月23日发布第83号公告，允许产自台湾地区进入大陆销售的水果种类由原来的12种增加到18种。为确保台湾水果能够顺利进入大陆市场，请有关检验检疫机构采取以下便捷检验检疫措施：

一、提供热线咨询。总局和有关口岸检验检疫机构开设咨询服务热线或窗口，及时解答有关台湾水果检验检疫问题。总局咨询电话：010－8226－1905、8226－1898，传真：010－8226－0157、8226－0159。

二、加快检疫审批。入境口岸直属检验检疫机构对台湾水果从快办理检疫预审批，并通过电子审批的方式报总局核批。对到大陆参展水果由总局委托入境口岸直属检验检疫机构直接办理检疫审批手续。

三、快速受理报检。入境口岸检验检疫机构全天候提供预约报检和提前报检服务。

四、实施快速查验。对到港台湾水果实施优先查验、快速查验。对送实验室检测的样品，优先送样、优先检测，保证台湾水果随到随检。

五、加快放行速度。经检验检疫合格的，立即签发《入境货物通关单》；发现疫情的，作检疫除害处理合格后予以放行。

六、加强与台湾企业、协会等有关方面的沟通，及时解决台湾水果在大陆销售中遇到的检验检疫问题。

请各有关检验检疫局高度重视，认真落实上述对台水果便捷检验检疫措施，并尽快将咨询电话、传真报总局动植司，以便统一在总局网站上公布。执行中，如遇问题请及时报告总局。

中华人民共和国国家质量监督检验检疫总局

二〇〇五年六月一日

052

关于对原产于台湾地区的 19 种进口农产品免征关税有关事宜的公告

中华人民共和国海关总署公告 2007 年第 6 号

经国务院批准，自 2007 年 3 月 20 日起对原产于台湾地区的 19 种进口农产品免征关税（详见附件）。现就执行中的有关事宜公告如下：

一、免征关税的原产于台湾地区的农产品（以下简称台湾原产农产品）共涉及《中华人民共和国进出口税则》中的 27 个税则号列，本公告附件清单所列标有“ex”的税则号列，表示该税则号列包括多项商品，其中，只有清单中的列名产品为免征关税的农产品。

二、海关凭台湾地区有关机构和民间组织（详见海关总署 2005 年第 37 号公告）签发的产地证明文件，办理免征关税的验放手续。

三、台湾原产农产品的原产地标准为在台湾地区完全获得，即水产品为在台湾地区养殖或由台湾籍渔船在远洋、近海捕捞，蔬菜为在台湾地区收获、采摘或采集。

四、进口货物的收货人或其代理人在申报进口免征关税的台湾原产农产品时，应按照本公告附件所列的对应商品编码填报，报关单“随附单据”栏的“优惠贸易协定代码”应填报为“06”，其他填报要求，按照海关总署 2005 年第 69 号公告的规定执行。

五、享受免征关税的台湾原产农产品，应符合海关总署 2005 年第 37 号公告的相关运输要求。

特此公告。

附件：部分原产于台湾地区的进口农产品免征关税的产品清单（略）

中华人民共和国海关总署

二〇〇七年三月十九日

十八 两岸农业合作

053

关于印发《关于促进两岸农业合作、惠及台湾农民的若干政策措施》的通知

中台发〔2007〕1号

各省、自治区、直辖市、计划单列市和副省级城市台办，财政、国土、交通、农业、商务、工商行政管理、质监、林业主管部门，国税局、地税局，各直属海关，各直属出入境检验检疫局：

为进一步推动两岸农业交流合作，加强做好台湾人民工作，有关部委研拟制定了《关于促进两岸农业合作、惠及台湾农民的若干政策措施》。经中央同意，中央台办主任陈云林受有关部门委托已于2006年10月17日在海南博鳌举行的“两岸农业合作论坛”上宣布。现将政策措施印发，请切实把有关政策措施落到实处。

中台办　财政部　国土资源部　交通部
农业部　商务部　海关总署　国家税务总局
国家工商总局　国家质监总局　国家林业局
二〇〇七年一月十一日

关于促进两岸农业合作、惠及台湾农民的若干政策措施

中台办　财政部　国土资源部　交通部　农业部　商务部　海关总署
国家税务总局　国家工商总局　国家质监总局　国家林业局

2007年1月11日

一、关于进一步完善海峡两岸农业合作试验区和台湾农民创业园建设方面

1. 欢迎台湾农民合作经济组织、台资农业企业和农民参与大陆海峡两岸农业合作试验区和台湾农民创业园的建设与发展；鼓励和支持台湾农民合作经济组

织与大陆农民专业合作经济组织之间开展合作与交流活动。

2. 来园区从事农业合作项目的台湾农民，可依照大陆有关法律、法规和规章直接申请设立个体工商户。具体登记办法由有关部门另行制定。

3. 简化园区台资农业企业在项目核准、企业立项、税务征收、检验检疫通关等相关审批办理手续，降低企业的运营成本。

4. 对台湾农民创业园内的基础设施建设给予积极财政支持。对创业园的重点农业高新技术项目予以优先立项、重点扶持。

5. 积极做好用地服务，支持海峡两岸农业合作试验区和台湾农民创业园的发展建设。对试验区和创业园的用地规模和布局，将在地方土地利用总体规划中统筹安排和落实，予以重点倾斜。对试验区内符合条件的已核准、签约的台资农业发展项目，在依法、节约、高效的前提下，优先协调用地。

6. 经有关部门批准，四川新津、重庆北碚台湾农民创业园，上海郊区、江苏昆山和扬州两岸农业合作试验区正式投入运行。

二、关于鼓励和支持两岸农业合作与技术推广，扩大合作领域方面

7. 为鼓励两岸农业合作与技术推广，大陆有关部门将运用农业技术推广资金予以支持，具体项目由有关省市组织申报。

8. 积极支持台湾各类各级农民合作经济组织、农业企业和台湾农民来大陆参加农产品的展览及推销活动，并在检疫审批、查验放行、检验检疫监管等方面继续提供便利措施。进一步为台湾农产品进口提供通关便利措施及优质的通关服务。

9. 优先安排台湾产兽药产品在大陆审批和注册，取得《兽药注册证书》后，可通过在大陆设立销售机构或委托符合条件的大陆代理机构在大陆销售。

10. 对台湾渔船自捕水产品进口，在原来允许输往福建的基础上，增加允许输往广东汕头。

11. 充分发挥大陆现有的出口加工区及保税仓库、出口监管仓库的作用，鼓励和支持两岸农业界开展农牧产品、水产品等深加工，促进两岸农业合作和贸易往来。

12. 加强台资农业企业在大陆投资经营的咨询服务工作。农业、商务主管部门和海峡两岸经贸交流协会在网站上设立投资大陆农业政策专栏，向台湾农民介绍有关政策法规。

三、关于优化服务，便利两岸农产品贸易和大陆台资农业企业产品销售方面

13. 为方便大陆台商引进农作物优质种子种苗，增强其在大陆拓展业务的竞

争能力，大陆有关行政主管部门缩短台商自岛内引进种子种苗及其栽培介质检疫许可的审批周期，自受理台商进口申请之日起 20 个工作日内完成审批工作。大陆检验检疫机构提供相关检验检疫便捷措施。

14. 在大陆的台资农业企业自岛内进口自用的与农林业生产密切相关的种源品种，经向当地农业行政主管部门提出进口申请并报农业部审批后，可以零关税进口。如果在进口年度计划额度内，可享受免进口环节增值税的优惠政策。

15. 凡涉及野生动植物及其产品（包括人工繁殖、人工培植）贸易，有关台资企业可向省、市、自治区林业或渔业行政主管部门事先备案并提出相应的进出口管理计划（包括种类和数量），大陆野生动植物行政主管部门和大陆濒危物种进出口管理办公室在审批相关计划及核发相关证书时，在依法的前提下，实行最为简便的办理手续，缩短工作时限，便利企业。

16. 凡涉及人工培植来源的蝴蝶兰、大花蕙兰、仙人掌类、仙客来、云木香、天麻、西洋参、芦荟植物种标本贸易，大陆濒危物种进出口管理办公室在各地的办事处可根据林业主管部门批准文件，直接核发相关证书，减少审批环节，提高效率。

17. 对台湾农渔产品进口商提出的“网上支付”申请，海关部门将优先受理、审批并安排相关设备。海关总署深圳原产地管理办公室设立联络人和专线电话，提供台湾农渔产品进口通关涉及相关业务的咨询和答疑。

18. 进一步完善台湾鲜活农产品公路运输“绿色通道”，提供台湾鲜活农产品在大陆的运输服务和通行保障，包括可以享受沿线省级人民政府制订的“绿色通道”通行费优惠政策和通过沿线收费站设置的专用“绿色通道”优先通行。

四、关于保护台湾农产品知识产权，维护台湾农民正当权益方面

19. 为规范台湾水果的市场经营行为，保护台湾水果品牌和形象，工商行政管理机关将加强市场监督管理，严格区分“台湾产地水果”和“台湾品种水果”。凡是销售非原产于台湾岛内的台湾品种水果，均需在包装物和价格标签上注明产地。对以非原产于台湾的水果假冒台湾产地水果进行销售的行为予以制止，并按照《反不正当竞争法》的有关规定予以处罚。加强对相关广告宣传的监管力度，对违法广告行为将依据《广告法》等法律规定予以处罚。

20. 欢迎台湾农产品生产商和经销商在大陆通过注册普通商标、证明商标或集体商标等方式，获得《商标法》的保护。对侵犯台湾农产品注册商标专用权的，按照《商标法》的有关规定予以处罚。

054

关于印发《台湾农民在海峡两岸农业合作试验区和台湾农民创业园申办个体工商户登记管理工作的若干意见》的通知

工商个字〔2007〕247号

各省、自治区、直辖市及计划单列市、副省级市工商行政管理局：

为贯彻落实党的十七大关于推进“一国两制”实践和祖国和平统一大业的有关精神，加强做好台湾人民工作，根据《关于促进两岸农业合作、惠及台湾农民的若干政策措施》（中台发〔2007〕1号）的有关规定，国家工商行政管理总局经商国务院台湾事务办公室等有关部门，制定了《台湾农民在海峡两岸农业合作试验区和台湾农民创业园申办个体工商户登记管理工作的若干意见》。现予印发，请贯彻执行。

中华人民共和国国家工商行政管理总局

二〇〇七年十一月十六日

台湾农民在海峡两岸农业合作试验区和台湾农民创业园申办个体工商户登记管理工作的若干意见

中华人民共和国国家工商行政管理总局

2007年11月16日

台湾同胞是发展两岸关系的重要力量。允许来大陆海峡两岸农业合作试验区和台湾农民创业园从事农业合作项目的台湾农民直接申办个体工商户，有利于增进两岸同胞的共同利益，有利于密切两岸经济关系，有利于推进祖国和平统一大业。根据《关于促进两岸农业合作、惠及台湾农民的若干政策措施》（中台发〔2007〕1号）的有关规定（详见附件1），依照《行政许可法》、《台湾同胞投资保护法》、《台湾同胞投资保护法实施细则》、《城乡个体工商户管理暂行条例》、《个体工商户登记程序规定》等有关法律、行政法规和规章，对台湾农民在海峡两岸农业合作试验区和台湾农民创业园申办个体工商户的登记管理工作提出如下意见：

一、自2007年12月1日起，台湾农民在海峡两岸农业合作试验区和台湾农民创业园申请设立个体工商户，由经营所在地的县（市）工商行政管理局以及大中城市的工商行政管理分局（以下简称“登记机关”）依照国家有关法律、行政

法规和规章直接予以登记，无需经过外资主管部门审批。（《海峡两岸农业合作试验区和台湾农民创业园目录》见附件 2）

二、台湾农民可以申请登记的经营范围包括：种植业、饲养业、养殖业、农产品及农副产品加工业、农产品等自产产品零售业（不包括烟草零售和特许经营）、农产品和农业技术进出口、农业科技交流和推广。

台湾农民个体工商户的组成形式仅限于个人经营；其从业人员不超过 8 人；经营场所的面积不超过 300 平方米，但从事种植业、饲养业或养殖业的不受此限制。

三、台湾农民申请个体工商户设立登记，应当提交下列文件：

1. 申请人签署的《个体工商户（台湾农民）设立登记申请书》；

2. 申请人的身份证件及农民身份证明文件：①台湾居民身份证件原件及复印件；②台湾居民来往大陆通行证或旅行证原件及复印件；③台湾农民身份有关证明的原件及复印件，包括加入台湾农业组织证明或台湾农民健康保险证明或台湾农民老年津贴证明等。

3. 经营场所证明；

4. 国家法律、行政法规规定提交的其他文件。

在登记机关已预先核准个体工商户字号名称的，应当提交《个体工商户（台湾农民）字号名称预先核准通知书》。

从事法律、行政法规规定须经有关部门审批的业务的，应当提交有关部门的批准文件。

四、台湾农民申请设立的个体工商户可以在设立登记前向登记机关申请个体工商户字号名称预先核准。登记机关参照《企业名称登记管理规定》作出准予个体工商户字号名称预先核准的，应当出具《个体工商户（台湾农民）字号名称预先核准通知书》。

五、台湾农民申请者拟从事法律、行政法规规定须经有关部门审批的业务的，应当持身份证件、身份证明文件及《个体工商户（台湾农民）字号名称预先核准通知书》（字号名称已预先核准的），向有关部门申请前置许可，并按照有关部门的要求，提交有关证件、文件的复印件，办理前置许可手续。

六、登记机关对台湾农民个体工商户有关登记事项按照下列要求核定：

1. 经营范围：按照《国民经济行业分类》（GB/T4754－2002）及其注释的行业分类用语核定。

法律、行政法规规定须办理前置许可的经营项目，按照有关部门许可的经营项目核定经营范围。

不涉及前置许可的经营项目，根据申请人的申请，可以按照国民经济行业分类的中类或者小类核定，如“种植业（须前置许可项目除外）”等。也可以按照国民经济行业分类的注释，具体核定经营项目、商品，如“水果零售”等。

2. 经营者姓名：除了核定经营者姓名外，还应当在经营者姓名后面加注“台湾农民”字样。

3. 组成形式：应当核定为个人经营。

4. 资金数额：按照申请人申报的人民币资金的数额予以核定。

七、登记机关对准予登记的台湾农民个体工商户核发《个体工商户营业执照》，营业执照经营者姓名后面应当加注“台湾农民”字样。

八、台湾农民个体工商户向原登记机关申请变更登记或者注销登记的，登记机关依照《城乡个体工商户管理暂行条例》、《个体工商户登记程序规定》的有关规定，办理变更登记或者注销登记。

九、台湾农民个体工商户设立登记的有关专用表格样式由国家工商行政管理总局统一制定（详见附件 3）。除专用表格外，登记工作使用国家工商行政管理总局工商个字〔2004〕第 118 号文件规定的其他有关表格。

十、登记机关要在登记场所建立台湾农民申办个体工商户的“绿色通道”，提供申请、受理、审批一站式服务，对符合条件的当场准予登记。要免费为台湾农民申办者提供政策法规方面的咨询服务。

十一、台湾农民个体工商户的监管及验照工作依照国家现行有关法律、行政法规和规章的规定执行。要坚决杜绝“搭车收费”现象。

十二、各地要及时组织工作人员认真学习有关政策法规，切实加强执法队伍培训，努力提高登记、监管和服务工作质量。

十三、涉及台湾农民个体工商户登记管理工作的各省、自治区、直辖市工商行政管理局应当按照国家工商行政管理总局的要求，按期上报台湾农民个体工商户登记的有关工作情况。详见附件 4《台湾农民个体工商户登记情况统计表》及说明。各单位在开展此项工作中遇到的问题，要及时向国家工商行政管理总局个体私营经济监管司反映。联系电话：010－88650811 或 88650809。传真：010－68050283。电子邮箱：djc. gts@saic. gov. cn。

附件：

1. 关于印发《关于促进两岸农业合作、惠及台湾农民的若干政策措施》的通知（中台发〔2007〕1 号）（略）

2. 海峡两岸农业合作试验区和台湾农民创业园目录（略）

3. 个体工商户（台湾农民）设立登记申请有关表格样式（略）

4. 台湾农民个体工商户登记情况统计表（略）

十九 台湾农民创业园

055

关于在新设立的台湾农民创业园开展台湾农民个体工商户登记管理工作的通知

工商个字〔2008〕119 号

福建、广东、湖北、江苏省工商行政管理局：

今年 2 月，农业部和国务院台湾事务办公室批准新设立福建漳平永福、广东珠海金湾、湖北武汉黄陂、江苏无锡锡山四个台湾农民创业园。请按照《台湾农民在海峡两岸农业合作试验区和台湾农民创业园申办个体工商户登记管理工作的若干意见》（工商个字〔2007〕第 247 号）的规定和要求，在以上新设立的创业园开展台湾农民个体工商户登记管理工作，并向国家工商总局个体私营经济监管司报告开展工作情况。

中华人民共和国国家工商行政管理总局

二〇〇八年六月五日

056

关于在安徽巢湖和县等新设立台湾农民创业园开展台湾农民个体工商户登记管理工作的通知

工商个字〔2009〕129号

安徽、福建、江苏省工商行政管理局：

今年5月，农业部和国务院台湾事务办公室批准新设立安徽巢湖和县、福建莆田仙游、福建三明清流、江苏淮安淮阴四个台湾农民创业园。请按照《台湾农民在海峡两岸农业合作试验区和台湾农民创业园申办个体工商户登记管理工作的若干意见》（工商个字〔2007〕第247号）的规定和要求，在以上新设立的创业园开展台湾农民个体工商户登记管理工作，并向国家工商总局个体私营经济监管司报告开展工作情况。

中华人民共和国国家工商行政管理总局

二〇〇九年六月三十日

二十 台商大陆投资

057

中华人民共和国台湾同胞投资保护法

（1994 年 3 月 5 日第八届全国人民代表大会常务委员会第六次会议通过，1994 年 3 月 5 日中华人民共和国主席令第 20 号公布）

第一条 为了保护和鼓励台湾同胞投资，促进海峡两岸的经济发展，制定本法。

第二条 台湾同胞投资适用本法；本法未规定的，国家其他有关法律、行政法规对台湾同胞投资有规定的，依照该规定执行。

本法所称台湾同胞投资是指台湾地区的公司、企业、其他经济组织或者个人作为投资者在其他省、自治区和直辖市投资。

第三条 国家依法保护台湾同胞投资者的投资、投资收益和其他合法权益。

台湾同胞投资必须遵守国家的法律、法规。

第四条 国家对台湾同胞投资者的投资不实行国有化和征收；在特殊情况下，根据社会公共利益的需要，对台湾同胞投资者的投资可以依照法律程序实行征收，并给予相应的补偿。

第五条 台湾同胞投资者投资的财产、工业产权、投资收益和其他合法权益，可以依法转让和继承。

第六条 台湾同胞投资者可以用可自由兑换货币、机器设备或者其他实物、工业产权、非专利技术等作为投资。

台湾同胞投资者可以用投资获得的收益进行再投资。

第七条 台湾同胞投资，可以举办合资经营企业、合作经营企业和全部资本由台湾同胞投资者投资的企业（以下统称台湾同胞投资企业），也可以采用法律、行政法规规定的其他投资形式。

举办台湾同胞投资企业，应当符合国家的产业政策，有利于国民经济的发展。

第八条 设立台湾同胞投资企业，应当向国务院规定的部门或者国务院规定的地方人民政府提出申请，接到申请的审批机关应当自接到全部申请文件之日起四十五日内决定批准或者不批准。

设立台湾同胞投资企业的申请经批准后，申请人应当自接到批准证书之日起三十日内，依法向企业登记机关登记注册，领取营业执照。

第九条　台湾同胞投资企业依照法律、行政法规和经审批机关批准的合同、章程进行经营管理活动，其经营管理的自主权不受干涉。

第十条　在台湾同胞投资企业集中的地区，可以依法成立台湾同胞投资企业协会，其合法权益受法律保护。

第十一条　台湾同胞投资者依法获得的投资收益、其他合法收入和清算后的资金，可以依法汇回台湾或者汇往境外。

第十二条　台湾同胞投资者可以委托亲友作为其投资的代理人。

第十三条　台湾同胞投资企业依照国务院关于鼓励台湾同胞投资的有关规定，享受优惠待遇。

第十四条　台湾同胞投资者与其他省、自治区和直辖市的公司、企业、其他经济组织或者个人之间发生的与投资有关的争议，当事人可以通过协商或者调解解决。

当事人不愿协商、调解的，或者经协商、调解不成的，可以依据合同中的仲裁条款或者事后达成的书面仲裁协议，提交仲裁机构仲裁。

当事人未在合同中订立仲裁条款，事后又未达成书面仲裁协议的，可以向人民法院提起诉讼。

第十五条　本法自公布之日起施行。

058

中华人民共和国台湾同胞投资保护法实施细则

（1999 年 12 月 5 日中华人民共和国国务院令第 274 号公布）

第一条 为了保护和鼓励台湾同胞投资，促进海峡两岸的经济发展，实施《中华人民共和国台湾同胞投资保护法》，制定本实施细则。

第二条 本实施细则所称台湾同胞投资是指台湾地区的公司、企业、其他经济组织或者个人作为投资者在其他省、自治区和直辖市（以下简称大陆）的投资。

第三条 国家依法保护台湾同胞投资。

台湾同胞投资者的投资、投资收益和其他合法权益受国家法律保护，任何机关、单位或者个人不得侵占、损害。

第四条 国家依法鼓励台湾同胞投资。

台湾同胞投资依照国家有关法律、行政法规和本实施细则的规定，享受优惠待遇。

第五条 台湾同胞投资适用《中华人民共和国台湾同胞投资保护法》和本实施细则；《中华人民共和国台湾同胞投资保护法》和本实施细则未规定的，比照适用国家有关涉外经济法律、行政法规。

第六条 台湾同胞投资，应当与国家国民经济和社会发展规划相适应，符合国家产业政策和投资导向的要求，比照适用国家关于指导外商投资方向的规定。

第七条 台湾同胞投资者可以用可自由兑换货币、机器设备或者其他实物、工业产权、非专利技术等作为投资。

台湾同胞投资者可以用投资获得的收益进行再投资。

第八条 台湾同胞投资，可以依法采用下列投资形式：

（一）举办合资经营企业、合作经营企业或者全部资本由台湾同胞投资者投资的企业（以下统称台湾同胞投资企业）；

（二）合作勘探开发自然资源；

（三）开展补偿贸易、加工装配、合作生产；

（四）购买企业的股票、债券；

（五）购置房产；

（六）取得土地使用权，开发经营；

（七）购买国有小型企业或者集体企业、私营企业；

（八）法律、行政法规允许的其他投资形式。

第九条　台湾同胞投资者进行投资，需要审批的，依照国家有关法律、行政法规规定的程序办理审批手续。

第十条　设立台湾同胞投资企业，应当向对外贸易经济合作部或者国务院授权的部门和地方人民政府提出申请，接到申请的审批机关应当自接到全部申请文件之日起 45 日内决定批准或者不批准。

设立台湾同胞投资企业的申请经批准后，申请人应当自接到批准证书之日起 30 日内，依法向企业登记机关登记注册，领取营业执照。

第十一条　设立台湾同胞投资企业，台湾同胞投资者应当依法向审批机关提交申请文件；必要时，还应当附具由国务院台湾事务办公室或者地方人民政府台湾事务办事机构出具的有关证明文件。

第十二条　审批机关审批台湾同胞投资，应当提高办事效率，减少管理层次，简化审批程序，做到管理制度统一、公开、透明。

第十三条　台湾同胞投资企业依照国家有关法律、行政法规的规定，享受税收优惠待遇。

第十四条　投资于大陆中西部地区的台湾同胞投资项目，可以按照国家有关规定给予鼓励或者适当放宽限制。

第十五条　台湾同胞投资企业符合贷款原则的，可以按照国家有关规定给予必要的信贷支持。

第十六条　台湾同胞投资者个人及其随行家属和台湾同胞投资企业中的台湾同胞职工及其随行家属，可以依照国家有关法律、行政法规的规定，向公安机关申请办理一定期限多次入出境手续和相应期限的暂住手续。台湾同胞投资企业中的外籍职工的入出境和暂住手续，依照国家有关法律、行政法规的规定办理。

第十七条　台湾同胞投资者个人的子女和台湾同胞投资企业中的台湾同胞职工的子女，可以按照国家有关规定进入大陆的小学、中学和高等学校接受教育。

台湾同胞投资者或者台湾同胞投资企业协会在台湾同胞投资集中的地区，可以按照国家有关规定申请设立台湾同胞子女学校。经批准设立的台湾同胞子女学校应当接受教育行政部门的监督。

第十八条　台湾同胞投资企业依照国家有关法律、行政法规和经审批机关批准的合同、章程，享有经营管理的自主权。

台湾同胞投资企业经营管理的自主权受国家法律保护，不受任何机关、单位或者个人的非法干预和侵犯。

第十九条　台湾同胞投资企业在购买机器设备、原材料及辅料等物资以及获得水、电、热、货物运输、劳务、广告、通信等服务方面，享有与大陆其他同类企业同等的待遇。

台湾同胞投资者个人和台湾同胞投资企业中的台湾同胞职工在交通、通信、旅游、旅馆住宿、房产购置等方面，享有与大陆同胞同等的待遇。

第二十条 台湾同胞投资者投资的财产、工业产权、投资收益和其他合法权益，可以依法转让和继承。

第二十一条 台湾同胞投资者依法获得的投资收益、其他合法收入和清算后的资金，可以依法汇回台湾或者汇往境外。

台湾同胞投资企业中的台湾同胞职工的合法收入，可以依法汇回台湾或者汇往境外。

第二十二条 台湾同胞投资者可以委托亲友或者他人作为其投资的代理人，代理人应当持有具有法律效力的授权委托书。

第二十三条 国家机关对台湾同胞投资企业收费的项目和标准，应当与大陆其他同类企业相同。任何机关或者单位不得对台湾同胞投资企业另立收费项目或者提高收费标准。

任何机关或者单位不得向台湾同胞投资企业摊派人力、物力、财力，不得对台湾同胞投资企业进行法律、法规规定以外的检查、罚款，不得违反国家规定强制或者变相强制台湾同胞投资企业参加各类培训、评比、鉴定、考核等活动。

台湾同胞投资企业对违反上述规定的行为，有权拒绝并向政府有关部门举报。接受举报的政府部门应当依法作出处理，并为举报人保密。

第二十四条 国家对台湾同胞投资者的投资不实行国有化和征收；在特殊情况下，根据社会公共利益的需要，对台湾同胞投资者的投资可以依照法律程序实行征收，并给予相应的补偿。补偿相当于该投资在征收决定前一刻的价值，包括从征收之日起至支付之日止按合理利率计算的利息，并可以依法兑换外汇、汇回台湾或者汇往境外。

第二十五条 国家依法保护台湾同胞投资者个人及其随行家属和台湾同胞投资企业中的台湾同胞职工及其随行家属的人身自由和人身安全。除依照国家有关法律规定办理的外，不得对台湾同胞采取限制人身自由的强制措施。

第二十六条 在台湾同胞投资企业集中的地区，可以依法成立台湾同胞投资企业协会。

台湾同胞投资企业协会的合法权益以及按照其章程所进行的合法活动，受法律保护。

第二十七条 各级人民政府应当对台湾同胞投资提供优质、规范、方便的服务。各级人民政府台湾事务办事机构应当做好台湾同胞投资的法律宣传与咨询、投诉受理和纠纷解决等工作。

第二十八条 台湾同胞投资者、台湾同胞投资企业、台湾同胞投资企业协会认为行政机关或者行政机关工作人员的具体行政行为侵犯其合法权益的，可以依照国家有关法律、行政法规的规定，申请行政复议或者提起行政诉讼。

第二十九条 台湾同胞投资者与大陆的公司、企业、其他经济组织或者个人之间发生的与投资有关的争议，当事人可以通过协商或者调解解决。

当事人不愿协商、调解的，或者经协商、调解不成的，可以依照合同中的仲裁条款或者事后达成的书面仲裁协议，提交中国的仲裁机构仲裁。大陆的仲裁机构可以按照国家有关规定聘请台湾同胞担任仲裁员。

当事人未在合同中订立仲裁条款，事后又未达成书面仲裁协议的，可以向人民法院提起诉讼。

第三十条 台湾同胞以其设在其他国家或者地区的公司、企业或者其他经济组织作为投资者在大陆投资的，可以比照适用本实施细则。

第三十一条 本实施细则自发布之日起施行。

059

国务院关于鼓励台湾同胞投资的规定

（1988 年 6 月 25 日中华人民共和国国务院令第 7 号公布）

第一条 为促进大陆和台湾地区的经济技术交流，以利于祖国海峡两岸的共同繁荣，鼓励台湾的公司、企业和个人（以下统称台湾投资者）在大陆投资，制定本规定。

第二条 台湾投资者可以在大陆各省、自治区、直辖市、经济特区投资。鼓励台湾投资者到海南省以及福建、广东、浙江等省沿海地带划定的岛屿和地区从事土地开发经营。

第三条 台湾投资者在大陆可以下列形式进行投资：

（一）举办台湾投资者拥有全部资本的企业；

（二）举办合资经营企业、合作经营企业；

（三）开展补偿贸易、来料加工装配、合作生产；

（四）购买企业的股票和债券；

（五）购置房产；

（六）依法取得土地使用权，开发经营；

（七）法律、法规允许的其他投资形式。

第四条 台湾投资者可以在大陆的工业、农业、服务业以及其他符合社会和经济发展方向的行业投资。台湾投资者可以从各地方人民政府有关部门公布的项目中选择投资项目，也可以自行提出投资项目意向，向拟投资地区对外经济贸易部门或者地方人民政府指定的审批机关申请。

国家鼓励台湾投资者投资举办产品出口企业和先进技术企业，并给予相应的优惠待遇。

第五条 台湾投资者在大陆投资举办拥有全部资本的企业、合资经营企业和合作经营企业（以下统称台胞投资企业），除适用本规定外，参照执行国家有关涉外经济法律、法规的规定，享受相应的外商投资企业待遇。

台湾投资者在大陆进行其他形式的投资，以及在大陆没有设立营业机构而有来源于大陆的股息、利息、租金、特许权使用费和其他所得，除适用本规定外，也可以参照执行国家有关涉外经济法律、法规的规定。

第六条 台湾投资者可以用可自由兑换货币、机器设备或者其他实物、工业产权、专有技术等作为投资。

第七条　台湾投资者在大陆的投资、购置的资产、工业产权、投资所得利润和其他合法权益受国家法律保护，并可以依法转让和继承。

台湾投资者在大陆的活动应当遵守国家的法律、法规。

第八条　国家对台湾投资者的投资和其他资产不实行国有化。

第九条　国家根据社会公共利益的需要，对台胞投资企业实行征收时，依照法律程序进行并给予相应的补偿。

第十条　台湾投资者投资获得的合法利润，其他合法收入和清算后的资金，可以依法汇往境外。

第十一条　台胞投资企业在其投资总额内进口本企业所需的机器设备、生产用车辆和办公设备，以及台胞个人在企业工作期间运进自用的、合理数量的生活用品和交通工具，免缴进口关税、工商统一税，免领进口许可证。

台胞投资企业进口用于生产出口产品的原材料、燃料、散件、零部件、元器件、配套件，免缴进口关税、工商统一税，免领进口许可证，由海关实行监管。上述进口料件，如用于在大陆销售的产品，应当按照国家规定补办进口手续，并照章补税。

台胞投资企业生产的出口产品，除国家限制出口的外，免缴出口关税和工商统一税。

第十二条　台胞投资企业可以向大陆的金融机构借款，也可以向境外的金融机构借款，并可以本企业资产和权益抵押、担保。

第十三条　台湾投资者拥有全部资本的企业，经营期限由投资者自行确定；合资经营企业和合作经营企业，经营期限由合资或者合作各方协商确定，也可以不规定经营期限。

第十四条　合资经营企业董事会的组成和董事长的委派、合作经营企业董事会或者联合管理机构的组成和董事长或者联合管理机构主任的委派，可以参照出资比例或者合作条件由合资或者合作各方协商决定。

第十五条　台胞投资企业依照经批准的合同、章程进行经营管理活动。企业的经营管理自主权不受干涉。

第十六条　在大陆投资的台胞个人以及台胞投资企业从境外聘请的技术和管理人员，可以申请办理多次入出境的证件。

第十七条　台湾投资者在大陆投资可以委托大陆的亲友为其代理人。代理人应当持有具有法律效力的委托书。

第十八条　在台胞投资企业集中的地区，台湾投资者可以向当地人民政府申请成立台商协会。

第十九条　台湾投资者在大陆投资举办合资经营企业、合作经营企业，由大陆的合资、合作方负责申请；举办台湾投资者拥有全部资本的企业，由台湾投资者直接申请或者委托在大陆的亲友、咨询服务机构等代为申请。台湾投资者投资举办企业的申请，由当地对外经济贸易部门或者地方人民政府指定的审批机关统一受理。

台胞投资企业的审批，按照国务院规定的权限办理。各级对外经济贸易部门或者地方人民政府指定的审批机关应当在收到全部申请文件之日起 45 天内决定批准或者不批准。

申请人应当在收到批准证书之日起 30 天内，按照有关登记管理办法，向工商行政管理机关申请登记，领取营业执照。

第二十条 台湾投资者在大陆投资因履行合同发生的或者与合同有关的争议，当事人应当尽可能通过协商或者调解解决。

当事人不愿协商、调解的，或者协商、调解不成的，可以依据合同中的仲裁条款或者事后达成的书面仲裁协议，提交大陆或者香港的仲裁机构仲裁。

当事人没有在合同中订立仲裁条款，事后又没有达成书面仲裁协议的，可以向人民法院起诉。

第二十一条 本规定由对外经济贸易部负责解释。

第二十二条 本规定自发布之日起施行。

060

国台办支持和帮助台资企业转型升级与产业转移的工作措施

2008年5月17日

一、协调有关部门和地方政府积极研究出台支持台资企业发展的相关政策，继续实施和充实惠及台湾同胞的政策措施，支持和帮助台资加工贸易企业实现转型升级和产业转移。

二、建立帮助台资企业产业升级的服务机制。指导台企联成立产业升级功能委员会，及时了解反映和协助解决台资加工贸易企业转型升级与产业转移中遇到的困难。国台办经济局与台企联建立工作会商制度，及时研究台资企业产业升级的有关事项，协助争取有关部门和地方的支持与帮助。

三、协调有关专业单位人员和专家组成辅导团队，到台商集中地区进行有关政策法规、产业资讯、技术创新、人才培训、市场信息等方面的辅导和服务。

四、协调有关部门和机构搭建台资企业与科研院所专业交易平台、台资企业与民营企业合作平台、台资企业与中西部加工贸易梯度转移重点承接平台。通过举办研讨推介活动，为台资企业转型升级和产业转移提供政策引导与交流洽谈平台。

五、继续协调大陆金融机构加强为台资企业融资服务。在与国家开发银行、华夏银行合作支持台资企业融资的基础上，将与中国工商银行、中国出口信用保险公司等商签支持台资企业发展的合作协议。继续鼓励和推动台资企业在大陆资本市场上市。积极促成台湾地区银行经第三地参股大陆商业银行。推动两岸就建立银行业监管机制问题进行商谈并作出安排，为台湾地区银行到大陆设立经营机构创造条件。

六、协调有关部门和地方鼓励与扶持台资企业自主创新、自创品牌。宣传和推介获得“中国驰名商标”、“知名商标”的台资企业品牌。

七、协调有关部门和地方通过举办海峡两岸人才交流会等多种形式，为台资企业引进研发、技术、营销和管理等专业人才提供服务。

八、指导有关地方台办切实为台资加工贸易企业转型升级与产业转移提供服务和帮助，依法维护和保障台商的正当权益，促进台资企业在大陆的持续发展。

九、促进两岸产业深化合作，鼓励台商发展生产性服务产业，推动两岸经济合作扩大领域，提高层次。

061

关于印发《台湾服务提供者在大陆设立独资医院管理暂行办法》的通知

卫医政发〔2010〕110号

各省、自治区、直辖市卫生厅局、商务主管部门，各计划单列市商务主管部门，新疆生产建设兵团卫生局、商务局：

为加强和增进两岸间的经济合作，落实《海峡两岸经济合作框架协议》，根据《中华人民共和国外资企业法》和《医疗机构管理条例》等有关法律法规，卫生部和商务部共同制定了《台湾服务提供者在大陆设立独资医院管理暂行办法》。现印发给你们，请遵照执行。目前，台湾服务提供者在大陆设立独资医院限定在上海市、江苏省、福建省、广东省和海南省。

中华人民共和国卫生部

中华人民共和国商务部

二〇一〇年十月二十二日

台湾服务提供者在大陆设立独资医院管理暂行办法

中华人民共和国卫生部　中华人民共和国商务部

2010年10月22日

第一章　总　　则

第一条　为落实《海峡两岸经济合作框架协议》，根据《中华人民共和国外资企业法》及其实施细则和《医疗机构管理条例》等有关法律、法规，制定本办法。

第二条　台湾服务提供者依法经大陆主管部门批准，可以在大陆设立独资医院（以下称台资独资医院）。

第三条　申请在大陆设立台资独资医院，适用本办法。

第四条　大陆对台资独资医院坚持逐步开放、风险可控的原则，依法保护患者和台湾服务提供者双方的合法权益。

第五条　台湾服务提供者在大陆设立台资独资医院，可自主选择经营性质为营利性或非营利性。

第六条　台资独资医院必须遵守大陆有关法律、法规和规章。台资独资医院的合法经营活动及出资方的合法权益受法律保护。

第七条　卫生部和商务部在各自的职责范围内负责台资独资医院管理工作。设区的市级以上地方人民政府卫生行政部门（含中医药主管部门，下同）和商务部门在各自职责范围内负责本行政区域内台资独资医院的日常监督管理工作。

第二章　设置条件

第八条　台资独资医院的设置与发展必须符合当地医疗机构设置规划。

第九条　申请设立台资独资医院的台湾服务提供者应当是能够独立承担民事责任的法人，应当具有直接或间接从事医疗卫生投资与管理的经验，并符合下列要求之一：

（一）能够提供先进的医院管理经验、管理模式和服务模式；

（二）能够提供具有国际领先水平的医学技术。

第十条　设立的台资独资医院应当符合以下条件：

（一）必须是独立的法人；

（二）三级医院投资总额不低于5000万元人民币，二级医院投资总额不低于2000万元人民币；

（三）符合二级以上医院基本标准；

（四）在老、少、边、穷地区设置的台资独资医院，投资总额要求可以适当降低。

第三章　设置审批与登记

第十一条　申请设置台资独资医院，应当先向所在地设区的市级卫生行政部门提出申请，并提交以下材料：

（一）设置医疗机构申请书；

（二）项目建议书；

（三）可行性研究报告；

（四）有效的台湾服务提供者证明书；

（五）法人注册登记证明（复印件）、法定代表人身份证明（复印件）和银行资信证明；

（六）项目选址报告、项目土地使用租赁证明、项目建筑平面图；

（七）台湾服务提供者能够提供国际先进医院管理经验、管理模式和服务模式或具有国际领先水平医学技术的证明材料。

第十二条 设区的市级卫生行政部门对申请人提交的材料进行初审，并根据医疗机构设置规划提出初审意见，连同医院设置申请材料、当地医疗机构设置规划一并报所在地省级卫生行政部门审核。

第十三条 省级卫生行政部门对申请材料及设区的市级卫生行政部门初审意见进行审核，提出意见后报卫生部审批。报请审批，需由省级卫生行政部门向卫生部提交以下材料：

（一）申请人设置申请材料；

（二）设置地设区的市级人民政府批准发布实施的《医疗机构设置规划》及设置地设区的市级和省级卫生行政部门关于拟设置台资独资医院是否符合当地医疗机构设置规划的审核意见；

（三）省级卫生行政部门关于设置该台资独资医院的审核意见，其中包括对拟设置医院的名称、地址、规模（床位、牙椅）和诊疗科目等的意见；

（四）法律、法规和卫生部规定的其他材料。

卫生部应当自受理之日起 20 个工作日内，作出批准或者不批准的书面决定。

第十四条 申请设置台资独资中医医院（含中西医结合医院和民族医医院）的，按照本办法第十一条、第十二条和第十三条的要求，经所在地区的市级中医药管理部门初审和所在地的省级中医药管理部门审核，报国家中医药管理局审核后转报卫生部审批。

第十五条 申请设置营利性台资独资医院，申请人在获得卫生部设置许可后，还应当按照有关法律、法规的规定向商务部提出申请，并提交以下材料：

（一）设置申请申报材料及批准文件；

（二）台资独资医院章程；

（三）台资独资医院法定代表人或董事会人选名单；

（四）工商行政管理部门出具的机构名称预先核准通知书；

（五）法律、法规和商务部规定的其他材料。

商务部应当自受理申请之日起 20 个工作日内，作出批准或者不批准的书面决定；予以批准的，发给《外商投资企业批准证书》。不予批准的，应当说明理由。

获得批准设立的台资独资医院，应当自收到商务部颁发的《外商投资企业批准证书》之日起一个月内，凭此证书依法到相关部门办理注册登记手续。

第十六条 申请设置非营利性台资独资医院，申请人在获得卫生部设置许可后，还应当通过商务部外商投资审批管理系统网站填写《外商投资非营利性医疗机构备案表》，到商务部办理备案，并提交以下材料：

（一）外商投资非营利性医疗机构备案表“打印版（经签章）”；

（二）卫生部门的设置许可文件（复印件）。

商务部备案并在《外商投资非营利性医疗机构备案表》加盖公章。

第十七条　获准设立的台资独资医院应当按照《医疗机构管理条例》、《医疗机构管理条例实施细则》等关于医疗机构执业登记所规定的程序和要求，向所在地省级卫生行政部门申请执业登记，领取《医疗机构执业许可证》。

第十八条　台资独资医院的名称由所在地地名、识别名和通用名依次组成，并符合医疗机构命名的有关规定。

第十九条　经批准设置的台资独资医院，应当在审批机关规定的期限内办理完有关登记手续；逾期未能完成的，经审批机关核准后，撤销该独资医院项目。

第二十条　已设立的台资独资医院变更名称、地址、规模（床位、牙椅）、诊疗科目、投资总额和注册资金的，应当按照本章规定的审批程序，经原审批机关审批后，到原项目登记机关办理相应的变更登记手续。

第二十一条　已设立的台资独资医院申请变更设置人和股权的，应当按照本办法规定分别报卫生部和商务部批准。

第二十二条　已设立的台资独资医院终止运营，应当在终止运营 90 天前申请办理注销手续。

第四章　执　　业

第二十三条　台资独资医院作为独立法人实体，自负盈亏，独立核算，独立承担民事责任。

第二十四条　台资独资医院应当执行《医疗机构管理条例》和《医疗机构管理条例实施细则》等关于医疗机构执业的规定。

第二十五条　台资独资医院应当执行临床诊疗指南和技术规范，遵守新技术临床应用的有关规定。

第二十六条　台资独资医院发生医疗纠纷争议，依照大陆有关法律、法规处理。

第二十七条　台资独资医院聘请外籍医师、护士，应当按照大陆有关法律、法规和相关规定办理。

第二十八条　发生重大灾害、事故、疾病流行或者其他意外情况时，台资独资医院及其卫生技术人员应当服从卫生行政部门的调遣。

第二十九条　台资独资医院发布本院医疗广告，按照《中华人民共和国广告法》、《医疗广告管理办法》等有关法律法规规定办理。

第三十条　台资独资医院的医疗收费价格按照大陆有关规定执行。

第三十一条　营利性台资独资医院的税收政策按照大陆有关规定执行。

第五章　监督管理

第三十二条　设区的市级以上地方卫生行政部门负责本行政区域内台资独资

医院的日常监督管理工作。

台资独资医院的《医疗机构执业许可证》校验期为3年，《医疗机构执业许可证》的校验由医疗机构执业登记机关办理。

第三十三条 营利性台资独资医院应当按照大陆对外商投资企业的有关规定，接受大陆有关部门的监督。

第三十四条 台资独资医院违反大陆有关法律、法规和规章的，由有关主管部门依法查处。

第六章 附 则

第三十五条 本办法中的台湾服务提供者应当符合《海峡两岸经济合作框架协议》中关于“服务提供者”的定义及相关规定要求。

第三十六条 各省、自治区、直辖市卫生、商务部门可以依据本办法，结合本地实际制订具体规定。

第三十七条 本办法由卫生部和商务部负责解释。

第三十八条 本办法自2011年1月1日起施行。

第三十九条 原有规定与本办法规定不符的，以本办法为准。

062

台资企业国家开发银行贷款暂行办法

国务院台湾事务办公室 国家开发银行 2005年12月9日

第一章 总 则

第一条 根据国务院台湾事务办公室（以下简称“国台办”）与国家开发银行（以下简称“开发银行”）签订的《开发性金融合作协议》，制定本办法。

第二条 开发银行台资企业贷款，适用国家颁布的法律、法规；执行开发银行有关贷款管理的规章制度。

第三条 台资企业申请开发银行贷款必须符合现行的国家产业政策和区域发展政策；必须符合开发银行项目资本金比例和信用建设要求。

第二章 贷款对象、贷款领域、贷款品种和利率

第四条 贷款对象

（一）台商在大陆注册的合作经营企业、合资经营企业、独资经营企业。包括大型企业和中小企业。

（二）经国务院批准的台商投资区以及经国务院有关部委批准的海峡两岸农业合作试验区、海峡两岸科技工业园区的基础设施建设项目。

第五条 贷款领域

（一）能源、交通、电子、原材料、农业等产业项目和园区建设项目；

（二）高新技术产业化项目，特别是具有自主知识产权的项目；

（三）适应国际市场需要的出口基地建设项目；

（四）资源开发与再生资源综合利用项目；

（五）有利于促进西部大开发、东北等老工业基地振兴、中部崛起等区域经济建设与社会发展项目；

（六）国台办及开发银行认为需要支持的项目。

第六条 贷款品种和利率

开发银行台资企业贷款分为中长期贷款和短期贷款；币种分为人民币贷款和外币贷款。贷款利率按照人民银行公布的利率政策执行。

第三章 贷款申请

第七条 台资企业提供申请贷款的相关材料一式三份报所在地省级台办，省

级台办审核后报国台办；大型台资企业集团可将申请材料直接报送国台办，有关文件和材料同时抄报台资企业所在地开发银行分行（含开发银行总行营业部，下同）。

第八条 申请材料

（一）贷款申请函；

（二）贷款项目的可行性研究报告（或项目建议书）；

（三）有权部门关于项目、土地、环保以及规划的审批文件（核准或备案），特殊项目除外；

（四）企业生产经营情况说明及财务报表；

（五）其他相关资料。

第四章 贷款初评

第九条 国台办对所报贷款申请项目进行初步审核，将核准的项目以国台办经济局公函形式推荐到开发银行业务发展局。

第十条 开发银行业务发展局负责将国台办推荐的贷款项目通知总行相关部门和开发银行分行，对台资企业和贷款项目进行信用和债项评审。

第五章 贷款评审与决策

第十一条 开发银行贷款评审采用"信用评审与债项评审分离，信用评审先行"的二元评审方式。开发银行分别对台资企业的企业法人和建设项目进行评审，符合条件的可以承诺贷款。

第十二条 按照开发银行现行评审管理办法，申贷额 3000 万元人民币以上的项目，由总行决策；申贷额 3000 万元人民币以下的项目，由开发银行分行评审决策。

第六章 信贷合同签订及贷款管理

第十三条 贷款承诺后，由台资企业注册所在地开发银行分行与台资企业以及担保人签订信贷合同。合同签订后 5 个工作日内，台资企业负责将合同副本报省级台办或国台办备案。

第十四条 借款合同签订后，台资企业需在开发银行分行开立贷款账户、存款账户。

第十五条 开发银行按照合同约定向台资企业发放贷款，并按期收回贷款本息。

第十六条 开发银行贷款应专款专用。在出现台资企业挤占挪用贷款、资本金不到位、企业经营出现重大风险等情况时，开发银行有权停止贷款，并提前收回已发放贷款本息。

第十七条　台资企业应按合同要求定期将项目建设情况和生产经营情况上报开发银行所在地分行，开发银行有权对贷款进行专项检查。

第十八条　开发银行分行要加强贷款管理，并按照开发银行总行规定，将贷款承诺、合同签订、贷款发放、本息回收、资产质量、贷后管理等情况按季上报开发银行总行。开发银行综合计划局负责对台资项目的贷款情况进行单独统计。开发银行业务发展局负责将汇总情况及时通报国台办经济局。

第十九条　国台办经济局负责将反馈情况及时通报有关省级台办，便于各省级台办做好相关后续服务及跟踪工作。

第二十条　各省级台办负责跟踪已报国台办项目。省级台办和开发银行分行发现重大问题要及时上报国台办和开发银行总行，国台办与开发银行共同商定解决办法。

第七章　其　他

第二十一条　本办法由国台办和开发银行负责解释和修改。

第二十二条　本办法从印发之日起施行。

063

国台办与华夏银行共同推动台资企业授信业务操作流程

国务院台湾事务办公室　华夏银行股份有限公司

2006 年 7 月 10 日

第一章　总　　则

第一条　为落实国务院台湾事务办公室（以下简称“国台办”）与华夏银行股份有限公司（以下简称“华夏银行”）签订的《支持台资企业发展合作协议》，明确对台资企业授信业务相关程序，特制定本操作流程。

第二条　华夏银行对台资企业授信业务须符合国家有关法律法规和金融政策要求，按照华夏银行有关信贷管理制度执行。

第二章　授信对象、范围、品种和准入条件

第三条　授信对象

台商在大陆注册的合作经营企业、合资经营企业、独资经营企业，包括大型企业和中小型企业。

第四条　授信范围

（一）高科技、通讯、能源、原材料等国家鼓励发展行业的企业；

（二）贸易流通企业的融资结算业务；

（三）有利于环境保护和资源循环节能开发的建设项目；

（四）科技型中小企业、工业类中小企业；

（五）海峡两岸农业合作试验区的投资项目与其他农业投资项目，以及台湾地区农民到大陆投资的种养殖业项目；

（六）其他符合和体现国家对台政策、国家产业与区域发展政策的项目以及国家法律法规鼓励投资类项目。

第五条　授信品种

华夏银行台资企业授信品种包括流动资金贷款、固定资产贷款、银行汇票承兑、信用证、贴现、贸易融资等，并提供银团贷款、委托贷款、银企直联等其他金融服务产品，在操作和审批程序上优先处理。授信币种分为人民币和外币，贷款利率按照人民银行公布的利率政策执行。

第六条　授信准入条件

台资企业向华夏银行申请授信的项目必须符合现行的国家产业政策和区域发展政策，以及华夏银行信贷准入政策和规章制度的要求。

第三章　授信项目申请

第七条　台资企业将申请授信的相关材料一式三份，报所在地省、自治区、直辖市台办（三者以下统称省级台办），申请材料省级台办留存一份，报送国台办一份，转交企业所在地华夏银行一份。

第八条　申请材料

台资企业填写《授信申请表》（见附件），同时提交以下授信基本材料：营业执照、组织机构代码证、税务登记证、生产经营许可证、进出口批文、法人代表身份证明、贷款卡及密码、公司章程、近三年财务报告（成立不足三年，提供成立以来各年度财务报告）及最近一期的财务报告、审计报告等。以上材料均提供复印件，加盖公司公章。在华夏银行进行具体授信前调查时，若需其他相关材料，台资企业须提供补充材料。

第四章　授信项目初审

第九条　省级台办、国台办对所报授信申请项目进行初步审核（确认企业台资性质、是否符合国家产业政策和区域发展政策等）。1000万元人民币及以下的授信申请项目，直接由省级台办进行审核，省级台办将核准项目的推荐函（一式两份）提交国台办经济局，国台办经济局存档备案一份，转交华夏银行总行公司业务部一份；1000万元人民币以上的授信申请项目，省台办将核准后的项目报国台办复审，国台办经济局将核准项目以局函形式推荐到华夏银行总行公司业务部。

第五章　授信项目审查与审批

第十条　华夏银行总行公司业务部负责将国台办经济局推荐的授信项目通知相关分行公司业务部。

第十一条　华夏银行分行公司业务部在接到通知后，应在两个工作日内与相关台资企业进行联系，并尽快安排经营单位进行授信调查。

第十二条　对台资企业授信项目的审批按照华夏银行现行授权管理制度执行，在分行授信权限内的项目，由华夏银行分行审批；超分行权限的项目，上报总行审批。

第六章　授信合同签订及贷款管理

第十三条　授信审批通过后，由华夏银行与台资企业签署相关授信业务合同。合同签订后5个工作日内，台资企业负责将合同副本报省级台办或国台办经济局备案。

第十四条 借款合同签订后，台资企业需要在华夏银行分行开立贷款账户、存款账户。

第十五条 华夏银行按照合同约定向台资企业发放贷款，并按期收回贷款本息。

第十六条 取得授信的台资企业应专款专用。在出现台资企业挤占挪用贷款、资本金不到位、企业经营出现重大风险等情况时，华夏银行有权停止贷款，并提前收回已发放贷款本息。

第十七条 台资企业应按合同要求定期将生产经营情况和项目建设情况上报所在地华夏银行分行，华夏银行有权对贷款项目进行专项检查。

第十八条 华夏银行分行按季度将对台资企业的授信金额、授信执行和业务合作等情况上报总行公司业务部。华夏银行总行公司业务部负责将相关情况汇总后及时通报国台办经济局。

第十九条 国台办经济局负责将反馈情况及时通报有关省级台办，便于各省级台办做好相关后续服务及跟踪工作。

第二十条 各省级台办负责跟踪本辖区内已核准实施的项目。省级台办和华夏银行分行发现重大问题要及时上报国台办和华夏银行总行，国台办与华夏银行共同商定解决办法。

第七章 其 他

第二十一条 本流程由国台办和华夏银行负责解释和修改。

第二十二条 本流程自印发之日起实施。

064

国家工商行政管理局商标局转发“关于拟受理台湾企业商标注册申请的函”

各省、自治区、直辖市及重庆、武汉、沈阳、大连、哈尔滨、西安、广州市工商行政管理局：

国家工商行政管理局1985年6月20日发出〔85〕工商94号文，答复中国国际贸易促进委员会，拟受理台湾企业商标注册申请。这是商标工作中的一项重要部署。现将该文转发你们，以便在实际工作中掌握、执行。

附件：关于拟受理台湾企业商标注册申请的函

中华人民共和国国家工商行政管理局
一九八五年七月四日

附件：

关于拟受理台湾企业商标注册申请的函

〔85〕工商94号

中国国际贸易促进委员会：

你会商标代理处1985年6月10日电话询问，是否可以受理台湾商人回大陆注册商标的问题。经请示国务院对台办公室并征求了经贸部进出口局对台办公室的意见：特提出如下意见：

台湾是我国领土不可分割的一部分，受理台湾商人商标注册申请，对于促进大陆同台湾的经济贸易往来，进而完成祖国统一大业是有好处的。对台湾商人申请商标注册的要求，应热忱欢迎，做好工作。

1. 根据中央对台湾实行“一国两制”的构想和台湾的现状，台湾商人回大陆申请商标注册的，与大陆企业一视同仁。具体办法可参照对香港商标申请人的做法。

2. 商标申请人应在台湾有真实有效的营业所，并须经公证。

3. 商标注册申请书件，不得出现“一中一台”或“两个中国”内容的字样。

4. 商标注册申请等事宜，可以委托中国国际贸易促进委员会或者中国专利代理（香港）有限公司代办。

中华人民共和国国家工商行政管理局
一九八五年六月二十日

065

关于印发《台湾同胞投资企业协会管理暂行办法》的通知

〔2003〕国台发第1号

各省、自治区、直辖市台办、民政厅（局），各计划单列市台办、民政局：

现将《台湾同胞投资企业协会管理暂行办法》印发你们，请遵照执行。

国务院台湾事务办公室
中华人民共和国民政部
二〇〇三年三月二十日

台湾同胞投资企业协会管理暂行办法

国务院台湾事务办公室　中华人民共和国民政部

2003年3月20日

第一条　为了保障台湾同胞投资企业协会（以下简称台资企业协会）的合法权益，促进海峡两岸经济交流与合作，规范管理，依据《中华人民共和国台湾同胞投资保护法》和《社会团体登记管理条例》，制定本办法。

第二条　台资企业协会是指以在祖国大陆登记注册的台湾同胞投资企业（以下简称台资企业）为主体，依法自愿组成的社会团体。

第三条　台资企业协会必须遵守国家宪法、法律、法规，不得危害国家的统一、安全和民族团结，不得损害国家利益、社会公共利益及公民合法权益。

第四条　国家依法保护台资企业协会及其会员的合法权益，以及按照章程所进行的合法活动。

第五条　台资企业协会以服务会员、推动海峡两岸经济交流与合作为宗旨。主要业务范围是：

（一）开展会员间的联谊和交流活动；

（二）为会员提供国家有关法律、法规以及经济信息等方面的咨询服务；

（三）沟通会员与当地政府及有关部门的联系，反映会员有关生产经营等方面的意见、建议和要求，维护会员的合法权益；

（四）促进当地与台湾地区之间的经济交流与合作；

（五）举办社会公益活动；

（六）帮助会员解决工作和生活中的有关困难。

第六条　国务院台湾事务办公室和有关地方人民政府台湾事务部门是台资企业协会的业务主管单位。有关地方人民政府台湾事务部门和民政部门负责本行政区域内台资企业协会的业务指导和登记管理工作。

第七条　台资企业协会分单位会员和个人会员，以单位会员为主体。

单位会员是登记注册地台资企业以本企业名义加入的会员。

个人会员是在登记注册地台资企业从业的台湾同胞以本人名义加入的会员，以及台资企业协会注册地为协会服务的有关人员以适当名义加入的会员。

第八条　成立台资企业协会，应当具备下列条件：

（一）台资企业比较集中的地区；

（二）有50个以上的发起会员，其中单位会员不得少于30个；

（三）有固定的办公地点；

（四）有适应开展业务活动所需要的专职工作人员；

（五）有合法的经费来源；

（六）法律、法规、规章规定的其他条件。

第九条　成立台资企业协会，应当经业务主管单位审查同意，依照有关规定进行登记，并按照程序报国务院台湾事务办公室备案。

第十条　所在地人民政府台湾事务部门履行业务主管单位的职责，为台资企业协会提供服务和帮助。

（一）指导台资企业协会依法开展章程规定的各项活动；

（二）协助台资企业协会联系当地政府及有关部门，安排相关活动；

（三）协助台资企业协会组织有关重要经贸交流活动、重大会务活动；

（四）协助台资企业协会组织有关法律和经济业务等培训；

（五）为台资企业协会举办社会公益活动提供帮助；

（六）为台资企业协会业务活动中遇到的问题，以及会员在生产经营和生活中遇到的困难提供帮助；

（七）提供其他必要的帮助。

第十一条　台资企业协会会长由台商担任。会长、副会长应具备下列条件：

（一）遵守一个中国原则，拥护国家统一，愿意为促进两岸经济交流与合作积极努力；

（二）台商本人投资企业有一定规模，具有一定经济实力；

（三）个人素质较好，在当地台商中有一定威望；

（四）热心协会工作，有较强工作能力；

（五）身体健康，能够坚持正常工作；

（六）未在其他社会团体担任法定代表人；

（七）具有完全民事行为能力。

第十二条 为了便于台资企业协会联系政府有关部门，更好地为会员提供服务，所在地人民政府台湾事务部门相关负责人可接受台资企业协会聘请担任相应职务。受聘人员由台资企业协会按章程规定程序产生，不领取台资企业协会的报酬。

第十三条 台资企业协会聘用一般工作人员，应当按照国家有关规定办理。

第十四条 台资企业协会接待台湾地区重要团组和人士来访，应事先向所在地业务主管单位报备。

台资企业协会举办成立、换届、庆典等重要活动，应报业务主管单位批准。

台资企业协会举办跨地区的活动，应由业务主管单位报上级业务主管单位批准。

第十五条 台资企业协会不得加入外国商会及境外社团组织。

台资企业协会依照章程独立自主开展活动，与其他任何组织没有隶属关系，不得接受任何组织和个人委托从事与章程规定不符的活动。

第十六条 台资企业协会收取会费、接受捐赠和资助必须符合章程规定的宗旨与业务范围，并应当向业务主管单位和登记管理机关报告接受和使用会费、捐赠与资助的有关情况，同时应当将有关情况以适当方式向社会公布。

第十七条 台资企业协会依法开展业务活动做出突出成绩的，业务主管单位和登记管理机关以适当方式予以鼓励和表彰。

第十八条 本办法施行前已经成立的台资企业协会，如与本办法规定不符的，应当自本办法施行之日起六个月内依照本办法有关规定自行修正。

第十九条 本办法没有规定的，依照《社会团体登记管理条例》和国家有关规定执行。

第二十条 本办法由国务院台湾事务办公室负责解释。

第二十一条 本办法自2003年4月20日起施行。

二十一 台湾居民在大陆

066

关于台湾居民参加全国房地产估价师资格考试报名条件有关问题的通知

国人厅发〔2007〕116 号

各省、自治区、直辖市人事厅（局）、建设厅（建委、房地局），新疆生产建设兵团人事局、建设局：

根据人事部、国务院台湾事务办公室《关于向台湾居民开放部分专业技术人员资格考试有关问题的通知》（国人部发〔2007〕78 号）精神，为做好台湾居民报名参加全国房地产估价师资格考试工作，现就报名条件中有关房地产估价相关学科专业学历问题通知如下：

一、符合建设部、人事部联合下发的《房地产估价师执业资格制度暂行规定》（建房〔1995〕147 号）中考试报名条件的台湾居民，均可按照就近、自愿的原则和规定的程序，在大陆任何省、自治区、直辖市房地产估价师考试考务管理机构指定的地点，报名参加全国房地产估价师资格考试。

二、经国务院教育行政部门认可的，台湾院校的不动产估价、不动产经营、土地管理、建筑、都市计划（或区域及都市计划）和不动产管理与开发学科的专业学历证书，可视同为全国房地产估价师资格考试报名条件中相关学科的专业学历。

请各省、自治区、直辖市人事行政部门和建设行政主管部门按照国人部发〔2007〕78 号文件精神和本通知要求，认真做好台湾居民报名参加考试及有关工作。

中华人民共和国人事部办公厅
中华人民共和国建设部办公厅
二〇〇七年八月九日

067

中华人民共和国司法部令

第 110 号

《台湾居民参加国家司法考试若干规定》已经 2008 年 5 月 28 日司法部部务会议审议通过，现予发布，自发布之日起施行。

部长 吴爱英

二〇〇八年六月四日

台湾居民参加国家司法考试若干规定

第一条 为规范台湾居民参加国家司法考试，根据《国家司法考试实施办法（试行）》，制定本规定。

第二条 具有台湾地区居民身份的人员可以报名参加国家司法考试。

第三条 台湾居民参加国家司法考试的报名条件、报名时间、报名方式、考试科目、考试内容、考试时间、应试规则、合格标准以及合格后授予国家法律职业资格的办法，适用《国家司法考试实施办法（试行）》以及有关国家司法考试规章的统一规定。

台湾居民参加国家司法考试的报名地点、考试地点以及考试合格申请授予资格的方式，按照本规定以及司法部有关台湾居民参加考试的年度安排执行。

第四条 台湾居民报名参加国家司法考试，在大陆工作、学习或者居住的，应当在其居所地司法行政机关指定的报名点报名；在香港、澳门工作、学习或者居住的，应当在香港、澳门向承办考试组织工作的机构报名；在台湾地区或者外国工作、学习或者居住的，应当到司法部在大陆指定的报名点报名。

第五条 台湾居民在考试报名时，应当向受理报名的机构提交以下证明其符合本规定第二条规定条件的有效身份证明：

台湾居民来往大陆通行证（简称台胞证）和台湾居民身份证；

不能提交台湾居民来往大陆通行证的，应当提交台湾居民身份证和户籍誊本或者户口名簿。提交户籍誊本或者户口名簿复印件的，须经台湾地区公证机构公证。

受理报名的机构认为必要时，可以要求报名人同时提交其他有关证明。

第六条 台湾居民在考试报名时，持大陆高等院校学历（学位）证书的，可以向受理报名的机构直接办理报名手续；持台湾、香港、澳门地区高等院校或者外国高等院校学历（学位）证书报名的，须同时提交经教育部有关机构出具的学历（学位）认证证明。

第七条　台湾居民参加国家司法考试，在大陆报名的，应当在报名地司法行政机关设置的考场参加考试；在香港、澳门报名的，应当在香港、澳门承办考试组织工作的机构所确定的本地考场参加考试。

第八条　台湾居民参加国家司法考试合格的，可以根据《法律职业资格证书管理办法》的规定，申请授予法律职业资格。

在大陆报名参加考试合格的人员，向报名地司法行政机关递交申请及有关材料，由其按照规定程序审查上报。

在香港、澳门报名参加考试合格的人员，向司法部委托的承办资格申请受理事务的大陆驻港澳机构递交申请及有关材料，由其按照规定程序上报司法部进行审查。

第九条　台湾居民取得国家法律职业资格，在大陆申请律师执业的，依照司法部有关规定办理。

第十条　台湾居民报名参加国家司法考试的具体安排，由司法部在年度国家司法考试公告以及国家司法考试办公室相关文件中公布。

第十一条　本规定由司法部解释。

第十二条　本规定自发布之日起施行。

068

台湾记者在祖国大陆采访办法

国务院台湾事务办公室

2008年11月1日

第一条 为方便台湾记者在大陆依法采访，加强海峡两岸新闻交流，以加深两岸人民的相互了解，促进两岸关系和平发展，推进祖国和平统一进程，特制定本办法。

第二条 本办法所称台湾记者，是指在正常出版和发布新闻的台湾新闻机构内从事新闻采访报道业务的职业记者。

第三条 国务院台湾事务办公室（以下简称国务院台办）主管台湾记者在大陆采访事务，依法保障台湾记者的合法权益。各省、自治区、直辖市台办及深圳市、新疆生产建设兵团台办受国务院台办委托，办理本行政区域内台湾记者采访事务。

第四条 台湾记者来大陆采访，应当向主管部门授权的相关机构申请办理台湾居民来往大陆通行证签注手续。

第五条 台湾新闻机构申请在大陆驻点采访，由国务院台办审批。台湾记者来北京驻点采访，向国务院台办申请；来大陆其他地区驻点采访，向相关省、自治区、直辖市台办及深圳市、新疆生产建设兵团台办申请。获准在大陆驻点采访的台湾记者，可申请三个月以内的采访期限；如有需要，经批准可延长一次，期限不得超过三个月，驻点期间可多次往返。

第六条 台湾记者在北京采访，要求延长采访期限的，向中华全国新闻工作者协会申请；在其他地区采访，要求延长采访期限的，向所在省、自治区、直辖市台办及深圳市、新疆生产建设兵团台办申请，并办理相关手续。

第七条 台湾记者在大陆采访，需征得被采访单位和个人的同意。采访时应当随身携带并出示主管部门委托签注机构、中华全国新闻工作者协会和相关省、自治区、直辖市台办及深圳市、新疆生产建设兵团台办代发的台湾记者采访证。

第八条 台湾记者可以通过有关部门指定的服务单位聘用大陆居民从事辅助工作。

第九条 台湾记者因采访报道需要，在依法履行报批手续后，可以临时进口、设置和使用无线电通信设备。

第十条 台湾记者应当遵守国家法律、法规和规章，遵守新闻职业道德，客观、公正地进行采访报道，不得进行与其机构性质或者记者身份不符的活动。

违反本办法，将由主管部门视情节轻重给予相应的处罚；违反国家其他法律、法规和规章的，将依法处理。

第十一条　本办法由国务院台办负责解释。

第十二条　本办法自颁布之日起施行。2002 年 12 月 2 日公布的《关于台湾记者来祖国大陆采访的规定》同时废止。

069

中华人民共和国司法部令

第 115 号

《取得国家法律职业资格的台湾居民在大陆从事律师职业管理办法》已经2008 年 12 月 12 日司法部部务会议审议通过，现予发布，自 2009 年 1 月 1 日起施行。

部长　吴爱英

二〇〇八年十二月二十一日

取得国家法律职业资格的台湾居民在大陆从事律师职业管理办法

第一条　为规范取得国家法律职业资格的台湾居民在大陆从事律师职业的活动及管理，根据《中华人民共和国律师法》（以下简称《律师法》）及《律师执业管理办法》的有关规定，制定本办法。

第二条　参加国家司法考试合格，取得《中华人民共和国法律职业资格证书》的台湾居民，可以依法在大陆申请律师执业。

台湾居民在大陆申请律师执业，还应当符合《律师法》规定的其他条件。

第三条　台湾居民获准在大陆律师事务所执业，可以担任法律顾问、代理、咨询、代书等方式从事大陆非诉讼法律事务，也可以担任诉讼代理人的方式从事涉台婚姻、继承的诉讼法律事务。

台湾居民在大陆律师事务所执业，应当遵守国家法律、法规和规章，恪守律师职业道德和执业纪律，接受大陆司法行政机关的监督和管理，接受大陆律师协会的行业管理。

第四条　台湾居民在大陆申请律师执业的，应当根据《律师法》、《律师执业管理办法》和中华全国律师协会制定的《申请律师执业人员实习管理规则》的规定，在大陆律师事务所参加为期一年的实习，并经当地地方律师协会考核合格。

台湾居民在大陆律师事务所实习，应当按照规定参加集中培训和实务训练，实务训练以办理非诉讼法律事务及代理婚姻、继承案件的训练为主，并遵守有关实习规定和纪律。

接收台湾居民实习的律师事务所应当指派擅长办理相关业务的律师指导实务训练。一名指导律师只能指导一名台湾居民实习。

台湾居民实习，应当确保参加实习的时间。因故暂停实习的时间最长不得超过三个月，并应当由接收实习的律师事务所将其暂停实习的原因和时间报所在地地市级律师协会备案。

第五条　台湾居民申请律师执业，应当根据《律师法》和《律师执业管理办法》的有关规定，向设区的市级或者直辖市的区（县）司法行政机关提出申请，并提交与申请执业相关的证明材料。

台湾居民申请律师执业，提交的身份证明和其他在台湾地区出具的证明材料应当经台湾地区的公证机构公证，同时还应当书面说明是否具有台湾、香港、澳门地区或者外国律师资格以及是否受聘于台湾、香港、澳门地区或者外国律师事务所的情况。

第六条　台湾居民申请律师执业，由设区的市级或者直辖市的区（县）司法行政机关受理申请，并进行初审，报省、自治区、直辖市司法行政机关审核，作出是否准予执业的决定。具体许可程序，根据《律师法》和《律师执业管理办法》的规定办理。

第七条　台湾居民获准在大陆执业的，由准予其执业的省、自治区、直辖市司法行政机关自颁发律师执业证书之日起三十日内，将准予执业的决定及相关材料报司法部备案。

第八条　台湾居民在大陆律师事务所执业，依法享有大陆律师相应的执业权利，履行相应的律师义务。

第九条　获准执业的台湾居民，只能在一个大陆律师事务所执业，不得同时受聘于外国律师事务所驻华代表机构或者香港、澳门律师事务所驻内地代表机构。

第十条　获准执业的台湾居民，符合规定条件的，可以成为大陆律师事务所的合伙人。

第十一条　获准执业的台湾居民，应当加入大陆律师协会，享有会员的权利，履行会员的义务，参加大陆律师协会组织的业务培训和交流活动。

第十二条　获准执业的台湾居民，有违反《律师法》、《律师执业管理办法》和本办法规定的行为的，依法给予相应的行政处罚；有违反律师职业道德和执业纪律行为的，给予相应的行业惩戒。

第十三条　在实行国家司法考试前已取得大陆律师资格的台湾居民，在大陆申请律师执业的，依照本办法办理。

第十四条　本办法自 2009 年 1 月 1 日起施行。

070

中华人民共和国卫生部令

第 63 号

《台湾地区医师在大陆短期行医管理规定》已于 2008 年 3 月 12 日经卫生部部务会议讨论通过，现予发布，自 2009 年 3 月 1 日起施行。

部长　陈　竺

二〇〇九年一月四日

台湾地区医师在大陆短期行医管理规定

第一条　为了加强台湾地区医师（以下简称台湾医师）在大陆短期行医的管理，根据《中华人民共和国执业医师法》（以下简称《执业医师法》）、《医疗机构管理条例》等法律、法规，制定本规定。

第二条　本规定所称台湾医师是指具有台湾地区合法行医资格的医师。台湾医师在大陆短期行医，是指台湾医师应聘在大陆医疗机构从事不超过 3 年的临床诊疗活动。

第三条　台湾医师在大陆短期行医应当按照本规定进行执业注册，取得《台湾医师短期行医执业证书》。

《台湾医师短期行医执业证书》由卫生部统一制作。

第四条　台湾医师在大陆短期行医，应当符合大陆有关台湾地区人员的就业规定，由大陆具有独立法人资格的医疗机构邀请并作为聘用单位。

第五条　台湾医师在大陆短期行医的执业注册机关为医疗机构所在地设区的市级以上地方人民政府卫生行政部门和中医药管理部门。

台湾医师申请大陆短期行医执业注册的执业类别可以为临床、中医、口腔三个类别之一。执业范围应当符合《执业医师法》和卫生部有关执业范围的规定。

第六条　台湾医师申请在大陆短期行医执业注册，应当提交下列材料：

（一）台湾医师在大陆短期行医执业注册申请；

（二）台湾永久居民身份证明材料；

（三）近 6 个月内的 2 寸免冠正面半身照片 2 张；

（四）与申请执业范围相适应的医学专业最高学历证明；

（五）台湾医师的行医执照或者行医资格证明；

（六）近3个月内的体检健康证明；

（七）无刑事犯罪记录的证明；

（八）大陆聘用医疗机构与台湾医师签订的协议书；

（九）大陆省级以上人民政府卫生行政部门规定的其他材料。

前款（四）、（五）、（六）、（七）项的内容必须经过台湾地区公证机关的公证。

以上材料应当为中文文本。

第七条 台湾医师可以自行办理或者书面委托大陆的聘用医疗机构代其办理短期行医执业注册手续。

第八条 负责受理台湾医师短期行医执业注册申请的执业注册机关应当自受理申请之日起20日内进行审核。对审核合格的予以注册，并发给《台湾医师短期行医执业证书》。

第九条 《台湾医师短期行医执业证书》有效期应与台湾医师在大陆医疗机构应聘的时间相同，最长为3年。有效期满后，如拟继续执业的，应当重新办理短期行医执业注册手续。

第十条 台湾医师在大陆短期行医必须遵守医疗卫生管理法律、行政法规、部门规章及诊疗护理规范、常规，尊重当地的风俗习惯。

第十一条 台湾医师在大陆短期行医必须在执业有效期内按照注册的执业地点、执业类别、执业范围从事相应的诊疗活动。

第十二条 台湾医师在大陆短期行医应当按照《医师定期考核管理办法》和卫生部有关规定接受定期考核。

第十三条 台湾医师短期行医执业注册后有下列情形之一的，聘用的医疗机构应当在30日内报告准予其执业注册的卫生行政部门，卫生行政部门应当注销注册，收回《台湾医师短期行医执业证书》：

（一）医疗机构和台湾医师解除聘用关系的；

（二）身体健康状况不适宜继续执业的；

（三）在考核周期内因考核不合格，被责令暂停执业活动，并在暂停执业活动期满经培训后再次考核仍不合格的；

（四）违反《执业医师法》有关规定，被吊销《台湾医师短期行医执业证书》的；

（五）出借、出租、抵押、转让、涂改《台湾医师短期行医执业证书》的；

（六）死亡或者被宣告失踪的；

（七）受刑事处罚的；

（八）被公安机关取消大陆居留资格的；

（九）卫生部规定不宜从事医疗、预防、保健业务的其他情形的。

第十四条 台湾医师因本办法第十三条第（三）项、第（四）项、第（七）项、第（八）项情形而被注销执业注册的，2 年内不得再次申请在大陆短期行医。

第十五条 卫生部指定的机构设立台湾医师短期行医信息查询系统。执业注册机关在审核台湾医师短期行医执业注册申请时应当进行有关信息查询。

执业注册机关核发或者注销《台湾医师短期行医执业证书》后 10 日内将有关信息向卫生部指定的查询机构备案。聘用台湾医师短期行医的医疗机构应当将台湾医师考核和执业情况向注册机关和卫生部指定的查询机构报告。

第十六条 台湾医师在大陆短期行医期间发生医疗事故争议的，按照《医疗事故处理条例》及有关规定处理。

第十七条 医疗机构聘用未经大陆短期行医执业注册的台湾医师从事诊疗活动，视为聘用非卫生技术人员，按照《医疗机构管理条例》第四十八条规定处理。

第十八条 台湾医师未取得《台湾医师短期行医执业证书》行医或者未按照注册的有效期从事诊疗活动的，按照《执业医师法》第三十九条规定处理。

第十九条 台湾医师未按照注册的执业地点、执业类别、执业范围从事诊疗活动的，由县级以上人民政府卫生行政部门责令改正，并给予警告；逾期不改的，按照《执业医师法》第三十七条第（一）项规定处理。

第二十条 取得大陆《医师资格证书》的台湾居民申请在大陆执业注册的，按照《医师执业注册暂行办法》执行。

第二十一条 本规定自 2009 年 3 月 1 日起施行。

071

关于印发《台湾地区医师获得大陆医师资格认定管理办法》的通知

卫医政发〔2009〕32号

各省、自治区、直辖市卫生厅局、中医药管理局，新疆生产建设兵团卫生局：

现将《台湾地区医师获得大陆医师资格认定管理办法》印发给你们，请遵照执行。

中华人民共和国卫生部

中华人民共和国国家中医药管理局

二〇〇九年四月十五日

台湾地区医师获得大陆医师资格认定管理办法

中华人民共和国卫生部　中华人民共和国国家中医药管理局

2009年4月15日

第一条　根据《中华人民共和国执业医师法》、《卫生部办公厅、国家中医药管理局办公室关于台港澳医师获得大陆医师资格有关问题的通知》及有关法律、法规，制定本办法。

第二条　本办法所称台湾地区医师，是指具有台湾地区合法行医资格并且是台湾地区永久性居民的医师。

台湾地区医师可申请获得的大陆医师资格类别为临床、中医、口腔。

第三条　同时具备下列条件并符合《中华人民共和国执业医师法》及其有关规定的台湾地区永久性居民，可申请大陆医师资格认定。

（一）2007年12月31日前已取得台湾地区合法行医资格满5年的台湾地区永久性居民；

（二）具有台湾地区专科医师资格证书；

（三）在台湾地区医疗机构中执业。

第四条　申请医师资格认定，应当提交下列材料：

（一）台湾地区医师大陆医师资格认定申请审核表；

（二）6个月内二寸免冠正面半身照片2张；

（三）台湾地区永久性居民身份证明材料；

（四）与拟申请医师资格类别相应的医学专业学历证明；

（五）台湾地区行医执照或者行医权证明；

（六）与拟申请医师资格类别相应的台湾地区专科医师执照或者专科医师资格证明；

（七）台湾地区相关医疗机构的在职证明或者执业登记证明；

（八）执业期内无不良行为记录的证明；

（九）无刑事犯罪记录的证明；

（十）省级以上人民政府卫生行政部门规定的其他材料。

前款（三）至（九）项的内容必须经过台湾地区公证机关的公证。

以上材料应当为简体或繁体中文文本或附中文译文。

第五条 省级卫生行政部门负责台湾地区医师申请大陆医师资格认定的受理、审核和认定工作。

第六条 省级卫生行政部门收到申请材料后，对申请人的申请材料进行验证并审核，并签署审核意见。

省级卫生行政部门对审核合格的，予以认定，授予执业医师资格，并颁发卫生部统一印制的《医师资格证书》。

第七条 省级中医药管理部门负责台湾地区中医医师（包括中医、民族医、中西医结合）申请大陆医师资格认定的受理、审核和认定，由省级卫生行政部门颁发卫生部统一印制的《医师资格证书》。

第八条 省级卫生行政部门对取得《医师资格证书》的人员情况予以汇总，报卫生部备案。

第九条 取得大陆医师资格的台湾地区居民《医师资格证书》编码由年度代码、省、自治区、直辖市代码、医师级别代码、医师类别代码、居民有效证件号码和地区代码共27位组成。其中，第1～4位是取得医师资格证书年度代码，第5～6位是核发《医师资格证书》的省、自治区、直辖市代码，第7位是执业医师级别代码，第8～9位是执业医师类别代码，第10～19位是台湾地区居民身份证代码，第20～24位为“0”，第25～27位是TWN。

第十条 取得大陆《医师资格证书》的台湾地区居民申请在内地执业注册的，按照《医师执业注册暂行办法》（卫生部令第5号）执行。

第十一条 本办法自下发之日起施行。原有规定与本办法不符的，以本办法为准。

072

关于办理台湾地区医师申请大陆《医师资格证书》有关事宜的通知

卫办国际发〔2009〕76号

各省、自治区、直辖市卫生厅局、中医药管理局：

根据卫生部、国家中医药管理局印发的《台湾地区医师获得大陆医师资格认定管理办法》（卫医政发〔2009〕32号），为做好台湾地区专科医师申请我《医师资格证书》的工作，使其有序进行并利于监管，现将有关事项通知如下：

一、台湾医务管理学会为在台湾的唯一代理机构，负责接收台湾医师递交的各项申请材料，并提供有关申办咨询和指导服务。

二、台湾医务管理学会对材料进行初步审核认证后，出具一份推荐函（样本附后），并连同所有申请材料寄送至台湾医师拟申请所在地的省级卫生行政部门。相关省级卫生行政部门收到材料按程序审核后，将大陆《医师资格证书》寄送回台湾医务管理学会（地址及联系方式见后附推荐函）。

三、自文到之日起，各省级卫生行政部门只接收由台湾医务管理学会转交的申请材料，不再受理个人或其他机构提交的申请。对于受理中的有关问题，可直接与该学会或与我部相关部门联系。

四、台湾医师取得大陆医师资格后，在大陆行医期间发生医疗纠纷等问题，各省级卫生行政部门可请台湾医务管理学会提供咨询、协商、调查等方面的协助。

五、本文下发前已受理的，可按规定办理。

中华人民共和国卫生部

二〇〇九年五月十一日

073

中华人民共和国国家知识产权局令

第58号

《关于台湾同胞专利申请的若干规定》已经局务会议审议通过，现予公布，自2010年11月22日起施行。

局长　田力普

二〇一〇年十一月十五日

关于台湾同胞专利申请的若干规定

第一条　为了方便台湾同胞向国家知识产权局申请专利，制定本规定。

第二条　台湾地区申请人（以下简称申请人）在台湾地区专利主管机构第一次提出发明或者实用新型专利申请之日起十二个月内，或者第一次提出外观设计专利申请之日起六个月内，又在国家知识产权局就相同主题提出专利申请的，可以要求享有其台湾地区在先申请的优先权（以下简称台湾地区优先权）。

申请人根据前款规定要求台湾地区优先权的，其在先申请的申请日应当在2010年9月12日（含当日）以后。

第三条　申请人可以在一件申请中要求一项或者多项台湾地区优先权；要求多项台湾地区优先权的，该申请的台湾地区优先权期限从最早的在先申请的申请日起计算。

第四条　申请人要求台湾地区优先权的，应当在向国家知识产权局提出专利申请的同时在请求书中声明，并且在三个月内提交由台湾地区专利主管机构出具的在先申请文件的副本；未在请求书中声明或者期满未提交在先申请文件副本的，视为未要求台湾地区优先权。

申请人在请求书中声明要求台湾地区优先权的，应当写明在先申请的申请日和申请号，并写明原受理机构为“台湾地区”。

第五条　申请人要求一项或者多项台湾地区优先权而在请求书的声明中未写明或者错写其中某件在先申请的申请日、申请号和原受理机构名称中的一项或者两项内容，但申请人已在规定的期限内提交了在先申请文件副本的，国家知识产权局应当通知申请人补正；申请人期满未答复或者补正后仍不符合规定的，视为未要求该项台湾地区优先权。

第六条 申请人要求多项台湾地区优先权的，应当提交全部在先申请文件副本。

在先申请文件副本至少应当表明原受理机构、申请人、申请日、申请号。在先申请文件副本不符合规定的，国家知识产权局应当通知申请人补正；申请人期满未答复或者补正后仍不符合规定的，视为未提交该在先申请文件副本。

国家知识产权局依据有关协议，通过电子交换途径获得在先申请文件副本的，视为申请人提交了符合规定的在先申请文件副本。

申请人已向国家知识产权局提交过在先申请文件副本，需要再次提交的，可以仅提交该副本的题录，但应当注明在先申请文件副本的原件所在申请案卷的申请号。

第七条 要求台湾地区优先权的申请人与在先申请文件副本中记载的申请人不一致的，应当在向国家知识产权局提出专利申请之日起三个月内提交台湾地区优先权转让证明或者有关说明；期满未提交或者提交的文件不符合规定的，视为未要求台湾地区优先权。

第八条 申请人要求台湾地区优先权后，可以撤回其全部或者其中某一项或者几项台湾地区优先权要求。

申请人撤回其台湾地区优先权要求的，应当提交全体申请人签字或者盖章的撤回台湾地区优先权声明；撤回台湾地区优先权声明不符合规定的，视为未提出撤回台湾地区优先权声明。

申请人撤回其台湾地区优先权要求导致该申请的最早台湾地区优先权日变更，且自该台湾地区优先权日起算的各种期限尚未届满的，其台湾地区优先权期限应当自变更后的最早台湾地区优先权日或者申请日起算；撤回台湾地区优先权的声明是在变更前的最早台湾地区优先权日起十五个月之后到达国家知识产权局的，则在后专利申请的公布期限仍按照变更前的最早台湾地区优先权日起算。

第九条 要求台湾地区优先权的，应当在缴纳申请费的同时，根据专利法实施细则第九十三条的规定缴纳台湾地区优先权要求费；期满未缴纳或者未缴足的，视为未要求台湾地区优先权。

第十条 被视为未要求台湾地区优先权并属于下列情形之一的，申请人可以根据专利法实施细则第六条的规定请求恢复要求台湾地区优先权的权利：

（一）由于未在指定期限内办理补正手续导致视为未要求台湾地区优先权的；

（二）要求台湾地区优先权声明中至少一项内容填写正确，但未在规定的期限内提交在先申请文件副本或者台湾地区优先权转让证明文件或者有关说明的；

（三）要求台湾地区优先权声明中至少一项内容填写正确，但未在规定的期限内缴纳或者缴足台湾地区优先权要求费的；

（四）分案申请的原申请要求了台湾地区优先权的。

除上述情形外，其他原因造成被视为未要求台湾地区优先权的，不予恢复。

第十一条 申请人提出的专利申请文件中，含有与现行法律、法规、规章相抵触的词句的，国家知识产权局应当通知申请人在两个月内删除或者修改，期满不答复的，其申请被视为撤回；申请人拒绝删除、修改或者修改后仍不符合规定的，应当驳回该专利申请。明显不涉及技术内容的词句，国家知识产权局可以依职权删除并通知申请人；申请人不同意删除的，应当驳回该专利申请。

第十二条 国家知识产权局依申请人请求出具申请文件副本的，应当先根据本规定第十一条对申请文件用语进行审查；申请文件中含有与现行法律、法规、规章相抵触的词句的，在初审合格之前不予办理。

第十三条 申请人不愿公布其地址的，可在“申请人地址”栏中注明“中国台湾”。

第十四条 本规定自 2010 年 11 月 22 日起施行。原中国专利局 1993 年 3 月 29 日颁布的《关于受理台胞专利申请的规定》（国专发法字〔1993〕第 63 号）和 1993 年 4 月 23 日颁布的《关于台胞申请专利手续中若干问题的处理办法》（国专发审字〔1993〕第 69 号）同时废止。

074

关于发布《台湾地区商标注册申请人要求优先权有关事项的规定》及相关书式的公告

工商标字〔2010〕220 号

为落实《海峡两岸知识产权保护合作协议》，我局制定了《台湾地区商标注册申请人要求优先权有关事项的规定》，增设了相关的商标注册申请书书式，供台湾地区申请人使用。现一并予以公布，自 2010 年 11 月 22 日起施行。

附件：

1. 台湾地区商标注册申请人要求优先权有关事项的规定
2. 商标注册申请书书式一（台湾地区申请人专用）（略）

中华人民共和国国家工商行政管理总局

二〇一〇年十一月十八日

附件 1：

台湾地区商标注册申请人要求优先权有关事项的规定

中华人民共和国国家工商行政管理总局

2010 年 11 月 18 日

为落实《海峡两岸知识产权保护合作协议》，保障台湾地区商标注册申请人的优先权权益，现就台湾地区申请人在国家工商行政管理总局商标局申请商标注册要求台湾地区优先权有关事项作如下规定：

一、自 2010 年 11 月 22 日起，台湾地区申请人自其商标在台湾地区第一次提出商标注册申请之日起六个月内，又在国家工商行政管理总局商标局就同一商标在相同商品上提出商标注册申请的，可以要求优先权。其第一次申请的日期可以追溯到 2010 年 9 月 12 日。

二、依照前述规定要求优先权的，应当参照《商标法》第二十四条第二款、《商标法实施条例》第二十条第一款的规定办理。

三、依照前述规定要求优先权的，其商标注册申请书应当使用国家工商行政管理总局发布的商标注册申请书式。

四、台湾地区申请人要求台湾地区优先权的声明，经认可后，其在台湾地区的第一次申请商标注册的日期，即视为在国家工商行政管理总局商标局的申请日期。

075

中华人民共和国农业部 中华人民共和国国家林业局 公告

第 1487 号

为保护台湾地区育种者的合法权益，激励植物新品种的培育和使用，促进两岸农林业发展，农业部、国家林业局联合制定了《关于台湾地区申请人在大陆申请植物新品种权的暂行规定》。

特此公告。

中华人民共和国农业部
中华人民共和国国家林业局
二〇一〇年十一月二十二日

关于台湾地区申请人在大陆申请植物新品种权的暂行规定

中华人民共和国农业部　中华人民共和国国家林业局
2010 年 11 月 22 日

第一条　为保护台湾地区育种者的合法权益，促进植物新品种的培育和使用，制定本规定。

第二条　台湾地区的自然人、法人向大陆植物新品种权审批机关（以下简称审批机关）申请植物新品种权（以下简称品种权）及相关事务，适用本规定。

第三条　台湾地区的品种权申请人（以下简称申请人）向审批机关提出品种权及相关事务申请的，应当委托在大陆依法设立的代理机构办理。

第四条　申请人向审批机关提交的文件应当使用简体中文，日期应当使用公历，但证明文件除外。

第五条　在 2010 年 9 月 12 日（含当日）后，申请人自第一次提出品种权申请之日起 12 个月内，又在大陆就该植物新品种提出品种权申请，申请人要求将第一次申请日视为在大陆的申请日的，应当在申请时提出书面说明，并在 3 个月内提交经原审批机关确认的第一次提出的品种权申请文件的副本作为证明文件。未依照本规定提出书面说明或者提交证明文件的，视为未要求此项权利。

申请人在向审批机关提出第一次品种权申请之日起 12 个月内，又在大陆以外提出品种权申请的，可以请求审批机关出具第一次申请日的证明文件。

第六条 经育种者许可，在大陆销售品种繁殖材料未超过 1 年的；或者在大陆以外销售藤本植物、林木、果树和观赏树木品种繁殖材料未超过 6 年，销售其他植物品种繁殖材料未超过 4 年的，视为申请品种未丧失新颖性。

第七条 申请文件不得含有与现行法律、法规、规章相抵触的词句。

第八条 对不符合本规定第三条、第四条的，审批机关不予受理。

对不符合本规定第七条的，审批机关应当通知申请人在指定期限内予以修改；逾期未答复或者修改后仍不符合前款规定的，驳回其申请。

第九条 品种权申请的其他事宜，依据《中华人民共和国植物新品种保护条例》、《中华人民共和国植物新品种保护条例实施细则（农业部分）》和《中华人民共和国植物新品种保护条例实施细则（林业部分）》办理。

第十条 本规定自发布之日起施行。

076

关于台湾居民在大陆部分省市申办个体工商户登记管理工作的意见

工商个字〔2012〕47号

北京、上海、江苏、浙江、福建、湖北、广东、重庆、四川省（市）工商行政管理局：

为鼓励台湾同胞到大陆投资创业，不断深化两岸经贸合作，根据《关于开放台湾居民申请设立个体工商户的通知》（国台发〔2011〕3号）的规定，依照《个体工商户条例》、《个体工商户登记管理办法》、《个体工商户名称登记管理办法》等有关法规规章，现就台湾居民来大陆申办个体工商户的登记管理工作提出如下意见：

一、自2012年1月1日起，台湾居民在北京、上海、江苏、浙江、福建、湖北、广东、重庆、四川等九省市申请登记为个体工商户，无需经过外资审批，由经营所在地的县、自治县、不设区的市、市辖区工商行政管理部门（以下简称“登记机关”）依照国家有关法律、行政法规和规章直接予以登记。

二、台湾居民个体工商户可以申请登记的经营范围包括：零售业和餐饮业，不包括特许经营。台湾居民个体工商户的组成形式仅限于个人经营。其从业人员不超过8人，经营场所的面积不超过300平方米。自2012年4月1日起，从业人员不超过10人，经营场所的面积不超过500平方米。

三、台湾居民申请个体工商户登记，依照《个体工商户条例》、《个体工商户登记管理办法》等法规规章办理，其中申请人签署的《个体工商户开业登记申请书》、《个体工商户变更登记申请书》，不填写申请书的“经营者”一栏，填写《个体工商户经营者（台湾居民）登记表》（式样见附件1）作为替代，申请人身份证明为申请人的台湾居民来往大陆通行证（式样见附件2）。

四、对台湾居民个体工商户有关登记事项的审核，按照《个体工商户条例》、《个体工商户登记管理办法》等法规规章办理，其中：

1. 名称：依照《个体工商户名称登记管理办法》的有关规定执行，并应当使用符合国家规范的语言文字。

2. 经营者姓名：除了核定经营者姓名外，应当在经营者姓名后面加注“台湾居民”字样。

3. 经营者住所：填写经营者在经营场所所在地的相关信息。

五、登记机关受理台湾居民个体工商户开业登记、变更登记申请后应当对申请材料进行审查，并于受理申请之日起 15 日内作出是否予以登记的决定。

六、台湾居民个体工商户的年度验照以及日常监管工作依照国家现行有关法律、行政法规和规章的规定执行。

七、台湾农民个体工商户登记管理工作继续依照台湾农民在海峡两岸农业合作试验区和台湾农民创业园申办个体工商户登记管理的有关规定执行。

八、各地要及时组织登记监管工作人员认真学习有关政策法规，切实加强业务培训，努力提高服务质量和监管效能。

附件：

1. 个体工商户经营者（台湾居民）登记表（略）

2. 台湾居民来往大陆通行证（略）

中华人民共和国国家工商行政管理总局

二〇一二年三月二十六日

077

国务院办公厅关于台湾同胞来祖国大陆探亲旅游接待办法的通知

中华人民共和国国务院办公厅

1987年10月16日

一、祖国政府热诚欢迎台湾同胞来大陆探亲和旅游，保证来去自由。

二、台湾同胞回祖国大陆探亲旅游，须申请办理旅行证件。在香港地区，由中国外交部驻香港签证办事处办理，或由香港中国旅行社代办；在美国、日本或其他国家，由中国驻外使、领馆办理旅行证件。

三、台湾同胞来大陆时，海关凭上述旅行证件，对其携带的行李物品，在自用合理数量范围内，从宽验放。

四、台湾同胞在大陆购买飞机票、火车票、船票及住宿饭店，享有与大陆同等的待遇。

五、凡国家外汇管理局公开挂牌可自由兑换的外汇，台胞汇入，携入和兑换均无限额。中国银行和经国家外汇管理局批准经营外汇业务的其他银行及设在机场、宾馆、商店的代兑点办理兑换业务，台胞在上述银行可开立外币存款帐户，支付外币利息，存取自由，本息都可自由汇出。

六、台湾同胞可以与大陆同胞一样，到各地自由参观、旅游。

七、回祖国大陆探亲、旅游的台湾同胞，应遵守祖国政府的各项法律的规定，尊重当地的社会习俗。

二十二 对台湾贸易

078

对台湾地区贸易管理办法

（2000 年 12 月 29 日中华人民共和国对外贸易经济合作部公布）

第一条 为了发展大陆与台湾地区间的贸易，维护海峡两岸正常的贸易秩序，促进海峡两岸经济的发展，制定本办法。

第二条 本办法适用于大陆与台湾地区间的货物贸易、技术贸易和服务贸易（以下简称对台贸易）。

第三条 从事对台贸易，应当遵守法律、行政法规和国家其他有关规定，不得损害国家安全和社会公共利益。

第四条 中华人民共和国对外贸易经济合作部是对台贸易的主管机关。有关省、自治区和直辖市人民政府对外经济贸易主管部门负责管理本行政区域内的对台贸易工作。

第五条 依法从事对外贸易经营活动的法人和其他组织，包括依法设立的外商投资企业，可以在其经营范围内与台湾地区的法人和其他组织或者个人进行对台贸易。

第六条 对台贸易合同以及货物上不得出现违反一个中国原则的字样和标记，不得出现有碍祖国统一的内容。

第七条 对台贸易的货物及其包装上需要标明原产地的，台湾货物及其包装上应当标明原产地为台湾，大陆货物及其包装上根据实际情况可以采用中性包装。

第八条 间接进行对台贸易的，应当通过在香港特别行政区或者澳门特别行政区登记注册的工商企业进行。

第九条 大陆货物经香港特别行政区或者澳门特别行政区转口、转运至台湾地区的，应当遵守国家对香港特别行政区、澳门特别行政区贸易的有关规定。

第十条 对台贸易中涉及国家统一、联合经营或者总量控制的商品，以及许可证、配额管理的商品，按照国家有关进出口的规定办理。

第十一条 对台贸易的货物由海关依照有关法律、行政法规的规定，按照优惠税率征收关税，并依法征收进口环节的税收。

第十二条 对台贸易中发生纠纷时，由当事人通过协议或者调解解决。当事人不愿协商、调解的或者协商、调解不成的，可以依据合同中的仲裁条款或者事后达成的书面仲裁协议，提交中国的仲裁机构仲裁。当事人未在合同中订立仲裁条款，事后又未达成书面仲裁协议的，可以依法向人民法院提起诉讼。

第十三条 大陆与台湾地区间的小额贸易，适用对外贸易经济合作部、海关总署发《对台湾地区小额贸易的管理办法》。

第十四条 对台贸易中的有关事项，本办法未作规定的，参照国家有关货物进出口、技术进出口和国际服务贸易的规定执行。

第十五条 本办法自2000年12月29日起执行。

079

商务部对台化纤产品采取反倾销措施

中华人民共和国商务部公告2004年第43号

根据《中华人民共和国反倾销条例》的规定，中华人民共和国商务部于2003年10月31日发布立案公告，决定对原产于台澎金马单独关税区（以下简称"台湾地区"）的进口锦纶6、66长丝产品（以下称"被调查产品"）进行反倾销调查。

商务部对倾销和倾销幅度、损害及损害程度进行了调查。根据调查结果和《中华人民共和国反倾销条例》第二十四条的规定，商务部作出初裁决定（见附件）。现将有关事项公告如下：

一、初裁决定

商务部初裁决定原产于台湾地区的进口锦纶6、66长丝产品存在倾销，中国大陆锦纶6、66长丝产业遭受了实质损害，而且倾销与实质损害之间存在因果关系。

二、征收保证金

根据《中华人民共和国反倾销条例》第二十八条和二十九条的规定，商务部决定采用保证金形式实施临时反倾销措施。自2004年8月27日起，进口经营者在进口原产于台湾地区的被调查产品时，应依据本初裁决定所确定的各公司的倾销幅度向中华人民共和国海关提供相应的保证金。

被调查产品在《中华人民共和国进出口税则》（2002年版和2003年版）中的进口税则号为54023111、54023112、54024110、54024120。该四个税则号项下的空气变形丝、锦纶未牵伸丝（UDY）、锦纶未牵伸丝（UDY）经牵伸加工生产出的锦纶无捻长丝（DY）和锦纶有捻长丝（DT）、以及每根单纱细度超过50特的锦纶6、66长丝不在本案调查范围之内。

对该产品的描述如下：

产品种类：化学纤维长丝

化学分子式：锦纶6长丝分子结构式为 $[NH(CH_2)_5CO]_n$；锦纶66长丝分子结构式为 $[HN(CH_2)_6NHCO(CH_2)_4CO]_n$

物理及化学特征：锦纶6、66长丝有较高的强度，其断裂强度一般为4.4～

5.7cN/dtex；断裂伸长为25%～40%；在使用过程中容易变形。锦纶6、66长丝具有光学各向异性，有双折射现象，双折射数值随拉伸比变化很大，充分拉伸后，66长丝的纵向折射率约为1.582，横向折射率约为1.519；6长丝的纵向折射率约为1.580，横向折射率约为1.530。锦纶6、66长丝具有较高的表面光泽度，比重较小。

锦纶6、66长丝具有较好的耐磨性和较高的吸湿性，其耐磨性分别为棉花的10倍、羊毛的20倍和粘胶纤维的50倍。锦纶6、66长丝较容易染色，一般可用酸性染料、分散染料及其他染料染色。它的耐光性较差，在长时间的日光和紫外光照射下，强度下降，颜色发黄；其耐热性能也不够好，在150℃下，经历5小时即变黄，强度和延伸度显著下降，收缩率增加。锦纶6、66长丝具有良好的耐低温性能，在零下70℃以下时，其回弹性变化也不大。它的直流电导率很低，在加工过程中容易因摩擦而产生静电，其导电率随吸湿率增加而增加，并随湿度增加而按指数函数规律增加。锦纶6、66长丝具有较强的耐微生物作用的能力，其在淤泥水或碱中耐微生物作用的能力仅次于氯纶。在化学性能方面，锦纶6、66长丝具有耐碱性和耐还原剂作用，但在耐酸性和耐氧化剂作用上性能较差。

主要用途：被调查产品是针织和机织的原料，其织物可做服装面料、里料、床上用品、妇女贴身内衣、泳装、运动服装面料、各类袜子、蚊帐织物等。

对各公司征收的保证金比率如下：

1. 台湾化学纤维股份有限公司：6%
2. 台湾聚隆纤维股份有限公司：13%
3. 台湾胜隆纤维股份有限公司：6%
4. 远东杜邦股份有限公司：5%
5. 中兴纺织厂股份有限公司：0
6. 力鹏企业股份有限公司、首利实业股份有限公司、力丽企业股份有限公司：16%
7. 展颂股份有限公司：7%
8. 集盛实业股份有限公司：7%
9. 华染股份有限公司：7%
10. 华隆股份有限公司：7%
11. 东隆兴业股份有限公司：7%
12. 其他台湾公司：29%

三、征收保证金的方法

自2004年8月27日起，进口经营者在进口原产于台湾地区的被调查产品时，应依据本初裁决定所确定的各公司的倾销幅度向中华人民共和国海关提供相应的保证金。保证金以海关审定的成交价格为基础的到岸价格作为计算价格从价计征，计算公式为：保证金金额＝（关税完税价格×保证金征收比率）×（1＋进口环节增值税税率）。

四、评论

各利害关系方在本公告发布之日起 20 天内，可向商务部提出书面评论并附相关证据，商务部将依法予以考虑。

特此公告。

中华人民共和国商务部

二〇〇四年八月二十七日

附件：中华人民共和国商务部关于对原产于台澎金马单独关税区的进口锦纶 6、66 长丝反倾销调查的初裁决定（略）

二十三　小额贸易

080

关于在部分对台小额贸易点试行更开放管理措施的通知

商台字〔2007〕19号

浙江、福建、山东、广东、海南、宁波、厦门、深圳商务主管部门，杭州、宁波、福州、厦门、青岛、深圳、海口海关：

为进一步规范对台湾地区小额贸易（以下简称对台小额贸易），促进两岸经济贸易交流与发展，依据《对外贸易法》、《海关法》和《对台湾地区小额贸易的管理办法》（以下简称《小额贸易管理办法》）的有关规定，决定在本通知附件所列对台小额贸易试点口岸（以下简称试点口岸）试行新的管理措施。现就有关问题通知如下：

一、对台小额贸易由大陆沿海地区指定口岸经核准的对台小额贸易公司与台湾地区公司或居民间进行，依法办理通关和纳税手续。

二、试点口岸对台小额贸易公司经营权由福建、浙江、广东三省及三省内计划单列市商务主管部门（以下简称商务主管部门）批准，在工商行政管理部门登记注册，并向所在地海关等联检部门办理备案手续。未经批准的，不得从事对台小额贸易。

每个对台小额贸易点只设一家对台小额贸易公司。已在同一小额贸易点设立了多于一家对台小额贸易公司的地区，应经当地商务主管部门核准并报商务部、海关总署备案。

台湾地区居民是指持有合法、有效的台湾渔民证、身份证等身份证明的人员。

三、试点口岸进出的对台小额贸易台湾船舶，放开船舶吨位和交易金额限制。

四、对台小额贸易公司应在指定的地点经营进出口货物，不得跨点经营。如确有特殊情况需临时在同一海关区内的其它小额贸易点经营的，应经原审批部门批准，并经小额贸易点所在地海关同意。对台小额贸易公司不得委托没有对台小额贸易经营权的企业和个人经营对台小额贸易。

五、试点口岸进出口的货物应符合《中华人民共和国货物进出口管理条例》

的规定。进出口属于国家实行配额、许可证等管理的货物，海关凭有关主管部门签发的相关证件征税验放。对台小额贸易货物收发货人或其代理人，应当根据《中华人民共和国进出口货物申报管理规定》，以电子数据报关方式向海关申报。

对台小额贸易项下外汇收支，按照国家外汇管理的有关规定办理。

六、在指定对台小额贸易点所有的进出口货物、船只及船上人员应分别接受当地海关等联检部门的管理，并照章交纳税、费。

对台小额贸易货物和船只不得出现违反一个中国原则的字样或标记。

对台小额贸易进口的货物，未能成交的应原船退回。

船员个人携带自用物品以自用合理数量为限。船员不得携带大陆规定禁止携带出入境的物品出入境，个人不得利用船舶为他人携带物品。

船舶带进的航行必备的设备、燃料、物料，应原船带出，不得作为货物交易。船舶需要补充的设备、燃料、物料，限自用合理数量，在海关监管之下装载。上述物品未经向海关、检验检疫部门申报并办理验放手续，不得擅自卸、装。

七、商务部、海关总署按照各自职能，出台便利措施，提高监管能力，加快通关速度，积极支持、推进对台小额贸易健康发展；根据各小额贸易点的业务量变化和监管条件变化适时对试点口岸进行动态调整。

八、对台小额贸易公司如违反本规定，原审批机关可视情节轻重分别给予警告、严重警告、撤销其经营权的处罚。作出撤销经营权处罚的，应及时报商务部、海关总署备案。

对违反海关规定的，由海关按照《中华人民共和国海关法》和《中华人民共和国海关行政处罚实施条例》的有关规定予以处理。构成犯罪的，移交司法机关追究刑事责任。

九、商务主管部门应加强对对台小额贸易工作的指导和管理，于每年三月底前将本省市上一年度的对台小额贸易情况总结报商务部、海关总署和国台办。

十、本通知自 2007 年 10 月 1 日起试行，由商务部、海关总署负责解释并监督执行。第一批试点口岸 10 月 1 日开始执行本通知规定，第二批试点口岸待具备电子报关条件，并完善检查设施后执行。对台小额贸易其他事项和其他小额贸易点继续适用《小额贸易管理办法》。

附件：试点口岸名单

中华人民共和国商务部办公厅

中华人民共和国海关总署办公厅

二〇〇七年九月五日

附件：

试点口岸名单

第一批：浙江舟山普陀沈家门、宁波象山石浦、福建福州马尾、泉州南安石井港、广东惠州港。

第二批：福建福清南青屿、长乐松下、东山铜陵、晋江深沪、厦门大嶝、湛江长桥。

081

中华人民共和国海关总署令

第163号

《中华人民共和国海关关于大嶝对台小额商品交易市场管理办法》已于2007年8月29日经海关总署署务会议审议通过，现予公布，自2007年10月1日起施行。1999年3月3日海关总署批准、1999年3月26日厦门海关公布的《厦门海关对大嶝对台小额商品交易市场的监管办法》同时废止。

署长　牟新生

二〇〇七年八月三十一日

中华人民共和国海关关于大嶝对台小额商品交易市场管理办法

第一条　为了加强大嶝对台小额商品交易市场（以下简称交易市场）的管理，维护交易市场的正常经营秩序，促进海峡两岸民间商品交流健康发展，根据《中华人民共和国海关法》（以下简称海关法）及其他有关法律、行政法规的规定制定本办法。

第二条　大嶝对台小额商品交易市场是经国家批准在厦门市翔安区大嶝岛内专门设立，用于开展对台民间小额商品交易活动，并且实行封闭管理的海关监管区。

第三条　对进出交易市场的货物、物品、运输工具，以及交易市场的有关场所，海关依法进行监督管理。

第四条　在交易市场内从事经营活动的法人和其他组织应当向海关办理备案登记手续。

第五条　台湾船舶及其人员运输或者携带进入交易市场的货物仅限产于台湾的土特产品、生活日用小商品以及旅游商品（具体清单详见附件）。

国家限制进出口和实行许可证管理的商品，按照国家有关规定办理。从台湾进口到交易市场的台湾产卷烟，可以免于交验《自动进口许可证》。

国家禁止进出境的货物、物品不得进出交易市场。

第六条　进境运输工具负责人、进口货物收货人及其代理人应当如实向海关申报运进交易市场货物的品名、数量、价格等，并且按照海关要求交验有关单证。

第七条 进入交易市场的人员每日携带出交易市场的台湾商品总值在人民币3000元以下的，免征进口关税和进口环节海关代征税。超过人民币3000元的，超过部分按照一般贸易的管理规定办理进口手续。

从交易市场携带出的台湾商品中，每人每日带出的香烟不得超过4条（800支），酒精度在12度及以上的酒类商品不得超过4瓶。

第八条 从境外运入交易市场的货物和从交易市场运往境外的货物列入进、出口统计。从交易市场内运往市场外的货物，实施单项统计。

第九条 对台小额贸易公司从交易市场采购商品进口、台湾居民从交易市场采购商品出口以及进出交易市场专用码头的船舶，由海关按照原外经贸部、海关总署发布的《对台湾地区小额贸易的管理办法》进行管理。

第十条 在交易市场与专用码头之间运输台湾商品的运输工具，应当符合海关监管要求，并且办理有关手续。

第十一条 违反本办法，构成走私行为、违反海关监管规定行为或者其他违反海关法行为的，由海关依照海关法和《中华人民共和国海关行政处罚实施条例》的有关规定予以处理；构成犯罪的，依法追究刑事责任。

第十二条 本办法自2007年10月1日起施行。1999年3月3日海关总署批准、1999年3月26日厦门海关公布的《厦门海关对大嶝对台小额商品交易市场的监管办法》同时废止。

附件：

大嶝对台小额商品交易市场商品经营范围

一、粮油食品类，包括粮油制品、食用动物及其产品、食用植物及其产品、水产品、食品制成品。

二、土产畜产类，包括茶叶、咖啡、可可、香调料及香料油、山货、畜产品、烟类。

三、纺织服装，包括纺织品、丝织品、服装。

四、工艺品类，包括陶瓷、地毯及装饰挂毯、工艺品。

五、轻工业品类，包括家用电器、箱包及鞋帽、文体用品、日用五金器皿、钟表、家具、日用杂品、纸品。

六、医药品类，包括中成药、药酒。

082

关于进一步做好对台小额贸易检验检疫工作的通知

商台字〔2007〕40号

浙江、福建、山东、广东、海南、宁波、厦门、深圳商务主管部门，直属检验检疫局：

为进一步规范对台湾地区小额贸易（以下简称对台小额贸易）检验检疫工作，促进两岸经济贸易交流与发展，依据《对外贸易法》、《国境卫生检疫法》、《进出口商品检验法》、《进出境动植物检疫法》、《食品卫生法》和《对台湾地区小额贸易的管理办法》（以下简称《小额贸易管理办法》）等法律、法规的规定，现就有关问题通知如下：

一、本通知所称对台小额贸易是指在大陆沿海地区指定口岸经核准的对台小额贸易公司与台湾地区公司或居民依照《小额贸易管理办法》进行的货物贸易。

对台小额贸易公司指按《小额贸易管理办法》成立的专门从事对台小额贸易的公司。

台湾地区居民是指持有合法、有效的台湾渔民证、身份证等身份证明的人员。

二、对台小额贸易公司经营权由经授权的大陆沿海省份及省内计划单列市商务主管部门（以下简称商务主管部门）批准，在工商行政管理部门登记注册，并向所在地检验检疫等联检部门办理备案手续。未经批准的，不得从事对台小额贸易。

三、每个对台小额贸易点原则上只设一家对台小额贸易公司。如需在同一小额贸易点设立两家或两家以上对台小额贸易公司，应经当地商务主管部门核准并报商务部和质检总局备案。

四、对在商务部等部门确定的对台小额贸易试点口岸进行的对台小额贸易，不再设置船舶吨位和交易金额限制。

五、对台小额贸易公司应在指定口岸经营对台小额贸易，不得跨点经营。如确有特殊情况需临时在同一检区内的其他小额贸易点经营，应经原审批部门批准，并经小额贸易点所在地检验检疫部门同意。对台小额贸易公司不得委托没有对台小额贸易经营权的企业和个人经营对台小额贸易。

六、对台小额贸易公司或其代理人应当依照大陆检验检疫的有关法律、行政法规和规章的要求，在规定的期限、地点，采用电子数据或纸质形式报检，接受检验检疫。

七、对台小额贸易进口的货物，经检验检疫不合格的，应原船退回。船员不得携带大陆规定禁止携带出入境的物品出入境。

八、对台小额贸易公司可免予办理自理报检单位登记备案，其从事报检的人员可免予办理报检员资格。

检验检疫机构对小额贸易商品报检采取便捷措施，设立专门报检窗口，提供预约报检服务，优先接受申报。

九、对台小额贸易商品涉及中国国家强制性产品认证（以下称 CCC 认证）范畴且符合免办条件的，质检总局授予当地直属检验检疫局办理免予办理 CCC 认证手续的权限。

十、进口鲜活产品实施检验检疫限时放行制度，原则上 24 小时内放行，需经实验室检测的可适当延长。

十一、对台小额贸易公司违反检验检疫规定的，由检验检疫部门按有关法律法规予以处理。构成犯罪的，移交司法机关追求刑事责任。

十二、商务主管部门应加强对对台小额贸易工作的指导和管理，于每年 3 月底前将本省市上一年度的对台小额贸易情况总结报商务部、质检总局和国台办。

十三、本通知自 2007 年 10 月 1 日起试行，由商务部、质检总局负责解释并监督执行。对台小额贸易其他事项继续适用《小额贸易管理办法》。

中华人民共和国商务部办公厅
中华人民共和国质检总局办公厅
二〇〇七年九月五日

二十四 大陆企业台湾投资

083

关于印发《大陆企业赴台湾地区投资管理办法》的通知

发改外资〔2010〕2661号

各省、自治区、直辖市及计划单列市、新疆生产建设兵团发展改革委、商务主管部门、台办，各中央管理企业：

为推动海峡两岸投资合作，实现两岸经济互利共赢，推动两岸关系和平发展，我们联合制定了《大陆企业赴台湾地区投资管理办法》。现印发你们，请按照执行。

附件：大陆企业赴台湾地区投资管理办法

中华人民共和国国家发展和改革委员会

中华人民共和国商务部

国务院台湾事务办公室

二〇一〇年十一月九日

附件：

大陆企业赴台湾地区投资管理办法

中华人民共和国国家发展和改革委员会

中华人民共和国商务部　国务院台湾事务办公室

2010年11月9日

第一条　为进一步鼓励、引导和规范大陆企业赴台湾地区直接投资，实现两岸经济互利共赢，推动两岸关系和平发展，特制定本办法。

第二条　鼓励和支持大陆企业积极稳妥地赴台湾地区投资，形成互补互利的格局。大陆企业赴台湾地区投资应遵循互利共赢和市场经济原则。

第三条　大陆企业赴台湾地区投资，应主动适应两岸经济和产业发展特点，结合自身优势和企业发展战略，精心选择投资领域和项目；认真了解并遵守当地法律法规，尊重当地风俗习惯，注重环境保护，善尽必要的社会责任。

第四条　大陆投资主体赴台湾地区投资，应符合以下条件：

（一）在大陆依法注册、经营的企业法人；

（二）具备投资所申报项目的行业背景、资金、技术和管理实力；

（三）有利于两岸关系和平发展，不危害国家安全、统一。

第五条　大陆企业赴台湾地区投资项目，地方企业向所在地省级发展改革委提出申请，由省级发展改革委初审后，报国家发展改革委核准。中央企业直接向国家发展改革委申请核准。

第六条　大陆企业赴台湾地区投资设立企业或非企业法人，由商务部核准。地方企业由所在地省级商务主管部门初审后向商务部提出申请；中央企业直接向商务部提出申请。

第七条　国家发展改革委按照《境外投资项目核准暂行管理办法》（国家发展改革委令第21号）对赴台投资项目进行核准，并在审核时征求国务院台办的意见，国家发展改革委的核准文件抄送商务部、国务院台办等有关部门。

第八条　对已经国家发展改革委核准的赴台投资项目，商务部核准时不再征求国务院台办的意见。

第九条　大陆企业赴台湾地区投资设立企业或非企业法人，商务部收到申请后，征求国务院台办意见。在征得国务院台办同意后，商务部按照《境外投资管理办法》（商务部令2009年第5号）进行核准，并颁发《企业境外投资证书》或《企业境外机构证书》。

第十条　大陆企业凭相关部门的投资项目和企业设立（含机构）核准文件、《企业境外投资证书》或《企业境外机构证书》，办理相关人员赴台审批、外汇登记等相关手续。

第十一条　赴台湾地区投资设立的企业或非企业法人在当地注册后，大陆企业应于15个工作日内将有关注册文件报国家发展改革委、商务部和国务院台办备案。

第十二条　对获得核准的赴台湾地区投资，大陆企业可凭核准文件和《企业境外投资证书》或《企业境外机构证书》享受国家有关政策支持。

第十三条　大陆企业如获得服务提供者等相关认证后，可享受两岸签署的有关协议项下给予的待遇。

第十四条　国家发展改革委、商务部、国务院台办加强大陆企业赴台湾地区投资的引导和服务，通过对外投资合作信息服务系统、投资指南等渠道，为企业提供有效指导。

第十五条　国家发展改革委、商务部、国务院台办加强对大陆企业赴台湾地区投资的培训工作，特别是政策、人员和投资环境等方面的培训，提高企业赴台湾地区投资的针对性和可操作性。

第十六条 鼓励各有关协会、商会、咨询机构加强对台湾地区投资环境、市场信息和产业发展状况的研究分析，发布研究和发展报告，为大陆企业赴台湾地区投资提供参考。

第十七条 大陆企业在台湾地区的投资如变更或终止，应按照《境外投资项目核准暂行管理办法》、《境外投资管理办法》办理相关手续。

第十八条 大陆企业通过境外企业到台湾地区投资，应按规定到国家发展改革委履行核准手续，到商务部履行备案手续。

第十九条 大陆企业如违反规定在台湾地区投资，国家发展改革委、商务部将会同国务院台办按有关规定予以处罚。

第二十条 本办法自发布之日起生效。国家发展改革委和国务院台办发布的《关于大陆企业赴台湾地区投资项目管理有关规定的通知》（发改外资〔2008〕3503号）、商务部和国务院台办发布的《关于大陆企业赴台湾地区投资或设立非企业法人有关事项的通知》（商合发〔2009〕219号）同时废止。

084

商务部　国务院台湾事务办公室关于大陆企业赴台湾地区投资或设立非企业法人有关事项的通知

商合发〔2009〕219号

各省、自治区、直辖市、计划单列市及新疆生产建设兵团商务主管部门，各省、自治区、直辖市台办，各中央管理的企业：

为促进海峡两岸双向直接投资，实现两岸经济互利共赢，推动两岸关系和平发展，现将大陆企业赴台湾地区投资或设立非企业法人有关事项通知如下：

一、大陆企业赴台湾地区投资或设立非企业法人应遵循互利共赢和市场经济原则，不得危害国家安全、统一。

二、鼓励和支持大陆企业结合两岸经济发展和产业特点赴台湾地区投资或设立非企业法人，形成互补互利的格局。

三、大陆企业赴台湾地区投资或设立非企业法人，应认真了解并遵守当地法律法规，尊重风俗习惯，注重环境保护，善尽必要的社会责任。

四、商务部按照《境外投资管理办法》（商务部2009年第5号令）负责赴台湾地区投资或设立非企业法人的核准工作。地方企业由所在地省级商务主管部门向商务部提出申请，中央企业径向商务部提出申请。

五、省级商务主管部门或中央企业向商务部提出核准申请时，商务部在征求国务院台湾事务办公室的意见后，按照《境外投资管理办法》进行核准。

六、大陆企业赴台湾地区投资或设立非企业法人获得核准后，商务部颁发《企业境外投资证书》或《企业境外机构证书》。大陆企业须凭《企业境外投资证书》或《企业境外机构证书》办理人员赴台审批手续及外汇等其他相关手续。

七、大陆企业应严格按照商务部核准的经营范围开展相关业务。在台湾地区投资设立的企业或非企业法人在当地注册后，大陆企业须于15个工作日内将有关注册文件报商务部和国务院台湾事务办公室备案。

八、大陆企业在台湾地区已投资设立的企业或非企业法人如变更和终止，应按照《境外投资管理办法》办理相关手续。

九、商务部会同国务院台湾事务办公室对大陆企业赴台湾地区投资或设立非企业法人的情况进行监督检查。

十、大陆企业如违反有关规定在台湾地区投资或设立非企业法人，商务部会同国务院台湾事务办公室按有关规定予以处罚。

中华人民共和国商务部
国务院台湾事务办公室
二〇〇九年五月八日

二十五 大陆居民赴台湾旅游

085

中华人民共和国国家旅游局
中华人民共和国公安部　　令
国务院台湾事务办公室

第 37 号

《国家旅游局　公安部　国务院台湾事务办公室关于修改〈大陆居民赴台湾地区旅游管理办法〉的决定》已经国家旅游局、公安部、国务院台湾事务办公室审议通过，现予公布，自公布之日起施行。

中华人民共和国旅游局局长　邵琪伟

中华人民共和国公安部部长　孟建柱

国务院台湾事务办公室主任　王　毅

二〇一一年六月二十日

国家旅游局　公安部　国务院台湾事务办公室关于修改《大陆居民赴台湾地区旅游管理办法》的决定

国家旅游局、公安部和国务院台湾事务办公室决定对《大陆居民赴台湾地区旅游管理办法》作如下修改：

一、将第一条、第十五条中的“《旅行社管理条例》”修改为“《旅行社条例》”。

二、将第二条修改为：“大陆居民赴台湾地区旅游（以下简称赴台旅游），可采取团队旅游或个人旅游两种形式。”

“大陆居民赴台团队旅游须由指定经营大陆居民赴台旅游业务的旅行社（以下简称组团社）组织，以团队形式整团往返。旅游团成员在台湾期间须集体活动。”

“大陆居民赴台个人旅游可自行前往台湾地区，在台湾期间可自行活动。”

三、将第五条中的“赴台旅游”修改为“赴台团队旅游”。

四、将第八条修改为：“大陆居民赴台旅游期间，不得从事或参与涉及赌博、色情、毒品等内容及有损两岸关系的活动。”

“组团社不得组织旅游团成员参与前款活动，并应要求接待社不得引导或组织旅游团成员参与前款活动。”

五、将第九条中的“参游人员”修改为“旅游团成员”。

六、将第十条修改为：“大陆居民赴台旅游应持有效的《大陆居民往来台湾通行证》，并根据其采取的旅游形式，办理团队旅游签注或个人旅游签注。”

七、将第十一条修改为：“大陆居民赴台旅游应向其户口所在地公安机关出入境管理部门申请办理《大陆居民往来台湾通行证》及相应签注；参加团队旅游的，应事先在组团社登记报名。”

八、将第十四条修改为：“赴台旅游的大陆居民应按期返回，不得非法滞留。当发生旅游团成员非法滞留时，组团社须及时向公安机关及旅游行政主管部门报告，并协助做好有关滞留者的遣返和审查工作。”

九、增加一条，作为第十五条：“对在台湾地区非法滞留情节严重者，公安机关出入境管理部门自其被遣返回大陆之日起，六个月至三年以内不批准其再次出境。”

此外，对条文的顺序作了相应调整。

本决定自公布之日起施行。

《大陆居民赴台湾地区旅游管理办法》根据本决定作相应的修改，重新公布。

大陆居民赴台湾地区旅游管理办法

（中华人民共和国国家旅游局、中华人民共和国公安部、国务院台湾事务办公室2006年4月16日第26号令公布，根据2011年6月20日《国家旅游局、公安部、国务院台湾事务办公室关于修改〈大陆居民赴台湾地区旅游管理办法〉的决定》修订）

第一条　为规范大陆居民赴台湾地区旅游，依据《中国公民往来台湾地区管理办法》和《旅行社条例》，特制定本办法。

第二条　大陆居民赴台湾地区旅游（以下简称赴台旅游），可采取团队旅游或个人旅游两种形式。

大陆居民赴台团队旅游须由指定经营大陆居民赴台旅游业务的旅行社（以下简称组团社）组织，以团队形式整团往返。旅游团成员在台湾期间须集体活动。

大陆居民赴台个人旅游可自行前往台湾地区，在台湾期间可自行活动。

第三条　组团社由国家旅游局会同有关部门，从已批准的特许经营出境旅游业务的旅行社范围内指定，由海峡两岸旅游交流协会公布。除被指定的组团社外，任何单位和个人不得经营大陆居民赴台旅游业务。

第四条　台湾地区接待大陆居民赴台旅游的旅行社（以下简称接待社），经大陆有关部门会同国家旅游局确认后，由海峡两岸旅游交流协会公布。

第五条 大陆居民赴台团队旅游实行配额管理。配额由国家旅游局会同有关部门确认后，下达给组团社。

第六条 组团社在开展组织大陆居民赴台旅游业务前，须与接待社签订合同、建立合作关系。

第七条 组团社须为每个团队选派领队。领队经培训、考核合格后，由地方旅游局向国家旅游局申领赴台旅游领队证。组团社须要求接待社派人全程陪同。

第八条 大陆居民赴台旅游期间，不得从事或参与涉及赌博、色情、毒品等内容及有损两岸关系的活动。

组团社不得组织旅游团成员参与前款活动，并应要求接待社不得引导或组织旅游团成员参与前款活动。

第九条 组团社须要求接待社严格按照合同规定的团队日程安排活动；未经双方旅行社及旅游团成员同意，不得变更日程。

第十条 大陆居民赴台旅游应持有效的《大陆居民往来台湾通行证》，并根据其采取的旅游形式，办理团队旅游签注或个人旅游签注。

第十一条 大陆居民赴台旅游应向其户口所在地公安机关出入境管理部门申请办理《大陆居民往来台湾通行证》及相应签注；参加团队旅游的，应事先在组团社登记报名。

第十二条 赴台旅游团须凭《大陆居民赴台湾地区旅游团名单表》，从大陆对外开放口岸整团出入境。

第十三条 旅游团出境前已确定分团入境大陆的，组团社应事先向有关出入境边防检查总站或省级公安边防部门备案。

旅游团成员因紧急情况不能随团入境大陆或不能按期返回大陆的，组团社应及时向有关出入境边防检查总站或省级公安边防部门报告。

第十四条 赴台旅游的大陆居民应按期返回，不得非法滞留。当发生旅游团成员非法滞留时，组团社须及时向公安机关及旅游行政主管部门报告，并协助做好有关滞留者的遣返和审查工作。

第十五条 对在台湾地区非法滞留情节严重者，公安机关出入境管理部门自其被遣返回大陆之日起，6 个月至 3 年以内不批准其再次出境。

第十六条 违反本办法之规定的旅行社，旅游行政主管部门将根据《旅行社条例》予以处罚。对组团单位和参游人员违反国家其他有关法律、法规的，由有关部门依法予以处理。

第十七条 本办法由国家旅游局、公安部、国务院台湾事务办公室负责解释。

第十八条 本办法自发布之日起施行。

086

关于印发《大陆居民赴台湾地区旅游合同》（示范文本）的通知

旅办发〔2008〕102号

各省、自治区、直辖市旅游局（委）、工商行政管理局：

大陆居民赴台湾地区旅游将于2008年7月18日正式实施。为维护大陆旅游者和两岸旅游经营者的合法权益，保证旅游团服务质量，国家旅游局会同国家工商行政管理总局联合制定了《大陆居民赴台湾地区旅游合同》示范文本GF—2008—2603（以下简称示范文本）。现印发给你们并就有关问题通知如下：

一、充分认识推行示范文本的重要意义和作用。示范文本是为落实海峡两岸旅游交流协会与台湾海峡两岸观光旅游协会签署的《大陆居民赴台湾旅游安排意见》，依据《中华人民共和国合同法》和旅游业相关法规而制定的文本。示范文本明确了赴台旅游组团社和旅游者双方当事人的权利义务，具有指导性、规范性、公平性和可操作性的特点。各地在旅游市场监管工作中，要正确引导大陆旅游者和赴台旅游组团社使用和签订示范文本，充分发挥示范文本的作用，规范、平衡合同双方的权利义务，避免霸王条款，有效减少合同纠纷。

二、各地要结合行业管理，积极推行示范文本。各地要把推行示范文本与加强出境旅游市场行业管理结合起来，与诚信旅游活动结合起来，认真做好示范文本的宣传、推行工作，把它作为加强赴台旅游市场管理、规范赴台旅游市场行为的一项重要措施，切实加以落实。

三、做好示范文本印制、发放工作。示范文本由各地旅游行政管理部门和工商行政管理部门负责印制、发放，其他单位和个人不得出于商业目的擅自印制和出售。各地对示范文本推行中发现的问题，要认真研究解决，并及时上报。

四、示范文本自发布之日起推行使用。目前，限于指定经营大陆居民赴台湾地区旅游的组团社范围内推行使用。

特此通知。

中华人民共和国国家旅游局
中华人民共和国国家工商行政管理总局
二〇〇八年七月八日

087

大陆居民赴台湾地区个人旅游注意事项

中华人民共和国国家旅游局

2011 年 6 月 22 日发布 2011 年 6 月 28 日实施

为规范大陆居民赴台湾地区个人旅游开放城市的指定经营大陆居民赴台旅游业务旅行社（以下简称“赴台游组团社”）的服务行为，保证大陆居民赴台湾地区个人旅游的服务质量和“规范、有序、安全、健康”的发展，依据新修订实施的《大陆居民赴台湾地区旅游管理办法》，制订本注意事项。

一、赴台游组团社注意事项

（一）赴台游组团社只能接受本地区具有正式户籍居民的委托，经台湾有接待大陆居民赴台湾旅游资质的旅行社，向台湾相关机构申请、代办入台相关出入境手续。

（二）赴台游组团社可接受赴台个人游游客的委托，代办代订机票、住宿和在台旅游行程安排，并就代办事宜与游客签订委托协议，也可告知其自行办理。

（三）赴台游组团社在代办入台相关出入境手续时应按照台方提供的模本，认真审核赴台个人游游客提交的相关申请材料，及时与台湾的代办社确认有关手续的办理情况并通报游客。

（四）赴台游组团社应提示赴台个人游游客不得在台涉及赌博、色情、毒品等内容和有损两岸关系的活动，并监督台湾代办社也不得安排和诱导游客参与上述内容的活动。

（五）赴台游组团社在接受赴台个人游游客咨询时，应提供真实可靠的赴台旅游服务信息，介绍台湾地区的基本情况、相关规定和风俗习惯，提示游客在人身和财物安全防范及文明旅游等方面的注意事项。

（六）赴台游组团社应提示赴台个人游游客不得在台非法逾期停留，获知本社代办入台出入境手续的赴台个人游游客逾期停留后，应及时报告省级旅游行政管理部门，并积极协助有关部门的处理工作。

（七）赴台游组团社应建立赴台个人游业务专门台账，落实领导，明确责任。

二、大陆居民赴台个人旅游注意事项

（八）大陆居民赴台湾地区个人旅游，应当向其户口所在地公安机关出入境管理部门申请办理《大陆居民往来台湾通行证》及个人旅游签注，之后委托本城市的赴台游组团社，向台湾相关机构申请和办理入台相关出入境手续，并按有关规定，提供真实可靠的申报材料。

（九）大陆居民赴台湾地区个人旅游，可委托本城市的赴台游组团社代办代订机票、住宿和在台旅游行程安排，也可以自行办理。

（十）大陆居民赴台湾地区个人旅游，不得参与涉及赌博、色情、毒品及有损两岸关系的活动。

（十一）大陆居民赴台湾地区个人旅游，在台湾的停留时间，自入境次日起不超过15天，并应在规定时间内返回大陆，不得在台非法逾期停留。因自然灾害、重大疾病等不可抗力等因素而在台逾期停留的，应及时通过台方旅游热线电话报告台湾海峡两岸观光旅游协会，并在不可抗力因素消失后自行返回。如无正当理由在台湾非法逾期停留且情节严重的，将被遣返并自行负担相关费用，还将由两岸相关机构依法处理。

（十二）大陆居民赴台湾地区个人旅游，必须按照《中华人民共和国海关对进出境旅客行李物品的监管办法》及有关规定，办理随身携带的行李物品通关手续。

（十三）大陆居民赴台湾地区个人旅游，应当妥善保管个人的旅行证件，一旦发生遗失或被盗抢等意外，应立即通过台方旅游热线电话报告台湾海峡两岸观光旅游协会。

（十四）大陆居民赴台湾地区个人旅游，应当遵守台湾地区的相关规定，尊重当地的风俗习惯，注意言谈举止文明。

（十五）大陆居民赴台湾地区个人旅游，应注意自我安全保护，严格遵守游览地的安全管理要求，服从管理。遇到自然灾害和其他突发事件时，应在尽可能采取措施自救的前提下，及时通过台方旅游热线电话寻求营救保护，服从台湾有关方面的处置指挥，并经由台湾海峡两岸观光旅游协会进行沟通协调。

088

关于赴台旅游跨区域组团事项的通知

旅监管发〔2011〕227号

各省、自治区、直辖市旅游局（委）：

为更加便利大陆居民赴台旅游，促进赴台旅游持续健康发展，经商国务院台办和公安部，现就赴台旅游跨区域组团事项通知如下：

一、各赴台游组团社可以组织具有直系亲属关系的大陆居民跨区域赴台旅游，并按照公安部门的有关规定为其办理通行证、签注等手续。

二、各地赴台游组团社可以承接由单一机构组织并委托的跨区域赴台旅游团组，具体事项明确如下：

（一）此通知所说的单一机构，是指中国大陆的以下机构：

1. 在工商部门正式登记注册的法人企业；

2. 正式登记注册的社团法人单位；

3. 行业性组织机构。

（二）单一机构组织委托的跨区域赴台旅游团组，仅限于以下情形：

1. 组织本机构正式员工并委托的赴台旅游团；

2. 组织本机构负责干部人事管理、党团组织管理和业务管理的人员并委托的赴台旅游团；

3. 组织本系统分支机构人员并委托的赴台旅游团；

4. 行业组织机构组织正式会员并委托的赴台旅游团。

（三）接受委托承接单一机构组织并委托的跨区域赴台旅游团的赴台游组团社，必须具备实力强、信誉好、业绩优等基本条件，三年内未发生重大责任安全事故、质量事件和三年内未受到停业整顿或停止赴台游业务及以上的处罚或处理。

（四）赴台游组团社承接单一机构组织委托的跨区域赴台游团组，必须由所在地的省级旅游行政管理部门审核后报请国家旅游局批准，并严格按照批准事项操作执行。

三、各赴台游组团社组织具有直系亲属关系的大陆居民跨区域赴台旅游，不得在注册经营地的省、自治区、直辖市以外开展招徕、宣传；单一机构组织委托的跨区域赴台旅游团，组织机构及其委托的组团社不得面向社会公众开展宣传招徕，不得发布广告，不得由本系统分支机构或其他第三方代为组织招徕。

四、赴台游组团社违反本通知规定组织或承接跨区域赴台游团组，以及为非直系亲属关系的大陆居民提供赴台游服务的，视情节轻重，分别给予通报批评、暂停赴台旅游业务一个月、三个月、六个月的处理；造成重大服务质量事件的，暂停其赴台旅游业务一年；造成恶劣影响的，取消其经营赴台旅游业务。

中华人民共和国国家旅游局

二〇一一年十一月七日

089

《大陆居民赴台湾地区旅游团名单表》管理办法

中华人民共和国国家旅游局

2008年6月21日

第一条　根据《大陆居民赴台湾地区旅游管理办法》的有关规定，制定本办法。

第二条　海峡两岸旅游交流协会（简称海旅会）根据大陆居民赴台湾地区旅游（以下简称赴台旅游）配额总量，印制相应数量的《大陆居民赴台湾地区旅游团名单表》（以下简称《名单表》）；并依据所指定经营大陆居民赴台旅游业务的旅行社（以下简称组团社）的实际组团情况，将《名单表》委托有关省（市）旅游行政部门下达给组团社。

第三条　海旅会统一印制《名单表》。《名单表》一式五联，分为：赴台湾地区边防检查专用联、返大陆边防检查专用联、省级旅游行政部门审验专用联、省级台办报备专用联、旅行社自留专用联。

第四条　组团社按照核定的赴台旅游人数安排组织赴台旅游团队，填写《名单表》。《名单表》中的空余部分要划斜线，不能留有空格。经审验后的《名单表》，不得变更和增添人员。

第五条　组团社应当按照有关规定，在旅游团队赴台、返回大陆时及旅游团队返回大陆后，将《名单表》分别交有关部门查验、报备、留存。

第六条　《名单表》的审验工作委托有关省（市）旅游行政部门负责，审验专用章和授权人签字应报送海旅会备案。

组团社赴台旅游专用印章和授权人签字应报所在省（市）旅游行政部门和同级台办备案，再由有关省（市）旅游行政部门汇总报送海旅会备案。

第七条　组团社违反本办法规定的，由海旅会依据《大陆居民赴台湾地区旅游管理办法》予以处理。

第八条　本办法自发布之日起施行。

第九条　本办法由海旅会负责解释。

第十条　本办法在实施过程中，海旅会将根据赴台旅游的实际运行情况的变化，适时予以修订。

090

大陆居民赴台湾地区旅游领队人员管理办法

中华人民共和国国家旅游局

2008年6月21日

第一条 根据《大陆居民赴台湾地区旅游管理办法》的有关规定，制定本办法。

第二条 申领赴台湾地区旅游（以下简称赴台旅游）领队证的人员（以下简称领队人员）应当符合下列条件：

（一）爱祖国，遵纪守法，掌握对台政策；

（二）已与经指定经营赴台旅游业务的旅行社（以下简称组团社）签订了正式劳动合同；

（三）已取得导游证。

第三条 大陆居民赴台旅游领队证（以下简称领队证）由组团社向所在地的省、自治区、直辖市旅游行政部门申领，并提交申请《赴台旅游领队证人员登记表》；省、自治区、直辖市旅游行政部门应当对申领人员进行资格审查、业务培训和考核。

业务培训和考核内容包括：相关法规政策教育；思想道德教育；台湾地区的基本情况；领队人员的义务与职责；领队人员业务等。

经考核合格的领队人员，由省、自治区、直辖市旅游行政部门向海峡两岸旅游交流协会（以下简称海旅会）申请办理领队证。

第四条 领队证由海旅会统一样式并制作，由组团社所在的省、自治区、直辖市旅游行政部门发放。

第五条 组团社所在的省、自治区、直辖市旅游行政部门及组团社，应定期对已经领取领队证的人员加强相关法规政策培训，并建立相应的管理制度和责任制度，认真贯彻执行。

第六条 领队人员应当履行下列职责并遵守下列规定：

（一）遵守《大陆居民赴台湾地区旅游管理办法》的相关规定，维护大陆赴台旅游者（以下简称旅游者）的合法权益；

（二）协同接待社实施旅游行程计划，协助处理旅游行程中的突发事件及其他问题；

（三）对旅游过程中，可能危及旅游者人身、财物等方面的安全问题，应及时向旅游者作出明确告知，或提出劝导，并相机采取有效措施防止事故的发生；如遇到特殊问题，应及时向组团社报告；对旅游者不文明的言行举止，应予以提醒和劝阻；

（四）不得诱导和组织旅游者参与涉及色情、赌博、毒品等内容和有损两岸关系的活动，也不得为旅游者参与上述活动提供便利条件；

（五）不得与接待社、导游及为旅游者提供商品或者服务的其他经营者串通欺骗、胁迫旅游者消费，不得向接待社、导游及其他为旅游者提供商品或者服务的经营者索要回扣、提成或者收受其财物。

第七条　违反本办法规定的，参照《出境旅游领队人员管理办法》的有关规定进行处罚。

第八条　对赴台旅游领队人员的其它管理事项，参照《出境旅游领队人员管理办法》办理。

第九条　本办法自发布之日起实行。

第十条　本办法由海旅会负责解释。

第十一条　本办法在实施过程中，海旅会将根据赴台旅游的实际运行情况的变化，适时予以修订。

二十六 大陆居民往来台湾

091

中国公民往来台湾地区管理办法

（1991年12月17日中华人民共和国国务院令第93号发布）

第一章 总 则

第一条 为保障台湾海峡两岸人员往来，促进各方交流，维护社会秩序，制定本办法。

第二条 居住在大陆的中国公民（以下简称大陆居民）往来台湾地区（以下简称台湾）以及居住在台湾地区的中国公民（以下简称台湾居民）来往大陆，适用本办法。

本办法未规定的事项，其他有关法律、法规有规定的，适用其他法律、法规。

第三条 大陆居民前往台湾，凭公安机关出入境管理部门签发的旅行证件，从开放的或者指定的出入境口岸通行。

第四条 台湾居民来大陆，凭国家主管机关签发的旅行证件，从开放的或者指定的入出境口岸通行。

第五条 中国公民往来台湾与大陆之间，不得有危害国家安全、荣誉和利益的行为。

第二章 大陆居民前往台湾

第六条 大陆居民前往台湾定居、探亲、访友、旅游、接受和处理财产、处理婚丧事宜或者参加经济、科技、文化、教育、体育、学术等活动，须向户口所在地的市、县公安局提出申请。

第七条 大陆居民申请前往台湾，须履行下列手续：

（一）交验身份、户口证明；

（二）填写前往台湾申请表；

（三）在职、在学人员须提交所在单位对申请人前往台湾的意见；非在职、在学人员须提交户口所在地公安派出所对申请人前往台湾的意见；

（四）提交与申请事由相应的证明。

第八条　本办法第七条第四项所称的证明是指：

（一）前往定居，须提交确能在台湾定居的证明；

（二）探亲、访友，须提交台湾亲友关系的证明；

（三）旅游，须提交旅行所需费用的证明；

（四）接受、处理财产，须提交经过公证的对该项财产有合法权利的有关证明；

（五）处理婚姻事务，须提交经过公证的有关婚姻状况的证明；

（六）处理亲友的丧事，须提交有关的函件或者通知；

（七）参加经济、科技、文化、教育、体育、学术等活动，须提交台湾相应机构、团体、个人邀请或者同意参加该项活动的证明；

（八）主管机关认为需要提交的其他证明。

第九条　公安机关受理大陆居民前往台湾的申请，应当在三十日内，地处偏僻、交通不便的应当在六十日内，作出批准或者不予批准的决定，通知申请人。紧急的申请，应当随时办理。

第十条　经批准前往台湾的大陆居民，由公安机关签发或者签证旅行证件。

第十一条　经批准前往台湾的大陆居民，应当在所持旅行证件签注的有效期内前往，除定居的以外，应当按期返回。

大陆居民前往台湾后，因病或者其他特殊情况，旅行证件到期不能按期返回的，可以向原发证的公安机关或者公安部出入境管理局派出的或者委托的有关机构申请办理延期手续；有特殊原因的也可以在入境口岸的公安机关申请办理入境手续。

第十二条　申请前往台湾的大陆居民有下列情形之一的，不予批准：

（一）刑事案件的被告人或者犯罪嫌疑人；

（二）人民法院通知有未了结诉讼事宜不能离境的；

（三）被判处刑罚尚未执行完毕的；

（四）正在被劳动教养的；

（五）国务院有关主管部门认为出境后将对国家安全造成危害或者对国家利益造成重大损失的；

（六）有编造情况、提供假证明等欺骗行为的。

第三章　台湾居民来大陆

第十三条　台湾居民要求来大陆的，向下列有关机关申请办理旅行证件：

（一）从台湾地区要求直接来大陆的，向公安部出入境管理局派出的或者委托的有关机构申请；有特殊事由的，也可以向指定口岸的公安机关申请；

（二）到香港、澳门地区后要求来大陆的，向公安部出入境管理局派出的机构或者委托的在香港、澳门地区的有关机构申请；

（三）经由外国来大陆的，依据《中华人民共和国公民出境入境管理法》，向中华人民共和国驻外国的外交代表机关、领事机关或者外交部授权的其他驻外机关申请。

第十四条 台湾居民申请来大陆，须履行下列手续：

（一）交验表明在台湾居住的有效身份证明和出境入境证件；

（二）填写申请表；

（三）经由其他地区、国家的，须提交途经地区、国家的再入境许可证明，但过境不需要签注的地区和国家除外；

（四）定居、探亲、访友、旅游、接受和处理财产、处理婚丧事宜的，须提交与申请事由相应的证明；

（五）进行经济、科技、文化、教育、体育、学术等活动的，须提交大陆相应机构、团体、个人的邀请或者同意参加该项活动的证明。

第十五条 对批准来大陆的台湾居民，由国家主管机关签发或者签注旅行证件。

第十六条 台湾居民因在大陆投资、贸易等经济活动或者因其他事务来大陆后，需要多次来往大陆的，可以向当地市、县公安机关申请办理多次有效的签证。

第十七条 台湾居民来大陆后需要前往外国的，依照《中华人民共和国公民出境入境管理法》及其实施细则办理。

第十八条 台湾居民短期来大陆，应当按照户口管理规定，办理暂住登记。在宾馆、饭店、招待所、旅店、学校等企业、事业单位或者机关、团体和其他机构内住宿的，应当填写临时住宿登记表；住在亲友家的，由本人或者亲友在二十四小时（农村七十二小时）内到当地公安派出所或者户籍办公室办理暂住登记手续。

第十九条 台湾居民来大陆后，需在大陆居留三个月以上的，应当向当地市、县公安局申请办理暂住证。

第二十条 台湾居民要求来大陆定居的，应当在入境前向公安部出入境管理局派出的或者委托的有关机构提出申请，或者经由大陆亲属向拟定居地的市、县公安局提出申请。批准定居的，公安机关发给定居证明。

第二十一条 台湾居民来大陆后，除定居的以外，应当在所持证件签注的有效期之内按期离境。确有需要延长停留期限的，须提交相应证明，向市、县公安局申请办理延期手续。

第二十二条 申请来大陆的台湾居民有下列情形之一的，不予批准：

（一）被认为有犯罪行为的；

（二）被认为来大陆后可能进行危害国家安全、利益等活动的；

（三）有编造情况、提供假证明等欺骗行为的；

（四）精神疾病或者严重传染病患者。治病或者其他特殊原因可以批准入境的除外。

第四章　出境入境检查

第二十三条　大陆居民往来台湾、台湾居民来往大陆，须向开放的或指定的出入境口岸边防检查站出示证件，填交出境、入境登记卡，接受查验。

第二十四条　有下列情形之一的，边防检查站有权阻止出境、入境：

（一）未持有旅行证件的；

（二）持用伪造、涂改等无效的旅行证件的；

（三）拒绝交验旅行证件的；

（四）本办法第十二条、第二十二条规定不予批准出境、入境的。

第五章　证件管理

第二十五条　大陆居民往来台湾的旅行证件系指大陆居民往来台湾通行证和其他有效旅行证件。

第二十六条　台湾居民来往大陆的旅行证件系指台湾居民往来大陆通行证和其他有效旅行证件。

第二十七条　大陆居民往来台湾通行证、台湾居民来往大陆通行证，由持证人保存，有效期为五年。

第二十八条　大陆居民往来台湾通行证、台湾居民来往大陆通行证，实行逐次签注。签注分一次往返有效和多次往返有效。

第二十九条　大陆居民遗失旅行证件，应当向原发证的公安机关报失；经调查属实的，签注可补发给相应的旅行证件。

第三十条　台湾居民在大陆遗失旅行证件，应当向当地的市、县公安机关报失；经调查属实的，可以允许重新申请领取相应的旅行证件，或者发给一次有效的出境通行证件。

第三十一条　大陆居民前往台湾和台湾居民来大陆旅行证件的持有人，有本办法第十二条、第二十二条规定情形之一的，其证件应当予以吊销或者宣布作废。

第三十二条　审批签发旅行证件的机关，对已发出的旅行证件有权吊销或者宣布作废。公安部在必要时，可以变更签注、吊销旅行证件或者宣布作废。

第六章　处　　罚

第三十三条　持用伪造、涂改等无效的旅行证件或者冒用他人的旅行证件出境、入境的，除依照《中华人民共和国出境入境管理法实施细则》第二十三条的规定处罚外，可以单处或者并处一百元以上、五百元以下的罚款。

第三十四条 伪造、涂改、转让、倒卖旅行证件的，除依照《中华人民共和国公民出境入境管理法实施细则》第二十四条的规定处罚外，可以单处或者并处五百元以上、三千元以下的罚款。

第三十五条 编造情况，提供假证明，或者以行贿等手段获取旅行证件的，除依照《中华人民共和国公民出境入境管理法实施细则》第二十五条的规定处罚外，可以单独或者并处在一百元以上、五百元以下的罚款。有前款情形的，在处罚执行完毕六个月以内不受理其出境、入境申请。

第三十六条 机关、团体、企业、事业单位编造情况、出具假证明为申请人获取旅行证件的，暂停其出证权的行使；情节严重的，取消其出证资格；对直接责任人员，除依照《中华人民共和国公民出境入境管理法实施细则》第二十五条的规定处罚外，可以单处或者并处在五百元以上、一千元以下的罚款。

第三十七条 违反本办法第十八条、第十九条的规定，不办理暂住登记或者暂住登记证的，处以警告或者一百元以上、五百元以下的罚款。

第三十八条 违反本办法十一条的规定，逾期非法居留的，处以警告，可以单处或者并处每逾期一日一百元的罚款。

第三十九条 被处罚人对公安机关处罚不服的，可以在接到处罚通知之日起十五日内，向上一级公安机关申请复议，由上一级公安机关作出最后的裁决；也可以直接向人民法院提起诉讼。

第四十条 来大陆的台湾居民违反本办法的规定或者有其他违法犯罪行为的，除依照本办法和其他有关法律、法规的规定处罚外，公安机关可以缩短其停留期限，限期离境，或者遣送出境。有本办法第二十二条规定不予批准情形之一的，应当立即遣送出境。

第四十一条 执行本办法的国家工作人员，利用职权索取、收受贿赂或者有其他违法失职行为，情节轻微的，由主管部门予以行政处分；情节严重，构成犯罪的，依照《中华人民共和国刑法》的有关规定追究刑事责任。

第四十二条 对违反本办法所得的财物，应当予以追缴或者责令退赔；用于犯罪的本人财物应当没收。罚款及没收财物上缴国库。

第七章　附　　则

第四十三条 本办法由公安部负责解释。

第四十四条 本办法自1992年5月1日起施行。

092

大陆居民与台湾居民婚姻登记管理暂行办法

中华人民共和国民政部令第1号

1998年12月10日

第一条　为加强大陆居民与台湾居民的婚姻登记管理，保障婚姻当事人的合法权益，依据《中华人民共和国婚姻法》，制定本办法。

第二条　大陆居民与台湾居民在大陆办理婚姻登记适用本办法。

本办法所称大陆居民系指居住在中国大陆的中国公民；所称台湾居民系指居住在中国台湾地区的中国公民。

第三条　大陆居民与台湾居民在大陆结婚登记、离婚登记、复婚登记，应当双方共同到大陆一方户籍所在地的省（自治区、直辖市）民政厅（局）指定的地级以上地方人民政府民政部门的婚姻登记管理机关申请。

第四条　申请结婚登记的大陆居民应当提交下列证件和证明：

（一）居民身份证；

（二）居民户口簿；

（三）所在单位或街道办事处、乡（镇）人民政府出具的婚姻状况证明；

（四）婚前医学检查证明。

申请结婚登记的台湾居民应当提交下列证件和证明：

（一）《台湾居民来往大陆通行证》或其他有效旅行证件；

（二）在台湾地区居住的有效身份证明和出境入境证件；

（三）台湾公证机关出具的无配偶声明和经证明无误的户籍誊本，有效期三个月；

（四）婚前医学检查证明。

第五条　台湾居民在大陆连续停留6个月以上的，除提交本办法第四条第二款规定的证件、证明外，还应当提交大陆公证机关公证的无配偶声明。

台湾居民在香港、澳门地区连续停留6个月以上来大陆的，除提交本办法第四条第二款规定的证件、证明外，还应当提交香港婚姻注册处或澳门婚姻及死亡登记局出具的婚姻状况证明。

台湾居民在外国连续停留6个月以上来大陆的，除提交本办法第四条第二款规定的证件、证明外，还应当提交居住国出具并经公证机关公证和中华人民共和国驻该国使、领馆认证的婚姻状况证明。

大陆居民赴台湾地区定居时已达到法定婚龄的，应当提交经大陆原居住地公证机关公证的赴台湾前的婚姻状况证明。

第六条 申请结婚登记的当事人离过婚的，应当提交离婚证件。

离婚证件系台湾离婚协议书的，应当经台湾公证机关公证；无法提交离婚协议书的，应当提交经公证的台湾地区报纸刊登的当事人离婚的声明书或公告，未经公证的影印件不具有法律效力。

离婚证件系台湾地区有关法院的离婚判决书或离婚调解书的，如果离婚的一方系大陆居民，该离婚判决书或调解书应当经人民法院裁定认可。

离婚证件系外国登记离婚证书的，应当经驻在国公证机关公证、驻在国外交部或外交部授权的机关认证，并经中华人民共和国驻外使、领馆认证。

离婚证件系外国法院的离婚调解书或离婚判决书的，应当经中华人民共和国人民法院裁定承认。

丧偶的，应当提交配偶死亡证明。

死亡证明系台湾地区有关部门出具的，应当经台湾公证机关公证。

死亡证明系外国有关部门出具的，应当经驻在国公证机关公证、驻在国外交部或外交部授权的机关认证，并经中华人民共和国驻外使、领馆认证。

第七条 申请结婚登记的当事人有下列情形之一的，婚姻登记管理机关不予登记：

（一）非双方自愿的；

（二）未达到法定结婚年龄的；

（三）已有配偶的；

（四）有法律禁止结婚的亲属关系的；

（五）患有法律规定禁止结婚疾病的。

第八条 申请离婚登记的大陆居民应当提交下列证件和证明：

（一）民民身份证；

（二）居民户口簿；

（三）所在单位或街道办事处、乡（镇）人民政府出具的介绍信；

（四）离婚协议书；

（五）结婚证。

申请离婚登记的台湾居民应当提交下列证件和证明：

（一）《台湾居民来往大陆通行证》或其他有效旅行证件；

（二）在台湾地区居住的有效身份证明和出境入境证件；

（三）离婚协议书；

（四）结婚证。

第九条 离婚协议书应当写明双方当事人的离婚意思表示、子女抚养、夫妻一方生活困难的经济帮助、财产及债务处理等协议事项。

第十条 申请离婚登记的当事人有下列情形之一的，婚姻登记管理机关不予登记：

（一）婚姻关系不是在大陆依法缔结的；

（二）一方要求离婚的；

（三）双方要求离婚但对子女抚养、夫妻一方生活困难的经济帮助、财产及债务处理等事项未达成协议的；

（四）一方或双方为无民事行为能力或限制民事行为能力的。

第十一条 婚姻登记管理机关受理当事人的婚姻登记申请后，应当依法进行审查，符合条件的，自受理申请之日起30日内办理登记。

第十二条 申请复婚的按结婚登记程序办理。

第十三条 申请婚姻登记的当事人不符合《中华人民共和国婚姻法》规定的婚姻登记条件，弄虚作假、骗取婚姻登记的，婚姻登记管理机关应当撤销婚姻登记。

第十四条 当事人认为婚姻登记管理机关办理或者撤销婚姻登记的行为侵犯其合法权益的；认为申请办理或者申请撤销婚姻登记符合法定条件而婚姻登记管理机关拒绝办理或者不予答复的，当事人可依法申请行政复议，也可向人民法院提起行政诉讼。

第十五条 台湾居民在香港、澳门地区定居后在大陆申请婚姻登记，适用香港、澳门同胞办理婚姻登记的规定。

侨居国外的台湾居民在大陆申请婚姻登记，适用华侨办理婚姻登记的规定。

第十六条 已在大陆定居的原台湾居民在大陆申请婚姻登记，应当提交本办法第四条第二款第三项规定的证明，按照《婚姻登记管理条例》的规定办理。

当事人具有本办法第五条第二、三款情形的，还应当提交第五条第二、三款规定的证明。

无法取得上述证明的，应当提交大陆公证机关公证的无配偶声明。

第十七条 办理婚姻登记的当事人，应当按规定交纳证件工本费和登记手续费。

第十八条 本办法自发布之日起施行。其他有关涉台婚姻登记管理的通知、规定与本办法不同的，以本办法为准。

二十七 西岸经济区

093

国务院关于支持福建省加快建设海峡西岸经济区的若干意见

国发〔2009〕24号

各省、自治区、直辖市人民政府，国务院各部委，各直属机构：

为贯彻落实党的十七大精神、国民经济和社会发展“十一五”规划纲要的部署，支持和推动福建省加快建设海峡西岸经济区，促进该地区又好又快发展，现提出以下意见：

一、充分认识支持福建省加快建设海峡西岸经济区的战略意义，明确总体要求和发展目标

（一）重大意义。海峡西岸经济区东与台湾地区一水相隔，北承长江三角洲，南接珠江三角洲，是我国沿海经济带的重要组成部分，在全国区域经济发展布局中处于重要位置。福建省在海峡西岸经济区中居主体地位，与台湾地区地缘相近、血缘相亲、文缘相承、商缘相连、法缘相循，具有对台交往的独特优势。近年来，福建省大力推进海峡西岸经济区建设，综合实力不断增强，为进一步加快发展奠定了坚实基础。当前，两岸关系出现重大的积极变化，为海峡西岸经济区加快发展和开展与台湾地区合作提供了重要机遇。支持福建省加快海峡西岸经济区建设，是进一步发挥福建省比较优势，实现又好又快发展的迫切需要；是完善沿海地区经济布局，推动海峡西岸其他地区和台商投资相对集中地区发展的重大举措；也是加强两岸交流合作，推进祖国和平统一大业的战略部署，具有重大的经济意义和政治意义。

（二）总体要求。高举中国特色社会主义伟大旗帜，坚持以邓小平理论和“三个代表”重要思想为指导，深入贯彻落实科学发展观，从维护中华民族核心利益、促进祖国统一的大局出发，牢牢把握两岸关系和平发展的主题，着力推进两岸交流合作，促进两岸互利共赢；着力转变经济发展方式和增强自主创新能力，提高经济发展质量和水平；着力统筹城乡和区域发展，提高经济社会发展的协调性；着力深化改革开放，增强发展的动力和活力；着力改善民生，推进社会

主义和谐社会建设；着力加强生态文明建设，提高可持续发展能力，将海峡西岸经济区建设成为经济持续发展、文化更加繁荣、综合竞争力不断增强、人民群众安居乐业的和谐区域，为全局做出更大贡献。

（三）战略定位。

——两岸人民交流合作先行先试区域。发挥海峡西岸经济区独特的对台优势和工作基础，努力构筑两岸交流合作的前沿平台，实施先行先试政策，加强海峡西岸经济区与台湾地区经济的全面对接，推动两岸交流合作向更广范围、更大规模、更高层次迈进。

——服务周边地区发展新的对外开放综合通道。从服务、引导和促进区域经济协调发展出发，大力加强基础设施建设，构建以铁路、高速公路、海空港为主骨架主枢纽的海峡西岸现代化综合交通网络，使之成为服务周边地区发展、拓展两岸交流合作的综合通道。

——东部沿海地区先进制造业的重要基地。立足现有制造业基础，加强两岸产业合作，积极对接台湾制造业，大力发展电子信息、装备制造等产业，加快形成科技含量高、经济效益好、资源消耗低、环境污染少、人力资源优势得到充分发挥的在全国具有竞争力的先进制造业基地和两岸产业合作基地。

——我国重要的自然和文化旅游中心。充分发挥海峡西岸经济区的自然和文化资源优势，增强武夷山、闽西南土楼、鼓浪屿等景区对两岸游客的吸引力，拓展闽南文化、客家文化、妈祖文化等两岸共同文化内涵，突出“海峡旅游”主题，使之成为国际知名的旅游目的地和富有特色的自然文化旅游中心。

（四）发展目标。

——到2012年，在优化结构、提高效益、降低消耗、保护环境的基础上，人均地区生产总值接近或达到东部地区平均水平，着力科学发展先行，力争在一些领域走在全国前列；城乡居民收入显著提高，基本公共服务水平明显改善；地方财政收入较大幅度增长；单位生产总值能耗持续下降；生态环境继续改善；服务两岸直接“三通”的主要通道基本形成并不断完善，两岸人民交流合作的前沿平台功能更加凸显。

——到2020年，率先建立充满活力、富有效率、更加开放、有利于科学发展的体制机制。统筹协调能力明显提高，社会就业更加充分，社会保障体系健全，人民生活更加富足，社会更加和谐。资源利用效率明显提高，生态环境优美，可持续发展能力增强，生态文明建设位居全国前列，科学发展达到新的水平，实现全面建设小康社会的目标。闽台经济融合不断加强，促进形成两岸共同发展的新格局。

二、发挥独特的对台优势，努力构筑两岸交流合作的前沿平台

（五）建设两岸经贸合作的紧密区域。按照同等优先、适当放宽的原则，以

信息、石化、机械、船舶、冶金等产业为重点，提升台商投资区和国家级经济技术开发区的载体作用，密切与台湾相关行业协会、企业的联系，促进两岸产业深度对接，形成以厦门湾、闽江口、湄洲湾等区域为主的产业对接集中区。发挥海峡两岸农业合作试验区、现代林业合作实验区的窗口、示范和辐射作用，促进对台农业资金、技术、良种、设备等生产要素的引进与合作。推动对台离岸金融业务，拓展台湾金融资本进入海峡西岸经济区的渠道和形式，建立两岸区域性金融服务中心，推动金融合作迈出实质性步伐。建立海峡两岸旅游合作机制，共推双向旅游线路，培育“海峡旅游”品牌。加强与台湾现代服务业合作，建设海峡西岸物流中心。实行更加开放的对台贸易政策，扩大对台贸易。健全涉台法律法规，依法保护台胞的正当权益，为台胞投资兴业、交往交流提供便利条件和优质服务。制定相关政策措施，鼓励和支持有条件的企业到台湾投资兴业，推动建立两岸产业优势互补的合作机制，促进两岸经济共同发展。

（六）建设两岸文化交流的重要基地。全方位、多层次开展与台湾地区的交往，推动文化交流、人员互动。加快推进闽南文化生态保护实验区建设，提升闽台缘博物馆的交流功能。深入开展两岸文化对口互动活动，深化两岸科技、教育、卫生、体育等方面合作。加强祖地文化、民间文化交流，进一步增强闽南文化、客家文化、妈祖文化连接两岸同胞感情的文化纽带作用。

（七）建设两岸直接往来的综合枢纽。加快完善两岸直接“三通”基础条件，提升对台开放合作整体功能。规划建设对台交通通道，推进对台直接航运。进一步扩大口岸开放，加强口岸基础设施和大通关机制建设，实现福建电子口岸互联互通和信息共享。健全两岸人流、物流往来的便捷有效管理机制，促进海峡西岸经济区与台湾地区直接往来。增设直接往来货运口岸，推动空中直航，把该地区建设成为两岸交流交往、直接“三通”的主要通道和平台。

三、加快现代化基础设施建设，强化发展保障

（八）加强综合交通运输网络与对外通道建设。按照促进海峡西岸经济区发展和两岸直接“三通”的要求，大力推进交通基础设施建设，形成内地到福建的便捷交通走廊。整合港湾资源，形成以厦门港、福州港为主，布局合理的东南沿海地区港口发展格局。集中力量加快海峡西岸经济区高速公路网建设，尽快打通省际间的断头路，加强纵深推进、南北拓展的高速公路建设，加快建设北京至福州高速公路，尽快形成高速公路网络。将海峡西岸经济区铁路发展项目纳入国家中长期铁路网调整规划，加快建设温福、福厦、厦深、龙厦、向莆铁路，规划建设北京至福州、昆明至厦门高速铁路以及城际铁路和一批港口铁路支线，形成连接海峡西岸经济区与长三角、珠三角以及中西部地区的大运力快捷铁路运输通道。完善厦门、福州等机场两岸空中直航的设施条件，合理布局支线机场，开辟

国内外新航线，形成以福州、厦门国际机场为主的干支线机场相结合的空港布局。

（九）加强沿海能源基础设施建设。充分利用优良港口条件，积极利用国际国内两种资源，强化能源保障，优化能源结构。结合沿海煤运港口的建设，合理布局沿海大型煤电，适时推进超临界、超超临界火电建设。进一步完善核电厂址前期工作，加快推进宁德、福清核电等项目建设。积极发展风力、潮汐等新能源。进一步完善电网建设，加强与华东电网的联网，加快开展与南方电网联网的前期工作。布局建设石油储备基地和煤炭中转基地。加强台湾海峡油气资源的合作勘探和联合开发。结合液化天然气接收站的布局，加快输气管网建设，逐步提高民用燃气覆盖率。

（十）加强城乡公共设施建设。改善城市间道路交通条件，加强对外交通与内部道路的衔接。完善城市内道路路网结构，提高路网密度。推进福州、厦门、泉州等城市轨道交通发展，提高城市道路标准。进一步健全城市道路桥梁、供水、供气、防洪、污水和垃圾处理等市政基础设施功能，提高人口承载能力。努力改善乡村交通、饮水安全、人居环境等条件。加强水源与供水工程建设，适时开工建设一批具有防洪、灌溉、供水等功能的综合水利枢纽。合理规划和建设跨区域、跨流域水资源配置工程，确保城乡供水安全。切实解决沿海岛屿供水问题，适时推进向金门、马祖等地供水、供电及铺设海底通信缆线工程建设。

四、增强自主创新能力，推进产业结构升级

（十一）加强海峡西岸区域创新体系建设。采取更加有效的政策措施，大力推进集成创新和引进、消化、吸收再创新，努力打造特色鲜明的区域创新体系。健全多元化科技投入体系，建立稳定的各级财政科技投入增长机制。整合科技资源，推动跨部门、跨区域的科技合作。支持信息、医药、生物、新材料、新能源、海洋等领域应用基础研究，加强高技术和产业关键共性技术开发，造就一批竞争力强的优势企业和知名品牌。鼓励、支持台商投资高新技术园区，吸引台湾科研机构和科技人员共同创建创新平台。建设海峡西岸高新技术产业带，使之成为承接台湾高新技术产业与技术转移的载体。加强国家重点实验室、工程技术（研究）中心和公共服务平台建设。加快科技成果转化与应用，提高科技对经济增长的贡献率。

（十二）大力发展现代农业。按照高产、优质、高效、生态、安全的要求，加快转变农业发展方式，促进农业结构优化升级，构建现代农业产业体系。加快农业科技创新，加强农业新品种、新技术、新肥料、新农药、新机具的推广应用。加强对农业的支持和保护。稳定发展粮食生产，努力保持粮食自给能力不降低。大力发展畜牧业、园艺业、林竹产业、水产业等优势产业，积极培育水产

品、蔬菜、水果、食用菌、茶叶、花卉等特色农产品。大力发展品牌农业，支持培育一批农产品加工示范园区、示范企业和示范项目，扶持壮大农业产业化龙头企业。加强闽台农业合作，推进农产品出口加工基地建设，扩大特色优势农产品出口。加强农业基础设施建设，提高土地产出率、资源利用率。加快农产品质量安全体系建设，建立健全新型农业社会化服务体系。

（十三）建设海峡西岸先进制造业基地。坚持走新型工业化道路，加快转变经济发展方式，提升产业发展水平。着力发展先进制造业，重点发展电子信息、装备制造、石油化工等产业。加快发展集成电路设计和软件、光电、消费电子、生物医药、精密仪器、环保、新材料等高新技术产业，着力应用高新技术和先进适用技术改造提升建材、冶金、纺织、食品等传统优势产业。实施品牌带动战略，扶持重点骨干企业发展，培育一批拥有自主知识产权、主业突出、竞争力强的大企业、大集团。鼓励建立与台湾产业配套的以及大陆台资企业所需的零部件、原辅材料中心。加快培育特色优势产业，着力培育产业集群，形成具有较强竞争力的现代产业体系。

（十四）加快发展现代服务业。积极承接台湾现代服务业转移，依托中心城市、产业集聚区、货物集散地、交通枢纽和港口资源，建设福州、厦门、泉州等物流节点和一批现代物流中心。依托临港工业和台资企业集中区，合作建设物流配送或专业配送中心。依托保税港区、保税物流园区，建设连结海峡两岸的现代物流中心。依托福州、厦门软件园，发展软件服务外包、动漫游戏产业，培育承接服务外包业务的专业企业，吸引台湾企业乃至世界跨国公司服务外包转移。积极发展信息服务业。大力吸引台湾企业到海峡西岸经济区设立地区总部、配套基地、采购中心、物流中心、营运中心和研发中心。积极发展面向台湾及海外的会展业。以滨海旅游、生态旅游、红色旅游和文化旅游为重点，进一步整合旅游资源，加强旅游景点及配套设施建设，办好各类旅游节庆活动，丰富旅游产品，开拓旅游市场，培育一批有特色、有影响、有效益的旅游精品。

（十五）建设现代化海洋产业开发基地。充分利用海洋资源优势，推进临港工业、海洋渔业、海洋新兴产业等加快发展。坚持高起点规划、高标准建设，将沿海港口作为大型装备制造业项目布局的备选基地，合理布局发展临港工业。以厦门湾、湄洲湾等为依托，建设以石化、船舶修造等为重点的临港工业集中区，成为带动区域经济发展的新增长点。推广名优新品种和生态养殖模式，建设生态型海水养殖和海水产品加工基地。加快渔港建设。加强海上通航和救援合作，推动建立海上救援协作机制，完善台湾海峡防灾减灾体系。加强海洋科技中试基地及研发平台建设，加快培育海洋药品、保健食品、海水综合利用等新兴产业，形成若干以港湾为依托具有较强竞争力的临港经济密集区。

五、统筹区域内协调发展，促进互动融合

（十六）推进形成科学合理的主体功能区。发挥发展基础较好、环境资源承载能力较强等有利条件，把海峡西岸沿海具备条件的地区作为全国主体功能区的重点开发区域，推进新型工业化和城镇化，进一步提高人口与经济聚集程度。在山区贯彻以保护为主、开发为辅的原则，最大限度地保护山川秀美的生态环境。按照贯彻落实科学发展观的要求，做好主体功能区规划编制，科学划分主体功能区域，完善区域发展政策，创新管理体制，强化陆海统筹、山海联动，优化基础设施和产业布局，促进经济社会发展和资源环境相协调。

（十七）统筹城乡协调发展。加强海峡西岸城市群发展的规划协调，提高城市建设与管理水平，增强产业和人口承载能力、辐射带动能力，逐步形成以区域中心城市为骨干、中小城市和小城镇为基础的城镇体系。统筹好土地利用总体规划、城乡规划、基础设施建设、就业、社会保障等的发展，加快建立城乡基础设施共同发展机制、城乡公共服务均等供给制度、城乡衔接的社会保障体系，促进基础设施向农村延伸、公共服务向农村拓展、社会保障向农村覆盖。各大中城市要切实履行市带县、市帮县的责任，加大城市人才、智力、资金等对农村的支持，加快社会主义新农村建设，实现以城带乡，统筹发展，加快形成城乡经济社会一体化发展新格局。

（十八）促进欠发达地区发展。加快海峡西岸经济区的革命老区、原中央苏区县、少数民族地区、海岛、水库库区等欠发达地区的发展，加大财政转移支付力度，增加对这些地区在教育、医疗、社会保障、基础设施等方面投入，不断改善生产生活条件，逐步实现基本公共服务均等化。立足资源优势和市场需求，大力扶持特色产业发展，提高农产品和特色资源深加工水平，推进农村扶贫开发。加大劳动力就业技能培训，合理有序推进农村劳动力转移。进一步完善和落实沿海对山区对口帮扶工作机制。积极推动包括台资企业在内的符合环保要求的沿海地区劳动密集型产业向福建山区转移，促进这些地区加快发展。

（十九）推动跨省区域合作。加强海峡西岸经济区与长三角、珠三角的经济联系与合作，促进优势互补、良性互动、协调发展，进一步完善沿海地区经济布局。发挥闽浙赣、闽粤赣等跨省区域协作组织的作用，加强福建与浙江的温州、丽水、衢州，广东的汕头、梅州、潮州、揭阳，江西的上饶、鹰潭、抚州、赣州等地区的合作，建立更加紧密的区域合作机制。加强重大项目建设的协调，推进跨省铁路、高速公路、港口等重大基础设施项目统筹规划布局和协同建设，畅通海峡西岸经济区港口与腹地的通道。加强电子、机械、旅游、物流等产业的对接，推动产业集群发展和合理布局，形成产业对接走廊。加强市场开发，建设区域共同市场，促进人流、物流、资金流、信息流的无障碍流动。统筹协调区域内

对台交流合作的功能分工，提升海峡西岸经济区与台湾地区的对接能力。

六、全面深化改革开放，增强经济社会发展动力活力

（二十）增创体制机制新优势。进一步发挥厦门经济特区在体制机制创新方面的试验区作用。从海峡西岸经济区的实际出发，围绕建立有利于科学发展的体制机制和扩大两岸交流合作的需要，先行试验一些重大改革措施。继续深化农村综合改革，推进城乡统筹综合配套改革试验，建立以工促农、以城带乡的长效机制。在严格执行土地用途管制的基础上，促进农村集体建设用地依法流转，逐步建立城乡统一的建设用地市场。深化金融改革与创新，扩大金融改革试点，在多种所有制金融企业、离岸金融业务等方面进行改革试验，完善创业风险投资机制。深化行政管理体制改革，着力转变政府职能，提高行政效能。加强法制建设，大力推进依法行政，着力构建规范透明的法制环境。进一步改善民营经济发展环境，激发民营经济发展活力。大力推进外贸、港口、社会管理等领域改革，探索建立有利于扩大两岸交流合作的新机制。

（二十一）积极合理有效利用外资。提高利用外资水平，更加注重引进先进技术、管理经验和智力资源。创新外商投资管理方式，简化审批程序。进一步优化外资结构，引导外资投向主导产业、高新技术产业、现代服务业和节能环保等领域。积极研究海峡西岸经济区范围内的国家级开发区扩区、调整区位和省级开发区升级，拓展开发区的功能，提高土地利用率。加强海关特殊监管区域建设，积极推进各类海关特殊监管区域的整合。支持在台商投资区和台资企业密集地区开展海关保税物流中心试点。规范招商引资行为，实行统一的土地、税收政策，营造公平、开放的投资环境。

（二十二）加快转变外贸增长方式。进一步优化进出口结构，鼓励高技术含量高附加值产品、服务产品和农产品出口，大力支持自主知识产权、自主品牌产品出口，严格限制高耗能、高污染、资源性产品出口。积极扩大对台进出口贸易。鼓励经济发展急需的先进技术、关键设备和重要资源进口。加快加工贸易转型升级，引导加工贸易向产业链高端发展。鼓励优势企业参与海外资源开发，建立境外生产、营销和服务网络，带动商品出口和劳务输出。积极推进保税加工、保税物流业发展，大力发展国际中转、配送、采购、转口贸易和加工制造等业务。

（二十三）深化与港澳侨合作。充分利用内地与港澳更紧密经贸关系安排的机制，进一步提升闽港澳经济合作的层次和水平。加强与港澳在服务业领域的合作，引入港澳资金、先进技术和管理经验，加快发展现代服务业。吸引更多的港澳金融机构到福建设立分支机构或投资参股，支持符合条件的福建企业到香港上市融资。利用香港的融资渠道和营销网络，积极开展联合招商，推动福建企业到

香港设立营销中心、运营中心，扩大对港贸易和转口贸易。加强福建与港澳的物流业合作，建立跨境物流网络。加强闽港澳旅游合作，推动旅游线路对接延伸。充分发挥福建海外华侨华人众多、爱国爱乡的优势，充分利用各种有效平台作用，积极引进侨智，大力吸引海外侨胞来闽投资，引导更多的华侨华人支持和参与海峡西岸经济区建设。

七、加快社会事业发展，促进社会和谐

（二十四）大力推进人力资源建设。以人才资源能力建设为核心，着力培养学术技术带头人、科技领军人才和一线创新人才，抓紧培养先进制造业和现代服务业所需的高技能应用型人才，为海峡西岸经济区建设提供坚强的人才保证和智力支持。加强人的能力素质建设，支持发展职业教育，培养高素质劳动者和实用性、技能型人才。调整高校学科设置，加快培养经济建设紧缺急需的人才，建立起与两岸产业对接相适应的人才培养结构，提升高等教育质量和水平。进一步拓展两岸职业教育合作，支持开展两岸校际合作、职业培训、资格考试和认证、职称评定、人才引进和人力资源开发等试点工作。健全人才政策体系，鼓励台湾科技、教育等领域人才到海峡西岸经济区创业，形成广纳群贤、充满活力的吸引人才和使用人才的良好风尚。

（二十五）加强文化基础设施建设和文化产业发展。大力推进文化基础设施建设，加快建立覆盖城乡的公共文化服务体系，建立健全运行保障机制。加大投入力度，加强图书馆、博物馆、文化馆、文化站等文化设施建设，积极推进文化信息资源共享、广播电视“村村通”和农村电影放映等文化工程建设，进一步完善城乡公共文化服务网络。加强网络文化建设和管理，营造良好网络环境。整合文化资源，打造一批地域特色明显、展现海峡西岸风貌、在国内外具有影响力的文化品牌，重点保护发展闽南文化、客家文化、妈祖文化、红土地文化、船政文化、畲族文化、朱子文化等特色文化。加强文物、非物质文化遗产保护，完善历史文化名城等基础设施，妥善保护历史文化街区。推动文化与经济融合，大力发展文化创意产业，建立海峡两岸文化产业合作中心，着力培育专、精、特、新文化企业，努力使海峡西岸经济区成为全国重要的文化产业基地。

（二十六）着力改善民生。巩固提高九年义务教育，把义务教育重点放在农村，调整农村义务教育布局结构，完善义务教育经费保障机制。实施积极的就业政策，改革劳动和就业管理体制，完善公共就业服务体系，建立城乡统一、区域协调的人力资源市场和平等的就业制度。加强城市社区、农村卫生服务体系建设，全面推行城镇居民基本医疗保险和新型农村合作医疗。大力推进各项社会救助制度建设，特别要关注对困难台胞台属的救助，加快完善覆盖城乡居民的社会

保障体系。健全社会保障性住房制度，切实解决城市低收入家庭住房困难。加强和完善社会管理，维护社会安定团结，保障人民安居乐业。

八、加快生态文明建设，实现经济社会可持续发展

（二十七）全面推进节能减排。落实节能减排目标责任制。强化固定资产投资项目节能评估和审查，对新上项目严把产业政策关、资源消耗关、环境保护关。大力实施重点节能工程，突出抓好高耗能行业和重点耗能企业的节能减排工作。引进台湾先进节能环保技术，积极推进和支持重点台资企业的节能减排。积极发展循环经济，开展国家循环经济试点。建立和完善再生资源回收体系，促进重点行业废弃物再利用和城市生活垃圾资源化利用，提高工业用水循环利用率。建立淘汰补偿机制，加快淘汰落后生产能力。

（二十八）加强生态建设和保护。积极推进集体林权制度改革，提高林地保护和管理能力，加强森林资源的抚育更新，保持森林覆盖率居全国前列；优化森林资源结构，提高森林资源质量，强化森林资源的生态功能。加强水资源管理，完善取水许可和水资源有偿使用制度，加强水资源总量控制和定额管理，健全流域管理和区域管理相结合的管理体制。完善闽江、九龙江等流域上下游生态补偿办法，推动龙岩、汕头、潮州建立汀江（韩江）流域治理补偿机制，推进生态环境跨流域、跨行政区域的协同保护。

（二十九）强化环境综合整治。从源头上控制环境污染，加强污染治理、监测和监管。继续推进自然保护区和生态示范区、生态农业示范县、生态示范区、可持续发展实验区建设。加强台湾海峡海域、重要流域水环境综合治理、重点流域沿岸乡镇垃圾集中处理和规模化畜禽养殖场污染治理，提高流域水环境质量。推进主要江河水源地、严重水土流失区和生态脆弱区的综合治理与生态重建。加强沿海防护林体系工程建设，切实保护近岸海域生态系统。实施对重要生态功能区的抢救性保护、重点资源开发区生态环境强制性保护、生态环境良好区和农村生态环境积极性保护、风景名胜资源严格保护，维护生态平衡，保障生态安全。

九、加强组织领导，落实保障措施

（三十）加强统筹协调。支持海峡西岸经济区加快发展是中央确定的重要工作方针，国务院各有关部门要明确责任，从自身职能出发，抓紧制定细化方案和具体措施，将政策措施落到实处。

加强规划指导。由发展改革委会同福建省及相关地区，商有关部门抓紧编制《海峡西岸经济区发展规划》，以指导和促进海峡西岸经济区充分发挥后发优势，在更高的起点上实现又好又快发展。在规划编制过程中，要注重与其他规划和相

关政策的衔接。

加大资金投入和项目支持。中央财政转移支付、中央预算内专项资金和中央预算内投资，以及其他中央专项资金，都要加大对海峡西岸经济区的扶持力度，特别要加大对原中央苏区县、革命老区、少数民族地区的扶持力度。安排中央预算内投资等资金时，福建革命老区、少数民族地区等参照执行中部地区政策，福建原中央苏区县参照执行西部地区政策。适当降低中央投资项目地方投资比例，支持发展特色产业和重大项目建设，对海峡西岸经济区的基础设施建设给予专项补助。对具有全国或区际意义、有助于形成海峡西岸经济区整体竞争力的项目，在项目布点与审批、土地利用等方面给予重点支持。

（三十一）赋予对台先行先试政策。建设海峡西岸经济区，符合两岸人民的根本利益。要以中央对台工作总体方针政策为指导，在两岸综合性经济合作框架下，按照建立两岸人民交流合作先行区的要求，允许在对台经贸、航运、旅游、邮政、文化、教育等方面交流与合作中，采取更加灵活开放的政策，先行先试，取得经验。

支持扩大两岸经贸合作。按照同等优先、适当放宽的原则，鼓励承接台湾产业转移，允许国家禁止之外、不涉及国家安全的各类台商投资项目在海峡西岸经济区落地，加快台商投资项目审批。积极推动海峡两岸双向投资，对赴台投资项目简化审批程序，加快审批和核准节奏。在两岸建立长期、稳定的经贸合作机制过程中，允许海峡西岸经济区在促进两岸贸易投资便利化、台湾服务业市场准入等方面先行试验，适当增加对台合作的用地指标。设立对台农产品出口加工基地和台湾农业技术、新品种推广中心，增设台湾农民创业园。扩大“区港联动”政策覆盖范围，在现有海关特殊监管区域政策的基础上，进一步探索在福建沿海有条件的岛屿设立两岸合作的海关特殊监管区域，实施更加优惠的政策。探索进行两岸区域合作试点。积极推动建立两岸金融业监管合作机制，在此机制下，优先批准台资银行、保险、证券等金融机构在福建设立分支机构或参股福建金融企业，支持设立两岸合资的海峡投资基金，进一步扩大两岸货币双向兑换范围，逐步建立两岸货币清算机制。

支持两岸交流交往。把福建沿海机场、港口等作为两岸直接“三通”的首选地。适时增加福建沿海港口为对台海上货运直航口岸。推动福建机场与台湾实现空中直航，增加航班、航线。支持福建作为对台邮件总包交换中心。支持开拓对台旅游市场，适时扩大大陆居民从福建口岸赴台湾旅游。支持福建试行便利两岸人员往来的管理办法，包括为台湾本岛居民办理来往大陆通行证和大陆居民赴台旅游证件等。进一步发挥福建作为两岸事务重要协商地的作用。

支持平台载体建设。适时推进厦门、福州台商投资区扩区和新设立泉州台商投资区。支持继续办好涉台重大经贸文化活动。推动妈祖文化申报世界非物质文化遗产。设立海峡两岸文化产业园，建设一批对台文化交流与合作基地。

（三十二）强化组织实施。福建省要加强领导，周密部署，进一步解放思想，创新机制，明确工作责任，确保各项任务和政策措施落到实处。对与两岸经济交流比较密切的浙南、粤东、赣东南地区以及其他台商投资相对集中地区，也要予以积极支持。各地区各部门要认真学习贯彻党的十七大精神，深入贯彻落实科学发展观，积极支持配合本意见的实施，同心协力，扎实工作，努力把海峡西岸经济区经济社会发展推向新的阶段，在促进祖国和平统一大业和全国发展大局中发挥更大作用。

中华人民共和国国务院

二〇〇九年五月六日

094

海峡西岸经济区发展规划

中华人民共和国国家发展和改革委员会

2011 年 3 月

前　言

海峡西岸经济区东与台湾地区一水相隔，北承长江三角洲，南接珠江三角洲，是我国沿海经济带的重要组成部分，在全国区域经济发展布局中处于重要位置，具有对台交往的独特优势。福建省在海峡西岸经济区中居主体地位，在对台交流合作中发挥着重要作用。党中央、国务院高度重视海峡西岸经济区的建设。2009 年 5 月，国务院出台了《关于支持福建省加快建设海峡西岸经济区的若干意见》（国发〔2009〕24 号，以下简称《意见》）。这是党中央、国务院审时度势、着眼全局，在两岸关系出现重大积极变化、海峡西岸经济区建设进入关键时期作出的重大战略决策，意义重大，影响深远，标志着海峡西岸经济区建设进入了一个新的阶段。

为谋划好海峡西岸经济区发展布局，指导和促进海峡西岸经济区在更高的起点上实现又好又快发展，根据《意见》要求，特制定本规划。本规划范围包括福建省全境以及浙江省温州市、衢州市、丽水市，广东省汕头市、梅州市、潮州市、揭阳市，江西省上饶市、鹰潭市、抚州市、赣州市，陆域面积约 27 万平方公里。规划期从 2011 年至 2020 年。本规划是指导海峡西岸经济区建设和编制相关专项规划的重要依据。

第一章　发展基础

海峡西岸经济区区位优越，对台合作优势独特，山海资源丰富，生态环境良好，经济发展水平较高，具备加快发展的有利条件。

第一节　发展优势

优越的区位条件。海峡西岸经济区地处长江三角洲和珠江三角洲、台湾地区和祖国大陆的结合部，邻近港澳，发挥着承南启北、贯通东西的桥梁纽带作用，是加强两岸交流合作、推动两岸关系和平发展的重要前沿平台和纽带。

良好的资源环境和人文优势。海峡西岸经济区生态环境良好，森林覆盖率比较高；岸线资源丰富，港口优势突出；旅游资源独特，拥有福建武夷山、福建土楼、福建泰宁、江西三清山、江西龙虎山、江西龟峰和浙江江郎山等世界自然遗产、世界文化遗产及风景名胜区。海峡西岸经济区是著名侨乡，旅居世界各地华人华侨2100多万人，港澳同胞400多万人，人文优势明显。

独特的对台合作优势。海峡西岸经济区处在两岸交流合作的前沿，与台湾地区经济文化交流源远流长。海峡西岸经济区是大陆距离台湾本岛最近的区域，平潭岛距离台湾新竹仅68海里。80%以上台湾民众祖籍地在福建。台湾的民间信仰和民俗文化大部分传自海峡西岸经济区，闽南文化、客家文化、潮汕文化、妈祖文化等在台湾地区有广泛影响。海峡西岸经济区与台湾地区商贸往来历来十分密切。闽台政治法律关系渊源深厚。

率先对外开放的沿海地区。海峡西岸是我国改革开放以来最早对外开放的沿海地区之一，依托毗邻台港澳优势，率先建立开放型经济体系，基本形成了全方位、多层次、宽领域的对外开放格局；充分发挥经济特区改革“试验田”作用，率先推行市场化改革，市场化程度高、民营经济发达。

较好的经济社会发展基础。海峡西岸经济区经济综合实力不断增强，2009年地区生产总值超过2万亿元，人均地区生产总值近3500美元；自主创新能力不断增强，先进制造业逐步发展壮大；人口和产业不断集聚，城镇化水平不断提高；基础设施建设加快推进，综合交通运输网络初步形成；城乡、区域协调发展不断增强，人居环境不断优化。

第二节　机遇和挑战

经济全球化和区域经济一体化深入发展，国际间产业转移不断加快，两岸关系和平发展不断推进，这些都为海峡西岸经济区加强与台湾地区的合作、实现较快发展提供了重要机遇。

国家区域发展总体战略深入实施。党中央、国务院高度重视海峡西岸经济区建设，对海峡西岸经济区加快发展提出了新的要求，赋予了新的使命，为加快发展注入了新的活力和强大动力。深入实施西部大开发战略、促进中部地区崛起和鼓励东部地区率先发展等政策的实施，为海峡西岸经济区加快发展提供了更为广阔的空间和有力支撑。

两岸交流合作全面推进。近年来，两岸实现直接“三通”，签署两岸经济合作框架协议，两岸关系发展迎来了难得的历史机遇。海峡西岸经济区与台湾经济联系更加密切，以闽南文化、客家文化、潮汕文化、妈祖文化和祖地文化为纽带的交流交往更加活跃，台商投资区等载体平台已成为台湾产业转移的集聚区，海峡论坛等重大涉台经贸文化交流活动影响日益扩大。随着两岸关系不断改善，海峡西岸经济区在加强两岸交流合作、推动两岸关系和平发展中的地位与作用将进一步凸显。区域经济一体化进程加快。海峡西岸经济区在地理上连为一体，在自然、文化上具有相似性，地区间的经济发展、市场体系内在联系紧密。闽粤赣、闽浙赣等跨省区域协作组织发挥了重要作用，有力地促进区域协调发展。出海通道建设加快推进，将在更大范围内促进生产要素合理流动和优化配置，加快区域经济一体化进程。

同时，海峡西岸经济区加快发展也面临着严峻挑战，主要是发展方式还比较粗放，自主创新能力不够强，经济发展整体水平和产业素质有待提升；区域中心城市实力还比较弱；港口资源开发利用还不充分，交通、能源等基础设施建设相对落后；区域内原中央苏区县、革命老区、少数民族地区、海岛、水库库区等地区发展基础薄弱，城乡公共服务水平差距较大；促进要素合理流动的制度环境和市场体系有待进一步完善；体制机制有待进一步改革创新，改革攻坚的任务仍比较繁重。

第二章　总体要求和发展目标

认真贯彻落实党中央、国务院关于支持海峡西岸经济区建设的重大决策部署，进一步解放思想、勇于创新，凝心聚力、乘势而上，努力开创海峡西岸经济区建设的新局面。

第一节　指导思想

高举中国特色社会主义伟大旗帜，坚持以邓小平理论和“三个代表”重要思想为指导，深入贯彻落实科学发展观，紧紧抓住国家鼓励东部地区率先发展、支持海峡西岸经济区建设的重大历史机遇，全面贯彻落实《意见》，进一步解放思想、与时俱进，牢牢把握两岸关系和平发展的主题，着力推进两岸交流合作，促进两岸互利共赢；着力转变经济发展方式和增强自主创新能力，提高经济发展质量和水平；着力统筹城乡和区域发展，提高经济社会发展的协调性；着力深化改革开放，增强发展的动力和活力；着力改善民生，推进社会主义和谐社会建设；着力加强生态文明建设，提高可持续发展能力，将海峡西岸经济区建设成为经济持续发展、文化更加繁荣、综合竞争力不断增强、人民群众安居乐业的和谐区域。

第二节　战略定位

加强统筹协调，推进分工协作，不断增强海峡西岸经济区在全国发展大局中的战略地位。

——两岸人民交流合作先行先试区域。发挥海峡西岸经济区独特的对台优势和工作基础，努力构筑两岸交流合作的前沿平台，实施先行先试政策，加强海峡西岸经济区与台湾地区的经济全面对接，推动两岸交流合作向更广范围、更大规模、更高层次迈进。

——服务周边地区发展新的对外开放综合通道。从服务、引导和促进区域经济协调发展出发，大力加强基础设施建设，构建以铁路、高速公路、海空港为主骨架主枢纽的海峡西岸现代化综合交通网络，使之成为服务周边地区发展、拓展两岸交流合作的综合通道。

——东部沿海地区先进制造业的重要基地。加快转变发展方式，走新型工业化道路，立足现有制造业基础，加强两岸产业合作，积极对接台湾制造业，大力发展电子信息、装备制造等产业，加快发展战略性新兴产业，建设成为具有较强竞争力的先进制造业基地和两岸产业合作基地。

——我国重要的自然和文化旅游中心。充分发挥海峡西岸经济区的自然和文化资源优势，增强对两岸游客的吸引力，拓展两岸共同文化内涵，突出“海峡旅游”主题，使之成为国际知名的旅游目的地和富有特色的自然文化旅游中心。

第三节　发展目标

认真贯彻落实《意见》精神，进一步解放思想，大胆探索，先行先试，加快推进海峡西岸经济区建设。通过持续努力，到 2020 年海峡西岸经济区综合实力显著增强，文化更加繁荣，社会更加和谐，成为我国新的经济增长极。

——科学发展之区。着力科学发展先行，力争在一些领域走在全国前列，转变经济发展方式取得重大进展。到 2015 年，在优化结构、提高效益、降低消耗、保护环境的基础上，综合实力显著增强，经济社会实现又好又快发展，其中福建省人均地区生产总值达到东部地区平均水平，地方财政收入较大幅度增长；到 2020 年，经济社会发展取得新成效，区域发展协调性显著增强，其中福建省综合实力迈上新台阶。海峡西岸经济区与台湾地区经济融合不断加强，形成两岸共同发展的新格局。

——改革开放之区。社会主义市场经济体制更加完善，重点领域和关键环节改革取得突破，建立起充满活力、富有效率、更加开放、有利于科学发展的体制机制；对外开放水平明显提高，全方位、多层次、宽领域的对外开放格局进一步完善；区域合作不断拓展，区域经济一体化加快发展，服务两岸直接“三通”的主要通道基本形成并不断完善，两岸人民交流合作的前沿平台功能更加凸显。

——文明祥和之区。社会主义和谐社会建设取得新突破，文化事业和文化产业繁荣发展，全民受教育程度和创新人才培养水平明显提高，建立比较完善的医疗卫生服务体系、覆盖城乡居民的社会保障体系，收入分配结构更加合理，社会就业更加充分，人民生活更加富足，人均基本公共服务水平进入全国前列，人民安居乐业。

——生态优美之区。资源节约型、环境友好型社会建设不断取得新成效，资源利用效率明显提高，单位地区生产总值能耗持续下降，节能减排得到落实，森林覆盖率继续保持较高水平，生态文明建设位居全国前列，成为人居环境优美、生态良性循环的可持续发展地区。

第三章　空间布局

按照战略定位和发展目标，明确功能区定位，进一步优化空间布局，促进区域经济一体化，形成资源要素优化配置、区位优势充分发挥的协调发展新格局。

第一节　功能区划分

充分发挥发展基础较好、资源环境承载能力较强等有利条件，进一步细化功能分区，优化产业布局，加强陆海统筹、山海联动发展，推动形成科学合理的主体功能区。

一、东部沿海临港产业发展区。发挥沿海港口优势，引导产业集聚，大力发展高技术产业和现代服务业，发展和壮大化工、装备制造、能源和港口物流业，建设沿海临港重化工业基地，形成沿海产业密集带。大力发展海洋经济，引导发展滨海旅游、港口航运、生态养殖等产业，加强对重要江河的入海口、海湾、岛屿及其周边区域的保护。

二、中部、西部集中发展区。中部以丽水—南平—三明—龙岩—梅州、西部以衢州—上饶—鹰潭—抚州—赣州等中心城市为支撑点，形成以点状分布的增长极。依托生态、资源等优势，大力发展循环经济，积极发展果林竹、生物医药、绿色食品、旅游等产业，进一步吸引人口和产业集聚。大力发展集约型的绿色有机农业，建设优势农产品生产基地。

三、生态保护和生态产业发展区。以闽江、九龙江、晋江、汀江（韩江）、瓯江等为主要水生生态廊道，以武夷山脉和洞宫山—鹫峰山—戴云山—博平岭两大山脉为核心的生态功能保护带，积极开展生态保护和生态建设，加强生物多样性和物种资源保护，实施水源涵养保护工程，发展休闲旅游业、林竹业和绿色有机农业等生态产业。

第二节　总体布局

按照功能区定位，统筹区域发展空间布局，加快形成分工明确、布局合理、功能互补、错位发展的“一带、五轴、九区”网状空间开发格局，推动区域协调发展。

一、加快建设沿海发展带。利用市场化程度高、民营经济发达的优势，积极推动海峡西岸沿海一线率先发展，形成南北两翼对接长三角和珠三角的桥头堡；

按照全国主体功能区规划要求，大力发展先进制造业和现代服务业，推动临港产业和高新技术产业集聚发展；优化提升城市功能，推动城市之间的融合发展，建成特色鲜明、具有竞争力的海峡西岸城市群。

二、纵深推进五个发展轴。以福州、厦门、泉州、温州、汕头为龙头，依托铁路、高速公路，由沿海地区向内地辐射，带动沿线地区发展，形成以点带面、联动发展的新格局。重点建设福州—宁德—南平—鹰潭—上饶发展轴、厦门—漳州—龙岩—赣州发展轴、泉州—莆田—三明—抚州发展轴、温州—丽水—衢州—上饶发展轴和汕头—潮州—揭阳—梅州—龙岩—赣州发展轴。

三、培育壮大九个集中发展区。充分考虑现有开发强度、资源环境承载能力和未来发展潜力，重点发展九个集中发展区，建设成为产业集聚区和城镇密集带。

——厦门湾发展区。以厦门为龙头，以漳州为纵深，增强高端要素集聚和综合服务功能，提升港湾一体化发展水平，推动形成集装箱运输干线港和现代物流中心。厦门市要加快岛内外一体化发展，重点发展现代服务业、战略性新兴产业，建设先进制造业和创新产业的集聚区和示范区。漳州市要加快发展制造业和现代农业，与厦门形成产业互补格局。

——闽江口发展区。以福州为核心，以罗源湾、江阴为两翼，大力发展临港产业，推动福州港成为综合性港口。以平潭开发开放为突破口，着力先行先试，探索两岸合作新模式。积极发展高技术、先进制造业和现代服务业，建设先进制造业基地和对台产业合作基地，推动形成现代制造业集聚区和城镇密集带。

——湄洲湾发展区。依托沿海港口，加强南北岸合理布局和协调开发，重点发展大宗散货运输，成为服务临港产业发展的区域重要港口。推动石化产业集聚发展，建设临港重化工基地、能源基地。开发建设莆田湄洲湾石门澳，推进港城共同发展，大力发展临港重化工业。

——泉州湾发展区。以泉州为核心，统筹环泉州湾产业、港口、城市发展，拓展城市规模，增强城市的集聚辐射、综合服务功能。加快传统优势产业转型升级，大力发展高技术、高附加值制造业和现代服务业，建设先进制造业基地、两岸产业对接基地、民营经济创新发展示范区。

——环三都澳发展区。统筹环三都澳发展布局，合理有序推进岸线开发和港口建设，引导装备制造、化工、冶金、物流等临港产业集聚发展。承接长三角产业转移，加强与浙西南、赣东北地区的区域合作，积极加强与闽江口、温州等地对接，建设成为海峡西岸东北翼新的增长极。

——温州沿海发展区。以温州为依托，充分发挥民营经济发达的优势，加快建设沿海先进制造业基地、港口物流基地，构筑海峡西岸东北翼的增长极，带动丽水、衢州、宁德等地发展，建设成为连接长三角和中西部地区发展的重要区域和出海口、两岸产业对接基地和民营经济创新发展示范区。

——粤东沿海发展区。以汕头为龙头，以潮州、揭阳为两翼，推进汕头、潮州、揭阳同城化发展。进一步发挥汕头经济特区的辐射、带动作用，建设以高技术产业和传统产业升级为先导、先进制造业为主体的新兴产业基地。依托沿海港口，加快建设重化工业为主的临港工业基地，建设成为海峡西岸南翼的增长极。

——闽粤赣互动发展区。以龙岩、三明、赣州、梅州等城市为中心，大力承接沿海产业转移，加快发展旅游、现代物流、生态农业、矿产资源综合利用和精深加工等产业，建设成为承接沿海产业转移基地，闽粤赣边连接沿海、拓展腹地的生态型经济枢纽，全国重要的客家文化中心和红色旅游基地。

——闽浙赣互动发展区。以南平、鹰潭、抚州、上饶、衢州、丽水等城市为中心，充分利用生态和能源资源优势，建设绿色农产品基地、能源供给基地和铜产业基地。依托武夷山、三清山、龙虎山等丰富的旅游资源，大力发展旅游、生态休闲观光农业等产业，建设成为国际知名的生态文化休闲度假旅游目的地。

第四章 构筑两岸交流合作的前沿平台

抓住当前两岸关系和平发展的有利时机，充分发挥对台的独特优势，先行先试，努力构建一个吸引力更强、功能更完备的两岸交流合作前沿平台。

第一节 建设两岸经贸合作的紧密区域

推动建立更加紧密的两岸经济合作机制，实现优势互补、共同发展，为两岸关系和平发展奠定更为扎实的物质基础、提供更为强大的经济动力。

一、加强产业深度对接

推进两岸产业对接集中区建设。按照同等优先、适当放宽的原则，以信息、石化、机械、船舶、冶金等产业为重点，加强两岸产业深度对接，形成厦门湾、闽江口、湄洲湾等沿海一线的产业对接集中区。温州、汕头等其他地区要发挥各自优势和产业基础，加强与台湾产业对接。

提升台商投资区载体作用。适时推进厦门、福州台商投资区扩区和新设立泉州台商投资区。加强台商投资区、开发区、海关特殊监管区域功能整合，推动台商投资集聚发展，提高产业承载力。

拓宽两岸产业对接领域。推进光电、生物医药、节能环保、新能源、新材料、海洋等产业的对接，大力吸引与之配套的上下游企业投资。推动与台湾相关行业协会、科技园区、企业等建立更紧密合作机制，共同建设两岸产业对接专业园区。

提升产业合作关联度。进一步完善产业链配套建设，依托福州、厦门台商投资区及其他台商投资集中地区，建立大陆台资企业所需的零部件、原辅材料中心，鼓励本地企业投资台资企业配套行业。支持大陆台资企业就地转型升级。鼓励和支持有条件的企业到台湾投资兴业，推动建立两岸产业优势互补、互利双赢的合作机制。

二、深化农业合作

充分发挥海峡两岸农业合作试验区、现代农业示范区、现代林业合作实验区、台湾农民创业园的窗口、示范和辐射作用，促进对台农业资金、技术、良种、设备等生产要素的引进与合作。支持建设海峡两岸农业技术合作中心，建设对台良种引进繁育中心和示范推广基地。加快台湾农民创业园建设，支持有条件的地方增设海峡两岸农业合作试验区和台湾农民创业园。加快建设对台农产品出口加工基地，打造两岸农产品集散中心。

三、提升服务业合作水平

建设两岸区域性金融服务中心。推动两岸银行、保险、证券等机构双向互设、相互参股，同等条件下，优先批准台资银行、证券等金融机构在区域内设立机构或参股区域内金融企业。推动对台离岸金融业务发展，促进两岸银行卡通用和结算。

建立两岸物流业合作基地。积极承接台湾现代服务业转移，加强两岸物流企业、项目对接，合作建设物流配送或专业配送中心。加快海峡西岸国际采购和区域物流中心建设，推动两岸物流产业标准化和网络化建设。

加强旅游合作。建立两岸旅游互动合作机制，加强两岸旅游景区和线路对接，做大做强“海峡旅游”品牌。支持开拓对台旅游市场，逐步增加大陆居民从福建口岸赴台旅游。全力打造“小三通”黄金旅游通道，使之成为大陆对台旅游先行先试示范区和两岸旅游合作重要基地。

四、扩大对台直接贸易

在两岸建立长期、稳定的经贸合作机制过程中，允许海峡西岸经济区在促进两岸贸易投资便利化、台湾服务业市场准入等方面先行试验。实行更加开放的对台贸易政策，扩大大陆台资企业所需的零部件、原辅材料进口，积极推动优势产品对台出口。

第二节 建设两岸文化交流的重要基地

以中华文化为纽带，多领域、多层次、全方位地开展与台湾各界的往来，推动文化交流、人员互动，增强民族意识，凝聚共同意志，为两岸关系和平发展增添活力。

一、推进文化交流合作。加强祖地文化、民间文化交流，进一步增强闽南文化、客家文化、潮汕文化、妈祖文化等连接两岸同胞感情的文化纽带作用。加快推进闽南文化生态保护实验区建设，加强对妈祖信俗、南音等人类非物质文化遗产代表作名录项目的保护，进一步提升闽台缘博物馆功能。支持设立客家文化（闽西）生态保护试验区，加快海峡客家论坛中心和客家始祖文化园建设。加强两岸少数民族交流。提升各类涉台展会层次，把海峡西岸经济区建设成为两岸重大经贸文化活动中心。深入开展两岸文化、艺术、广播影视、新闻出版等方面交流互动。推动宗亲文化、宗教、民间信仰的交流，推进闽台族谱对接，吸引更多的台湾同胞来闽寻根谒祖、探亲访友。

二、推进科技交流合作。以中国·海峡项目成果交易会、粤台经济技术交流会为平台，加强与台湾在技术研发、成果转化等方面的合作。加强厦门、泉州、汕头等两岸科技交流合作平台建设，鼓励两岸科研机构、高等院校、企业共同设立两岸合作研发机构，联手培养研发团队和技术人才。深化气象、海洋、地质、地震、环保等方面交流合作。

三、推进教育交流合作。进一步拓展两岸职业教育合作，推进两岸校际合作、职业培训、资格考试和认证、专业技术资格评审、人才引进和人力资源开发等试点工作，积极推动两岸院校学生互招、学历互认、师资互聘。开展两岸合作办学试点，做好台商子女在区域内就读服务工作。扩大区域内高校对台招生规模，推动区域内学生到台湾就学。

四、推进卫生交流合作。加大卫生领域对台开放，鼓励和支持台商在区域内投资建设医院等设施。鼓励台胞比较集中的福州、厦门等地医院提供就医及结算便利，为台胞提供医疗服务。以海峡中医药合作发展中心为载体，建立两岸中医药交流合作基地。支持符合条件的台胞申请参加医师资格认定、考试、执业注册和短期行医。

第三节　建设两岸直接往来的综合枢纽

充分发挥两岸交流合作的前沿平台作用，进一步拓展两岸直接往来的范围，把海峡西岸经济区建设成为两岸交流交往、直接“三通”的主要通道和平台。

一、构建服务两岸的客运枢纽。加快完善两岸直接“三通”基础条件，提升对台开放合作整体功能。进一步扩大口岸开放，加强口岸基础设施和大通关机制建设，实现福建电子口岸互通和信息共享。健全两岸人员往来的便捷有效管理机制，允许外省居民在福建办理证件，方便两岸人员直接往来。适时发展对台客滚直航运输和海上邮轮，完善厦门、福州等机场两岸空中直航的设施条件，增加航线、航班，打造两岸空中快线。

二、构建服务两岸的货运枢纽。充分利用沿海港口优势，完善港口功能，加快海峡航运业发展。鼓励台湾企业投资区域内交通等基础设施建设，密切两岸港口合作。支持增开两岸集装箱班轮航线、散杂货不定期航线，加快福州、厦门、泉州、温州、汕头等两岸直航港口建设。支持台资企业在闽设立航运公司，鼓励船舶在闽港口登记。推进两岸港区对接，推动运输业、仓储业、船舶和货运代理合作。

三、构建服务两岸的信息枢纽。支持福州、厦门邮政物流中心建设，做大做强对台邮政和物流业务。扩大厦门—金门、马尾—马祖航线包裹业务的服务范围和对象。加强对台通邮基础设施建设，推动建立对台邮件总包交换中心。进一步发挥福建作为两岸事务重要协商地的作用，支持国家有关部门、两岸相关团体在福建设立办事机构。

第四节　建设两岸合作的平潭综合实验区

根据《意见》中关于“在现有海关特殊监管区域政策的基础上，进一步探索在福建沿海有条件的岛屿设立两岸合作的海关特殊监管区域，实施更加优惠的政策，探索进行两岸区域合作的试点”的要求，设立平潭综合实验区，开展两岸区域合作综合实验，努力把平潭建设成为两岸同胞合作建设、先行先试、科学发展的共同家园。

一、探索两岸合作新模式。按照创新合作模式、深入推进交流合作的要求，借鉴台湾有效的管理经验和方法，积极探索更加开放的合作方式，开展两岸经济、文化及社会等各领域交流合作综合实验，争取率先突破，为两岸交流合作开辟新路、拓展空间、创新机制。

二、构建两岸经贸合作特殊区域。落实两岸经济合作框架协议，推进两岸投资贸易便利化。积极承接台湾产业转移，高起点发展电子信息、海洋生物科技、物流、旅游等高新技术产业和现代服务业。发展低碳技术，建设两岸合作的低碳科技示范区。加强两岸旅游合作，开辟两岸联线旅游。对接台湾文化创意产业，建设两岸文化产业园。支持在平潭岛内设立海关特殊监管区域，实行更加优惠的监管政策。

三、建设两岸同胞的共同家园。抓紧规划建设平潭至福州的海峡第二通道，畅通平潭岛与陆地联系的通道。适时开通平潭至台湾的海上快捷客货滚装航线，构建两岸直接往来的便捷通道。加快建设环岛路等内部路网体系和市政设施，加强生态环境保护和综合防灾体系建设，优化人居环境，建设现代化海岛城市。创新社会管理新模式，积极探索台胞参与平潭社会事务管理的方式，把平潭打造成为适宜两岸民众居住的示范区。为统筹协调平潭开放开发建设，由发展改革委会同有关部门抓紧编制《平潭综合实验区总体发展规划》，以指导和促进平潭充分发挥后发优势和对台优势，推进先行先试综合实验，实现又好又快发展。

第五章　加快建设现代化基础设施

按照统筹规划、合理布局、适度超前、安全可靠的原则，加快交通、能源、防灾减灾和信息基础设施建设，提高发展保障能力，服务两岸直接“三通”。

第一节　加强综合交通运输网络与对外通道建设

大力推进交通基础设施建设，完善海峡西岸现代化综合交通网络，建设服务中西部发展新的对外开放综合通道。

一、加快交通通道建设。加快推进运输通道建设，完善福州、厦门、泉州、温州、汕头等综合交通枢纽功能，更好地服务于两岸交流合作和中西部对外开放。到2015年铁路营业里程、高速公路通车里程均达5000公里以上。

—— 贯通东西通道。依托沿海港口，向纵深推进，向腹地拓展，建设快速铁路、高速公路相结合的东西向主通道。加快建设向塘至莆田（福州）铁路，抓紧建设合肥至福州、昆明至厦门高速铁路和赣州至龙岩、龙岩至厦门、金华至温州扩能工程。改造提升横峰至福州、鹰潭至厦门等铁路。加快建设北京至福州高速公路，全面建成福州至银川、厦门至成都、泉州至南宁等国家高速公路。

—— 连接两岸通道。按照扩大两岸直接“三通”要求，适时发展台湾海峡北、中、南线轮渡滚装运输，开展连接两岸运输通道的规划研究工作。

—— 拓展南北通道。完善连接长三角、珠三角的快速铁路、高速公路，优化运输结构，提高运输效率和通过能力。加快建设厦门至深圳快速铁路，尽快贯通东南沿海铁路客运专线。改造提升南平至三明至龙岩、广州至梅州至汕头等铁路。打通杭州至广州的快捷通道，贯通长深线丽水至梅州段等国家高速公路，对沈海高速公路进行扩容改造。

—— 区域协作通道。加快建设海峡西岸经济区协调发展、合作协作的通道，打通省际间断头路，抓紧建设宁德至上饶高速公路等区域干线，规划建设宁德至衢州、长汀至泉州、衢州至丽水、浦城至梅州、鹰潭至梅州铁路，争取建成福鼎经浦城、建宁、武平至诏安的交通通道。

二、合理布局港口建设。加强港湾资源整合，完善港口规划布局，加强配套设施建设，加快建设面向世界、连接两岸三地、服务中西部地区发展的海峡西岸港口群。

—— 福州港。以福州港为主体，整合覆盖福州、宁德两市的三都澳、罗源湾、兴化湾北岸等港区，推动成为集装箱和大宗散货共同发展的综合性主要港口。

—— 湄洲湾港。以湄洲湾港为主体，整合覆盖泉州、莆田两市的湄洲湾、泉州湾、兴化湾南岸等港区，重点发展大宗散货运输，成为服务临港产业的地区重要港口。

——厦门港。以厦门港为主体，整合覆盖厦门、漳州两市的厦门湾、东山湾等港区，加快形成以集装箱运输为主、散杂货运输为辅的主要港口。

——温州港。以温州港为主体，整合覆盖温州的状元岙、大小门、乐清湾、瓯江南北岸等港区，发展散杂货和集装箱运输，服务临港产业。

——汕头港。以汕头港为主体，整合覆盖潮州港、揭阳港等港区，发展大宗散货、杂货和集装箱运输，服务于腹地经济发展。

——拓展港口腹地。实施“大港口、大通道、大物流”发展战略，鼓励沿海港口物流企业在内陆城市建立“陆地港”，推进发展河海联运、铁水联运等多式联运。

三、提高空港服务能力。按照两岸空中直航发展需要，抓紧完善机场发展布局和设施配套，建设部分支线机场，加快形成以厦门、福州国际机场为主，中小机场为辅，干支线机场相结合的空港布局。抓紧厦门（新）、武夷山、上饶、衢州等机场建设工程前期工作。积极引进基地航空公司，开辟国内外新航线。大力发展飞机维修等临空产业。到2015年民航旅客吞吐量达4000万人次以上。

第二节　建设海峡西岸能源基地

依托良好的港口条件，加强对外能源合作，优化能源结构，构筑安全、稳定、经济、清洁的能源供应体系，提高能源保障能力。

一、电力。以清洁、低碳为发展方向，科学规划电源点建设，加快电网建设步伐。合理布局沿海大型煤电，加快列入规划的超临界、超超临界大型燃煤火电项目建设和前期工作。规范水能资源开发利用，合理布局抽水蓄能电站，推进仙游、衢江、梅州五华等抽水蓄能电站建设和前期工作。抓紧完善电网建设，推进福建与华东联网第二通道及与南方联网前期工作，加快构筑“省内环网、沿海双廊”的500千伏超高压电网，实现多通道大容量的跨省联网；加强220千伏及以下输配网和智能电网建设，提高供电能力和安全可靠性。

二、能源储备。发挥沿海港口优势，积极引进煤炭、石油、液化天然气等能源资源。加快建设闽江口、湄洲湾、汕头煤炭中转储备基地。研究台湾海峡油气资源的合作勘探和联合开发。加快完善天然气管网，积极开展福建与粤东、浙南、赣东南天然气输气主干线对接的研究。

三、新能源开发。加强新能源资源调查和评价，优先开发技术比较成熟、可规模化发展和产业化前景比较好的新能源。积极推动风能规模化开发，加快推进莆田平海湾、宁德霞浦、漳浦六鳌、温州洞头、瑞安等海上风电示范项目，建设一批海上风能基地。加快生物质能、太阳能、地热能、潮汐能等开发利用。

第三节　加强信息网络体系建设

加快宽带通信网、数字电视网和下一代互联网建设，推进“三网融合”，积极推进物联网发展。完善省级政务信息网，加快整合省、市、县三级突发公共事件应急管理信息系统，完善应急反应体系。推进各地行政审批服务中心信息化建设，实现网上行政审批。加快推进“数字城市”、“数字社区”工程建设。加强农村信息化建设，构建“三农”信息服务体系。加快建设电子商务等公共服务平台，完善物流信息、信用认证、支付网关等平台，推进物流信息平台跨省联网。

第四节　提高防灾减灾能力

加强政府对城乡安全的综合协调、社会管理和公共服务职能，加快建立与经济社会发展相协调的防灾减灾体系，提高防御自然灾害能力。推进以闽江、九龙江、汀江（韩江）、瓯江、赣江、抚河等重点江河堤防工程和洪水预警预报系统升级改造，加快中心城市和县级城区防洪排涝工程建设，加强沿海防护林和海堤建设，健全城乡防洪体系。建立健全地质灾害防治体系。建设一批具有跨区域、跨流域、跨时空调节功能的大中型蓄、引、调水利枢纽工程，发挥防洪、灌溉、供水等综合作用。加强两岸在防范台风、地震等方面的合作，推动建立两岸共同防范自然灾害的长效机制。

第六章　构建现代产业体系

依托现有产业基础和比较优势，推进产业集聚和优化升级，加快转变经济发展方式，形成以现代农业为基础、以先进制造业为主、以服务业为支撑的现代产业体系。

第一节　大力发展现代农业

按照高产、优质、高效、生态、安全的要求，加快转变农业发展方式，促进农业结构优化升级，构建现代农业产业体系。

一、着力发展优势特色产业。引导建设闽东南高优农业、闽西北和赣东南、浙西南绿色农业、沿海蓝色农业产业带。加快农业结构调整，发展壮大园艺、林竹、水产、畜牧等优势产业，积极培育水产品、生猪、蔬菜、水果、食用菌、茶叶、花卉等特色农产品。积极发展休闲观光农业、森林旅游业。加强农业基础设施建设，加快农业新品种、新技术、新肥料、新农药、新机具的推广应用，提高土地产出率和资源利用率。

二、提高农产品加工水平。围绕优势特色产业，大力发展农产品精深加工和综合利用，延长产业链，提高附加值。扶持壮大一批农业产业化龙头企业，培育一批农产品加工示范园区、示范企业和示范项目。大力发展品牌农业，扶持发展一批有影响力的品牌农产品和重点企业。支持农产品出口加工基地建设，扩大特色优势农产品出口。

三、建立健全农业服务和质量安全体系。加强农村市场体系建设，扶持发展一批农家店、农民专业合作社、重点农产品批发市场、农贸市场和农资服务网络。加强粮食现代物流体系建设，大力发展农产品冷链物流。健全农业技术推广、动植物疫病防控、农产品质量监管等公共服务机构，建立新型农业社会化服务、农产品质量安全监管体系。支持出口食品、农产品质量安全示范区建设。

第二节　建设海峡西岸先进制造业基地

坚持走新型工业化道路，推进信息化和工业化融合，实施品牌带动战略，扶持重点骨干企业发展，着力培育产业集群，建设成为东部沿海地区先进制造业重要基地。

一、做大做强主导产业。坚持自主创新与消化吸收再创新、深化内涵与拓展外延、重点突破与全面提升相结合，加快发展电子信息、装备制造、石油化工等产业，引导发展一批关联性大、带动作用强的龙头企业和骨干项目，延伸产业链，壮大产业规模，提升产业整体发展水平。电子信息产业要按照立足优势、加强合作、促进集群的原则，加强计算机及网络、数字视听、移动通信三大产业链建设，大力发展软件、半导体照明、光电、新型元器件等新兴产业。加快福厦沿海信息产业基地建设，培育发展福州、厦门、泉州、温州、潮州等一批新兴特色产业园，促进产业集聚。按照提升水平、重点突破、加强配套的原则，加快建设装备制造业基地。加快发展交通运输设备、工程机械、电工电器、环保设备、飞机维修等优势产业，建设各具特色的装备制造业产业园。鼓励发展游艇制造业。鼓励强强联合，推进重点骨干造船企业与中外大企业战略合作，与上下游产业组成战略联盟，加快形成东南沿海修造船集中区。按照基地化、大型化、集约化的原则，合理布局，延伸和完善石化产业链，加快湄洲湾、漳州古雷石化基地建设，形成全国重要的临港石化产业基地。积极推进石化深加工和综合利用，带动上下游产业发展。

二、加快发展新兴产业。以国家级、省级高新区为载体，着力发展信息、生物医药、新材料、新能源、节能环保等战略性新兴产业，建设海峡西岸高新技术产业带。集中发展软件业、集成电路设计业、服务外包业，着力打造国家软件出口基地和服务外包基地城市，努力创建中国软件名城。重点培育生物制药、化学新药、中药和天然药物等生物医药产业，推进生物资源系列开发。加快电子专用材料、光电材料、催化及光催化材料、稀土材料等新材料的产业化，发展化工轻纺新材料、新型建筑材料、特种金属及陶瓷材料。大力发展清洁能源、可再生能源利用和设备制造，培育核电、风电、太阳能、生物质能等产业。积极发展大气、水污染防治、固体废弃物处理等环保设备制造，加强节能新技术、新装备、新产品的推广应用。

三、巩固提升传统优势产业。着力应用高新技术和先进适用技术改造提升建材、冶金、林产、纺织等传统优势产业，培育国内外知名品牌，提高产业竞争力。提升水泥、石材、建筑陶瓷和水暖器材等优势产业发展水平，提高产业集中度和市场占有率。积极发展优质浮法玻璃深加工和新型墙体材料，加快培育特种玻璃产业。推动重点钢铁企业联合重组，加强与国内外大企业合作。积极发展钨、铝精深加工产业，加快金、铜矿项目建设，推动发展稀土功能材料产业。提升制浆造纸、林产化工、人造板、木竹制品等发展水平，推进林浆纸和林板一体化，加快建设临港大型林浆纸项目，建设一批资源综合利用的木竹加工骨干项目，形成林产品深加工基地。突出纺织服装鞋业品牌创建、研发设计、新型材料开发应用及设备更新，提升发展水平，加快建成集研发、设计、制造和服务为一体的纺织服装鞋业中心。

第三节　加快发展现代服务业

积极承接台湾现代服务业转移，重点发展旅游、物流、商务等服务业，提高服务业比重，促进经济结构优化升级。

一、打造国际知名旅游目的地。围绕"海峡旅游"品牌，整合优势资源，加强旅游景点及配套设施建设，加快形成东部蓝色滨海旅游带和西部绿色生态旅游带。以武夷山、三清山、泰宁和龙虎山、江郎山等为重点，积极发展生态旅游和文化旅游，打造以武夷山为中心的海峡西岸西北翼旅游产业集群。以福州昙石山文化遗址、三坊七巷、莆田妈祖文化、屏南白水洋、福鼎太姥山、雁荡山等为重点，积极发展滨海旅游和文化旅游，打造以福州为中心的海峡西岸东北翼旅游产业集群。以厦门鼓浪屿、海上丝绸之路泉州史迹、潮州历史文化名城、漳州滨海火山、南澳国际生态海岛等为重点，积极发展滨海旅游和文化旅游，打造以厦门为中心的海峡西岸南翼旅游产业集群。以福建土楼、古田会址、红都瑞金、婺源等为重点，积极发展生态旅游和红色旅游，打造以龙岩为中心的海峡西岸西南翼旅游产业集群。培育和壮大一批旅行社、旅游饭店等骨干旅游企业，提高旅游产业的竞争力和知名度。

二、加快发展现代物流业。在厦门、福州、泉州、温州、汕头等中心城市、交通枢纽和港口，规划建设一批现代物流园区、综合性现代物流中心。加快保税区、保税港区、保税物流园区建设和整合发展，完善保税物流监管体系，积极推进两岸港区发展保税仓储、贸易采购、配送中转等国际物流。引导传统运输、仓储企业向第三方物流企业转型。加强沿海主要港口、交通枢纽和国际机场等物流节点多式联运物流设施建设，加快发展公铁海空联运，完善海峡两岸及跨境物流网络，加快形成东南沿海大型国际物流通道口。

三、大力发展技术服务业和商务服务业。依托福州、厦门等重点城市，大力发展信息服务、研发设计、知识产权等高技术服务业。加快中介服务业市场化发展步伐，重点发展管理咨询、研究设计、资产评估、信用服务等商务服务，大力发展法律、会计、广告等中介服务业。大力发展面向台湾及海内外的会展业，提升重大展会的办会水平，加快培育国际化的会展品牌。

第四节　建设现代化海洋产业开发基地

充分利用海洋资源优势，加快发展海洋经济，建成全国重要的海洋开发和科研基地。

一、大力发展海洋经济。加大政策扶持力度，支持福建开展全国海洋经济发展试点工作，组织编制专项规划，鼓励体制机制创新，努力建设海峡蓝色经济试验区。加强海洋科技中试基地及研发平台建设，建立海洋生物资源研发中心、海洋高技术工程中心、新能源开发等实验示范基地。加快培育海洋药品、保健食品、海洋资源综合利用、海洋服务业等新兴产业，形成以沿海重要港湾为依托的临港经济密集区。

二、加强海洋环境保护。加强海洋自然保护区建设，实施闽江口、泉州湾、九龙江口等海洋生态保护恢复工程。加强海洋保护规划，建立一批红树林、珍稀物种栖息地、重要水生生物和滨海湿地生态保护区。合理开发海域资源，分类开发与保护岛屿资源。探索建立两岸海洋管护协作机制，共同保护台湾海峡海洋资源。

第五节　加强海峡西岸区域创新体系建设

采取更加有效的政策措施，大力推进集成创新和引进、消化、吸收再创新，努力打造特色鲜明的区域创新体系。

一、强化企业的创新主体地位。积极推动技术、资金、人才、管理等要素向企业集聚，引导企业加大技术创新投入力度。支持高等院校、科研院所与企业联合兴办技术创新机构，扶持发展民办科研机构，鼓励重点外资企业在区域内设立研发机构。开展创新型企业试点，培育一批创新能力强、经济效益好、拥有自主品牌的创新型企业。

二、完善区域科技创新平台。加强科技资源整合，推动跨部门、跨区域科技合作。加快建设技术研发协作、科技成果转化、科技中介服务、科技资源共享四类创新平台，扩大中国海峡项目成果交易会的影响，加快科技成果转化与应用。鼓励、支持台商投资高新技术园区，吸引台湾科研机构和科技人员共同创建创新平台。加强重点实验室、工程技术（研究）中心建设，打造海峡西岸自主创新平台。

三、加强关键领域与核心技术创新。围绕重点产业发展和传统产业改造升级，重点攻克产业发展中关键、共性技术，解决产业发展技术瓶颈。支持开展信息、生物医药、新材料、新能源、海洋等领域重大科技联合攻关，研制一批具有国家先进水平的重大科技产品。在电子信息、装备制造、石油化工等具有比较优势产业领域，推动建立一批产业技术联盟，协作突破核心技术瓶颈。在建材、纺织等传统优势产业领域，加强技术联合研究开发，提高传统优势产业的核心竞争力。

第七章　统筹城乡和区域协调发展

按照城乡一体化发展的总体要求，走新型城镇化道路，加快推进社会主义新农村建设，促进城乡之间公共资源均衡配置和生产要素自由流动，加快形成城乡经济社会一体化发展新格局。

第一节　加快建设海峡西岸城市群

加强海峡西岸城市群发展的规划协调，引导城市合理分工，优化城市规模等级，进一步完善以区域中心城市为骨干、中小城市和小城镇为基础的城镇体系。

一、发展壮大区域中心城市。福州、厦门、泉州、温州、汕头等中心城市，要发挥港口优势，完善城市布局，推动产业做强、规模做大、功能做优、环境做美，增强其对区域经济发展的辐射带动能力和综合服务能力。漳州、莆田、宁德、潮州、揭阳等城市，要依托沿海港口，积极发展临港产业，建设成为现代化港口城市。南平、三明、衢州、丽水、上饶、鹰潭、抚州等城市，要发挥旅游、生态资源优势，加快发展旅游业、生态产业，建设成为重要的生态型城市。龙岩、赣州、梅州等城市，要发挥红色旅游、客家文化等优势，大力发展特色产业，建设成为重要的生态工贸城市。积极推进海峡西岸西南翼和东北翼的城市联盟，加强分工协作，促进产业协作配套、设施共建共享和生态协同保护，实现资源要素优化配置。

二、培育发展中小城市。根据区位条件、产业基础和发展潜力，明确发展定位，积极培育发展中小城市。沿海及中心城市周边县市，要积极参与区域产业分工，以发展临海产业和为中心城市生产生活服务配套型产业为重点，建设一批新型中小城市。经济欠发达的山区县市，要实施大城关战略，引导产业和人口集聚，增强对农村经济的辐射力。支持区位优势明显、产业基础较好、经济实力较强的县（市）率先向中等城市发展，建设成为区域次中心城市。

第二节　建设社会主义新农村

加大投入，加快发展农村经济，促进农业增效、农民增收、农村繁荣，努力建设富裕、民主、文明、和谐的社会主义新农村。

一、繁荣农村经济。立足各地资源优势，调整优化农业结构和区域布局，加快培育发展具有地方特色和市场竞争力的主导产业和农产品品牌。引导城市部分劳动密集型企业向农村转移，推动乡镇企业整合和提升。大力发展休闲农业和乡村旅游。进一步拓展外向型农业，积极扩大特色农产品出口。

二、增加农民收入。完善家庭承包经营为基础、统分结合的双层经营体制，稳定农民家庭经营性收入。挖掘农民家庭经营性收入潜力，拓宽农民非农收入渠道和来源。多渠道扩大农村劳动力就业，大力发展劳务经济，鼓励就地就近转移就业，支持农民自主创业。支持进城务工人员返乡创业。

三、改善农村生产生活环境。强化乡村规划建设管理，推进村庄整治，改善农村人居环境。大力推进农村饮水安全工程。完善农村路网体系，加快农村出行公交化步伐。大力发展农村卫生、文化事业。大力推广农村沼气、太阳能等可再生资源。实施农村“家园清洁行动”和生态家园富民工程。

第三节　促进欠发达地区发展

以提升自我发展能力为核心，着力优化发展环境，发展壮大特色产业，促进欠发达地区跨越发展。

一、做大县域经济。引导产业集聚发展，设立一批产业转移示范园区，推动包括台资企业在内的符合环保要求的沿海地区劳动密集型产业转移，构建以资源加工型、劳动密集型、产业配套型为主的产业体系。发挥特色资源优势，建成一批绿色食品生产加工基地、生态旅游基地和矿产资源开发加工基地。推进小城镇建设。

二、加大扶持力度。加大中央资金的扶持力度，支持交通、水电、水利、旅游等设施建设。扩大以工代赈、易地扶贫搬迁、农村危房改造等扶贫工程实施范围，支持原中央苏区、革命老区、少数民族地区、海岛、水库库区建设，改善农村生产生活条件。进一步完善和落实沿海对山区对口帮扶工作机制，加快山海协作示范区建设。加强沿海岛屿供水工程建设，切实解决沿海岛屿供水问题。

第四节　建立城乡协调发展长效机制

加快建立以工促农、以城带乡的长效机制，着力解决“三农”问题和城乡二元结构矛盾，促进城乡共同发展。探索城乡统一规划、统一建设、统一管理的新机制，统筹推进各项建设，努力打造具有海峡西岸特色的宜居城乡。支持城市企业向农村延伸产业链，引导城市资金、技术、人才、管理等生产要素向农村流动，扶持发展一批特色产业集中区。加快建立城乡基础设施共同发展机制，统筹城乡供排水、供电、供气、通信等基础设施建设。加快推进福州地铁建设，积极研究论证厦门、泉州等城市轨道交通发展，规划建设海峡西岸城市群城际轨道交通客运系统。统筹城乡社会管理，加强农村基层组织建设，提高城乡社会管理一体化水平。

第八章 加强区域合作

按照区域经济一体化发展的要求，完善区域合作机制，加强区域合作，促进区域共同发展、共同繁荣，形成资源要素优化配置、地区优势充分发挥的协调发展新格局。

第一节 推进区域经济一体化发展

建立健全区域合作机制，创新合作模式，突破行政区划界限，消除行政壁垒，加快区域一体化进程。

一、统筹规划基础设施建设。以交通基础设施一体化为切入点，推进跨省行政区的铁路、公路、港口等重大基础设施项目统筹规划布局和协同建设。加快铁路、高速公路主通道建设，构筑以沿海港口为核心向周边地区辐射的综合交通网络，畅通沿海港口与腹地的通道。统筹推进能源基础设施建设，完善区域内电力、天然气供应网络。统筹规划建设信息基础网络，共享公共信息数据库。

二、加强产业合作对接。加强区域内产业分工和协作，优化资源配置，促进区域经济不断融合。探索建立跨区域合作产业园区，加强电子、机械、旅游、物流等产业对接，推动产业集聚发展。统筹协调沿海地区产业梯度转移，合理布局产业转移承接地。发挥沿海港口优势，吸引周边地区及广大内陆省份在连接沿海出海口的通道沿线规划布局产业项目，培育发展沿线产业带。共同打造“海峡旅游”品牌，建设无障碍旅游区。

三、推动建立统一市场。积极开放市场，打破各种形式的垄断和封锁，推动区域市场一体化发展。加快区域内市场资源整合，发展壮大闽浙、闽赣、闽粤边贸市场，促进双边贸易和经济协作。加快发展区域性商品市场、产权交易市场、人力资源市场，促进人流、物流、资金流、信息流的畅通流动。

四、完善和提升区域合作机制。进一步发挥泛珠三角区域合作和闽浙赣、闽粤赣等跨省区域协作组织的作用，建立更加紧密的区域合作机制。探索设立区域合作示范区，为区域合作发展探索新路径。探索完善有利于人才交流的户籍、住房和人事管理等政策，积极研究再就业培训、劳动力转移、医疗保险对接等方面改革。加快区域大通关机制建设，推行跨省区不同关、检区间的区域通关模式。开展区域内高速公路等收费项目联网结算试点。建立企业信用信息共享机制、联合执法机制、维权联动机制和检测结果互认制度。

第二节　推进与港澳侨更紧密合作

充分利用内地与港澳更紧密经贸关系安排的机制，拓展合作领域和方式，进一步提升与港澳经济合作的层次和水平。积极引入港澳资金、先进技术和管理经验，加快发展现代服务业。鼓励更多港澳金融机构到区域内设立分支机构或投资参股，支持符合条件的企业到香港上市融资。积极开展联合招商，吸引台湾地区银行借助港澳渠道到区域内投资参股。推动有条件的企业到香港设立营销中心、运营中心，扩大对港贸易和转口贸易。加强物流业合作，建立跨境物流网络，促进现代物流业加快发展。健全旅游合作机制，整合两岸三地旅游资源，推动环海峡旅游圈发展。

充分发挥海外华侨华人众多、爱国爱乡的优势，加强与海外华侨华人联络和沟通，利用世界福建同乡恳亲人会、世界闽商大会、国际潮团联谊年会等各种有效平台，积极引进侨智和侨资，引导更多华侨华人支持和参与海峡西岸经济区建设。

第三节　加强与国内其他地区的合作

依托快速通道，加强与长三角、珠三角和鄱阳湖生态经济区等的经济联系与合作，促进生产要素合理流动和优化配置，实现优势互补、良性互动，进一步完善沿海地区经济布局。

加强与长三角地区的合作。加快发展闽江口、温州沿海、环三都澳等发展区，以温福铁路、沈海高速公路为延伸线，主动对接长三角地区，加强基础设施、产业和市场等领域的合作，推动要素无障碍流动，促进共同发展，努力打造带动闽东、浙西南、赣东发展的海峡西岸东北翼增长极。

加强与珠三角地区的合作。加快发展厦门湾、粤东沿海、闽粤赣等发展区，以厦深铁路、沈海高速公路为延伸线，推动与珠三角地区的经济联系，承接珠三角地区产业转移，推动产业集群发展，努力打造带动闽西南、粤东、赣南发展的海峡西岸南翼增长极。

加强与鄱阳湖生态经济区等中西部合作。依托对内连接综合交通通道，加快区域间产业梯度转移，服务和促进海峡西岸经济区腹地经济发展。

第九章　加快社会事业发展

以改善民生为重点，大力发展各项社会事业，切实做到学有所教、劳有所得、病有所医、老有所养、住有所居，促进经济社会协调发展，形成人民幸福安康、社会和谐进步的良好局面。

第一节　大力推进人力资源建设

以人才资源能力建设为核心，着力培养学科带头人、科技领军人才和一线创新人才，为海峡西岸经济区建设提供坚强的人才保证和智力支持。加强能力素质建设，大力发展职业教育，培养高素质的劳动者和技能型人才。完善引才机制，采取团队引进、核心人才带动引进、项目开发引进等方式，重点引进高层次人才和紧缺人才。健全人才政策体系，加强服务，优化环境，形成广纳群贤、充满活力的吸引人才和使用人才的良好风尚。加强人才市场建设，深化户籍、人事档案管理制度改革，消除人才流动限制，促进人才合理流动，努力使各类人才才尽其用、用当其时、各得其所。

第二节　优先发展教育

深化教育体制改革，更加注重素质教育，进一步优化教育结构，促进教育公平。调整优化农村义务教育学校布局，促进义务教育均衡发展。加快中小学校舍安全工程建设，支持原中央苏区、革命老区以及新建城区、外来人口集中地区的中小学校基础设施建设。进一步完善政府主导、行业指导、企业参与的办学机制，积极发展民办职业教育。进一步整合高校教育资源，调整优化高校学科设置，优化人才培养结构，增强办学综合实力和竞争能力。加强厦门大学“211 工程”、“985 工程”和福州大学“211 工程”建设。加强华侨大学、汕头大学等重点高校新校区设施建设。鼓励、支持民办高等教育事业发展，规范办学行为。

第三节　大力发展文化事业

深化文化体制改革，加强文化基础设施建设，推动文化大发展，把海峡西岸经济区建设成为全国重要的文化产业基地。

一、全面繁荣文化事业。完善公共文化服务投入机制，加快建立覆盖城乡的公共文化服务体系，建立健全运行保障机制。加强图书馆、博物馆、文化馆、文化站等文化设施建设，积极推进文化信息资源共享、广播电视“村村通”和农村电影放映等文化工程建设，进一步完善城乡公共文化服务网络。加强网络文化建设和文化市场管理，营造良好环境。

二、打造海峡西岸特色文化品牌。整合文化资源，打造一批地域特色明显、展现海峡西岸风貌、在国内外具有影响力的文化品牌。重点保护发展闽南文化、客家文化、潮汕文化、妈祖文化等特色文化。加强文物、非物质文化遗产保护，完善历史文化名城基础设施，妥善保护历史文化街区。支持海上丝绸之路泉州史迹、鼓浪屿、闽浙赣廊桥等申报世界自然、文化遗产。注重地方特色文化的开发与弘扬，培育具有地方特色的优势文化品牌。

三、发展壮大文化产业。加快文化创新，推动先进文化发展，健全文化产业体系。着力培育专、精、特、新文化企业，重点培育一批优势文化企业。加快文化资源整合，组建一批新型国有文化企业和大型文化企业集团。加快发展新闻出版、广播影视、广告、工艺美术等文化产业，在福州、厦门等地建设一批具有地方特色的文化产业基地和文化产业园区。大力发展文化创意、动漫游戏等产业。

第四节 提升医疗卫生服务水平

加快建立覆盖城乡居民的基本医疗卫生制度，逐步实现人人享有基本医疗卫生服务，不断提高民众健康水平。推进医疗卫生机构管理体制和运行机制改革，引导非公医疗卫生机构发展。加强重大疾病防控、医疗救治等公共卫生机构和卫生监督体系建设，提高突发公共卫生事件应急处置能力。支持中医院建设，加快中医药事业发展。落实国家基本药物制度，加快建立基本药物供应保障体系。开展医疗保险地级统筹。优化配置医疗卫生资源，推动医疗卫生资源向农村基层、城市社区倾斜。加强农村基层医疗卫生基础设施建设。整合城市医疗资源，构建新型城市卫生服务体系。

第五节 构建和谐社会

加快完善社会公共服务，妥善处理好各方面利益关系，努力形成全体人民各尽其能、各得其所、和谐相处的社会环境。实施积极的就业政策，改革劳动和就业管理体制，加快建立城乡统一的人力资源市场和平等就业制度。加快建立健全职工工资正常增长机制和支付保障机制，着力提高低收入者收入水平，扩大中等收入者比重。加快事业单位养老保险制度改革，积极开展新型农村社会养老保险试点。健全住房保障制度，加快保障性住房建设。完善社会公共安全预警体系和应急管理机制，提高处置社会公共安全问题的能力。加强社会治安综合治理，保障人民安居乐业。

第十章 加强生态文明建设

加强环境保护和生态建设，大力发展循环经济、绿色经济，推进资源节约型和环境友好型社会建设，努力建设人居环境优美、生态良性循环的可持续发展地区。

第一节 加强资源节约利用

坚持开发与节约并重，节约优先，加快建立科学合理的资源利用体系。建立和完善节能减排、监测和考核体系，落实节能减排目标责任制。强化固定资产投资项目节能评估审查，对新上项目严把产业政策关、资源消耗关、环境保护关。健全节能环保奖惩机制，完善差别电价、以奖代补、区域限批等政策。

加快节能减排新技术、新产品、新装备的推广应用，淘汰落后产能。加快重点节能工程和污染减排项目建设，突出抓好高耗能行业和重点耗能企业的节能减排工作。严格执行土地供应政策，落实保护耕地目标责任制。加强工业、农业和城市节水，推进沿海缺水地区海水淡化和海水直接利用，加强高耗水行业的节水改造和水循环利用。整顿和规范矿产开发秩序。

第二节 加强生态建设和保护

加强森林资源的抚育更新，优化森林资源结构，提高森林资源质量，强化森林资源的生态功能，森林覆盖率保持较高水平。加快生态公益林体系、绿色通道和城乡绿化一体化工程建设。加强沿海防护林体系工程建设，切实保护近岸海域生态系统。加强厦门、福州、衢州、丽水、潮州等环保模范城市以及园林城市建设，继续推进生态建设示范区、可持续发展实验区、生态文明示范基地等创建工作。加强主要江河源头区、重要水源涵养区、饮用水源保护区、防风固沙区、重要湿地区等生态重要地区的强制性保护，维护生态平衡，保障生态安全。

第三节 强化环境综合整治

坚持保护与治理并重，加强污染治理，着力解决人民群众最关心、最突出的环境污染问题。推动建立环境保护联动机制，加强生态环境跨流域、跨区域协同保护。推进主要江河水源地、严重水土流失区和生态脆弱区的综合治理与生态重建。加强闽江、九龙江、瓯江等重点流域环境整治，完善闽江、九龙江、瓯江、赛江等流域上下游生态补偿办法，推动龙岩、汕头、梅州、潮州建立汀江（韩江）流域治理补偿机制。加强江河、水库等饮用水源地保护，确保饮用水安全。加强污染源在线监测监控，有效控制二氧化硫和化学需氧量等主要污染物排放总量。加强大气污染联防联控工作，加大城市内河、噪音和机动车污染整治力度。加强环境安全危机防范，提高环境安全突发事件处置和应对能力。

第四节 大力发展循环经济

按照“减量化、再利用、资源化”要求，大力发展循环经济，提高资源综合利用率，把海峡西岸经济区建设成为重要的循环经济产业带。大力开发和推广应用节能和资源综合利用新技术、新工艺，加快利用先进适用技术改造传统产业。推进行业、企业和园区发展循环经济，形成企业之间、产业之间的资源利用循环链。大力推进清洁生产，发展资源共生耦合的产业链和产业群，在厦门、福州、泉州、温州、鹰潭等地建设一批生态工业园区。开展循环经济试点。支持建设一批重点生态农业示范园区，发展户用沼气和规模化畜禽养殖场沼气工程。推进各种废旧资源回收和循环利用，完善再生资源回收、加工和利用体系。

大力发展以低能耗、低排放为标志的低碳技术，淘汰能耗高、效率低、污染重的落后工艺、技术和设备，建立低碳型产业结构。加强低碳技术的研发和产业投入，加快产业转型升级。大力发展新能源和可再生能源，进一步优化能源结构。加强林业建设，增加森林碳汇。探索低碳发展的政策机制，支持厦门开展国家低碳城市试点。完善绿色低碳产品认证标识制度，大力推广能效标识产品，倡导公众绿色、低碳消费。

第十一章　提升改革开放水平

充分利用国外国内两种资源、两个市场，进一步拓展对外开放的广度和深度，不断提升对外开放水平，实现开放型经济的新跨越，继续发挥海峡西岸经济区对外开放的先行作用。

第一节　积极合理有效利用外资

创新招商引资机制，提高利用外资水平，实现从单纯引进资金向引进资金与引进先进技术、管理经验和智力资源并重，从制造业为主向制造业与服务业并重的转变。进一步优化外资结构，引导外资投向主导产业、高新技术产业、现代服务业和节能环保等领域，积极开展金融、教育、医疗、文化等领域的利用外资。积极吸引世界500强企业和全球行业龙头企业投资，大力吸引国内外知名企业到区域内设立地区总部、物流中心、营运中心和研发中心。

创新利用外资的途径，鼓励有条件的企业采取项目融资、股权投资、企业并购等多种方式发展与国际大企业的战略合作，积极引进创业投资。支持区域内符合条件的企业到境外上市融资，不断增资扩产。规范招商引资行为，创新外商投资管理方式，努力构建规范化、国际化的营商环境。

充分发挥开发区的载体作用，积极研究海峡西岸经济区范围内的国家级开发区扩区、调整区位和省级开发区升级，拓展开发区的功能。

第二节　加快转变外贸发展方式

坚持以质取胜，加快推进对外贸易从货物贸易为主向货物贸易与服务贸易并重转变。进一步优化进出口结构，不断扩大传统优势产品、机电产品和高技术含量、高附加值产品出口，支持具有自主知识产权、自主品牌商品和服务产品出口。鼓励经济发展急需的先进技术、关键设备和重要资源进口，严格控制高排放、高耗能产品出口。完善出口品牌培育机制，引导企业从贴牌生产向委托设计和自主品牌为主方向转变。完善加工贸易政策，推动加工贸易转型升级。加快服务贸易发展，扩大软件服务外包出口。支持有条件的企业“走出去”，参与海外资源开发，建立境外生产、营销和服务网络，带动商品、服务出口。

充分发挥现有海关特殊监管区域的作用，科学规划、合理布局，推动符合条件的地区设立海关特殊监管区域。在条件成熟时，支持在开放型经济发展较好的地区设立海关保税物流中心。积极推进保税加工、保税物流业发展，大力发展国际中转、配送、采购、转口贸易和加工制造等业务。完善口岸大通关工作机制，实现口岸通关的规范化、国际化和便利化。

第三节　深化经济体制改革

以推进重点领域改革为突破口，加快体制机制创新，率先建立充满活力、富有效率、更加开放、有利于科学发展的体制机制。

一、推进农村综合改革。总结统筹城乡综合配套改革试验经验，适时推广，探索建立统筹城乡经济社会一体化发展的体制机制。在严格执行土地用途管制的基础上，促进农村集体建设用地依法流转，逐步建立城乡统一的建设用地市场。开展城镇建设用地增加与农村建设用地减少挂钩试点。深化集体林权制度、农村公路管理体制等改革。加快农村信用社改革步伐。

二、深化行政管理体制改革。按照精简、统一、效能的改革方向，加快政府职能转变，构建服务型政府。深化行政审批制度改革，进一步减少和规范行政审批。探索实行职能有机统一的大部门体制。试行省直管县体制，扩大县级政府经济社会管理权限。继续推进国有企业改革，完善国有资产监督管理体系。推进公共资源市场化配置改革，加快公共资源交易平台建设。

三、推进社会管理体制改革。完善社区管理体制，构建社区公共资源共享机制和综合治理机制。推进户籍制度改革，放宽中小城市落户条件。深化教育办学体制改革和运行机制建设，形成各类教育相互衔接的全民教育体系。加强公益性文化事业和经营性文化产业改革，完善文化管理体制。推进医药卫生体制改革，建立覆盖城乡居民的基本医疗卫生制度。推进就业和收入分配体制改革，建立健全覆盖城乡居民的社会保障体系。

四、完善现代市场体系。加快发展资本、产权、技术、土地和劳动力等要素市场，完善商品和要素价格形成机制。扩大金融改革试点，在多种所有制金融企业、离岸金融业务等方面进行改革试验。稳步推进金融业综合经营试点。进一步完善经营性土地使用权的招标、拍卖和挂牌制度。加快社会信用体系建设。

五、提高非公有制经济发展水平。贯彻“非禁即入”原则，推行公平准入，鼓励和支持民营资本进入基础设施、垄断行业、公用事业以及法律法规未禁止的其他行业和领域。引导民营经济比较集中的泉州、温州等地产业转型升级。推动非公有制经济制度创新，加快建立现代企业制度。实施中小企业改制上市培育工程。探索更加有效的监管方式，引导非公有制企业依法规范经营，切实维护职工合法权益。

第四节 充分发挥经济特区改革开放先行作用

在新的历史时期，经济特区要继续发扬爱拼敢赢、敢为人先、勇于探索、开拓创新的精神，率先试验一些重大改革措施，争取率先突破，继续发挥改革开放示范和带动作用。在建立有利于科学发展的体制机制上率先突破。支持厦门经济特区开展综合配套改革试验，在行政管理制度、产业发展机制、公共服务体制等重点领域和关键环节取得新突破。加快区域创新体系建设，促进产业结构优化和升级，率先实现经济发展方式转变。加快城乡统筹协调发展改革步伐，率先建立城乡经济社会一体化发展的体制机制。充分发挥市场在资源配置中的基础性作用，率先形成统一开放竞争有序的现代市场体系。

在拓展两岸交流合作上率先推进。支持在两岸贸易投资便利化、人员往来便捷化、货物往来畅通化等方面先行先试。支持厦门建立两岸区域性金融服务中心，扩大金融改革试点，在对台离岸金融、资金清算等方面率先试验。支持厦门开展服务业综合改革试点，推动两岸现代服务业加强合作。对台胞到经济特区置产置业、就业、居住等实行市民待遇。在扩大对外开放上率先转型。积极研究汕头经济特区扩区。探索建立更加适应国际市场规律的经济体制模式，大力推进涉外经济管理体制改革，加快与国际惯例接轨，促进投资贸易便利化。探索创新海关特殊监管区管理制度，更好地发挥厦门保税港区、汕头保税区的功能。

第十二章 规划实施的保障措施

支持海峡西岸经济区加快发展是中央确定的重要工作方针，要切实加强统筹协调，加大支持力度，加强对规划实施的组织领导，完善规划实施机制，确保规划顺利实施。

第一节 着力先行先试

在中央对台工作总体方针政策指导下，积极探索对台交流合作新的体制机制，加快在对台经贸、投资、航运、旅游、邮政、文化、教育等方面交流合作中先行先试，争取率先突破，取得经验。

支持两岸产业深度对接。落实两岸经济合作框架协议，支持在促进两岸贸易投资便利化、台湾服务业市场准入等方面先行先试，推动两岸经贸关系制度化。按照同等优先、适当放宽的原则，鼓励承接台湾产业转移，允许国家禁止之外、不涉及国家安全的各类台商投资项目在海峡西岸经济区落地。对国家批准设立的台商投资区、平潭综合实验区、古雷台湾石化产业园区等特定区域台商投资项目，实行特殊审批政策，《外商投资产业指导目录》中总投资 5 亿美元以下的鼓励类、允许类项目，除《政府核准的投资项目目录》和国务院专门规定需由国务院有关部门核准之外，委托省级投资主管部门核准；在两岸经济合作框架协议后续商谈中，积极研究放宽台资市场准入条件和股比限制等政策。简化赴台投资审批程序，加快审批和核准节奏，鼓励和支持有条件的区域内企业赴台湾地区投资或设立非企业法人机构。

支持扩大两岸交往。推动开放东南沿海海上新航线，进一步完善海峡两岸空中双向直达航路，积极推进增设武夷山、晋江、温州、汕头等机场作为两岸空中直航新航点。支持增设具备条件的口岸为对台直航口岸。继续发挥“小三通”的作用，放宽大陆居民循“小三通”赴台旅游的地区范围。

支持两岸文化交流。支持设立两岸文化教育交流合作专项基金，扶持海峡西岸经济区与台湾地区的文化交流和文化产业发展。支持设立两岸教育合作实验园区，吸引台湾高等院校合作办学。支持设立两岸出版交流试验区。

实施土地配套支持政策。对符合国家产业政策、土地利用总体规划的建设项目用地，加快审批进度。对重大台资项目用地指标实行单列。对重大项目使用林地、海域及围填海计划指标给予倾斜。在土地管理法律法规框架下，支持在平潭开展土地管理综合改革试点。

第二节　加大资金支持力度

中央财政转移支付、中央预算内专项资金和中央预算内投资，以及其他中央专项资金，都要加大对海峡西岸经济区的扶持力度，特别要加大对原中央苏区县、革命老区、少数民族地区的扶持力度。在安排中央预算内投资等资金时，对原中央苏区县参照执行西部地区政策，对革命老区县、少数民族地区参照执行中部地区政策。在安排中央资金时，对海峡西岸经济区基础设施建设予以倾斜，重点支持交通主通道、主枢纽、口岸以及综合交通运输体系等基础设施建设。

第三节　加强组织协调

四省要切实加强对规划实施的组织领导，完善工作机制，落实工作责任，抓紧推进各项任务的实施，确保各项任务和政策措施落到实处。国务院有关部门要按照职能分工，加大对海峡西岸经济区建设的支持力度，在规划编制、政策实施、项目安排、体制创新等方面给予积极支持。要加强部门之间的沟通和协调，指导和帮助地方解决规划实施过程中遇到的问题。发展改革委要会同有关部门加强对规划实施情况的督促检查，重大问题及时向国务院报告。推进海峡西岸经济区建设，是一项长期的战略任务。福建、浙江、江西、广东省和国务院有关部门要以实施规划为契机，以更加开阔的视野、更加昂扬的斗志、更加扎实的作风，开拓创新，加强合作，扎实工作，推动海峡西岸经济区在更高起点上实现又好又快发展，在促进祖国和平统一大业和全国发展大局中发挥更大作用。

095

平潭综合实验区总体发展规划

中华人民共和国国家发展和改革委员会

2011 年 11 月

前　言

平潭综合实验区位于台湾海峡中北部，是祖国大陆距台湾本岛最近的地区，具有对台交流合作的独特优势。为贯彻落实《中华人民共和国国民经济和社会发展第十二个五年规划纲要》和《国务院关于支持福建省加快建设海峡西岸经济区的若干意见》（国发〔2009〕24 号）的精神，根据国务院批准的《海峡西岸经济区发展规划》要求，推动平潭在对台交流合作中先行先试，特制定本规划。本规划范围包括海坛岛及附属岛屿，陆域面积 392.92 平方公里，总人口 39 万人。规划期至 2020 年。

本规划是指导平潭综合实验区开发建设和编制相关专项规划的重要依据。

第一章　重要意义和开发条件

第一节　重要意义

当前，两岸关系已站在新的历史起点上，为平潭综合实验区在对台交流合作中发挥更加重要的作用提供了难得机遇。加快平潭开发开放，对于促进海峡西岸经济区加快发展，推动两岸交流合作向更广范围、更大规模、更高层次迈进，具有重要意义。

一、有利于打造推动两岸关系和平发展的新载体。充分发挥平潭独特的区位优势，抓住当前两岸关系和平发展的有利时机，在平潭建设两岸合作综合实验区，有利于开展两岸经济、文化、社会等多领域的交流合作，打造台湾同胞“第二生活圈”，构建两岸同胞共同生活、共创未来的特殊区域，促进两岸经济社会的融合发展。

二、有利于探索两岸区域合作的新模式。通过平潭综合实验区的开发建设，在两岸经济合作、文化交流、社会管理等方面先行先试，有利于探索两岸同胞建设共同家园的新模式和扩大两岸交流合作的新机制，为推进两岸更紧密合作创造和积累经验。

三、有利于开辟新时期深化改革、扩大开放的新路径。通过平潭综合实验区的先行先试，有利于凝聚两岸同胞的共同智慧，充分借鉴国内外成功经验，加快体制机制创新，进一步建立充满生机、富有效率的体制机制，为全国深化改革、扩大开放积累经验、提供示范。

第二节　开发条件

平潭综合实验区地理位置优越，开发空间广阔，具有进一步发展的良好自然条件和深化两岸交流合作的潜在优势。

一、对台区位优势突出。平潭综合实验区地处台湾海峡中北部，距台湾新竹仅 68 海里，是祖国大陆距台湾本岛最近的地区，是两岸交流合作的重要前沿平台，能够发挥沟通两岸的重要桥梁和纽带作用。

二、自然资源条件优越。平潭岸线资源丰富，拥有良好的港湾和优越的深水岸线，适宜建设大中型港口。旅游资源独具特色，优质沙滩长达 70 公里，海蚀地貌景观遍及全区，拥有平潭海岛国家森林公园和海坛国家重点风景名胜区；清洁能源资源丰富，可供开发的风能、潮汐能潜力较大，具备加快开发建设的较好基础条件。

三、对台合作基础较好。平潭对台交往历史久远，两地民众交流交往十分密切，商贸文化往来频繁，平潭是祖国大陆最早设立台轮停泊点和开展对台小额贸易的地区之一。随着两岸交流合作的不断深入和拓展，平潭综合实验区的前沿平台作用将进一步凸显。

四、发展空间广阔。作为待开发的海岛，平潭土地资源相对充裕。平潭背靠海峡西岸经济区，发展腹地广阔，在推动两岸交流合作、承接台湾产业转移、促进周边地区联动发展等方面具有较大的发展空间和潜力。

同时，平潭综合实验区发展还面临着一些困难：一是经济发展基础比较薄弱，产业支撑能力相对不足；二是社会事业发展相对滞后，公共服务水平较低；三是生态环境相对脆弱，经济建设与环境保护的矛盾较为突出；四是高层次专业人才相对缺乏，干部队伍整体素质有待进一步提高。此外，适应综合实验区开发建设与扩大两岸交流合作的体制机制还需要进一步完善。

第二章　总体要求和目标任务

第一节　指导思想

高举中国特色社会主义伟大旗帜，以邓小平理论和“三个代表”重要思想为指导，深入贯彻落实科学发展观，牢牢把握两岸关系和平发展的主题，进一步解放思想，大胆实验，着力探索两岸交流合作新模式，着力推动体制机制创新，着力推进全方位开放，着力实现经济、社会、生态协调发展，努力把平潭建设成为两岸同胞合作建设、先行先试、科学发展的共同家园。

第二节　发展定位

突出平潭综合实验区的先行先试功能，创新体制机制，推进两岸更紧密合作，发挥平潭综合实验区在两岸交流合作和对外开放中的先行作用。

——两岸交流合作的先行区。积极探索更加开放的合作方式，实行灵活、开放、包容的对台政策，开展两岸经济、文化、社会等各领域交流合作综合实验，促进两岸经济全面对接、文化深度交流、社会融合发展，为深化两岸区域合作发挥先行先试作用。

——体制机制改革创新的示范区。加快平潭在经济、社会、行政管理等方面的体制机制改革创新，在一些重点领域和关键环节先行先试，争取率先取得突破，为我国新时期深化改革发挥示范作用。

——两岸同胞共同生活的宜居区。开辟两岸往来便捷通道，优化投资环境，完善城市服务功能，健全生活服务设施，创新社会管理服务机制，努力构建经济发展、文化繁荣、社会和谐、环境优美的幸福宜居岛，逐步建设成为两岸同胞向往的幸福家园。

——海峡西岸科学发展的先导区。广泛吸收借鉴国内外先进发展理念和经验，大力推广低碳技术，优先发展高端产业，加快转变经济发展方式，探索走出一条低投入、低消耗、高产出、高效益发展的新路子。

第三节　基本原则

建设平潭综合实验区是全新的探索，要积极稳妥、扎实有序地推进相关工作，在建设和发展中要把握以下原则：

——规划先行，分步实施。坚持高起点规划，高标准建设，优化空间布局，明确各功能区定位。合理确定开发时序和步骤，循序渐进，分步推进实验区建设。

——开放合作，互利共赢。积极推进两岸区域合作，面向世界全方位开放，采取更加灵活的合作方式，吸引更多的合作主体，开拓更广的合作渠道，积极引进境内外资金和先进技术、管理经验、智力资源，努力实现优势互补，互利共赢。

——先行先试，大胆创新。围绕深化两岸交流合作，在开发规划、经营管理、利益共享等方面先行试验，创新经济、社会、行政等管理制度，探索两岸合作新模式。

——统筹兼顾，协调发展。统筹经济与社会、城市与农村、人与自然的协调发展，正确处理开发与保护的关系，实行集约节约开发建设，科学控制开发强度，加强土地资源、水资源和岸线、海域及海岛资源保护，促进经济社会可持续发展。

第四节 发展目标

在统筹规划、分步推进、重点突破的前提下，加快开发建设步伐，力争经过5～10年的努力，使平潭综合实验区建设取得明显成效。

到2015年，连接实验区内外的重大交通通道和市政基础设施显著改善，新兴城市框架初步形成，加快开发开放的基础条件基本完备；特色产业发展迈出新步伐，生态环境质量及基本公共服务水平明显提高；开发开放的体制机制基本建立，全方位开放的格局初步形成；以平潭为节点的两岸往来快速便捷综合交通体系基本建成，对台经济、文化、社会各领域的交流合作更加紧密，两岸交流合作前沿平台功能更加凸显。

到2020年，基本形成以高新技术产业和现代服务业为主导、具有较强竞争力的特色产业体系；基本公共服务和城市化水平显著提高，生态文明建设走在福建前列；基本实现与台湾地区经济全面对接、文化深度交流、社会融合发展，两岸同胞合作建设、先行先试、科学发展的共同家园基本建成。

第三章 发展布局

第一节 功能分区

依据海坛岛及其附属岛屿的自然地理特点，从有利于深化两岸经贸交流、承接台湾产业转移、促进两岸科技文化教育合作出发，统筹规划、科学安排平潭综合实验区的开发建设布局。

一、海坛岛。海坛岛是平潭综合实验区的核心区域。要通过组团推进、分时序开发，逐步构建分工合理、功能互补、协调发展的空间开发格局。

中心商务区，位于海坛岛东中部，主要包括潭城组团（现有城区）、岚城组团、竹屿组团等，重点布局发展两岸合作的高端商务、金融保险、行政办公、高尚居住及旅游服务设施，抓紧完善现有城区及中部新区市政基础设施，着力提升中心城区整体功能，打造布局合理、生态宜居、充满活力的中部核心区。

港口经贸区，位于海坛岛西南部和东部，主要包括金井湾组团、吉钓港组团和澳前组团等，重点发展保税加工、保税物流、货运代理、转口贸易及港口物流业，建设商贸、海产品加工及台湾农产品交易中心。

高新技术产业区，位于海坛岛北部的中原组团，重点布局发展电子信息、新材料、新能源等战略性新兴产业，推广应用低碳技术，努力建设成为两岸高新技术产业基地和低碳科技应用示范基地。

科技研发区，位于海坛岛西北部的幸福洋组团，主要发展研发设计，开展两岸产学研紧密合作，建设两岸合作的产业技术研发及应用基地；探索建立两岸合作的集智能交通、智能生活、智能建筑等为一体的智能化示范新城区。

文化教育区，位于海坛岛中北部的平洋组团及周边地区，规划建设两岸教育合作园区，促进大陆知名高校与台湾相关高校的紧密合作；布局建设文化创意产业园、动漫游戏城，促进两岸设计、广告、传媒等文化创意产业及动漫产业合作，努力建成两岸高等教育、职业技术教育和文化创意产业合作示范基地。

旅游休闲区，主要位于海坛岛东南部的坛南湾组团及邻近岛礁，充分发挥天然海滨沙滩、海蚀地貌等独特海岛旅游资源优势，加强海峡两岸旅游合作，积极发展海上运动、养生保健等旅游休闲产业，加快滨海度假酒店及配套服务设施建设，逐步建成国际知名的观光旅游休闲度假区。

二、附属岛屿。屿头岛、大（小）练岛、东（小）庠岛、塘屿岛、草屿岛等附属岛屿，是平潭综合实验区的重要组成部分，要在充分论证的基础上，选择若干个适合开发的岛屿，明确功能定位，建设各具特色的功能岛。屿头岛主要发展高端居住区、休闲度假区及海洋文物区，建设沉船博物馆和海底文物研究中心、沉船打捞技术研究中心。大练岛主要发展特色船舶（含游艇）修造产业。东庠岛主要发展海洋观光渔业。草屿岛规划建设台湾海峡海上补给基地。塘屿岛规划发展为高端度假区。

第二节 区域统筹

在加快平潭开发建设的同时，要统筹平潭与周边地区的发展布局，在更大范围内促进生产要素合理流动和优化配置，实现区域联动发展。

一、推进与相邻地区的联动发展。依托福清、长乐等相邻地区较好的经济基础和便利的交通条件，加强平潭与相邻地区交通等基础设施对接，统筹产业分工合作，拓展平潭产业发展空间，鼓励相邻地区发展关联产业，增强承接台湾产业转移的区域整体功能，实现平潭与相邻地区优势互补、共同发展。

二、统筹与海峡西岸经济区其他地区的协调发展。平潭综合实验区作为海峡西岸经济区先行先试的突破口，率先实施更加灵活特殊的政策措施，逐步向海峡西岸经济区其他地区推广成功经验，形成重点突破、以点带面、协调推进的对台交流合作新格局。海峡西岸经济区作为平潭综合实验区的直接腹地，要发挥整体功能，推动区域协调发展，为平潭综合实验区开发建设提供坚强的支撑条件。

三、加强与国内其他地区的合作发展。支持平潭综合实验区加强与国内其他地区尤其是台商投资相对集中地区的合作，鼓励这些地区的台资企业在平潭设立区域营销总部、物流分拨中心、产业研发基地，促进优势互补、分工合作、共同发展。积极创新两岸交流合作新机制、新模式等，为其他台商投资相对集中地区提供示范。

第四章　基础设施

按照适应平潭开发开放、服务两岸交流合作的要求，加快交通、供水、供电等市政基础设施建设，构建适度超前、服务便捷、安全可靠的基础设施支撑保障体系。

第一节　综合交通

加快推进平潭与内地的交通通道建设，推动对台通道建设，建立以平潭为节点的两岸往来快速便捷的综合交通体系，将平潭建设成为两岸交流交往、直接“三通”的重要通道。

一、对外交通。加快建设平潭海峡大桥复桥工程，抓紧建设福州长乐至平潭高速公路、福州至平潭铁路，打通海坛岛北部对外连接通道，将平潭纳入福州经济圈。统筹规划港口功能和空间布局，加快建设平潭港区金井作业区，设立国家一类口岸，率先开通平潭至台湾海上快捷客货滚装航线，抓紧实施改造东澳渔港。开展平潭机场选址等前期工作。

二、内部交通。按照快速便捷、低碳环保及智能化管理的要求，高起点规划、分步骤建设海坛岛内交通体系。近中期加快建设环岛公路等主干路网，完善内部路网体系。鼓励推广使用电动汽车和自行车，规划建设智能交通管理系统，适时规划建设岛上轨道交通。

第二节　市政工程

加快建设连接实验区内外的供水、供电设施，完善信息通信网络，构建设施先进、保障有力的市政设施体系，建设生态宜居的海岛城市。

一、供水。提高现有水利设施蓄水能力，完善雨水收集利用系统，挖掘区内水资源潜力。抓紧实施区外调水工程，统筹城镇供水和抗旱应急备用水源规划与建设，提高供水保障能力。抓紧实施从福清应急调水工程，满足近中期开发建设用水需求。积极开展中远期从闽江大樟溪调水工程项目的前期工作。

二、能源供应。加快电网建设，积极发展智能电网，构建安全可靠的电力供应体系。积极开发岛上风能、潮汐能、太阳能等清洁能源，适时实施岛外引入液化天然气工程，优化能源供应结构。

三、信息通信。加快推进宽带通信网、数字电视网和下一代互联网等信息基础设施建设，抓紧规划建设技术先进、高可靠性的广电基础网络，推动“三网融合”。支持在平潭开展云计算专区与信息保税港建设的相关研究，深化两岸信息产业交流合作，鼓励台湾电信运营商和信息增值服务商在海峡两岸经济合作框架协议下与大陆企业合作，努力构建电子商贸服务平台和智能化生活信息平台，为两岸民众和企业提供优质服务。

四、污水垃圾处理。统筹布局建设污水、垃圾处理设施。加快实施城区既有污水管网改造，实现雨污分流。规划建设污水处理厂，加快建立中水回用系统，提高用水循环利用率。抓紧建设垃圾焚烧发电厂，加强垃圾资源化利用和无害化处理，建成高标准的污水、垃圾处理系统。

第三节　综合防灾减灾体系

加强灾害风险管理，加快建立与经济社会发展相适应的综合防灾减灾体系，提高抗御自然灾害的能力。加强两岸在防御气象、海洋和地震等灾害方面的合作，推动建立长效合作机制。加强应对极端气候事件能力建设，按照防洪标准50年一遇、防潮标准100年一遇的要求，高标准建设重点海堤工程和防洪（潮）堤坝，加快防洪排涝设施建设。所有新建和改扩建工程均按烈度7度抗震标准设防，供水、供电、交通和通信等生命线工程以及学校、医院等均按烈度8度抗震标准设防。公共消防设施应与其他基础设施统一规划、统一设计、同步建设。做好人防工程建设。加强两岸海上通航和救援合作，增强对台湾海峡交通和环境等海上突发事件的应急处置能力。

第五章　产业发展

积极开展两岸产业合作，引导台湾高新技术产业、现代服务业等高端产业向平潭延伸拓展，加强两岸在关键产业领域和核心技术方面的联合研发，将平潭建设成为综合竞争力强、辐射带动作用大的新兴产业基地，促进海峡西岸经济区及周边地区产业转型升级。

第一节　高新技术产业

按照“突出重点、优势互补、高端发展”的要求，积极承接台湾及境外高新技术产业转移，重点发展电子信息、新材料、新能源等产业，建设海峡西岸高新技术产业基地。

一、电子信息产业。重点发展光电、新型显示器件、集成电路设计、汽车电子等产业，培育汽车电子产业基地，增强为福州及周边地区电子信息、汽车产业的整体配套能力。深化开源软件、数字内容等领域对台合作，积极发展软件和信息服务业。

二、新材料产业。重点发展电子信息、纳米技术、高分子新材料等产业，推动新材料产业集聚发展，打造海峡西岸新材料示范基地，促进福州、厦门、泉州等地相关产业结构调整和优化升级。

三、新能源产业。充分利用丰富的风能、潮汐能资源，大力发展海上风电，适度发展陆上风电；加强潮汐能发电研究，推动建立潮汐能发电试验基地；加强新能源领域对台合作，推动建立两岸新能源产业研发基地。

第二节 服务业

以承接台湾现代服务业转移为基础，加快发展现代物流、商贸流通、金融、文化创意、会展等服务业，促进产业结构优化升级，建成依托海西、服务两岸的现代服务业集聚区。

一、现代物流业。积极发展保税物流、保税加工和转口贸易，支持发展低温保鲜物流和第三方物流。加快建设集疏运一体化港口配套设施，提升港口综合服务能力。

二、商贸流通业。吸引台湾企业和大型跨国企业在平潭设立营运总部，重点发展转口贸易、电子商务、商贸服务等，支持设立台湾特色农产品、电子信息产品专卖区及临港物流加工增值区，建设两岸商贸物流中转基地。

三、金融业。支持台湾银行、保险、证券等金融机构在平潭设立经营机构或参股平潭金融企业，鼓励设立两岸合作的中小企业信用担保机构和区域性再担保机构；推动发展对台离岸金融业务，办理新台币与人民币兑换业务，促进两岸资金互通。

四、文化创意产业。规划建设两岸文化产业园，打造两岸文化创意产业合作基地，对接台湾文化创意产业，充分利用两岸文化优势资源，大力发展现代传媒、动漫游戏、设计创意等产业，完善文化创意产业链，提升文化产品附加值。

五、会展业。突出区域性、独特性展览主题，积极引进台湾会展企业，举办多种形式的会议、展览、演出和节庆活动，培育大市场，打造两岸会展业合作示范区。

第三节 海洋产业

发挥平潭传统产业和资源优势，引进台湾先进技术和理念，积极发展精致农业、海产品深加工、海洋生物科技等现代海洋产业，努力打造海峡西岸海洋经济示范基地。

一、精致农业。鼓励台湾农民特别是中南部农民到平潭投资兴业，发展设施农业、休闲观光农业和海洋渔业。建设平潭水仙花卉栽培园、海峡渔业科技交流园，推进两岸精致农业合作基地建设。

二、海产品加工。引进台湾先进加工技术，加强两岸海产品深加工、冷冻保鲜技术的合作研发，发展海产品精深加工及关联产业，建设成为辐射大陆市场的台湾海产品加工基地和中转集散中心。

三、海洋生物。加强海洋生物技术研发，积极发展海洋生物提取、海洋生物医药及海洋资源综合利用等新兴产业。

第四节　旅游业

发挥平潭旅游资源优势，加强两岸旅游合作，推动旅游线路对接延伸，共同打造“海峡旅游”品牌，将平潭建设成为国际知名的海岛旅游休闲目的地。

一、滨海度假。加强规划引导，优化旅游发展布局，加快旅游景点及配套设施建设，重点发展以坛南湾、海坛湾为主的滨海旅游度假区，以石牌洋、仙人井为主的海蚀地貌观光区，以君山、南寨山为主的生态旅游观光区，以长江澳、山岐澳为主的海上运动旅游区，形成区域特色鲜明的滨海旅游格局。

二、文化旅游。保护和挖掘南太平洋岛语族、平潭传统民居等地域特色浓厚的文化遗产，开发具有人文特色的体验式文化旅游产品。加强两岸文化旅游合作，共同举办祭妈祖、海峡音乐节、海峡帆船（板）赛、台湾美食节等特色旅游节庆活动。

三、休闲养生。将健康旅游与养生文化相结合，开发多样化的医疗保健、健康护理、休闲养生等高端旅游产品。建设大型购物中心、游艇俱乐部、台湾精品购物街，打造具有特色的海峡两岸高端休闲养生度假区。

第六章　社会事业和生态环境

借鉴台湾地区的先进经验，加强两岸社会事业及生态环保领域的交流合作，努力构建以人为本、均衡发展、人与自然和谐共处的社会发展及生态环境保护体系。

第一节　社会事业

加强两岸教育、文化、卫生等领域的合作交流，高起点发展各项社会事业，促进平潭经济社会协调发展。

一、教育培训。利用台湾高等教育、职业教育方面的资源，加强两岸教育合作，高起点发展高等教育和职业教育，创办两岸合作的高等学校。加快义务教育学校布局调整，提高教学质量，积极发展各类职业培训，加强各级各类劳动力技能培训，为平潭开发建设提供坚强的智力支持和人才保障。

二、文化体育。加快综合性文体设施建设，统筹规划建设图书馆、博物馆、文化馆等文化设施，规划建设沉船打捞技术研究基地、沉船博物馆及海底文物研究中心。合理配置中小型体育中心，适时承办体现海岛特色的体育运动赛事，形成布局合理、设施完善、功能健全的公共文化体育体系。

三、医疗卫生。完善多元化办医体制，鼓励民间资本、境外资本兴办医疗机构，支持两岸合作兴办医疗卫生设施。规划建设城市综合医院、中医院、妇幼保健院等，完善社区卫生服务网络，继续加强农村卫生服务体系建设，提高医疗保健服务质量和水平。加强重大疾病防控、医疗救治等公共卫生机构和卫生监督体系建设，提高突发公共卫生事件应急处置能力。

第二节　生态建设和环境保护

坚持保护优先，加强海岛生态建设，严格保护海岛及周边海域生态环境，推进资源节约型、环境友好型社会建设，努力构建人居环境优美、生态环境良性循环的新兴海岛城市。

一、生态建设。加强近岸海域生态建设和环境保护，建设平潭岛礁海洋生态特别保护区，促进海岛自然生态良性循环。合理开发海岛生态旅游资源，建设海岛生态建设实验基地，加强湿地恢复与保护，维护海洋生态系统平衡。加强君山、南寨山等生态景区的强制性保护，严禁开展不符合功能定位的开发活动，加强水土流失综合防治。生产建设项目要严格执行水土保持方案制度，减少地貌植被破坏和可能的水土流失。加大植树造林力度，加快实施防风固沙林带更新改造工程，扎实推进防护林体系建设，努力构建保障有力、功能完整的沿海绿色屏障和生态安全保护体系。

二、环境保护。引进台湾先进节能环保技术，大力推行清洁生产，发展循环经济，降低排污强度。优先保护饮用水源地，重点开展三十六脚湖等饮用水源地的综合治理，加强集中饮用水源地水质监测，确保饮用水安全。开展海水淡化和海洋可再生资源的研究利用。加强大气污染联防联控工作，改善区域环境质量。加大海上养殖污染治理力度，推行近岸海域的环保养殖活动。加强台湾海峡海域环境综合治理，开展海漂垃圾污染治理，提升海域环境质量。加强环境安全危机防范，提高环境安全突发事件预警和处置能力。

第七章　改革开放

抓住海峡两岸经济合作框架协议（以下简称框架协议）签署的有利时机，发挥平潭在两岸交流合作中的“综合实验”作用，以两岸全面对接为突破口，加快创新体制机制，推动全方位开放，推进平潭开发建设，在两岸交流合作和对外开放中发挥示范作用。

第一节　创新管理体制

充分发扬敢为人先、大胆探索、改革创新的精神，进一步解放思想，更新观念，加快经济、社会、行政等体制改革，努力构建充满活力、富有效率、有利于开发开放的体制机制。

一、健全管理协调机制。按照精简、统一、效能的原则，健全平潭综合实验区管理机构，建立起机构精简、职能综合、结构扁平、运作高效的管理体制和运作机制，为平潭开发开放提供组织保障。

二、创新政府管理和服务方式。深化行政管理体制改革，加快政府职能转变，进一步强化经济调节、市场监管、社会管理和公共服务职能，构建服务型政府。创新政府管理模式，加快行政审批制度改革，完善行政审批方式，规范行政审批程序。加快电子政务平台建设，积极推行网上审批制度。推进行政事业性收费改革，率先实行审批管理“零收费”制度。开展社会管理综合改革试点，推进社会管理改革创新，完善社会管理和服务体系，提高社会管理的科学化水平。

三、优化发展环境。充分发挥市场配置资源的基础性作用，加快发展资本、产权、技术、土地和劳动力等要素市场，完善商品和要素价格形成机制。推进公共资源市场化配置改革，建立多元化的投资机制和规范高效的运营机制，逐步放开公用事业的建设和运营市场。创新市场监管模式，健全行政执法与司法相衔接的监管机制。规范市场经济秩序，营造公平、开放的发展环境。

第二节　探索建立两岸交流合作新机制

在框架协议下，积极推进两岸贸易投资便利化、人员往来便捷化、货物往来畅通化等方面的先行先试。按照先易后难、循序渐进的要求，选择具备条件的部分区域、部分领域，开展两岸共同规划、共同开发、共同经营、共同管理、共同受益的合作试点，积极探索建立扩大两岸交流合作新的体制机制。

在总体发展规划的框架下，借鉴境内外先进经验，组织两岸规划机构共同编制相关专项规划。吸引台湾企业和各界人士到平潭投资兴业，鼓励组成独资、合资或合作开发主体，共同参与开发建设。合理借鉴台湾在经济、社会管理等方面的经验，探索两岸经济、社会、文化更加紧密合作的具体途径和方式，鼓励台湾同胞参与相关经济组织、文化教育、生活社区等方面的经营管理服务，提升平潭经济社会事务管理水平。

依法保护台湾同胞的正当权益，实行对台先行先试措施，积极营造充满活力的创业环境，让在平潭工作生活的台湾同胞共同享受开发建设成果、获得实实在在的利益。

第三节　构建全方位开放格局

以开放促开发，实施更加积极的大开放战略，拓展对外开放的广度和深度，不断提升对外开放水平，形成全方位、多层次、宽领域的开放型经济新格局。

一、健全对外开放机制。按照市场经济和世界贸易组织规则要求，建立高效灵活、稳定透明、法律健全的涉外经济管理体制和运行机制，构建开放型经济发展模式，加快与国际惯例接轨，推动贸易投资便利化。

二、创新招商引资机制。建立对外招商统一平台和协调机制，加大招商选资力度，推动引资方式多元化，切实提高利用外资质量和水平。加强与跨国公司的合作，引导境内外特别是台湾地区资金、技术、人才等要素参与平潭开发建设。规范招商引资行为，创新外商投资管理方式，努力构建规范化、国际化的营商环境。

三、提高利用外资水平。在突出对台合作的前提下，全面推进与国际经济的对接和融合，积极参与全球经济分工合作。积极引进境内外企业到平潭创业投资，着力引进投资规模大、技术含量高、带动能力强、节能环保的重大项目，大力吸引世界500强企业和全球行业龙头企业投资，设立区域物流、营运和研发中心。加强经济、技术、旅游、贸易、园区管理、人才培训等方面的国际合作，推动更高层次的对外开放与交流。

第八章　保障措施

第一节　政策支持

平潭综合实验区开发开放是新时期深化两岸交流合作的重大举措，要切实加强统筹协调，加大支持力度，赋予特殊的政策措施，推动两岸全面对接、融合发展。

一、创新通关制度和措施

按照既有利于平潭开发和人员、货物、交通运输工具进出方便，又有利于加强查验监管的原则，实施“一线”放宽、“二线”管住、人货分离、分类管理的管理模式。

（一）“一线”放宽。将平潭与境外的口岸设定为“一线”管理，承担出入境人员和交通运输工具的出入境边防检查、检疫功能，承担对进出境人员携带的行李物品和交通运输工具载运的货物的重点检查功能，承担对进出平潭货物的备案管理功能，以及承担对枪支弹药、国家秘密文件资料等国家禁止、限制的进出境物品的管理功能。

（二）“二线”管住。平潭与内地之间设定为“二线”管理，主要承担货物的报关等查验监管功能，并承担对人员携带的行李物品和交通运输工具载运的货物的检查功能。

（三）人货分离。对从境外进入平潭与生产有关的货物实行备案管理，区内货物自由流转。平潭与台湾地区之间的人员通关按现有模式管理。对从境外经“一线”进入平潭和经“二线”进入内地的旅客携带行李物品的具体规定和通关管理办法，分别由财政部、海关总署会同有关部门制定。

（四）分类管理。允许平潭居住人员，允许平潭建设商业性生活消费设施和开展商业零售等业务，发展符合平潭功能定位的产业。

（五）监管模式。设置环岛巡查及监控设施，确保有效监管。

上述分线管理模式，在条件成熟时予以实施。具体监管方案和通关管理办法，由海关总署、财政部等有关部门会同福建省人民政府制定。

二、税收政策

（一）对从境外进入平潭与生产有关的货物给予免税或保税，生活消费类、商业性房地产开发项目等进口的货物以及法律、行政法规和相关规定明确不予保税或免税的货物除外。货物从平潭进入内地按有关规定办理进口报关手续，按实际报验状态征税，在“一线”已完税的生活消费类等货物除外。内地与生产有关的货物销往平潭视同出口，按规定实行退税，生活消费类、商业性房地产开发项目等采购的内地货物以及法律、行政法规和相关规定明确不予退税的货物除外。平潭企业将免税、保税的货物（包括用免税、保税的料件生产的货物）销售给个人的，应按规定补齐相应的进口税款。在“一线”不予免税或保税、“二线”不予退税的具体货物清单由财政部、税务总局、海关总署会同有关部门审定。

（二）对设在平潭的企业生产、加工并经“二线”销往内地的货物照章征收进口环节增值税、消费税。根据企业申请，试行对该内销货物按其对应进口料件或按实际报验状态征收关税政策，经实际操作并不断完善后再正式实施。具体操作办法由海关总署会同财政部、发展改革委和商务部制定。

（三）对平潭企业之间货物交易免征增值税和消费税。具体政策措施及操作办法由财政部、税务总局商有关方面制定。

（四）在制定产业准入及优惠目录的基础上，对平潭符合条件的企业减按15%的税率征收企业所得税。产业准入及优惠目录分别由发展改革委、财政部会同有关部门制定。

（五）对注册在平潭的航运企业从事平潭至台湾的两岸航运业务取得的收入，免征营业税；对注册在平潭的保险企业向注册在平潭的企业提供国际航运保险业务取得的收入，免征营业税；注册在平潭的企业从事离岸服务外包业务取得的收入，免征营业税；注册在平潭的符合规定条件的现代物流企业享受现行试点物流企业按差额征收营业税的政策；积极研究完善融资租赁企业的税收政策，条件具备时，可进行试点。

（六）在平潭工作的台湾居民涉及的个人所得税问题，暂由福建省人民政府按内地与台湾个人所得税负差额对台湾居民给予补贴，纳税人取得的上述补贴免征个人所得税。

（七）在平潭设立出境开放口岸的前提下，按现行有关规定设立口岸离境免税店。参照现行大嶝对台小商品交易市场模式，支持在平潭设立一个台湾小商品交易市场。

三、财政和投资政策

（一）中央财政加大转移支付力度，支持福建省加快平潭综合实验区开发建设。

（二）中央投资加大对平潭综合实验区基础设施建设的支持力度。

（三）结合海峡两岸经济合作框架协议后续商谈，积极研究放宽台资市场准入条件和股比限制等政策，支持在平潭综合实验区先行先试。

四、金融政策

（一）支持台湾金融机构在平潭设立经营机构，支持银行业金融机构在平潭设立分支机构。

（二）允许福建省内符合条件的银行机构、外币代兑机构、外汇特许经营机构在平潭综合实验区办理新台币现钞兑换业务。

（三）支持符合条件的台资金融机构根据相关规定在平潭设立合资证券公司、合资基金管理公司，支持平潭综合实验区在大陆证券业逐步扩大对台资开放的过程中先行先试。

（四）允许在平潭综合实验区的银行机构与台湾地区银行之间开立人民币同业往来账户和新台币同业往来账户，允许平潭综合实验区符合条件的银行机构为境内外企业、个人开立人民币账户和新台币账户，并积极研究具体操作办法。

（五）允许平潭综合实验区内的台商投资企业在境内发行人民币债券，探索在香港市场发行人民币债券。

五、方便两岸直接往来政策

（一）支持设立平潭水运口岸，并在东澳和金井湾设立两岸快捷客货滚装码头，列为对台海上客货直航点，构建两岸直接往来快捷通道。

（二）允许符合条件的平潭居民及在平潭投资、就业的其他大陆居民经批准办理往来台湾地区一年有效多次签注。根据两岸人员往来和平潭综合实验区建设的实际需要，适时简化两岸人员出入境手续，进一步便利两岸人员往来。

（三）在现行境外驾驶人、境外车辆的相关管理规定基础上，将办理临时牌照权限下放至平潭车辆管理部门；允许台湾地区机动车在临时牌照有效期内多次自由进出平潭。

六、方便台胞就业生活政策

（一）允许台湾地区的建设、医疗等服务机构及执业人员，持台湾地区有权机构颁发的证书，在其证书许可范围内在平潭综合实验区开展相应业务。

（二）在平潭综合实验区内就业、居住的台湾同胞可按国家有关政策规定参加当地养老、医疗等社会保险。

七、土地配套政策

（一）支持平潭综合实验区开展土地管理改革综合试点，积极探索土地管理改革新举措、新政策。

（二）优先保证平潭综合实验区开发建设用地，其用地计划指标由福建省人民政府单列并予以倾斜。

（三）允许平潭综合实验区按照国家规定合理开发利用海坛岛周边附属海岛及海域，对重大项目用海的围填海计划指标给予倾斜。

在新的通关制度实施前，要先行落实不受其约束的其他优惠政策。

第二节　组织实施

福建省人民政府要切实加强对规划实施的组织领导，加大对平潭综合实验区建设的支持力度，推动产业、资金、人才向实验区集聚，为其长远发展奠定坚实基础。要完善工作机制，落实工作责任，按照规划确定的发展定位、空间布局和发展重点，组织编制实施产业发展、基础设施等专项规划，选择和安排建设项目，有序推进开发建设。

国务院有关部门要按照职能分工，制定支持平潭综合实验区开发建设的具体政策措施。要加强部门之间的沟通和协调，指导和帮助解决规划实施过程中遇到的问题。

平潭综合实验区的开发开放事关两岸关系和平发展大局，福建省人民政府和国务院有关部门要充分认识平潭综合实验区开发建设的重大意义，以规划实施为契机，以更高的站位、更大的魄力、更实的举措，加快推进平潭综合实验区开发建设，为推进两岸关系和平发展和祖国和平统一大业发挥更大作用。

096

福建省建设海峡西岸经济区纲要（修编摘录）

（2010年1月30日福建省第十一届人民代表大会第三次会议批准）

《福建省建设海峡西岸经济区纲要》经福建省十届人大五次会议审议通过，标志着建设海峡西岸经济区成为福建全省人民的共同意志。为贯彻落实党的十七大和国务院《关于支持福建省加快建设海峡西岸经济区的若干意见》精神，总结实践经验，适应形势发展要求，有必要对纲要进行修编。本纲要是福建省深入贯彻落实科学发展观，按照党中央、国务院的战略部署，在新的起点上加快建设海峡西岸经济区的纲领性文件，政府应通过制定国民经济和社会发展五年规划、专项规划、区域规划和年度计划，综合运用经济、法律和行政等手段，动员组织全社会力量贯彻实施。

第一章　新形势下加快建设海峡西岸经济区的重大意义

2004年初，中共福建省委认真贯彻落实中央关于科学发展观等一系列重大战略思想，着眼于促进福建又好又快发展，服务全国发展大局和祖国统一大业。从福建实际出发，在历届省委探索实践的基础上，集中全省人民的智慧，提出并实施了建设对外开放、协调发展、全面繁荣的海峡西岸经济区的发展思路，得到了党中央、国务院的充分肯定。党的十七大报告、十六届五中全会《关于制定国民经济和社会发展第十一个五年规划的建议》、十六届六中全会《关于构建社会主义和谐社会的决定》，以及十届全国人大四次会议批准的《中华人民共和国国民经济和社会发展第十一个五年规划纲要》和近几年国务院《政府工作报告》都明确提出“支持海峡西岸和其他台商投资相对集中地区的经济发展”。2009年5月，国务院发布《关于支持福建省加快建设海峡西岸经济区的若干意见》（以下简称《意见》），进一步明确海峡西岸经济区的战略定位和目标任务，海峡西岸经济区发展战略已从地方战略上升为国家战略。胡锦涛总书记、温家宝总理等中央领导先后视察福建，对海峡西岸经济区发展寄予厚望，为加快海峡西岸经济区建设指明了方向。

海峡西岸经济区是以福建为主体，面对台湾，邻近港澳，北承长江三角洲，南接珠江三角洲，西连内陆，涵盖周边，具有自身特点、独特优势、辐射集聚、客观存在的经济区域，是我国沿海经济带的重要组成部分，在全国区域经济发展布局中处于重要地位。福建省在海峡西岸经济区中居主体地位，与台湾地区地缘相近、血缘相亲、文缘相承、商缘相连、法缘相循，具有对台交往的独特优势。海峡西岸经济区发展战略实施以来，得到国家部委的大力支持，海内外的广泛呼应，台港澳和周边地区的积极参与，发展思路进一步完善，定位进一步明晰，效应进一步显现，氛围进一步形成，福建经济社会发展呈现良好的形势、趋势、态势和气势，充分体现福建人民服务全国发展大局和祖国统一大业的强烈责任意识，全面展示福建人民谋求发展的意识、攻坚克难的精神、应对风险的气势、服务全局的合力、拓展创新的气魄和锲而不舍的韧劲，形成了“活、和、创、韧”的基本经验，为进一步加快发展奠定坚实基础。

新形势对福建省加快建设海峡西岸经济区提出新要求。党的十七大作出支持海峡西岸经济发展的重大决策，首次在全党确立海峡西岸经济区的战略地位，把建设海峡西岸经济区与维护中华民族的核心利益、促进祖国和平统一紧密联系起来，赋予海峡西岸经济区建设以新的责任。国务院《意见》的公布实施，是党中央、国务院在两岸关系出现重大积极变化、海峡西岸经济区建设进入关键时期作出的重大战略决策，意义重大，影响深远，在祖国统一大业的史册上将写上浓重的一笔。福建省委、省政府认真学习贯彻党的十七大和国务院《意见》精神，顺应科学发展的大势，把握两岸关系和平发展的趋势，提出要努力把海峡西岸经济区建设成为科学发展的先行区、两岸人民交流合作的先行区，进一步明确了推进海峡西岸经济区建设的途径和目标，体现了建设海峡西岸经济区战略内涵的延伸、拓展、深化和提升。

加快建设海峡西岸经济区，是中央决策和国家战略的重要组成部分，具有重大的经济意义和政治意义。

——进一步发挥福建省比较优势，实现又好又快发展的迫切需要。加快建设海峡西岸经济区，有助于福建在新一轮发展中树立新理念、形成新思路、开辟新空间，充分发挥沿海港口、外向带动、对台合作、生态资源和对内联接等优势，实现经济社会在新的起点上更高水平、更优效益的又好又快发展。

——完善沿海地区经济布局，推动海峡西岸其他地区和台商投资相对集中地区发展的重大举措。加快建设海峡西岸经济区，将为促进中部崛起、西部开发提供一条快捷顺畅的对外开放战略通道，不断拓展福建发展空间，推进福建与长江三角洲和珠江三角洲的经济对接，形成从环渤海湾到珠江三角洲沿海一线的完整发展布局，凸显海峡西岸在东部率先发展、东中西部良性互动的全国区域发展格局中的重要地位和作用。

——加强两岸交流合作，推进祖国和平统一大业的战略部署。加快建设海峡西岸经济区，将进一步促进海峡两岸经济紧密联系、互动联动、互利共赢，使福建成为两岸经贸合作、文化交流和人员往来的结合部、先行区和重要通道，增强台湾同胞对祖国的向心力和认同感，为推动形成海峡经济区打好基础，进一步促进两岸关系和平发展。

第二章 构建优势独特的闽台交流合作支撑体系

构建两岸人民交流合作先行先试区域是建设海峡西岸经济区的战略要求。要认真贯彻中央对台工作部署，紧紧把握两岸关系出现重大积极变化的历史机遇，充分发挥闽台“五缘”优势，实施更加灵活开放的政策，先行先试，求紧密经贸联系，求两岸直接“三通”，求旅游双向对接，求农业全面合作，求文化深入交流，求载体平台建设，推动两岸关系和平发展。

一、建设两岸经贸合作的紧密区域。着眼建设两岸经济制度化合作关系，深化闽台经贸合作，加强产业对接，促进优势互补、共同发展。

加强闽台产业对接。按照“同等优先、适当放宽”原则，以电子信息、石化、机械、船舶、冶金、食品等产业为重点，提升台商投资区和国家级经济技术开发区载体作用，推进厦门、福州台商投资区扩区，增设泉州、漳州等台商投资区，建立与台湾相关行业协会、企业和科学园区等密切合作机制，促进两岸产业深度对接，推动形成厦门湾、闽江口、湄洲湾等沿海一线的产业对接集中区；推进新能源、新材料、生物医药、文化创意、节能环保、服务外包、现代物流、会展业等新兴产业对接，促进闽台产业融合。引导台资企业在闽设立生产企业、商务机构，拓展营销事业。依托台商投资密集区域，加快建立与台湾产业配套以及大陆台资企业所需的零部件、原辅材料中心。落实和制定相关政策措施，鼓励和支持有条件的企业到台湾投资兴业，推动建立两岸产业优势互补的合作机制。

深化闽台农业合作。发挥海峡两岸农业合作试验区、现代林业合作实验区的窗口、示范和辐射作用，促进对台农业资金、技术、良种、设备等生产要素的引进与合作，建立闽台合作农产品出口加工基地和台湾农业技术、新品种推广中心，加快厦门、漳州、三明、莆田、南平等地闽台良种引进繁育中心和示范推广基地建设，建设海峡两岸（福建·安溪）茶叶合作示范基地等一批闽台现代农业合作示范区；支持和鼓励台湾农民来闽投资创业，推进漳浦、漳平（永福）、仙游、清流等台湾农民创业园建设，鼓励和支持有条件的地方增设台湾农民创业园；继续支持闽台农产品市场、台湾水果销售集散中心、台湾水产品集散中心、海峡两岸（福建漳州）花卉集散中心等建设，促进台湾农产品贸易常态化经营。

提升闽台服务业合作水平。推动建立两岸区域性金融服务中心，实现两岸金融合作迈出实质性步伐。推动建立两岸金融业监管合作机制，开办对台离岸金融业务，拓展台湾金融资本进入福建的渠道和方式，推动台资银行、保险、证券等金融机构在福建设立分支机构或参股福建金融企业，推动设立两岸合资的海峡投资基金，进一步扩大两岸货币双向兑换范围，逐步建立两岸货币清算机制；促进开展两岸跨境贸易以人民币计价结算试点，推动两岸银行卡通用和结算；加快海峡产权市场建设，探索引入台湾上柜和兴柜交易机制，推动设立两岸股权柜台交易市场，打造闽台企业对接的直通平台。建立完善闽台旅游合作机制，着力培育“海峡旅游”品牌，共推双向旅游精品线路，把“金马澎旅游”办成大陆居民赴台旅游的先行示范品牌。加强与台湾现代服务业合作，推动台湾企业来闽设立地区总部、配套基地、采购中心、物流中心和研发中心。加快建设海峡西岸现代物流中心，推进物流配送中心或专业配送中心的合作建设，推动两岸物流信息网络相互衔接，设立对台保税物流园区和对台农产品物流加工保税区。加大两岸在法律、会计、审计、咨询等服务机构的合作力度，鼓励台湾居民到大陆依法从事法律服务。

扩大闽台贸易往来。积极推进在促进贸易投资便利化、台湾服务业市场准入等方面的先行先试，率先探索两岸避免双重征税安排、建立两岸税务纠纷处理机制，为两岸建立更紧密的经济合作机制积累经验。推动大宗商品对台出口，鼓励企业和产品进入台湾自由贸易港区，进一步发挥台湾农产品交易平台的作用，扩大台湾农产品进口的零关税范围。实行更加开放的对台贸易政策，研究制定有利于进一步推进小额贸易发展的政策，推动对台贸易口岸查验监管模式创新，积极开展在台商投资区和台资企业密集地区的海关保税物流中心试点。在充分发挥现有海关特殊监管区域政策优势的基础上，推动在平潭等沿海有条件的岛屿设立两岸合作的海关特殊监管区域，实施更加灵活优惠的政策，开展两岸区域合作试点。发挥厦门经济特区在对台方面的先行先试作用，在两岸金融、现代服务业等方面推进综合配套改革。加快推进福州（平潭）综合实验区的开放开发，努力把平潭建设成为探索两岸合作新模式的示范区和科学发展的先行区。

二、建设两岸直接往来的综合枢纽。发挥福建近台地理优势和闽台海空通航基础优势，扩大闽台两地直航，服务两岸直接“三通”，把海峡西岸经济区建设成为两岸交流交往、直接“三通”的主要通道和前沿平台。

拓展对台交通通道。加快建设两岸航运中心，进一步整合优化对台口岸功能，推进福州、松下、宁德、泉州、肖厝、秀屿、厦门、漳州等港口货运直航，发展闽台海峡航运业，增开两岸间集装箱班轮航线、滚装航线和散杂货不定期航线，推动开通福州至基隆、厦门至高雄、莆田至台中客运航线，形成福建沿海与台湾北部、中部、南部相对应的海峡快捷客运走廊。推进空中直航，推动泉州晋江、武夷山机场成为两岸客运直航新增航点，厦门、福州机场成为两岸货运包机直航新增航点。进一步扩大口岸开放，构筑两岸口岸通关联系平台，加强口岸基础设施和两岸大通关合作机制建设，实现福建电子口岸与台湾关贸网络等口岸通关平台的互通和信息共享。推进福建沿海联接台澎金马交通通道项目的规划建设。适时推进向金门、马祖等地供水、供电及铺设海底通信缆线工程建设。

促进两岸人员往来。试行便利两岸人员往来的管理办法，做好为台湾本岛居民办理来往大陆通行证和签注以及为大陆居民办理赴台旅游证件工作，进一步简化通关手续，优化申报、施检、放行的功能组合，健全两岸人员往来的便捷管理机制，争取更多台湾民众和大陆赴台人员循福建口岸往返两岸。完善福建沿海台胞接待站和台湾船舶停泊点功能。加强闽台渔工劳务合作。健全涉台法规，依法保护台湾同胞的合法权益。进一步发挥福建作为两岸事务重要协商地的作用。

建立两岸直接通邮中心。做好福州、厦门两岸直接通邮的邮件封发局相关工作，推动建立对台邮件总包交换中心。加快福建与台湾已开办的邮政水陆路函件传递速度，推动开通闽台邮政专船。推动利用中国邮政航空公司邮政专机开通福建对台邮件航空运输通道，把福建打造成大陆对台通邮的重要通道和水路直接通邮的主要通道。

三、建设两岸文化交流的重要基地。以促进祖地文化交流为重点，以传承中华文化为载体，推动闽台文化全方位、宽领域交流和两地人员多层次、各界别互动，不断强化两岸同胞文化认同。

推进闽台文化交流合作。加快推进闽南文化生态保护实验区建设，推动建立客家文化、妈祖文化生态保护实验区，提升闽台缘博物馆的两岸文化交流功能，建设海峡两岸文化产业园和文化产业合作中心，形成一批对台文化交流与合作基地。增强闽南文化、客家文化、妈祖文化等连接两岸同胞感情的文化纽带作用，提升妈祖信俗、泉州南音等世界非物质文化遗产的文化内涵。深入开展两岸文化对口互动活动，策划组织文化项目入岛交流。推动闽台宗亲文化、民间信仰的交流，推进闽台族谱对接，展示涉台文物内涵，吸引更多的台湾同胞来闽寻根谒祖、探亲访友。加强与台湾民间社团、商会、中介组织等联系，更好地发挥民间组织的影响作用。推动两岸新闻媒体互设常驻机构，推进两岸出版交流试验区建设，深化闽台文学艺术、广播影视、体育等领域的交流合作。加强台湾文献信息积累与研究，加快建设福建省台湾文献信息中心。继续办好海峡论坛，将其打造成为两岸民间交流的重要平台，进一步提升海峡青年论坛、海峡妇女论坛、海峡法学论坛、海峡两岸图书交易会等影响力。

推进闽台科技交流合作。积极推动海峡两岸科技交流合作平台建设，推进海西工业技术研究院前期工作，加强与台湾在技术研发、成果转化等方面的合作。以“6·18”为载体，促进台湾科技成果与福建技术需求有效对接。鼓励闽台科研机构、高等院校、企业建立技术创新联盟，设立闽台合作研发机构，建设闽台科技合作基地，组织实施科技合作项目，开展联合攻关。深化闽台气象、海洋、地质、地震、水利、环保、标准、计量、认证等方面合作，建立两岸防灾减灾资讯共享和会商机制。

推进闽台教育交流合作。进一步拓展两岸教育特别是职业教育、终身教育、科普教育的合作，加快建设海峡两岸职业教育交流合作中心，引进和借鉴台湾职业教育先进理念、教学模式和优秀教材，积极开展职业培训、资格考试和职业认证等试点工作。支持职业院校与台资企业开展多种形式的合作。支持两岸校际合作，探索建立两岸教育合作园区，开展两岸高校合作办学试点；探索建立闽台高校学历学分互认标准，职业证书互认；进一步扩大学生互招规模，继续推进师资互聘。办好海峡两岸校长论坛、学生辩论赛等对台教育交流系列品牌；大力开展闽台青少年交流活动，推进两岸文化代际传承。鼓励更多台湾学生来闽就读，并为其提供良好服务。

推进闽台卫生交流合作。加大卫生领域的对台开放，鼓励台商在闽投资建设医院和康复疗养等设施，引进先进的医疗技术和管理机制；推进闽台医护人员交流合作，鼓励闽台双方医护人员开展对疑难重症病例的医疗合作、业务交流与培训；积极搭建海峡医术论坛，促进两岸医疗卫生技术和中医文化交流，鼓励闽台中医业界的交流合作，办好两岸中医药发展与合作论坛。

推进闽台人才交流合作。完善台湾人才评价政策和办法，开展台湾专业人才参加职称评定、资格考试和认证试点工作，建立闽台人才合作培训、科研、交流基地。鼓励支持取得祖国大陆全日制普通高校学历的台湾学生来闽就业，建立台湾大学生创业园。推动闽台人力资源服务机构互设分支机构，定期举办两岸人才交流会，加强两岸人才信息交流，建立统一管理、为各行业服务的多层次台湾人才及其研究成果数据库，加强面向台湾人才的中介服务组织建设，制定和完善台湾人才来闽通行、人事、税收、劳动和医疗保障等政策法规，以两岸产业合作为重点，积极引进台湾电子信息、装备制造等产业技术人才和物流、金融等高端服务业人才。支持省内企事业单位聘用台湾优秀人才，鼓励台湾人才来闽创业、参政议政、参与社会管理。开展闽台专家两岸行、两岸大学生创业项目对接洽谈等活动，促进闽台人才交流与合作。

097

海峡西岸经济区先进制造业发展规划（2011—2015 年）

中华人民共和国工业和信息化部 福建省 广东省 浙江省
2012 年 1 月 19 日

前言

海峡西岸经济区是我国沿海经济带的重要组成部分，是东部沿海地区先进制造业的重要基地，在全国区域经济发展布局中处于重要位置。加快推进海峡西岸经济区建设，是党中央、国务院立足全国改革发展大局、加强两岸经贸合作作出的重大战略决策，关系到加强海峡两岸交流合作、推进祖国和平统一大业的战略部署，具有重大的政治意义和经济意义。

为贯彻落实《国务院关于支持福建省加快建设海峡西岸经济区的若干意见》（国发〔2009〕24 号）、《海峡西岸经济区发展规划》和《工业转型升级规划（2011—2015 年）》，结合福建省、广东省、浙江省和江西省相关规划，特制定本规划。

本规划主体范围包括福建省全境以及浙江省温州市、衢州市、丽水市，广东省汕头市、梅州市、潮州市、揭阳市，并辐射至江西省上饶市、鹰潭市、抚州市、赣州市。规划期限为 2011 年—2015 年。

一、发展基础

海峡西岸经济区是两岸人民交流合作先行先试区域，对台合作优势独特，制造业发展基础雄厚，特别是近年来以制造业为主体的工业经济发展迅猛，有力地支撑了区域经济社会又好又快发展。国家“十二五”规划《纲要》明确提出，要充分发挥海峡西岸经济区在推进两岸交流合作中的先行先试作用，努力构筑两岸交流合作的前沿平台，促进产业深度对接，这为海峡西岸经济区先进制造业发展带来了重大契机。

（一）现实基础

“十一五”以来，海峡西岸经济区在党中央国务院的坚强领导下，努力克服国际金融危机带来的巨大冲击，按照走中国特色新型工业化道路的要求，积极推进产业调整和振兴，工业保持持续快速发展，为区域经济社会健康发展做出了重要贡献，为做强做大先进制造业奠定了良好基础。

区位优势较为独特。海峡西岸经济区是大陆距离台湾本岛最近的区域，也是长江三角洲和珠江三角洲地区的结合部，邻近港澳，发挥着承南启北、贯通东西的桥梁纽带作用。海峡西岸经济区岸线资源丰富，港口优势突出，是加强两岸交流合作、推动两岸关系和平发展的重要前沿平台和纽带，具有独特的对台产业合作优势。

经济社会发展基础较好。海峡西岸经济区经济综合实力不断增强，2010 年，地区生产总值超过 2.5 万亿元，基础设施建设加快推进，综合交通运输网络初步形成；城乡、区域协调发展水平明显提升，人居环境不断优化。依托毗邻台港澳优势，海峡西岸经济区率先建立了开放型经济体系，基本形成了全方位、多层次、宽领域的对外开放格局。

制造业发展潜力进一步凸显。海峡西岸经济区制造业发展已具备了良好的基础和条件。产业规模快速增长，2010 年海峡西岸经济区共实现工业增加值1.1万亿元；自主创新能力明显增强，仅福建省就建成了 24 家国家级企业技术中心和 264 家省级企业技术中心；产业集聚水平不断提高，在福州、厦门、温州、泉州等地区形成了一批产值超百亿元的产业集群；两岸产业合作势头良好，已有超过 50 家台湾百强企业来海峡西岸经济区投资。

经济发展活力较强。海峡西岸经济区是著名的侨乡和台湾同胞祖籍地，80%以上台湾民众祖籍地在福建，闽南文化、客家文化、潮汕文化、妈祖文化等在台湾地区有广泛影响，两岸文化交流和商贸往来十分密切。特别是海峡西岸独特的地域文化与经济特色以及当地人民的创新创业精神，极大地促进了民营经济和中小企业的蓬勃发展，成为我国中小企业和民营经济最为发达的地区之一。

（二）发展环境

“十二五”时期，是我国工业转型升级的攻坚时期，经济全球化和区域经济一体化深入发展，国际产业转移不断加快，两岸关系和平发展不断推进，这些都为海峡西岸经济区加强与台湾地区的合作、实现较快发展提供了重要机遇。

两岸关系出现积极变化。近年来，两岸实现直接“三通”，签署两岸经济合作框架协议，产业投资和人员往来更为自由和便利，两岸关系发展迎来了难得的历史机遇。海峡西岸经济区与台湾经济联系更加密切，台商投资区等载体平台已成为台湾产业转移的集聚区，海峡论坛等重大涉台经贸文化交流活动影响日益扩大，随着两岸关系不断改善，海峡西岸经济区在加强两岸交流合作、推动两岸关系和平发展中的地位与作用将进一步凸显。

国家区域发展总体战略深入实施。党中央、国务院高度重视海峡西岸经济区建设，从战略高度对海峡西岸经济区加快发展提出了新的要求，赋予了新的使命，为加快发展注入了新的活力和强大动力。深入实施国家区域发展战略，将为海峡西岸经济区加快发展提供了更为广阔的空间和有力支撑。

区域经济一体化进程加快。海峡西岸经济区在地理上连为一体，在自然、文化上具有相似性，地区间的经济发展、市场体系内在联系紧密。闽粤赣、闽浙赣等跨省区域协作组织发挥了重要作用，有力地促进区域协调发展。京福高铁、龙庆高速等铁路公路建设步伐加快，加速了海峡西岸经济区与长三角、珠三角的对接。出海通道建设加快推进，将在更大范围内促进生产要素合理流动和优化配置，加快区域经济一体化进程。

国内外产业转移步伐进一步加快。国际金融危机后全球经济格局正在发生深刻变革，为我国深度参与国际产业分工，缩短与发达国家发展战略性新兴产业的差距，调整优化产业结构等方面带来难得的历史机遇，也为海峡西岸经济区承接国际、我国台湾地区、长三角和珠三角地区产业转移提供了良好契机。

赋予先行先试开放政策。海峡西岸是我国改革开放以来最早对外开放的沿海地区之一，具有经济特区改革"试验田"的先行先试政策优势，率先推行市场化改革，市场化程度高、民营经济发达。国家明确支持福建按照同等优先、适当放宽的原则，承接台湾产业转移，有利于促进两岸产业深度对接。

同时，海峡西岸经济区加快发展也面临着严峻挑战，长期积累的结构性矛盾日益突出，发展方式总体较为粗放，自主创新能力较为薄弱；产业集中度低，缺乏具有国际竞争力的龙头企业；临港重化工业发展不充分，产业布局和区域发展不够协调，生产性服务业发展滞后。"十二五"时期，必须加快推进发展方式转变和结构调整，大力发展先进制造业，不断提升产业发展水平和国际竞争力。

二、主要目标和任务

（一）指导思想

深入贯彻落实科学发展观，坚持走中国特色新型工业化道路，紧紧抓住国家支持海峡西岸经济区建设的重大历史机遇，着力推进两岸交流合作，以科学发展、跨越发展为主题，以结构调整、产业升级为主线，以深化改革、扩大开放为动力，围绕培育大产业、打造大基地、塑造大品牌，推进信息化与工业化深度融合，巩固提升传统优势制造业，培育壮大战略性新兴产业，加快发展生产性服务业，将海峡西岸经济区建设成为创新驱动、集约高效、核心竞争力和可持续发展能力强的全国先进制造业基地和海峡两岸产业合作基地，为海峡西岸经济区又好又快发展提供有力支撑。

（二）主要目标

经过5年努力，初步建成具有较强竞争力的全国先进制造业基地，成为我国经济社会发展新的增长极。

——规模效益稳定增长。到2015年，海峡西岸经济区规模以上制造业增加值年均增长15%；工业增加值率和全员劳动生产率高于全国平均水平。

——自主创新能力显著增强。工业企业研发经费占工业增加值比重提高到3.6%左右，企业专利授权量占比稳步提高。重点领域和新兴产业技术标准取得突破。

——产业结构进一步优化。战略性新兴产业增加值占规模以上工业增加值比重提高到30%；形成15个超千亿元的先进制造业集群（基地）；生产性服务业发展水平明显上升；培育一批主业突出、竞争优势明显的大企业大集团，中小企业发展质量和效益进一步提高，培育形成一批特色鲜明、竞争力强的产业集群和行业领军企业。

——“两型”工业体系建设取得进展。单位工业增加值能耗、单位工业增加值用水量、工业二氧化硫和化学需氧量、工业氨氮和氮氧化物排放量的下降幅度达到全国平均水平，工业固体废弃物综合利用率提高到75%以上，初步建成资源节约型、环境友好型工业体系。

——信息化应用水平显著提高。重点骨干企业信息技术集成应用达到国际先进水平，大中型企业资源计划（ERP）普及率达到80%以上。

——两岸合作更加紧密。平潭岛综合实验区、台商投资区、闽台产业合作专业园区等的载体功能突出、集聚效应明显、产业协调发展，实际利用台资力争年均增长15%，创建10个以上两岸先进制造业合作示范区，两岸人民交流合作的前沿平台功能更加凸显。

（三）主要任务

依托现有产业基础和比较优势，加强科技创新和技术进步，促进“两化”深度融合，推动节能减排和淘汰落后产能，扶持重点骨干企业发展，推进产业集聚和优化升级，建设成为具有较强国际竞争力的东部沿海地区先进制造业基地。

1. 推进科技创新和技术进步

努力突破制约产业优化升级的关键核心技术，支持企业技术改造，增强新产品开发能力和品牌创建能力，促进由价值链低端向高端跃升，加快推动发展动力向创新驱动转变。

推进产业技术创新平台建设。加快中科院海西研究院建设，完善行业技术开发基地、工程（技术）研究中心、重点（工程）实验室等创新平台，支撑产业共性、关键性和前瞻性技术研发。实施产业集群技术提升专项，促进重点产业集群整体技术水平跨越式发展。引导龙头骨干企业联合有关高校、科研机构及上下游关联企业，围绕重大产品和技术开发，组建产学研用创新战略联盟，形成创新突破的有效力量。

加快企业技术中心建设。以服务企业自身的企业技术创新平台为抓手，引导企业整合创新资源，支持一批企业技术中心建设，着力发展一批具有自主创新能力的高新技术企业，支撑企业开发和掌握具有市场竞争优势的产品、技术和工艺，加快构建以企业为主体、市场为导向、产学研相结合的技术创新体系。

加强企业技术改造。以增加品种、提升质量、清洁生产、节能降耗、环境保护、工艺优化、装备更新、两化融合、安全生产为重点，加快采用新技术、新工艺、新装备、新材料，推动传统制造业整体水平提升。依托增量投入带动存量调整，落实支持技术改造的财税、金融、土地等政策，优化工业投资结构，建立健全企业技术改造长效机制，鼓励企业加大技术改造与技术进步投入，促进企业走内涵式发展道路。

2. 大力推进工业节能降耗减排，增强可持续发展能力

按照国家产业政策要求，研究建立节能减排“倒逼”机制和长效机制，强化政策引导，依靠技术进步，推动资源节约型和环境友好型产业快速发展，提高可持续发展能力。

深入开展行业节能降耗减排。以提高能源利用效率为核心，在钢铁、有色、石化、建材、电力、纺织等高耗能行业推动重点节能技术、装备和产品的推广和应用，制定和实施主要耗能产品的能耗限额标准，着力推动工业节能。优化能源结构，推广使用太阳能光伏应用系统，推进生物质能发电、垃圾发电建设，积极发展沿海风电。对新建、改扩建增加氨氮、总磷等主要污染物排放的项目，以及制浆造纸、制革、农药、印染、纺织、石化、黑色金属冶炼与压延加工业等废水排放量较大的行业及高耗水行业的项目，依法严格审批，严格控制污染排放。

推行清洁生产。以火电、石化、冶金、建材、轻纺、煤炭等高能耗、高物耗、高污染的行业以及污染企业较为集中的区域为重点，推动企业清洁生产技术改造，提高新建项目清洁生产技术工艺装备水平，实现从末端治理向预防和生产全过程控制转变，努力实现污染物的减量化、资源化和无害化。

推进资源集约节约利用。大力发展循环经济和再制造产业，开发应用源头减量、循环利用、零排放技术，促进企业间资源共享、废物互为利用；加强废金属、废纸、废塑料、废旧轮胎、废弃电子电器产品、废旧机电产品、废弃包装物等的回收和循环利用；组织实施机电产品再制造试点，建设一批再制造示范基地，促进再制造产业规模化发展。按照“以水定供、以供定需”的原则，调整产业结构和布局，推广工业节水新技术、新工艺和新设备，强化火电、纺织、石化、造纸、钢铁等高耗水行业节水管理。

促进产业与生态环境保护协调发展。充分考虑生态功能划分和生态环境容量，引导资源开发利用项目、拟建工程项目合理布局。落实节能减排目标责任制，强化企业节能减排主体责任，加快营造有利于节能减排和循环经济发展的体制环境、政策环境。严格环境准入，认真执行固定资产投资项目节能评估审查制度、行业规划和建设项目环境影响评价制度，加强工业项目环保控制。加强生态

敏感区保护，推进生态工业园区建设，提升区域资源环境对重点产业发展的支撑能力。加快淘汰落后产能。落实国务院《关于进一步加强淘汰落后产能工作的通知》的要求，以电力、煤炭、钢铁、水泥、有色金属、铅酸蓄电池、焦炭、造纸、制革、印染等行业为重点，强化安全、环保、能耗、质量、土地等约束，建立完善落后产能退出机制和长效机制，引导企业调整与退出技术装备落后、资源利用率低、环境污染严重的低端生产环节，依法淘汰落后产能。

3. 推动信息化与工业化深度融合

加快信息技术在企业研发设计、生产控制、经营管理、物流营销等环节的深化应用，重点推进智能制造从分散、局部应用向融合、集成、系统应用转变，不断提高工业信息化的层次和水平。

加快关键核心信息技术的研发与应用。依托泛在网络、信息技术和智能技术发展，提高产品和装备的数字化、智能化和网络化程度，使得生产过程向自动化、柔性化和集成化方向发展。突破现场总线、嵌入式操作系统、计算机辅助设计及工程分析软件、制造执行系统、大型管理软件和行业解决方案等两化融合关键共性技术，加快应用电子等产品研发和产业化。推进信息技术在产品研发创新中的应用，推广跨组织、跨地域的工业协同设计，缩短产品研发过程。研发新一代"开放式"、"智能化"数控加工设备，提升研发重大数控装备能力，提高海峡西岸经济区工业装备整体智能化水平。

推进信息技术集成应用与创新。深化产品全生命周期管理（PLM）、企业应用集成（EAI）、数据中心等集成协同技术在企业生产管理中的应用，提升企业生产过程与核心业务的管理水平。推广客户关系管理系统和呼叫中心，提高企业精细化营销管理和"一对一"客户服务水平。推进信息技术在管理创新中的应用，大力推进企业资源计划（ERP）、供应链管理（SCM）等企业内外部信息管理系统的应用，推动企业管理和业务模式的重组与优化。鼓励品牌企业建立全国性的分销网络系统，加强自动化仓储管理与物流配送中心建设，优化配送渠道。推进两化融合促进节能减排和安全生产工作。

构建"两化融合"公共服务平台。支持面向中小企业的行业信息化服务平台建设，为传统行业企业提供技术支持、培训、咨询等服务；引导企业探索符合自身实际的"两化融合"最佳方案；通过示范带动，加快推进信息化与工业化深度融合。推进电子商务、物流信息化和旅游信息化建设，拓宽"两化融合"服务领域。

4. 培育发展大企业大集群

进一步优化发展环境，加强政策扶持和产业引导，在规模经济行业促进形成一批具有国际竞争力的大集团大集群。积极引进建设一批重大项目。推动石化、钢铁、纸浆、大型装备等重大项目列入国家有关规划布局，加快重大项目前期工作，着力实施海峡西岸经济区重点企业与央属企业高位嫁接，深化闽台产业对接，积极引进央属、台资、民营大型企业集团；推出一批投资大、竞争力强、市场空间大的项目，吸引国际国内战略投资者。

大力培育发展带动性强的龙头企业。以产业链延伸、企业集聚为重点，健全龙头企业发展机制，优化生产要素配置，支持优势企业跨地区跨行业跨所有制兼并重组，鼓励企业通过与国内外大企业合作、嫁接央企、改制上市、发行债券、股权转让等方式做大做强，加快培育发展一批具有自主知识产权、主业突出、竞争力强的大企业大集团。支持有条件企业开发境外资源和市场，收购或参股国际品牌、营销网络和研发机构。

打造重点产业集群（基地）。加快重点产业集聚区基础设施及公共服务平台建设，加快推进传统产业集群转型升级、装备制造产业集群提高协作配套能力、原材料产业集群延伸产业链、高新技术产业集群扩大发展规模。研究制定产业链招商目录，着力打造一批超千亿元的产业集群（基地），形成海峡西岸特色鲜明、竞争力强的先进制造产业集群。引导工业企业向工业园区集中，提高单位面积土地投入强度和产出率，优化工业空间布局。

5. 促进中小企业健康发展

坚持“创业、培育、成长”三位一体，扶持发展大批具有“专精特新”特征的中小企业，加快形成大企业与中小企业协调发展、资源配置更富效率的产业组织结构。

提高中小企业发展水平。加快发展一批知识密集型中小企业，引导一批中小企业抱团“走出去”开展交流合作，鼓励中小企业进入大企业尤其是跨国公司产业链，促进中小企业向“专、精、特、新”方向发展，带动行业整体素质上水平。引导大型企业与中小企业通过专业分工、服务外包、订单生产等多种方式开展经济技术合作，提高协作配套水平。促进中小企业加快转变发展方式，强化质量诚信建设，提高产品质量和竞争能力。支持和引导中小企业在海峡西岸经济区投资兴业，鼓励两岸中小企业合资、合作和共同开拓国内外市场。

推进中小企业服务体系建设。以中小企业服务需求为导向，发挥财政资金引导作用，鼓励社会投资广泛参与，支持一批中小企业社会化服务机构建设。加快中小企业公共服务平台和小企业创业基地等公共服务设施建设。加快中小企业信用担保体系建设，积极引导和支持各类担保机构开展多种形式的中小企业融资服务。充分发挥行业协会、科研院所和各类服务组织的作用，支持各类专业服务机构发展。进一步改善民营经济发展环境，鼓励和引导民间投资健康发展，激发工业经济增长的内生动力。

6. 实施品牌带动与质量振兴

把实施品牌战略作为引领和创造市场需求，提高工业产品附加值和竞争力的重要抓手。

实施企业质量诚信建设工程。强化企业质量主体责任，结合行业特点推广应用先进质量管理方法、国际质量管理体系认证，推进重点工业产品质量采标和达标活动。引导企业开展“质量承诺活动”，建立企业质量诚信档案，创建企业诚信文化，提高工业产品质量信誉水平。支持企业参与国内外标准制（修）订工作，争取承担更多的行业标准、国家标准和国际标准的制（修）订。

增强品牌培育和创建能力。着力抓好一批带动能力强、市场占有率高、拥有自主知识产权的重点行业、重点企业和重点产品的名牌创建工作，鼓励企业通过品牌授权、并购品牌企业等手段创建新品牌，推动更多的企业和产品进入全国驰名商标和名牌产品行列，鼓励有条件的企业创建世界名牌，加快形成一批具有较高国内外市场知名度的名牌产品。支持重点骨干企业品牌创新、品牌经营，鼓励有条件的企业依托品牌优势，采取收购、兼并、控股、联合以及委托加工等方式，整合相关企业生产能力，依托产业集群优势，共同培育区域品牌。

三、空间布局

依托海峡西岸经济区制造业空间布局现状，充分考虑资源环境承载能力和未来发展潜力，统筹规划建设厦门湾发展区、闽江口发展区、湄洲湾发展区、泉州湾发展区、环三都澳发展区、温州沿海发展区、粤东沿海及梅州发展区和闽粤浙赣互动发展区。

（一）厦门湾发展区

以厦门特区为龙头，依托厦门港口枢纽和交通通道，统筹环厦门湾临港工业集中区布局分工，重点发展电子信息产品制造、装备制造、农产品加工等产业，培育壮大新材料、新能源、生物与新医药、软件和信息技术服务等战略性新兴产业和现代服务业，打造产业总部经济区和先进制造业密集区。其中，厦门湾北岸地区要加快推进厦门台商投资区扩区和岛内外一体化进程，形成以高新技术产业为重点的闽台产业对接集中区，打造光电产业、计算机及通信等千亿元产业集群；厦门湾南岸地区要重点推进龙海经济开发区、漳州招商局经济开发区等建设，着力打造千亿元金属及深加工产业基地。

（二）闽江口发展区

依托福州港口枢纽和交通通道，重点建设罗源湾、长乐滨海和江阴临港产业集中区，以及福州经济技术开发区和福清融侨经济技术开发区，着力提升电子信息产品制造、装备制造、纺织服装、冶金化工、软件和信息技术服务等产业，培育壮大战略性新兴产业。重点打造罗源湾金属及深加工、长乐纺织化纤和福州光电显示等千亿元产业集群（基地），加快推进福州台商投资区、罗源湾不锈钢产业园、青口汽车城、融侨电子产业园和江阴化工新材料产业园等建设，加快形成先进制造业体系和现代服务业中心。

（三）湄洲湾发展区

依托湄洲湾港口枢纽和交通通道，加快发展石油化工、装备制造、林产加工业，形成海峡西岸临港重化工业基地和现代物流集聚区。其中，湄洲湾南岸地区重点推进泉港、泉惠石化园区建设，打造千亿元石化产业基地，加快泉州高端海洋工程装备制造基地和斗尾船舶配套产业园区建设；湄洲湾北岸地区重点推进液化天然气（LNG）产业园、石门澳（国投）产业园、秀屿国家级木材贸易加工示范区和东吴林浆纸一体化产业园等建设，加快形成新兴的临港产业核心区。

（四）泉州湾发展区

发挥民营经济优势，统筹环泉州湾产业集中区布局，巩固提升纺织鞋服、食品饮料、建筑材料等传统优势产业，做大做强电子信息产品制造、装备制造、软件等成长型产业，积极培育新能源、新材料等战略性新兴产业及现代服务业。加快推进泉州台商投资区、装备制造产业园、休闲食品产业园和建陶及水暖器材产业园等建设，重点打造纺织服装和体育用品等千亿元产业集群（基地），加快形成两岸产业对接示范区、产业转型提升引领区和民营经济创新示范区。

（五）环三都澳发展区

发挥区位优势，承接长三角产业转移，重点打造溪南、赛江、漳湾三大临港工业片区，拓展沙埕湾，引导机械、船舶、机电、石化、冶金、物流等临港产业集聚发展，积极培育新材料、新能源、生物医药和海洋高新产业等战略性新兴产业。重点推进海西宁德工业区建设和千万吨级大型钢铁项目的前期工作，打造海峡西岸先进制造业基地的新增长极。

（六）温州沿海发展区

加快推进瓯飞滩等重点围涂工程建设，拓展产业发展空间。建设瓯江口产业集聚区、浙（台）苍南经贸合作区等一批产业聚集平台。积极培养高端装备制造、新能源、新材料、生物、节能环保和新一代信息技术等战略新兴产业，整合提升汽摩配、电气、泵阀、服装、鞋业等传统优势产业。构筑海峡西岸东北翼的增长极，带动丽水、衢州、宁德等地的发展，建设成为连接长三角和中西部地区发展的重要区域和出海口、两岸产业对接基地和民营经济创新发展示范区。

（七）粤东沿海及梅州发展区

重点发展以轻工专用装备、大型数控机床、输配电设备等为主的装备制造业，集聚发展石化产业，加快推动产业集聚发展，培育一批先进制造业基地。重点建设揭阳惠来大型石化基地，推动梅州、汕头、揭阳、潮州立足自身优势发展精细化工产业集群，形成较完善的石化产业链。积极推动梅州市汽车零部件、船用柴油机配套及特种精密铸煅件、水电机组、电子信息等产业的发展，培育发展揭阳数控机床和模具基地、揭阳五金不锈钢和纺织服装基地、汕头中国锆城、汕头轻工装备和输配电设备产业基地、潮州食品印刷及包装机械制造基地等，尽快形成规模，择机依托重要港口发展修船产业。

（八）闽粤浙赣互动发展区

以龙岩、三明、赣州、梅州、南平、鹰潭、抚州、上饶、衢州、丽水等市为中心，构筑闽粤浙赣互动发展区。依托特有的地理区位优势，积极承接珠三角、长三角产业转移，形成集工程机械、深加工产业、矿产资源综合利用与深加工产业于一体的经济增长示范区。

四、发展重点

依托海西经济区现有制造业基础和优势，坚持走新型工业化道路，重点发展装备制造业、原材料工业、消费品工业、电子信息产业、海洋经济、生产性服务业，建设成为东部沿海地区先进制造业重要基地。

（一）大力发展先进装备制造业

抓住产业转型升级的关键环节，着力提升关键零部件基础工艺、基础材料、基础装备研发和系统集成水平，重点发展汽车、工程机械、电工电器等优势产业，加快发展新能源汽车、海洋工程装备、智能装备和节能环保设备等战略性新兴产业，促进装备制造业向高端制造发展。

1. 汽车工业

积极推进汽车企业兼并重组和结构优化升级，着力培育东南、金龙、中国重汽等知名品牌，深化闽台汽车合作。壮大龙头企业，支持发展自主品牌乘用车、适应市场需求的特种车辆等，实现海西经济区汽车产业加快发展。着力提高发动机、变速器、底盘等关键总成及汽车电子产品的竞争力，推进本地化生产，完善汽车配套产业链，提升南平、泉州、漳州、温州、梅州等地汽车零部件的配套能力，重点建设福州青口汽车城、厦门汽车城、龙岩高新园区汽车工业园、三明埔岭汽车工业园、瑞安国际汽摩配产业基地、梅州产业转移工业园、龙泉汽车空调产业园，支持揭东汽车轮胎模具产业示范基地建设。支持鼓励新能源汽车发展，重点突破动力电池、驱动电机及控制系统等核心技术，加快发展纯电动、插电式混合动力等新能源汽车。

2. 工程机械与电工电器

依托优势企业及产业集群，大力发展海西经济区工程机械与电工电器设备制造业，提升产品品种质量，推进节能型工程机械、高性能电工设备的发展，进一步巩固产业地位与产业优势。工程机械方面，以厦工、龙工、林德叉车、三明重机、南方路机、开山集团等重点企业为龙头，延伸配套产业链，培育壮大厦门、龙岩、三明、泉州工程机械产业集群，重点发展挖掘机、装载机、叉车、压路机、路面施工机械、空气动力机械、凿岩机等优势产品，开发新能源和节能型工程机械新品种。电工电器方面，依托温州乐清电工、衢州高压输配电等优势产业集群，强化结构调整，提升产品质量水平，重点发展高效节能电动机和特种专用电机、智能型汽柴油发电机组、中频数码发电机、发电机控制器等电机及发电设备，智能型输变电设备，高电压等级电缆、光纤光缆等电线电缆。

3. 节能环保装备

依托龙净环保、新大陆环保、大拇指环保、威士邦膜科技、三达膜集团、华大环保等龙头企业，构建龙岩、厦门、福州、泉州大气污染防治、水污染防治和固体废弃物处理设备技术开发基地，支持环保设备制造企业开展工程总承包、建设一经营一移交（BOT）等运作模式，加快发展节能环保和资源综合利用装备，重点发展高效节能电机、工业锅炉窑炉、“三废”处理成套设备、环境监测专用仪器仪表、电子与家电垃圾拆解与处理、机动车尾气净化、室内空气净化、生态环境保护与修复等技术和装备。

4. 智能装备和基础制造装备

围绕纺织服装和制鞋、食品包装、能源、建材、冶金矿山、农业生产等产业装备改造提升需求，集成制造技术、信息技术和智能技术，大力发展自动化、机电一体化智能装备。以中高档数控机床为重点，加快滚动丝杆、主轴头、数控系统等机床功能部件配套发展。推动模具企业兼并重组，壮大一批骨干企业。发展大型、精密、特种铸锻件，重点发展单件30吨以上的铸件、核电等重大工程使用的大型不锈钢铸件，大型薄壁有色金属铸件，采用消失模等先进工艺制造的精密铸件等，在三明、龙岩、福安等装备集中区建设铸锻中心。依托工程机械龙头企业，加快研发高中压液压油缸、泵阀、轴承等元件，提升工程机械所需液压元件配套能力和水平。

（二）做强做大原材料工业

充分发挥沿海港口和重化工业基础优势，立足国内市场需求，合理控制总量，优化产业布局，推进节能降耗和资源综合利用，着力推进石化、冶金和建材工业发展，培育战略性新材料产业，促进原材料工业转型升级。

1. 石油及化学工业

按照一体化、集约化、基地化、多联产发展原则，合理布局，延伸和完善石化产业链，重点建设沿海具有国际先进水平的千万吨级炼化一体化和百万吨级乙烯基地。大力发展合成树脂、合成橡胶和合成纤维及其加工、水性树脂、新型化工材料、高附加值精细化工等石化中下游产品，在石油加工、合成材料制造、专用化学品以及橡胶制品等4个领域形成特色和优势。加快推进湄洲湾石化工业基地、漳州古雷石化工业基地、海西宁德工业区石化产业园、福州江阴化工新材料专区、揭阳大南海石化基地等石化工业集中区建设。加快传统化工产业改造，推动具有资源优势的精细化工产业发展。推广新型合成催化技术，采用煤气化和精炼、转化技术设备，加强化肥企业节能减排、技术改造；引导盐化工企业进入专业园区集中发展。

专栏：海西化工产业集中区湄洲湾石化工业基地。包括南岸的泉港、泉惠石化片区及北岸的仙游枫亭化工新材料园区。依托现有龙头企业和福建炼化一体化等重大项目建设，以炼油为龙头，开拓乙烯、丙烯来源，为石化中、下游发展提供原料；建设以东北岸为主的石化下游配套区，促进石化产业集聚，提升区域内石化产业发展规模和集聚能力。重点推进福建联合石化、中化泉州两个炼化一体化项目建设。

漳州古雷石化工业基地。研究推进炼化一体化项目建设，并利用上游项目提供的三烯、三苯等有机化工原料，向下延伸石化产业链，建设一批具有国际竞争力的大型石化装置，生产有机化工原料、三大合成材料和精细化工产品，以及石化下游深加工产品。近期重点推进基地内石化工业启动区建设。

福州江阴化工新材料专区。加快推进市区化工企业搬迁改造。加快东南电化与耀隆化工搬迁项目，建成石油化工、煤化工和盐化工融合发展的化工新材料基地。

海西宁德工业区石化产业园。依托宁德市港口资源和区位优势，发展以临港加工和仓储物流为特征的化工产业。重点推动中海油集团储油中转项目和LNG接收站项目，带动合成材料和精细化工产业发展，延伸拓展石化产业链。揭阳大南海石化基地。采用清洁生产技术，注重炼油装置与IGCC系统的集成优化，推进原料就地配套供应，完善碳三、碳四、芳烃、聚氨酯等原料产业链，实视重油资源集约高效利用，促进上中下游产业科学、合理、配套、协调发展，提升地区石油和化工产业总量，带动粤东经济发展。

南平精细化工产业集中区。以发展精细化工产品为主。重点发展硅酸钠、白炭黑、炭黑等塑料、橡胶加工助剂及活性炭等林产化工专用化学品；氟精深加工制品；饲料添加剂、染料、医药中间体等特色产品。

三明煤化工产业集中区。以三明化工、永安智胜化工为龙头，重点发展以尿素、碳铵或普钙为基础的复合肥、专用肥、高效低毒农药、化学原料、塑料制品、橡胶制品和精细林产化工制品等。

衢州市中国氟硅新材料产业基地。以巨化集团为龙头，以氟化工、硅材料等氟硅新材料为重点，以现有氟硅产业为基础，延伸产业链，加快氟硅一体化发展，促进塑性材料、环保材料、植物塑料等新材料产业发展，打造具有国际竞争力的氟硅新材料产业基地。

2. 冶金工业

钢铁工业。发挥海西现有产业基础优势，重点发展高附加值的特殊用钢、冷轧薄板、镀锌板、涂镀层板、宽厚板、冷轧不锈钢薄板、冷轧硅钢片等产品，加快推进鞍钢宁德千万吨级大型钢铁项目、宝钢德盛不锈钢基地、衢州及丽水金属制品基地建设，以及漳州福欣热卷板、莆田鞍钢冷轧项目建设。铜加工业。推进上杭紫金铜冶炼项目建设，重点发展电子工业用铜材、变压器用铜带、铜箔、铜管等高精度铜板带材，加快铜产业链发展。铝加工业。以中铝瑞闽、南铝、厦顺等企业为龙头，重点推进瑞闽铝板带深加工、南平铝镁合金、缙云镁铝合金及交通运输用铝型材等项目建设，促进铝板、带、箔等高端产品和工业型材发展，促进福州、厦门、南平、缙云等铝加工产业链发展。钨业。以厦钨为龙头，发挥国家钨材料技术中心优势，重点发展硬质合金、钨钼丝等新产品，继续保持全国领先地位。

3. 建材产业

水泥工业。按照“等量或减量置换”的原则，加快淘汰落后产能，继续推广新型干法水泥熟料，到 2015 年新型干法水泥熟料比重达 90%，加快实施水泥粉磨节电改造，鼓励利用水泥窑协同处置城市生活垃圾、污泥和工业废弃物综合利用示范生产线建设。支持骨干企业兼并重组，依托福建水泥、广东塔牌、龙麟水泥、南方水泥、红火集团等龙头企业，提高产业集中度。加快发展散装水泥和水泥深加工产品。玻璃工业。以福耀、旗滨、明达、台玻等重点企业为龙头，重点发展浮法玻璃、特种玻璃和节能安全的玻璃深加工产品，打造具有国际水平的汽车安全玻璃和光伏玻璃产业基地。石材工业。开发石材新品种、新工艺，发展深加工产品和高附加值石制品，支持石材产业链向荒料开采、石粉综合利用、工程设计、安装等上下游延伸，提升闽南石材产业集群发展水平。建陶工业。支持晋江、南安开发高强、多功能、配套化的环保、抗污、抗菌的建陶新产品，培育知名品牌；研究开发自洁、抗菌、环保等功能的釉料，推进智能化技术、薄形化陶瓷产品技术开发，打造海西陶瓷产业集群。墙体材料。扶持发展轻质、节能、利废的新型环保墙体建材，重点发展非粘土类空心制品、混凝土砌块、高档青水砖、彩色饰面砖和各种轻质板材、复合板材，鼓励发展以粉煤灰、煤矸石、石粉等工业废渣为原料的新型墙体材料。水暖器材。着力研发节能节水的高档水暖洁具产品，支持南安九牧集团、南安中宇、厦门鹭达等重点企业通过技术改造壮大规模，提升水暖器材产业集群区域品牌影响力。

4. 新材料产业

化工新材料。重点发展建筑与交通防火涂层材料、工业阻燃涂层材料、聚氨醇等鞋材用粘胶剂、服装皮革涂层材料、汽车船舶用抗冲耐刮耐腐蚀等功能性涂层材料；PVC 无铅化管材、新型工程塑料、高性能膜材料；大力发展衢州市及闽西、北地区高性能含氟聚合物、新型消耗臭氧层物质（ODS）替代品等。稀土材料。重点发展稀土合金、稀土磁性材料、稀土贮氢材料、稀土荧光粉、稀土功能助剂等。以厦门钨业、长汀金龙、广晟公司稀土为龙头，加快长汀稀土产业园、广晟（梅州）中国南方稀土科技城建设，推广稀土开采新工艺，推进集中分离和深加工，促进资源有效保护和合理开发，形成“开采、分离、冶炼、应用”完整的产业链，推进长汀金龙稀土高性能铷铁硼永磁体等项目建设。新型催化材料。重点推进煤化工、化肥催化、环保催化等材料的发展，大力推动室内空气净化、水体净化、工业废水深度处理与回用的催化材料和相关设备的生产。推动明溪含氟新材料系列产品开发，建设三明海斯福化工含氟新材料项目。锆材料。重点发展汕头、宁德新型锆材料、高端锆产品，特种玻璃、超净高纯电子化学品、云母新材料等产业。

（三）优化提升消费品工业

广泛应用高新技术和先进适用技术，改造提升纺织、服装、制鞋、食品、造纸等传统优势产业，培育生物和新医药产业，加快技术装备更新、工艺优化和新产品开发，增强品牌创建能力，促进消费品工业转型升级，增强消费品工业国际竞争力。

1. 轻工业

食品加工。立足本区自然资源丰富的优势，重点发展水产品加工业、果蔬罐头加工业、茶叶加工业、休闲食品等区域特色食品制造业。着力培育闽东闽南海产品加工、闽南果蔬制品加工及休闲食品、“中国第一食品名镇”的庵埠镇、武夷安溪福安茶叶加工、梅州客家米香型白酒等产业集群，扶持具有现代生物技术支撑的新型食品加工企业，着力发展安全、营养、低热的绿色健康食品，积极开发第三代功能性食品。支持食品生产企业采用快速检验、在线检验等先进食品加工技术与安全装备，建立和完善食品生产企业内部质量控制网络和质量可追溯体系，支持采用高新技术改造食品传统包装，构建绿色食品先进配送体系，提高食品安全保障能力，建设绿色食品工业聚集区。

制鞋。发挥龙头品牌企业带动效应和区域品牌集聚效应，提升温州、福州、莆田、泉州、揭阳等制鞋产业集群，推动企业自主创新和技术改造，加强鞋用材料研究开发，提高制鞋设计能力及水平，壮大品牌企业规模，提高产业集中度。支持重点企业技术改造和品牌提升，加快鞋产业转型升级，培育国际自主品牌，打造全球最大的休闲运动鞋制造业中心。

造纸。充分发挥森林资源和港口优势，以原料林基地建设为依托，加快推进林浆纸一体化，实施集团化发展和品牌化扩张战略，推动造纸工业清洁生产和节能减排。培育壮大闽西北林纸一体化基地和闽东南沿海纸业集群，鼓励进口木材和废纸，加快推进沿海大型林浆纸项目建设。调整产品结构，增加文化用纸和产业用纸比重，提高包装用纸和生活用纸档次，发展高附加值品牌产品。扶持南纸、青山纸业、铙山纸业、恒安、优兰发等龙头企业做强做大；加快玖龙纸业、联盛纸业等大型造纸项目建设，提高产业集中度，加速衢州市、丽水市特种纸产业基地建设，成为高档特种纸产业基地。建设特色鲜明、竞争优势明显的造纸工业聚集区。

陶瓷及翡翠玉器。着力发展园区经济，推进德化工艺陶瓷、龙泉青瓷、潮州日用陶瓷、梅州大埔青花瓷等基地建设。充分利用在翡翠玉器加工行业的优势地位，重点发展揭阳阳美翡翠玉器加工产业，加大以揭阳市阳美为核心的产业集聚基地的建设和投资力度，吸引人才、资金、技术的聚集，努力打造区域品牌。

2. 纺织服装

以新型高档纺织面料为突破口，以技术改造为抓手，着力推进化纤、纺纱、织造、印染、服装等行业技术进步，实施终端产品品牌带动面料发展战略，建立品牌、研发、生产和流通一体化的快速创新模式。调整化纤产品结构，重点发展新型化纤原料，加快竹纤维产业化步伐，大力开发高档复合非织造布，拓展产业用、家用纺织品以及高附加值纺织品领域，支持品牌纺织企业发展。大力采用先进服装设计、剪裁、缝制、整烫、后整理等计算机辅助系统，推动品牌服装业加快升级。以优势企业为龙头，加强泉州、厦门、福州、三明、温州、揭阳、汕头、潮州等纺织服装基地建设，推动纺织相关产业向内陆地区梯度转移。

3. 生物医药

充分发挥海峡西岸经济区在生物与新医药领域的优势，加强闽台生物与新医药产业对接，依托厦门海沧生物医药集中区、福州生物医药基地、三明荆东生物医药集中区、永春生物医药产业园、明溪县“闽西北药都”、柘荣“闽东药城”及上饶医药产业集聚区，提升生物医药孵化器功能，重点推进重大疾病防治生物技术药物、新型疫苗、新型诊断试剂、现代医疗器械、化学创新药物和现代中药研发和产业化，加快构建海峡西岸生物与新医药产业基地。

（四）提高电子信息产品制造业核心竞争力

抓住国家组织实施三网融合、新一代网络、北斗导航卫星应用等重大工程建设的机遇，发展新一代信息技术，强化集成创新，促进电子信息产品制造由外延型向内涵型、由加工组装为主向集研发、生产、服务、应用一体化转化，大力发展高性能专用芯片设计等基础电子产业，培育壮大计算机和网络产品、新一代宽带移动通信产品、新型显示产品、数字视听产品、LED和光伏产品、电子元器件和材料等产业集群，在做大产业规模的同时，促进电子信息产品制造业向高端发展。

1. 计算机及网络产品

以星网锐捷、新大陆、万利达等企业为龙头，依托厦门、福州、泉州等国家级高新技术产业园，重点培育和建设具有自有核心技术的计算机、计算机外设、各类终端和网络产品，积极发展智能终端、基于“三网融合”的新型数字产品、支持 IPv6 的网络设备等，重点推进台湾和硕电脑、万利达“三网融合”系列新型信息终端、福州计算机终端设备、星网锐捷网络综合安全监督设备、戴尔计算机等项目建设，建成东南沿海计算机及网络产品的重要生产基地。

2. 新一代宽带移动通信产品

突出粤东地区无线城市群发展优势，利用中心城市与重点区域无线宽带城市基础设施广覆盖和主要产业园区，培育和发展新一代移动通信特色产业带与后备增长极，形成技术创新的规模化应用产业集群。依托福州、厦门、泉州等国家级高新技术产业园，巩固直放站及系统设备、微波通信射频组件等优势产品，大力开展具有自主知识产权的 TD－SCDMA 关键技术以及 TD－LTE、4G、宽带无线接入等后续技术的研发和产业化，加快形成新一代移动通信网络系统设备生产新优势；推进对讲机“模转数”工程，形成数字对讲机及系列对讲终端设备规模生产和配套能力；实施北斗卫星导航系统系列应用产品研发和产业化，带动海西经济区卫星导航定位和数据通信产品升级。重点推进莆田光谷光纤陶瓷插芯及光纤连接器项目、三元达 4G 家庭基站及网关项目、泰克通信 WCDMA 数字光纤直放站项目、大唐电信通信设备通信层接入系统项目等建设，着力打造以厦门、福州、泉州为重点的移动通信产业集群。

3. 新型显示产品

以厦门火炬、福清融侨等国家级新型工业化示范基地为载体，以友达光电、华映光电、宸宏电子等企业为龙头，加快承接台湾平板显示产业转移。鼓励骨干企业向 TFT－LCD 产业链上游延伸，引进液晶面板项目，提高面板前段工艺、LED 背光源及模组、驱动和控制 IC 设计封装测试等技术、关键零组件的本土化配套能力。突破触控面板等关键核心技术，扩大触摸显示产品生产规模。积极引进 OLED、电子纸（E-paper）、激光显示、柔性显示、三维显示和微型投影显示等新型显示技术，掌握新型显示产业发展的主动权，巩固液晶显示制造在国内的领先优势。

4. 数字视听产品

以冠捷、厦华、万利达、新大陆等骨干企业为龙头，以专业园区为载体，着力突破数字视听产品专用集成电路芯片、嵌入式控制软件、数字视听终端产品制造技术，重点发展高清数字电视、智能电视、3D 电视、激光电视、短焦投影、便携式微型投影、数字家庭智能终端、音响设备、新一代激光视盘机等终端产品，支持数字视频编解码（AVS)、数字音频编解码（DRA)、闪联、E 家佳等自主音视频标准应用，大力推进数字家庭示范应用和数字家庭产业基地建设，形成集研发、生产为一体，产业配套较为完整的新一代数字视听产品产业链，做大做强数字视听产品制造业。依托温州电子元器件产业基地、汕头软件园和龙湖万吉工业区、潮南产业转移园基地，突破高端关键技术，提升产品竞争力。

5. LED和光伏产品

依托厦门国家半导体照明工程产业化基地和漳州、泉州、龙岩、福州、温州、揭阳、衢州、丽水等地的省级光电产业园，主动承接台湾LED和光伏产业转移，突破和掌握关键环节中的核心技术。重点开发外延片和芯片的新技术新工艺，实现LED模块化生产，拓展功能性照明产品应用领域，提升液晶显示用LED背光源生产技术，大力发展LED集成应用产品。加快发展低成本太阳能级硅材料提纯、晶硅太阳能电池、薄膜太阳能电池等光伏产品的关键技术和工艺，提升光伏装备配套能力，加速产业化进程，积极拓展多样化市场应用。

（五）培育发展海洋经济

1. 海洋生物资源产业

依托海西地区天然的海域资源优势，加快发展海洋经济，加大政策扶持力度，支持平潭岛、汕头、潮州等地区开展全国经济发展试点工作。加强海域科技中试基地及研发平台建设、建立海洋生物资源研发中心、海洋高技术工程中心、新能源开发等实验示范基地。推动海西地区以海洋生物技术、海洋育种及养殖技术的产业建设。加强海洋自然保护区建设，合理开发海域资源，探索建立两岸海域管护协作机制。

2. 海洋工程装备与船舶产业

促进船舶业向闽江口、三都澳、湄洲湾、厦门湾及温州沿海船舶修造集中区集聚，统筹调整造船产能资源，支持现有企业搬迁改造，优化产业布局，加速推行现代造船技术，促进重点企业全面建立现代造船模式，重点发展滚装船等特种船舶和油船、散货船、集装箱船三大主流船舶，积极拓展特种货船、旅游客船、江海直达型船舶、内河快速船舶等新型船舶产品，发展壮大游艇制造业规模。大力培育海洋工程装备和港口机械等新增长点，发展海洋油气勘探船、半潜式钻井平台、自升式平台、铺管船、物探船、海上储油船等海洋油气开发装备，以及海洋矿产资源开发装备和海水淡化利用设备，突破深水装备关键技术，提高海洋工程装备总承包能力和专业分包能力。

（六）加快发展生产性服务业

按照“市场化、专业化、社会化、国际化”的发展方向，重点发展面向工业生产的工业设计、现代物流服务、科技服务、软件和信息技术服务等生产性服务业，加快推动制造业服务化步伐，不断提升对制造业发展的服务支撑能力。

1. 工业设计

以工业产品设计、工艺美术设计、工业时尚设计为重点，突出外观造型、功能创新、结构优化、包装展示以及节材节能、新材料使用等重点环节，大力发展与工业生产相关的电子信息、机械装备、轻工纺织、新材料等研发设计。鼓励科研机构、设计单位、高等学校开展基础性、通用性、前瞻性的工业设计研究。整合现有资源、建立实用、高效的工业设计基础数据库、资源信息库等公共服务平台；鼓励企业联合有关高校、工业设计企业建立企业设计中心，促进工业设计创新成果产业化。支持工业企业和工业设计企业加强多种形式合作，通过设计创新，促进工业企业的产品升级换代、市场开拓和品牌建设。

2. 现代物流业

建设完善港口码头、通港道路等现代物流基础设施，大力发展综合物流、保税物流和第三方物流，加快建设东部沿海重要的工业原材料进口及集装箱货物出口中心，形成“大制造、大流通、大通关、大口岸”的物流业与制造业联动发展的格局。推进物流信息服务平台建设，促进射频识别（RFID）等物联网技术推广应用。积极引进一批国内外先进的现代物流企业，培育一批适应国际贸易发展需要、有能力承接国际服务贸易转移的大型国际物流枢纽，推进出口加工区拓展保税物流功能，开展研发、检测、维修业务试点。在现有海关特殊监管区域政策的基础上，推动在平潭设立两岸合作的海关特殊监管区域，实行更加优惠的政策。积极发展电子商务，加快信用、认证、标准、支付和物流平台建设，完善企业间电子商务发展的支撑环境。

3. 科技服务

以科技服务基础设施建设和服务创新能力建设为重点，大力推进工程技术研发基地建设，建设一批工程技术研究中心、科技企业孵化器、生产力促进中心。加快精细化工、电子产业、生物医药、海洋技术等中试平台及产业化基地建设。重点培育发展生物技术服务、海洋高科技服务。建立和完善技术经纪人制度，加快发展技术经纪服务。以营造自主创新制度环境和促进技术转移为主线，加快建立科技评估、技术产权交易、技术推广以及节能服务等专业化科技服务机构。支持发展面向生产过程的检索、分析、测试、计量、数据加工、分析检测等业务，构建多领域、网络化的技术成果转化服务体系。

4. 软件和信息技术服务业

着力推动工业软件和行业解决方案、信息系统集成服务和设计开发服务等与制造业发展密切相关的软件和信息技术服务产业。重点支持面向工业研发、生产、销售、管理等环节的工业软件的开发和推广应用。积极发展面向下一代互联网、移动互联网、物联网、“三网融合”等新型网络环境的应用软件。大力发展高性能专用芯片设计技术，重点突破平板电脑主控芯片、新一代数字音视频偏解码芯片、高清数字电视专用芯片、数字对讲机芯片等领域的IC设计技术。鼓励发展信息技术外包服务（ITO）、业务流程外包服务（BPO）和知识流程外包服务（KPO），提升服务外包企业承接和交付能力，建设一批服务外包示范区和基地。

五、两岸产业对接与合作

按照两岸区域经济一体化的发展要求，完善两岸合作机制，加快承接台湾先进制造业和高新技术产业转移，形成产业集群，推进产业升级，促进两岸先进制造业共同发展，形成资源要素优化配置、地区优势充分发挥的协调发展新格局。

（一）积极对接台湾重点产业高端生产环节

围绕电子信息、装备制造、钢铁、石化等重点产业，按照同等优先、适当放宽的原则，鼓励承接台湾产业转移，积极引进台湾技术含量高、市场前景好的高科技产业，支持国家禁止之外、不涉及国家安全的各类台商投资项目在海峡西岸经济区落地。充分发挥“4·8”台交会、“5·18”海交会、“6·18”项目成果交易会、“9·8”投洽会及花博会等大型涉台经贸展洽会平台作用，促进并承接台湾先进制造业和现代服务业转移。注重选择关联度大、科技含量高、产业链长的战略性投资项目，引进大企业大集团，加速产业集聚。促进双向投资，优化两岸产业分工布局，推动两岸重点产业合作双赢。推动建立产业合作联盟，强化技术、产权、标准制定等领域合作，共同推动新产品、新技术和新设计的研发试验，推进两岸合作制定标准。

（二）加快建设两岸产业转移承载地

以交通基础设施一体化为切入点，加快构筑以沿海港口为核心向周边地区辐射的综合交通网络，畅通沿海港口与腹地的通道。统筹规划建设信息基础网络，共享公共信息数据库。发挥沿海港口优势，吸引周边地区及广大内陆省份在连接沿海出海口的通道沿线规划布局产业项目，培育发展沿线产业带。建设重点产业企业加速器，搭建集研究开发、专利标准、技术转让、产品认证、物流配送和科技文献信息等功能于一体的公共技术服务支撑平台，完善两岸合作服务配套体系。进一步发挥泛珠三角区域合作和闽、浙、粤、赣等跨省区域协作组织作用，建立更加紧密的区域合作机制。推动建立企业信用信息共享机制、联合执法机制、维权联动机制和检测结果互认制度。

（三）探索设立两岸区域合作示范区

依托国家批准设立的台商投资区、平潭综合实验区、古雷台湾石化产业园区等特定区域，探索建设一批与台湾产业相衔接，区域特色鲜明、产业分工合理的两岸产业合作示范区，为两岸产业合作发展探索新路径。在土地管理法律法规框架下，支持在示范区开展土地管理综合改革试点，对符合国家产业政策、土地利用总体规划的建设项目用地予以优先支持。实行特殊审批政策，《外商投资产业指导目录》中总投资5亿美元以下的鼓励类、允许类项目，除《政府核准的投资项目目录》和国务院专门规定需由国务院有关部门核准之外，委托省级投资主管部门核准；在两岸经济合作框架协议后续商谈中，积极研究放宽台资市场准入条件和股比限制等政策。简化赴台投资审批程序，鼓励和支持有条件的区域内企业赴台湾地区投资或设立非企业法人机构。

专栏：闽台产业合作总体空间布局——“五区十园”

1.“五区”：

（1）平潭综合实验区，电子信息、高端装备制造、海洋生物、现代服务业等产业

（2）福州台商投资区，平板显示、金属深加工、轻工等产业

（3）厦门台商投资区，电子及电工电器、汽车及零部件、生物医药等产业

（4）泉州台商投资区，装备制造、轻工、电子信息、新材料等产业

（5）漳州台商投资区，金属深加工、机械装备、食品深加工、智能家电等产业

2.“十园”：

（1）古雷台湾石化园区，石化产业

（2）福州青口汽车园区，汽车、汽车电子等产业

（3）福清洪宽工业园区，数控机床等高端装备制造业

（4）晋江机械制造园区，装备制造和高端模具等产业

（5）南靖精密机械园区，数控机床等高精密机械

（6）福安东园电机园区，电机电器产业

（7）莆田高新技术园区，电子信息、机械装备与轻工等产业

（8）龙岩机械产业园区，工程机械、环保机械和专用运输设备等产业

（9）三明产业合作园区，高新技术产业、林产工业等产业

（10）武夷新区特色园区，资源深加工产业和以生物为主的新兴产业

（四）完善两岸产业合作机制

落实两岸经济合作框架协议，加快建立有利于促进投资便利化的有效机制，推动两岸工商团体、行业商业协会对接，支持联合开展对外招商和拓展贸易市场，鼓励联合成立合作同业公会，共同研究两地产业协同发展，共同促进双向投资，共同开拓国际市场，共同构建产品创新研发平台。建立常态化联系机制，在既有联络窗口的基础上，进一步创建工作平台，完善工作机制，定期或不定期互邀对方就具体项目进行考察访问，加强互动、促进了解、增进信任、推动落实。

六、规划实施的保障措施

围绕加快转变、跨越发展主线，把握先进制造业发展趋势，以体制机制创新为动力，切实加强统筹协调，加大支持力度，加强对规划实施的组织领导，完善规划实施机制，确保规划顺利实施，为建设结构优化、技术先进、清洁安全、附加值高、吸纳就业能力强的现代产业体系提供强有力的支撑。

（一）着力先行先试

加快海峡两岸产业深度对接，支持福建省发挥两岸交流合作的前沿平台作用，落实好国务院《海峡西岸经济区发展规划》关于“同等优先、适当放宽等原则，鼓励承接台湾产业转移，允许国家禁止之外、不涉及国家安全的各类台商投资项目在海峡西岸经济区落地”等政策措施。对海峡西岸及周边区域具有资源优势和市场需求的行业，在坚持全国统一的环境保护、节约资源和资源综合利用标准前提下，在国家产业布局等方面给予优先支持。

（二）加大财政金融支持力度

加大国家有关专项资金对先进制造业基地建设的支持力度，推动企业规模化发展，壮大先进制造业发展规模。在项目资金安排时，对海峡西岸经济区工业产业重点领域科技创新、技术改造和节能减排等予以倾斜支持。加快落实支持中小企业发展的金融政策，积极发展中小金融机构，进一步拓宽中小企业融资渠道。发挥财政资金引导作用，鼓励社会投资广泛参与，加快中小企业公共服务平台建设，建立多层次的中小企业信用担保体系，提高担保机构对中小企业的融资担保能力。

（三）构建人才保障体系

以企业为主体，以市场为导向，建立和完善先进制造业发展需要的大量中、高级技术应用人才和经营管理人才培养和引进体系。实施海西高端创新创业人才培养工程，鼓励企业与职业教育机构建立校企联合、产教结合等机制，在中高等职业院校（技工院校）扩大技能实用型人才培养规模，为技能型人才的培养提供工学交替、专业化实践、对口就业等条件。鼓励高校、科研院所与台资企业在平潭综合实验区设点，积极引进台湾创新创业人才和高层次人才。建立完善异地人才落户、收入分配等政策，引导企业建立与项目相结合的引进机制，在招商引资中同时引进关键技术岗位的高技能人才。

（四）加强组织协调

切实加强四省对规划实施的组织领导，进一步解放思想，完善协调机制，落实工作责任，确保各项任务和政策措施落到实处。围绕规划目标和任务实施，有关省市可结合本地实际，编制本地区的先进制造业发展规划，加强相互间衔接协调，发挥各自特色和优势，实现错位发展、互补发展、共赢发展。有关省市政府部门要按照职能分工，加强沟通、密切合作，在规划编制、资金支持、政策实施、项目安排、体制创新等方面加大对海峡西岸经济区建设的支持力度，指导和帮助解决规划实施过程中遇到的问题，共同推动海峡西岸经济区先进制造业又好又快发展。

098

商务部关于支持海峡西岸经济区建设的意见

商建函〔2007〕143号

福建省人民政府：

大力支持海峡西岸经济区建设，是商务部贯彻落实党中央、国务院重大战略部署，服务对台工作大局、促进区域经济协调发展的重要举措。商务部将把海峡西岸经济区建设发展纳入国家商务发展总体规划和有关专项规划，在以下方面给予重点支持。

一、支持海峡西岸经济区拓展与台港澳的经贸合作

（一）支持台商投资区建设。会同国土资源部、建设部，积极研究厦门、福州台商投资区扩区及新设泉州台商投资区问题，继续发挥台商投资区在承接台湾地区先进制造业和现代服务业转移等方面的载体功能。

（二）积极推动福建省对台小额贸易健康发展。在符合海关监管条件的对台小额贸易点实行更加开放的对台小额贸易政策，扩大经营主体，取消对台小额贸易船只吨位、交易金额限制，扩大对台小额贸易货物种类。支持福建省开展对台小额贸易口岸查验监管模式创新。支持厦门市对厦门大嶝对台小额商品贸易市场的功能、定位与内容进行重新规划。

（三）积极推动福建省建设两岸商品集散中心。支持福建省建设一批两岸商品交易中心（台湾地区水产品、水果、花卉、林业），支持福建省培育一批对台商贸合作流通企业；帮助福建省建立稳定的台湾地区农产品交易平台，促进台湾地区农产品在大陆销售，并形成常态化机制，每年推动在泉州的闽台农产品交易市场举办一次台湾地区农产品采购订货会；利用商务部城乡信息服务体系、新农村商网等电子商务平台，增加台湾地区农产品销售渠道；支持福建省引进台资大型流通企业，发展内陆批销业务，把福建省建成大陆台资企业所需的零配件、原辅材料供应的中转中心。

（四）支持福建省赴台办展。发挥福建省赴台办展的优势和经验，推动福建省成为祖国大陆赴台办展的重要基地之一。

（五）推动对台渔工劳务合作健康发展。按照海峡两岸渔工合作业务对口磋商的协议框架，支持福建省不断扩大对台渔工劳务合作业务。支持福建省建立对台渔工培训基地、减免渔工培训费、渔工工资的个人所得税比照远洋运输船员等

政策执行。

（六）简化福建省台资项目投资主体资格证明的公证和认证。对台商来福建省投资免予提供投资主体资格证明的公证和认证以及台商资信证明；对台湾地区投资者在中国大陆以外第三地投资设立公司并以其名义来福建省投资的，如该第三地公司在当地公司登记机构登记（或备案）的股东情况可证明其中有台商投资成份的，其在福建省投资的项目也免予提交投资主体资格证明的公证和认证以及投资者资信证明。

（七）推动福建省深化与香港、澳门经贸合作。协调有关部门，根据福建省实际需要，每年给予福建省相应的入境香港客车指标和货车指标。推动建立闽港、闽澳政府间联席会议机制。

二、促进海峡西岸经济区对外贸易又好又快发展

（八）支持福建省开展汽车进出口业务。支持福建省进口汽车品牌经销商积极开展整车和零件进口业务；支持福建发展汽车及零部件出口基地，推动厦门、福州等地加快形成汽车及零部件产业集群。

（九）推动特殊监管区域建设。按照国务院部署，会同有关部门积极推进福建省保税加工、保税物流业的发展，加快现有特殊监管区域发展，支持海峡西岸经济区大力发展国际中转、配送、采购、转口贸易和出口加工等业务。

（十）根据海峡西岸经济区建设发展需要，在国家政策许可范围内，支持福建省炼化原油进口。

三、推动海峡西岸经济区提高利用外资水平

（十一）大力支持海峡西岸开发区建设。会同国土资源部、建设部，积极研究海峡西岸经济区范围内的开发区扩区、升级和改变区位等问题，对符合所在城市土地利用总体规划和城市总体规划以及其他相关审批原则和程序的申请，原则予以支持。

（十二）支持福建省发展服务外包产业。大力支持福建省发展服务外包产业，带动海峡西岸服务外包产业升级，推动福建省成为服务外包的重要承接基地之一。

四、支持海峡西岸经济区开展国际经济技术合作

（十三）支持福建省承办援外培训班。利用福建省在援外培训方面积累的经验和设施，支持福建省承办当地优势领域的援外培训项目。

（十四）支持福建省参与境外经济贸易合作区建设。发挥东南亚闽商众多的优势，支持福建省参加境外经济贸易合作区项目招投标。

五、支持海峡西岸经济区现代流通业加快发展

（十五）支持福建省深化流通体制改革。支持厦门市开展深化流通体制改革试点工作，对试点工作继续给予政策支持。

（十六）支持福建省加快发展典当业和融资租赁业。加强对福建省典当业监管工作和融资租赁试点工作的指导与协调，适当增加福建省典当行年度新增指标，对符合内资融资租赁试点条件的企业予以积极支持。

（十七）支持福建省建设散装水泥配送体系。支持福建省开展散装水泥装卸、储存、运输及使用相配套的物流配送设施建设和技术服务体系建设、农村散装水泥供应网点建设，促进福建省散装水泥技术装备水平和配套能力的提高。

（十八）对福建省会展业给予支持。继续由商务部主办在厦门每年一届的中国国际投资贸易洽谈会，不断创新，提升和拓展其内涵和功能。指导和支持福建省办好两岸经贸合作的有关展会。

（十九）支持福建省提高市场保障能力。支持福建省提高成品油供应保障能力，按照有关法律法规、规章和规划发展成品油批发、仓储经营企业，支持在福建省建设国家原油储备库。支持在福建省储备中央储备肉和糖等重要商品。

六、推进海峡西岸经济区商务重点工程建设

（二十）支持福建省“万村千乡市场工程”建设。对福建省建设的“万村千乡市场工程”农家店和配送中心等建设项目，在政策扶持上给予适当倾斜。对福建省 13 个中央苏区县“万村千乡市场工程”的农家店和配送中心等建设项目，执行中西部地区建设规范。

（二十一）支持福建省“双百市场工程”建设。商务部在安排“双百市场工程”项目时，将对符合条件的农产品流通企业和批发市场积极予以考虑，优先支持以销售台湾地区农产品、水产品为主的流通企业和批发市场。

（二十二）支持福建省社区商业“双进工程”建设。支持福建省培育社区商业示范社区、示范企业和示范店。支持福建省建设城市再生资源回收利用体系。

（二十三）支持福建省“品牌工程”建设。支持福建省开展自主品牌的促进、推广和保护，推动福建省培育发展更多自主品牌，更加积极有效地开拓国际国内市场。对福建省“中华老字号”企业重点项目给予支持，支持开展两岸老字号的交流与合作。

（二十四）支持福建省“科技兴贸工程”建设。指导、推动福州科技兴贸创新基地建设，支持厦门、漳州申报科技兴贸创新基地和福州、厦门软件园申报国家软件出口创新基地，对符合条件的公共服务平台建设和共性技术研发给予资金支持。在项目、资金和审批等方面，支持境外企业、科研单位和其他组织来闽设

立相应的研发机构，引进海外优秀人才，建立海峡西岸科技交流与合作的创新基地。

（二十五）支持福建省“减债脱困工程”建设。支持福建省开展“减债脱困工程”试点工作，指导、协调福建省试点企业与金融资产管理公司的谈判工作，加大对福建省试点企业债权回购资金的支持力度。

（二十六）加大对福建省保护知识产权举报投诉服务系统建设的扶持力度。加强知识产权保护工作，支持开展相关培训；推动福建省现有3个保护知识产权举报投诉服务中心的建设和管理，积极争取继续给予资金支持，保证运行效果；拓宽服务领域和功能，鼓励保护知识产权举报投诉服务中心服务网络的延伸；加强两岸在知识产权保护方面的联系，密切与台商投资企业的沟通协调，开展两岸知识产权保护问题的研究。

（二十七）支持福建省公共商务信息服务体系建设。支持福建省城乡市场信息服务体系建设；农村商务信息服务站试点建设；公共商务信息服务平台建设。推动商务部与福建省的数据交换与共享，并在政策、人才培养、工作指导和资金等方面加大支持力度。

（二十八）支持福建省“人才强商工程”建设。选派商务部有经验、工作能力强的同志到福建省挂职，选拔福建省商务系统优秀干部到商务部挂职锻炼；支持福建省开展各级商务主管部门领导干部培训和专门业务培训，并给予一定资金支持，提高福建省商务管理人员和从业人员素质，适应海峡西岸经济区建设对人才的需求；支持福建省加强商务培训设施建设，给予有关培训基地更多的省内和全国性的培训任务；支持福建省实施商贸企业管理培训项目和管理诊断项目，推动海峡西岸经济区商贸企业提高管理水平。

七、建立部省共同推进海峡西岸经济区建设的工作机制

（二十九）建立商务部和福建省人民政府联席会议制度。原则上每年召开1次会议，共同研究商务部支持海峡西岸经济区建设工作。联席会议由商务部分管副部长和福建省人民政府分管副省长主持，商务部有关办、司、局，福建省人民政府副秘书长或办公厅副主任、福建省经贸委、福建省外经贸厅负责人参加。

（三十）建立商务部与福建省人民政府联络员制度。由商务部办公厅副主任、商务部驻福州特派员办事处负责人、福建省人民政府副秘书长或办公厅副主任、福建省经贸委副主任和福建省外经贸厅副厅长各1人任联络员。联络员具体负责商务部和福建省政府之间的日常沟通、协调，负责联席会议方案的制订，督促有关政策措施的落实，汇总情况并向联席会议报告。

（三十一）建立重大信息通报制度。多形式、多层面地加强商务部与福建省人民政府之间的信息沟通。商务部重点向福建省人民政府通报重大政策、重大改

革举措；福建省人民政府及时向商务部通报海峡西岸经济区建设进展情况、重大政策等信息。

中华人民共和国商务部

二〇〇七年十月二十二日

099

海关总署关于海关支持海峡西岸经济发展的总体意见

中华人民共和国海关总署

2006年9月4日

推进海峡西岸经济发展，是党中央、国务院作出的重大战略决策。大力支持海峡西岸经济发展，是海关贯彻中央对台工作政策，落实国家“十一五”规划和推动区域经济发展的重大举措。

一、海关支持海峡西岸经济区建设的指导思想和原则

（一）指导思想

以胡锦涛总书记视察福建重要讲话和国家“十一五”规划为指导，认真贯彻“依法行政，为国把关，服务经济，促进发展”的海关工作方针，大力支持海峡西岸经济区建设，为实现祖国统一大业作出海关应有的贡献。

（二）基本原则

1. 服务对台大局

促进海峡西岸经济区发挥独特优势，加强对台工作，进一步扩大闽台经贸合作，密切闽台各项交流，积极推动两岸实现直接双向全面“三通”，促进祖国统一。

2. 允许先行试行

坚持与时俱进，加大制度创新、科技创新力度，开拓改革思路、破解政策难题，主动适应海峡西岸经济区的发展需求，不断为加快海峡西岸经济区发展注入新的动力、增强新的活力。

3. 坚持务求实效

将促进海峡西岸经济区发展的宏观政策与解决当地具体问题相结合，体现全面支持，将海关支持海峡西岸经济区建设的措施与各部门的支持措施相衔接，形成促进合力；将把关于服务密切、有机地结合，实现守法便利，务求实效。

二、海关支持海峡西岸经济区建设的主要措施（10类22条）

（一）支持拓展对台经贸合作和直接往来

1. 积极推动对台小额贸易发展

积极开展对台小额贸易调研，研究修订《对台小额贸易管理办法》，在解决

必要的海关机构设置、符合相应的海关监督条件的前提下，比照一般贸易方式，放开对台小额贸易船只吨位、交易金额限制，放宽经营范围限制。对符合政策规定以对台小额贸易方式进口的在大陆投资的台资企业生产设备零配件和原辅材料（即以对台小额贸易方式进口的“快件”）实行进口免税政策，并在同关键关方面实行更加便捷的措施。在海关事权范围内，推动在福州马尾、莆田湄洲岛、宁德三沙设立对台小额贸易商品交易市场。在保持原已批准的六大类商品范围的前提下，提高厦门大嶝对台小额贸易商品交易市场免税商品携带额度，旅客免税携带台湾商品价额由原来的1000元提高到3000元人民币；对台产卷烟从台湾进入交易市场实行特殊政策，相关贸易公司从台湾进口卷烟到交易市场无需交验《自动进口许可证》；支持厦门市对厦门大嶝对台小额贸易市场的功能、定位、经营方式与内容进行重新规划，海关将在有效监管的条件下，推动其更好发展，促进对台小额贸易发展。

2. 积极推动两岸直接通航、通邮。在厦门、金门航线开展“包裹”业务的基础上，支持拓展福建其它直接往来航线开展“包裹”业务。放宽福建沿海与金马澎直接往来航线的游客携带的台湾高粱酒数量限制，从目前每人允许携带2瓶增至4瓶，促进两岸人员往来。积极促进台湾客运包机节日化、常态化和货运包机便捷化，支持福州、厦门作为客、货运包机的航点，在空港口设置专用台胞旅客通道，为进出境台湾旅客提供优质快捷服务。促进福建沿海地区和台湾金门、马祖地区直接往来的正常进行，支持推进与台湾澎湖地区的直接往来，不断扩展两岸直接往来范围。

3. 实施“绿色通道”和“一站式”服务制度，为台资企业提供良好的服务。积极推行“一站式”通关服务，对福、厦两海关管辖范围内信誉好的大型台资企业，适当降低适用便捷通关措施企业的审批标准，使其适用便捷通关措施；在台商化比较集中的海关设立加急通关窗口，对信誉良好的台资企业提供全天候、无假日24小时预约通关服务。

4. 积极推动对台进出口贸易。积极推动台湾“零关税”农产品进口，促进两岸农业合作。海关在严格执行原产地标准的同时，积极开辟“绿色通道”，实施便捷通关措施，为台湾零关税水果进口提供最优质服务，确保台湾水果“零滞港”和“零损耗”，保证台湾地区鲜水果零关税优惠政策的良好实施。推动大宗商品如粮食、煤炭等的对台出口；推动在福建对台天然砂石出口方面出台特殊政策，满足台湾人民需要。

（二）支持海峡西岸扩大口岸开放

5. 积极支持扩大口岸开放。海关总署将按照《国家“十一五”口岸发展规划》，根据口岸设施的建设进度，积极按照有关程序办理福州港口罗源湾（含罗源、可门）港区、牛头湾作业区，全州港口岸石井作业区对外开放的有关手续。

积极推动泉州晋江机场和泉州港口围头湾港区对外开放。按福建省政府要求，将沙埕、三沙港区、漳湾作业区和石码港区等分别并入宁的港口岸和厦门港口岸。积极研究龙岩连城机场、宁德港口岸溪南港区对外开放问题。支持福建对台口岸查验配套设施建设，推动在国家资金补助上给予倾斜。支持福建省沿海具备监管条件的海港口岸成为对台直接往来货运直航口岸。

（三）支持福建省口岸大通关建设

6. 积极支持福州、厦门港发展。完善厦门象屿保税区和厦门港的区港联动试点，赞成并积极推动福州保税区与江阴港区开展区港联动试点，落实区港联动优惠政策措施，实现区港联动的“无缝对接”。支持在厦门港不同港区间开展移泊业务，支持福州、厦门港大力发展国际中转业务，吸引国际班轮公司在福州、厦门开辟更多的干线航线，推动福州、厦门港早日建成主枢纽港区和国际航运枢纽港。

7. 支持福厦两地不断创新工作模式，改革创新、先行试行，服务和促进海峡两岸经济区建设。在推进“绿色通道”、专门窗口等通关便利措施常态化的基础上，全面启用出口运抵报告系统、“现场业务一体化处理”、F 通道、预审价、无纸通关、预归类及涉税商品新人通关制度等便利措施，进一步简化通关环节；继续推行“网上税费支付”，节约企业税费支付时间；建立信誉审单通道模式，对资信良好、内部管理规范的企业，给予快捷通关；对“5・18 海交会”、“6・18 项目成果交易会”、“9・8 投资贸易洽谈会”、“4・8 台交会”等省市重大经贸活动，开辟专门“绿色通道”，提供便利通关；继续巩固和完善主要业务现场“5＋2”工作制，提高服务质量。

8. 积极推进海峡西岸区域通关改革试点。推动“属地申报、口岸验放”通关作业模式，从“海运”推广到“空运”和“邮运”，使该通关模式覆盖福建省内海关各通关现场。进一步增加福、厦两关“属地申报、口岸验放”业务量，努力扩大进出境口岸验放的试点范围；大力推广“铁海联运”，进一步拓展物流通关模式，将“属地申报、口岸验放”通关模式，拓展到江西、湖南、湖北、贵州、宁夏和粤东、浙西南等省（区）；实现福建省与陆路转关量最大的深圳口岸之间转关运输货物的“一次申报、一次查验、一次放行”的通关作业模式；福建企业在广东境内通关享受广东企业同等待遇。

9. 积极推进福建电子口岸平台建设。全面贯彻落实全国地方电子口岸建设现场会精神，按照《国务院办公厅关于加强电子口岸建设的通知》（国办发〔2006〕36 号）和我署与福建省政府 2005 年 9 月签署的《建设福建电子口岸的合作备忘录》，在福建省人民政府的牵头下，海关积极发挥电子口岸职能部门和承建单位的作用，全力推进福建电子口岸平台建设，尽快实现大通关业务流程及相关信息的互联互通和资源共享，为全面支持“海西”建设服务。

10. 进一步简化船舶海关申报手续。简化直接往来客运船舶报关手续，合并简化船舶海关申报手续，进一步加快客运船舶通关的速度。全面推广小型船舶快速通关系统，通过对来往港澳小型船舶航程的全程监控，取消船舶到广东三门岛中途监管站办理申报手续的作法，缩短运输时间，降低企业运行成本。

11. 支持湄洲湾南北岸港口整合。实现海关查验管理一体化，统一监管模式、查验标准和操作规程等，互认查验结果，实现信息共享和业务联动。

（四）支持海峡西岸扩大海关特殊监管区域试点

12. 将厦门特区和福州港口岸江阴港区列为海关特殊监管区域“功能整合、政策叠加”的试点地区。推动福州、厦门保税区、保税物流园区、出口加工区等各类特殊监管区域具备保税加工、保税物流两大功能。

13. 优先考虑、积极引导、全力支持台商密集地区开展海关特殊监管区域试点。赞成并积极推动福州市开展区港联动试点。赞成并积极推动在漳州、莆田设立出口加工区。近期选择福州、厦门翔安、泉州保税物流中心（B型）列入扩大试点范围内。在福州、厦门关区先行先试开展保税仓库检测、维修业务试点。扩大出口监管仓库入库退税政策试点。赞成并积极推动设立东山对台农产品物流加工保税区域或保税监管场所。为改善台商投资环境提供有力支持，为提升海峡西岸经济区物流业发展注入新的活力。

14. 扩大加工贸易电子帐册联网监管范围。将B类企业纳入联网监管范围，推广企业EDI无纸化报关，适应国际贸易、国际金融、国际运输等领域的发展新趋势。

15. 增强福厦两关在保税加工和保税物流监管业务方面的协调和互动。共同促进保税加工和保税物流监管业务改革向纵深发展，充分发挥海关在全面推进海峡西岸经济区建设中的作用。

（五）严厉打击走私，维护健康有序的对台经济秩序

16. 净化海峡西岸经济区的进出口贸易秩序。综合运用刑事、行政执法手段，重点打击货运渠道、加工贸易渠道和特定减免税渠道等涉税走私活动；加大打击毒品、反动宣传品、淫秽物品、珍稀动植物及其制品、固体废物等非涉税领域的走私力度，促进海峡西岸经济区建设的健康发展。

（六）加强海关统计预警检测，为福建地方政府决策提供第一手资料

17. 每月定期为福建省地方政府及外经贸、统计、口岸等相关部门提供福州、厦门关区、福建省综合进出口统计资料。不断扩大海关统计数据的社会服务面，创新统计分析手段，提高统计分析的时效性，加强进出口预警检测，做好对福建省大宗商品遭遇国外反倾销等贸易壁垒情况的跟踪分析，第一时间发布预警信息，为企业及早掌握情况、做好反倾销应诉准备政区时间和主动；加强对福建省外贸进出口的贸易伙伴、贸易结构、产业链条、产品特点、企业性质等方面的

深入分析，及时准确反映福建省外经贸运行的基本情况、主要特点、发展趋势和有关规律，并从海关角度提出对策建议，为地方政府科学决策服务。

（七）强化服务意识，提高服务海峡西岸经济区建设的自觉性

18. 提高福厦两关服务海峡西岸经济社会发展的能力。要坚持以“依法行政，为国把关，服务经济，促进发展”的海关工作方针为指导，正确把握好把关与服务的平衡点，紧跟海峡西岸经济区经济社会改革发展步伐，始终坚持把地方政府的工作重点作为海关的重点任务来抓，在服务海峡西岸经济区的大局中，找准定位，主动融入，深化业务改革。要加强对关员文明、高效服务的教育，引导关员切实转变思想观念和工作作风，进一步增强责任意识、大局意识、公仆意识、服务意识。提高工作效率，积极促进海峡西岸经济区经济社会持续、稳定、健康发展。

（八）推动研究制订专项扶持政策，扶持福建省原中央苏区地区发展

19. 支持龙岩、三明市等福建原中央苏区参照国家中西部开发税收优惠政策，扩大对外开放。鉴于福建原中央苏区的历史贡献和经济的落后发展现状，考虑其在海峡西岸承北启南、东进西拓的特殊区位，以及加快发展所能发挥的对台优势，海关总署支持龙岩、三明市等福建原中央苏区参照国家中西部开发税收优惠政策，扩大对外开放。海关总署将积极推动研究制订专项扶持政策，扶持福建原中央苏区地区发展。

（九）在海关机构、编制方面对海峡西岸经济区内海关予以倾斜，保障通关顺利

20. 海关总署全力支持、有限保障海峡西岸经济区内海关人员编制，保障区内海关工作需要。同时坚持从体制、法制、科技、业务流程等方面入手，加大改革和管理力度，不断提高工作效率，发挥海关机构的职能作用，促进地方经济发展。

（十）建立海关总署与福建省政府合作长效机制

21. 建立海关总署与福建省政府领导定期会晤制度。进行高层决策机构、执行机构之间的协商和协调。实行联席会议制度，每 1 年（或半年）会晤一次，集中研究解决海峡西岸经济区建设中存在的需要海关支持的问题。

22. 建立海关总署与福建省政府联络员制度。由海关总署办公厅副主任、福建省政府副秘书长各 1 人为联络员，具体负责署、省间相关问题的沟通和协调，逐步建立多层次、多角度、广泛性、经常性的沟通平台，充分调动各层面协商积极性，加强协调沟通，不断提升合作层次和水平，助力海峡西岸经济区建设。

100

福建省贯彻落实《国务院关于支持福建省加快建设海峡西岸经济区的若干意见》的实施意见

（2009 年 7 月 29 日中国共产党福建省第八届委员会第六次全体会议审议通过）

为深入贯彻落实科学发展观，全面实施《国务院关于支持福建省加快建设海峡西岸经济区的若干意见》（国发〔2009〕24 号，以下简称《意见》），抓住难得历史机遇，加快建设海峡西岸经济区，推动全省经济社会又好又快发展，现提出如下实施意见。

一、全面把握《意见》的重大意义和总体部署

（一）深刻认识重大意义。加快建设海峡西岸经济区，是党中央、国务院把握两岸关系出现积极变化、审时度势、着眼全局作出的重大战略决策；是进一步发挥福建省比较优势，实现又好又快发展的迫切需要；是完善沿海地区经济布局，推动海峡西岸其他地区和台商投资相对集中地区发展的重大举措；也是加强两岸交流合作，推进祖国和平统一大业的战略部署。《意见》的出台，表明海峡西岸经济区发展战略已从区域战略上升为国家战略，标志着海峡西岸经济区建设站在一个新的起点上，海峡西岸经济区在全国发展大局中的战略地位更加突出，在促进祖国统一大业中的重要作用更加凸显，对于把海峡西岸经济区建设成为科学发展的先行区、两岸人民交流合作的先行区必将起到极大的推动作用。

（二）全面遵循总体要求。《意见》提出的总体要求，是加快建设海峡西岸经济区必须始终坚持的重要指导思想。我们要高举中国特色社会主义伟大旗帜，以邓小平理论和“三个代表”重要思想为指导，深入贯彻落实科学发展观，从维护中华民族核心利益、促进祖国统一的大局出发，牢牢把握两岸关系和平发展的主题，按照“六个着力”要求，靠改革、靠开放、靠创新，坚持“四个重在”和“四求先行”，提升思路求作为，精心谋划求作为，突破重点求作为，艰苦奋斗求作为，实施“十大举措”，构建“十大支撑体系”，高起点、高标准、高层次、高水平推进海峡西岸经济区建设，全面落实《意见》提出的各项任务，努力将海峡西岸经济区建设成为经济持续发展、文化更加繁荣、综合竞争力不断增强、人民安居乐业的和谐区域，为全局作出更大贡献。

（三）准确把握战略定位。《意见》赋予海峡西岸经济区“两岸人民交流合作

先行先试区域、服务周边地区发展新的对外开放综合通道、东部沿海地区先进制造业的重要基地、我国重要的自然和文化旅游中心”四大战略定位，进一步明确了海峡西岸经济区在全国大局中的战略地位和重要作用，体现了海峡西岸经济区的优势所在，拓展了海峡西岸经济区发展的广阔前景和空间。按照这一战略定位，要持续“准确定位、主动融入，整合优势、合理布局，外延拓展、内涵深化，互动联动、统筹协调”的基本格局，拓展“延伸两翼、对接两洲，拓展一线、两岸四地，纵深推进、连片发展，和谐平安、服务全局”的基本态势。要突破两点，进一步强化福州省会中心城市重心辐射作用和厦门经济特区龙头示范作用，发挥泉州创业型城市的支撑带动作用，漳州、莆田、宁德的骨干作用，三明、南平、龙岩的前锋作用，山海联动，东西贯通，加强与周边地区、中西部地区交流合作，形成海西整体辐射效应，加快建设对外开放、协调发展、全面繁荣的海峡西岸经济区。

（四）明晰细化发展目标。按照《意见》提出的海峡西岸经济区建设总体要求、战略定位和发展目标，有步骤、分阶段地推进海峡西岸经济区建设，经过十年左右的艰苦努力，把海峡西岸经济区建设成为科学发展之区、改革开放之区、文明祥和之区、生态优美之区。

到2012年，《意见》提出的第一阶段目标基本实现，人均地区生产总值接近或达到东部地区平均水平，地方财政收入突破千亿大关。发展方式转变取得重大进展，节能降耗和生态环境等继续保持全国领先水平；城乡居民收入显著提高，基本公共服务水平明显改善；服务两岸直接“三通”的主要通道基本形成并不断完善，两岸人民交流合作的前沿平台功能更加凸显。

到2020年，《意见》提出的发展目标全面实现。其中，到2017年，人均地区生产总值比2000年翻两番，比全国提前三年实现全面建设小康社会的目标。在此基础上，到2020年，地区生产总值接近或达到4万亿元。闽台经济融合不断加强，海峡区域合作取得突破性进展，两岸共同发展的新格局基本形成。综合经济实力显著增强，海峡西岸产业群、城市群、港口群发展壮大，资源节约型、环境友好型、创新型省份基本建成。充满活力、富有效率、更加开放、有利于科学发展的体制机制率先建立。统筹协调能力明显提高，社会就业更加充分，社会保障体系健全，人民生活更加富足，社会更加和谐，科学发展达到新的水平。

实现海峡西岸经济区建设的目标任务，必须坚持科学发展。以人为本，按照全面协调可持续的发展要求，加快转变发展方式，切实加强资源节约和环境保护，推动经济社会又好又快发展。必须坚持解放思想。进一步转变观念，拓展战略思维，树立宽广的世界眼光，在更高的起点上推进海峡西岸经济区建设，努力走出一条符合福建实际、具有海西特色的发展路子。必须坚持改革开放。着力解决影响和制约科学发展的突出问题，努力提高对外开放层次和水平，引导和推动科技创新、制度创新、管理创新，增强发展的动力和活力。必须坚持先行先试。充分发挥独特优势，采取更加灵活开放的政策措施，积极探索、先行试验，在推动科学发展、促进两岸交流合作上率先取得突破。必须坚持持续运作。实施项目带动、品牌带动、创新带动、服务带动，持续思路、持续举措，锲而不舍、持之以恒，以科学有效的运作完成目标任务。必须坚持统筹协调。总揽全局，兼顾各方，妥善处理海峡西岸经济区建设中的重大关系，统筹城乡发展、区域发展、经济社会发展、人与自然和谐发展、对内合作与对外开放。

二、构筑两岸交流合作的前沿平台

（一）建设两岸经贸合作的紧密区域。推进产业深度对接。推动放宽台商投资项目的股比限制，落实增加对台合作的用地指标等政策措施，加快台商投资项目审批，吸引国家禁止之外、不涉及国家安全的各类台商投资项目落地，加快厦门湾、闽江口、湄洲湾等沿海一线的产业对接集中区建设，培育发展闽台产业对接专业园区，促进两岸产业对接进一步集聚、提升。推动与台湾县市、行业协会、科技园区、企业等建立紧密合作机制，促进来闽建设产业园区。推进厦门、福州台商投资区扩区和新设立泉州、漳州等台商投资区，促进台商投资区、各类开发区、海关特殊监管区功能整合，提高产业承载能力。加快对接台湾自由贸易港区，鼓励企业和产品进入台湾自由贸易港区。以电子信息、石化、机械、船舶、冶金、新能源、生物医药、食品、创意、新材料等产业为重点，促进闽台产业融合。提升产业合作关联度，加快建立与台湾产业相配套的以及大陆台资企业所需的零部件、原辅材料中心。积极推动台湾海峡油气资源联合勘探与开发。

提升农业合作水平。进一步加强海峡两岸农业合作试验区、现代林业合作实验区建设，充分发挥窗口、示范和辐射作用。积极引进台湾农业资金、技术、良种、设备等生产要素，促进闽台农业深度对接。加快建设农产品出口加工基地和台湾农业技术、新品种推广中心，加快闽台良种引进繁育中心和示范推广基地建设，加快建立一批闽台现代农业合作示范区和加工区。大力推进台湾农民创业园建设，鼓励台湾同胞来闽投资创业。提升厦门、漳州、南安、东山、霞浦等海峡两岸农（水）产品集散中心和市场功能，加强两岸农民合作组织交流，推动两岸共创品牌农业，促进生产、销售、管理、服务多方位合作。

加快现代服务业对接。建立两岸区域性金融服务中心，推动两岸金融合作迈出实质性步伐。积极推动开办对台离岸金融业务，逐步建立两岸资金清算中心，扩大两岸货币双向兑换范围，促进开展两岸跨境贸易以人民币计价结算试点，推动两岸银行卡通用和结算。加快海峡产权市场建设，探索引入台湾上柜和兴柜交易机制，推动设立两岸股权柜台交易市场，打造闽台企业对接的直通平台。推动闽台银行业机构、保险业机构、证券业机构双向互设、相互参股，支持在闽台资企业上市融资，引进台湾金融服务中介来闽设立机构，推动设立两岸合资的海峡投资基金。积极促进闽台物流企业、项目对接，合作建设物流配送或专业配送中心，推动两岸物流信息网络相互衔接，设立对台保税物流园区和对台农产品物流加工保税区。完善闽台旅游合作机制，加强与台湾旅游机构的交流合作，深化闽台旅游景区对接，共推海峡旅游精品线路，做大"海峡旅游"品牌。提升"小三通"黄金通道，增强中转衔接服务功能，扩大大陆居民从我省口岸赴台旅游。积极开拓台湾旅游市场，加强入台旅游推介，扩大台湾同胞来闽旅游。积极发展面向台湾及海外的会展业、服务外包业。健全涉台法律法规，依法保护台胞的正当权益，进一步改善投资环境，推动台湾企业来我省设立地区总部、配套基地、采购中心、营运中心和研发中心。

探索两岸经贸关系制度化。积极开展两岸区域合作试点，推进在促进两岸贸易投资便利化、台湾服务业市场准入等方面的先行先试，率先探索两岸避免双重征税安排、建立两岸税务纠纷处理机制，为两岸建立更紧密的经济合作机制积累经验。促进闽台双向投资，推动建立闽台产业优势互补的合作机制。简化赴台投资审批程序，加快审批和核准节奏，支持有条件的我省企业到台湾投资兴业。实行更加开放的对台贸易政策，研究制定有利于进一步推进小额贸易发展的政策，扩大对台贸易。在充分发挥现有海关特殊监管区域政策优势的基础上，探索推动平潭等沿海有条件的岛屿设立两岸合作的海关特殊监管区域，实施更加优惠的政策。发挥厦门经济特区在对台方面的先行先试作用，推进福州（平潭）综合实验区建设，使之成为两岸交流合作先行先试和海峡西岸经济区科学发展先行先试的综合实验区。

（二）建设两岸文化交流的重要基地。扩大闽台文化交流合作。放宽台商投资文化产业政策，促进动漫、网络游戏等文化创意产业的对接，建设海峡两岸文化产业园和文化产业合作中心，形成一批对台文化交流与合作基地，共同打造文化产业链。吸引台湾科研机构和科技人员共同创建科技创新平台，联合开展台湾海峡地质构造研究，建立两岸防灾减灾资讯共享和会商机制，深化防灾减灾、地震、气象、海洋、建筑、水利、环保、标准、计量、认证等领域的交流合作。探索建立两岸文化交流合作机制，进一步拓展闽台教育合作，加快建设海峡两岸职业教育交流合作中心，探索建立两岸教育合作园区，开展两岸高校合作办学试点，积极推动闽台院校学生互招、学历学分互认、师资互聘。进一步推动公共卫生、医学科研、医疗技术、中医药等方面交流合作，支持台商投资建设医院和相关设施。推动两岸新闻媒体互设常驻机构，推进两岸出版交流试验区建设，深化闽台文学艺术、广播影视、体育等领域的交流合作。推动两岸青少年交流交往。加强台湾文献信息积累与研究，加快建设福建省台湾文献信息中心。加快闽南文化生态保护实验区建设，推进建立客家文化生态保护实验区，加大涉台文物保护力度，积极推动妈祖文化、泉州南音申报世界非物质文化遗产，提升闽台缘博物馆对台交流功能与作用，挖掘和拓展闽南文化、客家文化、妈祖文化等两岸共同文化内涵，进一步增强连接两岸同胞感情的文化纽带作用。

（三）建设两岸直接往来的综合枢纽。加快建设两岸航运中心，鼓励台湾企业投资参与我省港口码头建设，促进闽台港口联盟发展。做好福州、厦门两岸直接通邮的邮件封发局相关工作，加强对台通邮基础设施建设，加快开通邮政专船和邮件航空运输通道，推动建立对台邮件总包交换中心。适时推进向金门、马祖等地供水、供电和铺设海底通信缆线工程建设。着眼于建设两岸直接“三通”首选地的要求，推进厦门、福州机场成为两岸货运包机新增航点，推动福州、厦门直航航点增加定期航班配额，促进其他机场列入对台空中直航航点、沿海主要口岸开放为对台海上货运直航航点；拓展两岸集装箱班轮航线、散杂货不定期航线、客运航线，加快发展对台客货运滚装业务；促进“小三通”双向行李直挂，提高两岸海空联运便捷度；加强两岸人通关合作机制建设，进一步简化通关手续，健全人流、物流往来的便捷有效管理机制；试行便利两岸人员往来的管理办法，尽快启动我省为台湾本岛居民办理来往大陆通行证和签注，推动授权办理大陆居民赴台旅游证件，启动武夷山航空口岸对台直航入境人员落地签注，推进台湾民众和大陆居民循我省口岸往返两岸。

（四）建设两岸交流合作活动特色平台。充分发挥“省部合作、两岸共办”的优势，不断提升海峡论坛的两岸民间交流、经贸合作、合作交流研讨、合作交流枢纽四大平台功能。着力提升各领域、各界别交流平台功能，持续办好中国国际投资贸易洽谈会、海峡两岸经贸交易会、中国·海峡项目成果交易会等交流合作品牌活动，促进各类产业交流专题活动向专业化方向发展；持续办好中国·湄洲妈祖文化旅游节等各类民俗文化节庆活动；持续推动闽台县市对口交流活动向机制化、经常化发展；持续深化闽台产业行业协会、民间社团和中介组织开展对口交流合作。持续推动闽台警务和司法交流合作。推动国家有关部委在我省举行涉台事务性商谈，把我省建设成为两岸事务重要协商地。

（五）建设两岸人才交流合作区域中心。实施台湾专业人才参加资格考试和认证、职称评定等试点政策，促进闽台共同开展人才培养和项目合作。推动人力资源服务机构互设分支机构，定期举办两岸人才交流会，加强两岸人才信息交流，建立台湾人才及其研究成果数据库。完善台湾人才来闽创业优惠政策，建立台湾人才引进快速通道，支持省内企事业单位聘用台湾人才，鼓励在大陆高校毕业的台湾学生来闽就业，开展两岸大学生创业项目对接等活动，促进台湾人才来闽创业就业。探索台湾地区居民报考我省行政机关公务员以及参与基层社会公共事务管理。

三、构建现代化基础设施体系

（一）加快形成海峡西岸港口群。围绕发展大港口、大通道、大物流，积极整合港湾资源，加快建设海峡西岸北部、中部、南部三大港口群。北部以福州港为主体，加强福州港和宁德港等的整合，覆盖三都澳、罗源湾、福清湾、兴化湾北岸等主要港湾，推动成为集装箱和大宗散杂货运输相协调的国际航运枢纽港。中部以湄洲湾港为主体，覆盖湄洲湾、兴化湾南岸、泉州湾等主要港湾，发展成为大宗散货和集装箱运输相协调的主枢纽港。南部以厦门港为主体，覆盖厦门湾、东山湾，加快形成以集装箱运输为主、散杂货为辅的国际航运枢纽港。加强深水航道、疏港通道和公共配套设施建设，重点发展大型集装箱和大型散货港区，加快建设石油、煤炭、矿石等大宗货物储运中转基地。积极吸引中西部企业到沿海建设“飞地港”，鼓励本省企业在内陆地市和中西部省份建立“无水港”，着力推进河海联运、海陆联运和多式联运，拓展纵深腹地，加快建成福州港、湄洲湾港、厦门港三个亿吨以上大港，形成面向世界、服务中西部发展的现代化、规模化、集约化港口群。

（二）构筑以“三纵八横”为主骨架的高速公路网。按照建设便捷交通走廊的要求，加快纵深推进、南北拓展的高速公路建设，形成海西高速公路网。加快建成和完善京台线、福银线、厦成线、泉南线、长深线、宁上线等国家高速公路福建段，加快沈海线福建段扩建及新建复线，积极推进兴化湾经尤溪至重庆省际间的高速公路通道建设。加快建设中心城市绕城高速公路和跨设区市高速公路联络线，以及连接县城、重要旅游区、沿海港口的高速公路支线、连接线，逐步实现县县通高速公路。

（三）建设大运力快捷铁路运输通道。加快实施纳入国家中长期铁路网调整规划的海西铁路发展项目，推进形成“三纵六横九环”海峡铁路网。尽快建成连接两个三角洲的温福、福厦、厦深铁路和连接中西部地区的向莆铁路；抓紧建设京福、昆厦高速铁路；推进杭州至广州（经南平、三明、龙岩）、浦城至梅州、衢州至宁德、泉州至长汀等铁路项目；规划建设海峡西岸城际轨道交通系统，推动省内铁路网功能整合和扩能提速，加快建设一批连接全省主要港口、重要工业基地的铁路支线，强化与国家干线铁路的联系，使海峡西岸铁路成为国家路网的重要通道和交通枢纽。

（四）完善干支结合的空港布局。加快现有机场更新改造，完善福州、厦门国际机场两岸空中直航的设施条件，推进泉州晋江、武夷山、连城冠豸山机场扩能升级，增加开辟国内外新航线，扩大服务领域；合理布局支线机场，推进三明机场建设，开展宁德、莆田、漳州等新建、迁建机场的前期工作，形成以福州、厦门国际机场为主的干支线机场相结合的空港布局。

（五）打造沿海重要能源基地。以清洁、低碳为发展方向，优化能源结构，强化能源保障。建立规范的能源资源开发秩序，合理利用本省煤炭、水电等资源。充分发挥良好的深水港优势，引进煤炭、石油、液化天然气等省外、国外能源资源，适时推进超超临界火电建设，加快建成一批燃气电厂。加快宁德、福清核电站建设，抓紧开展核电后备厂址建设的前期工作。加强500千伏主干输电网架和特高压网架建设，构筑沿海双通道、南北双环网的500千伏超高压电网，强化与华东电网的联网，推进与南方电网、华中电网联网。鼓励发展新能源和可再生能源，加快推进风能的规模化开发，加快生物质能、太阳能开发利用项目建设，推进地热能、潮汐能等开发利用。推动液化天然气向内陆地市延伸，提高民用燃气覆盖率。推进煤炭中转储备基地、大型石油储备基地建设，建立长期稳定的能源供应渠道和生产供应基地。

（六）提升城乡公共设施保障能力。加快城市交通基础设施建设，提高城市道路标准和路网密度，完善城区路网结构，促进城市内外交通衔接，强化公共停车场等设施配套。实施公交优先发展战略，推进福州、厦门、泉州等城市轨道交通发展。加强城市供水设施和防洪排涝系统建设，促进制水工艺和管网改造，提高供水水质，加快推进污水集中处理和垃圾无害化处理，发展管道供气，健全市政基础设施功能，提高人口承载能力。进一步完善农村公路路网建设改造。推进农村水、电、通信等设施建设，改善农村生产生活条件。建成一批具有防洪、灌溉、供水等功能的综合水利枢纽，提高防灾减灾能力。加强水源与供水工程建设，合理规划、适时推进跨区域跨流域水资源配置工程，确保城乡供水安全。

四、建设特色鲜明的现代产业体系

（一）加强海峡西岸区域创新体系建设。完善科技发展机制。加强科技宏观管理体系建设，集聚整合创新力量，加强统筹协调，优化配置科技资源，推动跨区域、跨部门的科技合作，密切产学研结合。营造有利于社会资金投入科技的环境，建立稳定的各级财政科技投入增长机制，建立健全多渠道、多元化的科技投入体系，加大对海峡西岸区域创新体系建设的科技投入，着力打造特色鲜明的区域创新体系。切实发挥科技支撑引领作用，加强高技术和产业关键共性技术开发，加快科技成果的转化应用，推广一批有效促进产业升级、技术改造和节能减排的先进技术和创新产品，打造一批特色产业基地，促进形成高新技术产业集群。实施知识产权战略，造就一批竞争力强的优势企业。加大与扩大内需、改善民生相关的重点技术与产品的产业化、商业化和规模化应用力度。大力普及科学知识，提高全社会科学文化素质。

加快建设创新转化服务平台。努力构筑能够引领产业技术升级和发展方式转变的海峡西岸研发高地。支持信息、医药、生物、新材料、新能源、海洋等领域应用基础研究，加快电子信息、光电、石化、装备制造、生物、医药、现代农业和物流等产业领域重点学科发展，组建学科群，加强国家级重点实验室、工程技术（研究）中心、企业技术中心、产品检测中心、博士后站点等平台建设，鼓励外商在闽投资设立研究开发机构。进一步提升中国·海峡项目成果交易会的影响力，创新科技成果转化及产业化机制，大力发展科技经纪服务，加强中试基地建设，鼓励国内外高校与设区市联合设立培训与研发中心，构建科技成果转化平台。加强科技资源共享平台建设，推进高校和科研机构科技资源共用，推动科研平台和大型仪器设备向企业开放共享、延伸服务，打造服务全省发展的科技公共服务平台。创建国家级海峡两岸科技产业合作基地，促进两岸科技项目对接、机构与人才对接、知识产权对接和科技情报（信息）对接，推进两岸科技人员交流往来，构筑闽台科技交流合作平台。

积极引导创新要素向企业集聚。综合运用政策、投入、金融、服务等多种方式和手段，促进技术、资金、人才、管理等各类创新要素流向企业，引导企业加大技术创新和成果应用的投入力度，推动企业成为技术创新的主体。深入实施技术创新工程，培育创新型企业，建设产业技术创新战略联盟，完善产业技术创新链，提升企业自主创新能力和综合实力。支持高新技术企业和科技型中小企业发展，加强企业技术创新人才队伍建设，鼓励引导与国外企业、研发机构合作研发，注重引进关键技术、知识产权和关键零部件，开展集成创新和引进、消化、吸收再创新，加快技术创新、产品创新和管理创新，强化自主品牌建设。扶持建立一批行业技术开发基地和技术转移中心，加快先进技术向中小企业辐射和转移。鼓励高校和科研院所的科技人员进入企业从事技术开发活动，引导高校和研究机构紧密围绕企业需求开展联合创新。

推进海峡西岸高新技术产业带建设。将高新技术产业发展纳入区域经济社会发展的总体规划，充分发挥福州、厦门国家级高新区的作用，加快推进省级高新区二次创业和整合升级。积极推动区内产业集聚和特色产业基地发展，提高高新技术产业在区域经济中的比重。支持符合条件的省级高新区、技术开发区申报升级为国家级高新区。推进闽台高科技园区交流合作，鼓励和支持台湾科技界、企业界参与高新技术园区建设。加快建成海峡西岸高新技术产业带，使之成为承接台湾高新技术产业与技术转移的载体。

（二）大力发展现代农业。按照高产、优质、高效、生态、安全的要求，加快转变农业发展方式，促进农业结构优化升级，构建现代农业产业体系。加快农业科技创新，推广应用农业新品种、新技术、新肥料、新农药、新机具。完善扶持粮食生产的政策措施，稳定播种面积，推进规模经营，努力保持粮食自给能力不降低。促进农业特色产业升级，发展壮大畜牧业、园艺业、林竹业、水产业等优势产业，积极发展水产品、畜禽、茶叶、笋竹、蔬菜、水果、食用菌、花卉苗木、烟叶、中药材等十个重点特色产品。实施农业标准化，发展品牌农业，推进无公害农产品、绿色食品、有机食品认证，积极实施国家地理标志产品保护，推行农产品质量认证和产地等标识认证制度。加快发展农民专业合作社，扶持壮大一批带动力强的农业产业化龙头企业，完善龙头企业与农户的利益联结机制，支持培育一批农产品加工示范园区、示范企业和示范项目。推进农产品出口加工基地建设，扩大特色优势农产品出口。加强农业基础设施建设，改善农业生产条件，提高土地产出率和资源利用率。加快农产品质量安全监管体系建设，完善农产品质量安全监测网络，实行种植、养殖基地备案，加强与国际接轨的农产品标准化建设。健全新型农业社会化服务体系，加快信息服务平台建设，建立农业技术推广、动植物疫病防控、农产品质量安全监管等公共服务体系，健全农村市场网络，发展农村现代流通业。

（三）建设海峡西岸先进制造业基地。提升产业发展水平。坚持新型工业化道路，促进信息化与工业化融合，着力总量提升和技术提升。落实重点产业调整和振兴实施方案，突出项目带动和品牌带动，促进产业链向上下游延伸，价值链向中高端攀升，不断壮大产业规模，加快产业转型升级。着力发展先进制造业，围绕龙头企业、骨干项目和品牌产品，提高产业集中度和综合配套能力，壮大电子信息、装备制造、石油化工等主导产业。促进电子信息产业由加工制造为主向集研发、生产、服务、应用为一体转变，加大力度发展集成电路、液晶面板等基础产品，延伸计算机及网络、数字视听、移动通信三大产业链，加快发展软件、半导体照明及光电、新型元器件等新兴产业。着力壮大交通运输设备、工程机械、电工电器、飞机维修等产业，推动基础装备、基础部件及基础工艺发展，发展港口机械、建材装备、轻纺装备等产业装备，积极引进国内外大型装备制造业企业。引导石化产业按照基地化、大型化、集约化的原则合理布局和配置资源，延伸和完善石化产业链，带动合成树脂、合成橡胶、合成纤维以及新型化工材料、新型纺织原料等产业发展。以国家级和省级高新技术开发区为载体，加快建设厦门半导体照明产业基地、泉州微波通信产业基地、福厦泉软件园，福州、龙岩环保产业基地以及三明、南平、永春生物医药产业基地等一批高新技术产业基地，组织实施高新技术产业化示范工程，完善公共服务平台，促进集成电路设计和软件、光电、消费电子、生物医药、精密仪器、环保、新能源、新材料等高新技术产业集聚式发展。着力应用高新技术和先进适用技术改造提升建材、冶金、纺织、轻工、林产等传统优势产业，以质量品种、节能降耗、环境保护、工艺优化、更新装备、安全生产为重点推进技术改造，鼓励企业开展品牌创新、研发设计，开发应用新型材料，促进产品升级换代，提升产业竞争力和市场占有率。

培育大企业大集团。积极打造区域品牌、企业品牌和产品品牌，支持企业争创中国名牌、驰名商标，鼓励有条件的企业争创世界名牌。支持重点骨干企业品牌创新、品牌经营，鼓励有实力的企业以资产、资源、品牌和市场为纽带实施兼并重组联合。加快重点骨干企业技术改造和技术进步，推动有条件的企业建立技术研发、产品标准、质量检测、财务结算等中心，鼓励企业参与制修订国际、国家、行业标准。引导企业与国内外大企业合作、嫁接央企、改制上市或发行债券等方式实现快速扩张，培育一批拥有自主知识产权、主业突出、竞争力强的大企业大集团。支持有条件企业开发境外资源和市场，收购或参股国际品牌、营销网络、研发机构。

培育发展产业集群、产业基地。发挥工业园区的载体作用，完善园区基础设施，提升工业园区、产业集聚区的功能。发挥龙头企业的带动作用，发展配套协作企业，优化生产协作流程，积极支持中小企业进入龙头企业的供应网络。发挥公共服务平台的支撑作用，加强金融担保、技术研发、产品检测、专业市场、现代物流、营销联盟、人才培训、行业协会等公共服务平台建设，提升产业集聚能力。电子信息产业要以福厦沿海国家级信息产业基地及国家级信息产业园区建设为重点，推进厦门火炬高新区建设国家“光电显示产业集群试点”，加快建设国家级海峡软件产业基地，提高国家级动漫产业基地建设水平。石化产业形成以炼化一体化为龙头，上中下游配套合理、竞争力强的湄洲湾、漳州古雷石化产业基地，加快推进三都澳溪南半岛工业园区、福州江阴石化专区、泉港“台湾石化专区”建设。装备制造业要建设好福厦汽车产业集中区等汽车及零部件生产基地，加快形成厦门湾、湄洲湾、闽江口、三都澳、东山湾等修造船集中区，做大厦门、泉州飞机维修基地，推动龙岩、泉州、三明、南平、福安、福清装备制造业基地建设，促进输配电及控制设备、精密铸锻件、电工器材、中小型电机生产，形成在全国具有竞争力的特色装备制造基地。冶金产业要建设福州、厦门、漳州、龙岩有色金属及深加工产业集群、三明金属材料及深加工产业集群、南平铝精深加工产业集群，加快形成上杭铜加工、长汀稀土产业基地。纺织服装业要进一步做大做强泉州纺织服装、长乐纺织产业集群，培育发展三明、南平、长汀等纺织产业集群。轻工业要培育发展食品、制鞋、塑料、工艺美术等一批在国内外有一定知名度的产业集群。建材产业要发展南安石材和水暖器材、泉州建筑陶瓷等产业集群，加快培育特种玻璃产业基地。林产工业要推进林浆纸和林板一体化，建设一批资源综合利用的木竹藤加工骨干项目，加快莆田秀屿木材加工区建设，形成林产品深加工基地。

（四）大力发展现代服务业。建设连接海峡两岸的现代物流中心。积极承接台湾现代服务业转移，依托中心城市、产业集聚区、货物集散地、交通枢纽和港口资源，完善公共物流信息平台和物流技术标准化体系，建设福州、厦门、泉州等物流节点城市和一批现代物流园区、大中型综合性现代物流中心。引导传统运输、仓储企业向第三方物流企业转型，发展一批集运输、仓储、配送、信息为一体的物流企业。依托临港工业、产业集群和台资企业集中区，围绕原料供应、半成品和成品仓储配送，建设物流配送或专业配送中心。加快保税港区、保税区、保税物流园区、保税物流中心建设，完善保税物流体系，推进闽台两地港区对接，发展保税仓储、贸易采购、配送中转等业务。推进流通业现代化步伐，加快专业市场升级改造，发展电子商务、连锁经营、物流配送等新型流通方式和经营业态，合理布局社区服务业。

加快发展信息服务业和外包服务业。加强网络资源整合，提高信息网络综合服务能力，完善信息通信网应用体系，加快信息技术服务推广应用，重点发展数字内容服务业、软件设计业。依托福厦泉软件园和有条件的软件开发基地，发展软件服务外包、业务流程外包、动漫游戏产业，培育承接服务外包业务的专业企业，支持服务外包类企业发展离岸外包和在线外包业务，吸引台湾企业乃至世界跨国公司服务外包转移，努力打造国家服务外包基地城市、对台服务外包示范城市和国家软件出口基地。

打造国际知名的旅游目的地。以滨海旅游、生态旅游、红色旅游和文化旅游为重点，进一步整合旅游资源，促进风景名胜资源保护和永续利用。打造滨海蓝色生态、山地绿色生态两大旅游带，构筑闽东北、闽西南、闽西北三大旅游协作区，提升福州、厦门、泉州、漳州、三明、武夷山、永安等中国优秀旅游城市品牌。加快构建大武夷、福建土楼旅游区。支持泰宁申报“中国丹霞地貌”世界自然遗产和宁德白水洋、太姥山、白云山申报世界地质公园，推动泉州“海上丝绸之路”、厦门鼓浪屿和福州“三坊七巷”等申报世界文化遗产，丰富我省世界级旅游品牌。强化海西旅游目的地整体形象宣传，健全旅游营销体系，深度开发国内外重点客源市场。做大做强旅游产业，培育旅游品牌企业，完善旅游配套设施。办好海峡旅游博览会、中国武夷山旅游节、中国·湄洲妈祖文化旅游节等重点旅游节庆会展，推进旅游标准化，培育一批有特色、有影响、有效益的旅游精品，加快建设我国重要的自然和文化旅游中心。

（五）建设现代化海洋产业开发基地。坚持陆海开发联动，积极发展海洋科技，有效利用海洋资源和保护海洋环境，优化海洋开发布局，推进临港工业、海洋渔业、海洋新兴产业等加快发展。围绕三都澳、罗源湾、兴化湾、湄洲湾、泉州湾、厦门湾、东山湾等港湾的开放开发，合理布局发展临港工业，建设以石化、船舶、冶金、电力等为重点的临港工业集中区，形成区域经济发展新增长点。提升海洋渔业，推广名优新品种和生态养殖模式，建立大型抗风浪深水网箱养殖产业化基地、立体生态养殖示范基地和水产品加工基地，建立一批国家级水产品加工示范基地。加快渔港建设，建设现代化远洋捕捞船队，积极拓展远洋和深海渔业，鼓励台湾企业在我省沿海设立渔业基地。发展海洋新兴产业，建设海洋科技中试基地及研发平台，推动建立国家南方海洋科研中心，加快培育海洋药品和保健食品、海水综合利用、海洋能源资源开发利用、海洋科技推广与信息服务等新兴产业，形成若干以港湾为依托具有较强竞争力的临港经济密集区。

五、提高城乡统筹和区域协调发展水平

（一）推进形成科学合理的主体功能区。积极推动具备条件地区列入全国主体功能区重点开发区域。加快编制和实施我省主体功能区规划，积极推进优化开发、重点开发区域新型工业化和城镇化，提高人口和经济聚集程度。加强对限制开发、禁止开发区域的环境保护，最大限度地保护山川秀美的生态环境。严格规范空间开发秩序，加强区域建设布局协调，强化山海联动，优化基础设施和产业布局，推进各设区市协调发展。完善区域发展政策，抓紧研究对不同主体功能区域实行不同的产业导向、投资鼓励、人口转移和财政转移支付政策，通过多种途径缩小地区间公共服务的差距。积极创新管理体制，实行科学的考核办法，建立新的区域协调发展引导机制。

（二）推进城乡协调发展。加快海峡西岸城市群建设。坚持高起点规划、高标准建设、高水平管理，实施海峡西岸城市群协调发展规划，不断提高城市建设与管理水平。统筹区域内各项建设安排，适时调整行政区划，做大做强中心城市，推动城市联盟，促进城际协作，逐步形成以区域中心城市为骨干、中小城市和小城镇为基础的城镇体系。加快福州、厦门、泉州沿海中心城市金融、物流、会展等现代服务业和先进制造业发展，提升海港、空港、铁路集疏运能力，发挥主要带动作用。加强漳州、三明、莆田、南平、龙岩、宁德城市基础设施建设，完善城市功能，提升发展实力。通过产业做强、规模做大、功能做优、环境做美，提高区域中心城市产业、人口承载能力和辐射带动能力。发展县域经济，探索完善省管县（市）的体制，不断提升县域经济的发展水平和带动力。加快小城镇建设。加强小城镇规划，择优发展小城镇，积极引导有条件的建制镇发展成为中心镇，促进农村人口与产业向中心镇集聚，推动小城镇建设规模化、特色化，成为连接城市和农村的重要节点。探索赋予经济发展快、人口吸纳能力强的小城镇县级行政管理权限。扩大实施镇、村试点工程，继续抓好各项科技富民工程，夯实小城镇经济基础。

加快社会主义新农村建设。落实各项强农惠农政策，调整优化农业结构，积极发展特色农业、农产品加工业和农村服务业，完善农村市场体系，繁荣农村经济。发展订单农业，扶持农村非农产业发展，鼓励农村劳动力转移就业，支持农民自主创业，促进农民收入稳定增长。发展农村教育，加强农村实用人才培训，提高农民综合素质。加强“六大员”、科技特派员和基层农技推广队伍建设，加快建设乡镇“三农”服务中心，扶持农民专业合作组织，健全农村社会化、专业化服务体系。加强村镇环境卫生治理，持续开展农村家园清洁行动，改善农村人

居环境。研究建立政府补贴的农业保险体系，增强农业抗风险能力。以村党组织建设为核心，加强农村基层组织建设，完善下派村支书制度，推进农村社会工作者队伍建设，逐步完善新型农村工作机制。

加快城乡经济社会一体化进程。对城乡发展要实行统一规划、合理布局，协调推进城乡各项建设，缩短城乡之间的空间距离和设施落差，促进农村与城市发展的协作配套。建立城乡基础设施共同发展机制，统筹推进城乡交通、电力、电信、信息、邮政、供水、环保等基础设施建设，促进基础设施向农村延伸。促进城乡公共服务均等化。推动城乡科技教育、医疗卫生、文化体育等社会事业共同发展，促进公共服务向农村拓展。有序推进农村富余劳动力向城镇转移，逐步实现进城务工农民与城市居民享受同等待遇，促进城乡生产要素的自由流动和优化配置。积极探索城乡衔接的社会保障体系，逐步建立统一的城乡居民基本养老和基本医疗保险制度。发挥大中城市对农村的辐射带动作用，加大城市人才、智力、资金等对农村的支持，推动城市化发展比较快的地区先行开展城乡一体化试点。

（三）推进欠发达地区发展。努力改善欠发达地区生产生活条件，加大财政转移支付力度，不断增加财政对这些地区的教育、医疗、社会保障和基础设施投入。主动衔接国家有关部委，落实好中央财政转移支付、中央预算内专项资金和中央预算内投资，以及其他中央专项资金对海峡西岸经济区加大扶持力度的政策，特别是对原中央苏区县、革命老区、少数民族地区、海岛、水库库区的扶持政策；落实好在安排中央预算内投资以及其他专项资金时对我省革命老区、少数民族地区和原中央苏区县参照执行中西部地区相关优惠政策。坚持开发式扶贫、开放式扶贫和救济式扶贫相结合，立足资源优势和市场需求，扶持欠发达地区发展特色产业，提高农产品和特色资源深加工水平，增强欠发达地区自身发展能力。继续组织实施造福工程。积极推进扶贫小额贷款，推进村级发展互助金试点。加强对欠发达地区劳动力就业技术培训，合理有序推进当地农村劳动力转移。加快设立产业转移示范园区，推动包括台资企业在内的符合环保要求的沿海地区劳动密集型产业转移，促进这些地区加快发展。进一步完善和落实沿海对山区对口帮扶工作机制，抓好省、市、县三级扶贫开发重点村建设，加强山海协作示范园区建设，扶持培育一批山海协作示范工程和重点骨干项目。

（四）推进跨省区域协作。积极推动与长三角、珠三角地区的经济联系与合作，促进区域产业结构调整优化升级，探索建立产业、交通、环保、金融、信息、城乡规划、能源资源、区域通关等领域的协调机制，推动合作规范化、制度化、常态化。发挥闽浙赣、闽粤赣等跨省区协作组织作用，建立更加紧密的区域合作机制。加强市场开发，加快区域共同市场建设，促进区域间人员、资金、技术、产权等畅通流动。积极研究就业培训、劳动力转移、社保医保对接、金融监管等方面的改革，消除区域间生产要素流动障碍。加强区域重大项目建设协调，推进跨省铁路、公路、港口等重大基础建设，畅通海峡西岸港口与内陆地区通道。探索建立跨区域合作产业园区、物流园区，实现电子、机械、旅游、物流等产业对接，加快形成产业对接走廊。加强海峡西岸城乡和区域合作，积极构建区域城市联盟，促进产业协作配套、设施共建共享和生态协同保护，实现城市及区域资源要素优化配置。

六、推动改革开放向纵深发展

（一）增创体制机制新优势。深化农村综合改革。积极推进城乡统筹综合配套改革试验，建立以工促农、以城带乡的长效机制。健全严格规范的农村土地管理制度，科学编制并严格实施土地利用总体规划，探索农村土地流转和征地补偿相关政策机制，逐步建立城乡统一的建设用地市场。建立土地流转市场和价格调节机制，促进海峡西岸产业发展、布局优化和节约集约用地。深化集体林权制度改革，加快建设永安国家林业改革与发展示范区。切实搞好海域使用权制度改革、粮食流通体制改革、农村金融体制和农村流通体制等方面改革。创新农村工作机制，完善农村社会化服务体系，增强农村公共服务能力。

持续推进重点领域改革。进一步发挥厦门经济特区在体制机制创新方面的试验区作用，先行试验一些重大改革措施。继续推进国有企业改革，完善国有资产监督管理体系，加大国有经济布局和结构调整力度，更好地发挥引领、支撑和保障作用。落实金融支持政策，深化金融改革与创新。积极吸引更多的金融机构来我省设立分支机构、区域性业务总部和其他功能性区域中心；做大做强地方金融机构，支持省内银行业机构开展综合经营试点，加快推进农村信用社改制试点工作，有序推进小额贷款公司和村镇银行试点工作；鼓励各类投资者在闽设立创业投资企业，推动省内企业组建产业投资、风险投资和其他各类投资基金；支持更多企业在境内和境外市场上市，支持企业通过发行企业债券、专项债券、短期融资券和中期票据等多种渠道融资，推动非上市股份公司股份代办转让试点工作；支持发展融资、租赁、信托、担保、典当、财务公司等金融、非金融以及金融中介服务行业和机构。推进涉外经济体制改革，健全外贸稳定增长促进机制。推进科技、教育、文化、卫生等社会事业体制改革。深化港口管理体制和交通行政执法体制改革。稳步推进公共资源市场化配置，促进公用事业和公共服务领域开放和多元化发展，形成多元投资、公平竞争、规范经营的发展格局。

优化发展环境。转变政府职能，强化政府的经济调节、市场监管、社会管理和公共服务职责。深化行政审批制度改革，创新行政管理方法，推行行政指导，简化和规范审批程序，推广各种行之有效的便民服务方式，有效服务基层、服务企业，提高行政效能，构建服务型政府。加强法制建设，全面推进依法行政，稳步推进行政执法体制改革，建立权责明确、行为规范、监督有效、保障有力的执法体制。严格依照法定权限和程序行使权力、履行职责，构建规范透明的法制环境。维护市场经济秩序，加强社会信用体系建设，依法保护各类市场主体的合法权益。鼓励、支持和引导民营经济发展，激发民营经济发展活力。推动非公有制市场主体准入机制改革，凡法律、法规未禁止或限制的行业，均允许民间资本公平进入。支持民营企业创立品牌、创新技术、提升管理，提高对民营经济的服务水平，增强民营企业竞争力。

（二）提升对外开放层次和水平。积极合理有效利用外资。创新招商引资方式，注重引进重要领域、关键环节的世界先进技术、管理经验和智力资源，提高利用外资水平。创新外商投资管理方式，简化审批程序，推动我省列入全国第一批外资项目表格式审批的试点省份，推进投资便利化。创新招商引资机制，充分利用中国国际投资贸易投洽会等招商载体平台，合理把握吸引外资的方向和重点，积极引导外资投向主导产业、高新技术产业、现代服务业和节能环保等领域，优化利用外资结构。进一步完善利用外资政策，注重吸引跨国公司来闽建立生产基地、研发中心、营销中心和地区总部，提升工业设计、技术开发、管理咨询等行业整体水平。规范招商引资行为，依法保护外商正当权益，营造公平、开放的投资环境。

加快转变外贸增长方式。进一步优化进出口结构，不断扩大具有自主知识产权、自主品牌商品、传统优势产品和机电产品、高新技术产品出口，鼓励高技术含量高附加值产品、服务产品和农产品出口，严格限制高耗能、高污染、资源性产品出口。建立健全进出口预警、产业损害预警和反技术壁垒等工作机制，积极推动企业加入跨国采购链，支持企业开展国际认证，有效拓展国际市场。加大对出口企业应对危机的扶持力度，提高出口退税速度，扩大出口信用保险覆盖面，降低国际金融危机对我省实体经济及外贸出口的影响。顺应市场需求变化，积极开拓自由贸易区市场，巩固欧美、日本、东盟等传统市场，积极拓展拉美、非洲等新兴市场。鼓励经济发展急需的先进技术、关键设备和重要资源进口。稳步推进加工贸易转型升级，促进从贸易到投资的转化，引导加工贸易向产业链高端发展。依托出口加工区，积极发展台湾转口加工贸易。鼓励优势企业参与海外资源开发，建立境外生产、营销和服务网络，带动商品出口和劳务输出。发展服务贸易，拓展外贸发展的新空间。发展国际中转、配送、采购、转口贸易和加工制造等业务，支持有实力企业开展跨国经营。

推动开发区和海关特殊监管区发展。发挥好现有海关特殊监管区的作用，加快国家级开发区扩区和区位调整步伐，推动有条件的省级开发区升级为国家级开发区，有条件的地方新设开发区。积极拓展开发区的功能，力争在用地规划、市场准入等方面先行先试。研究提出海关特殊监管区政策叠加和区域整合方案，扩大区港联动政策覆盖范围，推动设立福州保税港区和泉州保税港区，推广应用“属地申报、口岸验放”通关模式。加强闽台特殊海关监管区和管理机构的合作，推动两地通关作业管理信息化，互设办事处和实现有关单证互换互认。

深化与港澳侨合作。围绕闽港合作“八大平台”和闽澳“四项合作”，进一步推动与港澳各领域各层次的合作。充分利用内地与港澳更紧密经贸关系安排机制，加强与港澳投资贸易促进机构的合作，积极开展海外联合招商活动。利用港澳的融资渠道和营销网络，推动企业到港澳设立营销中心、运营中心，扩大对港、对澳贸易和转口贸易。加强与港澳在服务业领域的合作，引入港澳资金、先进技术和管理经验，加快发展现代服务业。吸引更多的港澳金融机构到我省设立分支机构或投资参股，支持符合条件的省内企业到香港上市融资。加强与港澳物流业合作，建立跨境物流网络。加强闽港澳旅游合作，推动旅游线路对接延伸。充分发挥我省海外华侨华人众多、爱国爱乡的优势，充分利用世界福建同乡恳亲大会、世界闽商大会等平台作用，积极引进侨智侨力，切实维护侨胞合法权益，吸引海外侨胞来闽投资兴业，引导更多的华侨华人支持和参与海峡西岸经济区建设。

七、加强以民生改善为重点的社会建设

（一）大力推进人力资源建设。推进高端人才培养计划，实施“海西学者”制度和专业技术人才海外研修工程，培养和造就学术技术带头人、科技领军人才、一线创新人才和创新团队。加强职业经理人队伍建设，培养一批满足市场需要、高水平的企业经营管理人才。实施党政人才培养工程，推动建立与国家部委干部挂职交流机制，建设一支高素质的公务员队伍。加强人才培训、储备、科研、创业和引智示范等各类基地载体建设，着力培养高技能应用型人才，形成与产业结构相适应的初、中、高级技工、技师队伍。完善人才培养、引进、评价与激励政策，围绕创新平台建设、产业升级、重点建设和科技成果转化集聚人才，努力建设海西人才高地。实施高端人才引进“百人计划”，吸引海内外优秀人才特别是华侨华人、留学人员和台湾科技、教育等领域人才。鼓励引导高校毕业生和各类人才到农村、企业基层和经济欠发达地区创业或服务。健全专业化、信息化、产业化的人才市场服务体系，深化户籍、人事档案管理制度改革，加快推进企事业单位人事制度改革，打破人才流动的区域、行业、身份等限制，促进人才合理有序流动，努力构建海峡西岸人才资源支撑体系。

（二）加强文化基础设施建设和文化产业发展。大力发展文化事业。完善公共文化服务投入机制，加强基层文化设施和城市综合性大型文化、社区文化设施以及图书馆、博物馆、文化馆、档案馆、文化站等文化设施建设，继续实施广播电视“村村通”、社区和乡镇综合文化站文化信息资源共享、农村电影放映、农

家书屋等文化工程，建立覆盖城乡的公共文化服务体系。积极发展哲学社会科学、新闻出版、广播影视、文学艺术事业，推进文化创新，办好福建艺术节，实施文化精品工程，力争主要艺术门类进入全国先进行列。重视物质和非物质文化遗产的保护与传承，实施福州"三坊七巷"等历史文化古迹修复改造工程和涉台文物保护工程，推进历史文化名城、名镇、名村和街区保护。打造海西特色文化品牌，重点保护发展闽南文化、客家文化、妈祖文化、红土地文化、船政文化、畲族文化、朱子文化等特色文化。

建设全国重要的文化产业基地。办好海峡两岸文化产业博览会，推动文化与经济融合，将更多文化资源优势转化为产品优势、产业优势和竞争优势。鼓励文化产业投资多元化，加快发展报刊服务、出版发行印刷、广播影视、演艺娱乐、文化旅游、文化创意、动漫游戏、文化会展、广告、工艺美术十大文化产业，建设文化产业园区和产业群，创建一批文化强市强县，建成50个有影响的文化产业基地。着力扶持专、精、特、新文化企业，形成以大型文化企业集团为龙头、各类中小文化企业互补的文化产业发展格局。

（三）着力改善民生。优先发展教育。完善义务教育经费保障机制，优化农村义务教育布局结构，推进城乡教育一体化改革试点，完善"以县为主"教师管理体制，加强农村中小学教师队伍建设。加快推进中小学合格校建设，促进义务教育均衡发展。推进素质教育，探索提高学生素质、培养创新人才的模式和机制。大力发展职业教育，发挥国家级和省级重点中等职业学校的辐射带动作用，加强县级职教中心和实训基地建设，推进职业教育人才培养模式改革，扩大技能型人才培养规模。调整高等学校学科、专业结构，建立与两岸产业对接相适应的人才培养体系，加快各类人才培养步伐，加强高校科技创新和成果转化，提升高校服务海西建设的能力和成效。重视学前教育，普及高中阶段教育，实施特殊教育学校标准化建设和质量提升工程，支持和规范民办教育发展，开展全民学习型社会建设试点，加快构建终身教育体系。

千方百计扩大就业。改革劳动和就业管理体制，健全就业援助体系，统筹抓好城镇新增劳动力就业、农村富余劳动力转移就业、失业人员就业工作。加强大中专毕业生就业工作，引导毕业生面向基层和生产一线就业。改善创业环境，强化政策支持、创业培训和创业服务，推动以创业带动就业。完善劳务派遣网络，健全公共就业服务体系。加强中介机构社会化管理，规范发展人力资源市场。全面落实进城务工人员有关政策，促进稳定就业。

改革发展卫生事业。加强公共卫生服务体系建设，提高公共卫生服务能力，促进基本公共卫生服务均等化。健全基层医疗卫生服务体系，完善农村三级医疗卫生服务网络和城市社区卫生服务网络，实施妇幼卫生健康计划。推进基本医疗保障制度建设，全面推行城镇居民、城镇职工基本医疗保险，巩固完善新农合制度，健全医疗救助体系。积极探索公立医院改革，合理调整各类医疗机构的结构、布局、功能。建立健全药品供应保障体系，实施国家基本药物制度，推进基本药物合理使用，合理控制医疗服务费用，重视发挥中医药在医疗卫生服务体系中的作用，满足不同层次医疗服务需求。加强人口和计划生育工作，落实人口计生工作目标责任制，稳定低生育水平。积极推行优生优育，有效治理出生人口性别比升高问题。

完善社会保障体系。推进机关、事业单位养老保险制度改革，提高企业退休人员生活保障水平，建立新型农村社会养老保险制度。健全城乡居民最低生活保障制度和被征地农民社会保障制度，逐步提高保障水平。完善失业、工伤、生育保险制度。制定社会保险关系转续办法。推进各项社会救助制度的建设与整合，增强社会救助整体效能，特别要关注对困难台胞台属、侨胞侨属的救助。加大公共福利设施投入，推动发展以扶老、助残、救孤、济困为重点的社会福利事业，重视发展妇女儿童事业、少数民族事业和老龄事业，积极发展慈善事业。促进残疾人事业发展，改善残疾人状况。健全社会保障房制度，改进经济适用房制度，完善廉租房政策和供应体系。

加强和完善社会管理。加强民主法制建设，做好法制宣传教育、法律服务和法律援助工作，持续推进依法治省进程。健全基层社会管理体制，推进城乡和谐社区建设。强化社会组织建设与管理。建立健全多元化的矛盾纠纷解决机制。畅通信访渠道，认真对待和解决群众合理诉求，积极预防排查、化解和妥善处理社会矛盾纠纷。强化流动人口服务和管理。加强防灾减灾基础设施建设，完善突发事件应急管理机制。完善“12315”消费维权网络，深入开展食品药品放心工程。落实安全生产责任制，强化安全生产应急管理，加大重点行业和领域的安全生产监管力度，遏制重特大安全事故。深入推进“平安福建”建设，加强社会治安综合治理，完善社会治安防控体系，加强城乡社区警务建设，严密防范和依法打击违法犯罪活动，保障人民安居乐业。

八、加强生态文明建设

（一）加大节能减排攻坚力度。严格落实目标责任制，完善节能减排的指标、监测和考核体系。强化固定资产投资项目节能评估审查和环境影响评价，对新上项目严把产业政策关、资源消耗关、环境保护关。健全节能环保奖惩机制，完善差别电价、替代发电、以奖代补、区域限批等相关政策。加快重点节能工程和污染减排项目建设，严格节能减排重点项目管理，继续推进污水垃圾处理产业化和建筑节能，加强合同能源管理和重点污染源在线监控，抓好重点领域和重点企业节能减排工作。建立淘汰补偿机制，加快淘汰落后生产能力，加强节能减排新技术、新装备的研发、引进与应用。推进循环经济示范城市、园区和企业建设，建立和完善再生资源回收体系，促进重点行业废弃物再利用和城市生活垃圾资源化利用，促进节能、节水、节材、节地，全面推行清洁生产。

（二）强化生态建设和保护。提高林地保护和管理能力，加强森林资源抚育更新，保持森林覆盖率居全国首位。优化森林资源结构，提高森林资源质量，加快沿海防护林体系、生态公益林体系建设，强化森林资源的生态功能。加强水资源管理，完善取水许可和水资源有偿使用制度，健全流域管理和区域管理相结合的管理体制，清理整顿水电开发项目，严格河道、海域采沙监管，强化江河湖库等饮用水源地保护。完善闽江、九龙江、敖江等流域生态补偿具体实施办法，推动龙岩、汕头、潮州建立汀江（韩江）流域治理补偿机制，推进生态环境跨流域、跨行政区域的协同保护。推进国家环保模范城市、园林城市、卫生城市、文明城市、生态示范区、可持续发展实验区、环境优美乡镇、绿色社区、生态村等生态示范创建工作。加强湿地和自然保护区管理，实施生物多样性保护工程建设和对重要生态功能区的抢救性保护、重点资源开发区生态环境强制性保护、生态环境良好区和农村生态环境积极性保护、风景名胜资源和历史文化街区严格保护，促进环境质量继续名列全国前茅，使海峡西岸青山常在、绿水长流。

（三）加快环境综合整治。坚持“谁污染、谁治理”，加强污染治理、监测和监管，从源头上控制环境污染。加强区域污染防控，加快整治重点流域、主要海湾和近岸海域。推进畜禽、水产养殖污染治理，发展农村沼气，控制农业面源污染。加强台湾海峡海域水环境整治，实施陆源排海溯源追究，严格规范入河、入海排污口监管，治理海漂垃圾污染。加大力度整治城市内河、噪音和机动车污染。加快治理重点矿业开采区、重点水土流失区等生态脆弱区。强化企业主体责任，研究实施企业环境污染责任险、绿色信贷等政策措施，推进治理项目建设。加强区域环境安全危机防范，提高环境安全突发事件处置和应对能力。

九、切实加强对贯彻落实工作的组织领导

（一）加强党建、强化保证。党的领导是加快建设海峡西岸经济区的根本保证。要大力加强党的执政能力建设和先进性建设，推进党的建设新的伟大工程，为建设海峡西岸经济区提供强有力的思想、组织和作风保证。继续扎实开展深入学习实践科学发展观活动，努力把科学发展观贯穿于建设海峡西岸经济区的全过程。充分发挥党的领导核心作用，提高各级党委总揽全局、协调各方的本领和能力，科学执政、民主执政、依法执政，坚持和完善民主集中制，改进领导方式和工作方法。进一步加强干部队伍建设，加大干部培训力度，健全完善体现科学发展观和正确政绩观要求的干部考核评价体系。不断深化干部人事制度改革，建立经常性的干部考察工作制度，进一步完善选人用人决策机制，坚持“五重五不简单”，牢固树立公正选人和科学用人的正确导向，提高党员干部队伍整体素质，

使之成为推动海峡西岸经济区建设的骨干力量。加强基层党组织建设，做好农村、企业、城市社区和机关、学校、新社会组织的党建工作，着力发挥各级党组织的坚强堡垒作用，不断增强党的创造力、凝聚力和战斗力。加强作风建设，大兴求真务实之风，坚持忠诚履责、尽心尽责、勇于负责、敢于问责，做到为民、务实、清廉。健全党内监督和责任追究制度，加强和改进巡视工作，实行党政领导干部问责。坚持不懈地加强反腐倡廉建设，坚决查办阻碍发展的违纪违法行为，围绕规范权力运行、健全市场机制、完善中介组织深化制度建设，从源头上预防腐败，扎实推进惩治和预防腐败体系建设，为海峡西岸经济区建设提供良好环境。

（二）明确责任、精心组织。各级党委、人大、政府、政协要倍加珍惜重大历史机遇，高度重视，坚持“四求作为”，认真贯彻落实《意见》提出的各项任务和要求。主要领导亲自抓、负总责，建立责任机制，切实把《意见》落实到当前各项具体工作中。充分发挥党的统一战线在海峡西岸经济区建设中的法宝作用，最大限度地团结动员统一战线广大成员、海内外闽籍社团和乡亲积极参与海西建设。各民主党派、工商联、人民团体和群众组织要充分发挥广泛联系各界群众的优势，找准位置，主动融入，积极作为，发挥作用。各设区市、县（市、区）要抓好组织实施，结合实际情况，抓紧制定本地区贯彻《意见》的具体实施方案，明确目标任务和工作要求，创造性地开展工作。省直有关部门要按照职能分工，精心筹划，分解任务，主动对接，跟踪细化并积极推动《意见》的分工方案及具体支持政策等早日出台。加强研究，超前谋划，抓紧编制好《海峡西岸经济区发展规划》，努力把落实《意见》与制定规划及长远发展目标等衔接起来，充分体现《意见》对全省经济社会发展的指导作用。突出重点，强化协调，对重大政策、重点项目和重要资金支持要成立专门工作班子抓紧抓实，把责任落实到部门、到单位、到人员。要加强督促检查，把贯彻落实《意见》情况列入对领导班子和领导干部的考核评价范围，作为工作实绩评定和干部奖惩的重要内容。

（三）勇于探索、持续实干。进一步解放思想、更新观念，发扬敢拼会赢、敢闯敢试的精神，不断拓展作为空间。尊重基层和群众首创精神，鼓励积极探索、大胆实践、先行先试，创造宽松环境，始终保持发展生机与活力。立足当前，乘势而上，把贯彻落实《意见》与当前工作结合起来，与实现保增长、保民生、保稳定的目标任务统筹起来，积极应对风险挑战，持续扩大投资，激活消费需求，努力稳定出口，加快推进产业优化升级，切实改善民生，毫不放松推进发展，力求取得阶段性成果。注重运作，遵循规律，讲求科学的工作方法，紧紧抓住海峡西岸经济区建设中的重点难点问题，突出项目带动和品牌带动，集中财力办大事，集中力量求突破，并以此推动面上工作。着眼长远，加强调查研究，对事关建设海峡西岸经济区全局的重大问题，积极探索解决问题的新方法新方式。

深入了解并及时掌握《意见》贯彻落实中的新情况新问题，强化指导，及时帮助基层和企业解决难题。

（四）加强协作、集聚合力。牢固树立全局观念，努力发挥各自作用，准确定位、主动作为，形成各地区各有其位、各尽所能、布局合理、分工协作、优势互补、联动发展的格局。加强与周边地区的沟通协作，紧密联系，整合优势，互联互动，合作发展，共同推进海峡西岸经济区建设。省直有关单位要明确分工，互相支持配合，积极做好与国家部委的沟通衔接工作，用好用足用活中央各项支持政策，在资金投入、投资比例、项目支持、布点与审批、土地利用等方面逐项逐条落实到位。强化服务意识，丰富服务内容，创新服务方式，提升对基层和企业的服务水平。进一步增进团结，同心协力，广泛凝聚各方面的智慧与力量，激发创新、创造、创业的热情，组织动员全省广大干部群众，最大限度地把全社会的发展积极性引导到海峡西岸经济区建设上来。

（五）营造氛围、奋发进取。牢牢把握舆论宣传工作的正确导向，大力宣传党中央国务院对福建的支持和关心，大力宣传《意见》的重大意义，大力宣传海峡西岸经济区建设的新成就，使之转化为推动海峡西岸经济区建设的强大精神力量。围绕海西建设中与群众切身利益相关的热点难点问题，切实做好引导社会思潮和凝聚社会共识工作，巩固和发展积极健康向上的主流意识，树立海峡西岸经济区建设的良好形象。加强分类指导，以点带面，及时总结和推广海峡西岸经济区建设中改革创新、先行先试的好经验、好做法，形成典型示范效应。弘扬艰苦奋斗的精神，继续保持和发扬近年来形成的谋求发展的意识、攻坚克难的精神、应对风险的气势、服务全局的合力、拓展创新的气魄、锲而不舍的韧劲，进一步持续海峡西岸经济区建设的良好形势、趋势、态势和气势，加快建设海峡西岸经济区，努力把宏伟蓝图变为光辉灿烂的现实。

101

中共福建省委关于进一步贯彻实施《海峡西岸经济区发展规划》的决定

(2011年7月18日中国共产党福建省第八届委员会第十一次全体会议审议通过)

为全面贯彻实施国务院批准的《海峡西岸经济区发展规划》(以下简称《规划》),在更高起点上推进福建发展和海西建设,现作如下决定。

一、深刻认识贯彻实施《规划》的重大意义

《规划》是继2009年5月《国务院关于支持福建省加快建设海峡西岸经济区的若干意见》颁布后,党中央、国务院支持福建发展的又一重大战略决策,充分体现了对福建的新要求新期待,反映了全省人民的热切期盼,是在更高起点上推进福建发展和海西建设的纲领性文件。贯彻实施好《规划》,对于进一步完善全国区域经济布局,推动福建经济社会发展和综合实力再上新台阶,促进祖国和平统一大业,具有重大的经济意义和政治意义。各级党委和政府要把思想和行动统一到中央的决策部署上来,不断增强责任感和紧迫感,切实把贯彻实施《规划》作为当前和今后一个时期的重要战略任务抓紧抓好,充分发挥福建省在海峡西岸经济区中的主体作用,进一步振奋精神、扎实工作,推动福建发展和海西建设取得更大成效,不辜负党中央、国务院和全省人民的殷切期望。

二、扎实推进《规划》的贯彻实施

《规划》明确提出"推动海峡西岸经济区在更高的起点上实现又好又快发展",这是中央赋予福建干部群众新的责任使命。当前,福建正处在发展动能加速释放、经济总量蓄势突破的关键时刻,也处于经济结构加快调整、发展质量全面提升的重要关口,实现更高起点发展的思想基础、物质基础已经具备。各级党委和政府要按照《规划》提出的新要求,牢牢把握"两岸人民交流合作先行先试区域、服务周边地区新的对外开放综合通道、东部沿海地区先进制造业的重要基地、我国重要的自然和文化旅游中心"的战略定位,紧紧围绕"科学发展之区、改革开放之区、文明祥和之区、生态优美之区"的发展目标,在更高起点上推进福建发展和海西建设。

(一)进一步推进两岸交流合作,促进两岸互利共赢。抓住当前两岸关系和平发展的有利时机,充分发挥对台独特优势,先行先试,围绕建设两岸经贸合作的紧密区域、两岸文化交流的重要基地、两岸直接往来的综合枢纽,在促进闽台

产业发展规划衔接、落实ECFA协议、加快台湾农民创业园发展、建设两岸区域性金融服务中心上力求新突破，推动两地各行各业建立双向互动机制，加快形成对口合作、常态往来的格局，努力构建吸引力更强、功能更完备的两岸交流合作前沿平台。以平潭综合实验区开放开发为重要抓手和突破口，加快基础设施建设，加大招商引资力度，加快引进一批大项目、好项目，尽快形成有利于大开放大开发的良好条件。积极探索两岸“共同规划、共同开发、共同经营、共同管理、共同受益”的合作新模式，努力把平潭建设成为两岸同胞合作建设、先行先试、科学发展的共同家园。

（二）进一步转变经济发展方式和增强自主创新能力，提高经济发展质量和水平。以产业群、城市群、港口群联动发展为抓手，充分发挥港口的内引外联作用，提升中心城市的集聚辐射能力，带动产业群加快发展。发挥港口优势，加快壮大临港先进制造业，培育一批全国领先的临港产业集群和基地。坚持陆海统筹，加快发展海洋经济，积极推进海洋经济发展试点工作，努力建设海峡蓝色经济试验区。加强港城联动，加快发展现代服务业，重点发展金融、物流、技术服务、商务服务等生产性服务业，着力打造一批辐射周边、有较强影响力的现代服务业基地。立足我省丰富的文化资源和良好的发展基础，招引大项目、培育大企业、建设大园区、发展大产业，推动文化产业成为支柱产业。大力提升自主创新能力，着力提高全社会研发经费占GDP比重，进一步强化企业创新主体地位，建设一批公共科技服务平台，加强关键领域与核心技术创新，集中力量突破一些我省有比较优势、良好基础的领域与环节。大力发展现代信息网络科学技术，持续推进“数字福建”建设，全面提升信息化水平。进一步强化人才高地建设，着力引进一批创业创新人才和领军人物，推动经济发展走上创新驱动的轨道。

（三）进一步统筹城乡和区域发展，提高经济社会发展的协调性。围绕《规划》确定的功能定位和总体布局，坚持城乡一体、点面结合、梯次推进，推动形成资源要素优化配置、区位优势充分发挥的协调发展新格局。加强海峡西岸城市群发展的规划协调，加快推进福州大都市区和厦漳泉都市区同城化进程，实施大城关战略，按照区域次中心城市标准，做大做优做美县域城关，加快小城镇建设步伐，培育各具特色的工业强镇、商贸重镇和旅游名镇，形成以区域中心城市为骨干、以中小城市和小城镇为基础的城镇体系。继续加快县域经济发展，发挥优势，因地制宜，大力培育特色鲜明、充满活力的县域经济体，不断提高县域经济综合实力。加快发展农村经济，促进农业增效、农民增收、农村繁荣，改善农村生产生活环境，提高新农村建设水平。继续开展沿海地区与山区县对口帮扶工作，研究建立促进山海协作的运作机制，统筹推进农村“五通”建设和新一轮“造福工程”。进一步加大对原中央苏区、革命老区、少数民族地区、海岛、水库库区建设支持力度，增强自我发展能力。在发挥福建主体作用、强化自身发展的基础上，着手进行区域一体化探索，进一步完善海西20城市战略联盟合作机制，促进海峡西岸经济区融合发展。加快水利、交通、能源、防灾减灾和信息基础设施建设，完善海峡西岸现代化综合交通网络，提高发展保障能力。

（四）进一步深化改革开放，增强发展的动力和活力。坚持社会主义市场经济的改革方向，积极推进农村综合改革和社会管理体制改革，深化行政审批制度改革，不断提升行政效能，完善现代市场体系，继续推进国有企业改革，提高非公有制经济发展水平，加快建立充满活力、富有效率、更加开放、有利于科学发展的体制机制。支持厦门经济特区开展综合配套改革试验，率先在两岸交流合作、城乡一体发展等方面试验一些重大改革措施，为全省探索经验、作出示范。支持其他设区市结合各自实际和工作重点，进行改革试点，增创体制机制新优势。全面实施大开放战略，进一步拓展对外开放的广度和深度，深化闽港澳侨经济合作，大力吸引欧美日等发达国家投资，集中力量有针对性地引进一批重大外资项目。进一步整合企业和政府资源，发展各种商会组织，支持闽商开拓国内外市场。鼓励和支持闽企走出去，积极参与国际市场资源、供应链和价值链构建整合，在更高水平上融入全球产业分工布局，培育开放型经济新的增长点。牢固树立“环境是对外开放第一竞争力”的观念，努力营造国际性的服务环境，打造与国际贸易规则相适应的法制、政务和市场环境。

（五）进一步加强以改善民生为重点的社会建设，促进社会和谐稳定。建立健全基本公共服务体系，强化政府责任，增强基本公共服务供给能力，推进基本公共服务均等化，不断缩小基本公共服务差距。优先发展教育，更加注重素质教育，优化教育结构，推进各级各类教育协调发展，促进教育公平。加快推进文化体制改革，加强文化基础设施建设，全面繁荣文化事业。加快建立覆盖城乡居民的基本医疗卫生制度，加强食品药品安全监管，不断提高民众健康水平。集中力量解决好人民群众普遍关心的劳动就业、收入分配、养老保险、住房保障等重大民生问题。加强和创新社会管理，完善党委领导、政府负责、社会协同、公众参与的社会管理格局，健全基层管理和服务体系，提高城乡社区自治和服务功能。进一步深化“平安福建”建设，落实安全生产责任，保障人民安居乐业。

（六）进一步加强生态文明建设，提高可持续发展能力。大力推进生态省建设，切实把建设资源节约型、环境友好型社会放在更加突出的位置，推动建设人居环境优美、生态良性循环的可持续发展地区。加强生态建设和保护，深入实施“绿色城市、绿色村镇、绿色通道、绿色屏障”工程，继续保持森林覆盖率位居全国首位。坚持集约发展，珍惜和用好土地、森林、岸线等宝贵资源，促进资源环境承载能力的提升。强化环境综合整治，加强生态环境跨流域、跨区域协同保护。继续强化节能降耗减排的激励约束，落实节能减排目标责任制，加大关停淘汰落后产能力度。大力推行清洁生产，加快发展循环经济和低碳产业，提高资源综合利用率。

三、切实加强对贯彻实施《规划》的领导

坚持以改革创新精神全面加强党的建设，充分发挥各级党组织和党员干部的作用，为《规划》的贯彻实施提供有力的政治保证。

（一）强化组织协调。各级党委、政府要高度重视、及时解决《规划》实施中的重大问题，认真落实《规划》各项任务要求。主要领导亲自抓、负总责，建立一级抓一级、层层抓落实的责任机制。各部门要抓紧制定实施细案和工作计划，细化目标任务和工作要求，创造性地开展工作。要明确职能分工，互相支持配合，积极跟进与国家部委的沟通衔接，用活用足各项政策举措。

（二）强化宣传动员。进一步深化对《规划》的学习研究，在全省掀起新一轮深入学习、广泛宣传《规划》的热潮，不断增强全省干部群众在科学发展中实现新跨越的信心和决心。及时总结贯彻实施《规划》中改革创新、攻坚克难的好经验、好做法，形成示范带动效应。充分发挥人大、政协的职能作用，充分发挥各民主党派、工商联和无党派人士的重要作用，充分发挥工会、共青团、妇联等人民团体的积极作用，广泛凝聚包括海内外闽籍乡亲在内的方方面面的智慧力量，形成共同推进《规划》贯彻实施的强大合力。

（三）强化督促考核。加强对《规划》实施情况的跟踪分析、督促检查和进展评估，建立长效工作机制，确保各项任务落实到位。制订出台实施《规划》考核评估办法，把贯彻实施《规划》情况列入领导班子和领导干部的考核评价范围。根据规划实施情况，针对出现的新情况、新问题，适时研究提出调整完善规划的建议。进一步完善社会参与和监督机制，引导社会力量参与和监督规划的实施。

贯彻实施《规划》是一项长期的战略任务。全省各级党组织和广大党员干部群众要把贯彻落实《规划》与学习贯彻胡锦涛总书记在庆祝中国共产党成立 90 周年大会上的重要讲话精神结合起来，紧密团结在以胡锦涛同志为总书记的党中央周围，高举中国特色社会主义伟大旗帜，深入贯彻落实科学发展观，坚持先行先试、加快转变、民生优先、党建科学，扎实开展创先争优活动，以更加开阔的视野、更加昂扬的斗志、更加扎实的作风，凝心聚力、开拓进取，为全面完成“十二五”目标任务，实现福建科学发展、跨越发展，推进两岸关系和平发展和祖国和平统一大业而努力奋斗！

102

关于贯彻落实海峡西岸经济区建设纲要的若干意见

闽人发〔2004〕170号

各市、县（区）人事局，省直（中央驻闽）单位人事（干部）部门：

为贯彻落实省委《关于印发〈海峡西岸经济区建设纲要（试行）〉的通知》（闽委发〔2004〕12号）和省委、省政府《关于加快产业集聚培育产业集群的若干意见（试行）》（闽委发〔2004〕13号）、《关于发展壮大中心城市的若干意见（试行）》（闽委发〔2004〕14号），深化人事制度改革，推进人才资源开发，为海峡西岸经济区建设提供强有力的人才智力支撑，在年初作出《关于人事人才工作为实施项目带动战略和加快县域经济发展服务的若干意见》基础上，进一步提出如下意见，请结合本地区、部门实际，认真贯彻执行。

一、紧紧围绕建设需要，大力培养和引进各类人才

1. 加强宏观指导服务。围绕海峡西岸经济区建设和实施人才强省战略，会同有关部门编制“十一五”人才规划，指导有关产业主管部门制定与产业集群规划相配套的产业人才规划，完善项目人才服务机制，引导人才向重点产业、重点地区、重点项目集聚，促进城市成为人才集散地。

2. 培养优秀领军人才。通过新世纪百千万人才工程、155专家工程、三个一百培养计划、政府特殊津贴和突出贡献专家选拔等工作，加强高精尖人才、国际化人才以及通用人才的培养，促进重点项目、主导产业、优势学科形成若干优秀人才群体。支持中心城市及与三大产业、新兴产业、高新技术产业相关的学科和企业申报建立博士后站点，吸引和培养高层次青年人才，增强企业创新能力和学科竞争力。健全闽籍院士专家联系制度，拓宽选送青年人才到院士专家身边和国内外著名机构学习深造、合作研究、学术交流的渠道，缓解我省产业发展中的高层次人才瓶颈问题。开设福建专家网页，发挥专家群体在项目建设、产业发展和人才队伍建设中的重要带动作用。

3. 引进急需紧缺人才。编制人才引进专业目录，实施人才居住证制度，依托产业、项目吸引海内外优秀人才。精心组织中国·福建项目成果交易会人才馆和网上招聘引进人才活动。推广健全人才储备推介制度，建立人才“蓄水池”。建立国际省际人才交流协作机制，利用贸洽会、国际国内科技和人才交流会等平

台引进人才。搭建闽港人才合作平台，引进和培养福建急需的人才。加大留学人员创业园建设力度，帮助留学人员优秀项目落地发展。建立海外人才信息库，积极引进海外人才。建立健全人才引进协调服务机构，开辟人才引进快速通道和职称评定绿色通道。

4. 利用国外智力资源。做好国家外专局部署的实施行政许可工作，加强对外国专家的管理服务。完善国外智力引进专项经费资助政策，重点支持中心城市规划和建设项目，大型企业技术改造、技术创新、重点工程项目和农业基础地位密切相关的引智培训项目。加强与国外行业协会等机构合作，引进推广国际通行的继续教育和项目管理专业资格培训考试认证工作，培养国际化人才和现代项目管理人才。

5. 开发青年人才资源。协调落实大中专毕业生就业政策措施，建立健全就业指导服务体系和高校毕业生就业评估机制，建设并发挥好福建省大中专毕业生就业公共网和人才市场作用，进一步拓宽毕业生就业渠道，举办多种形式的供需见面双向选择活动，推动高校毕业生自主创业小额贷款担保政策的落实，为大中专毕业生创造良好的就业创业服务平台，引导广大青年人才在经济建设主战场中锻炼成长，为培育产业集群和发展壮大中心城市提供充足的后备军。

二、深化人事制度改革，激发各类人才的活力

6. 健全公务员制度。按照科学执政、民主执政、依法执政的要求，把公务员能力建设和思想建设、制度建设、作风建设结合起来，完善公务员考试录用制度，加强公务员培训，推进公务员轮岗交流，深化竞争上岗制度，建立公务员实绩考核标准和工资水平决定机制。从履行经济调节、市场监管、社会管理和公共服务职责四个方面培养和提高公务员的行政本领，着力增强公务员的法治意识和法律素养，提高执政为民、依法行政的能力，适应政府职能和管理方式转变的需要。

7. 加快事业单位人事制度改革步伐。围绕构建以人为本的社会发展支撑体系，结合事业单位机构改革，全面推行事业单位人员聘用制度，深化内部收入分配制度改革，促进人才各尽其能和社会事业蓬勃发展。建立激励与约束相结合、绩效贡献与薪酬相统一的内部收入分配机制，搞活内部分配。完善事业单位补充工作人员公开招聘制度，拓宽选人视野。探索建立机关工勤人员聘用合同制，出台实行聘用制事业单位工作人员考核、工资问题处理、未聘人员安置等配套政策，健全人事争议仲裁制度，整体推进事业单位人事制度改革。

8. 改进专业技术职称工作。按照“四重”、“四不唯”原则，认真贯彻执行“改进专业技术职称工作意见”、“实行专业技术资格评价与专业技术职务聘任分开意见”和“专业技术人员资格考试管理办法”，完善专业技术资格评价标准，

创新评价方式，拓宽服务领域，逐步提高专业技术人才评价的科学性、客观性，全面推行专业技术职业资格制度和评聘分开制度，落实人才择岗和单位用才的自主权。根据各专业技术职务系列的专业特点和岗位要求，分系列、分层次、分岗位、分年龄合理确定职称外语要求，除国家规定和一部分系列对不同层次有不同职称外语规定外，中专教师等 20 个职务系列和企业及设区市以下单位专业技术人员申报专业技术资格，外语一般不作必备条件，由用人单位在聘用时根据岗位需要设置外语条件。

9. 改革工人技术等级岗位考核工作。探索建立高技能人才培养机制，创新高技能人才的评价考核方式，建立健全技师晋升、技术工人继续教育和优秀工人表彰制度，推行工人技术等级评聘分开，建设一支符合机关事业单位要求、充满活力的工人队伍。

10. 完善人才奖励保障制度。建立以政府奖励为导向、用人单位和社会力量奖励为主体的人才奖励体系，大力表彰在各行各业中作出杰出贡献的优秀人才，激励各类人才不断为海峡西岸经济区建设作出新的贡献。配合制定机关、事业、企业之间人才流动的社会保险衔接办法，提高高层次人才保障水平，鼓励和支持人才往最能施展才华的地方流动。

三、加快人才市场发展，促进人才与项目对接、与产业互动

11. 健全人才市场体系。制定加快发展人才市场的意见。加强区域和行业人才中介机构合作，健全人才市场供求信息发布制度，推进人才市场与劳动力市场的信息联网和业务联合。建立社会人才档案公共管理服务体系，引导人才中介机构面向市场，拓宽服务领域，创新服务方式，提高服务质量，促进人才市场公共服务和中介服务共同发展，形成适应现代产业集群和城市、县域发展需要的统一开放的人才市场。

12. 加强人才市场监管。贯彻《福建省人才市场管理条例》及其配套管理办法，会同有关部门进一步完善人才市场管理体系，推动人才市场执法队伍建设。落实人才中介服务许可证、年度验证、交流会管理和从业人员培训制度，加强监管服务，规范市场秩序。充分发挥行业组织的自律和协调作用，推进人才市场诚信体系建设，为人才流动配置创造良好的市场环境。

13. 促进人才合理流动。制定完善事业单位专业技术人才兼职兼薪管理办法，鼓励通过兼职、定期服务、技术开发、项目引进、科技咨询等方式进行人才和智力流动。消除人才流动中的城乡、区域、部门、行业、身份、所有制等限制，疏通四支队伍之间、公有制与非公有制之间、不同地区之间的人才流动渠道，充分发挥各类人才在海峡西岸经济区建设中的作用。

四、拓展工作服务领域，统筹发展非公经济、农村和欠发达地区人才工作

14. 进一步健全非公有制经济人事人才服务体系。按照一视同仁、热心服务的原则，认真做好非公有制经济组织和社会组织的人才培训、职称评定、百千万人才工程、博士后、政府特殊津贴、引智、表彰等人事人才工作，促进非公经济的提升。

15. 积极推动农村和欠发达地区人才资源开发。在专家工作、职称、引智、培训等方面，给予优先考虑、适当倾斜。引导和支持发达地区与欠发达地区人事部门建立对口帮扶和协作机制。继续引导大中专毕业生到基层和农村工作，选调优秀高校毕业生到乡镇和公、检、法基层机关锻炼，实施大学生志愿服务欠发达地区计划，选送高校毕业生赴欠发达地区支教、支医、支农，对在欠发达地区非城区乡镇工作五年以上、表现突出的给予表彰奖励。

建设海峡西岸经济区，是省委、省政府立足福建实际，着眼全国大局的一项重要战略决策，各级人事部门要在当地党委、政府领导下，紧密联系实际，主动融入，主动呼应，主动对接，主动落实，努力把海峡西岸经济区建设成为政策配套，机制灵活，环境宽松，人尽其才的人才聚集区，为我省经济社会发展作出新的贡献。

福建省人事厅

二〇〇四年十二月十六日

二十八 两岸间货物运输

103

关于发布《关于台湾海峡两岸间货物运输代理业务管理办法》的通知

各省、自治区、直辖市、计划单列市外经贸委（厅、局），沈阳、长春、哈尔滨、南京、武汉、广州、成都、西安、济南、杭州市外经贸委：

为促进台湾海峡两岸经贸和航运业的发展，维护两岸间正常的货运代理经营秩序，根据一个中国、双向直航、互惠互利的原则，特制定《关于台湾海峡两岸间货物运输代理业管理办法》，现予以发布。请遵照执行。

中华人民共和国对外贸易经济合作部

一九九六年八月二十一日

关于台湾海峡两岸间货物运输代理业管理办法

中华人民共和国对外贸易经济合作部

1996 年 8 月 21 日

第一条 为促进台湾海峡两岸间经济贸易交流和航海运输业发展，维护正常的货物运输代理经营秩序，根据国家有关法律、法规以及“一个中国、双向直航、互惠互利”的原则，制定本办法。

第二条 本办法适用于对从事代理台湾海峡两岸间直达航海货物运输业务的管理。

第三条 中国大陆港口与台湾地区港口之间的海上直达货物运输属于特殊管理的国内运输。中华人民共和国对外贸易经济合作部（以下简称外经贸部）是台湾海峡两岸间货物运输代理业务的主管机关。

外经贸部根据国家有关法律规定和台湾海峡两岸间货物运输市场的供求情况，对经营有关货物运输代理业务的企业实施行业管理。

第四条 从事经营台湾海峡两岸间货物运输代理业务必须经外经贸部批准。未经外经贸部批准的任何企业和个人一律不得从事该项业务。

第五条 申请经营台湾海峡两岸间货物运输代理业务的企业仅限于以下

两类：

（一）经外经贸部批准设立的全部资本来源于中国大陆的国际货物运输代理企业；

（二）经外经贸部批准设立的中国大陆和台湾地区投资者合资或合作的国际货物运输代理企业。

第六条 申请经营台湾海峡两岸间货物运输代理业务的企业，应经所在省、自治区、直辖市、经济特区对外贸易经济合作主管部门审核后转报外经贸部批准。外经贸部自收到本办法第七条规定的申请文件之日起 45 天内决定批准或不批准。

外经贸部向批准经营台湾海峡两岸间货物运输代理业务的企业核发经营许可证。

经营许可证有效期为 3 年。经营许可证有效期届满时，需要继续从事有关代理业务的，应在经营许可证有效期届满的 30 天前向外经贸部申请换领经营许可证。未依照本款规定申请换领经营许可证的，其从事有关代理业务的资格自经营许可证有效期届满时，自动取消。

第七条 申请经营台湾海峡两岸间货物运输代理业务的企业，应提交下列文件：

（一）申请书；

（二）可行性研究报告；

（三）资信证明；

（四）外经贸部要求的其他文件。

第八条 外经贸部定期集中公布从事台湾海峡两岸间货物运输代理业务的企业名录。

第九条 从事台湾海峡两岸间直达航海货物运输业务的企业必须在外经贸部公布的从事有关货物运输代理业务的企业中选择代理。海关不得为未经外经贸部批准从事有关代理业务的企业办理清关手续。

第十条 经批准的从事代理台湾海峡两岸间直达航海货物运输业务的企业应遵照国家法律、法规及有关行业管理规定，为台湾海峡两岸货物收发货人和直达航运船舶提供优质服务，每季度第 1 个月上旬将上 1 季度有关经营情况以书面形式报企业所在地外经贸主管部门并抄报外经贸部。

第十一条 对违反国家有关法律、法规及本办法规定的从事台湾海峡两岸间货物运输代理业务的企业，外经贸部将根据国家有关法律予以处罚。

第十二条 关于从事台湾海峡两岸间货物运输代理业务，本办法未规定的有关事宜参照《中华人民共和国国际货物运输代理管理规定》执行。

第十三条 本办法自公布之日起实施。

第十四条 本办法由外经贸部负责解释。

104

《关于台湾海峡两岸间货物运输代理业管理办法》有关问题的通知

中华人民共和国对外贸易经济合作部

1996 年 8 月 21 日

一、申请经营台湾海峡两岸间货物运输代理业务的企业，必须是外经贸部批准的、全部资本来源于中国大陆或中国大陆和台湾地区投资者合资合作的国际货物运输代理企业，并且具备以下两个条件：

（一）在属地同行业中有较大的经营规模和较强的经济实力；

（二）有良好的国际货物运输代理经营实绩和商业资信。

二、外经贸部向批准经营台湾海峡两岸间货物运输代理业务的企业核发经营许可证（见附件一经营许可证样本）。

三、《管理办法》第七条规定的外经贸部要求的其他文件是指：

（一）企业营业执照、企业章程影印件；

（二）会计师事务所出具的验资报告书；

（三）企业投资者情况说明；

（四）台湾投资者提交的材料必须附有经外经贸部认可的台湾有关机构提供的见证文书；

（五）申请者上一年度经营实绩、利润及上缴税额报告影印件。

中外合资、合作国际货物运输代理企业还需根据外商投资企业法律、法规的规定提供有关文件。

四、鉴于厦门港（厦门市行政区划内各对外开放港口码头及其相关水域和漳州港尾中银开发区对外开放码头及其相关水域）、福州港（福州市行政区划内各对外开放港口码头及其相关水域）为两岸间船舶直航的试点口岸，目前仅受理福建省内国际货物运输代理企业的申请。

五、现阶段，为及时掌握台湾海峡两岸间货物运输情况，各有关货物运输代理企业须于每月 3 日前向省、自治区、直辖市和经济特区人民政府外经贸主管部门（以下简称地方外经贸主管部门）报送业务统计报表（见附件二台湾海峡两岸间直达航海货物运输代理业务统计报表）；地方外经贸主管部门应于每于 10 日前将业务统计表报外经贸部。

六、对未经外经贸部批准擅自经营海峡两岸间货物运输代理业务的，由地方外经贸主管部门取缔非法经营活动。

对未经外经贸部批准擅自经营海峡两岸间货物运输代理业务的国际货物运输代理企业，外经贸部视情节轻重分别给予警告或责令停业整顿处罚。

台湾海峡两岸间货物运输代理企业，未及时向地方外经贸主管部门报送业务统计报表的，由地方外经贸主管部门给予警告处罚；情节严重的，可建议外经贸部责令该企业停业整顿；对其他违反《中华人民共和国国际货物运输代理业务管理规定》和《管理办法》以及相关规定的，由外经贸部视情节轻重分别给予警告、暂停经营台湾海峡两岸间货物运输代理权、撤销经营台湾海峡两岸间货物运输代理权、撤销国际货物运输代理权等处罚。

凡被取消从事台湾海峡两岸间货物运输代理业务的企业由外经贸部予以公布。

二十九 重要文献

105

中华人民共和国全国人民代表大会常务委员会告台湾同胞书

（1978年12月26日中华人民共和国第五届全国人民代表大会常务委员会第五次会议讨论并通过）

亲爱的台湾同胞：

今天是一九七九年元旦。我们代表祖国大陆的各族人民，向诸位同胞致以亲切的问候和衷心的祝贺。

昔人有言："每逢佳节倍思亲"。在这欢度新年的时刻，我们更加想念自己的亲骨肉——台湾的父老兄弟姐妹。我们知道，你们也无限怀念祖国和大陆上的亲人。这种绵延了多少岁月的相互思念之情与日俱增。自从一九四九年台湾同祖国不幸分离以来，我们之间音讯不通，来往断绝，祖国不能统一，亲人无从团聚，民族、国家和人民都受到了巨大的损失。所有中国同胞以及全球华裔，无不盼望早日结束这种令人痛心的局面。

我们中华民族是伟大的民族，占世界人口近四分之一，享有悠久的历史和优秀的文化，对世界文明和人类发展的卓越贡献，举世公认。台湾自古就是中国不可分割的一部分。中华民族是具有强大生命力和凝聚力的。尽管历史上有过多少次外族入侵和内部纷争，都不曾使我们的民族陷于长久分裂。近三十年台湾同祖国的分离，是人为的，是违反我们民族的利益和愿望的，决不能再这样下去了。每一个中国人，不论是生活在台湾的还是生活在大陆上的，都对中华民族的生存、发展和繁荣负有不容推诿的责任。统一祖国这样一个关系全民族前途的重大任务，现在摆在我们大家的面前，谁也不能回避，谁也不应回避。如果我们还不尽快结束目前这种分裂局面，早日实现祖国的统一，我们何以告慰于列祖列宗？何以自解于子孙后代？人同此心，心同此理，凡属黄帝子孙，谁愿成为民族的千古罪人？

近三十年来，中国在世界上的地位已发生根本变化。我国国际地位越来越高，国际作用越来越重要。各国人民和政府为了反对霸权主义、维护亚洲和世界的和平稳定，几乎莫不对我们寄予极大期望。每一个中国人都为祖国的日渐强盛而感到自豪。我们如果尽快结束目前的分裂局面，把力量合在一起，则所能贡献于人类前途者，自更不可限量。早日实现祖国统一，不仅是全中国人民包括台湾同胞的共同心愿，也是全世界一切爱好和平的人民和国家的共同希望。

今天，实现中国的统一，是人心所向，大势所趋。世界上普遍承认只有一个中国，承认中华人民共和国政府是中国唯一合法的政府。最近中日和平友好条约的签订，和中美两国关系正常化的实现，更可见潮流所至，实非任何人所得而阻止。目前祖国安定团结，形势比以往任何时候都好。在大陆上的各族人民，正在为实现四个现代化的伟大目标而同心戮力。我们殷切期望台湾早日归回祖国，共同发展建国大业。我们的国家领导人已经表示决心，一定要考虑现实情况，完成祖国统一大业，在解决统一问题时尊重台湾现状和台湾各界人士的意见，采取合情合理的政策和办法，不使台湾人民蒙受损失。台湾各界人士也纷纷抒发怀乡思旧之情，诉述“认同回归”之愿，提出种种建议，热烈盼望早日回到祖国的怀抱。时至今日，种种条件都对统一有利，可谓万事俱备，任何人都不应当拂逆民族的意志，违背历史的潮流。

我们寄希望于一千七百万台湾人民，也寄希望于台湾当局。台湾当局一贯坚持一个中国的立场，反对台湾独立。这就是我们共同的立场，合作的基础。我们一贯主张爱国一家。统一祖国，人人有责。希望台湾当局以民族利益为重，对实现祖国统一的事业作出宝贵的贡献。

中国政府已经命令人民解放军从今天起停止对金门等岛屿的炮击。台湾海峡目前仍然存在着双方的军事对峙，这只能制造人为的紧张。我们认为，首先应当通过中华人民共和国政府和台湾当局之间的商谈结束这种军事对峙状态，以便为双方的任何一种范围的交往接触创造必要的前提和安全的环境。

由于长期隔绝，大陆和台湾的同胞互不了解，对于双方造成各种不便。远居海外的许多侨胞都能回国观光，与家人团聚。为什么近在咫尺的大陆和台湾的同胞却不能自由来往呢？我们认为，这种藩篱没有理由继续存在。我们希望双方尽快实现通航通邮，以利双方同胞直接接触，互通讯息，探亲访友，旅游参观，进行学术文化体育工艺观摩。

台湾和祖国大陆，在经济上本来是一个整体。这些年来，经济联系不幸中断。现在，祖国的建设正在蓬勃发展，我们也希望台湾的经济日趋繁荣。我们相互之间完全应当发展贸易，互通有无，进行经济交流。这是相互的需要，对任何一方都有利而无害。

亲爱的台湾同胞：

我们伟大祖国的美好前途，既属于我们，也属于你们。统一祖国，是历史赋予我们这一代人的神圣使命。时代在前进，形势在发展。我们早一天完成这一使命，就可以早一天共同创造我国空前未有的光辉灿烂的历史，而与各先进强国并驾齐驱，共谋世界的和平、繁荣和进步。让我们携起手来，为这一光荣目标共同奋斗！

106

廖承志致蒋经国先生信

经国吾弟：

咫尺之隔，竟成海天之遥。南京匆匆一晤，瞬逾三十六载。幼时同袍，苏京把晤，往事历历在目。惟长年未通音问，此诚憾事。近闻政躬违和，深为悬念。人过七旬，多有病痛。

至盼善自珍摄。

三年以来，我党一再倡议贵我两党举行谈判，同捐前嫌，共竟祖国统一大业。惟弟一再声言"不接触，不谈判，不妥协"，余期期以为不可。世交深情，于公于私，理当进言，敬希诠察。

祖国和平统一，乃千秋功业，台湾终必回归祖国，早日解决对各方有利。台湾同胞可安居乐业，两岸各族人民可解骨肉分离之痛，在台诸前辈及大陆去台人员亦可各得其所，且有利于亚太地区局势稳定和世界和平。吾弟尝以"计利当计天下利，求名应求万世名"自勉，倘能于吾弟手中成此伟业，必为举国尊敬，世人推崇，功在国家，名留青史。所谓"罪人"之说，实相悖谬。局促东隅，终非久计。明若吾弟，自当了然。如迁延不决，或委之异日，不仅徒生困扰，吾弟亦将难辞其咎。再者，和平统一纯属内政。外人巧言令色，意在图我台湾，此世人所共知者。当断不断，必受其乱。愿弟慎思。

孙先生手创之中国国民党，历尽艰辛，无数先烈前仆后继，终于推翻帝制，建立民国。光辉业迹，已成定论。国共两度合作，均对国家民族作出巨大贡献。首次合作，孙先生领导，吾辈虽幼，亦知一二。再次合作，老先生主其事，吾辈身在其中，应知梗概。事虽经纬万端，但纵观全局，合则对国家有利，分则必伤民族元气。今日吾弟在台主政，三次合作，大责难谢。双方领导，同窗挚友，彼此相知，谈之更易。所谓"投降"、"屈事"、"吃亏"、"上当"之说，实难苟同。评价历史，展望未来，应天下为公，以国家民族利益为最高准则，何发党私之论！至于"以三民主义统一中国"云云，识者皆以为太不现实，未免自欺欺人。三民主义之真谛，吾辈深知，毋须争辩。所谓台湾"经济繁荣，社会民主，民生乐利"等等，在台诸公，心中有数，亦毋庸赘言。试为贵党计，如能依时顺势，负起历史责任，毅然和谈，达成国家统一，则两党长期共存，互相监督，共图振兴中华之大业。否则，偏安之局，焉能自保。有识之士，虑已及此。事关国民党兴亡绝续，望弟再思。

近读大作，有"切望父灵能回到家园与先人同在"之语，不胜感慨系之。今老先生仍厝于慈湖，统一之后，即当迁安故土，或奉化，或南京，或庐山，以了吾弟孝心。吾弟近曾有言："要把孝顺的心，扩大为民族感情，去敬爱民族，奉献于国家。"诚哉斯言，盍不实践于统一大业！就国家民族而论，蒋氏两代对历史有所交代；就吾弟个人而言，可谓忠孝两全。

否则，吾弟身后事何以自了。尚望三思。

吾弟一生坎坷，决非命运安排，一切操之在己。千秋功罪，系于一念之间。当今国际风云变幻莫测，台湾上下众议纷纾岁月不居，来日苦短，夜长梦多，时不我与。盼弟善为抉择，未雨绸缪。"寥廓海天，不归何待?"

人到高年，愈加怀旧，如弟方便，余当束装就道，前往台北探望，并面聆诸长辈教益。"度尽劫波兄弟在，相逢一笑泯恩仇"。遥望南天，不禁神驰，书不尽言，诸希珍重，伫候复音。

老夫人前请代为问安。方良、纬国及诸侄不一。

顺祝

近祺!

廖承志

一九八二年七月二十四日

107

台湾问题与中国的统一

中华人民共和国国务院新闻办公室

1993 年 8 月·北京

前　言

维护国家统一和领土完整，是每个主权国家的神圣权利，也是国际法的基本原则。联合国宪章明确规定：联合国和它的成员国不得侵害任何会员国或国家之领土完整或政治独立，不得干涉在本质上属于任何国家国内管辖的事件。联合国《关于各国依联合国宪章建立友好关系及合作之国际法原则之宣言》指出：凡以局部或全部破坏国家统一及领土完整或政治独立为目的之企图，都是不符合联合国宪章精神的。

中国近代史是一部被侵略、被宰割、被凌辱的历史，也是中国人民为争取民族独立，维护国家主权、领土完整和民族尊严而英勇奋斗的历史。台湾问题的产生与发展，都与这段历史有着紧密的联系。由于种种原因，台湾迄今尚处于与大陆分离的状态。这种状态一天不结束，中华民族所蒙受的创伤就一天不能愈合，中国人民为维护国家统一和领土完整的斗争也一天不会结束。

台湾问题的现状如何？症结何在？中国政府解决台湾问题的立场与主张是什么？为了便于国际社会有一个清楚的了解，有必要就下列问题加以阐述。

一、台湾是中国不可分割的一部分

台湾地处中国大陆的东南缘，是中国第一大岛，同大陆是不可分割的整体。

台湾自古即属于中国。台湾古称夷洲、流求。大量的史书和文献记载了中国人民早期开发台湾的情景。距今一千七百多年以前，三国时吴人沈莹的《临海水土志》等对此就有所著述，它们是世界上记述台湾最早的文字。公元三世纪和七世纪，三国孙吴政权和隋朝政府都曾先后派万余人去台。进入十七世纪之后，中国人民在台湾的开拓规模越来越大。十七世纪末，大陆赴台开拓者超过十万人。至公元一八九三年（清光绪十九年）时，总数达到五十点七万余户，二百五十四万余人。二百年间增长二十五倍。他们带去先进的生产方式，由南到北，由西及东，筚路蓝缕，披荆斩棘，大大加速了台湾整体开发的进程。这一史实说明，台湾和中国其他省区一样，同为中国各族人民所开拓所定居。台湾社会的发展始终延续着中华文化的传统，即使在日本侵占的五十年间，这一基本情况也没有改变。台湾的开拓发展史，凝聚了包括当地少数民族在内的中国人民的血汗和智慧。

中国历代政府在台湾先后建立了行政机构，行使管辖权。早在公元十二世纪中叶，宋朝政府即已派兵驻守澎湖，将澎湖地区划归福建泉州晋江县管辖。元朝政府在澎湖设置行政管理机构"巡检司"。明朝政府于十六世纪中后期，恢复了一度废止的"巡检司"，并为防御外敌侵犯，增兵澎湖。一六六二年（清康熙元年），郑成功在台湾设"承天府"。清朝政府逐步在台湾扩增行政机构，加强了对台湾的治理。一六八四年（清康熙二十三年）设"分巡台厦兵备道"及"台湾府"，下设"台湾"（今台南）、"凤山"（今高雄）、"诸罗"（今嘉义）三县，隶属福建省管辖。一七一四年（清康熙五十三年），清政府派员测绘台湾地图，勘丈全境里数。一七二一年（清康熙六十年），增设"巡视台湾监察御史"，改"分巡台厦兵备道"为"分巡台厦道"。尔后又增设"彰化县"和"淡水厅"。一七二七年（清雍正五年），复改"分巡台厦道"为"分巡台湾道"（后又改为"分巡台湾兵备道"），增"澎湖厅"，定"台湾"为官方统一的名称。一八七五年（清光绪元年），清政府为进一步经营和治理台湾，再增设"台北府"及"淡水"、"新竹"、"宜兰"三县和"基隆厅"。一八八五年（清光绪十一年），清政府正式划台湾为单一行省，任刘铭传为首任巡抚，行政区扩为三府一州，领十一县五厅。刘在任内，铺铁路，开矿山，架电线，造商轮，兴办企业，创设新学堂，把台湾社会经济文化的发展大大向前推进。

一九四五年中国人民抗日战争胜利后，中国政府重新恢复了台湾省的行政管理机构。

海峡两岸中国人为反对外国侵占台湾进行了长期不懈的斗争。十五世纪后期起，西方殖民主义者大肆掠夺殖民地。一六二四年（明天启四年），荷兰殖民者侵占台湾南部。一六二六年（明天启六年），西班牙殖民者入侵台湾北部。一六四二年（明崇祯十五年），荷兰又取代西班牙占领台湾北部。两岸同胞为反对外国殖民者侵占台湾进行了包括武装起义在内的各种方式的斗争。一六六一年（清顺治十八年），郑成功率众进军台湾，于次年驱逐了盘踞台湾的荷兰殖民者。

一八九四年（清光绪二十年），日本发动侵略中国的"甲午战争"。翌年，清政府战败，在日本威迫下签订丧权辱国的《马关条约》，割让台湾。消息传来，举国同愤。在北京会试的包括台湾在内的十八省千余举人"公车上书"，反对割台。台湾全省"哭声震天"，鸣锣罢市。协理台湾军务的清军将领刘永福等和台湾同胞一起，与占领台湾的日军拚死搏斗。中国大陆东南各地居民为支援这一斗争，或捐输饷银，或结队赴台，反抗日本侵略。在日本侵占台湾期间，台湾同胞一直坚持英勇不屈的斗争。初期，他们组织义军，进行武装游击抵抗，前后达七年之久。继而，在辛亥革命推翻清政府后，他们又汇同大陆同胞一道，先后发起十余次武装起义。及至本世纪二十和三十年代，岛内反抗日本殖民统治的群众运动更加波澜壮阔，席卷台湾南北。

一九三七年，中国人民开始了全民族的抗日战争。中国政府在《中国对日宣战布告》中明确昭告中外：所有一切条约、协定、合同有涉及中日关系者，一律废止。《马关条约》自属废止之列。这一布告并郑重宣布：中国将“收复台湾、澎湖、东北四省土地”。中国人民经过八年艰苦的抗日战争，于一九四五年取得了最后的胜利，收复了失土台湾。台湾同胞鸣放鞭炮，欢欣鼓舞，祭告祖先，庆祝回归祖国怀抱的伟大胜利。

国际社会公认台湾属于中国。中国人民的抗日战争是世界反法西斯斗争的一部分，得到了世界人民的广泛支持。在第二次世界大战中，为了反对德、日、意法西斯轴心国，中国与美国、苏联、英国、法国等结成同盟国。一九四三年十二月一日，中、美、英三国签署的《开罗宣言》指出：“三国之宗旨，在剥夺日本自一九一四年第一次世界大战开始以后在太平洋所夺得或占领之一切岛屿，在使日本所窃取于中国之土地，例如满洲、台湾、澎湖列岛等，归还中国。”一九四五年七月二十六日，中、美、英三国签署（后苏联参加）的《波茨坦公告》又重申：“开罗宣言之条件必将实施。”同年八月十五日，日本宣布投降，《日本投降条款》规定：“兹接受中美英三国共同签署的、后来又有苏联参加的一九四五年七月二十六日的波茨坦公告中的条款。”十月二十五日，同盟国中国战区台湾省受降仪式于台北举行，受降主官代表中国政府宣告：自即日起，台湾及澎湖列岛已正式重入中国版图，所有一切土地、人民、政事皆已置于中国主权之下。至此，台湾、澎湖重归于中国主权管辖之下。

中华人民共和国成立以来，一百五十七个国家先后同中国建立了外交关系，它们都承认只有一个中国，中华人民共和国政府是中国的唯一合法政府，台湾是中国的一部分。

二、台湾问题的由来

台湾在第二次世界大战之后，不仅在法律上而且在事实上已归还中国。之所以又出现台湾问题，与随后中国国民党发动的反人民内战有关，但更重要的是外国势力的介入。

台湾问题与国民党发动的内战。中国抗日战争期间，在中国共产党和其他爱国力量的推动下，中国国民党与中国共产党建立了抗日民族统一战线，抗击日本帝国主义的侵略。抗日战争胜利后，两党本应继续携手，共肩振兴中华大业，惟当时以蒋介石为首的国民党集团依仗美国的支持，置全国人民渴望和平与建设独立、民主、富强的新中国的强烈愿望于不顾，撕毁国共两党签订的《双十协定》，发动了全国规模的反人民内战。中国人民在中国共产党领导下被迫进行了三年多的人民解放战争，由于当时的国民党集团倒行逆施，已为全国各族人民所唾弃，中国人民终于推翻了南京的“中华民国”政府。一九四九年十月一日成立了中华人民共和国，中华人民共和国政府成为中国的唯一合法政府。国民党集团的一部分军政人员退据台湾。他们在当时美国政府的支持下，造成了台湾海峡两岸隔绝的状态。

台湾问题与美国政府的责任。第二次世界大战后，在当时东西方两大阵营对峙的态势下，美国政府基于它的所谓全球战略及维护本国利益的考虑，曾经不遗余力地出钱、出枪、出人，支持国民党集团打内战，阻挠中国人民革命的事业。然而，美国政府最终并未达到它自己所希望达到的目的。美国国务院一九四九年发表的《美国与中国的关系》白皮书和艾奇逊国务卿给杜鲁门总统的信，都不得不承认这一点。艾奇逊在他的信中说：“中国内战不祥的结局超出美国政府控制的能力，这是不幸的事，却也是无可避免的”；“这种结局之所以终于发生，也并不是因为我们少做了某些事情。这是中国内部各种力量的产物，我国曾经设法去左右这些力量，但是没有效果”。

中华人民共和国诞生以后，当时的美国政府本来可以从中国内战的泥潭中拔出来，但是它没有这样做，而是对新中国采取了孤立、遏制的政策，并且在朝鲜战争爆发后武装干涉纯属中国内政的海峡两岸关系。一九五〇年六月二十七日，美国总统杜鲁门发表声明宣布：“我已命令第七舰队阻止对台湾的任何攻击”。美国第七舰队侵入了台湾海峡，美国第十三航空队进驻了台湾。一九五四年十二月，美国又与台湾当局签订了所谓《共同防御条约》，将中国的台湾省置于美国的“保护”之下。美国政府继续干预中国内政的错误政策，造成了台湾海峡地区长期的紧张对峙局势，台湾问题自此亦成为中美两国间的重大争端。

为了缓和台湾海峡地区的紧张局势，探寻解决中美两国之间争端的途径，中国政府自五十年代中期起，即开始与美国对话。一九五五年八月至一九七〇年二月，中美两国共举行了一百三十六次大使级会谈，但在缓和与消除台湾海峡地区紧张局势这个关键问题上，未取得任何进展。及至六十年代末七十年代初，随着国际局势的发展变化和新中国的壮大，美国开始调整其对华政策，两国关系逐步出现解冻的形势。一九七一年十月，第二十六届联合国大会通过二七五八号决议，恢复中华人民共和国在联合国的一切合法权利，并驱逐台湾当局的“代表”。一九七二年二月，美国总统尼克松访问中国，中美双方在上海发表了联合公报。公报称：“美国方面声明：美国认识到，在台湾海峡两边的所有中国人都认为只有一个中国，台湾是中国的一部分。美国政府对这一立场不提出异议”。

一九七八年十二月，美国政府接受了中国政府提出的建交三原则，即：美国与台湾当局“断交”、废除《共同防御条约》以及从台湾撤军。中美两国于一九七九年一月一日正式建立外交关系。中美建交联合公报声明："美利坚合众国承认中华人民共和国政府是中国的唯一合法政府。在此范围内，美国人民将同台湾人民保持文化、商务和其他非官方联系"；"美利坚合众国政府承认中国的立场，即只有一个中国，台湾是中国的一部分"。自此，中美关系实现正常化。

但遗憾的是，中美建交不过三个月，美国国会竟通过了所谓《与台湾关系法》，并经美国总统签署生效。这个《与台湾关系法》，以美国国内立法的形式，作出了许多违反中美建交公报和国际法原则的规定，严重损害中国人民的权益。美国政府根据这个关系法，继续向台湾出售武器和干涉中国内政，阻挠台湾与中国大陆的统一。

为解决美国售台武器问题，中美两国政府通过谈判，于一九八二年八月十七日达成协议，发表了有关中美关系的第三个联合公报，简称"八·一七公报"。美国政府在公报中声明："它不寻求执行一项长期向台湾出售武器的政策，它向台湾出售的武器在性能和数量上将不超过中美建交后近几年供应的水平，它准备逐步减少它对台湾的武器出售，并经过一段时间导致最后的解决。"然而，十多年来美国政府不但没有认真执行公报的规定，而且不断发生违反公报的行为。一九九二年九月，美国政府甚至决定向台湾出售一百五十架 F—16 型高性能战斗机。美国政府的这一行动，给中美关系的发展和台湾问题的解决增加了新的障碍和阻力。

由上可见，台湾问题直到现在还未得到解决，美国政府是有责任的。自七十年代以来，美国朝野许多有识之士和友好人士，曾经为促使中美之间在台湾问题上的分歧的解决做了大量有益的工作，上述三个联合公报就包含着他们的努力和贡献。中国政府和人民对此十分赞赏。然而也不能不看到，美国确也有人至今仍不愿看到中国的统一，制造种种借口，施加种种影响，阻挠台湾问题的解决。

中国政府相信，美国人民与中国人民是友好的。两国关系的正常发展，是符合两国人民的长远利益和共同愿望的。中美两国都应珍视来之不易的指导两国关系发展的三个联合公报。只要双方都能恪守三个公报的原则，相互尊重，以大局为重，历史遗留下来的台湾问题就不难得到解决，中美关系就一定能不断获得改善和发展。

三、中国政府解决台湾问题的基本方针

解决台湾问题，实现国家统一，是全体中国人民一项庄严而神圣的使命。中华人民共和国成立后，中国政府为之进行了长期不懈的努力。中国政府解决台湾问题的基本方针是"和平统一、一国两制"。

"和平统一、一国两制"方针的形成。早在五十年代，中国政府就曾设想以和平方式解决台湾问题。一九五五年五月，周恩来总理在全国人民代表大会常务

委员会会议上即提出：中国人民解决台湾问题有两种可能的方式，即战争的方式和和平的方式，中国人民愿意在可能的条件下，争取用和平的方式解决问题。一九五六年四月，毛泽东主席又提出："和为贵"、"爱国一家"、"爱国不分先后"等政策主张。但由于某些外国势力的干预等原因，这些主张未能付诸实践。

自七十年代末开始，国际国内形势发生了一些重要变化：中美建立外交关系，实现了关系正常化；中国共产党召开十一届三中全会，决定把党和国家的工作中心转移到现代化经济建设上来。与此同时，海峡两岸的中国人、港澳同胞以及海外侨胞、华人，都殷切期望两岸携手合作，共同振兴中华。在这样的历史条件下，中国政府出于对整个国家民族利益与前途的考虑，本着尊重历史、尊重现实、实事求是、照顾各方利益的原则，提出了"和平统一、一国两制"的方针。

一九七九年一月一日，中华人民共和国全国人民代表大会常务委员会发表《告台湾同胞书》，郑重宣告了中国政府和平解决台湾问题的大政方针，呼吁两岸就结束军事对峙状态进行商谈。表示在实现国家统一时，一定"尊重台湾现状和台湾各界人士的意见，采取合情合理的政策和办法"。

一九八一年九月三十日，全国人民代表大会常务委员会委员长叶剑英发表谈话，进一步阐明解决台湾问题的方针政策。表示"国家实现统一后，台湾可作为特别行政区，享有高度的自治权"，并建议由两岸执政的国共两党举行对等谈判。

一九八二年一月十一日，中国领导人邓小平就叶剑英的上述谈话指出：这实际上就是"一个国家、两种制度"，在国家实现统一的大前提下，国家主体实行社会主义制度，台湾实行资本主义制度。

一九八三年六月二十六日，邓小平进一步发挥了关于实现台湾与大陆和平统一的构想，指出，问题的核心是祖国统一。他还就两岸统一和设置台湾特别行政区问题，阐明了中国政府的政策。

一九九二年十月十二日，中共中央总书记江泽民指出："我们坚定不移地按照'和平统一、一国两制'的方针，积极促进祖国统一。""我们再次重申，中国共产党愿意同中国国民党尽早接触，以便创造条件，就正式结束两岸敌对状态、逐步实现和平统一进行谈判。在商谈中，可以吸收两岸其他政党、团体和各界有代表性的人士参加。"

"和平统一、一国两制"的基本点。"和平统一、一国两制"是建设有中国特色的社会主义理论和实践的重要组成部分，是中国政府一项长期不变的基本国策。这一方针，有以下基本点：

（一）一个中国。世界上只有一个中国，台湾是中国不可分割的一部分，中央政府在北京。这是举世公认的事实，也是和平解决台湾问题的前提。

中国政府坚决反对任何旨在分裂中国主权和领土完整的言行，反对"两个中国"、"一中一台"或"一国两府"，反对一切可能导致"台湾独立"的企图和行径。海峡两岸的中国人民都主张只有一个中国，都拥护国家的统一，台湾作为中国不可分割的一部分的地位是确定的、不能改变的，不存在什么“自决”的问题。

（二）两制并存。在一个中国的前提下，大陆的社会主义制度和台湾的资本主义制度，实行长期共存，共同发展，谁也不吃掉谁。这种考虑，主要是基于照顾台湾的现状和台湾同胞的实际利益。这将是统一后的中国国家体制的一大特色和重要创造。

两岸实现统一后，台湾的现行社会经济制度不变，生活方式不变，同外国的经济文化关系不变。诸如私人财产、房屋、土地、企业所有权、合法继承权、华侨和外国人投资等，一律受法律保护。

（三）高度自治。统一后，台湾将成为特别行政区。它不同于中国其他一般省区，享有高度的自治权。它拥有在台湾的行政管理权、立法权、独立的司法权和终审权；党、政、军、经、财等事宜都自行管理；可以同外国签订商务、文化等协定，享有一定的外事权；有自己的军队，大陆不派军队也不派行政人员驻台。特别行政区政府和台湾各界的代表人士还可以出任国家政权机构的领导职务，参与全国事务的管理。

（四）和平谈判。通过接触谈判，以和平方式实现国家统一，是全体中国人的共同心愿。两岸都是中国人，如果因为中国的主权和领土完整被分裂，兵戎相见，骨肉相残，对两岸的同胞都是极其不幸的。和平统一，有利于全民族的大团结，有利于台湾社会经济的稳定和发展，有利于全中国的振兴和富强。

为结束敌对状态，实现和平统一，两岸应尽早接触谈判。在一个中国的前提下，什么问题都可以谈，包括谈判的方式，参加的党派、团体和各界代表人士，以及台湾方面关心的其他一切问题。只要两岸坐下来谈，总能找到双方都可以接受的办法。

鉴于两岸的现实状况，中国政府主张在实现统一之前，双方按照相互尊重、互补互利的原则，积极推动两岸经济合作和各项交往，进行直接通邮、通商、通航和双向交流，为国家和平统一创造条件。

和平统一是中国政府既定的方针。然而，每一个主权国家都有权采取自己认为必要的一切手段包括军事手段，来维护本国主权和领土的完整。中国政府在采取何种方式处理本国内部事务的问题上，并无义务对任何外国或图谋分裂中国者作出承诺。

这里还应指出，台湾问题纯属中国的内政，不同于第二次世界大战后经国际协议而形成的德国问题和朝鲜问题。因此，台湾问题不能和德国、朝鲜问题相提并论。中国政府历来反对用处理德国问题、朝鲜问题的方式来处理台湾问题。台湾问题应该也完全可以通过两岸的协商，在一个中国的架构内求得合理的解决。

四、台湾海峡两岸关系的发展及其阻力

台湾海峡两岸目前的分离状态，是中华民族的不幸。所有中国人无不殷切盼望早日结束这种令人痛心的局面。

为了实现两岸人民正常往来和国家统一，中国政府在提出和平统一主张的同时，也采取了一系列推动两岸关系发展的措施：

政治方面，调整有关政策措施，化解敌对情绪。最高人民法院、最高人民检察院决定不再追诉去台人员在中华人民共和国成立前的犯罪行为。

军事方面，主动缓和海峡两岸军事对峙状态，停止对金门等岛屿的炮击，并把福建沿海一些前沿阵地、观察所开辟为经济开发区和旅游点。

经济方面，敞开门户，促进交流，欢迎台商来大陆投资和从事贸易活动，并为之提供优惠条件和法律保障。

其他如人员往来、邮电交通以及科技、文化、体育、学术、新闻等方面，中国政府亦持积极态度，采取了相应措施，鼓励发展两岸在各个领域的交流与合作。还成立了得到政府授权的民间团体“海峡两岸关系协会”，同台湾“海峡交流基金会”及有关民间团体建立联系，维护两岸人民的合法权益，推动两岸关系的发展。

中国政府的对台政策和措施，得到了越来越多的台湾同胞、港澳同胞和海外侨胞、华人的理解和支持。广大台湾同胞为发展两岸关系作出了很大的努力。台湾当局近几年也相应调整了对大陆的政策，采取了一些松动措施，诸如开放岛内民众赴大陆探亲，逐步放宽对两岸民间交流交往的限制，扩大间接贸易，开放间接投资，简化两岸同胞通话、通邮、通汇的手续。这些都是有利于相互交往的。近年来，两岸的经济贸易迅速发展，人员往来及各项交流活动不断扩大。一九九三年四月举行的“汪辜会谈”签订了四项协议，迈出了两岸关系上具有历史意义的重要一步。台湾海峡出现了四十余年来前所未有的缓和气氛，这是有利于和平统一的。

必须指出，台湾当局虽对两岸关系作了某些松动，但其现行大陆政策仍严重阻碍着两岸关系的发展和国家的统一。他们口头上虽声称“中国必须统一”，但行动上却总是背离一个中国的原则，继续维持与大陆分离的局面，拒绝就和平统一问题进行商谈，甚至设置障碍，限制两岸交往的进一步发展。

近年来，台湾岛内“台独”活动日形嚣张，给两岸关系的发展和国家和平统一投下了阴影。“台独”的产生有着复杂的社会历史根源和国际背景，而台湾当局拒绝和谈、限制交往、在国际上推行“双重承认”和“两个中国”的政策，又实际上为“台独”活动提供了条件。应当说，台湾同胞要求当家作主管理台湾的愿望是合情合理的、正当的，这不同于“台湾独立”，更与极少数坚持要走“台

独”道路的人有着根本的区别。极少数“台独”分子鼓吹“独立”，甚至投靠外国，妄图将台湾从中国分裂出去，这是违背包括台湾同胞在内的全中国人民的根本利益的。中国政府严重关注这一事态的发展，对任何制造“台湾独立”的行径绝不会坐视不理。

某些国际势力不希望中国统一，仍千方百计插手中国内政，支持台湾当局的“反共拒和”政策和岛内的分裂势力，为中国的和平统一制造障碍，严重伤害了中国人民的民族感情。

中国政府坚信，广大台湾同胞是要求国家统一的；台湾朝野政治力量的大多数也是主张国家统一的。在两岸人民共同努力下，上述障碍和阻力一定可以排除，两岸关系一定可以获得更好的发展。

五、国际事务中涉及台湾的几个问题

如前所述，世界上只有一个中国，台湾是中国不可分割的一部分。中华人民共和国政府作为代表全中国人民的唯一合法政府，得到了联合国及世界各国的普遍承认。为维护国家主权和实现国家的统一，中国政府在国际事务中处理涉及台湾的问题时，始终坚持一个中国的原则，一贯维护台湾同胞的利益。中国政府相信，这一立场必能赢得各国政府和人民的尊重。在此，中国政府认为有必要就以下几个问题重申自己的立场和政策。

（一）与中国建交国同台湾的关系问题。目前，世界上凡与中国建交的国家，均遵照国际法和一个中国的原则，与中国政府就台湾问题达成正式协议或谅解，承诺不与台湾建立任何官方性质的关系。按照国际法，一个主权国家只能有一个中央政府代表这个国家。台湾作为中国的一部分，它在国际上无权代表中国，不能与外国建立外交关系和发展具有官方性质的关系。但考虑到台湾经济发展的需要和台湾同胞的实际利益，对台湾同外国的民间经济、文化往来，中国政府不持异议。

近几年，台湾当局在国际上竭力推行所谓“务实外交”，谋求同一些与中国建交的国家发展官方关系，推行“双重承认”，达到制造“两个中国”、“一中一台”的目的。对此，中国政府坚决反对。

应该指出，世界上绝大多数国家都能珍视同中国的友好关系，恪守在台湾问题上和中国达成的协议和谅解，中国政府对此表示赞赏。但也不能不指出，有的国家竟不顾国际信誉，违反与中华人民共和国建交时所作的承诺，同台湾发展官方关系，从而给中国统一事业设置障碍。中国政府衷心希望，有关国家的政府能够采取措施，纠正这一做法。

（二）国际组织与台湾的关系问题。每个国家的主权是完整的，既不能分割，也不能分享。中华人民共和国政府作为中国的唯一合法政府，有权利也有义务在国际组织中行使国家主权，代表整个中国。台湾当局企图在某些只有主权国家才能参加的国际组织中搞所谓“一国两席”，就是要制造“两个中国”。中国政府坚决反对这种行径。这一原则立场完全符合包括台湾同胞和海外侨胞在内的全中国人民的根本利益。只有在坚持一个中国原则立场的前提下，中国政府才可以考虑，根据有关国际组织的性质、章程规定和实际情况，以中国政府同意和接受的某种方式，来处理台湾参加某些国际组织活动的问题。

联合国系统的所有机构，是由主权国家代表参加的政府间国际组织。在恢复中华人民共和国在联合国的合法权利后，联合国系统的所有机构都已通过正式决议，恢复中华人民共和国享有的合法席位，驱逐了台湾当局的“代表”。自此，在联合国组织中的中国代表权问题已获得了彻底的解决，根本不存在台湾再加入的问题。需要指出的是，近一个时期来，台湾当局的某些人又为“重返联合国”而大肆鼓噪。十分明显，这是一种妄图割裂国家主权的行径，它无论在法理上或实际上都是行不通的。中国政府相信各国政府和联合国系统的组织会识破这一图谋，不做有损于中国主权的事情。

其他政府间国际组织，原则上台湾也无权参加。至于亚洲开发银行（ADB）、亚太经济合作组织（APEC）等地区性经济组织，台湾的加入系根据中国政府与有关方面达成的协议或谅解，明确规定中华人民共和国作为主权国家参加，台湾只作为中国的一个地区以“中国台北”（英文在亚行为 TAIPEI，CHINA；在亚太经济合作组织为 CHINESETAIPEI）的名称参加活动。这种做法属于特殊安排，不能构成其他政府间国际组织及国际活动效仿的“模式”。

在民间性质的国际组织中，中华人民共和国的相应组织同有关方面达成协议或谅解，在中国的全国性组织以中国的名义参加的情况下，台湾的相应组织可以以“中国台北”（TAIPEI，CHINA）或“中国台湾”（TAIWAN，CHINA）的名称参加。

（三）与中国建交国同台湾通航问题。一个国家的领空是该国领土不可分割的组成部分。一九一九年公布的《巴黎航空公约》和一九四四年签署的《芝加哥公约》均确认，每个国家对其领空具有完全的、排他性的主权的原则。因此，凡是同中国建交国家的任何航空公司，即使是私营航空公司与台湾通航，都是涉及中国主权的政治问题，而不是一般的民间关系。与中国建交国家的官方航空公司当然不可与台湾通航，而其民间航空公司如欲同台湾通航，则须由其政府与中国政府磋商。在征得中国政府同意后，其民间航空公司始可同台湾的私营航空公司互飞。实际上，根据上述原则，中国政府已经同意英、德、加拿大等国的民间航空公司与台湾的私营航空公司通航。

有的国家在与中华人民共和国建交前就同台湾通航的，则可通过与中国政府谈判，改变其同台湾通航的官方性质后继续其民间商业运输安排。

（四）与中国建交国向台湾出售武器问题。中国政府一贯坚决反对任何国家向台湾出售任何种类的武器装备或提供生产武器的技术。凡与中国建交的国家，都应遵循互相尊重主权和领土完整、互不干涉内政的原则，而不以任何形式或借口向台湾提供武器，否则就是违反国际关系准则，干涉中国内政。

世界各国，尤其是对世界和平事业负有重大责任的大国，理应严格遵守联合国安理会五个常任理事国关于限制常规武器扩散的指导原则，为维护和促进地区的和平与安全作出贡献。然而，在目前台湾海峡两岸关系日益缓和的形势下，有的国家竟违背自己在国际协议中的承诺，置中国政府的一再严正交涉于不顾，向台湾出售武器，在海峡两岸之间制造紧张局势。这不仅是对中国安全的严重威胁，为中国的和平统一事业设置障碍，也不利于亚洲和世界的和平与稳定。中国人民当然要强烈反对。

在国际事务中，中国政府一贯奉行独立自主的和平外交政策，坚持"互相尊重主权和领土完整、互不侵犯、互不干涉内政、平等互利、和平共处"五项原则，积极发展同世界各国的友好关系，从不损害别国利益，不干涉别国内政。同样，中国政府也要求各国政府，不做损害中国利益、干涉中国内政的事情，正确处理与台湾的关系问题。

结束语

中国的统一是中华民族的根本利益所在。

中国实现统一后，两岸可携手合作，互补互助，发展经济，共同振兴中华。原来一直困扰台湾的各种问题，都将在一个中国的架构下得到合理解决。台湾同胞将与祖国其他地区人民一道共享一个伟大国家的尊严和荣誉。

长期以来，台湾问题一直是亚洲与太平洋地区一个不稳定的因素。中国的统一，不仅有利于中国本身的稳定和发展，也有利于中国同各国进一步加强友好合作关系，有利于亚太地区乃至全世界的和平与发展。

中国政府相信，在维护自己国家主权与领土完整的正义事业中，一定能够得到世界各国政府和人民的理解和支持。

108

为促进祖国统一大业的完成而继续奋斗

江泽民

1995 年 1 月 30 日

同志们、朋友们:

全国各族人民刚刚欢度了 1995 年元旦，又迎来了乙亥年春节。在这中华民族传统节日来临之际，在京的台湾同胞和有关人士欢聚一堂，共话两岸关系前景和祖国统一大业，是一件很有意义的事。借此机会，我谨代表中共中央、国务院，向 2100 万台湾同胞祝贺新年，祝愿台湾同胞新春快乐，万事如意!

台湾是中国不可分割的一部分，100 年前，1895 年 4 月 17 日，日本帝国主义以战争的手段逼迫腐败的清朝政府签订了丧权辱国的《马关条约》，强行攫取了台湾与澎湖列岛，使台湾人民在日本殖民统治下生活了半个世纪之久。中国人民永远不会忘记这屈辱的一页。50 年前，中国人民同世界人民一道战胜了日本帝国主义，1945 年 10 月 25 日，台湾与澎湖列岛重归中国版图，台湾同胞从此摆脱了殖民统治的枷锁。但是，由于众所周知的原因，1949 年以后，台湾又与祖国大陆处于分离状态。实现祖国的完全统一，促进中华民族的全面振兴，仍然是所有中国人的神圣使命和崇高目标。

1979 年 1 月，全国人民代表大会常务委员会发表《告台湾同胞书》以来，我们制定了“和平统一、一国两制”的基本方针和一系列对台政策。邓小平同志是中国改革开放的总设计师，也是“一个国家、两种制度”伟大构想的创造者。邓小平同志高瞻远瞩，实事求是，提出了一系列具有鲜明时代特色的解决台湾问题的重要论断和思想，确立了实现祖国和平统一的指导方针。

邓小平同志指出，问题的核心是祖国统一，凡是中华民族的子孙，都希望中国统一，分裂是违背民族意志的。只有一个中国，台湾是中国的一部分。不能允许有什么“两个中国”或“一中一台”，坚决反对“台湾独立”。解决台湾问题无非有两种方式，一种是和平的方式，一种是非和平的方式，用什么方式解决台湾问题，完全是中国的内政，决不允许外国干涉。我们坚持用和平的方式，通过谈判实现和平统一，同时我们不能承诺根本不使用武力，如果承诺了这一点，只能使和平统一成为不可能，只能导致用武力解决问题。统一以后实行“一国两制”，国家的主体坚持社会主义制度，台湾保持原有的制度。“不是我吃掉你，也不是你吃掉我”。统一后，台湾的社会经济制度不变，生活方式不变，台湾同外国的民间关系不变，包括外国在台湾的投资及民间交往不变。台湾作为特别行政区有高度的自治权，拥有立法权和司法权（包括终审权），可以有自己的军队，党、政、军等系统都由自己管理。中央政府不派军队、行政人员驻台，而且在中央政府里还要给台湾留出名额。

十几年来，在“和平统一、一国两制”基本方针指引下，经过海峡两岸同胞、港澳同胞和海外侨胞的共同努力，两岸人员往来以及科技、文化、学术、体育等各领域的交流蓬勃发展。两岸经济相互促进、互补互利的局面正初步形成。早日实现两岸直接“三通”，不仅是广大台胞、特别是台湾工商业者的强烈呼声，而且成为台湾未来经济发展的实际需要。两岸事务性商谈已取得进展，“汪辜会谈”标志着两岸关系迈出了历史性的重要一步。

但是，值得所有中国人警惕的是，近年来台湾岛内分离倾向有所发展，“台独”活动趋于猖獗。某些外国势力进一步插手台湾问题，干涉中国内政。这些活动不仅阻碍着中国和平统一的进程，而且威胁着亚太地区的和平、稳定和发展。

当前国际形势仍然复杂多变，但总的趋势是走向缓和。世界各国都在制定面向未来的经济战略，把增强综合国力作为首要任务，以求在下一世纪到来时能在世界上占有自己的位置。我们感到高兴的是，海峡两岸的经济都在向前发展。1997年、1999年，我国将继恢复对香港和澳门行使主权，这将是全国各族人民包括台湾同胞的一件大喜事。中华民族历尽沧桑，饱经磨难，现在是完成祖国统一大业、实现全面振兴的时候了。这对台湾是个机会，对整个中华民族也是个机会。在这里，我愿就现阶段发展两岸关系、推进祖国和平统一进程的若干重要问题提出如下看法和主张。

（一）坚持一个中国的原则，是实现和平统一的基础和前提。中国的主权和领土决不容许分割。任何制造“台湾独立”的言论和行动，都应坚决反对；主张“分裂分治”、“阶段性两个中国”等等，违背一个中国的原则，也应坚决反对。

（二）对于台湾同外国发展民间性经济文化关系，我们不持异议。在一个中国的原则下，并依据有关国际组织的章程，台湾已经以“中国台北”名义参加亚洲开发银行、亚太经济合作会议等经济性国际组织。但是，我们反对台湾以搞“两个中国”、“一中一台”为目的所谓“扩大国际生存空间”的活动。一切爱国的台湾同胞和有识之士都会认识到，进行这类活动并不能解决问题，反而会使“台独”势力更加肆无忌惮地破坏和平统一的进程。只有实现和平统一后，台湾同胞才能与全国各族人民一道，真正充分地共享伟大祖国在国际上的尊严与荣誉。

（三）进行海峡两岸和平统一谈判，是我们一贯主张。在和平统一谈判的过程中，可以吸引两岸各党派、团体有代表性的人士参加。我在1992年10月中国共产党第十四次全国代表大会的报告中说：“在一个中国的前提下，什么问题都可以谈，包括就两岸正式谈判的方式同台湾方面进行讨论，找到双方都认为合适的办法。”我们所说的“在一个中国的前提下，什么问题都可以谈”。当然也包括台湾当局关心的各种问题。我们曾经多次建议双方就“正式结束两岸敌对状态、逐步实现和平统一”进行谈判。在此，我再次郑重建议举行这项谈判，并且提议，作为第一步，双方可先就“在一个中国的原则下，正式结束两岸敌对状态”进行谈判，并达成协议。在此基础上，共同承担义务，维护中国的主权和领土完整，并对今后两岸关系的发展进行规划。至于政治谈判的名义、地点、方式等问题，只要早日进行平等协商，总可找出双方都可以接受的解决办法。

（四）努力实现和平统一，中国人不打中国人。我们不承诺放弃使用武力，决不是针对台湾同胞，而是针对外国势力干涉中国统一和搞“台湾独立”的图谋的。我们完全相信台湾同胞、港澳同胞和海外侨胞理解我们的这一原则立场。

（五）面向21世纪世界经济的发展，要大力发展两岸经济交流与合作，以利于两岸经济共同繁荣，造福整个中华民族。我们主张不以政治分歧去影响、干扰两岸经济合作。我们将继续长期执行鼓励台商投资的政策，贯彻《中华人民共和国台湾同胞投资保护法》不论在什么情况下，我们都将切实维护台商的一切正当权益。要继续加强两岸同胞的往来和交流，增进了解和互信。两岸直接通邮、通航、通商，是两岸经济发展和各方面交往的客观需要，也是两岸同胞利益之所在，完全应当采取实际步骤加速实现直接“三通”。要促进两岸事务性商谈。我们赞成在互惠互利的基础上，商谈并且签订保护台商投资权益的民间性协议。

（六）中华各族儿女共同创造的5千年灿烂文化，始终是维系全体中国人的精神纽带，也是实现和平统一的一个重要基础。两岸同胞要共同继承和发扬中华文化的优秀传统。

（七）2100万台湾同胞，不论是台湾省籍还是其他省籍，都是中国人，都是骨肉同胞、手足兄弟。要充分尊重台湾同胞的生活方式和当家作主的愿望，保护台湾同胞一切正当权益，我们党和政府各有关部门，包括驻外机构，要加强与台湾同胞的联系，倾听他们的意见和要求，关心、照顾他们的利益、尽可能帮助他们解决困难。我们希望台湾岛内社会安定、经济发展、生活富裕，也希望台湾各党派以理性、前瞻和建设性的态度推动两岸关系发展。我们欢迎台湾各党派、各界人士，同我们交换有关两岸关系与和平统一的意见，也欢迎他们前来参观、访问。凡是为中国统一作出贡献的各方面人士，历史将永远铭记他们的功绩。

（八）我们欢迎台湾当局的领导人以适当身份前来访问；我们也愿意接受台湾方面的邀请，前往台湾。可以共商国是，也可以先就某些问题交换意见，就是相互走走看，也是有益的。中国人的事我们自己办，不需要借助任何国际场合。海峡咫尺殷殷相望，总要有来有往，不能“老死不相往来”。

港澳同胞、海外侨胞为促进两岸关系、祖国统一和中华民族振兴，作出了许多努力，功不可没。我们希望广大港澳同胞、海外侨胞进一步为发展两岸关系、统一祖国和振兴中华作出新的贡献。

早日完成祖国统一，是中国各族人民的共同心愿。无限期地拖延统一，是所有爱国同胞不愿意看到的。中华民族伟大的革命先行者孙中山先生曾经说过：“统一是中国全体国民的希望。能够统一，全国人民便享福；不能统一，便要受害。”我们呼吁所有中国人团结起来，高举爱国主义的伟大旗帜，坚持统一，反对分裂，全力推动两岸关系促进祖国统一大业的完成。中华民族现代发展进程中这光辉灿烂的一天，一定会到来。

109

一个中国的原则与台湾问题

国务院台湾事务办公室　国务院新闻办公室

2000 年 2 月・北京

前　言

一九四九年十月一日，中国人民取得了新民主主义革命的伟大胜利，建立了中华人民共和国。国民党统治集团退踞中国的台湾省，在外国势力的支持下，与中央政府对峙，由此产生了台湾问题。

解决台湾问题，实现中国完全统一，是中华民族的根本利益。五十年来，中国政府为此进行了不懈的奋斗。一九七九年后，中国政府以极大的诚意、尽最大的努力，争取以“一国两制”的方式实现和平统一。自一九八七年底以来，两岸经济、文化交流和人员往来有了长足的发展。但是，九十年代以来，台湾当局领导人李登辉逐步背弃一个中国原则，极力推行以制造“两个中国”为核心的分裂政策，一直发展到公然主张两岸关系是“国家与国家，至少是特殊的国与国的关系”，严重损害了两岸和平统一的基础，危害了包括台湾同胞在内的整个中华民族的根本利益，也危害了亚洲太平洋地区的和平与稳定。中国政府始终如一地坚持一个中国原则，坚决反对任何把台湾从中国分割出去的图谋。中国政府与以李登辉为首的分裂势力的斗争，集中表现在是坚持一个中国原则还是制造“两个中国”、“一中一台”的问题上。

我们于一九九三年八月发表了《台湾问题与中国的统一》白皮书，系统地论述了台湾是中国不可分割的一部分、台湾问题的由来、中国政府解决台湾问题的基本方针和有关政策。现在，有必要进一步向国际社会阐述中国政府坚持一个中国原则的立场和政策。

一、一个中国的事实和法理基础

一个中国原则是在中国人民捍卫中国主权和领土完整的正义斗争中形成的，具有不可动摇的事实和法理基础。

台湾是中国不可分割的一部分。有关台湾的全部事实和法律证明，台湾是中国领土不可分割的一部分。一八九五年四月，日本通过侵华战争，强迫清朝政府签订不平等的《马关条约》，霸占了台湾。一九三七年七月，日本发动全面侵华战争。一九四一年十二月，中国政府在《中国对日宣战布告》中昭告各国，中国废止包括《马关条约》在内的一切涉及中日关系的条约、协定、合同，并将收复台湾。一九四三年十二月，中美英三国政府发表的《开罗宣言》规定，日本应将所窃取于中国的包括东北、台湾、澎湖列岛等在内的土地，归还中国。一九四五年，中美英三国共同签署、后来又有苏联参加的《波茨坦公告》规定："开罗宣言之条件必将实施。"同年八月，日本宣布投降，并在《日本投降条款》中承诺"忠诚履行波茨坦公告各项规定之义务"。十月二十五日，中国政府收复台湾、澎湖列岛，重新恢复对台湾行使主权。

一九四九年十月一日，中华人民共和国中央人民政府宣告成立，取代中华民国政府成为全中国的唯一合法政府和在国际上的唯一合法代表，中华民国从此结束了它的历史地位。这是在同一国际法主体没有发生变化的情况下新政权取代旧政权，中国的主权和固有领土疆域并未由此而改变，中华人民共和国政府理所当然地完全享有和行使中国的主权，其中包括对台湾的主权。

国民党统治集团退踞台湾以来，虽然其政权继续使用"中华民国"和"中华民国政府"的名称，但它早已完全无权代表中国行使国家主权，实际上始终只是中国领土上的一个地方当局。

一个中国原则的产生和基本涵义。中华人民共和国中央人民政府成立当天即向各国政府宣布："本政府为代表中华人民共和国全国人民的唯一合法政府。凡愿遵守平等、互利及互相尊重领土主权等项原则的任何外国政府，本政府均愿与之建立外交关系。"随后又致电联合国，声明：国民党当局"已丧失了代表中国人民的任何法律的与事实的根据"，完全无权代表中国。外国承认中华人民共和国政府是代表全中国的唯一合法政府，与台湾当局断绝或不建立外交关系，是新中国与外国建交的原则。

中国政府的上述主张受到当时美国政府的阻挠。尽管一九五〇年一月五日美国总统杜鲁门发表声明，表示美国及其他盟国承认一九四五年以来的四年中国对台湾岛行使主权，但是同年六月朝鲜战争爆发后，美国政府为了孤立、遏制中国，不仅派军队侵占台湾，而且抛出"台湾地位未定"等谬论，以后又逐步在国际社会策动"双重承认"，企图制造"两个中国"。对此，中国政府理所当然地予以坚决反对，主张和坚持世界上只有一个中国，台湾是中国的一部分，中华人民共和国政府是代表全中国的唯一合法政府。正是在中国与外国发展正常的外交关系中，在维护中国的主权和领土完整的斗争中，产生了一个中国原则。上述主张构成了一个中国原则的基本涵义，核心是维护中国的主权和领土完整。

在一九四九年后的三四十年间，台湾当局虽然不承认中华人民共和国政府代表全中国的合法地位，但也坚持台湾是中国的一部分、只有一个中国的立场，反对制造"两个中国"和"台湾独立"。这说明，在一个相当长的时间里，两岸的中国人在只有一个中国、台湾是中国领土的一部分这一根本问题上具有共识。早在一九五八年十月，中国人民解放军在进行炮击金门的战斗时，毛泽东主席就向台湾当局公开指出："世界上只有一个中国，没有两个中国。这一点，也是你们同意的，见之于你们领导人的文告。"一九七九年一月，全国人大常委会发表《告台湾同胞书》，指出"台湾当局一贯坚持一个中国的立场，反对台湾独立。这就是我们共同的立场，合作的基础。"

中国政府坚持一个中国原则的严正立场和合理主张，赢得了越来越多的国家和国际组织的理解和支持，一个中国原则逐步为国际社会所普遍接受。一九七一年十月，第二十六届联合国大会通过二七五八号决议，驱逐了台湾当局的代表，恢复了中华人民共和国政府在联合国的席位和一切合法权利。一九七二年九月，中日两国签署联合声明，宣布建立外交关系，日本承认中华人民共和国政府是中国的唯一合法政府，充分理解和尊重中国政府关于台湾是中华人民共和国领土不可分割的一部分的立场，并且坚持遵循《波茨坦公告》第八条规定的立场。一九七八年十二月，中美发表建交公报，美国"承认中华人民共和国政府是中国的唯一合法政府"；"承认中国的立场，即只有一个中国，台湾是中国的一部分"。目前，一百六十一个国家与中华人民共和国建立了外交关系，它们都承认一个中国原则，并且承诺在一个中国的框架内处理与台湾的关系。

二、一个中国原则是实现和平统一的基础和前提

一个中国原则是中国政府对台政策的基石。经由邓小平同志的倡导，中国政府自一九七九年开始实行和平统一的方针，并逐步形成了"一国两制"的科学构想，在此基础上，确立了"和平统一、一国两制"的基本方针。这一基本方针和有关政策的要点是：争取和平统一，但是不承诺放弃使用武力；积极推动两岸人员往来和经济、文化等各项交流，早日实现两岸直接通邮、通航、通商；通过和平谈判实现统一，在一个中国原则下什么都可以谈；统一后实行"一国两制"，中国的主体（中国大陆）坚持社会主义制度，台湾保持原有的资本主义制度长期不变；统一后台湾实行高度自治，中央政府不派军队和行政人员驻台；解决台湾问题是中国的内政，应由中国人自己解决，不需借助外国力量。上述方针和政策，贯彻了坚持一个中国原则的基本立场和精神，也充分尊重了台湾同胞当家作主、管理台湾的愿望。江泽民主席在一九九五年一月发表发展两岸关系、推进祖国和平统一进程的八项主张时，明确指出："坚持一个中国的原则，是实现和平统一的基础和前提。"

只有坚持一个中国原则才能实现和平统一。台湾问题是中国内战遗留下来的问题。迄今，两岸敌对状态并未正式结束。为了维护中国的主权和领土完整，为了实现两岸统一，中国政府有权采用任何必要的手段。采用和平的方式，有利于

两岸社会的共同发展，有利于两岸同胞感情的融合和团结，是最好的方式。中国政府于一九七九年宣布实行和平统一的方针时，是基于一个前提，即当时的台湾当局坚持世界上只有一个中国、台湾是中国的一部分。同时，中国政府考虑到长期支持台湾当局的美国政府承认了世界上只有一个中国、台湾是中国的一部分、中华人民共和国政府是中国的唯一合法政府，这也有利于用和平的方式解决台湾问题。中国政府在实行和平统一方针的同时始终表明，以何种方式解决台湾问题是中国的内政，并无义务承诺放弃使用武力。不承诺放弃使用武力，绝不是针对台湾同胞的，而是针对制造"台湾独立"的图谋和干涉中国统一的外国势力，是为争取实现和平统一提供必要的保障。采用武力的方式，将是最后不得已而被迫作出的选择。

对台湾而言，坚持一个中国原则，标志着承认中国的主权和领土不可分割，这就使两岸双方有了共同的基础和前提，可以通过平等协商，找到解决双方政治分歧的办法，实现和平统一。如果否认一个中国原则，图谋将台湾从中国领土中分割出去，那就使和平统一的前提和基础不复存在。

对美国而言，承诺奉行一个中国政策，就要切实执行中美两国政府之间的三个公报和美方的一系列承诺，就应当只与台湾保持文化、商务和其他非官方的关系，反对所谓"台湾独立"、"两个中国"、"一中一台"，不阻挠中国的统一。反之，就破坏了中国政府争取和平统一的外部条件。

对于亚太地区和世界其他地区的国家而言，台湾海峡局势一直与亚太地区的安定密切相关。有关各国坚持一个中国政策，有利于维护亚太地区的和平与稳定，也有利于中国同各国发展友好关系，符合亚太地区乃至世界各国的利益。

中国政府积极地真诚地努力争取实现和平统一。为了争取和平统一，中国政府一再呼吁在一个中国原则基础上举行两岸平等谈判。充分考虑到台湾的政治现实，为了照顾台湾当局关于平等谈判地位的要求，我们先后提出了举行中国共产党和中国国民党两党对等谈判、两党谈判可以吸收台湾各党派团体有代表性的人士参加等主张，而始终不提"中央与地方谈判"。中国政府还提出，可先从进行包括政治对话在内的对话开始，逐步过渡到政治谈判的程序性商谈，解决正式谈判的名义、议题、方式等问题，进而展开政治谈判。政治谈判可以分步骤进行，第一步，先就在一个中国原则下正式结束两岸敌对状态进行谈判，并达成协议，共同维护中国的主权和领土完整，并对今后两岸关系发展进行规划。一九九八年一月，为寻求和扩大两岸关系的政治基础，中国政府向台湾方面明确提出，在统一之前，在处理两岸关系事务中，特别是在两岸谈判中，坚持一个中国原则，也就是坚持世界上只有一个中国，台湾是中国的一部分，中国的主权和领土完整不容分割。中国政府希望，在一个中国原则基础上，双方平等协商，共议统一。

为争取和平统一，中国政府采取了一系列积极的政策和措施，全面推动两岸关系发展。自一九八七年底两岸隔绝状态被打破后至一九九九年底，到中国大陆从事探亲、旅游、交流的台湾同胞已达一千六百万人次；两岸间接贸易总额超过一千六百亿美元，台商在中国大陆投资的协议金额及实际到位金额分别超过了四百四十亿美元与二百四十亿美元；两岸互通邮政、电信取得了很大进展；两岸海上、空中通航也取得了局部进展。全国人民代表大会及其常务委员会、国务院、地方政府制定了一系列法律、法规，依法保障台湾同胞的正当权益。为了通过商谈妥善解决两岸同胞交往中所衍生的具体问题，一九九二年十一月，海峡两岸关系协会与台湾的海峡交流基金会达成在事务性商谈中各自以口头方式表述“海峡两岸均坚持一个中国原则”的共识，在此基础上，两会领导人于一九九三年四月成功举行了“汪辜会谈”，并签署了几项涉及保护两岸同胞正当权益的协议。一九九八年十月，两会领导人在上海会晤，开启了两岸政治对话。两会商谈是在平等的地位上进行的。实践证明，在一个中国原则的基础上，完全可以找到两岸平等谈判的适当方式。香港、澳门回归中国以来，港台之间、澳台之间原有的各种民间往来与交流，在一个中国原则的基础上继续保持和发展。

三、中国政府坚决捍卫一个中国原则

台湾分裂势力蓄意破坏一个中国原则。一九八八年，李登辉继任为台湾当局的领导人。当时他多次公开表示，台湾当局的基本政策就是“只有一个中国而没有两个中国的政策”；“我们一贯主张中国应该统一，并坚持‘一个中国’的原则”。

但是，从九十年代初开始，李登辉逐步背离一个中国原则，相继鼓吹“两个政府”、“两个对等政治实体”、“台湾已经是个主权独立的国家”、“现阶段是‘中华民国在台湾’与‘中华人民共和国在大陆’”，而且自食其言，说他“始终没有讲过一个中国”。李登辉还纵容、扶持主张所谓“台湾独立”的分裂势力及其活动，使“台独”势力迅速发展、“台独”思潮蔓延。在李登辉主导下，台湾当局采取了一系列实际的分裂步骤。在台湾政权体制方面，力图通过所谓的“宪政改革”将台湾改造成一个“独立的政治实体”，以适应制造“两个中国”的需要。在对外关系方面，不遗余力地进行以制造“两个中国”为目的的“拓展国际生存空间”活动。一九九三年以来，连续七年推动所谓“参与联合国”的活动。在军事方面，大量向外国购买先进武器，谋求加入战区导弹防御系统，企图变相地与美、日建立某种形式的军事同盟。在思想文化方面，图谋抹杀台湾同胞、特别是年轻一代的中国人意识和对祖国的认同，挑起台湾同胞对祖国的误解和疏离感，割断两岸同胞的思想和文化纽带。

一九九九年以来，李登辉的分裂活动进一步发展。五月，他出版《台湾的主张》一书，鼓吹要把中国分成七块各自享有“充分自主权”的区域。七月九日，他公然将两岸关系歪曲为“国家与国家，至少是特殊的国与国的关系”，企图从根本上改变台湾是中国一部分的地位，破坏两岸关系、特别是两岸政治对话与谈判的基础，破坏两岸和平统一的基础。李登辉已经成为台湾分裂势力的总代表，是台湾海峡安定局面的破坏者，是中美关系发展的绊脚石，也是亚太地区和平与稳定的麻烦制造者。

中国政府坚决捍卫一个中国原则。对于以李登辉为代表的台湾分裂势力的种种分裂活动，中国政府和人民一直保持着高度的警惕，并进行了坚决的斗争。

一九九五年六月李登辉以所谓“私人”名义访问美国后，中国政府果断地开展了反分裂、反“台独”的斗争，并对美国政府公然允许李登辉访美、违背美国在中美三个联合公报中所作的承诺、严重损害中国主权的行为，提出了强烈的抗议，进行了严正的交涉。这场斗争显示了中国政府和人民捍卫国家主权和领土完整的坚强决心和能力，产生了重大和深远的影响。台湾同胞进一步认识到“台独”的严重危害。李登辉在国际上进行分裂活动受到沉重打击。部分“台独”势力被迫放弃了某些极端的分裂主张。国际社会进一步注意到坚持一个中国政策的必要性，美国政府还明确承诺不支持“台湾独立”、不支持“两个中国”或“一中一台”、不支持台湾加入任何必须由主权国家参加的国际组织。

李登辉抛出“两国论”后，中国政府和人民进行了更加坚决的斗争。针对台湾分裂势力企图通过所谓“法律”形式落实“两国论”的活动，中国政府有关部门明确指出，这是一个更加严重和危险的分裂步骤，是对和平统一的极大挑衅。如果这一图谋得逞，中国和平统一将变得不可能。这场斗争形成了海内外中国人同声谴责“两国论”的强大声势。世界上大多数国家重申坚持一个中国政策。美国政府也重申坚持一个中国政策和对台湾“三不支持”的承诺。台湾当局被迫表示不会依照“两国论”修改所谓“宪法”、“法律”。

但是，台湾分裂势力仍在企图以所谓“制宪”、“修宪”、“解释宪法”或“立法”等多种形式，用所谓“法律”形式实现在“中华民国”名义下把台湾从中国分割出去的图谋。特别值得警惕的是，台湾分裂势力一贯图谋破坏中美关系，挑起中美冲突和对抗，以便实现他们的分裂图谋。

事实证明，台湾海峡局势仍然存在着严重的危机。为了维护包括台湾同胞在内的全中国人民的利益，也为了维护亚太地区的和平与发展，中国政府仍然坚持“和平统一、一国两制”方针不变，仍然坚持江泽民主席提出的发展两岸关系、推进祖国和平统一进程的八项主张不变，仍然尽一切可能争取和平统一。但是，如果出现台湾被以任何名义从中国分割出去的重大事变，如果出现外国侵占台湾，如果台湾当局无限期地拒绝通过谈判和平解决两岸统一问题，中国政府只能被迫采取一切可能的断然措施，包括使用武力，来维护中国的主权和领土完整，完成中国的统一大业。中国政府和人民完全有决心、有能力维护国家主权和领土完整，决不容忍、决不姑息、决不坐视任何分裂中国的图谋得逞，任何分裂图谋都是注定要失败的。

四、两岸关系中涉及一个中国原则的若干问题

中国领土和主权没有分裂，海峡两岸并非两个国家。台湾当局支撑其制造“两个中国”的主张，包括李登辉提出的“两国论”的所谓理由无非是：一九四九年以后海峡两岸已经分裂分治且互不隶属，中华人民共和国政府从未统治过台湾，一九九一年以后台湾也已产生了与中国大陆没有关系的政权体制。这些理由是根本不能成立的，也绝对不能得出台湾可以“中华民国”的名义自立为一个国家和海峡两岸已经分裂为两个国家的结论。第一，国家主权不可分割。领土是国家行使主权的空间。在一个国家的领土上，只能有一个代表国家行使主权的中央政府。如前所述，台湾是中国领土不可分割的一部分，一九四九年中华人民共和国政府取代中华民国政府成为全中国的唯一合法政府，已经享有和行使包括台湾在内的全中国的主权。虽然海峡两岸尚未统一，但是台湾是中国领土一部分的地位从未改变，由此，中国拥有对台湾的主权也从未改变。第二，国际社会承认只有一个中国、台湾是中国的一部分、中华人民共和国政府是中国的唯一合法政府。第三，台湾问题长期得不到解决，主要是外国势力干涉和台湾分裂势力阻挠的结果。海峡两岸尚未统一，这种不正常状态的长期存在，并没有赋予台湾在国际法上的地位和权利，也不能改变台湾是中国一部分的法律地位。目前的问题是台湾分裂势力和某些外国反华势力要改变这种状况，而这正是中国政府和人民坚决反对的。

坚决反对以公民投票方式改变台湾是中国一部分的地位。台湾分裂势力以“主权在民”为借口，企图以公民投票方式改变台湾是中国一部分的地位，这是徒劳的。首先，台湾是中国领土一部分的法律地位，无论在国内法还是在国际法上，都已经是明确的，不存在用公民投票方式决定是否应自决的前提。其次，“主权在民”是指主权属于一个国家的全体人民，而不是指属于某一部分或某一地区的人民。对台湾的主权，属于包括台湾同胞在内的全中国人民，而不属于台湾一部分人。第三，历史上台湾从未曾成为一个国家；一九四五年以后，台湾既不是外国的殖民地，又不处于外国占领之下，不存在行使民族自决权的问题。总之，自一九四五年中国收复台湾之后，就根本不存在就改变台湾是中国一部分的地位举行公民投票的问题。台湾的前途只有一条，就是走向与祖国大陆的统一，而决不能走向分裂。任何人以所谓公民投票的方式把台湾从中国分割出去，其结果必将把台湾人民引向灾难。

“两德模式”不能用于解决台湾问题。台湾有些人主张用第二次世界大战后德国被分裂为两个国家后又重新统一的所谓“两德模式”来处理两岸关系。这是

对历史和现实的误解。战后德国的分裂和两岸暂时分离是两个不同性质的问题。主要有三点不同：第一，两者形成的原因、性质不同。一九四五年德国在二战中战败，被美、英、法、苏四个战胜国依据《鉴于德国失败和接管最高政府权力的声明》及其后的波茨坦协议，分区占领。冷战开始后，德国统一问题成为美苏两国在欧洲对抗的一个焦点，在美英法占领区和苏联占领区分别相继成立了德意志联邦共和国和德意志民主共和国，德国被分裂为两个国家。显然，德国问题完全是由外部因素造成的。而台湾问题则是中国内战遗留的问题，是内政问题。第二，两者在国际法上的地位不同。德国的分裂，为二战期间和战后一系列国际条约所规定。而台湾问题，则有《开罗宣言》、《波茨坦公告》等国际条约关于日本必须将窃取于中国的台湾归还中国的规定。第三，两者存在的实际状况不同。在美苏两国对抗的背景下，两个德国都分别驻有外国军队，被迫相互承认和在国际社会并存。而中国政府始终坚持一个中国原则，李登辉上台前的台湾当局和李登辉上台初期也承认一个中国，反对“两个中国”；一个中国原则也被国际社会所普遍接受。因而，德国问题与台湾问题不能相提并论，更不能照搬“两德模式”解决台湾问题。

在一个中国原则下，什么问题都可以谈。中国政府主张两岸谈判最终目的是实现和平统一；主张以一个中国原则为谈判基础，是为了保证实现谈判的目的。而“台湾独立”、“两个中国”、“两国论”违背了一个中国原则，不是谈统一，而是谈分裂，当然不可能被中国政府接受。只要在一个中国的框架内，什么问题都可以谈，包括台湾方面关心的各种问题。中国政府相信，台湾在国际上与其身份相适应的经济的、文化的、社会的对外活动空间，台湾当局的政治地位等等，都可以在这个框架内，通过政治谈判，最终在和平统一的过程中得到解决。

所谓“民主和制度之争”是阻挠中国统一的借口。近些年来，台湾当局一再声称，“大陆的民主化是中国再统一的关键”、“两岸问题的真正本质是制度竞赛”。这是拖延和抗拒统一的借口，是欺骗台湾同胞和国际舆论的伎俩。中国共产党和中国政府不断为实现社会主义民主的理想而奋斗。按照“一国两制”的方式实现和平统一，允许海峡两岸两种社会制度同时存在，互不强加于对方，最能体现两岸同胞的意愿，这本身就是民主的。两岸不同的社会制度，不应构成和平统一的障碍。而且，中国政府注意到台湾与香港、澳门的不同特点，实现两岸和平统一之后，在台湾实行“一国两制”的内容，可以比香港、澳门更为宽松。台湾当局企图以“民主和制度之争”阻挠统一，妄想居住在中国大陆的十二亿多人实行台湾的政治、经济制度，是毫无道理的，也是不民主的。“要民主”不应成为“不要统一”的理由。两岸双方在这个问题上分歧的实质，绝不是要不要民主之争、实行哪种制度之争，而是要统一还是要分裂之争。

五、在国际社会中坚持一个中国原则的若干问题

中国政府对于国际社会普遍奉行一个中国政策表示赞赏。我们于一九九三年八月发表的《台湾问题与中国的统一》白皮书，在第五部分“国际事务中涉及台湾的几个问题”中，阐述了在有关与中国建交国同台湾的关系、国际组织与台湾的关系、与中国建交国同台湾通航、与中国建交国向台湾出售武器等问题上的立场和政策。在此，谨重申有关立场和政策。

台湾无权参加联合国及其他只有主权国家参加的国际组织。联合国是由主权国家组成的政府间国际组织。中华人民共和国政府在联合国的合法权利恢复后，联合国组织中的中国代表权问题已经获得彻底解决，根本不存在台湾当局加入联合国的问题。台湾当局声称联合国 2758 号决议只解决了“中国代表权问题”，没有解决“台湾的代表权问题”，要求“参与联合国”。这是制造“两个中国”、“一中一台”的分裂行径，是绝对不能允许的。联合国的所有成员国，都应遵守《联合国宪章》的宗旨、原则及有关联合国决议，遵循相互尊重主权和领土完整、互不干涉内政等国际关系准则，不以任何方式支持台湾加入联合国及只能由主权国家参加的其他国际组织。

对于某些允许地区参加的政府间国际组织，中国政府已经基于一个中国原则，根据有关国际组织的性质、章程和实际情况，以所能同意和接受的方式对台湾的加入问题作出了安排。台湾已作为中国的一个地区，以“中国台北”的名义，分别参加了亚洲开发银行（英文名称为 TAIPEI，CHINA）和亚太经合组织（英文名称为 CHINESE TAIPEI）等组织。一九九二年九月，世界贸易组织的前身关税及贸易总协定理事会主席声明指出，在中华人民共和国加入关贸总协定后，台湾可以“台湾、澎湖、金门、马祖单独关税区”（简称“中国台北”）的名义参加。世贸组织在审议接纳台湾加入该组织时，应坚持上述声明确定的原则。上述特殊安排，并不构成其他政府间国际组织及国际活动仿效的模式。

与中国建交的国家不能向台湾出售武器，或与台湾进行任何形式的军事结盟。凡是与中国建交的国家，都应本着互相尊重主权和领土完整、互不干涉内政的原则，不以任何形式或借口向台湾出售武器，或帮助台湾生产武器。

台湾问题是中美关系中最核心、最敏感的问题。中美三个联合公报是两国关系健康、稳定发展的基础。二十多年来，美国承诺坚持一个中国政策，为自己带来了美中建交、两国关系发展和台湾局势相对稳定的利益。令人遗憾的是，美国一再违反自己在“八·一七公报”中对中国作出的庄严承诺，不断向台湾出售先进的武器和军事装备。现在，美国国会又有人炮制所谓《加强台湾安全法》，还企图将台湾纳入战区导弹防御系统。这是对中国内政的粗暴干涉和对中国安全的严重威胁，阻碍了中国的和平统一进程，同时也危害了亚太地区乃至世界的和平

与稳定。对此，中国政府坚决反对。

中国政府以一个中国原则对待台湾的对外交往活动。台湾当局极力在国际上推行所谓“务实外交”，扩大所谓“国际生存空间”，其实质是制造“两个中国”、“一中一台”。中国政府理所当然地要坚决反对。同时，考虑到台湾经济社会发展的需要和台湾同胞的实际利益，中国政府对台湾同外国进行民间性质的经济、文化往来不持异议；并在一个中国前提下，采取了许多灵活措施，为台湾同外国的经贸、文化往来提供方便。例如，台湾可以“中国台北”的名义继续留在国际奥委会中。事实上，台湾与世界上许多国家和地区保持着广泛的经贸和文化联系，台湾同胞每年到国外旅游、经商、求学和进行学术、文化、体育交流活动的人员多达百万人次，年进出口贸易额高达2000多亿美元。这表明，坚持一个中国原则并不影响台湾同胞从事民间的对外交流活动，并未影响台湾正常的经贸、文化活动的需要。

中国政府保障台湾同胞在国外的一切正当、合法权益。台湾人民是我们的骨肉同胞。中国政府一贯致力于维护台湾同胞在国外的正当的、合法的权益。中国驻外国使领馆一向把加强与台湾同胞的联系、倾听台湾同胞的意见和要求、保障台湾同胞的利益作为自己的责任，尽可能帮助他们解决困难。在海湾战争中，中国使馆帮助滞留在科威特的台湾劳务人员安全撤离险境。日本阪神大地震发生后，中国使领馆及时抚慰受灾的台湾同胞。柬埔寨爆发内战后，中国使馆积极帮助生命财产受到严重威胁的台湾商人和旅游者安全转移和撤离。上述事例体现了中国政府对台湾同胞的关心和照顾。在海峡两岸实现统一后，台湾同胞更能够与全国各族人民一道充分共享中华人民共和国在国际上的尊严与荣誉。

结束语

中国具有五千年悠久历史。中华民族繁衍生息在中国这块土地上，各民族相互融合，具有强大的凝聚力，形成了崇尚统一、维护统一的价值观念。在漫长的历史过程中，中国虽然经历过改朝换代、政权更迭，出现过地方割据，遭遇过外敌入侵，特别是近代史上曾饱受外国列强的侵略和瓜分，但统一始终是中国历史发展的主流，每一次分裂之后都复归统一，并且都赢来了国家政治、经济、文化、科技的快速发展。台湾同胞具有光荣的爱国主义传统，在反抗外国侵略台湾的斗争中建立了卓越的功勋。中华人民共和国诞生后，中国人民倍加珍视得来不易的民族独立，坚决捍卫国家主权和领土完整，并为实现祖国的完全统一而努力奋斗。中国五千年的历史和文化深深地在中国人的心中根植了一种强烈的民族意识，这就是中国必须统一。中国政府希望国际社会始终如一地奉行一个中国政策，希望美国政府切实履行中美三个联合公报关于台湾问题的各项原则和自己作出的坚持一个中国政策的庄严承诺。

随着中国政府相继对香港、澳门恢复行使主权，全中国人民迫切期望早日解决台湾问题，实现国家的完全统一，不能允许台湾问题再无限期地拖下去了。我们坚信，在包括两岸同胞和海外侨胞在内的全中国人民的共同努力下，中国的完全统一一定能够实现。

110

以人为本　为民谋利　积极务实推进两岸“三通”

国务院台湾事务办公室

2003 年 12 月 17 日

前　言

1949 年以后的三十多年间，由于台湾海峡两岸处于军事对峙状态，两岸人员往来和通邮、通航、通商全部中断，两岸同胞处于隔绝状态。1979 年元旦，全国人大常委会发表《告台湾同胞书》，为有利于两岸同胞互通讯息，探亲访友，旅游参观，发展经济、文化等各方面的关系，首倡两岸双方尽快实现通邮，通航，发展贸易，互通有无，进行经济交流。从此，祖国大陆方面为实现两岸通邮、通航、通商（三通）进行了不懈努力。1987 年 11 月，台湾当局决定开放台湾同胞赴大陆探亲，受到大陆方面的欢迎，长达三十八年之久的两岸同胞隔绝状态终于被打破。此后，两岸人员往来和经济、文化等领域交流的开展，推动了三通进程。十几年来，两岸同胞往来与交流已经大大发展了。但令人遗憾的是，由于台湾当局的限制和阻挠，两岸三通仍然处于间接、单向、局部的状态。早日实现直接、双向、全面三通，符合两岸同胞的切身利益和根本利益。我们希望两岸同胞共同努力，积极务实推动两岸三通，造福子孙。

一、两岸三通现状及面临的问题

（一）两岸三通进展情况。

在两岸同胞的强烈要求及两岸业者的协商努力下，20 多年来，两岸三通从无到有，取得不同程度的进展。

1. 两岸通邮进展情况

在邮政业务方面。1979 年，大陆方面正式开办对台平信和挂号信函业务。1989 年，两岸邮件总包互相直封并经香港转运。1993 年 4 月，海峡两岸关系协会与台湾海峡交流基金会签署《两岸挂号函件查询、补偿事宜协议》，两岸邮政部门正式互办挂号函件业务。

在电信业务方面。1979 年，大陆方面开办对台电报、电话业务。1989 年，台湾方面通过第三地开通对大陆电报和电话业务。1996 年，中国电信与台湾中华电信建立两岸直接电信业务关系。通过 1999 年、2000 年先后建成的中美、亚欧、亚太海底光缆，建立了两岸直达通信路由。两岸电信部门已开办电话、数据通信、移动电话漫游、电视电话等业务。两岸电信业务量迅速增加，分别占大陆、台湾境外业务量的第二位、第一位。

2. 两岸通航进展情况

在海上通航方面。1979 年 8 月，大陆方面倡议就两岸海上运输问题同台湾航运界进行协商，并宣布各对外开放港口均可对台湾船舶开放。为保障两岸航行安全，大陆一侧的灯桩解除了对台方的遮蔽；海岸电台对台湾船舶全面开放，为台湾船舶提供通讯导航服务；两岸救助部门建立搜救热线。1996 年 8 月颁布的《台湾海峡两岸间航运管理办法》等法规，规范了两岸海上直航的基本事项。迄今，大陆方面共批准台湾航运公司在大陆沿海主要港口设立 7 家营业性机构和 37 家航运代表处。

1997 年 4 月，福州、厦门和高雄间的海上试点直航开始运行，两岸资本的船公司使用方便旗船（或称权宜轮）经高雄港转运两岸外贸中转货物。1998 年 3 月，两岸定期集装箱班轮航线开通，运输两岸货物的船舶经第三地换单不换船航行两岸港口。

2001 年初，考虑到金门、马祖民众的需求，大陆方面为金、马与福建沿海地区的海上通航尽力提供协助。双方使用两岸资本并在两岸注册的船舶，采用只挂公司旗的方式，开通了两地海上客运、货运航线。

在空中通航方面。1981 年 10 月，大陆民航主管部门表示随时准备与台湾有关方面进行两岸空中通航的谈判。1990 年 3 月，颁布《中国大陆与台湾间民用航空运输不定期飞行的申请和批准程序的暂行规定》。1989 年至 1996 年，两岸民航业界互为客货销售代理和开办一票到底、行李直挂等业务，签署了多项协议，开展了涉及票务、商务、机务、航务、服务等方面的合作。1995 年 12 月、1996 年 8 月，澳门航空、港龙航空分别开辟了澳台、港台航线，实现了大陆经澳门、香港至台湾一机到底的间接通航。1997 年迄今，大陆有关方面批准 4 家台湾航空公司在北京设立代表处。

2003 年春节期间，为便利台商返乡过年，大陆方面采取灵活务实的办法，特事特办，批准台湾 6 家航空公司共 16 架次包机，从台北、高雄经停港澳至上海往返接送台商。这是 50 多年来台湾航空公司的飞机首次循正常途径停降大陆机场。

3. 两岸通商（贸易、投资、金融）进展情况

在两岸贸易方面。从 1979 年开始，大陆方面即对台湾产品开放市场，并给予免税、减税等优惠待遇。2000 年 12 月，外经贸部颁布了《对台湾地区贸易管理办法》。两岸贸易金额 1978 年为 0.46 亿美元，2002 年增至 446.6 亿美元，增长了近 970 倍。截至 2003 年 9 月底，两岸贸易总额累计 3091.8 亿美元，其中大

陆对台出口488.9亿美元，自台进口2602.9亿美元，累计逆差达2114亿美元。自1991年始，大陆已成为台湾最大的顺差来源。根据2002年统计，大陆已成为台湾第一大出口市场，台湾是大陆第二大进口市场。

在投资方面。1988年7月，国务院颁布了《关于鼓励台湾同胞投资的规定》。1992年，台湾当局允许台湾同胞经第三地对大陆间接投资和进行技术合作。1994年3月，全国人大常委会通过了《台湾同胞投资保护法》，1999年12月，国务院制定了《台湾同胞投资保护法实施细则》，各地方人大和政府也结合本地实际，制定了相应的地方性法规和行政规章，形成和完善了保护台胞合法权益的法律法规体系。大陆各有关部门和各地方不断改善投资环境，努力为台胞提供优质服务，促进了台胞投资。截至2003年9月底，大陆方面累计批准台资项目59458个，合同台资679.8亿美元，实际使用台资357.1亿美元。根据台湾有关方面统计，自1993年始，大陆成为台商对外投资的首选地区。

在两岸金融交流与合作方面。2002年，大陆的商业银行与台湾地区银行的海外业务分行（OBU）正式开办通汇及信用证相关业务；2003年，大陆的商业银行与台湾地区的外汇指定银行（DBU）也开通了通汇及信用证相关业务。截止2003年10月，大陆方面已批准设立2家台资银行、7家台湾地区银行的代表处、9家台湾地区保险公司和1家台湾地区保险经纪人公司的12个代表处、12家台湾地区证券公司的17个代表处。

在推进两岸三通的进程中，两岸民间行业组织不断就三通的技术性、业务性问题进行深入探讨，达成诸多共识。两岸通信业务商谈的成功实践，两岸海上试点直航的顺利运营，福建沿海与金门、马祖海上双向直航中的一些敏感问题的妥善解决，2003年春节台商包机的实施，说明两岸业者完全可以找到双方接受的办法。事实上，两岸直接三通的技术性、业务性问题均已解决。

（二）两岸三通仍处于间接、单向、局部的状态，限制了两岸同胞的交流交往和两岸经贸合作的发展。

在通邮方面。两岸邮件总包仍需经香港、澳门转运，而且业务种类少，邮政包裹、小包、汇兑、速递等项业务均不能开办。

在通航方面。两岸船舶、飞机不能直接往来；两岸人员旅行仍需经香港、澳门等地中转；试点直航不能运输两岸贸易货物，两岸贸易货物仍需经日本、香港等第三地中转，造成了船通货不通，货通船不通的怪象。

在通商方面。大陆市场向台湾企业和商品全面开放，而大陆产品输台受到诸多歧视性的限制，许多大陆较具优势及台湾同胞迫切需要的商品不能进入台湾；大陆的企业不能向台湾投资，必要的商务机构也不能在台设立；大陆企业难以在台湾举办或参加经贸展览会、洽谈会；大陆经贸人士赴台考察、访问也受到诸多限制。

（三）两岸直接、双向、全面三通未能实现的主要障碍在于台湾当局的阻挠。

长期以来，台湾当局无视两岸同胞的迫切愿望，也不顾台湾经济发展的需要，给两岸三通设置了重重障碍。从李登辉到台湾当局现任领导人，都一直以所谓对等、安全、尊严为借口，拖延和阻止三通。台湾当局在相关规定中，刻意对三通设置严格的限制条款，附加了种种政治条件，极力阻挠两岸三通谈判。台湾当局现任领导人一方面拒不接受一个中国原则，不承认九二共识，致使两岸对话与谈判无法恢复；另一方面又不接受简便易行的民间行业组织协商三通问题的办法，致使三通商谈迟迟不能启动。事实充分表明，台湾当局现任领导人虽然表示过三通不应成为一个问题，是必走的路，但是实质上毫无诚意，根本不愿意两岸交流和两岸关系得到正常发展。他不但自食其言、出尔反尔，百般拖延开放三通，而且极力使三通问题政治化、复杂化，甚至将两岸三通纳入其一边一国分裂主张的框架中去。台湾当局现任领导人破坏两岸关系发展、蓄意分裂祖国的立场和政策，是两岸直接、双向、全面三通迄今无法实现的根本原因。

二、实现三通符合两岸同胞切身利益，是两岸实现互利双赢的根本途径

（一）直接、双向、全面三通是两岸人员往来和经贸交流的客观需要。

1988年至2002年，共有超过2700多万人次的台湾同胞来大陆探亲访友、旅游考察、投资经营和从事两岸交流活动，大陆人员往来台湾也有70多万人次。2002年，两岸之间的客运量已近400万人次，贸易额超过400亿美元，货运量达数千万吨。不能直接、双向、全面三通，不仅给两岸同胞尤其是台湾同胞增加了经济负担，更耗费了大量时间和精力。

在客运方面。以乘飞机从台北途经香港到上海为例，台港往返机票每人次的费用为380美元，以2700万人次计，仅此一项，台湾同胞已损失约100多亿元美元；台北直飞上海仅需约1小时15分钟，中转香港后延长为约4小时，加上候机，时间浪费更甚。

在货运方面。以从上海港到高雄港海上货运为例，两地直线距离600海里，绕经日本石垣岛则增加232海里航程，既增加了运输成本，也延长了运输时间。空运直航后，不仅大量节省运输成本及时间，而且因物流配送效率的提升，将促进两岸贸易增长。

（二）直接、双向、全面三通有利于两岸经济共同发展。

两岸经济处于不同的发展阶段，经济合作存在着充分的互补条件和巨大的发展空间。十几年来两岸经济交往的历史，是两岸经济发展双赢的历史。

两岸经济交流与合作对台湾经济增长的贡献显而易见。台湾中华经济研究院研究显示，台湾对大陆的出口额每增加1美元，可直接、间接诱发台湾相关产业增加产值2美元。台湾从两岸贸易中获得的高额顺差，对保持台湾外汇储备增长

贡献巨大。两岸贸易不断发展，成为支撑台湾经济成长的重要支柱。

直接、双向、全面三通的实现有利于台湾经济的持续发展。1988 年以来，台湾劳动力密集型产业向大陆的转移，使其重获生机。近年台湾经济低迷、产业结构提升停滞、投资消费不振、失业率和民众痛苦指数上升，三通不通是重要因素之一。台湾工商界普遍认为，三通一旦实现，台湾的区位优势可以得到充分发挥，投资环境将得到显著改善；台湾企业还可以更充分地利用大陆的资源和市场发展壮大，使台湾经济得到更大的发展；大陆企业也可以向台湾投资，必将为台湾经济注入新的活力，创造新的商机。

两岸经济交流与合作也为大陆经济发展做出了重要贡献。台商投资为大陆带来了资金、技术、企业管理及营销经验，扩大了对外贸易，提供了税收。在大陆实现全面建设小康社会宏伟目标的进程中，台湾同胞将有更多的参与机会，在促进大陆经济发展的同时，自身也将获得更大的发展。

（三）直接、双向、全面三通有利于两岸同胞共同因应世界经济全球化和区域化发展的趋势，加强合作，抓住机遇，应对挑战。

当今世界，科技进步迅猛发展，经济全球化和区域化势头强劲，综合实力竞争日趋激烈。两岸同胞既面临机遇，也面临挑战。早日实现直接、双向、全面三通，将使两岸获得更充分的信息、更便捷的运输、更畅通的资金流动和更有效率的资源配置，各得其所，发挥潜能，大大提高两岸经济的竞争力，加快共同发展，促进中华民族经济的全面振兴。

十几年来，两岸关系历经坎坷、曲折，但是，人员往来和经济、文化等领域的交流始终保持发展的势头，推动两岸三通进程展现新的前景。这充分说明：两岸同胞同宗同文，有着不能割舍的民族感情，有着愈益深厚的共同利益。两岸三通，有利于两岸经济共同繁荣，符合两岸同胞的根本利益和切身利益。两岸人员往来和经济、文化等领域的交流创造的丰硕成果，使得实现直接、双向、全面三通具有厚实的基础和内在的动力。台湾各界要求尽快实现三通的呼声持续高涨。两岸同胞在推动三通中，有过多次成功的实践，积累了丰富的经验。大陆方面已经为三通做好了各方面的准备。总之，三通已是大势所趋，人心所向。

三、大陆方面关于两岸三通的基本立场和政策主张

大陆和台湾同属一个中国。中国是两岸同胞的中国，是两岸同胞的共同家园。任何制造所谓台湾独立、两个中国、一中一台的分裂图谋和行为，均为两岸同胞所反对。两岸三通，是两岸同胞共同利益之所在，也是两岸交往不断扩大的必然要求，不应受到任何人为因素和政治因素的阻碍。我们希望尽快实现两岸全面三通，以开创两岸经济合作新局面，造福于两岸同胞。基于上述基本立场，我们重申关于两岸三通的政策与主张。

（一）以民为本、为民谋利，是解决三通问题的立足点和出发点。在推进三通的过程中，只要真正对两岸同胞有利、对两岸人员往来有利、对两岸经贸关系发展有利，尤其对台湾同胞有利、对台湾工商界有利、对台湾经济发展有利的举措，我们都愿意务实推动，积极促成。

（二）三通是两岸间的事，是两岸中国人内部的事务。两岸三通，已表明了它的性质和定位。两岸空中、海上通航，即是两岸航线。任何人企图把两岸三通说成或作为国与国的或准国际的三通，或将其变相国际化，都是我们坚决反对的。

（三）搁置政治争议，不因政治分歧影响和干扰两岸三通。两岸三通属于经济问题。两岸之间的政治分歧不应成为阻挠三通的借口和障碍。三通商谈不是政治谈判，在这种商谈中可以不涉及一个中国的政治含义，寻求务实地解决三通中的各种具体问题，推动三通进程。

（四）直接双向、互惠互利、平等协商。按此精神推动实现的三通，才是真正的三通，才能扩大两岸经济交流与合作领域，使之持久、健康发展，达到维护和发展两岸同胞共同利益的目的。

（五）由两岸民间行业组织协商三通问题。为早日实现三通，协商方式可以尽量灵活，解决办法应当简单易行，力求使技术问题单纯化、解决方式便捷化。在台湾当局造成海协与海基会对话、商谈无法恢复的形势下，可采取由两岸民间行业组织协商三通的办法。这一协商方式的步骤是：(1) 民间协商。两岸民间行业组织就三通问题进行协商，双方有关业务主管部门人员可以民间名义参与商谈。(2) 达成共识。长期以来，两岸民间行业组织已就如何解决三通的技术性、业务性问题累积了大量经验。在此基础上，经两岸民间行业组织正式协商，即可达成共识。(3) 各自确认。经商谈达成的共识、协议、纪要、备忘录或商务安排，经由两岸有关方面各自确认后，即可组织实施。这种解决办法无损于双方的权利。

（六）台湾当局应当尽早取消针对大陆的各种歧视性限制和不合理障碍。台湾当局对三通采取的间接、单向、局部等限制性政策，破坏了两岸正常的贸易和投资秩序，损害了公平竞争的市场环境，侵害了大陆和台湾相关企业的合法权益。2003 年 9 月，台湾当局单方面宣布两岸航空货运便捷化措施，提出台湾航空公司的货运飞机可经停港澳往来两岸。对此，大陆民航主管部门认为，两岸货运包机经停第三地是舍近求远，两岸通航应由两岸航空业者公平地参与经营，这样才能健康持续发展，两岸同胞和工商业者才能得到实惠。不经双方民间航运业者协商，单方面宣布两岸货运便捷化时限，是不妥当的，也是大陆方面不能接受的。10 月，在广大台湾同胞和工商界进一步要求开放两岸直接三通下，台湾当局有关方面部分放宽了一些限制两岸人员往来、贸易、投资的规定，但同时又附加了一些新的限制条件，继续拖延开放两岸直航。我们希望台湾当局从两岸同胞的共同利益出发，在实现两岸直接、双向通航方面，切实采取有效措施，做些实事，尽快取消对大陆的各种歧视性限制和不公平待遇。

四、两岸三通中若干问题的说明

（一）关于两岸民间行业组织协商三通问题。

三通问题，原本可以通过已经建立的两岸协商机制进行商谈，即由海协与海基会商谈。两会于 1992 年达成各自以口头方式表述海峡两岸均坚持一个中国原则的共识，建构了两会商谈的政治基础。台湾当局现任领导人上台后，矢口否认九二共识，破坏了两会商谈的基础，致使两会对话、商谈迄今无法恢复。在这种情况下，并考虑到两岸民间行业组织多年来建立了顺畅的沟通渠道，就三通技术性、业务性问题进行过深入探讨并达成了许多共识，因此我们主张，由两岸民间行业组织就三通问题进行协商。这是现阶段最为务实可行的协商方式。

（二）关于两岸直航中飞机、船舶的旗、证问题。

两岸空运、海运业界在多年的交流中已就两岸空中、海上直航中飞机、船舶的旗、证等问题，取得相当的共识，两岸空运、海运也有成功的实践，为解决这些问题提供了可供遵循的依据。

在空中通航方面。根据国际民用航空公约及附件的有关规定，航空器必须有国籍或地区籍标志和登记标志，该标志须从国际电信联盟分配给登记国或地区的无线临时呼叫信号中的国籍或地区籍代号系列中选择。目前，大陆和台湾的航空器标志均为英文字母 B。因此，两岸直航的航空器已不存在标志问题。关于直航中涉及的主要证照的查验问题，可由负责运营的台湾地区航空公司向大陆民航主管部门出具所需证照的合格证明，经认可后，该航空公司即可提出申请。这一简单易行、务实灵活的做法，已在 2003 年春节台商包机业务实施过程得到运用和验证，为解决今后两岸双向直航中的相关问题提供了有益的经验。

在海上通航方面。两岸直航船舶的挂旗、验证问题，可以参照九七后港台航线和福建沿海地区与金门、马祖通航的相关办法解决，即：直航两岸的船舶，只挂公司旗或双方商定的标志旗，进港时不挂对方旗；双方须查验的有关证书，必要时可另纸签注。

（三）关于外国公司参与两岸航运的问题。

两岸通航不是国与国之间的通航，两岸航线不是国际航线，应由两岸的空运、海运公司或两岸合资的航运公司经营。在两岸注册的中外合资的空运、海运公司可以参与经营，但外资方面不得控股。我们的上述主张，既有利于确保中国航运主权不受侵犯的原则，又有利于维护两岸中国人的正当权益。

（四）关于实现三通与所谓台湾安全的问题。

台湾当局以两岸实现三通尤其是直接、双向通航将严重危及台湾的安全，作为阻挠两岸直接、双向、全面三通的最主要理由。最近台湾有关方面将安全问题分列为军事安全、政治安全（主要是台湾在政治上被矮化）、经济安全（主要是台湾经济对大陆市场依赖度大幅提升、产业空洞化、失业率上升）、社会安全（主要是治安、疫病防治、社会福利与教育负担等）。除了社会安全所针对的可能性问题，可以在三通问题协商中加以讨论、预作安排外，其余看法均缺乏事实依据，而是台湾当局顽固坚持敌对意识的产物，目的在于影响台湾同胞对三通的态度，继续拖延、阻挠三通。因此，有必要予以指正。

关于直航将严重威胁台湾军事安全。首先，就大陆对台政策而言，两岸同胞情同手足，血浓于水，没有人比我们更希望通过和平方式解决台湾问题。大陆方面以最大的诚意、尽最大努力争取和平统一的前景。我们不承诺放弃使用武力，针对的是外国势力干涉中国统一和台湾分裂势力的台独图谋，绝不是针对台湾民众。其次，有关两岸海上和空中直航的技术性、业务性安排等问题，须经双方平等协商并取得一致意见后方能实施。台湾方面对自身安全的关切届时能得到妥善解决。第三，两岸试点直航已开通六年，福建沿海与金门、马祖海上直航也已开通两年多，从未出现过任何影响台湾军事安全的问题，也没有给台湾带来任何所谓的威胁。相反，这种直接往来有利于营造台海地区和谐安定的气氛。第四，实现和维护台湾海峡地区和平与稳定的根本途径在于，台湾当局必须彻底放弃台独分裂主张，停止一切台独分裂活动，并且就在一个中国原则下，正式结束两岸敌对状态进行谈判，达成协议，共同维护国家主权和领土完整，并对今后两岸关系发展进行规划。两岸敌对状态越降低，台海地区越祥和，两岸关系越发展，两岸同胞的安全越有保障。

关于在两岸三通协商过程中台湾在政治上被矮化。我们一贯主张，两岸之间应当本着相互尊重、平等协商的精神，以务实的态度解决双方的分歧和各种问题，任何一方都不将自己的意愿强加给另一方。以往海协与海基会的历次商谈，以及两岸民间行业组织之间的各种交流和磋商，双方都是平等的，不存在谁矮化谁的问题。在两岸试点直航及福建沿海与金门、马祖的海上通航中，双方间运力安排及技术问题的处理，均充分体现了平等互惠的原则，实现了互利双赢。今后协商三通问题，包括解决市场开放、相关管理、经营权益安排等，依然是遵循相互尊重、平等协商、公平合理、互惠互利的原则精神。根本不存在所谓台湾在三通过程中可能被矮化的问题。

关于三通将冲击台湾经济安全。其一，关于三通使台湾经济对大陆市场依赖度上升而产生安全问题。两岸经济各具优势，互补性强。在两岸经济交流与合作中，台湾经济从大陆经济迅速发展中获得了增长的动力，产业结构调整获得了有利条件，企业获得新的发展空间，促进了台湾经济的发展，近 20 年来的事实已经充分证明了这一点。在经济全球化和区域经济合作的大潮中，如果实现三通，两岸经济各展所长，密切合作，将更有利于两岸防范经济金融风险，实现共同繁荣。只要站在台湾同胞利益和经济发展需要的立场上来看问题，就会得出这种结论。

其二，关于三通加速台湾产业移往大陆、导致台湾产业空洞化问题。产业空洞化一般是指制造业在总体经济中的比重下降，以及制造业生产力及国际竞争力降低。台湾有关部门的研究表明，1990 年至 2001 年间是台湾企业投资大陆增长较快的时期。在此期间，台湾产品在全球市场的出口占有率并未下降，反而由1.96%升至 2.0%，并没有造成台湾制造业的总体生产力和竞争力的衰退，导致出现所谓产业空洞化现象。相反，两岸三通有利于台湾企业合理调配和使用生产要素及资源。通过分工合作，可以发挥台湾经济的优势，增强发展潜力和提高竞争力，有效避免产业空洞化。

其三，关于台湾企业对大陆投资导致岛内失业率上升问题。近几年台湾失业率上升主要是企业投资意愿下降所致。台湾当局现任领导人坚持台独分裂立场，破坏两岸关系，阻挠两岸三通，打击了台湾民间及海外投资者的信心，是其中的一个重要原因。同时，台湾失业率上升也有结构性失业的原因。随着台湾投资和生产成本的上升，台湾劳动密集型产业进一步失去竞争优势，不得不寻找低成本的地区继续发展。这类企业在大陆投资经营，不仅使其自身重获竞争力，而且能够利用在大陆投资的收益增强在台湾的投资能力，支持台湾新兴产业的持续成长，大幅带动了对大陆的出口。这些都对扩大台湾就业、产业升级和经济稳定发挥了重要作用。

结束语

我们对实现两岸直接、双向、全面三通的前景充满信心。合则两利，通则双赢，早通比晚通好。我们呼吁台湾当局尽快采取实际措施，消除阻挠实现两岸直接、双向、全面三通的障碍。我们真诚地希望，广大台湾同胞与我们一道共同努力，争取尽早实现两岸直接、双向、全面三通，开创两岸关系的新局面。

111

携手推动两岸关系和平发展　同心实现中华民族伟大复兴

——在纪念《告台湾同胞书》发表30周年座谈会上的讲话

胡锦涛

2008年12月31日

同志们，朋友们：

明天是2009年元旦。每逢佳节倍思亲。在这里，我谨代表祖国大陆各族人民，向广大台湾同胞致以诚挚的问候和衷心的祝福！

1979年元旦，全国人民代表大会常务委员会发表《告台湾同胞书》，郑重宣示了争取祖国和平统一的大政方针，两岸关系发展由此揭开新的历史篇章。《告台湾同胞书》明确提出，实现中国的统一，是人心所向，大势所趋；一定要考虑现实情况，完成祖国统一的大业，在解决统一问题时尊重台湾现状和台湾各界人士的意见，采取合情合理的政策和办法，不使台湾人民蒙受损失。《告台湾同胞书》明确提出，我们寄希望于台湾人民，也寄希望于台湾当局。《告台湾同胞书》明确倡议，通过商谈结束台湾海峡军事对峙状态，撤除阻隔两岸同胞交往的藩篱，推动自由往来，实现通航、通邮、通商，开展经济文化交流。《告台湾同胞书》的发表标志着我们解决台湾问题的理论和实践进入了一个新的历史时期。

自1949年台湾问题形成以来，我们始终把解决台湾问题、完成祖国统一大业作为自己的神圣职责，进行了长期不懈的努力。1978年，党的十一届三中全会作出把党和国家工作中心转移到经济建设上来、实行改革开放的历史性决策，中国的发展从此进入历史新时期。《告台湾同胞书》就是在这个重要历史背景下发表的。30年来，我们为促进台湾问题的解决，提出了一系列对台方针政策。邓小平同志根据国际国内形势发展变化，从中华民族根本利益和国家发展战略全局出发，在毛泽东同志、周恩来同志关于争取和平解决台湾问题思想的基础上，创造性地提出"一国两制"伟大构想，为确立"和平统一、一国两制"的方针作出了历史性贡献。江泽民同志提出现阶段发展两岸关系、推进祖国和平统一进程的八项主张，丰富和发展了对台方针政策。党的十六大以来，我们就对台工作作出重大决策部署，提出一系列新主张新举措，赋予对台方针政策新的内涵。反分裂国家法的制定和实施，把我们关于解决台湾问题的大政方针法律化，表达了我们坚持和平统一的一贯立场和最大诚意，同时表明了全中国人民坚决反对"台独”、捍卫国家主权和领土完整的共同意志和坚定决心。

《告台湾同胞书》发表以来，在两岸同胞和各界人士共同努力下，两岸关系发生重大变化。1987年底，两岸同胞长期隔绝状态被打破，两岸同胞交往日益密切，两岸经济合作蓬勃发展，形成互补互利的格局。1992年，两岸达成“九二共识”，双方在此基础上举行首次“汪辜会谈”。2005年，国共两党领导人实现历史性会谈，达成“两岸和平发展共同愿景”。今年3月，台湾局势发生积极变化，两岸关系迎来难得历史机遇。5月以来，本着建立互信、搁置争议、求同存异、共创双赢的精神，两岸协商在“九二共识”的基础上得到恢复并取得重要成果，两岸全面直接双向“三通”迈出历史性步伐。双方妥善处理一系列问题，保持两岸关系改善和发展势头，推动两岸关系展现出和平发展的前景。今天，两岸同胞往来之频繁、经济联系之密切、文化交流之活跃、共同利益之广泛是前所未有的。中国人民维护台海和平、推动两岸关系发展、实现祖国和平统一的事业日益赢得国际社会理解和支持，世界各国普遍承认一个中国的格局不断巩固和发展。

30年来两岸关系发展的实践告诉我们：推动两岸关系发展，实现祖国和平统一，最重要的是要遵循“和平统一、一国两制”的方针和现阶段发展两岸关系、推进祖国和平统一进程的八项主张，坚持一个中国原则决不动摇，争取和平统一的努力决不放弃，贯彻寄希望于台湾人民的方针决不改变，反对“台独”分裂活动决不妥协，牢牢把握两岸关系和平发展的主题，真诚为两岸同胞谋福祉、为台海地区谋和平，维护国家主权和领土完整，维护中华民族根本利益。

30年的实践充分证明，我们制定和实施的对台工作大政方针，顺应了时代潮流和历史趋势，把握了民族根本利益和国家核心利益，体现了尊重历史、尊重现实、尊重人民愿望的实事求是精神，反映了对两岸关系发展规律的深刻认识，从而推动两岸关系发展取得了历史性成就。我们要继续长期坚持和全面贯彻这些被实践证明是正确的大政方针，继续推动祖国和平统一进程不断向前迈进。

30年的实践充分证明，祖国大陆改革开放和现代化建设不断取得巨大进步，是推动两岸关系发展、实现祖国和平统一的雄厚基础和可靠保障，决定了两岸关系的基本格局和发展方向。

30年的实践充分证明，海峡两岸中国人有能力、有智慧把两岸关系的前途掌握在自己手中，通过交流合作增进感情融合、增加共同利益，通过协商谈判积累共识、减少分歧，循序渐进解决问题。

30年的实践还充分证明，“台独”分裂势力及其分裂活动违背两岸同胞共同利益，损害中华民族根本利益，拂逆中国发展不可阻挡的历史潮流，是对两岸关系和平发展的最大威胁，必然遭到两岸同胞共同反对。任何人、任何势力把台湾从中国分割出去的企图都是注定要失败的。

同志们、朋友们！

经过30年的改革开放，中国的面貌发生了历史性变化，中国同世界的关系发生了历史性变化。两岸关系历经风雨坎坷，站在了新的历史起点上。回顾近代民族之艰难奋斗历程，展望未来民族之光明发展前景，我们应该登高望远、审时度势，本着对历史、对人民负责的态度，站在全民族发展的高度，以更远大的目光、更丰富的智慧、更坚毅的勇气、更务实的思路，认真思考和务实解决两岸关系发展的重大问题。

解决台湾问题的核心是实现祖国统一，目的是维护和确保国家主权和领土完整，追求包括台湾同胞在内的全体中华儿女的幸福，实现中华民族伟大复兴。以和平方式实现祖国统一最符合包括台湾同胞在内的中华民族根本利益，也符合求和平、谋发展、促合作的时代潮流。我们一定要以最大诚意、尽最大努力争取祖国和平统一。首先要确保两岸关系和平发展，这有利于两岸同胞加强交流合作、融洽感情，有利于两岸积累互信、解决争议，有利于两岸经济共同发展、共同繁荣，有利于维护国家主权和领土完整、实现中华民族伟大复兴。

为此，我们要牢牢把握两岸关系和平发展的主题，积极推动两岸关系和平发展，实现全民族的团结、和谐、昌盛。我们应该把坚持大陆和台湾同属一个中国作为推动两岸关系和平发展的政治基础，把深化交流合作、推进协商谈判作为推动两岸关系和平发展的重要途径，把促进两岸同胞团结奋斗作为推动两岸关系和平发展的强大动力，携手共进，戮力同心，努力开创两岸关系和平发展新局面。

一、恪守一个中国，增进政治互信。维护国家主权和领土完整是国家核心利益。世界上只有一个中国，中国主权和领土完整不容分割。1949年以来，大陆和台湾尽管尚未统一，但不是中国领土和主权的分裂，而是上个世纪40年代中后期中国内战遗留并延续的政治对立，这没有改变大陆和台湾同属一个中国的事实。两岸复归统一，不是主权和领土再造，而是结束政治对立。两岸在事关维护一个中国框架这一原则问题上形成共同认知和一致立场，就有了构筑政治互信的基石，什么事情都好商量。两岸应该本着建设性态度，积极面向未来，共同努力，创造条件，通过平等协商，逐步解决两岸关系中历史遗留的问题和发展过程中产生的新问题。继续反对“台独”分裂活动是推动两岸关系和平发展的必要条件，是两岸同胞的共同责任。凡是有利于两岸关系和平发展的事都应该大力推动，凡是破坏两岸关系和平发展的事都必须坚决反对。

二、推进经济合作，促进共同发展。两岸同胞要开展经济大合作，扩大两岸直接“三通”，厚植共同利益，形成紧密联系，实现互利双赢。我们继续欢迎并支持台湾企业到大陆经营发展，鼓励和支持有条件的大陆企业到台湾投资兴业。我们期待实现两岸经济关系正常化，推动经济合作制度化，为两岸关系和平发展奠定更为扎实的物质基础、提供更为强大的经济动力。两岸可以为此签定综合性经济合作协议，建立具有两岸特色的经济合作机制，以最大限度实现优势互补、互惠互利。建立更加紧密的两岸经济合作机制进程，有利于台湾经济提升竞争力和扩大发展空间，有利于两岸经济共同发展，有利于探讨两岸经济共同发展同亚太区域经济合作机制相衔接的可行途径。

三、弘扬中华文化，加强精神纽带。中华文化源远流长、瑰丽灿烂，是两岸同胞共同的宝贵财富，是维系两岸同胞民族感情的重要纽带。中华文化在台湾根深叶茂，台湾文化丰富了中华文化内涵。台湾同胞爱乡爱土的台湾意识不等于“台独”意识。两岸同胞要共同继承和弘扬中华文化优秀传统，开展各种形式的文化交流，使中华文化薪火相传、发扬光大，以增强民族意识、凝聚共同意志，形成共谋中华民族伟大复兴的精神力量。尤其要加强两岸青少年交流，不断为两岸关系和平发展增添蓬勃活力。我们将继续采取积极措施，包括愿意协商两岸文化教育交流协议，推动两岸文化教育交流合作迈上范围更广、层次更高的新台阶。

四、加强人员往来，扩大各界交流。两岸同胞要扩大交流，两岸各界及其代表性人士要扩大交流，加强善意沟通，增进相互了解。对于任何有利于推动两岸关系和平发展的建设性意见，我们都愿意作出积极回应。我们将继续推动国共两党交流对话，共同落实“两岸和平发展共同愿景”。对于部分台湾同胞由于各种原因对祖国大陆缺乏了解甚至存在误解、对发展两岸关系持有疑虑，我们不仅愿意以最大的包容和耐心加以化解和疏导，而且愿意采取更加积极的措施让越来越多的台湾同胞在推动两岸关系和平发展中增进福祉。对于那些曾经主张过、从事过、追随过“台独”的人，我们也热诚欢迎他们回到推动两岸关系和平发展的正确方向上来。我们希望民进党认清时势，停止“台独”分裂活动，不要再与全民族的共同意愿背道而驰。只要民进党改变“台独”分裂立场，我们愿意作出正面回应。

五、维护国家主权，协商涉外事务。我们一贯致力于维护台湾同胞在国外的正当权益。我们驻外使领馆要加强同台湾同胞的联系，诚心诚意帮助他们解决实际困难。我们了解台湾同胞对参与国际活动问题的感受，重视解决与之相关的问题。两岸在涉外事务中避免不必要的内耗，有利于增进中华民族整体利益。对于台湾同外国开展民间性经济文化往来的前景，可以视需要进一步协商。对于台湾参与国际组织活动问题，在不造成“两个中国”、“一中一台”的前提下，可以通过两岸务实协商作出合情合理安排。解决台湾问题、实现国家完全统一是中国内部事务，不受任何外国势力干涉。

六、结束敌对状态，达成和平协议。海峡两岸中国人有责任共同终结两岸敌对的历史，竭力避免再出现骨肉同胞兵戎相见，让子孙后代在和平环境中携手创造美好生活。为有利于两岸协商谈判、对彼此往来作出安排，两岸可以就在国家尚未统一的特殊情况下的政治关系展开务实探讨。为有利于稳定台海局势，减轻军事安全顾虑，两岸可以适时就军事问题进行接触交流，探讨建立军事安全互信机制问题。我们再次呼吁，在一个中国原则的基础上，协商正式结束两岸敌对状态，达成和平协议，构建两岸关系和平发展框架。

两岸同胞是血脉相连的命运共同体。包括大陆和台湾在内的中国是两岸同胞的共同家园，两岸同胞有责任把她维护好、建设好。实现中华民族伟大复兴要靠两岸同胞共同奋斗，两岸关系和平发展新局面要靠两岸同胞共同开创，两岸关系和平发展成果由两岸同胞共同享有。我们要坚持以人为本，把寄希望于台湾人民的方针贯彻到各项对台工作中去，理解、信赖、关心台湾同胞，体察他们的意愿，了解他们的诉求，为他们排忧解难，满腔热情为台湾同胞多办好事、多办实事，依法保护台湾同胞正当权益，最广泛地团结台湾同胞一道推动两岸关系和平发展。台湾的前途系于两岸关系和平发展，系于中华民族伟大复兴。在推动两岸关系和平发展、实现中华民族伟大复兴的道路上，台湾同胞将同大陆同胞一道，共享一个伟大国家的尊严和荣耀，以做堂堂正正的中国人而骄傲和自豪。

长期以来，广大香港同胞、澳门同胞和海外侨胞心系祖国统一大业，是反“独”促统的重要力量。我们衷心希望香港同胞、澳门同胞和海外侨胞为推动两岸关系和平发展、实现祖国和平统一作出新的贡献。

多年来，国际社会对中国政府和中国人民维护台海和平、推动两岸关系发展、实现国家完全统一的事业给予了积极支持。中国政府对此表示赞赏和感谢。中国的统一，不会损害任何国家的利益，只会促进亚太地区和世界繁荣稳定，只会有利于中国人民为人类和平与发展的崇高事业作出新的更大的贡献。

同志们、朋友们！

两岸统一是中华民族走向伟大复兴的历史必然。尽管前进道路上还会出现困难和阻碍，但只要我们坚定信心、不懈努力，紧紧依靠两岸同胞，就一定能够开创两岸关系和平发展新局面，迎来中华民族伟大复兴的锦绣前程。

112

中央人民政府处理“九七”后香港涉台问题的基本原则和政策

（1995年6月22日国务院副总理钱其琛在香港特别行政区筹备委员会预备工作委员会第五次全体会议上代表国务院宣布）

中华人民共和国政府恢复对香港行使主权，是包括香港同胞、台湾同胞在内的全体中国人民长期以来的共同愿望。“九七”以后香港特别行政区与台湾地区的关系，是两岸关系的特殊组成部分。“九七”后香港的涉台问题，凡属涉及国家主权和两岸关系的事务，由中央人民政府安排处理，或由香港特别行政区政府在中央人民政府的指导下处理。港台两地的民间交往，香港同胞、台湾同胞的正当权益应予以维护，以促进两地共同繁荣。

中央人民政府确定的处理“九七”后香港涉台问题的基本原则和政策是：

一、港、台两地现有的各种民间交流交往关系，包括经济文化交流、人员往来等，基本不变。

二、鼓励、欢迎台湾居民和台湾各类资本到香港从事投资、贸易和其他工商活动。台湾居民和台湾各类资本在香港的正当权益依法受到保护。

三、根据“一个中国”的原则，香港特别行政区与台湾地区间的空中航线和海上运输航线，按“地区特殊航线”管理。香港特别行政区与台湾地区间的海、空航运交通，依双向互惠原则进行。

四、台湾居民可根据香港特别行政区法律进出香港地区，或在当地就学、就业、定居。为方便台湾居民出入香港，中央人民政府将就其所持证件等问题作出安排。

五、香港特别行政区的教育、科学、技术、文化、艺术、体育、专业、医疗卫生、劳工、社会福利、社会工作等方面的民间团体和宗教组织，在互不隶属、互不干涉和互相尊重的原则基础上，可与台湾地区的有关民间团体和组织保持和发展关系。

六、香港特别行政区与台湾地区之间以各种名义进行的官方接触往来、商谈、签署协议和设立机构，须报请中央人民政府批准，或经中央人民政府具体授权，由特别行政区行政长官批准。

七、台湾现有在香港的机构及人员可继续留存，他们在行动上要严格遵守

《中华人民共和国香港特别行政区基本法》，不得违背“一个中国”的原则，不得从事损害香港的安定繁荣以及与其注册性质不符的活动。我们鼓励、欢迎他们为祖国的统一和保持香港的繁荣稳定作出贡献。

以上各项政策的依据是“一个中国”的原则和“一国两制”的方针。我们要求台湾当局认清形势，面对现实，采取务实的态度，消除各种障碍，不要企图在港台关系上搞“两个中国”、“一中一台”的活动。我们也要求台湾在港的机构和人员严格遵守《中华人民共和国香港特别行政区基本法》，用以规范自己的行为，不违背“一个中国”的原则，不从事有损香港安定繁荣的事。

113

中央人民政府处理“九九”后澳门涉台问题的基本原则和政策

（1999年1月15日国务院副总理钱其琛在澳门特别行政区筹备委员会第五次全体会议开幕式上代表国务院宣布）

中华人民共和国政府恢复对澳门行使主权后，是包括澳门同胞、台湾同胞在内的全体中国人民的共同愿望。“九九”以后澳门特别行政区与台湾地区的关系，是两岸关系的特殊组成部分。“九九”后澳门的涉台问题，凡属涉及国家主权和两岸关系的事务，由中央人民政府安排处理，或者由澳门特别行政区政府在中央人民政府的指导下处理。依据“一个中国”的原则和“一国两制”方针，中央人民政府确定的处理“九九”后澳门涉台问题的基本原则和政策是：

一、澳、台两地现有的各种民间交流交往关系，包括经济文化交流、人员往来等，基本不变。

二、鼓励、欢迎台湾居民和台湾各类资本到澳门从事投资、贸易和其他工商活动。台湾居民和台湾各类资本在澳门的正当权益依法受到保护。

三、根据“一个中国”的原则，澳门特别行政区与台湾地区间的空中航线和海上运输航线，按“地区特殊航线”管理。澳门特别行政区与台湾地区间的海、空航运交通，依双向互惠原则进行。

四、台湾居民可根据澳门特别行政区法律进出澳门地区，或在当地就学、就业、定居。现行的入出境方式基本不变。为方便台湾居民出入澳门，中央人民政府将就其所持证件等问题作出安排。

五、澳门特别行政区的教育、科学、技术、文化、新闻、出版、体育、康乐、专业、医疗卫生、劳工、妇女、青年、归侨、社会福利、社会工作等方面的民间团体和宗教组织，在互不隶属、互不干涉和互相尊重的原则基础上，可与台湾地区的有关民间团体和组织保持和发展关系。

六、澳门特别行政区与台湾地区之间以各种名义进行的官方接触往来、商谈、签署协议和设立机构，须报请中央人民政府批准，或经中央人民政府具体授权，由特别行政区行政长官批准。

七、台湾现有在澳门的机构可以适当的名称继续留存，这些机构和人员在行动上要严格遵守《中华人民共和国澳门特别行政区基本法》，不得违背“一个中国”的原则，不得从事损害澳门的安定繁荣以及与其注册性质不符的活动。我们鼓励、欢迎他们为祖国的统一和保持澳门的稳定发展作出贡献。

我们要求台湾方面顺应民心，正视现实，在澳门的活动必须严格遵守“一个中国”的原则，决不允许进行“两个中国”、“一中一台”等破坏祖国统一的分裂活动。我们也要求台湾在澳门以适当名称继续留存的机构和人员严格遵守《中华人民共和国澳门特别行政区基本法》，用它来规范自己的行为，不违背“一个中国”的原则，不从事有损澳门安定发展的事。

114

中华人民共和国主席令

第 34 号

《反分裂国家法》已由中华人民共和国第十届全国人民代表大会第三次会议于 2005 年 3 月 14 日通过，现予公布，自公布之日起施行。

中华人民共和国主席　胡锦涛

二〇〇五年三月十四日

反分裂国家法

（2005 年 3 月 14 日第十届全国人民代表大会第三次会议通过）

第一条　为了反对和遏制“台独”分裂势力分裂国家，促进祖国和平统一，维护台湾海峡地区和平稳定，维护国家主权和领土完整，维护中华民族的根本利益，根据宪法，制定本法。

第二条　世界上只有一个中国，大陆和台湾同属一个中国，中国的主权和领土完整不容分割。维护国家主权和领土完整是包括台湾同胞在内的全中国人民的共同义务。

台湾是中国的一部分。国家绝不允许“台独”分裂势力以任何名义、任何方式把台湾从中国分裂出去。

第三条　台湾问题是中国内战的遗留问题。

解决台湾问题，实现祖国统一，是中国的内部事务，不受任何外国势力的干涉。

第四条　完成统一祖国的大业是包括台湾同胞在内的全中国人民的神圣职责。

第五条　坚持一个中国原则，是实现祖国和平统一的基础。

以和平方式实现祖国统一，最符合台湾海峡两岸同胞的根本利益。国家以最大的诚意，尽最大的努力，实现和平统一。

国家和平统一后，台湾可以实行不同于大陆的制度，高度自治。

第六条　国家采取下列措施，维护台湾海峡地区和平稳定，发展两岸关系：

（一）鼓励和推动两岸人员往来，增进了解，增强互信；

（二）鼓励和推动两岸经济交流与合作，直接通邮通航通商，密切两岸经济关系，互利互惠；

（三）鼓励和推动两岸教育、科技、文化、卫生、体育交流，共同弘扬中华文化的优秀传统；

（四）鼓励和推动两岸共同打击犯罪；

（五）鼓励和推动有利于维护台湾海峡地区和平稳定、发展两岸关系的其他活动。

国家依法保护台湾同胞的权利和利益。

第七条　国家主张通过台湾海峡两岸平等的协商和谈判，实现和平统一。协商和谈判可以有步骤、分阶段进行，方式可以灵活多样。

台湾海峡两岸可以就下列事项进行协商和谈判：

（一）正式结束两岸敌对状态；

（二）发展两岸关系的规划；

（三）和平统一的步骤和安排；

（四）台湾当局的政治地位；

（五）台湾地区在国际上与其地位相适应的活动空间；

（六）与实现和平统一有关的其他任何问题。

第八条　“台独”分裂势力以任何名义、任何方式造成台湾从中国分裂出去的事实，或者发生将会导致台湾从中国分裂出去的重大事变，或者和平统一的可能性完全丧失，国家得采取非和平方式及其他必要措施，捍卫国家主权和领土完整。

依照前款规定采取非和平方式及其他必要措施，由国务院、中央军事委员会决定和组织实施，并及时向全国人民代表大会常务委员会报告。

第九条　依照本法规定采取非和平方式及其他必要措施并组织实施时，国家尽最大可能保护台湾平民和在台湾的外国人的生命财产安全和其他正当权益，减少损失；同时，国家依法保护台湾同胞在中国其他地区的权利和利益。

第十条　本法自公布之日起施行。

三十 相关资料

本栏目资料来源：2012 年 10 月 30 日，国务院台湾事务办公室网站（http：//www. gwytb. gov. cn/）、中国台湾网（http：//chinataiwan. org/）。

115

两岸“三通”大事记

（1979- 2008 年）

1979 年 1 月 1 日，全国人大常委会《告台湾同胞书》中提出两岸实现通航、通邮，进行经贸交流的政策主张。交通部、邮电部、外经贸部和民航总局负责人先后公开发表谈话，表示随时准备和台湾有关方面就两岸通邮、通航、通商问题进行协商，并为两岸“三通”提供一切方便。

1979 年 4 月 4 日，蒋经国在国民党内一次会议上正式提出对大陆“不妥协、不接触、不谈判”的“三不政策”。

1979 年 2 月，邮电部门率先开办经第三地对台湾的电报业务；3 月开放对台湾的长途电话业务。

1979 年 5 月，大陆全面开放受理寄往台湾的平信业务；6 月开始收寄寄往台湾的挂号信函，均经香港邮局转寄。

1980 年，大陆方面首先单方面向台湾产品开放市场，主动派出大型采购团赴香港采购台湾产品。开放台湾工商企业来大陆投资，设立代表机构，开展业务。

1981 年 9 月 30 日，叶剑英委员长在向新华社发表谈话中，阐述了中国共产党和政府对两岸和平统一与两岸往来的一系列重要政策主张，再次呼吁“双方共同为通邮、通商、通航、探亲、旅游以及开展学术、文化、体育交流提供方便，达成有关协议”。

1986 年，针对台湾渔船自发与大陆渔民进行的小额贸易，祖国大陆规范了对台小额贸易秩序，并制定了相应的管理办法。

1988 年 4 月，台湾通过红十字信箱 50000 号开办寄往大陆的航空邮件。

1988 年 5 月，台湾当局提出大陆政策的三个基本原则：（1）确保“国家安全”。（2）区分官方与民间，官方维持不接触、不谈判、不妥协，民间则渐次开放。(3) 单向间接原则。

1988年7月，国务院公布了《关于鼓励台湾同胞投资的规定》。

1988年8月，大陆煤炭首次运往台湾，打破了台湾当局禁止从大陆输入能源性商品的限制。

1988年9月，台湾“昌宏海运公司”经营的“昌瑞”、“昌鑫”两岸探亲客船，从台湾的基隆港经日本冲绳岛的那霸到上海，共运行了12航次，运送台胞1880人次，终因绕道亏损，两艘客船运营三个月后，于12月3日被迫宣布停航。

1989年6月，台湾国民党“大陆工作会报”宣布开放对大陆通话与通邮。台湾邮政部门开始直接收寄到大陆的航空函件，向上海直封航空函件总包，台湾电信部门通过第三地区或外国对大陆开通了直拨电话和电报业务。

1990年3月，中国民用航空局颁发了《中国大陆与台湾间民用航空运输不定期飞行的申请和批准程序的暂行规定》。台湾远东、马公、复兴、大华、龙祥5家航空公司以台北市航空运输商业同业公会的名义首次组团访问大陆。

1990年7月30日，中国民航总局发言人表示，随时欢迎台北体育代表团包机直航北京，参加第11届亚洲运动会。因遭台湾当局的阻挠未能实现。

1990年11月，北京举办第11届亚洲运动会开始，北京开办寄往台北的特快专递业务。

台湾“陆委会”公布《开放台湾地区与大陆地区民众间接通话（报）实施办法》。

1991年1月，北京、上海、广州、厦门四个邮局向台湾基隆邮局直封水陆路函件总包。

1991年2月，台湾当局在制定的《国家统一纲领》中，将“开放两岸直接通邮、通航、通商”列入中程阶段。

1992年7月，台湾当局公布《台湾地区与大陆地区人民关系条例》，对两岸海上、空中通航问题设立严格禁止条款。

台湾“陆委会”公布的“两岸直航问题与展望说明书”，阐述了台湾当局在“三通”问题上的基本立场与原则，为两岸“三通”特别是直航设置了政治障碍。

1992年9月，第一次海峡两岸海上通航学术研讨会在厦门举行，双方就航运经营、航海保障、航政管理、海难救助、船舶检验等问题进行深入研讨，并达成多项共识。台湾船东联合会理事长杨景璇为团长的“海运交通专家访问团”首次组团访问大陆，并赴厦门参加首届两岸海上通航学术研讨会。

1993年2月，上海举办第一届东亚运动会开始，上海开办至台北特快专递业务。台湾邮局开办收寄大陆水陆平常函件。

1993年4月29日，海峡两岸关系协会与台湾海基会签署《两岸挂号函件查询、补偿事宜协议》。

1993 年 5 月，中国民航协会在上海举办了第一届“海峡两岸航空运输研讨会”，双方业者和专家就两岸空中通航业务、技术和商务等问题进行了全面研讨。

1993 年 6 月，根据海峡两岸关系协会与台湾海峡两岸交流基金会所达成协议，两岸开始互办挂号函件业务。

1993 年 9 月，外经贸部、海关总署颁布《关于对台湾地区小额贸易的管理办法》。

1994 年 3 月，全国人民代表大会常委会通过《中华人民共和国台湾同胞投资保护法》。

台湾“陆委会”再次公布“两岸直航说贴”，列举“法律、安全、秩序”等问题。

1994 年 11 月，第一次两岸通邮研讨会在北京成功举办，双方业者就两岸通邮业务进行广泛研讨，就台湾邮件总包直封厦门达成共识并实施，还就台湾快件寄往大陆，大陆小包寄台等项业务达成共识。海峡两岸关系协会与台湾海基会在南京就两岸互办特快专递业务进行商谈，未能达成共识。12 月台湾中止北京、上海至台北的特快专递业务。

1995 年 1 月，祖国大陆航运界人士发起成立“海峡两岸航运交流协会”。

1995 年 1 月 30 日，江泽民主席发表《为促进祖国统一大业的完成而继续奋斗》的重要讲话并指出，“早日实现两岸直接‘三通’，不仅是广大台胞、特别是台湾工商业者的强烈呼声，而且成为台湾未来经济发展的实际需要。”“两岸直接通邮、通航、通商，是两岸经济发展和各方面交往的客观需要，也是两岸同胞利益之所在，完全应当采取实际步骤加速实现直接‘三通’”。

1995 年 5 月，台湾经济部门提出了“亚太营运中心计划”，其中要建立制造中心、航空中心、海运中心、电信中心和传媒中心。5 月 4 日，台湾“行政院”通过《境外航运中心设置作业办法》。

1995 年 8 月，两岸的航空公司开展对往返两岸的旅客行李直挂的业务。

1995 年 12 月，澳门航空公司与台北航空运输商业同业公会代表签署《台澳航班运输安排协议》，澳门航空公司的飞机首航台北，实现经澳门机场换航班号，一机到底飞行两岸。

1996 年 3 月，中国航空结算中心与台湾中华航空公司以互相换文方式签订了航空联运结算协议，两岸民航运输票证实现“一票到底”。

1996 年 4 月，祖国大陆的“中国海上搜救中心”与台湾“中华搜救协会”建立了热线联系，对在台湾海峡的遇险船舶实施救助进行合作。台湾航运界人士成立了民间航运组织，即“台湾海峡两岸航运协会”。

1996 年 6 月，香港国泰、港龙航空公司代表与台北航空运输商业同业公会代表签署《台港交换航权协议》。

1996年7月，中国电信与台湾中华电信公司就建立两岸直接通电业务技术问题进行商谈并达成共识。此后，双方建立了直达卫星通信和海底光缆的通信业务，逐步扩大两岸通电业务范围。

1996年8月，香港港龙航空公司的飞机首航台湾的高雄，经香港机场换航班号，一机到底飞行两岸。

1996年8月，交通部与外经贸部先后公布《台湾海峡两岸间航运管理办法》与《台湾海峡两岸间货物运输代理管理办法》。

1996年9月，台湾当局采取“戒急用忍”政策，限制两岸经贸关系发展。

1997年1月，大陆的海峡两岸航运交流协会与台湾海峡两岸航运协会代表在香港就两岸“试点直航”问题进行协商，并签署“会谈纪要”，决定开通福州、厦门至高雄的“试点直航”航线，中转大陆的外贸货物。4月17日，厦门的“盛达轮”首航高雄港。4月24日，台湾立荣海运公司的“立顺轮”从高雄直航厦门港。台湾当局于1997年7月1日开放大陆权宜轮经第三地，可原船载集装箱往返两岸；同年10月21日，台“交通部”正式开放干线船舶经高雄港延伸至第三地。

1997年4月，在厦门举办了首届对台出口商品交易会。

1997年8月，台湾复兴航空公司从法国购买的一架ATR-72型客机，从法国经乌鲁木齐、西安、北京，从上海出境，再飞日本的石垣岛到台湾，创下台湾航空公司的飞机飞越祖国大陆的先例。

1998年5月，国家批准设立厦门大嶝对台小额贸易交易市场，该市场设有商品交易、仓储、简易加工和综合服务。为两岸民间交易提供方便。

1998年6月，台“经济部”公告，开放船舶运送、船务代理、船舶出租、港埠、航空货运承揽、民用航空运输与电信等在大陆设立办事处。

1998年12月，外经贸部发布了《在祖国大陆举办对台经济技术展览会暂行管理办法》，允许台商单独到大陆举办展览会。

1999年12月，国务院发布《中华人民共和国台湾同胞投资保护法实施细则》。

2000年4月，1999年至2000年先后建成欧亚、中美和亚太海底光缆，建立了两岸直达路由，两岸的电信公司互相开办直接通电多项业务。台湾当局公布实施《离岛建设条例》，该条例第18条规定，“在台湾本岛与大陆地区全面通航之前，得先试办金门、马祖、澎湖地区与大陆地区通航”。

2000年12月，外经贸部公布了《对台湾地区贸易管理办法》。台湾“行政院”公布《试办金门马祖与大陆地区通航实施办法》。

2001年1月，金门、马祖客船首次直航厦门、福州马尾港，实现海上客货直航。1月28日，福州马尾经济文化合作中心代表与马祖地区代表在福州签署了《福州马尾——马祖关于加强民间交流与合作的协议》。台湾当局开放金门、马祖与福建沿海“小三通”。

2001年2月6日，厦门“鼓浪屿”号客船载着75名居住在厦门的金门籍同胞，从厦门首次直航金门探亲。台湾银行金门分行由原简易外汇银行分行升为功能齐全的外汇指定银行，自3月1日起办理各项海外汇款业务。

2001年3月，厦门市两岸交流协会代表与金门地区两岸关系交流协会代表签署了《关于加强厦门与金门民间交流交往合作协议》。

2001年7月，福建省组织了晋江市50家知名企业、2000多件产品首次赴金门举办“晋江市名优特产品金门展销会”，这是祖国大陆产品首次在台湾地区展销。福州马尾经济交流合作中心组团赴马祖考察，这是福建船舶首次直航马祖。台湾召开“经发会”，在两岸“三通”方面达成如下共识：

(1) 配合加入WTO进程，开放两岸直接贸易及两岸直接通邮、通讯等业务。

(2) 整体规划两岸“通航”事宜，并通过两岸协商予以落实推动。

(3) 扩大“境外航运中心”功能及范围，开放货品通关入境。

(4) 积极评估建立“经贸特区”。此后，台湾当局以“积极开放、有效管理”取代“戒急用忍”政策。

2001年11月1日，海南三亚飞行责任区改由大陆空中交通管制部门负责，台湾5家航空公司的飞机飞行东南亚国家的航班均使用该航路，大陆航管部门为台湾航空公司提供了安全、优质、高效的空中交通服务。台湾当局开放银行赴大陆设立代表处。

2001年11月，两岸先后加入世界贸易组织（WTO）。台湾扩大“境外航运中心”功能，允许大陆货物进入出口加工区、工业园区、科技园区、保税区加工后再出口。

2002年1月，台湾当局开放两岸直接贸易，允许双方直接签订贸易合同，台商可直接到大陆投资，开放台湾的外汇业务银行与大陆银行间办理通汇业务。

2002年2月，民航总局与台湾中华飞航管制员协会达成协议，相互交换航行通告和航空气象情报。

2002年5月，台湾的“金航二号”直航福州马尾港接运2300吨自来水运抵马祖。

2002年6月，国务院台湾事务办公室主任陈云林在会见台湾政商界“三通”参访团时指出，“三通”不能实现，受影响最大的是台商，对台湾经济发展也是不利的，同时还造成台湾民众每年无谓的经费、精力和时间的浪费。这种状况不应该再延续下去了。当前，只要把“三通”看做是一个国家内部的事务，就可以通过民间对民间、行业对行业、公司对公司进行协商的办法，尽快通起来。

2002年7月，澎湖257名信众乘台湾“超级星”号客船首次直航福建的泉州港。

2002年8月，台湾当局开放大陆资本投资台湾的不动产。

2002年11月，江泽民同志在党的十六大报告中指出：“实现两岸直接通邮、通航、通商，是两岸同胞的共同利益所在，完全应该采取实际步骤积极推进，开创两岸经济合作的新局面”。

2003年1月24日，钱其琛副总理在纪念江泽民主席发表《为促进祖国统一大业的完成而继续奋斗》讲话八周年座谈会上指示，尽早实现两岸直接“三通”，是大势所趋，人心所向，也是当务之急。“三通”作为经济性事务，理应以两岸同胞的切身利益和实际需要为优先，而不应受到任何政治因素的干扰和影响。以民为本、为民谋利，应当是解决“三通”问题的立足点和出发点。“三通”是两岸之间的事，是经济问题，“三通”商谈不是政治谈判，可以不涉及一个中国的政治含义。为早日通起来，协商方式可以尽量灵活，解决办法应当简单易行。在两岸的民间行业组织就“三通”的技术性、业务性问题达成共识后，由各方自行取得确认，就可以通起来。

2003年1月26日至2月10日，近4000位台商及眷属从福建省厦门、福州分别乘客船至金门、马祖，转乘飞机返台湾本岛过春节。大陆方面对台商春节包机和经金门、马祖返乡过年给予大力协助，周到服务和妥善安排。台湾中华航空公司的飞机经停香港飞抵上海接运台商返乡过春节。台湾共六家航空公司的飞机先后经港澳机场飞抵上海，飞行16班、32架次，往返运送2478位台商及眷属。这是台湾民航飞机首次以正常方式航行大陆。

2003年3月20日，国务院台湾事务办公室和民政部联合颁布《台湾同胞投资企业协会管理暂行办法》。美国向伊拉克开战，祖国大陆允许台湾航空公司的飞机飞越祖国大陆空域。

2003年3月27日，台湾中华航空公司的飞机飞越祖国大陆上空抵达欧洲国家。

2003年5月21日，中国民用航空协会海峡两岸航空运输交流委员会副理事长浦照洲表示，我们主张，应本着“直接双向、互惠互利、利益共享”的原则，推动两岸货运包机业务。希望货运包机比春节台商包机更进一步，不必舍近求远经停第三地，两岸的航空业都能公平参与。

SARS疫情使港台和澳台客运航班减少，直接影响到两岸航空货物运输。5月6日，国民党“立委”章孝严推动“两岸货运包机直飞”提案，获朝野129名“立委”联署支持。台“陆委会”进行政策评估，5月内将做出决定。

2003年8月13日，陈水扁提出“一个目标、三个阶段”的两岸直航时间表。一个目标是建立两岸和平稳定的互动架构；三个阶段是两岸货运便捷阶段、明年

“大选”后为协商阶段、实现阶段则在明年。

2003年8月15日，台湾“行政院”公布《两岸直航之影响评估》，这份报告全文两万余字，64页，分为六章，包括直航与“三通”的关系、经济影响评估、安全评估、技术面评估、必须考量的关键问题，及应有的方向与准备工作等。提出了三个条件和四项原则。

2003年9月8日，厦门航空港货站开始运营，该项目是两岸民航业首次合资项目，总投资两亿两千多万元人民币，总建筑面积三万平方米，一年可吞吐货物十五万吨以上。

2003年9月，中国民用航空协会常务理事浦照洲15日针对台湾当局公布的“两岸间接货运包机”发表谈话，无论是定期航班还是不定期包机运输，均应本着一个国家内部事务，直接双向、互惠互利的原则处理相关事务。

台湾“陆委会”宣布“两岸间接货运包机”政策，开放台方航空业者以“单向、中停港澳往返上海”的方式，进行两岸货物运输。这项措施办理期间为期一年，台“交通部”、“民航局”自9月25日起受理业者申请，准备每天一架全货机。

2003年10月8日，中央电视台国际频道播出《两岸三通》六集电视证论片，包括“三通”由来、通邮通电、通商、海上通航、空中通航、结论等内容，全方位、多视角、历史性地展现了两岸“三通”的全貌。

台湾“立法院”对“两岸人民关系条例”部分条款进行修改，即建立协商复委托机制，直航许可及管理办法须在一年半内拟定。

2003年11月，国务院台办新闻发言人和民航总局台办负责人针对明年台商春节包机分别发表谈话表示，两岸空中通航应该在直接双向、互惠互利的基础上进行，但是台湾方面仍坚持经停港澳，只允许台湾的飞机飞大陆，不允许大陆的飞机飞台湾，这样就没有互惠互利可言，与我们一贯原则相违背。但考虑到春节是中国人传统的节日，台商希望回家过年，若台湾当局作出下一次可以对飞的承诺，祖国大陆方面可允许台湾的航空公司以单方面不经停第三地的方式飞行2004年春节包机，从台北、高雄至北京、上海、广州、厦门，并欢迎两岸的航空业者就技术等问题进行协商。

台“陆委会”、“交通部”公布明年春节大陆台商返乡专案的相关规定，两岸间接包机与“小三通”适用对象扩大到“经济部”核准大陆投资之台商；间接包机大陆降落点将增加北京，中停点则在港澳之外也增加韩国济洲岛和马尼拉等第三地，且同意在两岸协商后，让大陆航机参与经营春节间接包机，执行时间为明年1月9日至2月2日。由海基会与海协会进行协商。

2003年12月17日，国务院台湾事务办公室发布《以民为本，为民谋利，积极务实推进两岸“三通”》的政策说明书。全文约9500字，除前言及结束语外共有四部分：（1）两岸“三通”现状及面临的问题。（2）实现“三通”符合两岸同胞切身利益，是两岸实现互利双赢的根本途径。（3）大陆方面关于两岸“三通”的基本立场和政策主张。（4）两岸“三通”若干问题的说明。

商务部台港澳司负责人提出，两岸间有非常明显的经济互补性，我们曾经明确提出建立两岸经济合作机制的倡议，现在我们非常欢迎两岸之间建立更紧密的经贸关系安排进行协商，当前最紧迫的问题是实现两岸直接“三通”，这是建立两岸CEPA关系的前提条件。

2004年1月5日，中国民用航空协会致各地台湾同胞投资企业协会会长的公开信。信中对春节台商包机的双向对飞、不经停第三地，以及协商机制等问题加以说明，指出台湾当局在春节包机问题上所设置的种种障碍。尽管如此，大陆民航和交通部门采取多项措施，满足在大陆的台胞回台湾过年的需求。

2004年1月19日，国务委员唐家璇在江泽民同志对台重要讲话发表九周年座谈会上的讲话中指出，我们希望尽快实现两岸全面、直接、双向“三通”，开创两岸经济合作的新局面，造福两岸同胞。早日实现两岸全面、直接、双向“三通”，将大大提高两岸经济的竞争力，加快共同发展，促进两岸经济的全面提升和振兴。这是以民为本、为民谋利、互利双赢的大好事，不应受到任何人的拖延和阻拦。

2004年3月1日，台“行政院”扩大“小三通”十项措施：（1）同意以项目审查方式，准许自大陆进口砂石，可经福澳港查验后，原船运抵东引中柱港、西犬表帆港及东犬猛澳港。（2）规划开办金马中转旅客行李直挂业务。（3）在总量管制及建立管控机制下，输入小额小量大陆农、渔产品免税及简化通关、检疫程序。（4）放宽华侨于重要节日，得以团进团出方式项目申请许可由大陆地区入出金门、马祖。（5）鼓励台商子弟返回金门、马祖接受基础教育。（6）台湾地区民众经申请许可，由金门、马祖入出大陆地区者，查验证件将调整以“护照”代替“金马入出证”。（7）适度开放人员中转。扩大开放对象包括大陆各地台商、福建籍老兵及眷属以及相关商务人员。（8）建立大陆人民来金马观光旅游审查及管理的完整配套。（9）金门水头港及马祖福澳港，得依“免税商店设置管理办法”规定，向海关申请登记为“免税商店”等各项措施。（10）放宽澎湖的大陆配偶，纳入得由金、马入出大陆地区的适用范围。另放宽大陆配偶得由金门、马祖进入大陆地区，经申请定居取得“台湾地区居民身份”者，仍得经金、马入出大陆地区，其台湾地区配偶或子女亦得同行。

2004年4月1日，福州市、厦门市公安部门开始办理五年期的《台湾居民往来大陆通行证》。

2004年5月，台湾当局开放“两岸海运便捷化”，即允许国际班轮在同一航次直接挂靠两岸港口。8月对“境外航运中心设置作业办法”部分条文修正加以说明，指定基隆港和台中港（不得与福建港口通航）为“境外航运中心”，可载运大陆与第三地的进出口货物，经指定的外籍船舶能航行。

2004 年 12 月 7 日，首批大陆旅游团 55 人从厦门乘“同安号”客轮直航金门，在金门度过 3 天 2 夜。这是大陆居民第一次以“游客”的身份乘船直航金门。

2005 年 1 月，海峡两岸航空运输交流委员会副理事长浦照洲等，与台北市航空运输商业同业公会理事长乐大信等，在澳门就 2005 年台商春节包机相关技术性、业务性问题进行了沟通并达成共识。双方商定：2005 年春节包机采取双方对飞，飞经香港不落地的方式，包机时间自 1 月 29 日至 2 月 20 日；航点为北京、上海、广州、台北、高雄，两岸各 6 家航空公司共同参与，双方各 24 个往返航班。由于台方限制，乘客是台商及家属。

2005 年 1 月 29 日至 2 月 20 日，2005 年台商春节包机，祖国大陆的民航飞机 56 年首次直航台湾。海峡两岸 12 家航空公司共执行了 48 个往返班次，运送旅客 10773 人。其中，大陆 6 家航空公司运送旅客 5224 人，台湾 6 家航空公司运送旅客 5549 人。2005 年台商春节包机安全、顺利、圆满落幕。

2005 年 3 月 14 日，温家宝总理在十届全国人大三次会议记者招待会上表示：只要是对台湾同胞有利的事情，我们都会去做。第一，要尽快将海峡两岸的客运包机由“节日化”转向常态化。第二，要采取措施，解决台湾特别是台湾中南部地区农产品到大陆的销售问题。第三，要尽快恢复和解决大陆渔工到台湾劳务合作的问题。

中国共产党总书记胡锦涛与中国国民党主席连战会谈新闻公报指出：两党共同促进两岸经济全面交流，建立两岸经济合作机制。促进两岸开展全面的经济合作，建立密切的经贸合作关系，包括全面、直接、双向“三通”，开放海空直航，加强投资与贸易往来与保障，进行农渔业合作，解决台湾农产品在大陆的销售问题，改善交流秩序，共同打击犯罪，进而建立稳定的经济合作机制，并促进恢复两岸协商后优先讨论两岸共同市场问题。

2005 年 4 月 29 日，中国共产党总书记胡锦涛与亲民党主席宋楚瑜会谈公报有关经贸交流内容：四、加强两岸经贸交流，促进建立稳定的两岸经贸合作机制。

2005 年 5 月 12 日，两岸合则两利，分则两害，通则双赢。双方愿促进加强推动两岸经贸等实质性交流；在互惠合作、创造双赢的基础上，开展两岸关系良性互动。

——积极推动两岸通航。促进以 2005 年春节包机成功的模式，实现客运包机节日化、常态化，并逐步推动货运便捷化，逐步促成 2006 年开始全面、直接、双向通航。

——促进实现两岸直接贸易和直接通汇，进一步实现两岸经贸关系正常化。

——促进两岸恢复协商后，就建立两岸贸易便利和自由化（两岸自由贸易区）等长期、稳定的相关机制问题进行磋商。

——加强两岸农业合作，扩大台商在农业领域的投资，增加台湾农产品在大陆的销售。大陆方面提供通关、检验、检疫便利和部分农产品（水果）零关税等优惠待遇，以协助解决台湾水果丰收季节之滞销问题。台湾方面落实农产品（水果）的直接运输。

——促进实现两岸企业双向直接投资。推动两岸银行、保险、证券、运输、医疗等服务业的具体合作。促进两岸展开全面经济交流，进而建立稳定的经贸合作机制。

——促进两岸在互惠互利基础上商谈解决保护台商投资权益的问题；商谈处理避免对台商双重征税的问题。

——扩大两岸民间交往，为两岸人员往来提供便利。大陆方面进一步简化台湾同胞往来大陆的入出境手续。

——大陆方面尽快实施在大陆就读的台湾学生与大陆学生同等收费标准，并争取于年内设立台湾学生奖学金。

——扩大两岸人才交流。大陆方面逐步放宽政策，鼓励和促进台湾同胞在大陆就业。

推动建立"两岸民间菁英论坛"及台商服务机制。汇集两岸专家学者及各界杰出青年之智慧与经验，筹设"两岸民间菁英论坛"，集思广益，研讨两岸关系发展的各项政策性建议。双方共同推动建立和完善为台商服务的机制。

2005年5月23日，国家质量监督检验检疫总局发布公告，允许产自台湾地区进入大陆销售的水果种类由原来的12种增加到18种。新增加的6种水果椰子、枇杷、梅、李、柿子和桃自即日起获准进入大陆市场。

2005年6月27日，82位福建居民乘坐"闽珠一号"客轮从马尾客运码头直航马祖，标志着福建居民赴马祖地区旅游的正式启动。

2005年9月2日，民航总局有关主管部门批准台湾4家航空公司飞越祖国大陆空域的申请。从9月5日零时起，允许台湾的长荣、华航、立荣、华信航空公司飞往东南亚、欧洲的11个航点、13条定期客、货运航班，沿祖国大陆目前对外开放的航路飞越大陆空域。民航总局主管部门已通知各相关部门做好了技术准备，并提供安全、优质、可靠的空管服务保障，以确保飞行安全。

2006年1月20日至2月7日，两岸12家航空公公司承运2006年春节包机，共运营了72个往返航班，运送旅客27276人次。2006年的春节包机比上年增加了厦门航点，而且乘客范围扩大至其他往返两岸持合法有效证件的台湾居民，往返双程载客。

2006年6月8日，福建省泉州石井港对台客运码头开始启用，开辟第二条对金门客运班轮航线。

2006 年 6 月，两岸实现客运包机节日化，并开办紧急医疗救助包机和货运专案包机。

2007 年 5 月 15 日，福建与澎湖实现货运直航。

2007 年 9 月 29 日，福建省居民由马祖直飞澎湖旅游。

2008 年 6 月 13 日，海协会与台湾海基会签署了《海峡两岸包机会谈纪要》和《海峡两岸关于大陆居民赴台湾旅游协议》。

2008 年 9 月 4 日，台湾“行政院”实施“小三通正常化推动方案”，开放大陆游客利用“小三通”经金门、马祖中转到台湾旅游。

2008 年 9 月 8 日，国务院台办主任王毅宣布：自 9 月 25 日起，实施台胞证号码一人一号、终身不变，首批开放赴台旅游的大陆居民，今后可以赴金马澎旅游，并经金马澎赴台湾旅游。

2008 年 11 月 4 日，海协会与台湾海基会签署了《海峡两岸空运协议》、《海峡两岸海运协议》和《海峡两岸邮政协议》，此三项协议于 12 月 14 日正式生效。

2008 年 12 月 15 日，两岸空中直航、海上直航和直接通邮正式实施。空运新辟直达航路，海运无须绕经第三地。两岸分别在上海、北京、天津、福建、江苏及高雄、基隆、台北、台中等地举办仪式，隆重庆祝两岸“三通”全面实现。

116

两岸包机进程表

时间	事件	包机方式	搭乘对象	包机时间	航班/班次	两岸航点
2008年6月	第二次两岸端午包机	两岸各5家航空公司共将执飞19个往返航班，6月3日首飞，至6月15日结束，多数包机航班集中在6月5日至11日	所有持合法有效证件往返两岸的台湾居民	6月3日至6月15日	19个往返航班	北京、上海、广州、厦门与台北
2008年4月	第二次两岸清明包机	两岸共11家航空公司将在清明节前后执飞21个往返航班	所有持合法有效证件往返两岸的台湾居民	4月2日至8日	21个往返航班	北京、上海、广州、厦门与台北、高雄
2008年2月	第五次两岸春节包机	此次两岸共有12家航空公司总计安排94个往返航班，航点仍为北京、上海、广州、厦门和台北、高雄6城市	所有持合法有效证件往返两岸的台湾居民	2月2日至6日（2月7日春节）和节后2月11日至15日	94班	北京、上海、广州、厦门与台北、高雄

续表

时间	事件	包机方式	搭乘对象	包机时间	航班/班次	两岸航点
2007年9月、10月	第二次两岸中秋包机	两岸共有12家航空公司总计将执飞24个往返航班，航点包括北京、上海、广州、厦门和台北，高雄此次没有包机航班	所有持合法有效证件往返两岸的台湾居民	9月18日至10月2日	24个往返航班，48班次	北京、上海、广州、厦门与台北
2007年6月	首次两岸端午包机	两岸11家航空公司参与	所有持合法有效证件往返两岸的台湾居民	6月12日至6月26日	21个往返航班	北京、上海、广州、厦门与台北、高雄
2007年3月、4月	首次两岸清明包机	两岸一共11家航空公司参与，载客近7000人次	所有持合法有效证件往返两岸的台湾居民	清明节前后各7天	21个往返航班、42班次	北京、上海、广州、厦门与台北、高雄
2007年2月、3月	第四次两岸春节包机	两岸各6家航空公司总共将执行96个往返航班	所有持合法有效证件往返两岸的台湾居民	2007年2月18日前后各14天	96班	北京、上海、广州、厦门与台北、高雄
2006年9月、10月	首次两岸中秋包机	两岸各6家航空公司共同参与，其他事项均比照2006年两岸春节包机做法办理	所有持合法、有效证件往来两岸的台湾居民及其台商眷属	2006年9月29日至10月8日	12个往返班次，双方共计24班	北京、上海、厦门、广州与台北、高雄

续 表

时间	事件	包机方式	搭乘对象	包机时间	航班/班次	两岸航点
2006年7月、8月	首次两岸货运包机	航线与此前两岸春节客运包机的航线一致。全货机从台湾桃园机场起飞，不经第三地中转便抵达上海浦东国际机场，仍需绕道飞经香港航管区上空	主要是台积电上海松江厂所需的八寸晶圆生产线的相关设备	2006年7月19日至8月8日、11日	共5个航班	上海与桃园
2006年6月14日	海峡两岸航空运输交流委员会与台北市航空运输商业同业公会就两岸客运包机节日化和开办专案包机的技术性、业务性问题达成了共识，做出了框架性安排，两岸客运包机将从原来的春节包机扩大到清明、端午、中秋、春节四个主要民族传统节日期间的两岸包机；双方同意开办紧急医疗救援包机、残疾人等急难救助包机，并在货运包机上取得突破性的进展，将可针对台商开办专案货运包机		1. 节日化包机的搭乘对象：所有持合法、有效证件往来两岸的台湾居民及其台商眷属； 2. 专案货运包机的货主应为台商；载运货物为在大陆投资设厂有特殊需求的机械设备、器材及相关零配件。台商的机械设备和相关器材也可从大陆运回台湾。 3. 专案医疗包机承载对象为适用范围内并持有合法、有效证件的两岸居民	春节包机实施时间为春节前后各14天。清明、端午及中秋包机时间为节日前后各7天	清明、端午、中秋、春节4个节日双方各执行84个往返班次，双方共计168班。其中，春节期间双方各执行48个往返班次，双方共计96班。其他每个节日包机双方各执行12个往返班次，双方共计24班。三个节日期间双方各执行36班双方共计72班	1. 北京、上海、广州、厦门与台北、高雄； 2. 专案货运包机的航点：飞行航点，即经双方同意的航点

续 表

时间	事件	包机方式	搭乘对象	包机时间	航班/班次	两岸航点
2006年1~2月	第三次两岸春节包机	两岸各6家航空公司共同参与、双方对飞、双向载客；包机须飞经香港飞航区	由台商及其眷属扩大至其他往返两岸、持合法有效证件的台湾居民	2006年1月20日至2月13日（共25天）	36个往返班次，总计72班	上海、北京、广州、厦门与台北、高雄
2005年1月	第二次两岸春节包机	首次由两岸航空公司共同参与、双方对飞、双向载客，大陆民航客机完成了56年来的首次赴台飞航；包机不必降落港澳，但须飞经香港飞航区	台商及其眷属	2005年1月29日至2月20日	48班次	上海、北京、广州与台北、高雄
2003年	首次台商春节包机	仅台湾航空业者单飞和单向载客，大陆航点仅上海一地，仅6家台湾航空公司参与，中停港澳，乘客不换机	台商及其眷属	2003年1月26日至2月10日	16架次	上海与台北、高雄
2002年	在两岸未能直航的情况下，2002年10月27日，台湾“中国台商协会”理事长章孝严提出，希望在2003年春节期间采取“直航包机”的方式，方便在大陆投资的台商返乡过年。对此，大陆方面立即做出积极回应。同年10月30日，国务院台办发言人表示，愿采取积极措施，让台商以各种便捷的方式返乡。同时提出本着平等互利原则，让大陆航空公司的飞机也能参与春节包机运输。 台商和岛内一些知名人士提出了两岸春节包机的构想，期望借此缓解大陆台商春节返乡一票难求、辗转周折的困难。大陆有关方面随即给予积极务实的推动，以个案处理、特事特办方式最终促成2003年首次两岸春节包机的实施					

117

两岸对话与商谈一览表

时间	地点	名义与层级	议题与内容	备注
1986 年 5 月 17 日—20 日	广州	中国民航与台湾“中华航空公司”	处理王锡爵驾机来大陆台“华航”B198 号货机返台事宜	
1990 年 9 月 10 日	金门	中国红十字总会与台湾红十字组织	解决违反有关规定进入对方地区的居民和刑事嫌疑犯或刑事犯的遣返问题，达成“金门协议”	
1991 年 11 月 3 日—7 日	北京	国台办副主任唐树备以个人名义与海基会副董事长陈长文	商谈合作打击台湾海峡海上走私、抢劫犯罪活动的程度性问题	
1992 年 3 月	北京	海协部主任与海基会处长	两岸公证书使用和两岸挂号函件遗失查询及补偿业务问题	中国公证员协会、中国通信学会邮政专业委员会参加
1992 年 10 月 27 日—29 日	香港	海协部主任与海基会处长	商谈两岸公证书使用问题。此后不久，通过函电联系，双方达成各自以口头方式表述“海峡两岸均坚持一个中国的原则”共识	
1993 年 3 月 25 日—27 日	北京	海协副秘书长、部主任与海基会处长	讨论汪辜会谈预备性磋商的程序性事宜，并就“两岸公证书使用查证”、“两岸挂号函件查询、补偿事宜”两项协议草案达成一致意见	

续 表

时间	地点	名义与层级	议题与内容	备注
1993 年 4 月 8 日—11 日	北京	海协负责人与海基会负责人	汪辜会谈的预备磋商。两会负责人草签了《两岸公证书使用查证协议》、《两岸挂号函件查询、补偿事宜协议》	
1993 年 4 月 22 日—26 日	新加坡	海协负责人与海基会负责人	为汪辜会谈作最后准备	
1993 年 4 月 27 日—29 日	新加坡	海协会长汪道涵与海基会董事长辜振甫	第一次汪辜会谈。就两会会务、两岸经济和文化科技交流等问题交换意见。签署了《汪辜会谈共同协议》、《两岸公证书使用查证协议》和《两岸挂号函件查询、补偿事宜协议》	
1993 年 8 月 30 日—9 月 3 日	北京	海协副秘书长与海基会副秘书长	讨论落实汪辜会谈有关协议和安排问题	
1993 年 11 月 2 日—8 日	厦门	海协副秘书长与海基会副秘书长	协商解决“两岸劫机犯遣返”、“协商处理两岸海上渔事纠纷、违反有关规定进入对方地区人员遣返及相关事宜”三项事务性问题	公安部、农业部、福建省边防局官员以海协顾问名义参加商谈
1993 年 12 月 18 日—23 日	台北	海协副秘书长与海基会副秘书长	同上	
1994 年 2 月 1 日—4 日	北京	海协负责人与海基会负责人	就上述三项议题和两岸经济、文教交流及开办两岸特快专递事宜交换意见，发表《共同新闻稿》	

续 表

时间	地点	名义与层级	议题与内容	备注
1994 年 3 月 25 日—30 日	北京	海协副秘书长与海基会副秘书长	继续协商“两岸劫机犯遣返”等三项议题	
1994 年 7 月 29 日—8 月 2 日	台北	海协副秘书长与海基会副秘书长	同上	
1994 年 8 月 3 日—8 日	台北	海协负责人与海基会负责人	就解决上述三项议题中的症结问题达成文字共识，并就台商投资保护、维护两岸同胞权益等问题交换意见，发表了《共同新闻稿》	
1994 年 11 月 23 日—26 日	南京	海协副秘书长与海基会副秘书长	继续讨论“两岸劫机犯遣返”等三项议题。海基会推翻了两会负责人 8 月份在台北达成的共识	
1995 年 1 月	北京	海协负责人与海基会负责人	就“两岸劫机犯遣返”、“违反有关规定进入对方地区人员遣返”两项议题达成一致的协议文本，但台湾当局拒绝签署	
1995 年 5 月 26 日—29 日	台北	海协负责人与海基会负责人	第二次江辜会谈第一次预备性磋商。双方商定当年 7 月在北京举行第二次汪辜会谈。但由于李登辉访美从事制造“两个中国”活动，两会事务性商谈被迫中止	
1998 年 4 月 22 日—25 日	北京	海协副秘书长与海基会副秘书长	就辜振甫来访事宜和开展两岸政治对话交换意见	

续 表

时间	地点	名义与层级	议题与内容	备注
1998 年 7 月 24 日—31 日	台北	海协副秘书长与海基会副秘书长	海协副秘书长率交流团赴台参访。继续就辜振甫来访事宜和开展两岸政治对话交换意见	
1998 年 9 月 22 日—24 日	北京	海协负责人与海基会负责人	商定辜振甫来访安排	
1998 年 10 月 14 日—19 日	上海、北京	海协会长汪道涵与海基会董事长辜振甫	在上海，汪、辜达成包括进行政治、经济对话和汪道涵适当时候访问台湾等四项共识	
1999 年 3 月 17 日—18 日	台北	海协副秘书长与海基会副秘书长	就汪道涵访问和两会对话安排事宜交换意见	
1999 年 6 月 27 日—28 日	北京	海协副秘书长与海基会副秘书长	继续就汪道涵访问和两会对话安排事宜交换意见。原则确定汪道涵于当年秋天访台。7 月 9 日，李登辉抛出“两国论”，两会接触、交流、对话再次被迫中断	

118

两岸经贸关系大事记

一、2009年

（一）2009年1月

1月15日，南方航空台湾办事处正式挂牌。

1月16日，广东省通过《广东省支持港澳台资企业应对国际金融危机和加快转型升级若干政策措施的建议》，出台了包括加大财政支持力度，减免部分税费、加强金融服务等30项扶持措施。

1月17日，台湾“内政部”及“交通部”修正的“大陆地区人民来台从事观光活动许可办法”正式生效，陆客赴台旅游的限制进一步放宽。

1月20日，大陆扩大赴台旅游的开放区域，新增河北、山西、吉林、四川、安徽等12省市，使大陆开放赴台旅游的省市达到25个。

（二）2009年2月

2月2日，台湾“经济部”修正发布“违法在大陆地区从事投资或技术合作案件裁罚基准”第3点及11点，调降赴陆投资裁罚基准。

2月6日，国家工商管理总局公告，台湾啤酒及英文“Taiwan Beer”商标已通过审查，在公告后3个月无异议的情况下，台湾啤酒将正式在大陆销售。这是台湾第一个成功在大陆注册商标的酒类产品。

2月15日，台湾“国贸局长”黄志鹏率团前往南京及武汉，参加在两地举办的“2009年台湾优质食品推介洽谈会暨媒体见面会”。

2月18日，国家旅游局公布了第二批允许经营大陆居民赴台旅游业务的旅行社，共25省113家旅行社入选。

2月27日，马英九将CECA改名为两岸经济合作架构协议（ECFA），并接受专访为ECFA定调。他表示，ECFA将无关政治，也不涉及统“独”及“主权”问题。

（三）2009年3月

3月6日，台湾“行政院长”刘兆玄针对ECFA提出“三不三要”原则，即不矮化“主权”，不开放陆劳与大陆农产品赴台；要解决关税问题，要跟东盟国家谈FTA及要在WTO精神架构下，真正达到搁置争议。

3月14日，由安利中国公司组织的“心印宝岛万人行”营销精英旅游团正式启动。首发团1600名大陆游客搭乘邮轮启程前往台湾，这是自去年7月份大陆居民赴台旅游实施以来规模最大、人数最多的旅游团，给台湾带来了约6.6亿元新台币的商机，受到了台湾各界的热情欢迎。

（四）2009年4月

4月3日，国家旅游局针对目前两岸旅游存在的问题通过《旅行社条例实施细则》，严格禁止旅行社低于成本报价，规定旅行社必须与旅游者订立书面合同，并在合同中明确约定统一安排的游览项目的具体内容以及需要旅游者另行付费的游览项目及价格等事项。

4月18日，温家宝总理会见了出席海南博鳌亚洲论坛2009年年会的台湾两岸共同市场基金会最高顾问钱复。温家宝指出，在当前严峻的国际经济形势下，两岸同胞要牢牢把握两岸关系和平发展的主题，面向未来，密切合作，携手共进。同时，他表示大陆将从五个方面做出努力，加强两岸经济合作以共同应对金融危机。

4月26日，第三次“陈江会”在南京紫金山庄举行。双方签署了“海峡两岸共同打击犯罪及司法互助协议”、“海峡两岸空运补充协议”及“海峡两岸金融合作协议”3项协议，另就陆资赴台投资达成共识。

（五）2009年5月

5月5日，国务院发布“关于支持福建省加快建设海峡西岸经济区的若干意见”全文，将海峡西岸经济区定位为两岸交流合作先行先试区。

5月16日，“海峡论坛——两岸圆桌会议”在厦门举行。两岸海上直航圆桌会议上发布了9项进一步促进两岸海上直航的政策措施，其中增加了5个直航港口，并就加强两岸航运管理、两岸船舶安全管理等方面达成多项共识。

5月17日，在首届海峡论坛上，中共中央台办、国台办主任王毅宣布了包括推动大陆企业赴台投资、扩大对台产品采购等8项具体方案。

5月21日，台核定放宽大陆商务及专业人士赴台的规定。大陆商务人士赴台停留最长期限，由14天放宽为1个月，申请核批时限也由1个月缩短为14天。

（六）2009年6月

6月3日，两岸通信产业合作及交流会议在台北举行。此次会议为两岸通信业者提供了直接合作及沟通对话的机会，吸引了来自两岸通信业界约500人与会。

6月9日，两岸搭桥——两岸LED（发光二极管）照明产业合作及交流会议在台北开幕。来自两岸业界400多名重量级人士参与了大会，达成了共同参与“十城万盏”LED照明试点等6点共识，并签署具体的合作意向书。

6月18日，人力资源与社会保障部和国台办宣布再向台湾民众开放包括土地登记代理人等在内的10类（11项）专业技术人员资格考试。祖国大陆对台湾同胞开放的资格考试已达27项。

6月24日，保监会主席吴定富在台湾举办的国际保险监理协会上就如何在两岸金融合作框架下加强两岸保险交流等议题与台主管机构进行沟通与交流。

6月30日，台湾“经济部”正式公布了“大陆地区人民来台投资许可办法”，首批开放了赴台投资项目100项，同时也开放陆资入台设分公司或办事处，即日生效实施。

（七）2009年7月

7月4日，台“交通部民航局”统计，自两岸周末包机直航实施近一年来，两岸直航班机达4008班，旅客159.7万人次。

7月11日，第五届两岸经贸文化论坛在长沙举办。此次论坛以“文化为主，经贸为轴”为主题，通过了包括加强两岸文化产业合作，共同传承和弘扬中华文化等六个方面、二十九项建议。

7月20日，大陆增设西安、长沙、昆明3个航空口岸办理台胞签注业务，使台湾居民来往大陆更加便利。

7月28日，福建新大陆电脑股份有限公司收购台湾帝普科技公司股权申请通过商务部核准，获得商务部颁发的《企业境外投资证书》，成为大陆首家经过正式核准的赴台投资企业。

（八）2009年8月

8月8日，“莫拉克”台风挟特大降雨席卷南台湾，造成了巨大的人员和财产损失。大陆各界踊跃捐款捐物支援台湾同胞抗击风灾。

8月10日，中国银联与台湾财团法人联合信用卡处理中心宣布银联卡刷卡服务将进入台湾，开创了两岸民间商业团体金融业合作的先河。

8月17日，商务部、国台办联合正式颁布了《关于大陆企业赴台湾地区投资或设立非企业法人有关事项的通知》并同日实施，标志着海峡两岸双向直接投资时代的开始。

8月19日，海峡两岸经贸促进考察团第三次采购团抵台，在台采购金额近9亿美元。

8月31日，根据第三次陈江会所签署的“海峡两岸空运补充协议”，两岸定期航班启动，班次从每周108班增加到270班，大陆的航点也从21个增加到27个。

（九）2009年9月

9月7日，福建省出入境检验检疫协会与台湾两岸安全水产委员会共同签署了《闽台水产品质量安全信息交流备忘录》。

9月15日，台湾电机电子工业同业公会发布的“2009年大陆地区投资环境与风险调查”显示，台商最偏好的区域仍是长三角，海西经济区及泛北部湾地区也颇受台商关注。其中江苏昆山获得台商推荐度最佳城市称号。

9月17日，由台北世界贸易中心与南京市政府共同举办的“2009南京台湾名品交易会”在江苏南京开幕。

9月27日，福建省副省长陈桦提出加强与台湾交流合作的10项政策措施，其中包括设立福州平潭岛综合实验区、鼓励福建企业赴台投资、开放台湾企业参与福建大型公共工程建设等。

（十）2009年10月

10月8日，台“交通观光局”统计，大陆“十一”8天长假期间，赴台大陆旅客约1.2万人，带来观光收益约7.6亿新台币。

10月15日，福建省发布了《福建省鼓励台商投资的产业目录》，包括金融业在内的十大产业被列为福建出台相关措施鼓励台商投资的重要领域。

10月19日，商务部对台湾地区、美国及欧盟的锦纶6切片反倾销调查初裁认定存在倾销，将依法采用保证金形式实施临时反倾销措施。

10月25日，由中共中央台办海峡两岸关系研究中心与台湾中华经济研究院联合举办的2009年度两岸关系研讨会在成都开幕。国台办主任王毅在开幕式讲话中对发展两岸经济关系提出了三点意见，包括推动两岸新兴产业合作，鼓励大陆企业向台湾投资及商签两岸经济合作框架协议（ECFA）。

（十一）2009年11月

11月5～8日，两岸农渔水利合作交流会分两阶段在上海和浙江举行。会议闭幕式上，两岸代表共同发表了“两岸农渔水利合作交流会共同倡议”。

11月9日，广东省汕头市成立汕头仲裁委台商协会联络处，这是国台办核准的大陆首家台协仲裁委联络处。

11月10日，江苏省委书记梁保华率领江苏代表团赴台参加“台湾江苏周暨首届台苏经贸合作论坛”，在岛内掀起了“梁保华旋风”。代表团在6天的行程中对台采购高达41.3亿美元。

11月14日，在新加坡出席APEC会议的胡锦涛主席与台湾代表连战会谈时表示，争取年内启动两岸经济合作框架协议（ECFA）协商的进程。

11月16日，大陆银行业监督管理机构代表刘明康、证券及期货监督管理机构代表尚福林和保险监督管理机构代表吴定富，分别与台湾金融监督管理机构代表陈冲签署了《海峡两岸银行业监督管理合作谅解备忘录》、《海峡两岸证券及期货监督管理合作谅解备忘录》和《海峡两岸保险业监督管理合作谅解备忘录》。三项协议（统称MOU）将于60天后生效，其签署拉开了两岸金融交流合作的序幕。

11月18日，台湾工业总会、台湾商业总会等21家台湾农工商同业公会携手入驻福建漳州东南花都，分别在大陆设立首个工作联络处。

11月19日，由国台办、陕西省共同举办，陕西台办和台湾工商协进会、台湾两岸共同市场基金会承办的“两岸（陕西）经贸科技合作大会”在西安开幕。

11月24日，两岸车辆产业搭桥会议在台北开幕。来自两岸500多名产业界人士与会共同探讨两岸车辆产业的合作与发展。

（十二）2009年12月

12月5日，国民党在台湾“三合一”选举中失利。马英九表示，将认真接受选举结果和加以反省，并表示对大陆政策将朝扩大优点和减少缺点的方向前进。

12月7日，福州市商业银行正式更名为福建海峡银行，这是大陆首家冠名“海峡”字眼的银行。

12月16日，原河南省委书记徐光春率领近40人的大型访问团参加在台举办的“中原文化宝岛行”活动。

12月22日，第四次“陈江会”在台中举行。大陆海协会会长陈云林和台湾海基会董事长江炳坤分别签署了《两岸渔船船员劳务合作协议》、《两岸农产品检验检疫合作协议》、《两岸标准计量检验认证合作协议》三项协议，并达成下次陈江会商谈ECFA和知识产权的共识。

二、2008年

（一）2008年1月

1月11日，2008年两岸春节包机航班正式排定，共12家航空公司执行94个往返航班。

（二）2008年2月

2月11日，搭载664名大陆游客的国际邮轮“海洋迎风号”抵达台湾基隆港，这是大陆观光客首度乘邮轮赴台。

（三）2008年3月

3月4日，胡锦涛主席会见民革、台盟、台联委员时强调，要继续促进两岸人员往来和经济文化交流，推动两岸直接“三通”历程，要继续努力争取恢复和进行两岸协商谈判，要牢牢把握两岸关系和平发展的主题，对于那些曾经对“台独”抱有幻想、主张过“台独”甚至从事过“台独”活动的人，也要努力争取团结。

3月5日，台“行政院”通过吸引台商回流的3项措施：推动台商回台挂牌、放宽企业在大陆投资40%上限计算方式、“大赦”台商等。

（四）2008年4月

4月12日，中共中央总书记胡锦涛在博鳌会见了萧万长率领的台湾两岸共同市场基金会代表团，呼吁两岸“抓住难得机遇、共同应对挑战、切实加强合作、努力共创双赢”。

（五）2008 年 5 月

5 月 22 日，国台办主任陈云林表示，“两岸关系和平发展已成为两岸同胞共同愿望所系、共同利益所在”，“新的形势下应更为努力地推动两岸直接‘三通’进程”。

5 月 28 日，胡锦涛总书记会见来访的国民党主席吴伯雄，双方就新形势下发展两党与两岸关系达成多项共识，表示将切实落实“两岸和平发展共同愿景”。

（六）2008 年 6 月

6 月 2 日，贾庆林在全国台湾同胞投资企业联谊会上表示，大陆将继续大力促进两岸经济交流与合作，推动实现全面、直接、双向“三通”，切实维护台湾同胞的正当权益等。

6 月 11～13 日，海基会董事长江丙坤率海基会代表团抵达北京，重启两岸中断近 10 年的两会协商，两会签署《海峡两岸包机会谈纪要》和《海峡两岸关于大陆居民赴台湾旅游协议》。

6 月 19 日，台“行政院”通过“小三通人员往来正常化实施方案”，全面废除现行“小三通”对人员往来的资格限制。

6 月 21 日，海峡两岸旅游交流协会发布《大陆居民赴台湾地区旅游注意事项》、《大陆居民赴台湾地区旅游领队人员管理办法》及《〈大陆居民赴台湾地区旅游团名单表〉管理办法》。

6 月 26 日，台“行政院”通过“人民币在台湾地区管理及清算办法”，准许自然人兑换人民币，每人每次不得超过 2 万元人民币。30 日，该办法正式实施，人民币实现在台全面兑换。

（七）2008 年 7 月

7 月 4 日，两岸周末包机顺利启航，时段为每周五至下周一计 4 个全天。大陆居民赴台旅游首发团搭包机抵台，为两岸旅游写下历史性一页。

（八）2008 年 8 月

8 月 18 日，金门泉州轮和福建五缘轮从厦门五通码头顺利航至金门水头码头，“金厦航线第二航道”成功试航。

8 月 26 日，台“经济部投审会”公布企业登陆投资上限新规定，个人投资大陆上限为每年 500 万美元，中小企业上限为 8000 万元或净值、合并净值的 60%，其他企业为净值或合并净值的 60%。

（九）2008 年 9 月

9 月 2 日，台“经济部”再次大幅松绑企业登陆上限，凡“工业局”营运总部认定的台湾企业及跨国公司在台子公司，不受资本登陆 60%限制。

9 月 5 日，台当局再次扩大“小三通”，两岸均认可的大陆游客及赴台进行商务交流的大陆人士均可通过“小三通”中转台湾。

台“陆委会”决定放宽大陆游客赴台旅游时间和存款证明限制。

9月7日，国台办主任王毅提出5项促进两岸人员往来新举措：凡持往来台湾有效通行证及签注的大陆居民，今后可经金门、马祖、澎湖往来大陆与台湾本岛；自9月25日起，实行台胞证号码“一人一号，终身不变”等。

（十）2008年10月

10月1日，台“金管会”宣布，即日起开放岛内私募基金投资大陆有价证券及港澳红筹股、H股，其中大陆股投资上限为10%。

10月6日，两岸正式建立食品安全联系窗口。

10月9日，福州马尾至马祖之间快件、包裹的直接通邮（“两马直邮”）正式运营。

（十一）2008年11月

11月3～7日，海协会长陈云林赴台进行二次“陈江会”，双方签署《海峡两岸空运协议》、《海峡两岸海运协议》、《海峡两岸邮政协议》及《海峡两岸食品安全协议》4项协议。

11月16日，台“交通部民航局”与大陆民航局完成两岸直航新航路的飞航管制磋商，共同将航管交接点取名为SULUM，航管交接语言依国际标准使用英语。

11月26日，台“经济部投审会”规定，岛内工商团体每年邀请赴台大陆经贸人士由原来最多30人放宽至200人。

（十二）2008年12月

12月7日，福建泉州开往台湾澎湖的直航货运“新运盛六”号正式开航，成为继泉州到金门、马祖后的第三条泉州直航台湾的海上航线。

12月9日，台“陆委会副主委”傅栋成称，大陆航空业者可申请在台成立办事处；首批赴台驻点的大陆每家航空公司可派遣5人，可直接聘雇岛内民众。

12月15日，两岸海、空直航及直接通邮正式启动，两岸直接“三通”基本实现。

12月20～21日，第四届两岸经贸文化论坛在上海举行，会议提出9项共同建议，大陆宣布10项惠台措施。

12月21日，台“交通部”放宽陆客赴台限制，陆客组团门槛由10人降为5人，签证期限由10天延至15天。

三、2007年

（一）2007年1月

1月1日，中共中央总书记、国家主席、中央军委主席胡锦涛在全国政协新年茶话会上指出，在新的一年里，我们要牢牢把握两岸关系和平发展的主题，扩大两岸人员往来和经贸文化交流，促进两岸直接“三通”，认真落实两岸政党交流达成的共识和我们主动宣传的政策措施，尽最大努力为两岸同胞谋和平、谋发展、谋福祉，使两岸同胞感情更融洽、合作更深化，促进两岸关系发展，维护台海和平稳定。

1月12日，大陆有关方面与台湾农会组织签定采购1200吨滞销柳橙的紧急采购协议。

1月25日，据统计，2006年两岸间接贸易额达1078亿美元，同比增长18%。其中，大陆对台湾出口207亿美元，同比增长25%；大陆自台湾进口871亿美元，同比增长17%。

（二）2007年3月

3月5日，国务院总理温家宝在十届全国人大五次会议上作政府工作报告时指出，我们坚持“和平统一、一国两制”的基本方针，坚持新形势下发展两岸关系、推动祖国和平统一进程的各项政策，团结广大台湾同胞，坚决反对“台湾法理独立”等任何形式的分裂行动；牢牢把握两岸关系和平发展主题，积极扩大两岸交流与合作，促进直接“三通”，以最大的诚意、尽最大的努力为两岸同胞谋和平、谋发展、谋福祉；将继续在一个中国原则基础上，加强同主张发展两岸关系的台湾各党派的对话和交流，争取早日恢复两岸对话与谈判，努力推动两岸关系朝着和平稳定方向发展。

（三）2007年4月

4月16日，全国台湾同胞投资企业联谊会正式成立。

国台办主任陈云林表示，希望台企联充分发挥在会员与政府间的桥梁纽带作用，努力建设成为广受台商欢迎的、和谐的“台商之家”。

4月24日，国务院台办主任陈云林在第十届全国人大常委会第二十七次会议上作《国务院关于台胞投资合法权益保护工作情况的报告》。

4月28日，中共中央总书记胡锦涛在会见出席第三届两岸经贸文化论坛的海峡两岸各界人士时指出，加强两岸经贸文化交流合作，增进两岸同胞福祉，促进中华民族的伟大复兴，是人心所向，大势所趋。我们衷心地希望两岸同胞更加紧密的携起手来，促进两岸人员往来和经济文化交流合作，制止“台独”分裂活动，维护台海和平，把我们共同的美好家园维护好、建设好。

中共中央政治局常委、全国政协主席贾庆林在第三届两岸经贸文化论坛开幕式上发表题为《深化两岸经贸文化交流，促进两岸关系和平发展》的演讲，并指出我们有决心、有能力、有准备制止“台独”和挫败“台独”的重大事变。

4月28～29日，由中共中央台办海研中心与国民党国政研究基金会共同主办的第三届两岸经贸文化论坛在北京举行，形成《第三届两岸经贸文化论坛共同建议》。教育部、公安部、人事部、交通部、民航总局和国家旅游局负责人分别宣布了进一步促进两岸交流交往与合作的13项政策措施。

（四）2007年6月

6月15～22日，两岸首次端午节包机顺利完成，两岸11家航空公司在北京、上海、广州、厦门和台北、高雄6个城市间，共执行21班往返包机，运送旅客6461人。

（五）2007年7月

7月19日，第二届两岸县市“双百”论坛在青岛举行，来自台湾地区19个县市的100多名议员和大陆5个省市的100名县市区人大代表，围绕“两岸合作、共同发展”的主题，就两岸县市经济交流、文化交流和社区建设交流进行讨论。

7月25日，中共中央台办主任陈云林在会见国民党副主席江丙坤一行时表示，希望两党有关工作机构继续本着以民为本、循序渐进、合作双赢的态度，加强台商合法权益保护工作平台的建设。

（六）2007年9月

9月15日，全国政协主席贾庆林在第九届世界华商大会开幕式发表讲话时强调，希望广大华侨华人更紧密的团结起来，坚决维护中华民族的根本利益，坚决反对任何形式的“台独”分裂活动，不断推动两岸人员往来和经济文化交流，努力促进祖国统一大业早日完成。

9月21～30日，两岸中秋包机实施，两岸21家航空公司执行48个航班，运送台湾居民及台商眷属等8469人。

（七）2007年10月

10月15日，在中国共产党第十七次全国代表大会上，胡锦涛代表第十六届中央委员会作了题为《高举中国特色社会主义伟大旗帜，为夺取全面建设小康社会新胜利而奋斗》的报告，指出：解决台湾问题、实现祖国完全统一，是全体中华儿女的共同心愿，我们将遵循“和平统一、一国两制”的方针和现阶段发展两岸关系、推进祖国和平统一进程的八项主张，坚持一个中国原则绝不动摇，争取和平统一的努力绝不放弃，贯彻寄希望于台湾人民的方针绝不改变，反对“台独”分裂活动决不妥协，牢牢把握两岸关系和平发展的主题，真诚为两岸同胞谋福祉、为台海地区谋和平、维护国家主权完整和领土完整，维护中华民族根本利益。坚持一个中国原则，是两岸关系和平发展的政治基础。台湾任何政党，只要承认两岸同属一个中国，我们都愿意同他们交流对话、协商谈判，什么问题都可以谈。我们郑重呼吁，在一个中国原则的基础上，协商正式结束两岸敌对状态，达成和平协议，构建两岸关系和平发展框架，开创两岸关系和平发展新局面。十三亿大陆同胞和两千三百万台湾同胞是血脉相连的命运共同体。凡是对台湾同胞有利的事情，凡是对维护台海和平有利的事情，凡是对促进祖国和平统一有利的事情，我们都会尽最大努力做好。两岸同胞要加强交往，推动直接“三通”，使彼此感情更融洽、合作更深化，为实现中华民族伟大复兴而共同努力。当前，“台独”分裂势力加紧进行分裂活动，严重危害两岸关系和平发展。两岸同胞要共同反对和遏制“台独”分裂活动。中国主权和领土完整不容分割。任何涉及中国主权和领土完整的问题，必须由包括台湾同胞在内的全中国人民共同决定。我们愿意以最大诚意、尽最大努力实现两岸和平统一，绝不允许任何人以任何名义任何方式把台湾从祖国分割出去。两岸统一是中华民族走向伟大复兴的历史必然。海内外中华儿女紧密团结、共同奋斗，祖国完全统一就一定能够实现。

（八）2007 年 11 月

11 月 6 日，第三届海峡两岸林业博览会在福建省三明市揭幕，吸引了各地客商 1000 多人，其中台港澳客商和外商 400 人。

11 月 7 日，国家广播电影电视总局副局长田进宣布影视产业新的惠台政策，未来两岸合拍电视剧可被视为大陆剧播出发行。

11 月 10 日，来自两岸与香港的二百多位航运业人士汇聚台北圆山大饭店，举办以“航运与物流”为主题的年度研讨会。

11 月 17～20 日，以“生态、健康、和谐”为主题的首届海峡两岸茶业博览会在泉州举办。

11 月 18 日，第九届海峡两岸（福建漳州）花卉博览会暨农业合作洽谈会在福建漳州东南花都花博园开幕，来自海峡两岸及海内外的 560 多家花卉企业、1500 多个花卉品种参展，其中台湾花卉企业达 120 多家。

11 月 21～24 日，由台湾“中华航空公司”和西南、雄狮、名扬、山富、悦群等 5 家强势旅行社组成的台湾旅游考察团来福建武夷山市考察，共谋海峡旅游合作发展。

11 月 22 日，下午五点整，航班号为 DER/JD 九二三的金鹿航空有限公司的民航飞机从温州永强机场起飞，载着特殊乘客——患病的台商汪海涂，直赴台湾高雄机场，入台就医。

11 月 26 日，河北与台湾第一次直飞紧急医疗救援包机。

11 月 30 日，广东东莞市台商投资企业协会举行第八届理监事会就职典礼暨协会成立十四周年庆典，协会新会长叶春荣宣誓就职。国民党副主席江丙坤和国台办、广东省台办以及东莞市有关官员出席庆典，国民党名誉主席连战、主席马英九发来贺辞。

（九）2007 年 12 月

12 月 7 日，罹患脑干出血、高血压、肺癌、消化道出血等多种疾病的台胞洪溪林先生，七日在医护人员、家属和金门红十字组织工作人员陪同下，搭乘厦金航线直航客轮“同安”号返台就医，厦门边检总站东渡站特地为其开启边检

“紧急救助通道”方便通关。这是迄今第一百位病患台胞经厦金航线“紧急救助通道”返台或前来大陆就医。

12月13日，厦航正式公布了2008年两岸春节包机时刻及运价，并于13日起接受台胞订票。据介绍，虽然航油价格上涨，但厦航明年春节包机价格仍与2007年春节包机一致。

12月14日，由海峡两岸旅游交流协会与台湾观光协会联合举办的“第二届海峡两岸台北旅展”在台北世贸中心开幕。

12月16日，2007年中国（海南）国际热带农产品冬季交易会（简称“海交会”）在海口市会展中心开幕。

第二届海峡两岸茶文化节暨华安铁观音交易会在福建漳州著名茶乡华安仙都开幕。开幕当天，茶叶成交二点一万担，价值人民币二点七亿元，其中仅台资茶业“航母”天福集团即采购华安铁观音五千多担，价值六千多万元人民币。

12月23日，由中国社会工作协会、中国红十字总会、中华慈善总会等共同主办的第三届“中国十大社会公益之星”表彰大会在北京人民大会堂举行，台湾实业集团鸿海精密工业股份有限公司董事长郭台铭先生获此殊荣。

台胞谢秀亲小姐与六百二十余名考生，一起参加了全国报检员资格考试。厦门检验检疫部门称，谢小姐是首位在大陆参加报检员考试的台胞。

四、2006年

（一）2006年1月

1月1日，陈水扁在元旦讲话中称，台湾未来将以“积极管理、有效开放”代替“积极开放、有效管理”作为未来两岸经贸政策的新思维。被普遍认为是台当局将要紧缩两岸经贸交流的前奏曲。

1月14日，中共中央总书记、国家主席胡锦涛考察厦门台商投资区并接见当地台商，强调加强两岸合作，造福两岸同胞，表示两岸民间行业组织应尽快坐下来商谈直接通航，两岸农业合作潜力巨大，应加大两岸合作力度。

1月20日，两岸春节包机首飞，对所有持有效证件、往返两岸的台湾居民开放，并增加了厦门航点。到2月7日结束，往返班次从上年的48次增加到72次，共运送台胞287397人次，远高于上年的10472人次，平均载客率在八成以上。

1月20日，厦门市工商局正式公布《台湾居民在厦门市申办个体工商户登记的若干意见》，继港澳居民之后，开放台湾居民在厦门申办个体工商居民。符合条件的台湾居民无须经过外资主管部门的审批，可以在厦门经营零售业（不包括烟草零售）、餐饮业、居民服务和其他服务业中的理发及美容保健服务、洗浴服务、家用电器修理及其他日用品修理。经营的组成形式仅限于个人经营，不得委托经营，也不包括特许经营。

（二）2006 年 2 月

2 月 6 日，台“经济部长”黄营杉在大陆台商春节联谊活动时称，将引导台商“全力开发”印度市场，以改善台商海外投资过度集中在大陆的现象。

（三）2006 年 3 月

3 月 10 日，台“经济部长”黄营杉称，将降低台商对大陆投资比重，以降低 10 个百分点为目标。该部投资业务处说明，是要以加强对全球投资布局，来相对减低对大陆投资的依赖。

3 月 16 日，公安部宣布，台湾与港澳民众，可以有条件申领大陆身份证。17 日，台“陆委会”称，依台“两岸人民关系条例”，台湾民众在大陆设籍或持用大陆护照者，将丧失台湾地区人民身份及相关权利，并由户政机关注销台湾地区户籍。

3 月 17 日，陈水扁再次声称其“积极管理、有效开放”的大陆经贸政策，是要“提醒台商投资大陆应注意政治风险”。

3 月 17 日，台“经济部贸易调查委员会”决议称对大陆进口毛巾采行进口救济（特别防卫措施）及反倾销调查的产业损害成立，大陆进口毛巾对台相关产业已造成“市场扰乱及实质损害”。4 月 14 日更决定对大陆进口毛巾由从价课征 10.5%的关税调整为从量课征，第 1 年每公斤课征 42 元，第 2 年 32 元，第 3 年 20 元。5 月 29 日台“财政部”宣布，自 6 月 1 日起，对大陆出口毛巾到台湾的 9 家公司，课征 4 个月临时反倾销税，税率最高达 248.2%。

3 月 22 日，台“行政院”院会通过“陆委会”、“交通部”等部门拟定的“积极管理、有效开放”配套机制，从人员、农业、经济及金融等四个方面制定了更严密的限制措施。

3 月 28 日，台“经济部”研拟对投资大陆 1 亿美元以上的申请案将实施“政策面审查”，以在“简易审查”、“专案审查”之上建立第三级审查制度。

（四）2006 年 4 月

4 月 14、15 日，国共经贸论坛在北京举行。国台办主任陈云林受权宣布包括扩大台湾水果检验检疫进口品种扩大为 22 种；11 种蔬菜及部分水产品进口零关税等 15 项对台优惠政策措施。

4 月 16 日，国家旅游局、公安部和国务院台办联合发布《大陆居民赴台湾地区旅游管理办法》。

4 月 17 日，台“经济部投审会”称台湾民众在大陆设立个体工商户属投资行为，应向其申报或申请许可，并订定相关受理原则。

4 月 20 日，台“行政院长”苏贞昌称，“两岸经贸论支共识只要对台有利，不必因人废言，可以全盘考虑推动”。

4月24日，商务部宣布，自5月1日起对天然砂实施进出口的管理措施。但稍后宣布暂缓实施。此举对岛内砂石业产生了极大冲击，台“经济部”采取措施，防止商人借机囤积哄抬价格。

4月28日，台“经济部”宣布有条件开放低阶半导体封装测试、4英寸以下面板中段制程赴大陆投资。

（五）2006年5月

5月1日，台“行政院长”苏贞昌宣布实施扩大“小三通”的三项措施，包括即日起开放金马旅台乡亲、配偶、直系血亲及二亲等内旁系血亲及其未成年子女，可经由金马进行两岸“自由行，不必组团”；6月1日起开放金门与泉州的往来航线；为应付“小三通”扩大带来的变化，9月以前实施两岸首次的联合救难演习。

5月15日，台“中央银行”修正“金门及马祖金融机构办理人民币现钞买卖业务要点”，增设办理据点；简化结汇手续与文件；同时将金融机构办理业务明确限定在办理人民币与新台币现钞间的买卖业务。

5月19日，台“经济部投审会”有条件通过统宝公司到大陆投资从事小尺寸面板后段制造。

5月24日，商务部公告对包括台湾等地区进口的氨纶（弹性纤维）原料课征临时反倾销税5.09%。

5月26日，台“经济部投审会”新增“台湾创投公司赴大陆投资审查原则”，开放台湾创投业者申请赴大陆投资一般类项目。

（六）2006年6月

6月8日，金门和泉州间小三通客运航线首航，成为两岸间第三条“小三通”航线。其单程票价，金门购票为新台币720元，泉州购票为人民币180元。

6月13～22日，台“财政部”官员赴大陆实地调查大陆毛巾倾销案，这是两岸入世（WTO）后，台首度派有关官员到大陆调查倾销案。

6月14日，两岸同步宣布已达成实施四项专案包机的方案，包括专案货运包机、客运包机节日化、紧急医疗包机及特定人道包机事宜。

6月15日，大陆供销总社正式向台湾省农会采购200公吨香蕉，并于6月下旬全数运抵大陆。这是两岸第一次大型集体采购案。

（七）2006年7月

7月7日，中共中央台湾工作办公室主任陈云林会见中国国民党政策会执行长曾永权率领的中国国民党促进两岸金融交流、观光访问团一行，表示将进一步努力推动大陆商业银行发放专项贷款，支持大陆中小台资企业、台资农业企业的发展。

7月7日，台“交通部”公布两岸客货运专案包机6项申请作业程序，即日起生效。其中专案货运包机由两岸航空业者载运台商货物并采个案审核方式；节日客运包机开放两岸航空业者在春节、清明节、端午节及中秋节申请飞航；紧急医疗及人道包机则可由两岸航空业者申请包机运送紧急医疗需要的人员及医疗器材，急难救助及残障（疾）人士及其他经双方同意的特殊情况，均可专案申请。

7月19日，两岸专案货运包机首航。华航包机载运台积电公司的货物，于当晚经香港飞抵上海浦东机场，20日清晨6时返抵桃园机场，成为第一架往来两岸的货机。

7月10日，国台办与华夏银行签订“支持台资企业发展合作协议”，华夏银行承诺未来五年提供台商总计人民币200亿元的融资额度。

7月12日，商务部公布2005年中外企业出口排名前200大，共有37家台资信息电子企业入榜，其中鸿富锦精密工业（深圳）蝉联第一。

7月17日，台商旺旺集团投资的湖南旺旺医院与台湾敏盛医疗体系签署医疗合作备忘录，标志着台湾医疗业登陆的重要一步。

7月19日，台“中华航空公司”载运台积电公司芯片设备绕经香港飞航情报区飞抵上海浦东机场，这是两岸货运包机首航。

（八）2006年8月

8月2日，台“行政院长”苏贞昌称，7月召开的“经续会”未达成共识，台当局“目前不会改变”台商赴大陆投资以净值40%为上限的政策。

8月27日，“台湾海峡两岸观光旅游协会”（简称“台旅会”）成立，由台“交通部观光局长”许文圣担任董事长，作为有关开放大陆民众赴台旅游的两岸协商对口单位。

8月29日，台“经济部贸委会”就大陆进口毛巾做成最后认定产业损害成立。

8月31日，台湾区电机电子公会公布“2006年中国大陆地区投资环境与风险调查”报导，苏州工业区名列年度台商推荐度、城市综合实力、投资环境等指标第一名。

（九）2006年9月

9月14日，两岸紧急医疗包机首航，由国际SOS北京救援中心的金鹿航空（DER-902）专机运送一位到大陆旅游探亲，中途猝发脑溢血的病患于傍晚6时18分由广州飞抵台湾。

9月18日，中央台办与国民党台商服务中心举行第二次保护台商合法权益工作会谈，就进一步加强保护两岸同胞合法权益工作，落实“双向合作、平等保护”精神，达成了包括台商投资保护、台商税赋、台湾民众往来大陆便捷化、劳工保险、两岸共同打击犯罪、专利商标事务合作等方面的十项共同意见，确定每年举行一到两次工作会谈。

9月29日，两岸中秋节包机首航，至10月13日共飞行24架次，航点为大陆的北京、上海、广州与厦门，台湾则为桃园与高雄。

（十）2006年10月

10月17日，由国台办与国民党智库共同举办的两岸农业合作论坛在海南博鳌国际会议中心召开，政协主席贾庆林发表演讲。论坛达成加速并扩大两岸农业交流与合作等“七项共同建议”，大陆推出二十项深化两岸农业合作的新措施。

10月19日，工商总局发出通知，要求各地工商部门制止和查处假冒台湾水果行为，明确规范水果经营者不得将经营的台湾品种水果简称为台湾水果，应区分为“台湾产地水果”和“台湾品种水果”。凡是销售非原产于台湾的水果，均须在包装物和价格标签上注明产地，保护消费者知情权。销售假冒台湾水果者，将依“产品质量法”处罚。

10月25日，台“经济部投审会”核准由多位深圳台商合资成立的“爱群医院”登陆，这是首例大陆台商协会成员集体出资成立的医院。

（十一）2006年11月

11月1日，台“金管会”发函岛内证券业者，禁止券商对投资人推荐大陆公司在香港发行的有价证券。

11月8日，台“内政部”修订办法，开放大陆人民担任跨国企业之负责人、经理人赴台工作，随行来台的大陆人民子女准用“境外优秀科学技术人才子女来台就学办法”相关规定在台就学。

11月10日，台“行政院长”苏贞昌称，只有在两岸签署相关协议，建立金融监理制度后，台当局才可能开放台资银行业投资大陆。

（十二）2006年12月

12月1日，台资企业、大陆最大的糖果制造公司徐福记国际集团在新加坡挂牌上市。

12月25日，台“中央银行总裁”彭淮南称，台当局已经开放旅客携带人民币入台，现在是开放人民币兑换的最好时机。

12月27日，台“经济部投审会”通过力晶半导体公司、茂德科技公司申请赴大陆投资8英寸芯片厂案。

12月29日，台“行政院”宣布开放台商赴大陆投资八英寸芯片厂制程技术由0.25微米升级为0.18微米。台“行政院长”苏贞昌称，希望此举能使台商“将机器汰旧换新，根留台湾，赚全世界的钱”。

五、2005年

（一）2005年1月

1月1日，台当局开放港澳居民可以直接在网络上申请入台证，只要是在港澳出生的居民，均可以上网申办有效期为三个月的入台证，申办费用为200元新台币。可以出入台湾2次，每次14天。

1月2日，国台办发言人就2005年台商春节包机发表谈话，提出“共同参与、多点开放、直接对飞、双向载客”四项处理原则。3日，民航总局台港澳事务办公室主任浦照洲也呼吁“使真正意义上的春节直航包机能够飞起来”。

1月15日，在台湾方面由“交通部民航局长”张国政等人以“顾问”名义加入的情况下，两岸航空业界在澳门就2005年两岸春节包机事宜达成共识。由两岸各六家航空公司依国际惯例飞行，分别在台北、高雄、北京、上海及广州等五机场起降，总计往返各24班次。

1月29日，根据两岸达成的春节期间台商包机协议，两岸民航飞机首次完成分隔56年来的首次对飞。第一班是上午7时46分自北京飞台北的中国国际航空公司包机，而首班合法降落台湾的大陆民航客机则是由广州飞台北的南方航空公司包机。至2月20日春节包机顺利执行完毕。

（二）2005年2月

2月15日下午到16日上午，台湾检调部门先后大规模搜查了台湾半导体产业龙头企业联华电子公司及其副董事长宣明智住所等处。大陆著名的台资半导体企业和舰科技公司董事长徐建华在即将返回大陆工作之际，遭到拘提与侦讯，最后被勒令以1000万元新台币巨款交保，限制出境。台司法机关指责联电高层以技术等协助和舰公司成立与发展，是触犯了所谓“图利罪”。17日，联电集团董事长曹兴诚在岛内各大报纸刊登广告，承担其中的决策责任。此一被岛内外媒体称为“联电和舰案”的风暴，直到该年底仍处在所谓的“侦办”中。

2月18日，台“陆委会副主委”邱太三称，当局的“两岸货运便捷化政策”不排除从原先“单向、间接、有限度”调整为“多向、多点、不中停”。

2月25日，国台办在新闻发布会上表示，欢迎台湾农业界的朋友来大陆发展，愿意为台湾农民提供创业空间，也愿意就进一步加强两岸农业合作和扩大台湾农产品在大陆销售问题与台湾有关方面及人士进行沟通，达成共识。

（三）2005年3月

3月4日，中共中央总书记、国家主席、中央军委主席胡锦涛在看望出席全国政协十届三次会议的委员时，发表重要讲话，提出新形势下发展两岸关系的四点意见：坚持一个中国原则决不动摇；争取和平统一的努力决不放弃；贯彻寄希望于台湾人民的方针决不改变；反对“台独”分裂活动决不妥协。“只要是对台湾同胞有利的事情，只要是对促进两岸交流有利的事情，只要是对维护台海地区和平有利的事情，只要是对祖国和平统一有利的事情，我们都会尽最大努力去做，并且一定努力做好。这是我们对广大台湾同胞的庄严承诺。”

3月14日，十届全国人大三次会议以2896票赞成、0票反对、2票弃权通过《反分裂国家法》，强调“鼓励和推动两岸经济交流与合作，直接通邮通航通商，密切两岸经济关系，互利互惠”，以维护台湾海峡地区和平稳定，发展两岸关系。

3月14日，温家宝总理在记者招待会上表示，要尽快将海峡两岸的客运包机由“节日化”转向常态化；要采取措施，解决台湾特别是台湾中南部地区农产品到大陆的销售问题；要尽快恢复和解决大陆渔工到台湾劳务合作的问题。并指出，“我们还准备出台一系列有利于台湾同胞的优惠政策和方便措施”。

3月16日，台“经济部”修正“在大陆地区从事投资或技术合作服务业经营项目”，将证券业由“禁止大陆投资类”改列“一般类”，正式开放岛内证券商赴大陆地区进行业务投资、设立子公司或分公司。

3月25日，与岛内“独派”关系深厚的奇美实业创办人许文龙发表公开信，称“两岸同属一个中国”，承认“台湾的经济发展离不开大陆，搞‘台独’只会把台湾引向战争，把人民拖向灾难”。

3月28日，由副主席江丙坤率国民党大陆参观访问团赴大陆。这是国民党自1949年以来，首次正式组团前往大陆。30日在与中共中央台办会谈中，双方就加强两岸经贸等领域交流与合作取得了12项共识。

（四）2005年4月

4月5日，陈水扁邀集岛内“府院党”主管开会，提出所谓的“七点结论”，扬言要“秉持‘和解不退缩，坚定不对立’的原则”，对两岸经贸政策“不能一味开放，而忽略了最根本最重要的‘有效管理’，‘国安’及行政部门应即检讨调整相关经贸政策”。随即台有关部门宣布了全面冻结实施两岸经贸开放政策。

4月10日，台湾区电机电子工业同业公会组织的台湾参展团经金门直航厦门参加第九届“海峡两岸机械电子商品交易会暨厦门对台出口商品交易会”（简称“台交会”）。这是台湾第一个经金门直航大陆的经贸代表团。

4月13日，在国台办新闻发布会上，发言人李维一指出，台湾当局最近提出所谓“七点结论”，对两岸经贸和文教交流予以限制，这种“开倒车”的做法违背台湾同胞的切身利益，是没有出路的。

4月13日，台“行政院院会”通过“敏感科学技术保护法草案”。该法案原名“科技保护法”，是台当局专门针对两岸经贸交流所制定的限制法令，明定敏感科技范围，并规定敏感技术未经许可而输出者，将处7年以下有期徒刑，并科罚金由原订的1000万元，提高为3000万元。

4月26日，国民党主席连战赴大陆进行“和平之旅”，强调此行主题是“对话和解”。29日下午中共中央总书记胡锦涛与连战举行正式会谈，并发表“会谈新闻公报”，提出两党将共同促进两岸经济全面交流，建立两岸经济合作机制，促进两岸展开全面的经济合作，建立密切的经贸合作关系，包括全面、直接、双向“三通”；解决台湾农产品在大陆的销售问题；促进恢复两岸协商后优先讨论两岸共同市场问题。

（五）2005 年 5 月

5 月 3 日，国台办主任陈云林在上海代表大陆方面宣布将推动送给台湾包括一对熊猫、开放大陆居民赴台旅游及扩大开放台湾水果进口等三项措施，被岛内外舆论形容为是送给岛内民众的“三项大礼”。

5 月 5 日，亲民党主席宋楚瑜赴大陆进行“搭桥之旅”。12 日下午中共中央总书记胡锦涛与宋楚瑜举行正式会谈，并发表“会谈公报”，强调两岸应共同努力，加强两岸经贸交流，促进建立稳定的两岸经贸合作机制，包括积极推动两岸通航；实现两岸直接贸易和直接通汇；促进两岸恢复协商后，就建立两岸贸易便利和自由化（两岸自由贸易区）等长期、稳定的相关机制问题进行磋商；大陆方面提供通关、检验、检疫便利和部分零关税等优惠待遇，以协助解决台湾水果丰收季节之滞销问题等。

5 月 20 日，国家旅游局就开放大陆居民赴台湾旅游举行记者会，表达大陆愿意根据台湾的接待能力及有关条件，考虑开放赴台观光的大陆旅客数量，并提出开放的三项原则：此事为两岸中国人的事；大陆将有计划、有步骤、循序渐进地组织大陆居民赴台旅游；大陆旅游业界将与台湾旅游业界及相关人士合作推动。

5 月 23 日，大陆宣布台湾准入的水果品种扩大到 18 种。

（六）2005 年 6 月

6 月 1 日，大陆宣布对 15 种台湾水果实施进口零关税，包括凤梨、释迦、木瓜、杨桃、芒果、芭乐、莲雾、槟榔、柚、枣、椰子、枇杷、梅、桃和柿子。

6 月 1 日，福建公安厅实施直航口岸电脑网络签证，开放台胞证 1 年多次签。台商和金马澎等地民众，只要持有五年期台胞证者，本人有 1 年进出 5 次以上的记录，就可以办理 1 年多次签证，在 1 年的有效期内自由进出大陆直航口岸。

6 月 13 日，台“行政院长”谢长廷在海基会举办的“2005 年大陆台商协会端午节座谈联谊活动”晚宴上称，当局将分别委托台北市航空运输同业公会协商两岸货运包机事宜、由“外贸协会”负责商谈农产品输销大陆，以及另组谈判团队协调大陆人士来台观光。

6 月 14 日，劳动和社会保障部公布“台湾香港澳门居民在内地就业管理规定”，自 10 月 1 日起，放宽台港澳民众取得大陆就业证的条件，并开放无就业经验者，可申请进入大陆就业市场。“就业证”申请手续也由年检制改为备案制，许可权下放到地（市）级劳动保障部门。同时，由台湾母公司派遣到大陆 1 年内工作满 3 个月以上的台湾干部，必须申请就业证，并按照“社会保险费征缴暂行条例”，参加养老退休、失业和基本医疗等社会保险。

6 月 15 日，公安部出入境管理局副局长李长友在国台办新闻发布会上表示，自 7 月起正式实施入出境、居留手续二合一的简化措施。对于在大陆居留一年以上的台湾民众，如果获签1～5年的有效居留签注，将可凭该签注在大陆居留和入出境，不必再加办入出境签注。而一年内需多次往返大陆的台湾民众，办理入出境签注后，就不须再办居留签注。

6月24日，台“经济部投审会”对外称，台湾地区投资人投资第三地区公司而对其经营具有支配影响力的情形下，如该第三地区公司对大陆有投资行为，则此投资案件仍属以间接方式在大陆从事投资，须事先向该机关申报或申请许可。而所谓“具支配影响力”的认定标准有：持股达5%以上或为该第三地区公司最高持股者、对第三地区公司投资金额达20万美元以上、担任第三地区公司董监事或总经理等。

（七）2005年7月

7月5日，第一届“海峡两岸信息产业技术标准论坛”在北京召开，会中两岸代表达成三点共识：台湾“华聚基金会”与大陆中国信息标准化协会、电子工业标准化协会，作为未来两岸沟通的总窗口，共同建立技术交流的平台；双方同意就无线通信、记忆卡等四大领域制定共同标准；未来双方将选择其他科技领域，进一步推动共同标准，并在适当时机在台湾举行科技论坛。

7月26日，陈水扁就两岸经贸交流议题称，台湾“若做不好‘有效管理’，宁愿不再继续开放西进”。

7月28日，台“金管会银行局”表示，大陆专业人士及商务人士如在台停留期间6个月以上，可选择一家岛内银行开设新台币存款账户，并限在该行申办信用卡。而核给的信用卡总额度，以申请人在台平均月所得为限，附卡则限于随着来台的配偶，持卡人信用卡不得附加预借现金及循环信用功能。

7月30日，第一个在大陆长期展销台湾水果的窗口——台湾水果展销专柜在北京成立。

（八）2005年8月

8月1日，大陆正式实施15种台湾水果进口零关税措施。岛内相关业者认为，此举可让台湾水果的成本降低三成左右。

8月24日，国台办交流局局长戴肖峰与教育部、财政部、国家发改委有关负责人共同宣布，2005年秋季开始，正式实施在大陆读书台湾学生与大陆学生同等收费政策。同时设立台湾学生奖（助）学金，总额每年700万元人民币。对招收台湾学生的大陆普通高校和科研院所给予专项补助，标准为每名台生每年8000元人民币。

8月24日，台“国际贸易局”邀请岛内相关机关及产业公会进行审查会，通过开放手机等25项大陆物品进口。

8月30日，台海基会台商服务中心正式成立，开始运作，提供大陆台商经营、法律、财务、生活、子女教育等专业投资经营咨询与服务。

（九）2005年9月

9月3日，大陆民航局在台当局拒不对等开放的情况下，批准台湾的中华、长荣、立荣、华信等4家航空公司飞机飞越大陆领空。这4家台湾公司由台往返欧洲和东南亚航班，都可飞越大陆领空，由于航程缩短，每年共可节省燃油成本达2.8亿新台币。5日凌晨，台“中华航空公司”飞欧洲的货运班机率先飞越大陆领空，成为首架开放飞越大陆领空的台湾民航机。

9月7日，祖国大陆由国台办主任陈云林出面，与国家开发银行行长陈元签署“关于支持台湾同胞投资企业发展开发性金融合作协议”，将由后者向台商提供专案贷款，首期为时5年，额度为300亿元人民币，以解决大陆台商在内地融资的困难，该项贷款将优先提供给从事基础建设、高新技术产业的台资企业。

9月15日，以“促进两岸经济交流与合作”为主题的第一届两岸民间菁英论坛在上海开幕，此是胡锦涛与宋楚瑜5月初会谈的重要成果之一。论坛议题包括大陆发展战略对台商投资的影响；两岸农业交流合作的问题等四项。亲民党主席宋楚瑜在会中就发展两岸关系提出在“桥不可断，势不可弱，门不能关，心不能乱”前提下，“没有迟疑与退却的理由”的“新四不一没有”。

9月19日，台“经济部投审会”称，将对未经许可赴大陆地区从事投资案件，若属禁止类者，“经查核属实”，检举奖金由原订100万元提高到最高200万元；若属一般类案，检举奖金也从30万元提高到最高60万元。而未经许可从事一般类项目投资超过新台币5000万元者，罚金增加一倍；从事禁止类项目投资者，罚金亦加重一倍。

（十）2005年10月

10月3日，台当局开放金门、马祖金融机构试办人民币兑换业务。旅客或随交通工具服务的人员，携带人民币入出境的限额也由人民币6000元调高为20000元。

10月25日，公安部出入境管理局正式授权上海市、江苏省公安机关出入境管理部门，为台湾居民补发、换发5年期台胞证。在此前，5年期台胞证仅能由港澳两地被委托的办证单位和福州、厦门公安局出入境管理处办理。

10月28日，国家旅游局长邵琪伟率大陆所有省、市、自治区旅游局的主管计66人赴台考察旅游环境与设施10天，被岛内视为是开放大陆民众赴台旅游的前奏曲。邵琪伟由台湾观光协会具名邀请，以“中国旅游协会会长”的身份赴台。

（十一）2005年11月

11月14日，岛内知名家电企业声宝集团前董事长陈盛沺在岛内两大报纸上刊登大幅广告，就所属的瑞智精密企业因投资大陆比例超过当局规定比例而遭台司法机关搜索，造成巨额经济损失一事，强烈质疑台当局所实施的对台商投资大陆设限的规定是“恶法”，指出这是要“台商裹着小脚与世界各地的竞争者赛跑，实在是台商心中的最痛”。呼吁早日还台商以公道。

11月18日，两岸授权的民航组织敲定2006年春节包机相关事宜，国台办与台“陆委会”同步发布了“2006年春节包机方案”。23日，台“交通部民航局”邀请岛内6家航空公司就两岸春节包机事宜进行协商，并初步达成共识。

11月30日，陈水扁在宜兰县为岛内县市长选举站台时称，国民党方面表示如果选举结果民进党大败，国民党大赢，民进党会大幅调整、松绑两岸政策，“这是不可能的事情”。他扬言，如果结果是民进党选得不好，泛蓝大赢，当局的两岸政策只会更加紧缩，不会更加松绑，也不会更加开放。

（十二）2005年12月

12月3日，岛内举行“三合一”地方选举，民进党遭到重大失败。县市长部分，国民党籍候选人当选14席，民进党仅获得6席，另外亲民党、新党、无党籍各当选1席。此后，陈水扁即一再宣称要对两岸经贸交流进行“降温”。

12月21日，国家开发银行和国务院台办共同公布《台资企业国家开发银行贷款暂行办法》，据此将向大陆台商提供300亿元人民币开发性贷款。贷款对象包括台商在大陆注册的合作经营企业、合资经营企业、独资经营企业，含大型企业和中小企业，而经国务院批准的台商投资区和经国务院有关部门批准的海峡两岸农业合作试验区、海峡两岸科技工业园区基础设施建设项目也都可申请贷款。贷款项目涉及农业、能源、交通、电子、原材料等领域；按期限分为中长期和短期，币种含人民币和外币。

六、2004年

（一）2004年1月

1月2日，台“经济部”发布新版“赴大陆地区从事投资技术合作审查原则”，投资额在20万美元以下改采申报制。

1月5日，中国民用航空协会发表致各地台湾同胞投资企业协会会长的公开信，对春节台商包机的双向对飞、不经停第三地，以及协商机制等问题提出说明，指出尽管台湾当局在春节包机问题上设置种种障碍，大陆民航和交通部门仍将采取多项措施，满足在大陆的台胞回台湾过年的需求。

台《投资中国》杂志社公布调查统计报告，指出，到2003年年中，全大陆共有台商注册家数68115家，投资合同金额累计为1295.46亿美元，实际利用台资金额773.57亿美元。

1月6日，“海峡两岸经贸交流协会”（简称海贸会）在北京成立，首届会长李水林，常务副会长由现任商务部台港澳司司长王辽平担任。

1月19日，国务委员唐家璇在江泽民同志对台重要讲话发表九周年座谈会上的讲话中指出，我们希望尽快实现两岸全面、直接、双向“三通”，开创两岸经济合作的新局面，造福两岸同胞。早日实现两岸全面、直接、双向“三通”，将大大提高两岸经济的竞争力，加快共同发展，促进两岸经济的全面提升和振兴。这是以民为本、为民谋利、互利双赢的大好事，不应受到任何人的拖延和阻拦。

1月28日，台塑集团董事长王永庆发表公开谈话，表示两岸“三通”“已经晚了”，“没有两通半这种事”，如果“三通”是既定政策，就应尽速达成“三通”。“如果认为‘三通’要通，就人、货一次通”。

（二）2004年2月

2月2日，厦门至金门、福州马尾至马祖两岸春运结束。从1月9日开始，共有9艘客轮营运，往返259个航次，运载2.4万人次。

2月26日，台报发布台“经济部次长”尹启铭即将出版的新书《台湾经济转折时刻》部分内容，预言2008年前两岸不能实现“三通”，“台湾经济奇迹将难再重返”。

台《联合报》公布对岛内民众的调查结果，赞成开放两岸直航的占51%。

（三）2004年3月

3月1日，台实施多项放宽两岸经贸往来办法：（1）所有台“经济部”许可台商，包括福建以外地区，皆得经“小三通”往返两岸；（2）台商赴大陆投资金额在20万美元以下的采申报制，且不计入大陆投资累计金额；（3）台湾民众进入大陆地区不需再申请许可；（4）“违规”赴大陆投资的台商得从优审核；（5）台湾民众可携带6000元人民币入境台湾，超过部分须封存于海关，于出境时再携出；（6）两岸“单一户籍制”，台湾民众若在大陆设籍或领用大陆护照，如6个月内不注销或放弃者将丧失台湾户籍。

台“经济部”公布2003年两岸贸易总额为463.2亿美元，较上年增长23.8%，大陆成为台最大贸易伙伴，进出口金额都刷新历史纪录。

3月5日，台“陆委会”公布将于台“总统”选举期间，专案办理大陆台商经由“小三通”返台投票，期间为3月11～30日。

（四）2004年4月

4月5日，台“经济部”公告“在大陆地区从事商业行为应经许可或禁止之事项公告项目表”。

4月7日，台“中央银行”宣布，即日起岛内企业20万美元以下的赴大陆投资资金，只要附上台“经济部投审会”的申报证明，并经银行业确认后，就能直接到银行办理结汇，金额不列入企业每年5000万美元的累积结汇额度内计算。

4月14日，台“财政部金融局”表示开放岛内银行境外分行开办无本金交割的美元对人民币远期外汇交易（NDF），以协助台商因应人民币汇率的避险需求。台中国信托商业银行香港分行并成为首家获准的境外分行。

4月19日，台“财政部”宣布“台湾地区与大陆地区保险业务往来许可办法”部分条文修正草案实施，开放岛内保险业以持股比例低于25%，且非设立分支机构的参股投资方式投资大陆地区保险公司。

4月29日，温家宝宣布大陆实施宏观调控政策。加上夏季大陆一些地区出现能源与电力供应紧张，台商对大陆投资受到冲击，一度出现减缓迹象。

4月30日，台“陆委会”通过“大陆地区人民来台从事观光活动许可办法”修正案，取消第三类大陆地区人民（指在海外取得永久居留权）赴台观光须“团进团出”的规定，大陆人民赴台旅游由不得变更行程改为变更行程须通报。

（五）2004年5月

5月4日，台《工商时报》载文称大陆经济对台影响扩大，已经到了“北京打喷嚏，台北重感冒”的地步。

5月7日，台公布“两岸海运便捷化措施”，即日起境外航运中心由高雄港扩大到台中港与基隆港，并取消靠泊船舶须停靠第三地规定，业务范围也从经营转运货扩大到可载运大陆与第三地进口货。

5月10日，台“经济部投审会”通过台积电赴大陆投资8英寸芯片厂案，这是首宗岛内芯片厂投资大陆案。

5月27日，商务部公布2003年大陆出口前200大企业，其中台资企业鸿富锦精密工业（鸿海工业）、达丰（广达）、名硕（华硕）分居前三名；共有28家台资企业入榜，较2002年增加5家。

5月31日，《人民日报》发表题为“我们不欢迎绿色台商”的文章，点名以许文龙为首的“绿色台商”一边在大陆赚钱，同时又支持岛内“台独”活动。

（六）2004年6月

6月1日，台湾美国商会公布“2004台湾白皮书”，指出两岸直航尤其是航空客运的部分，是台湾未来经济竞争力的重点，并建议台当局“加强与中国大陆经济集成”。

6月2日，大陆网站发表题为“大陆不欢迎绿色台商，不排除对台经济制裁”的署名文章，在岛内引起强烈反响，岛内股价指数当天下跌超过200点。

6月18日，陈水扁对岛内劳工团体表示任内将禁止大陆劳工赴台。

6月23日，台“陆委会”公布大陆资金赴台投资产业“三不原则”，即陆资不得超过侨外来台投资范围，不得在台投资被台当局禁止赴大陆投资的项目，不得投资台当局正在推动的对产业发展有重大影响的明星产业。

（七）2004年7月

7月4日，在台一次关于两岸直航问题的学术研讨会上，台学者提出以“第五航权”作为解决两岸直航问题的思考方向，即通过将台湾作为中外空运航线中间站的方法解决。

7月28日，台“经济部长”何美玥称，2004年以来已有44家大陆台商回台投资，投资总额达新台币234亿元。

7月29日，台海基会通过由刘德勋接替许惠佑出任副董事长兼秘书长。

（八）2004年8月

8月17日，台“工商建研会”新任理监事成员向陈水扁呼吁制定具体的两岸“三通”时程表。陈水扁称，在不谈“国内航线”的前提下，将两岸“三通”定位成“两岸航线”，随时可通。

当月，台《远见》杂志对在台美商与欧商进行“外商投资台湾意愿调查”，高达41%的外商表示，两年内若无法实现两岸“三通”，将缩编在台营运规模，甚至迁移到大陆。

（九）2004年9月

9月10日，大陆取消对台湾冷轧钢卷的反倾销税。

9月13日，台报报道台高雄市长谢长廷提出“台湾新丝路”的设想，要将台湾变为“外商进入中国大陆的中继站或入口”。

（十）2004年10月

10月10日，陈水扁称要以“九二香港会谈”为两岸恢复对话的基础。13日国台办发言人张铭清对此严正指出，只要台湾当局承认“九二共识”，两岸对话与谈判即可恢复。

10月15日，陈水扁在与访台的美国惠普公司总裁菲奥莉娜见面时，要求其充当台与大陆间的传话人，但后者表示不会参与两岸相关的“政治议题”。

10月24日，第十届两岸金融学术研讨会在大连举行，台“金管会副主委”张秀莲首度以“台北金融发展基金会顾问”身份与会。

（十一）2004年11月

11月17日，台通过“大陆地区人民来台从事商业活动许可办法草案”，对相关限制有所放宽。

11月29日，台“陆委会副主委”邱太三称，台当局已拟定完成金门、马祖试办小额人民币兑换办法，将于年底前后实施，初期只对大陆观光客开放。

（十二）2004年12月

12月17日，第十届全国人大常委会议第26次委员长会议宣布，将“反分裂国家法”草案列入审议议程，正式启动相关立法工作。在岛内引起强烈震撼。20日岛内股市星期一开盘，股价指数一度大跌百余点。

岛内半导体龙头企业——台积电公司副总执行长曾繁城批评台当局对半导体制造厂登陆设厂的严苛限制是“劳民伤财且没效率的事”。要求每两年开放一个世代的半导体制造技术登陆。

七、2003年

（一）2003年1月

1月24日，国务院副总理钱其琛在纪念江泽民“为促进祖国统一大业的完成而继续奋斗”讲话发表八周年座谈会上，呼吁两岸直航不要再拖延。在岛内外引起积极反响。

1月26日，经由香港的台商春节包机在大陆的积极配合下首航。

（二）2003年2月

2月26日，台“经济部投审会”审查通过台积电第一阶段赴大陆投资，限定以自有外汇支付开办资金，不得从台湾汇出。

（三）2003年3月

3月10日，台“交通部长”林陵三称，“无法接受”外资可以参与两岸航线，两岸直航将来仍应通过海基会与海协会，“正式诉诸文字谈判”。

3月20日，林陵三称因应美伊战争开打，台籍航空飞往欧洲的国际航线，“可按国际惯例”，申请飞越大陆领空。

3月28日，台“财政部”核准近10家银行国际金融业务分行开办对大陆台商放款。

3月30日，台“陆委会主委”蔡英文宣布，因非典疫情即日起暂时关闭马祖的“小三通”往来。

（四）2003年4月

4月14日，台“经建会”发表报告称，大陆出口产品替代台湾产品情形尚不严重，台湾产业外移并未造成岛内产业空洞化。

4月25日，台“陆委会主委”蔡英文称，受非典疫情冲击，推迟公布“两岸直航评估报告”。

4月27日，台“行政院”公布扩大边境管制措施，全面紧缩大陆、香港人士赴台，台商及企业主派赴大陆、香港的员工返台一律专案强制隔离。

（五）2003年5月

5月6日，国民党籍“立法委员”章孝严表示，应以春节台商包机为基础，尽速推动两岸货运包机，降低非典疫情对产业的冲击。台“国防部”则提出两岸货运包机不得直飞等6项“原则”。

5月17日，台当局宣布即日起暂停金门“小三通”。

5月22日，台“陆委会副主委”刘德勋提出两岸双方可先就“两岸货运便捷”的推动思考可行方案，以便日后循序推动货运包机直航。

（六）2003年6月

6月17日，台“行政院”批准两岸保险业务往来许可办法修正案，开放两岸再保险业务直接往来，及保险经纪人、代理人赴大陆设办事处。

6月29日，内地与香港特区政府正式签署《内地与香港关于建立更紧密经贸关系的安排》（简称CEPA），众多台商密切关注借道香港进入大陆的具体规定。

（七）2003年7月

7月25日，台"陆委会"通过大陆人士申请进入台"自由贸易港区"相关办法。

7月28日，台"陆委会"通过"大陆地区专业人士来台从事专业活动邀请单位及应备具之申请文件表"，放宽对大陆产业科技人士赴台从事科技研发或技术指导的限制措施。

（八）2003年8月

8月6日，台开放岛内银行国际金融业务分行办理无本金交割的美元对人民币远期外汇与汇率选择权业务，增加台商汇率避险管道。

8月13日，陈水扁提出"两岸直航三阶段说"，即"准备"、"协商"与"实现"阶段，声称要在2004年底前完成两岸相关协商，落实两岸直航。

8月15日，台"陆委会"公布"两岸直航之评估影响报告"，被泛蓝批评为"不直航报告"。

（九）2003年9月

9月10日，台"陆委会"公布"两岸货运包机方案"，意欲以春节台商包机模式，开放台航空业者以"单向"、"中停港澳往返上海"方式，进行两岸货物运输，并宣称自25日起受理申请。但届时并无一家提出申请，台当局被迫宣布推迟实施。

9月16日，台塑集团董事长王永庆接受岛内媒体专访时表示，"拼经济"就应加速开放两岸"三通"，增加台商的竞争力，"不'三通'是最不聪明的做法"。

9月23日，国民党主席连战接受日本《朝日新闻》专访时提出，在两岸空运方面以定时、定点、定线、定机种、定通讯指标方式推动两岸"空中安全走廊"；在海运方面扩大"境外转运中心"，考虑开放通关进口。

（十）2003年10月

10月9日，台"立法院"三读通过"两岸人民关系条例修正案"，为两岸协商设立"复委托"机制，要在18个月后出台"两岸直航"具体实施办法。

10月12日，台湾首次组团参加在深圳举办的"中国国际高新技术成果交易会"。

10月19日，台"陆委会主委"蔡英文称，"如何利用大陆来强化台湾在全球市场的竞争力"是台湾考虑两岸"三通"的关键。

（十一）2003 年 11 月

11 月 18 日，台塑石化公司所生产的汽油首次出口中国石油化工公司。

11 月 19 日，台“工业总会”组团赴港澳，寻求大陆与港澳经贸安排带来的商机。

11 月 26 日，上海家乐福量贩店贩卖标示产地“台湾”的即溶咖啡，引起民众强烈抗议，被迫全部下架。

11 月 25 日，台“行政院”官员透露，台商返台股票上市案在 2004 年大选前不可能实现。

（十二）2003 年 12 月

12 月 2 日，台宣布将对在台停留满 183 天的大陆人士课征所得税。

12 月 3 日，台“经济部工业局”发表委托“台湾经济研究院”所做的研究报告，称大陆产品对台制造业的冲击正逐步升高。

12 月 17 日，国务院台湾事务办公室发表“以民为本，为民谋利，积极务实推进两岸‘三通’”白皮书，呼吁实现“直接、双向、全面‘三通’”。

12 月 25 日，胡锦涛总书记在人民大会堂亲切会见大陆各地台商协会会长代表及其眷属。肯定台商为两岸交流所作的贡献，再次强调坚决反对任何形式的“台独”分裂活动，也绝不允许任何人以任何方式把台湾从中国分割出去。

12 月 30 日，浙江国祥制冷公司成为第一家在上海证券交易所以 A 股挂牌上市的台资企业。

八、2002 年

（一）2002 年 1 月

1 月 1 日，台当局开放所谓“赴国外留学或旅居国外取得当地永久居留权”的大陆民众赴台观光旅游。由于限制条件严苛，截至 4 月底，仅有 6 批、共 78 人抵台旅游观光。

1 月 5 日，澳门特区政府允许台驻澳机构“台北经济文化中心”为澳门居民及经澳门赴台的大陆居民、外国人办理入台证件和提供旅行服务。

1 月 16 日，台“行政院会”通过“加入 WTO 两岸经贸政策调整执行计划”，包括开放两岸直接贸易、分阶段扩大开放大陆物品进口（含农产品 901 项，工业产品 1225 项）、调整大陆物品进口审查机制，以及强化大陆物品进口防御机制。

1 月 24 日，钱其琛副总理在纪念江泽民对台发表和平统一八项主张讲话 7 周年纪念座谈会上发表重要讲话，表示愿意听取台湾各界人士关于建立两岸经济合作机制、密切两岸经济关系的意见和建议。

（二）2002年2月

2月1日，大陆相关单位全面暂停对台渔工劳务合作业务。

2月4日，海协会第一个境外办事处在澳门正式挂牌成立。

2月5日，首批海外大陆游客13人从日本大阪抵达台湾。

2月13日，台“财政部”修正发布“台湾地区金融机构办理大陆地区汇款作业准则”及“台湾地区银行办理大陆地区进出口外汇业务作业准则”，台外汇指定银行经财政部核准者，可与大陆地区银行办理两岸汇款及进出口外汇业务。

2月15日，台“经济部”宣布建立定期检讨及建议开放输入大陆物品的程序。

（三）2002年3月

3月11日，中国人民银行行长戴相龙宣布核准台湾世华银行在上海浦东、彰化银行在昆山设立代表人办事处。

3月29日，台“行政院”公布开放台商赴大陆投资设立芯片厂的原则，以小规模、低度开放为原则，项目以旧有设备（含8英寸及以下）作价投资为优先，并限定2005年以核准3座为上限。

（四）2002年4月

4月2日，台“立法院”通过“两岸人民关系条例”修正案，开放“陆资”赴台投资土地及不动产，准许台商投资盈余汇回台湾可自纳税额中抵扣；并办理六个月期限的大陆投资台商补报备登记。

4月15日，岛内报纸报道，据台“经济部”统计资料显示，自2001年11月起，大陆已超过美国，成为台最大的出口市场。

4月17日，台“行政院”通过“企业营运总部推动方案”，给予在台设立营运总部的企业，其海外子公司汇回权利金、研发管理服务费、投资收益等收益免缴营所税的优惠。6月12日实施相关租税奖励办法。

4月24日，台“经济部”公告“在大陆地区从事投资或技术合作制造业或农业禁止类之产品项目”清单，将台商赴大陆投资业别项目的分类由“许可类、禁止类、专案审查类”三类调整为“禁止类、一般类”二类，以配合2001年11月20日发布的大陆投资新审查机制。

4月30日，台当局简化大陆地区专业人士赴台手续，将原先须于预定来台之日2个月前提出申请，简化为10个工作日。

（五）2002年5月

5月6日，岛内报纸刊登对台“行政院副院长”林信义的专访，林称两岸“三通”是必走的路。“从人流、物流的成本角度来看是必要的”。

台报报道指出，岛内科技业在两岸投资的布局正在形成“台湾研发大陆生产”的分工体系。

5月8日，陈水扁在金门发表所谓“大胆讲话”，称两岸关系正常化必须从经贸关系正常开始作起，两岸必须重启协商大门，两岸“三通”是必须要走的路。

5月10日，台“香港事务局”驻香港国际机场办事处正式启用。至此大陆人士赴台在香港机场内即可办理换领赴台旅行证。

台实施第二阶段“开放大陆地区人民来台观光推动方案”。准许赴海外旅游或商务考察的大陆人民转赴台湾观光。

5月13日，台“入出境管理局”表示，即日起开放未具公务员身份的一般民众利用网站或传真办理申请进入大陆许可。

（六）2002年6月

6月19日，台“行政院”通过“陆委会”提报“小三通”政策调整案，扩大金马地区大陆农工产品的进口项目，并将配合减免关税方式，逐步消除小额贸易。同时将以福建为试点，有限度开放台湾货品单向中转至大陆地区。并同意以专案核准的方式，试办澎湖与福建地区的直航。

6月26日，国务院台湾事务办公室举行新闻发布会，国台办新闻发言人李维一指出，我们认为，目前两岸直接“三通”已不存在任何技术问题，只要能按一个国家内部事务处理两岸直接“三通”相关事宜，在平等互利的基础上，通过民间、行业或公司间协商的办法，完全可以达成共识，尽快地通起来。

6月29日，台港就新的空运航约完成谈判，并签署“有关台港之间空运安排”新约，就航空公司提供两地之间往来的客、货运航班、运量及法律规范等事项达成协议。自7月1日起生效，为期五年。

（七）2002年7月

7月1日，台“经济部”开始受理未经核准迳赴大陆投资的台商半年补办申请许可。

7月4日，中国人民银行宣布开放中国、中国工商、中国建设、中国农业及交通五大国有银行与台湾银行业者进行国际金融业务分行（OBU）直接通汇及信用状往来。两岸民众汇款可节省第三地外商银行收取的手续费用，两岸信用状开立由3个工作日减为1日。

7月5日，钱其副总理在会见台湾客人时表示，两岸“三通”是经济问题，可以不涉“一个中国”问题，而看做是一个国家的内部事务来进行。双方可考虑由民间业者商谈，要避免之间的争议问题，可用双方船舶不挂旗等办法回避。

7月29日，台“经建会”通过“自由贸易港区设置管理条例”草案，计划设立自由贸易港区，区内货物免税费自由流通。

（八）2002年8月

8月2日，台“经济部投审会”公告修正“在大陆地区从事投资或技术合作许可办法”，开放台商赴大陆直接投资，其中属于所谓“重大投资项目”如芯片制造等则以“直接投资”为原则。

台“行政院”通过“两岸地区保险业务往来许可办法”修正案，开放台保险公司赴大陆设立子公司或分公司。

台“财政部”修正发布“两岸金融业务往来许可办法”，即日起受理台外汇指定银行（DBU）与邮汇局申请，直接对大陆金融机构进行金融往来，岛内民众可“直接”透过DBU对大陆地区汇款，但项目以“两岸直接经贸往来”为限。国际金融业务分行（OBU）也可对大陆台商办理放款及应收账款收买业务，台商可直接向OBU借款。但此项措施由于岛内部分人士的刻意阻挠迄未正式实施。

8月3日，陈水扁在向“世界台湾同乡会联合会”年会发表讲话时公然抛出两岸“一边一国论”。事后又改口称是“主权对等”。此言论在岛内外引起强烈反弹，反“独”人士群起抗议。

8月9日，台“经济部”发布“在大陆地区投资晶圆（即芯片）厂审查及监督作业要点”，有条件开放台商赴大陆投资设立8英寸以下芯片厂。

8月10日，台“内政部”通过“大陆地区人民在台湾地区取得设定或移转不动产物权许可办法”，开放陆资赴台投资不动产。但仅限于自用住宅、或投资观光旅馆、商业大楼、工业厂房，并采取总量管制。

8月12日，台“经济部”发布“在大陆地区从事投资或技术合作服务业及基础建设经营项目”，公布台商投资大陆服务业项目，其中67项由“专案审查类”改列为“一般类”。

8月28日，台“内政部”发布修正“台湾地区人民进入大陆地区许可办法”，放宽十类公职人员赴大陆探亲，并自30日起开始受理申请。

（九）2002年9月

9月1日，台“内政部”发布修正“大陆地区人民在台湾定居或居留许可办法”及“大陆地区人民进入台湾地区许可办法”，放宽大陆配偶在台居留期限，由原规定2年内只可出境60日，放宽为120日，并发给1～2年逐次加签旅行证。自13日起实施。

9月2日，台报报道，台“国安会科技小组”已确定将三大领域126项“敏感科技”项目，即日起加以管制。

9月18日，美国驻台“代表”包道格发表演讲，警告台湾若持续视大陆为经济上的威胁，将有被孤立与失去未来商机的危险。

9月25日，“行政院”会通过“两岸人民关系条例修正案”，包括调整两岸协商架构、放宽两岸经贸政策、两岸人民身份与居留制度及两岸通航、文教往来等重要措施。

(十) 2002 年 10 月

10 月 8 日，澳门航空开通澳门至深圳和澳门至台湾货运航线，提供一机到底的货运服务。

10 月 16 日，钱其琛副总理接见台湾媒体人士时表示，“三通”是两岸间的“三通”，是经济问题，不是政治议题，不是要先承认一个中国才能“三通”。两岸通航本来就是一种特殊方式，可以叫做“两岸航线”。

10 月 23 日，陈水扁称，两岸直航不是台湾经济发展的“万灵丹”，不能对直航一相情愿。

10 月 28 日，从福建马尾口岸驶出的“明德 1 号”货轮停靠台湾省马祖福澳港码头，船上满载 1000 吨砂石。两岸货物首次实现直航。

10 月 30 日，国民党籍“立法委员”章孝严在国民党中常会上提出“两岸定点包机直航报告”，提议以春节期间包机送台商回台过节，作为两岸“三通”和直航的试金石。

台塑董事长王永庆表示，台湾不开放“三通”，等于是对台商的打击，是“在惩处台商”。真正最迫切需要“三通”的应该是台湾。

(十一) 2002 年 11 月

11 月 7 日，台“国防部”提出两岸直航的评估意见，以台海只准南北向不准东西向通航，避免直接穿越航行；采定点、定线、定时方式；白天通航、夜间停航等多项原则。“陆委会”亦提出四项原则，即“由政府主导”、“公权力不能被侵蚀”、“优先考虑海基会为谈判代表”、民间团体只是协助角色等。

11 月 8 日，江泽民总书记在中国共产党第十六次全国代表大会上的报告中提出：“实现两岸直接通邮、通航和通商，是两岸同胞的共同利益所在，完全应该采取实际步骤积极推进，开创两岸经济合作的新局面。”

11 月 9 日，台“国安会谘询委员”林佳龙在民进党“中国事务部”举办的座谈会中提出将两岸航线定位为“跨域航线”，但其仍重弹所谓“安全”与制订相关配套措施等老调。

11 月 25 日，台“海基会”与“陆委会”联合召开台商座谈会，宣布从 2003 年 1 月 26 日至 2 月 10 日春节期间，将准许台商透过“间接包机”与“小三通包船”等海空路线返台，但包机航线须绕经港澳等第三地。此前，13 日台“行政院长”游锡堃在台“立法院”表示，同意台商春节期间以“包机间接直航”的方式回台。首先倡议台商春节“包机直航”的台“立法委员”章孝严组团于 22 日到北京与大陆国台办、民航总局商谈相关事宜，大陆方面表达了乐观其成的态度。

(十二) 2002 年 12 月

12 月 24 日，台报报道，据台“工商建研会”所做的调查，如果两岸实现

"三通"，将有高达78%的台商将继续增加对大陆的投资。

12月27日，台"经济部长"林义夫称，2002年台湾经济增长的一半来自出超，而台出超又主要集中在两岸贸易，认为岛内"依赖大陆过深"。

当月，第二批多家台湾金融机构陆续获准在大陆设立办事机构。

截至年底，台当局开放两岸经贸政策的步伐明显放慢，台商赴大陆投资8英寸芯片厂迄无一家正式获得许可。

九、2001年

(一) 2001年1月

1月6日，民进党主席、高雄市长谢长廷在主持资讯月高雄区展示活动开幕典礼上，针对未来两岸"三通"与台湾加入世贸组织问题，提出"境内香港"特区城市概念，称为吸引陆资，可让台湾与大陆先以"特区对特区"方式交流。此言在岛内引起强烈反响。

1月30日，由国民党前秘书长章孝严担任理事长的"中国台商发展促进协会"成立。

(二) 2001年2月

2月1日，"陆委"专案核准10家台商直接从金门直航厦门港，创下金、厦开办直航的新案例。

(三) 2001年3月

3月2日，台"行政院陆委会"表示，虽然目前岛内企业已经可以依法间接到大陆投资，但尚未开放对大陆证券的投资，如果岛内民众从事大陆B股投资，将予处罚。

3月13日，为控制台商资金流向大陆，"陆委会"、"财政部"、"中央银行"等单位正式拟定"规范大陆台商资金流向机制"。

3月25日，台"行政院长"张俊雄表示，希望透过世界贸易组织（WTO）或亚太经济合作会议（APEC）等国际组织架构，与大陆沟通签订两岸投资保障协定的问题。

3月26日，由国民党副主席、前"行政院长"萧万长与台积电、统一、台泥、国泰、裕隆等20家岛内重量级企业集团负责人共同发起筹组的"财团法人两岸共同市场基金会"正式成立。首任董事长萧万长强调，"两岸共同市场基金会"以建构两岸经济统合、促进两岸经济发展、提升两岸人民福祉，并借以促进全球经贸繁荣与和平为宗旨。

(四) 2001年4月

4月6日，台"立法院跨党派台商权益促进会"和台"中国台商发展促进协会"在"立法院"召开"解决大陆台商经营困难八项诉求"公听会，近百位台商出席。八大诉求主要内容为：准许岛内各银行赴大陆设立办事处或分行、准予台商半成品回流组装、适度开放大陆配偶返台居留权及健保权、放宽引进大陆高科技人才及技术转移、赋予各地台商协会邀请大陆专业人士来台之权利、准予台商学校设立高中部等。

4月17日，台“行政院主计处”统计指出，台商对大陆投资金额由1991年的1.7亿美元升至去年的26亿美元，10年间增长14倍，累计总投资额达171亿美元。去年台商投资电子业的比重已高达56.2%，较10年前提升38.1%，显示台商对大陆投资已转向资本、技术密集产业。

4月18日，台“经济部”召开投资审查会议，通过13件台商赴大陆投资案，总计核准投资金额为1亿美元，其中包括华硕与威盛电脑赴大陆投资案。

4月19日，台湾“两岸共同市场基金会董事长”萧万长出席“2001年大陆投资与权益保障研讨会”表示，两岸共同市场可按两岸经贸关系正常化、自由贸易、关税联盟、共同市场等阶段依序具体推动。

4月23日，台“经济部投审会”发布统计显示，今年第一季“经济部”共核准台商赴大陆投资金额计6.4亿美元，年增率为13.5%。其中有五成五的投资集中在江苏、三成在广东。以业别而言，46.3%为电子电器制造业，7.6%为造纸印刷业，6.5%为机械制造业。

（五）2001年5月

5月2日，由大陆台商组成的“中华两岸文化经济协会”在台成立。

5月8日，“两岸共同市场基金会”大陆访问团在基金会董事长、国民党副主席萧万长率领下，来祖国大陆北京、上海、深圳等地参观访问。

5月8日，为期三天的“第四届京台科技论坛暨京台科技合作研讨洽谈会”在北京举行。京台两地科技界、学术界、工商界知名专家学者、企业家共500余人出席了开幕式。

5月10日，陈水扁针对萧万长率“两岸共同基金会”访问祖国大陆表示，两岸的问题，不能只谈两岸共同市场，而是应该谈经贸统合、文化统合，声称要将大陆市场纳入全球市场的一部分来思考，对大陆经贸采取的处理原则是“积极开放、有效管理”。

5月10日，台北市美国商会发布年度台湾白皮书及企业信心调查报告，指出两岸关系对台湾的商业环境至为重要，强调两岸如果能三通，将有助于吸引外商对台湾投资。

5月13日，台湾“商业总会”理事长王令麟率领170人的经贸访问团抵上海进行为期六天的考察，并参加16日举行的“沪台经贸交流会议”。

5月15日，台湾“中国台商发展促进协会”发表一份最新委托民调显示，认为“两岸直航对于两岸协商、降低敌意、促进交流非常有帮助”者达

83.47%，79.36%认为两岸直航对于刺激岛内景气、产业复苏、促进观光业发展有帮助”，另有50.14%的民众认为，两岸不能直航，台湾蒙受的损失较大。

5月17日，台湾前“总统府秘书长”、台湾“中国台商促进协会”理事长章孝严，率台商访问团前来祖国大陆西部城市重庆、成都和西安等地考察商机。24日，中共中央政治局委员钱其琛在中南海会见了章孝严，就进一步加强两岸经贸交流与合作交换了意见。

5月28日，台“经济部国贸局”公布“两岸贸易情势分析”指出，今年1～3月份台对大陆贸易总额估计为69.18亿美元，较去年同期成长2%，占台对外贸易总额的11.5%，比重较去年同期增加一个百分点。其中对大陆输出金额估计为55.39亿美元，较去年同期成长1.9%，占台出口总额的17.5%，比重较去年同期增加1.3%；自大陆进口金额为13.79亿元，较去年同期成长2.7%，占台进口总额的4.9%，比重较去年同期增加0.6%。台湾享有贸易顺差41.6亿美元，较去年同期成长1.6%。

5月30日，台“行政院”通过“两岸金融业务往来许可办法”修正案，允许岛内银行赴大陆设置代表人办事处，并同意国际金融业务分行与大陆进行金融往来。

5月31日，台“财政部证券暨期货管理委员会”公布统计，截至今年第一季为止，岛内上市上柜公司赴大陆投资的家数共计已达384家，占全体上市上柜公司的43.74%，较去年增加6.96%；累计汇出总金额达1542亿元，较去年底增加85亿元；就业别而言，上市上柜公司到大陆投资以电子业为最大宗，金额共计507亿元。

（六）2001年6月

6月5日，海峡两岸信息技术与微电子产业研讨会在福州举行。国务院台湾事务办公室主任陈云林出席会议并发表讲话。

6月14日，台“行政院农业委员会”召开“小三通”实施后检讨会议。“农委会副主委”林国庆称，两岸加入世界贸易组织后的关系，不会与其他国家完全相同，台湾不会贸然对大陆开放农产品市场。

6月15日，台“经济部”发布统计指出，五月份台对大陆间接投资件数105件，成长率12%，投资金额2.6亿美元，成长55%。累计今年前五个月对大陆投资件数为441件，成长72%，投资总额为10.6亿美元，成长33.18%。

6月15日，台“经济部国贸局”召开大陆产品输入检讨会，决定再开放丰年虾（卵）、门锁零件、彩色高解析度阴极射线电视显像管、雷射列表机等36项产品入岛，而微波炉等16项产品现行“仅开放非完成品”的限制也予解除，未来这些消费性电子产品的成品将准许输入。依“国贸局”统计，目前已开放的大陆工业产品项目计有5333项，占所有产品项目的64.7%，农产品仅开放482项，开放比例仅23.04%。

6月26日，台“经济部投审会”审查通过21件赴大陆投资案，核准投资总金额达1.87亿美元，其中较引人注目的是“华航”投资厦门国际航空港空运货站投资案，这是“华航”首宗赴大陆投资案。

6月26日，台“财政部”公布“两岸金融业务往来许可办法”，受理岛内银行申请赴大陆设立办事处。

（七）2001年7月

7月17日，台“经济部”发布统计指出，今年上半年台商对大陆投资金额为13.6亿美元，较去年同期大幅成长23.5%，其中对江苏地区投资7.23亿，显示长江三角洲已成为台商投资最主要的地区。赴大陆投资的金额中，46%投资电子电器业、6.5%投资精密器械业、5.7%投资非金属制品业、5.4%投资基本金属业、5.1%投资塑胶制品业。

（八）2001年8月

8月7日，台“财政部”修正“境外航运中心关务作业要点”，规定大陆地区出口货物，以海运运至“境外航运中心”后，准许货物运出“管制区”外至中正国际机场与高雄国际机场，以“海空联运”形式出口，同时采行一段式自动化通关，以利于台湾“全球运筹中心”目标的达成。

8月12日，台“经济发展咨询委员会”两岸组召开分组会议并达成重要共识，决定以“积极开放，有效管理”取代使用长达五年的“戒急用忍”字眼。

8月16日，厦门国际航空港集团有限公司与台湾航勤（澳门）有限公司合资建设的空运货站奠基，开启了两岸在航空领域的合作。

8月26日，24日起召开的“经济发展咨询委员会全体委员会议”闭幕。经过三天的讨论，通过“投资”、“产业”、“就业”、“财金”、“两岸”五个分组共322项“共识意见”、36项“多数意见”及12项“其他意见”。其中“两岸”方面的“共识”主要有：确定两岸经贸发展的基本原则为“台湾优先”、“全球布局”、“互惠双赢”及“风险管理”；大陆投资“戒急用忍”政策改为“积极开放，有效管理”；建立两岸资金流动的灵活机制；配合加入世贸组织进程，开放两岸直接贸易及两岸直接通邮、通讯等业务，并适度扩大开放大陆物品进口，整体规划两岸“通航”；开放大陆地区人民来台观光。

（九）2001年9月

9月3日，台“经济部”公告修正“两岸贸易许可办法”，准许岛内保税工厂、加工出口区及科学工业园区厂商，可进口未公告开放的大陆物品供重整外销。

9月4日，台积电董事长张忠谋公开表示，台积电将派遣有关主管赴上海设立办事处。

9月4日，台塑集团董事长王永庆发表万言书，对“戒急用忍”政策提出严厉批评。

9月5日，台“行政院”通过“试办金、马与大陆地区通航实施办法修正案”、“台湾地区与大陆地区人民关系条例修正案”，允许岛内船舶经专案核准由澎湖进入大陆地区，同时开放大陆资金来台购买不动产。

9月20日，台“行政院长”张俊雄在“立法院”作施政报告时表示，两岸均将加入世贸组织，两岸经贸发展情势已进入一个新的阶段，两岸经贸发展必须突破戒急用忍政策的新思维。

9月28日，台“财政部”公布包括世华、“中国商银”、土银、一银、合库、华南、彰银及“中国信托”等八家商业银行通过审核，可以赴大陆设立代表人办事处。

（十）2001年10月

10月4日，台“陆委会经济处副处长”周庆生在“外贸协会”举办的“迎接WTO新世纪大陆市场研讨会”上称，台湾对大陆出口依存度已经达到145，海外投资集中在大陆的比重，也高达40%至50%，显示台湾对大陆经贸依存度日益升高。

10月11日，新党“立委”冯沪祥率领“两岸空运直航访问团”抵京。12日两岸民间航空业界就两岸空中直航达成重要共识。

10月16日，台“经济部投审会”公布统计数据，1～9月核准对大陆投资金额大幅成长18.95%。

10月29日，台“经济部国贸局”发布8月份两岸贸易统计，8月份台对大陆出口20.3亿美元，对大陆出口依存度升至21.5%，创下历年新高。

10月29日，台“陆委会”通过“大陆专业人士来台从事专业活动许可办法”修正案，放宽大陆经贸人士赴台限制。

10月31日，台“行政院”通过决议，扩大“境外航运中心”功能及范围，准许大陆货品以保税型态运至保税区“通关入境”。

（十一）2001年11月

11月6日，台“经济部”发布新闻稿指出，如果台湾顺利入会，将考虑“不对中华人民共和国援引排除条款”。这是台当局首次明确表达不援引“排除条款”的立场。

11月7日，台“行政院”通过“落实大陆投资积极开放、有效管理”政策，放宽企业对大陆投资限制。

11月16日，台“财政部”修正“两岸金融业务往来许可办法”，开放岛内银行国际金融业务分行（OBU）与大陆各金融机构办理直接通汇业务。

11月23日，台“经济部”决议开放资讯软硬体、通信及消费性电子等三大类共 120 项产品赴大陆投资。

11 月 27 日，台“经济部”统计指出，第三季台对大陆的出口依存度达 20.9%，创历年最高。

（十二）2001 年 12 月

12 月 13 日，“经济部”召开专案会议，决定解除发光二极体（LED）、液晶显示器后段模组制程等 52 项赴大陆投资禁令。

12 月 14 日，台“经济部”专案小组决定开放 636 项医药及一般化学品登陆投资。

12 月 21 日，台“经济部”专案会议决定，农业赴大陆投资将采审慎方式，现阶段不宜贸然大幅开放，并将农业赴大陆投资“禁止类”项目由原有的 13 项大幅扩增为 436 项。

12 月 26 日，台“外贸协会”召开年终记者会宣布，为因应两岸加入世界贸易组织（WTO）后的经贸新情势，锁定电子业、食品业、机械业和建材业等产业，于明年展开大陆市场“抢攻计划”。

119

两岸金融合作大事记

一、2009 年

2 月 26 日，大陆向台湾的邮政电子汇款业务开通。由此，海峡两岸正式实现了双向邮政电子汇兑。

4 月 8 日，中国银行与台资企业合作推介会在厦门举行。

4 月 16 日，台将修正两岸金融往来许可办法助银行业“登陆”。

4 月 22 日，两岸汇款金额全年突破 10 万亿新台币大关。

6 月 1 日，中国人民银行福州中心支行透露，福州已批准大陆首例对台投资项目外汇资金来源审查。这意味着大陆首例对台投资项目正在积极筹划和推进中。

6 月 3 日，兴业银行正式向国家有关部门提交在台湾地区设立办事处的方案，有望成为首家获批在台设立分支机构的内地银行。

7 月 1 日，台“金管会”宣布，持有台湾地区居留证的大陆人士，1 日起可比照台湾地区居民待遇，向岛内银行办理新台币及外币融资。

由台湾地区立法机构 15 位民意代表与台湾银行界人士组成的“两岸金融 MOU（监理备忘录）观察团”大陆参访。

台湾当局“金融监督管理委员会”宣布，为配合开放陆资来台投资政策，两岸民众汇出入款项全面开放，过去须“符合如捐赠、出口押汇、保险给付额度”等 15 项限制性条款全部取消。

8 月 7 日，大陆银联卡在台开刷，台湾业者预估商机逾千亿。

8 月 10 日，中国银联和台湾联合信用卡处理中心（联卡中心）在台北举行仪式，宣布正式开通银联卡台湾受理业务。

9 月 4 日，两岸证券投资论坛举行，业者称各具优势具互补空间。

9 月 9 日，中国金融学会副会长、中国人民银行副行长苏宁率大陆金融代表团抵台参访。

10 月 26 日，台湾海西金融参访团一行 23 人由台北抵达厦门。厦门市市长刘赐贵下午在厦门市政府会见了参访团全体成员。

11 月 16 日，两岸金融监理合作谅解备忘录（MOU）下午 6 时同步在台北和北京签署，预定 60 天后正式生效（2010 年 1 月 16 日）。

11 月 16 日，大陆方面银行业监督管理机构代表刘明康、证券及期货监督管理机构代表尚福林和保险监督管理机构代表吴定富，分别与台湾方面金融监督管理机构代表陈冲签署了《海峡两岸银行业监督管理合作谅解备忘录》、《海峡两岸证券及期货监督管理合作谅解备忘录》和《海峡两岸保险业监督管理合作谅解备忘录》。两岸银行、证券及期货、保险业监管合作备忘录的顺利签署，标志着两岸金融监管机构将据此建立监管合作机制。

11月19日，大陆首家具有台资背景的商业银行——厦门市商业银行，今天经中国银监会批准，于11月30日更名为“厦门银行股份有限公司”，简称“厦门银行”。这为该行走出厦门、实施跨区域经营奠定了基础。

12月7日，福州市商业银行正式更名为福建海峡银行，这是大陆首家冠名“海峡”字眼的银行。更名后的福建海峡银行表示，将进一步加强与台湾金融机构的交流合作，积极实现两岸金融业务合作的先行先试。

二、2008年

2008年4月，大陆银监会表示“欢迎台湾银行机构来大陆开展业务”。与此同时，台湾“金管会”也表示，愿积极考虑允许内地银行及保险公司到台湾开设办事处。两岸金融交流与合作面临着一个新的发展契机。

2008年6月12日，台湾“立法院”三读通过“两岸人民关系条例”中的第38条和第92条修正案，为开放人民币兑换提供了“法源”依据。

2008年6月21日，台湾当局公布“调整两岸证券投资方案”，标志着开放两岸资本市场的交流与合作迈出了关键性一步。长期以来，台当局一直严格控制两岸资本市场往来，不但禁止大陆资金直接投资台湾股市，只允许含极小比例大陆资金的海外公司赴台投资，且要求QFII须提交不含大陆资金声明，还以各种规定严格限制台湾基金对大陆与港澳股市的投资规模。马英九上台后开始加快推动两岸资本市场的开放步伐：一是开放大陆资金间接进入台湾股市；二是放宽岛内资金间接进入大陆资本市场；三是放宽台、港资本市场间的资金流动；四是积极筹划下一步开放内容。台湾对两岸资本市场往来的松绑，是加强两岸金融交流与合作的一个重要举措，不仅有助于应对短期内的股市低迷，还对台湾建设长期性的“亚太金融中心”具有积极意义。

2008年7月初，通过并实施“人民币在台湾地区管理及清算办法”，人民币实现在台全面兑换。台湾“中央银行”规定，人民币兑换每次以2万元人民币为限。初期只开放一般个人，身份和兑换用途不限，公司和法人户不在开放兑换之列。台湾“中央银行”另公布14家金融单位、约1240家分行可供申请兑换人民币业务，另外还有15家百货公司与46家旅馆可购买人民币。

人民币兑换业务在岛内开放。此举的目的之一主要是为方便大陆游客赴台旅游，也有助于增加台湾经济效益、扩大两岸经贸往来、稳定岛内金融市场、形成金融商机。台湾方面称，由于开放初期受限于货源，部分岛内银行可能会只买不卖。也就是说，目前的人民币业务仅停留于兑换层面且方向是单项的。

三、2007年

2007年6月，台湾国泰人寿公司获准筹设福建分公司，10月又获准设立北京分公司，至此已在大陆设立了五家分公司，年前又在昆山设立服务处，至此在大陆总计已有15个营销服务部，2007年在大陆的保费收入预计达到10亿元人民币。10月，台湾新安东京海上产险公司获台湾金管会同意，向台“经济部”提出赴大陆投资参股，与厦门产险公司合作成立新的产险公司。台湾新光人寿公司与大陆海航集团合资的寿险子公司。台湾银行业不仅继续扩大在香港的业务，而且开始在澳门布局，为进入大陆金融市场创造条件，预计2008年5月开业。这些投资布局预示着以金融为主的投资合作将成为台商对大陆投资新趋势。

2007年，也成为台资企业在香港上市最多的一年，先后有约十家大陆台资企业在港上市，而计划在港上市的台资企业还有几十家。其中以统一集团以“统一中国控股公司”于12月在香港上市最具影响力。

2007年10月24日，民进党当局为选举考虑，通过“国（岛）内基金及全权委托业务投资国外范围与境外基金一致化调整方案”，宣布开放岛内共同基金及全权委托业务，可比照境外投资基金投资大陆地区投票及港澳H股、红筹股，但投资上限分别为0.4%与10%，估计对大陆与港澳的基金投资规模只有110亿元新台币，但尚未付诸实施，就实现了政党轮替。

四、2006年

2006年5月15日，台“中央银行”修正“金门及马祖金融机构办理人民币现钞买卖业务要点”，增设办理据点；简化结汇手续与文件；同时将金融机构办理业务明确限定在办理人民币与新台币现钞间的买卖业务。

2006年6月13～22日，台“财政部”官员赴大陆实地调查大陆毛巾倾销案，这是两岸入世（WTO）后，台首度派有关官员到大陆调查倾销案。12月21日，国家开发银行与国务院台湾事务办公室正式公布该《暂行办法》。大陆这一专门的台资企业融资政策受到台商的高度关注与欢迎，将对台商在大陆的投资发展起到积极的促进作用。

2006年7月7日，中共中央台湾工作办公室主任陈云林会见中国国民党政策会执行长曾永权率领的中国国民党促进两岸金融交流、观光访问团一行，表示将进一步努力推动大陆商业银行发放专项贷款，支持大陆中小台资企业、台资农业企业的发展。

2006年7月10日，国台办与华夏银行签订“支持台资企业发展合作协议”，华夏银行承诺未来五年提供台商总计人民币200亿元的融资额度。

2006年12月25日，台“中央银行总裁”彭淮南称，台当局已经开放旅客携带人民币入台，现在是开放人民币兑换的最好时机。

五、2005年

2005年，台湾有关部门开始推动台湾银行通过投资与参股方式到大陆发展。台湾金融监管机构“金管会”主张尽快开放台湾银行在大陆设立分行，或以参股方式投资大陆地区银行业。不过，“陆委会”并不支持。

2005年9月，台湾财经部门提出大陆银行在台设立办事处的法律条件已经具备，暂时可依外国银行来台设办事处的相关办法或条件向“金管会”提出申请，不过，一直未获得台湾高层的肯定，大陆银行在台设立办事处一事仍无实质性进展。

2005年9月，国家开发银行与国台办签订“关于支持台湾同胞投资企业发展开发性金融合作协议”，国家开发银行根据该协议在未来五年来向台资企业提供300亿元人民币的开发性贷款方案，是大陆官方以政府行为协助解决台商融资问题的重要举措。

2005年10月，台湾当局开放金门、马祖地区金融机构试办新台币与人民币兑换业务。业务开通后，马上显现出人民币兑换业务巨大的市场潜力。

六、2004年

2004年3月起，台湾当局开放民众最多可以携带6000元人民币入境。这项试点定额兑换人民币政策，必须由台湾金融当局修改两岸金融业务往来办法，规定银行承作兑换业务细节，才能进行试行兑换，因此没有具体时间表，还在规划中。

2004年10月25日，海峡两岸有三场大型金融保险业交流活动同时召开，分别是“第十届两岸金融学术研讨会”、“沪台金融论坛”与“2004年两岸三地保险业交流与合作台北会议”。中国银监会国际部主任在“两岸金融学术研讨会”上提出，两岸可从目前大陆既有的三种监管合作模式寻求解决办法，包括正式签署金融监管合作备忘录、定期互访或非定期互访等方式。目前大陆与港澳金融管理局采取互访方式建立双边合作关系，港澳金管局也会定期带队访问大陆，大陆与包括美国在内的6个国家签下金融监管备忘录，以备忘录形式达成双边合作关系。这一弹性建议获得舆论好评，如台当局可以接受，两岸金融监管合作将迈出重要一步。

七、2003年

2003年4月，台湾“财政部金融局”同意岛内DBU（外汇指定银行）与大陆银行直接往来，但初期也只限于进出口押汇及汇出汇入款业务。

2003 年 6 月 23 日，台当局进一步开放两岸保险业务往来，包括开放两岸再保险业务直接往来，准许保险经纪人、代理人到大陆设办事处等。

2003 年 8 月，台湾当局开放银行 OBU 经营人民币无本金远期外汇交易（NDF）与人民币汇率选择权（NDO）业务，台湾不少银行陆开办该业务。事实上，台湾企业已早在东南亚等外汇市场承做人民币的 NDF 与 NDO 业务，每天平均承做 NDF 业务的金额达 1～2 亿美元，承做 NDO 业务的平均每日交易量为 3～4 亿美元。人民币已成为台湾银行与民众投资与避险工具。

2003 年以来，两岸银行参与的国际银行联贷业务及为台商投资的联贷业务不断增加，其中两岸银行合作共同为台塑集团在越南的投资项目与宁波投资项目提供联合贷款，使得两岸银行业的实质性合作步伐加快。

2003 年 9 月 17 日，由中信银、中银香港等岛内外 17 家银行参贷，提供统一企业充实中期营运资金的联贷案签约，创下岛内银行与海外中资银行联手主办联贷案的首例，为两岸金融合作立下典范。

2003 年 9 月，APEC 财政部长会议上，包括大陆国家发展银行、台湾合作金库银行与香港渣打银行等在内的 12 家亚洲银行签署合作备忘录，通过联贷方式向本地区中小企业的融资，也是两岸金融业进入半官方性质的交流与合作阶段。

2003 年 9 月，台新金融控股公司宣布在企业金融事业部门设立“中国工作小组”，积极争取珠江三角洲地区台商的金融业务。台湾第一银行计划成立“大中华事业部”，与大陆银行进行策略联盟，以进入大陆金融市场。富邦金融控股公司则通过购并香港港基银行，作为进军大陆金融市场的基地。台湾建华银行与“中国国际商业银行”与大陆台资银行华一银行进行策略联盟，希望通过此一模式进入大陆金融市场。台湾工业银行年前与香港东亚、渣打银行签署“贸易金融合作备忘录”，展开两岸三地的金融业务合作。台湾金鼎证券集团与日商合作，计划创建“大中华投资银行”，开展两岸三地的金融业务。

2003 年 10 月，台湾“立法院”修正通过“两岸人民关系条例”，放宽民众携带小额人民币进出台湾，2003 年 12 月，台湾当局允许赴大陆旅行、经商的台湾民众，可携带不超过 6000 元的人民币入境。该项业务因不涉及人民币清算，因此对汇率不会造成影响，但却标志着台湾当局正式规划开放人民币入境。另外，大陆也在酝酿开放福建五大城市中国银行经营台商兑换新台币与人民币业务。

2003 年 12 月，首家台资企业在祖国大陆 A 股上市。

2003 年 12 月，台湾当局取消两岸金融业务往来中要求“对大陆台商的授信余额，不得超过所收受大陆台商存款余额”的限制，从而为台湾银行争取更多的台商客户创造了条件，有利其竞争力的提高。

八、2001年

2001年，台湾当局分别开放OBU和DBU业务（由岛内“中央银行”指定民间银行办理企业进出口外汇业务），目的在于加强台湾银行的跨境金融活动，希望籍此使台湾能够成为区域性金融中心。此后的几年中，OBU实际上扮演了一个两岸“资金调度中心”的作用，是当前两岸金融合作机制的主要内容，因而特别受到台商的“倚重”。

2001年，台湾当局于6月26日宣布开放台湾金融机构赴大陆设立办事处，在符合规定的9家银行中有8家银行向台“财政部”提出申请，于9月28日批准。赴大陆设立办事处的8家银行名单及设立据点分别是：世华银行（上海），“中国商业银行”（苏州），土地银行（上海），第一银行（上海），合作金库银行（北京），华南银行（深圳）、彰化银行（昆山），“中国信托商业分行”（北京）。大陆中国人民银行开始对台湾银行申请设立办事处展开审查工作。

九、2000年

2000年年底，台湾当局开放台湾保险业与证券业赴大陆设立办事处。2001年年初，大陆方面正式批准台湾国泰人寿、新光人寿与富邦产险在大陆设立办事处。

十、1995—1997年

1995年和1997年，有着台资企业背景的协和银行和华一银行分别在宁波和上海成立并营业，尽管这两家银行被认为是“偷渡的金融家”，但在一定意义上却标志着台湾银行业朝布局大陆的方向迈出了第一步。在随后的几年中，先后有8家台湾银行向大陆提出了申请（其中1家撤消了申请）。

香港篇

三十一 内地与香港关于建立更紧密经贸关系安排

120

内地与香港关于建立更紧密经贸关系的安排

前　言

为促进内地和香港特别行政区（以下简称“双方”）经济的共同繁荣与发展，加强双方与其他国家和地区的经贸联系，双方决定签署《内地与香港关于建立更紧密经贸关系的安排》(以下简称“《安排》”)。

第一章　总　　则

第一条　目标

通过采取以下措施，加强内地与香港特别行政区（以下简称“香港”）之间的贸易和投资合作，促进双方的共同发展：

一、逐步减少或取消双方之间实质上所有货物贸易的关税和非关税壁垒；

二、逐步实现服务贸易自由化，减少或取消双方之间实质上所有歧视性措施；

三、促进贸易投资便利化。

第二条　原则

1.《安排》中，内地系指中华人民共和国的全部关税领土。

2. 本《安排》中，内地系指中华人民共和国的全部关税领土。

《安排》的达成、实施以及修正应遵照以下原则：

一、遵循“一国两制”的方针；

二、符合世界贸易组织的规则；

三、顺应双方产业结构调整和升级的需要，促进稳定和可持续发展；

四、实现互惠互利、优势互补、共同繁荣；

五、先易后难，逐步推进。

第三条　建立与发展

一、双方自2004年1月1日起开始实施《安排》下货物贸易和服务贸易自由化的具体承诺。

二、双方将通过不断扩大相互之间的开放，增加和充实《安排》的内容。

第四条　中国加入世界贸易组织法律文件中特定条款的不适用

双方认识到，内地经过20多年的改革开放，市场经济体制不断完善，内地企业的生产与经营活动已经符合市场经济的要求。双方同意《中国加入世界贸易组织议定书》第15条和第16条，以及《中国加入世界贸易组织工作组报告书》第242段的内容不再适用于内地与香港之间的贸易。

第二章　货物贸易

第五条　关税

一、香港将继续对原产内地的所有进口货物实行零关税。

二、自2004年1月1日起，内地将对附件1中表1列明的原产香港的进口货物实行零关税。

三、不迟于2006年1月1日，内地将对附件1中表1以外的原产香港的进口货物实行零关税。具体实施步骤载于附件1。

四、任何根据本条第三款取消进口关税的货物应补充列入附件1中。

第六条　关税配额和非关税措施

一、一方将不对原产于另一方的进口货物采取与世界贸易组织规则不符的非关税措施。

二、内地将不对原产香港的进口货物实行关税配额。

第七条　反倾销措施

双方承诺一方将不对原产于另一方的进口货物采取反倾销措施。

第八条　补贴与反补贴措施

双方重申遵守世界贸易组织《补贴与反补贴措施协定》及《1994年关税与贸易总协定》第16条的规定，并承诺一方将不对原产于另一方的进口货物采取反补贴措施。

第九条　保障措施

如因《安排》的实施造成一方对列入附件1中的原产于另一方的某项产品的进口激增，并对该方生产同类或直接竞争产品的产业造成严重损害或严重损害威胁，该方可在以书面形式通知对方后临时性地中止该项产品的进口优惠，并应尽快应对方的要求，根据《安排》第十九条的规定开始磋商，以达成协议。

第三章　原产地

第十条　原产地规则

一、适用于《安排》下货物贸易优惠措施的原产地规则载于附件 2。

二、为保证货物贸易优惠措施的实施，双方决定加强和扩大行政互助的内容和范围，包括制订和实施严格的原产地证签发程序，建立核查监管机制，实行双方发证和监管机关联网、电子数据交换等措施，具体内容载于附件 3。

第四章　服务贸易

第十一条　市场准入

一、一方将按照附件 4 列明的内容和时间对另一方的服务及服务提供者逐步减少或取消实行的限制性措施。

二、应一方的要求，双方可通过协商，进一步推动双方服务贸易的自由化。

三、任何根据本条第二款实行的服务贸易自由化措施应补充列入附件 4。

第十二条　服务提供者

一、《安排》中"服务提供者"的定义及相关规定载于附件 5。

二、任何世界贸易组织其他成员的服务提供者，如系根据一方的法律所设立的法人并在该方从事附件 5 中规定的"实质性商业经营"，则有权享受另一方在《安排》下给予该方服务提供者的优惠。

第十三条　金融合作

双方采取以下措施，进一步加强在银行、证券和保险领域的合作：

一、内地支持国有独资商业银行及部分股份制商业银行将其国际资金外汇交易中心移至香港；

二、支持内地银行在香港以收购方式发展网络和业务活动；

三、内地在金融改革、重组和发展中支持充分利用和发挥香港金融中介机构的作用；

四、双方加强金融监管部门的合作和信息共享；

五、内地本着尊重市场规律、提高监管效率的原则，支持符合条件的内地保险企业以及包括民营企业在内的其他企业到香港上市。

第十四条　旅游合作

一、为进一步促进香港旅游业的发展，内地将允许广东省境内的居民个人赴港旅游。此项措施首先在东莞、中山、江门三市试行，并不迟于 2004 年 7 月 1 日在广东省全省范围实施。

二、双方加强在旅游宣传和推广方面的合作，包括促进相互旅游以及开展以珠江三角洲为基础的对外推广活动。

三、通过合作，提高双方旅游行业的服务水平，保障游客的合法权益。

第十五条　专业人员资格的相互承认

一、双方鼓励专业人员资格的相互承认，推动彼此之间的专业技术人才交流。

二、双方主管部门或行业机构将研究、协商和制订相互承认专业人员资格的具体办法。

第五章　贸易投资便利化

第十六条　措施

双方通过提高透明度、标准一致化和加强信息交流等措施与合作，推动贸易投资便利化。

第十七条　合作领域

一、双方将在以下领域加强合作：

1. 贸易投资促进；

2. 通关便利化；

3. 商品检验检疫、食品安全、质量标准；

4. 电子商务；

5. 法律法规透明度；

6. 中小企业合作；

7. 中医药产业合作。

二、本条第一款所列领域的具体合作内容载于附件6。

三、应一方的要求，双方可通过协商，增加贸易投资便利化的合作领域或内容。

四、任何根据本条第三款增加的领域或内容应补充列入附件6。

第六章　其他条款

第十八条　例外

《安排》及其附件所载规定并不妨碍内地或香港维持或采取与世界贸易组织规则相一致的例外措施。

第十九条　机构安排

一、双方成立联合指导委员会（以下简称“委员会”）。委员会由双方高层代表或指定的官员组成。

二、委员会设立联络办公室，并可根据需要设立工作组。联络办公室分别设在中央人民政府商务部及香港特别行政区政府工商及科技局。

三、委员会的职能包括：

1. 监督《安排》的执行；

2. 解释《安排》的规定；

3. 解决《安排》执行过程中可能产生的争议；

4. 拟订《安排》内容的增补及修正；

5. 指导工作组的工作；

6. 处理与《安排》实施有关的任何其他事宜。

四、委员会每年至少召开一次例会，并可在一方提出要求后 30 天内召开特别会议。

五、双方将本着友好合作的精神，协商解决《安排》在解释或执行过程中出现的问题。委员会采取协商一致的方式作出决定。

第二十条　杂项

一、除非《安排》另有规定，依据《安排》采取的任何行动不应影响或废止一方依据其作为缔约方在其他协议下所享受的权利和承担的义务。

二、双方应努力避免增加影响实施《安排》的限制性措施。

第二十一条　附件

《安排》的附件构成《安排》的组成部分。

第二十二条　修正

根据需要，双方可以书面形式修正《安排》或附件的内容。任何修正在双方授权的代表签署后正式生效。

第二十三条　生效

《安排》自双方代表正式签署之日起生效。

《安排》以中文书就，一式两份。

《安排》于二〇〇三年六月二十九日在香港签署。

中华人民共和国	中华人民共和国
商务部副部长	香港特别行政区财政司司长
安　民	唐英年

附件一：

关于货物贸易零关税的实施

一、根据《内地与香港关于建立更紧密经贸关系的安排》（以下简称《安排》），内地与香港特别行政区就货物贸易中零关税的实施制定本附件。

二、香港继续对原产内地的所有进口货物实行零关税。

三、内地自 2004 年 1 月 1 日起分阶段对原产香港的进口货物实行零关税。

"原产香港的进口货物"指符合《安排》附件2规定的货物。香港特别行政区有关部门和授权发证机构按照香港法例的有关规定签发《安排》下的原产地证书。进口享受《安排》中零关税的货物时，进口人应按照《安排》附件3的规定向内地海关提交香港特别行政区有关部门或授权发证机构签发的原产地证书。

四、自2004年1月1日起，内地将对本附件表1列明的原产香港的进口货物实行零关税。表1是本附件的组成部分。内地税则税目调整时，表1的税则号相应进行转换。香港的生产企业提出要求享受零关税货物的申请时，应依照当年的内地税则号提出。

五、不迟于2006年1月1日，内地将对本附件表1以外的原产香港的进口货物实行零关税。具体实施步骤如下：

（一）申请和核查

1. 自2004年1月1日起，香港的生产企业可按香港特别行政区政府的有关规定，向香港工业贸易署提出要求享受零关税货物的申请。

2. 申请企业应向香港工业贸易署提供货物名称和生产能力或预计生产情况的资料和数据。

3. 香港工业贸易署及香港海关应对申请企业提供的资料和数据进行核查和认定，按照现有生产货物和拟生产货物分别汇总。

（二）确认和磋商

1. 每年6月1日前，香港工业贸易署应将其分别汇总的货物名称、生产能力或预计生产情况的资料和数据提交商务部。

2. 商务部在收到香港工业贸易署提交的上述材料后，应会同内地有关部门与香港工业贸易署在当年8月1日前共同核定和确认货物清单。

3. 货物清单确认后，海关总署应与香港工业贸易署就有关货物的原产地标准进行磋商。双方应于当年10月1日前完成原产地标准的磋商。

（三）公布和实施

1. 对香港现有生产的货物，根据双方达成的一致意见，内地将货物清单及相应的原产地标准分别补充列入本附件表1和附件2表1。自完成磋商后第二年1月1日起，内地根据香港发证机构签发的原产地证书，准予有关货物按照《安排》零关税进口。

2. 对拟生产的货物，根据双方达成的一致意见，内地应将有关货物的原产地标准补充列入附件2表1。申请企业正式投产后，经香港工业贸易署和香港海关核查，由香港工业贸易署通知商务部，经双方共同确认，内地将有关货物清单补充列入本附件表1。自双方确认后第二年1月1日起，内地根据香港发证机构签发的原产地证书，准予有关货物按照《安排》零关税进口。

3. 双方应于每年12月1日前公布磋商确认的货物清单及原产地标准。

（四）香港工业贸易署每年6月1日后向商务部提交资料要求享受《安排》零关税的货物，降税安排顺延一年。

六、当因执行本附件对任何一方的贸易和相关产业造成重大影响时，应一方要求，双方应对本附件的有关规定进行磋商。

七、本附件自双方代表正式签署之日起生效。

本附件以中文书就，一式两份。

本附件于二〇〇三年九月二十九日在香港签署。

中华人民共和国 商务部副部长 安　民	中华人民共和国 香港特别行政区财政司司长 唐英年

附件二：

关于货物贸易的原产地规则

一、根据《内地与香港关于建立更紧密经贸关系的安排》（以下简称《安排》），内地与香港特别行政区就货物贸易的原产地规则制定本附件。

二、一方直接从另一方进口的在《安排》下实行零关税的货物，应根据下列原则确定其原产地：

（一）完全在一方获得的货物，其原产地为该方。

（二）非完全在一方获得的货物，只有在该方进行了实质性加工的，其原产地才可认定为该方。

三、本附件第二条第（一）款所称"完全在一方获得的货物"是指：

（一）在该方开采或提取的矿产品；

（二）在该方收获或采集的植物或植物产品；

（三）在该方出生并饲养的动物；

（四）在该方从本条第（三）款所指的动物中获得的产品；

（五）在该方狩猎或捕捞所获得的产品；

（六）持该方牌照并悬挂国旗（就内地船只而言）或香港特别行政区区旗（就香港特别行政区船只而言）的船只在公海捕捞获得的鱼类和其他海产品；

（七）在持该方牌照并悬挂国旗（就内地船只而言）或香港特别行政区区旗（就香港特别行政区船只而言）的船只上加工本条第（六）款所列产品中获得的产品；

（八）在该方收集的该方消费过程中产生的仅适于原材料回收的废旧物品；

（九）在该方加工制造过程中产生的仅适于原材料回收的废碎料；

（十）利用本条第（一）款至第（九）款所列产品在该方加工所得的产品。

四、下列加工或处理，无论是单独完成还是相互结合完成，凡用于以下规定的目的，即视为微小加工处理，在确定货物是否完全获得时，应不予考虑：

（一）为运输或贮存货物而进行的加工或处理；

（二）为便于货物装运而进行的加工或处理；

（三）为货物销售而进行的包装、展示等加工或处理。

五、本附件第二条第（二）款所称“实质性加工”的认定标准，应采用双方同意的下列实质性加工标准：

（一）“实质性加工”的认定标准可采用“制造或加工工序”、“税号改变”、“从价百分比”、“其他标准”或“混合标准”。

（二）“制造或加工工序”是指在一方境内进行赋予加工后所得货物基本特征的主要制造或加工工序。

（三）“税号改变”是指非一方原产材料经过在该方境内加工生产后，所得产品在《商品名称及编码协调制度》中四位数级的税目归类发生了变化，且不再在该方以外的国家或地区进行任何改变四位数级的税目归类的生产、加工或制造。

（四）“从价百分比”是指完全在一方获得的原料、组合零件、劳工价值和产品开发支出价值的合计与出口制成品离岸价格（FOB）的比值应大于或等于30%，并且最后的制造或加工工序应在该方境内完成。具体计算公式如下：

$$\frac{\text{原料价值}+\text{组合零件价值}+\text{劳工价值}+\text{产品开发支出价值}}{\text{出口制成品的FOB价格}}\times 100\% \geqslant 30\%$$

1.“产品开发”是指在一方境内为生产或加工有关出口制成品而实施的产品开发。开发费用的支付必须与该出口制成品有关，包括生产加工者自行开发、委托该方境内的自然人或法人开发以及购买该方境内的自然人或法人拥有的设计、专利权、专有技术、商标权或著作权而支付的费用。该费用支付金额必须能按照公认的会计准则和《关于实施1994年关税与贸易总协定第7条的协定》的有关规定明确确定。

2.上述“从价百分比”的计算应符合公认的会计准则及《关于实施1994年关税与贸易总协定第7条的协定》。

（五）“其他标准”，是除上述“制造加工工序”、“税号改变”和“从价百分比”之外的、双方一致同意所采用的原产地确定方法。

（六）“混合标准”是指同时使用上述两个或两个以上的标准确定原产地。

六、简单的稀释、混合、包装、装瓶、干燥、装配、分类或装饰不应视为实质性加工；企业生产或定价措施的目的在于规避本附件条款的，也不应视为实质性加工。

七、在确定货物原产地时，不应考虑货物制造过程中使用的能源、工厂、设备、机器和工具的产地；也不应考虑虽在制造过程中使用但不构成货物成分或组成部件的材料的产地。

八、下列情况在确定货物的原产地时应忽略不计：

（一）随所装货物一起报关进口并在《中华人民共和国海关进出口税则》中与该货物一并归类的包装、包装材料和容器；

（二）与货物一起报关进口并在《中华人民共和国海关进出口税则》中与该货物一并归类的附件、备件、工具及介绍说明性材料。

九、双方以《中华人民共和国海关进出口税则》8位数级税目为基础，按照本附件所规定的标准，制订《享受货物贸易优惠措施的香港货物原产地标准表》（本附件表1）。表1是本附件的组成部分。在《安排》下，满足本附件表1规定的原产地标准的货物方可视作已在香港进行了实质性加工。

任何根据《安排》附件1第五条实施零关税的原产香港的货物和拟在香港生产的货物的原产地标准应补充列入本附件表1。

十、根据《安排》实行零关税的原产货物，应从一方直接运输至另一方口岸。

十一、本附件实施后，如因生产技术改进或其他原因，一方认为需要对本附件的内容或本附件表1内有关货物的原产地标准作出修订，可向另一方提出磋商要求并提交书面说明及支持数据和资料，通过《安排》第十九条设立的联合指导委员会磋商解决。

十二、本附件自双方代表正式签署之日起生效。

本附件以中文书就，一式两份。

本附件于二零零三年九月二十九日在香港签署。

中华人民共和国 商务部副部长 安　民	中华人民共和国 香港特别行政区财政司司长 唐英年

附件三：

关于原产地证书的签发和核查程序

一、根据《内地与香港关于建立更紧密经贸关系的安排》（以下简称《安排》），内地与香港特别行政区就原产地证书的签发和核查程序及加强双方监管合作制定本附件。

二、香港原产地证书发证机构为香港特别行政区政府工业贸易署及《非政府签发产地来源证保障条例》（香港法例第324章）所指的“认可机构”。香港发证机构的任何变更应及时通知海关总署。

三、香港原产地证书的内容和格式见表格1。表格1是本附件的组成部分。原产地证书内容及格式的任何变更应经双方磋商确定。

四、香港工业贸易署应将原产地证书的印章式样提交海关总署备案。原产地证书印章式样的任何变更应及时通知海关总署。

五、《安排》下实行零关税的原产香港的货物向内地出口前，应由出口人或生产企业按规定向香港发证机构申领原产地证书。

六、香港发证机构签发的原产地证书，应符合下列要求：

（一）原产地证书上具有唯一的编号；

（二）一份原产地证书只能对应一批同时进入内地的货物。一份原产地证书可包括不多于5项8位数级税目的货物，而这些税目的货物必须同属于《安排》附件1表1所列明的货物；

（三）原产地证书上列明指定的单一到货口岸；

（四）原产地证书的产品内地协制编号，按适用的《中华人民共和国海关进出口税则》8位数级税号填写；

（五）原产地证书的计量单位，按适用的实际成交的计量单位填写；

（六）原产地证书不许涂改及叠印，否则应重新签发；

（七）原产地证书的有效期为自签发日起120天；

（八）原产地证书依据表格1的格式用A4纸印制，所用文字为中文。此项文字要求应不迟于2004年7月1日实施；

（九）如原产地证书被盗、遗失或毁坏，出口人或生产企业可在保证原证未被使用的基础上，向原香港发证机构书面申请签发一份原证的副本，且该副本上应注明“经证实的真实副本”。如原证已被使用，则后发副本无效。如后发副本已被使用，则原证无效。

七、双方采取联网核查的方式对实行零关税的香港货物的原产地申报进行管理，并通过专线将下列情况以电子数据方式传送到海关总署：

（一）自2004年1月1日起，在每季度结束后10日内，香港工业贸易署应将上季度享受零关税的香港货物的生产及发证资料，传送海关总署备案；

（二）香港发证机构签发原产地证书后，香港工业贸易署应立即将原产地证书的基本情况，包括原产地证书编号、出口人名称、工厂登记编号、到货口岸、产品内地协制编号、货物名称、计量单位及数量、金额及币制、香港发证机关名称等信息经专线传送到海关总署；

（三）申报地海关将香港工业贸易署所传送的电子资料与进口人申报时呈交的原产地证书核对无误后，应在7天内完成核注并向香港工业贸易署反馈；

（四）双方认为有必要的其他资讯。

八、在进口报关时，进口人应主动向申报地海关申明有关货物享受零关税，并提交有效原产地证书。申报地海关经联网核对无误后，准予进口货物享受零关税待遇；因故不能联网核对的，应进口人要求，申报地海关可按规定办理进口手续并放行货物，但应对该货物按非《安排》下适用的进口关税税率征收相当于税款的保证金。申报地海关应自该货物放行之日起90天内核对其原产地证书情况，根据核对结果办理退还保证金手续或将保证金转为进口关税手续。

九、申报地海关对原产地证书内容的真实性产生怀疑时，可通过海关总署或其授权的海关向香港海关提出协助核查的请求。接到此类请求后，香港海关应在90天内予以答复。如香港海关在90天内未能完成核查并确认有关货物原产地证书，海关总署可通知申报地海关按规定办理进口手续并放行货物，但应对有关货物按非《安排》下适用的进口关税税率收取相当于税款的保证金。待香港海关完成核查后，申报地海关应根据核查结果，立即办理退还保证金手续或将保证金转为进口关税手续。

十、双方可将执行《安排》附件2的原产地规则及本附件所需的行政互助纳入海关总署与香港海关签署的《合作互助安排》，交换相关信息，包括由香港进入内地货物的原产地的信息、原产地证书内容真伪、享受零关税优惠的香港货物是否符合原产地规则及其他有助监管本附件正确实施的信息。如有需要，经双方同意后，可派员到对方进行实地访问，了解情况。

十一、经任何一方核查证实实行零关税的货物不符合《安排》附件2表1和本附件的规定时，双方海关即互相通报，并按适用法律采取行动。

十二、双方应对有关进口货物原产地核查交流的资料予以保密，未经原产地证书申请人同意不得泄露或用作其他用途，但司法程序要求提供的除外。

十三、本附件自双方代表正式签署之日起生效。

本附件以中文书就，一式两份。

本附件于二零零三年九月二十九日在香港签署。

中华人民共和国 商务部副部长 安　民	中华人民共和国 香港特别行政区财政司司长 唐英年

附件四：

关于开放服务贸易领域的具体承诺

一、根据《内地与香港关于建立更紧密经贸关系的安排》（以下简称《安排》），内地与香港特别行政区就开放服务贸易领域的具体承诺制定本附件。

二、自2004年1月1日起，内地对香港服务及服务提供者实施本附件表1

所列明的具体承诺。表 1 是本附件的组成部分。有关通信服务中的增值电信服务的承诺自 2003 年 10 月 1 日起实施。

三、对于本附件未涉及的服务贸易部门、分部门或有关措施，内地按《中华人民共和国加入世界贸易组织议定书》附件 9《服务贸易具体承诺减让表第 2 条最惠国待遇豁免清单》执行。

四、对于本附件表 1 所列明的具体承诺的实施，除执行本附件的规定外，还应适用内地有关法律法规和行政规章。

五、自 2004 年 1 月 1 日起，对本附件涵盖的服务领域，香港对内地服务及服务提供者不增加任何限制性措施。

六、双方将通过磋商，拟订和实施香港对内地进一步开放服务业的内容。有关具体承诺将列入表 2。表 2 是本附件的组成部分。

七、双方将通过磋商，拟订和实施香港对内地人员取得香港专业资格的具体承诺。

八、当因执行本附件对任何一方的贸易和相关产业造成重大影响时，应一方要求，双方应对本附件的有关条款进行磋商。

九、本附件自双方代表正式签署之日起生效。

本附件以中文书就，一式两份。

本附件于二零零三年九月二十九日在香港签署。

附件五：

关于“服务提供者”定义及相关规定

一、根据《内地与香港关于建立更紧密经贸关系的安排》（以下简称《安排》），内地与香港特别行政区就“服务提供者”定义及相关规定制定本附件。

二、除非《安排》及其附件另有规定，《安排》及其附件中的“服务提供者”指提供服务的任何人，其中：

（一）“人”指自然人或法人；

（二）“自然人”：

1. 对内地而言，指中华人民共和国公民；

2. 对香港而言，指中华人民共和国香港特别行政区永久性居民；

（三）“法人”指根据内地或香港特别行政区适用法律适当组建或设立的任何法律实体，无论是否以盈利为目的，无论属私有还是政府所有，包括任何公司、基金、合伙企业、合资企业、独资企业或协会（商会）。

三、以法人形式提供服务的香港服务提供者的具体标准：

（一）除法律服务部门外，香港服务提供者申请在内地提供附件 4 中的有关服务时应：

1. 根据香港特别行政区《公司条例》或其他有关条例注册或登记设立，[1]并取得有效商业登记证。法例如有规定，应取得提供该服务的牌照或许可。

2. 在香港从事实质性商业经营。其判断标准为：

(1) 业务性质和范围

香港服务提供者在香港提供服务的性质和范围，应包含其拟在内地提供服务的性质和范围。

(2) 年限

香港服务提供者应已在香港注册或登记设立并从事实质性商业经营3年以上(含3年)，[2]其中：

提供建筑及相关工程服务的香港服务提供者，应已在香港注册或登记设立并从事实质性商业经营5年以上（含5年）；提供房地产服务的香港服务提供者在香港从事实质性商业经营的年限不作限制；

提供银行及其他金融服务（不包括保险和证券）的香港服务提供者，即香港银行或财务公司，应在获得香港金融管理专员根据《银行业条例》批给有关牌照后，从事实质性商业经营5年以上（含5年）；

提供保险及其相关服务的香港服务提供者，即香港保险公司，应在香港注册或登记设立并从事实质性商业经营5年以上（含5年）。

(3) 利得税

香港服务提供者在香港从事实质性商业经营期间依法缴纳利得税。

(4) 业务场所

香港服务提供者应在香港拥有或租用业务场所从事实质性商业经营，其业务场所应与其业务范围和规模相符合。

提供海运服务的香港服务提供者，所拥有的船舶总吨位应有50%以上（含50%）在香港注册。

(5) 雇用员工

香港服务提供者在香港雇用的员工中在香港居留不受限制的居民和持单程证来香港定居的内地人士应占其员工总数的50%以上。

（二）法律服务部门的香港律师事务所（行），申请在内地提供附件4中的有关服务时应：

1. 根据香港特别行政区有关法例登记设立为香港律师事务所（行）并取得有效商业登记证。

2. 有关律师事务所（行）的独资经营者及所有合伙人应为香港注册执业律师。

3. 有关律师事务所（行）的主要业务范围应为在香港提供本地法律服务。

4. 有关律师事务所（行）或其独资经营者或合伙人均依法缴纳利得税。

5. 有关律师事务所（行）应在香港从事实质性商业经营3年以上（含3年）。

6. 有关律师事务所（行）应在香港拥有或租用业务场所从事实质性商业经营。

四、除非《安排》及其附件另有规定，以自然人形式提供服务的香港服务提供者，应为中华人民共和国香港特别行政区永久性居民。

五、内地服务提供者应符合本附件第二条的定义，其具体标准由双方磋商制定。

六、香港服务提供者为取得《安排》中的待遇，应提供：

（一）在香港服务提供者为法人的情况下，香港服务提供者应提交经香港有关机构（人士）核证的文件资料、法定声明，以及香港特别行政区政府发出的证明书：

1. 文件资料（如适用）

（1）香港特别行政区公司注册处签发的公司注册证明书副本；

（2）香港特别行政区商业登记证及登记册内资料摘录的副本；

（3）香港服务提供者过去3年（或5年）在香港的公司年报或经审计的财务报表；

（4）香港服务提供者在香港拥有或租用业务场所的证明文件正本或副本；[3]

（5）香港服务提供者过去3年（或5年）利得税报税表和评税及缴纳税款通知书的副本；在亏损的情况下，香港服务提供者须提供香港特别行政区政府有关部门关于其亏损情况的证明文件；

（6）香港服务提供者在香港的雇员薪酬及退休金报税表副本，以及有关文件或其副本以证明该服务提供者符合本附件第三条第（一）2款第（5）项规定的百分比；

（7）其他证明香港服务提供者在香港业务性质和范围的有关文件或其副本。

2. 法定声明

对于任何申请取得《安排》中待遇的香港服务提供者，其负责人应根据香港特别行政区《宣誓及声明条例》的程序及要求作出法定声明。[4]声明格式由内地与香港特别行政区有关部门磋商确定。

3. 证明书

香港服务提供者将本附件第六条第（一）款第1项和第2项规定的文件资料、法定声明提交香港特别行政区工业贸易署（简称工业贸易署）审核。工业贸易署在认为必要的情况下，委托香港特别行政区有关政府部门、法定机构或独立专业机构（人士）作出核实证明。[5]工业贸易署认为符合本附件规定的香港服务提供者标准的，向其出具证明书。证明书内容及格式由内地与香港特别行政区有关部门磋商确定。

（二）在香港服务提供者为自然人的情况下，香港服务提供者应提供香港永久性居民的身份证明，其中属于中国公民的还应提供港澳居民来往内地通行证（回乡证）或香港特别行政区护照。

（三）本附件第六条第（一）款第1项和第2项、第（二）款规定的法定声明、自然人身份证明的复印件，以及工业贸易署认为需要由律师作出核实证明的文件资料，应经内地认可的公证人核证。

七、香港服务提供者向内地审核机关申请取得《安排》中的待遇，按以下程序进行：

（一）香港服务提供者申请在内地提供附件4中的服务时，向内地审核机关提交本附件第六条规定的文件资料、法定声明和证明书。

（二）根据法律法规规定的审核权限，内地审核机关在审核香港服务提供申请时，一并对香港服务提供者的资格进行核证。

（三）内地审核机关对香港服务提供者的资格有异议时，应在规定时间内通知香港服务提供者，并向商务部通报，由商务部通知工业贸易署，并说明原因。香港服务提供者可通过工业贸易署向商务部提出书面理由，要求给予再次考虑。商务部应在规定时间内书面回复工业贸易署。

八、已在内地提供服务的香港服务提供者申请取得《安排》中的待遇，应按照本附件第六条、第七条的规定申请。

九、本附件自双方代表正式签署之日起生效。

本附件以中文书就，一式两份。

本附件于二〇〇三年九月二十九日在香港签署。

中华人民共和国	中华人民共和国
商务部副部长	香港特别行政区财政司司长
安　民	唐英年

注：

[1] 在香港登记的海外公司、办事处、联络处、“信箱公司”和特别成立用于为母公司提供某些服务的公司不属于本附件所指的香港服务提供者。

[2] 自《安排》生效之日起，双方以外的服务提供者通过收购或兼并的方式取得香港服务提供者50%以上股权满1年的，该被收购或兼并的服务提供者属于香港服务提供者。

[3] 申请在内地提供海运服务的香港服务提供者，应另外提交文件或其副本（已核证）以证明其所拥有的船舶总吨位有50%以上（含50%）在香港注册。

[4] 任何人如按《宣誓及声明条例》故意作出虚假或不真实声明，将根据香港法律负刑事法律责任。

[5] 在电信部门中，有关提供因特网数据中心业务、呼叫中心业务和信息服务业务的香港服务提供者的业务性质和范围，工业贸易署应委托香港特别行政区政府电信主管部门作出核实证明。

附件六：

关于贸易投资便利化

一、根据《内地与香港关于建立更紧密经贸关系的安排》（以下简称《安排》），内地与香港特别行政区就贸易投资便利化合作制定本附件。

二、双方同意在贸易投资促进，通关便利化，商品检验检疫、食品安全、质量标准，电子商务，法律法规透明度，中小企业合作，中医药产业合作7个领域开展贸易投资便利化合作，有关合作在根据《安排》第十九条设立的联合指导委员会的指导和协调下进行。

三、贸易投资促进

双方认识到相互间的贸易和投资对两地经济和社会发展的重要性，从贸易与投资发展的现实和增长需要出发，同意加强在贸易投资促进领域的合作。

（一）合作机制

通过发挥联合指导委员会有关工作组的作用，指导和协调两地贸易投资促进合作的开展。

（二）合作内容

根据双方以往的合作经验，以及两地经贸交流的发展情况，双方加强在以下方面的合作：

1. 通报和宣传各自对外贸易、吸收外资的政策法规，实现信息共享。

2. 对解决双方贸易投资领域中存在的普遍性问题交换意见，进行协商。

3. 在促进相互投资及密切合作向海外投资的促进方面加强沟通与协作。

4. 在举办展览会、组织出境或出国参加展览会方面加强合作。

5. 对双方共同关注的与贸易投资促进有关的其他问题进行交流。

（三）其他实体的参与

双方注意到，贸易投资促进领域半官方和非官方机构的参与具有积极的影响及意义。双方同意通过各种方式支持和协助这些机构开展贸易投资促进活动。

四、通关便利化

双方认识到两地海关长期密切的合作关系和实行通关便利对双方经济和社会发展的重要性，同意加强在通关便利化领域的合作。

（一）合作机制

双方通过海关总署和香港海关高级领导业务联系年会指导和协调通关便利化合作，并通过海关和有关部门专家小组推动通关便利化合作的开展。

（二）合作内容

根据双方不同的通关制度和监管模式的需要以及合作经验，双方加强在以下方面的合作：

1. 建立相互通报制度，通报有关通关及便利通关管理的政策法规。

2. 对双方通关制度的差异及存在的问题进行研究和交流，寻求加强通关便利化合作的具体内容。

3. 探讨拓宽进一步合作的内容，在水运、陆运、多式联运、物流等方式通关中加强监管和提高通关效率方面的合作。

4. 加强在建立口岸突发事件应急机制方面的合作，采取有效措施，最大限度地保持双方的通关顺畅。

5. 建立定期的联系制度，发挥海关总署广东分署与香港海关“粤港海关口岸通关效率业务小组”的作用。

6. 加强双方海关“数据交换及陆路口岸通关专家小组”的工作，研究数据联网和发展口岸电子清关系统的可行性，通过技术手段加强双方对通关风险的管理，提高通关效率。

五、商品检验检疫、食品安全、质量标准

双方认识到货物贸易及人员往来中保障内地和香港人民的身体健康和安全的重要性，同意在商品检验检疫、食品安全、卫生检疫、认证认可及标准化领域加强合作。

（一）合作机制

利用双方有关部门现有的合作渠道，通过互访、磋商和各种形式的信息沟通，推动该领域合作的开展。

（二）合作内容

双方同意加强在以下方面的合作：

1. 机电产品检验监督

为确保双方消费者的安全，双方通过已建立的联系渠道，加强信息互通与交流，并特别注重有关机电产品的安全信息和情报的交换，共同防范机电产品出现的安全问题。共同促进检验监督人员的培训合作。

双方将致力落实国家质量监督检验检疫总局与香港机电工程署于二〇〇三年二月十二日签署的《机电产品安全合作安排》的有关工作。

2. 动植物检验检疫和食品安全

利用双方现有检验检疫协调机制，加强在动植物检验检疫和食品安全方面的合作，以便双方更有效地执行各自有关法规。

3. 卫生检疫监管

双方利用现有渠道，定期通报两地的疫情信息，加强卫生检疫的学术交流与合作研究；探讨往返广东、深圳各口岸小型船舶的卫生监督问题；加强在热带传染病、媒介生物调查和防范，特殊物品、核辐射物品的监测和监管，生物性致病因子的运输、检验、治疗和控制等方面的合作。

4. 认证认可及标准化管理

双方推动各自有关机构加强对合格评定（包括测试、认证及检验）、认可及标准化管理方面的合作。

六、电子商务

双方认识到，电子商务的应用和推广将给双方的贸易与投资带来更多的机会。双方同意进一步加强在电子商务领域的交流与合作。

（一）合作机制

在联合指导委员会的指导和协调下，建立有关工作组，形成电子商务合作的沟通渠道和协商协调机制，推动双方在电子商务领域的合作和共同发展。

（二）合作内容

双方同意在以下方面开展合作：

1. 在电子商务规则、标准、法规的研究和制定方面进行专项合作，创造良好的电子商务环境，推动并确保其健康发展。

2. 在企业应用、推广、培训等方面加强交流与合作。发挥两地政府部门的推动和协调功能，加强电子商务的宣传，推动两地企业间相互交流，并通过建立示范项目，促进企业间开展电子商务。

3. 加强在推行电子政务方面的合作，密切双方多层面电子政务发展计划的交流与合作。

4. 开展经贸信息交流合作，拓展合作的广度和深度。

七、法律法规透明度

双方认识到，提高法律法规透明度是促进两地经贸交流的重要基础。本着为两地工商企业服务的精神，双方同意加强提高法律法规透明度领域的合作。

（一）合作机制

通过联合指导委员会设立的有关工作组和互设的代表机构开展合作。

（二）合作内容

双方同意加强在以下方面的合作：

1. 就投资、贸易及其他经贸领域法律法规规章的颁布、修改情况交换信息资料。

2. 通过报刊、网站等多种媒体及时发布政策、法规信息。

3. 举办和支持举办多种形式的经贸政策法规说明会、研讨会。

4. 通过内地 WTO 咨询点、中国投资指南网站和中国贸易指南网站等为工商企业提供咨询服务。

八、中小企业合作

双方认识到，中小企业的发展对于增加就业机会、促进经济发展、保持社会稳定具有重要意义，双方同意共同促进两地中小企业的交流与合作。

（一）合作机制

在双方政府部门间建立促进两地中小企业合作的工作机制，促进两地中小企业合作和共同发展。

（二）合作内容

双方同意支持和促进以下方面的合作：

1. 通过考察与交流，共同探讨支持中小企业发展的策略和扶持政策。

2. 考察、交流双方为中小企业服务的中介机构的组织形式和运作方式，并推动中介机构的合作。

3. 建立为两地中小企业提供信息服务的渠道，定期交换有关出版刊物，设立专门网站，逐步实现双方信息网站数据库的对接和信息互换。

4. 通过各种形式组织两地中小企业直接交流与沟通，促进企业间的合作。

（三）其他实体的参与

双方支持和协助半官方机构、非官方机构在促进两地中小企业合作中发挥作用。

九、中医药产业合作

双方认识到，中医药作为中华民族优秀文化的组成部分，具有巨大的市场应用前景和经济效益。双方在推动中医药产业化发展、促进中医药现代化和国际化等方面各具优势，开展这一领域的合作对双方经济和社会发展具有重要意义。双方同意加强在中医药产业发展领域的合作。

（一）合作机制

加强和完善两地政府部门间的联系合作机制，推动两地中医药产业合作的发展。

（二）合作内容

根据两地中医药合作的状况及发展趋势，双方同意加强以下方面的合作：

1. 相互通报各自在中药法规建设和中医药管理方面的情况，实现信息共享。

2. 加强在中医药科研方面的合作，交流和分享中药发展战略和行业发展导向等方面的信息资料。

3. 加强在中药注册管理方面的沟通与协调，实现中药规范管理，为两地的中药贸易提供便利。

4. 在临床试验的设施管理和临床试验的法规要求等方面开展合作，以期达到双方对临床试验数据的相互承认。

5. 开展中药质量标准方面的交流与合作，共同促进中药质量标准的提高。

6. 支持两地中医药企业的合作，共同开拓国际市场。

7. 加强中医药产业的贸易投资促进和产业合作。

8. 交流和协商解决中医药产业合作中出现的问题。

（三）其他实体的参与

双方支持和协助中医药产业合作领域半官方和非官方机构的参与，包括支持内地中国中医药科技开发交流中心与香港赛马会中药研究院有限公司业已建立的合作。

十、根据《安排》第十七条第三款、第四款的规定，凡双方同意增加的贸易投资便利化的合作领域或内容，将补充列入本附件。

十一、本附件自双方代表正式签署之日起生效。

本附件以中文书就，一式两份。

本附件于二零零三年九月二十九日在香港签署。

中华人民共和国 商务部副部长 安　民	中华人民共和国 香港特别行政区财政司司长 唐英年

121

《内地与香港关于建立更紧密经贸关系的安排》补充协议

为进一步提高内地与香港特别行政区（以下简称“香港”）经贸交流与合作的水平，根据于2003年6月29日签署的《内地与香港关于建立更紧密经贸关系的安排》（以下简称“《安排》”）和2003年9月29日签署的《安排》附件的规定，双方决定，就内地在货物贸易领域和服务贸易领域对香港扩大开放签署本协议。

一、货物贸易

（一）自2005年1月1日起，内地对本协议附件1中列明的原产香港的进口货物实行零关税。本协议附件1是《安排》附件1表1《内地对原产香港的进口货物实行零关税的产品清单》的补充。

（二）根据《安排》附件2《关于货物贸易的原产地规则》制定的本协议附件1中原产香港的进口货物的原产地标准载于本协议附件2。本协议附件2是《安排》附件2表1《享受货物贸易优惠措施的香港货物原产地标准表》的补充。

二、服务贸易

（一）自2005年1月1日起，内地在《安排》附件4《关于开放服务贸易领域的具体承诺》的基础上，在法律、会计、医疗、视听、建筑、分销、银行、证券、运输、货运代理等领域对香港服务及服务提供者进一步放宽市场准入的条件，扩大香港永久性居民中的中国公民在内地设立个体工商户的地域和营业范围。具体内容载于本协议附件3。

（二）自2005年1月1日起，内地在专利代理、商标代理、机场服务、文化娱乐、信息技术、职业介绍、人才中介和专业资格考试等领域对香港服务及服务提供者开放和放宽市场准入的条件。具体内容载于本协议附件3。

（三）本协议附件3中的建筑领域的承诺和分销领域的部分承诺已自2004年8月28日起实施。具体见本协议附件3建筑及相关工程服务和分销服务的具体承诺。本协议附件3中香港银行内地分行从事代理保险业务的承诺自2004年11月1日起实施。

（四）本协议附件3是《安排》附件4表1《内地向香港开放服务贸易的具体承诺》的补充和修正。两者条款产生抵触时，以本协议附件3为准。

（五）本协议附件3中的“服务提供者”，应符合《安排》附件5《关于“服务提供者”定义及相关规定》的有关规定。

三、对《安排》附件的补充和修正

（一）将《安排》附件1《关于货物贸易零关税的实施》第五条第（三）款第2项修改为：对拟生产的货物，根据双方达成的一致意见，内地将有关货物清单补充列入《安排》附件1表1，将有关货物的原产地标准补充列入《安排》附件2表1。申请企业正式投产后，经香港工业贸易署和香港海关核查，由香港工业贸易署通知商务部，经双方共同确认后，内地即根据香港发证机构签发的原产地证书，准予有关货物按照《安排》零关税进口。

（二）在《安排》附件5《关于“服务提供者”定义及相关规定》第三条第（一）2款第（2）项下增加以下内容：提供航空运输地面服务的香港服务提供者应已获得香港从事航空运输地面服务业务的专门牌照，从事实质性商业经营5年以上（含5年）。

四、附件

本协议的附件构成本协议的组成部分。

五、生效

本协议自双方代表正式签署之日起生效。

本协议以中文书就，一式两份。

本协议于二〇〇四年十月二十七日在香港签署。

中华人民共和国	中华人民共和国
商务部副部长	香港特别行政区财政司司长
安　民	唐英年

122

《内地与香港关于建立更紧密经贸关系的安排》补充协议二

为进一步提高内地[1]与香港特别行政区（以下简称“香港”）经贸交流与合作的水平，根据：2003年6月29日签署的《内地与香港关于建立更紧密经贸关系的安排》（以下简称“《安排》”）及于2003年9月29日签署的《安排》附件；2004年10月27日签署的《〈安排〉补充协议》，双方决定，就内地在货物贸易领域和服务贸易领域对香港扩大开放及双方的金融合作签署本协议。

一、货物贸易

（一）自2006年1月1日起，内地对原产香港的进口货物[2]全面实施零关税。零关税进口货物须符合双方磋商确定的原产地标准。

2005年双方已完成磋商的原产香港货物的原产地标准载于本协议附件1。本协议附件1是《安排》附件2表1《享受货物贸易优惠措施的香港货物原产地标准表》的补充。

双方决定将《安排》附件1《关于货物贸易零关税的实施》第五条的具体实施步骤修改为：

“（一）提交

1. 自2006年1月1日起，香港的生产企业可向香港工业贸易署提交享受零关税的货物清单。

2. 香港工业贸易署应分别于每年3月1日和9月1日前，将按香港特别行政区政府的有关规定进行核查和认定后的货物清单提交商务部。

（二）磋商和公布

商务部对货物清单进行确认后转海关总署。海关总署与香港工业贸易署就有关货物的原产地标准进行磋商。双方应于每年6月1日和12月1日前完成原产地标准的磋商，将有关货物的原产地标准补充列入《安排》附件2表1，并对外公布。

（三）实施

内地将分别不迟于当年7月1日和第二年1月1日根据香港发证机构签发的原产地证书，准予有关货物按照《安排》零关税进口。”

（二）对《安排》附件2《关于货物贸易的原产地规则》中的第五条内容修

改为：

“五、本附件第二条第（二）款所称‘实质性加工’的认定标准，应采用双方同意的下列标准：

（一）‘实质性加工’的认定标准可采用‘制造或加工工序’、‘税号改变’、‘从价百分比’、‘其他标准’和‘混合标准’。

1．‘制造或加工工序’是指在一方境内进行赋予加工后所得货物基本特征的主要制造或加工工序。

2．‘税号改变’是指非一方原产材料经过在该方境内加工生产后，所得产品在《商品名称及编码协调制度》中四位数级的税目归类发生了变化，且不再在该方以外的国家或地区进行任何改变四位数级的税目归类的生产、加工或制造。

3．‘从价百分比’是指完全在一方获得的原料、组合零件、劳工价值和产品开发支出价值的合计与出口制成品离岸价格（FOB）的比值应大于或等于30％，并且最后的制造或加工工序应在该方境内完成。具体计算公式如下：

$$\frac{\text{原料价值}+\text{组合零件价值}+\text{劳工价值}+\text{产品开发支出价值}}{\text{出口制成品的 FOB 价格}}\times 100\% \geqslant 30\%$$

（1）‘产品开发’是指在一方境内为生产或加工有关出口制成品而实施的产品开发。开发费用的支付必须与该出口制成品有关，包括生产加工者自行开发、委托该方境内的自然人或法人开发以及购买该方境内的自然人或法人拥有的设计、专利权、专有技术、商标权或著作权而支付的费用。该费用支付金额必须能按照公认的会计准则和《关于实施 1994 年关税与贸易总协定第 7 条的协定》的有关规定明确确定。

（2）上述‘从价百分比’的计算应符合公认的会计准则及《关于实施 1994 年关税与贸易总协定第 7 条的协定》。

4．‘其他标准’，是除上述‘制造或加工工序’、‘税号改变’和‘从价百分比’之外的、双方一致同意采用的确认‘实质性加工’其它方法。

5．‘混合标准’，是指同时使用上述两个或两个以上的标准确定原产地。

（二）其他附加条件。当上述第（一）款的‘实质性加工’标准不足以确认原产地时，经双方一致同意，可采用附加条件（如品牌要求等）。”

二、服务贸易

（一）自 2006 年 1 月 1 日起，内地在《安排》和《〈安排〉补充协议》开放服务贸易承诺的基础上，在法律、会计、视听、建筑、分销、银行、旅游、运输和个体工商户等领域进一步放宽市场准入的条件。具体内容载于本协议附件 2。

（二）本协议附件 2 是《安排》附件 4 表 1《内地向香港开放服务贸易的具体承诺》和《〈安排〉补充协议》附件 3《内地向香港开放服务贸易的具体承诺的补充和修正》的补充和修正。与前两者条款产生抵触时，以本协议附件 2 为准。

（三）本协议附件2中的“服务提供者”，应符合《安排》附件5《关于“服务提供者”定义及相关规定》的有关规定。

三、金融合作

（一）内地允许符合条件的内地创新试点类证券公司根据相关要求在香港设立分支机构。

（二）内地允许符合条件的内地期货公司到香港经营期货业务，包括设立分支机构。

四、附件

本协议的附件构成本协议的组成部分。

五、生效

本协议自双方代表正式签署之日起生效。

本协议以中文书就，一式两份。

本协议于二〇〇五年十月十八日在香港签署。

中华人民共和国 商务部副部长 廖晓淇	中华人民共和国 香港特别行政区财政司司长 唐英年

注：

[1]《安排》中，内地系指中华人民共和国的全部关税领土。

[2] 进口货物不包括内地有关法规、规章禁止进口的和履行国际公约而禁止进口的货物，以及内地在有关国际协议中作出特殊承诺的产品。

123

《内地与香港关于建立更紧密经贸关系的安排》补充协议三

为进一步提高内地[①]与香港特别行政区（以下简称“香港”）经贸交流与合作的水平，根据：

2003年6月29日签署的《内地与香港关于建立更紧密经贸关系的安排》（以下简称“《安排》”）及于2003年9月29日签署的《安排》附件；

2004年10月27日签署的《〈安排〉补充协议》；

2005年10月18日签署的《〈安排〉补充协议二》，

双方决定，就内地在服务贸易领域对香港扩大开放及双方在贸易投资便利化领域增强合作签署本协议。

一、服务贸易

（一）自2007年1月1日起，内地在《安排》、《〈安排〉补充协议》和《〈安排〉补充协议二》开放服务贸易承诺的基础上，在法律、建筑、信息技术、会展、视听、分销、旅游、运输和个体工商户等领域进一步放宽市场准入的条件。具体内容载于本协议附件。

（二）本协议附件是《安排》附件4表1《内地向香港开放服务贸易的具体承诺》、《〈安排〉补充协议》附件3《内地向香港开放服务贸易的具体承诺的补充和修正》和《〈安排〉补充协议二》附件2《内地向香港开放服务贸易的具体承诺的补充和修正二》的补充和修正。与前三者条款产生抵触时，以本协议附件为准。

（三）本协议附件中的“服务提供者”，应符合《安排》附件5《关于“服务提供者”定义及相关规定》的有关规定。

二、贸易投资便利化

为推动两地在知识产权保护领域的合作，双方一致同意将知识产权保护补充列入《安排》贸易投资便利化领域，并据此：

（一）将《安排》第十七条第一款修改为：

①内地系指中华人民共和国的全部关税领土。

"一、双方将在以下领域加强合作：

1. 贸易投资促进；

2. 通关便利化；

3. 商品检验检疫、食品安全、质量标准；

4. 电子商务；

5. 法律法规透明度；

6. 中小企业合作；

7. 中医药产业合作；

8. 知识产权保护。"

（二）将《安排》附件6第二条修改为：

"二、双方同意在贸易投资促进，通关便利化，商品检验检疫、食品安全、质量标准，电子商务，法律法规透明度，中小企业合作，中医药产业合作，知识产权保护8个领域开展贸易投资便利化合作，有关合作在根据《安排》第十九条设立的联合指导委员会的指导和协调下进行。"

（三）在《安排》附件6中增加一条作为第十条，其后条款序号依次顺延。第十条内容为：

"十、知识产权保护

双方认识到，加强知识产权保护对于推动两地经济发展和促进两地经贸交流与合作具有重要意义。双方同意加强在知识产权保护领域的合作。

（一）合作机制

通过两地政府部门间的合作机制，加强双方在知识产权保护领域的合作。

（二）合作内容

双方同意加强在以下方面的合作：

1. 通过在香港设立保护知识产权协调中心，就两地知识产权保护的信息进行交流与沟通。

2. 在知识产权保护的法律法规的制定和执行方面交换信息。

3. 通过考察、举办研讨会、出版有关刊物及其他方式，分享有关知识产权保护的资料和信息。

4. 就知识产权保护中出现的问题进行磋商。"

三、附件

本协议的附件构成本协议的组成部分。

四、生效

本协议自双方代表正式签署之日起生效。

本协议以中文书就，一式两份。

本协议于二〇〇六年六月二十七日在香港签署。

中华人民共和国 商务部副部长 廖晓淇	中华人民共和国 香港特别行政区财政司司长 唐英年

124

《内地与香港关于建立更紧密经贸关系的安排》补充协议四

为进一步提高内地[①]与香港特别行政区（以下简称“香港”）经贸交流与合作的水平，根据：

2003年6月29日签署的《内地与香港关于建立更紧密经贸关系的安排》（以下简称“《安排》”）及于2003年9月29日签署的《安排》附件；

2004年10月27日签署的《〈安排〉补充协议》；

2005年10月18日签署的《〈安排〉补充协议二》；

2006年6月27日签署的《〈安排〉补充协议三》，

双方决定，就内地在服务贸易领域对香港扩大开放及加强金融合作、促进贸易投资便利化、推动专业资格互认签署本协议。

一、服务贸易

（一）自2008年1月1日起，内地在《安排》、《〈安排〉补充协议》、《〈安排〉补充协议二》、《〈安排〉补充协议三》开放服务贸易承诺的基础上，在法律、医疗、计算机及其相关服务、房地产、市场调研、与管理咨询相关的服务、公用事业、人才中介、建筑物清洁、摄影、印刷、笔译和口译、会展、电信、视听、分销、环境、保险、银行、证券、社会服务、旅游、文娱、体育、海运、航空运输、公路运输、个体工商户等28个领域进一步放宽市场准入的条件。具体内容载于本协议附件。

（二）本协议附件是《安排》附件4表1《内地向香港开放服务贸易的具体承诺》、《〈安排〉补充协议》附件3《内地向香港开放服务贸易的具体承诺的补充和修正》、《〈安排〉补充协议二》附件2《内地向香港开放服务贸易的具体承诺的补充和修正二》和《〈安排〉补充协议三》附件《内地向香港开放服务贸易的具体承诺的补充和修正三》的补充和修正。与前四者条款产生抵触时，以本协议附件为准。

（三）本协议附件中的“服务提供者”，应符合《安排》附件5《关于“服务提供者”定义及相关规定》的有关规定。其中：

①内地系指中华人民共和国的全部关税领土。

1. 放宽香港银行或财务公司从事实质性商业经营年限的要求。将《安排》附件 5《关于“服务提供者”定义及相关规定》第三条第（一）2 款第（2）项中有关香港银行或财务公司的内容修改为：提供银行及其他金融服务（不包括保险和证券）的香港服务提供者，即香港银行或财务公司，应在获得香港金融管理专员根据《银行业条例》批给有关牌照后，从事实质性商业经营 5 年以上（含 5 年）；或以分行形式经营 2 年并且以本地注册形式从事实质性商业经营 3 年以上（含 3 年）。

2. 在《安排》附件 5《关于“服务提供者”定义及相关规定》第三条第（一）2 款第（2）项下增加以下内容：提供第三方国际船舶代理服务的香港服务提供者，应已在香港注册或登记设立并从事实质性商业经营 5 年以上（含 5 年）。

二、金融合作

双方采取以下措施，进一步加强在金融领域的合作：

（一）积极支持内地银行赴香港开设分支机构经营业务。

（二）为香港银行在内地中西部、东北地区和广东省开设分行设立绿色通道。

（三）鼓励香港银行到内地农村设立村镇银行。

三、贸易投资便利化

双方采取以下措施，进一步加强会展业的合作：

内地支持和配合香港举办大型国际会议和展览会。

四、专业人员资格的相互承认

双方采取以下措施，进一步推动专业人员资格的相互承认：

（一）双方主管部门或行业机构将启动勘察设计注册电气工程师、勘察设计注册公用设备工程师资格互认的交流工作，开展勘察设计注册土木工程师（岩土）和测绘工作的技术交流。

（二）双方成立工作专责小组，研究推进建筑领域专业人员资格互认后的注册和执业工作。

五、附件

本协议的附件构成本协议的组成部分。

六、生效

本协议自双方代表正式签署之日起生效。

本协议以中文书就，一式两份。

本协议于二〇〇七年六月二十九日在香港签署。

中华人民共和国 商务部副部长 廖晓淇	中华人民共和国 香港特别行政区财政司司长 唐英年

125

《内地与香港关于建立更紧密经贸关系的安排》补充协议五

为进一步提高内地①与香港特别行政区（以下简称“香港”）经贸交流与合作的水平，根据：

2003 年 6 月 29 日签署的《内地与香港关于建立更紧密经贸关系的安排》（以下简称“《安排》”）及于 2003 年 9 月 29 日签署的《安排》附件；

2004 年 10 月 27 日签署的《〈安排〉补充协议》；

2005 年 10 月 18 日签署的《〈安排〉补充协议二》；

2006 年 6 月 27 日签署的《〈安排〉补充协议三》；

2007 年 6 月 29 日签署的《〈安排〉补充协议四》，

双方决定，就内地在服务贸易领域对香港扩大开放及促进贸易投资便利化、推动专业人员资格互认签署本协议。

一、服务贸易

（一）自 2009 年 1 月 1 日起，内地在《安排》、《〈安排〉补充协议》、《〈安排〉补充协议二》、《〈安排〉补充协议三》、《〈安排〉补充协议四》开放服务贸易承诺的基础上，在会计、建筑、医疗、与采矿相关服务、人员提供与安排、与科学技术相关的咨询服务、印刷、会展、分销、环境、银行、社会服务、旅游、海运、航空运输、公路运输、个体工商户等 17 个领域进一步放宽市场准入的条件。具体内容载于本协议附件。

（二）本协议附件是《安排》附件 4 表 1《内地向香港开放服务贸易的具体承诺》、《〈安排〉补充协议》附件 3《内地向香港开放服务贸易的具体承诺的补充和修正》、《〈安排〉补充协议二》附件 2《内地向香港开放服务贸易的具体承诺的补充和修正二》、《〈安排〉补充协议三》附件《内地向香港开放服务贸易的具体承诺的补充和修正三》和《〈安排〉补充协议四》附件《内地向香港开放服务贸易的具体承诺的补充和修正四》的补充和修正。与前五者条款产生抵触时，以本协议附件为准。

（三）本协议附件中的“服务提供者”，应符合《安排》附件 5《关于“服务

①内地系指中华人民共和国的全部关税领土。

提供者”定义及相关规定》的有关规定。

二、贸易投资便利化

（一）双方采取以下措施，进一步加强电子商务领域的合作：

推进粤港两地开展电子签名证书互认试点应用。成立工作组，争取年内提出两地证书互认的框架性意见。

（二）双方采取以下措施，进一步加强知识产权保护领域的合作：

为进一步加强商标领域的交流与合作，国家工商行政管理总局商标局与香港知识产权署成立商标工作协调小组，作为双方固定的联系机制，加强两地在商标注册业务和商标保护工作等方面的交流与合作。

（三）为推动两地在品牌领域的合作，双方一致同意将品牌合作补充列入《安排》贸易投资便利化领域，并据此：

1. 将《安排》第十七条第一款修改为：

“一、双方将在以下领域加强合作：

1. 贸易投资促进；

2. 通关便利化；

3. 商品检验检疫、食品安全、质量标准；

4. 电子商务；

5. 法律法规透明度；

6. 中小企业合作；

7. 中医药产业合作；

8. 知识产权保护；

9. 品牌合作。”

2. 将《安排》附件 6 第二条修改为：

“二、双方同意在贸易投资促进，通关便利化，商品检验检疫、食品安全、质量标准，电子商务，法律法规透明度，中小企业合作，中医药产业合作，知识产权保护，品牌合作 9 个领域开展贸易投资便利化合作，有关合作在根据《安排》第十九条设立的联合指导委员会的指导和协调下进行。”

3. 在《安排》附件 6 中增加一条作为第十一条，其后条款序号依次顺延。第十一条内容为：

“十一、品牌合作

双方认识到，品牌合作对于推动两地经济发展和促进两地经贸交流具有重要意义。双方同意加强在品牌领域的合作。

（一）合作机制

在联合指导委员会的指导和协调下，建立有关工作组，加强双方在品牌领域的合作。

（二）合作内容

双方同意加强在以下方面的合作：

1. 加强两地在品牌领域的交流与沟通。

2. 在品牌保护的法律法规制定和执行方面交换信息。

3. 加强在培训、考察、出版刊物等方面的合作。

4. 通过网站宣传、展会推介、举办研讨会等多种方式加强两地品牌的推广促进活动。”

三、专业人员资格的相互承认

双方采取以下措施，进一步推动专业人员资格的相互承认：

（一）会计领域

双方主管部门或行业机构将继续推动两地开展会计专业技术资格考试部分考试科目相互豁免工作。

（二）建筑领域

双方主管部门或行业机构将在已签署互认协议且条件成熟的领域，继续开展专业人员资格互认工作。

四、附件

协议的附件构成本协议的组成部分。

五、生效

本协议自双方代表正式签署之日起生效。

本协议以中文书就，一式两份。

本协议于二〇〇八年七月二十九日在香港签署。

中华人民共和国	中华人民共和国
商务部副部长	香港特别行政区财政司司长
姜增伟	曾俊华

126

《内地与香港关于建立更紧密经贸关系的安排》补充协议六

为进一步提高内地①与香港特别行政区（以下简称“香港”）经贸交流与合作的水平，根据：

2003 年 6 月 29 日签署的《内地与香港关于建立更紧密经贸关系的安排》（以下简称“《安排》”）及于 2003 年 9 月 29 日签署的《安排》附件；

2004 年 10 月 27 日签署的《〈安排〉补充协议》；

2005 年 10 月 18 日签署的《〈安排〉补充协议二》；

2006 年 6 月 27 日签署的《〈安排〉补充协议三》；

2007 年 6 月 29 日签署的《〈安排〉补充协议四》；

2008 年 7 月 29 日签署的《〈安排〉补充协议五》，

双方决定，就内地在服务贸易领域对香港扩大开放及加强金融合作、推动专业人员资格互认签署本协议。

一、服务贸易

（一）自 2009 年 10 月 1 日起，内地在《安排》、《〈安排〉补充协议》、《〈安排〉补充协议二》、《〈安排〉补充协议三》、《〈安排〉补充协议四》、《〈安排〉补充协议五》开放服务贸易承诺的基础上，在法律、建筑、医疗、研究和开发、房地产、人员提供与安排、印刷、会展、公用事业、电信、视听、分销、银行、证券、旅游、文娱、海运、航空运输、铁路运输、个体工商户等 20 个领域进一步放宽市场准入的条件。具体内容载于本协议附件。

（二）本协议附件是《安排》附件 4 表 1《内地向香港开放服务贸易的具体承诺》、《〈安排〉补充协议》附件 3《内地向香港开放服务贸易的具体承诺的补充和修正》、《〈安排〉补充协议二》附件 2《内地向香港开放服务贸易的具体承诺的补充和修正二》、《〈安排〉补充协议三》附件《内地向香港开放服务贸易的具体承诺的补充和修正三》、《〈安排〉补充协议四》附件《内地向香港开放服务贸

①内地系指中华人民共和国的全部关税领土。

易的具体承诺的补充和修正四》和《〈安排〉补充协议五》附件《内地向香港开放服务贸易的具体承诺的补充和修正五》的补充和修正。与前六者条款产生抵触时，以本协议附件为准。

（三）本协议附件中的“服务提供者”，应符合《安排》附件5《关于“服务提供者”定义及相关规定》的有关规定。

二、金融合作

双方采取以下措施，进一步加强在金融领域的合作：

（一）内地允许符合条件的经中国证监会批准的内地证券公司根据相关要求在香港设立分支机构。

（二）积极研究在内地引入港股组合ETF（交易型开放式指数基金）。

三、专业人员资格的相互承认

（一）税收领域

允许2009年3月31日及之前成为香港会计师公会正式会员的香港居民，在参加内地注册税务师资格考试时，可免试“财务与会计”科目。

（二）建筑领域

1. 双方同意开展内地监理工程师与香港建造工程师的专业人员资格（监理）相互承认工作；开展香港建筑师取得内地监理工程师资格的认可工作。

2. 双方主管部门或行业机构将开展两地风景园林专业的技术交流工作。

（三）房地产领域

1. 双方同意开展内地房地产经纪人与香港地产代理的专业人员资格相互承认工作。

2. 双方主管部门或行业机构将开展内地物业管理师与香港房屋经理学会会员相互承认的技术交流工作。

（四）印刷领域

双方主管部门或行业机构将开展两地印刷技能人员的技术交流工作。

四、附件

本协议的附件构成本协议的组成部分。

五、生效

本协议自双方代表正式签署之日起生效。

本协议以中文书就，一式两份。

本协议于二〇〇九年五月九日在香港签署。

中华人民共和国 商务部副部长 姜增伟	中华人民共和国 香港特别行政区财政司司长 曾俊华

127

《内地与香港关于建立更紧密经贸关系的安排》补充协议七

为进一步提高内地①与香港特别行政区（以下简称“香港”）经贸交流与合作的水平，根据：

2003年6月29日签署的《内地与香港关于建立更紧密经贸关系的安排》（以下简称“《安排》”）及于2003年9月29日签署的《安排》附件；

2004年10月27日签署的《〈安排〉补充协议》；

2005年10月18日签署的《〈安排〉补充协议二》；

2006年6月27日签署的《〈安排〉补充协议三》；

2007年6月29日签署的《〈安排〉补充协议四》；

2008年7月29日签署的《〈安排〉补充协议五》；

2009年5月9日签署的《〈安排〉补充协议六》，

双方决定，就内地在服务贸易领域对香港扩大开放、加强金融合作及促进贸易投资便利化签署本协议。

一、服务贸易

（一）自2011年1月1日起，内地在《安排》、《〈安排〉补充协议》、《〈安排〉补充协议二》、《〈安排〉补充协议三》、《〈安排〉补充协议四》、《〈安排〉补充协议五》和《〈安排〉补充协议六》开放服务贸易承诺的基础上，在建筑、医疗、技术检验分析与货物检验、专业设计、视听、分销、银行、证券、社会服务、旅游、文娱、航空运输、专业技术人员资格考试和个体工商户等14个领域进一步放宽市场准入的条件。具体内容载于本协议附件。

（二）本协议附件是《安排》附件4表1《内地向香港开放服务贸易的具体承诺》、《〈安排〉补充协议》附件3《内地向香港开放服务贸易的具体承诺的补充和修正》、《〈安排〉补充协议二》附件2《内地向香港开放服务贸易的具体承诺的补充和修正二》、《〈安排〉补充协议三》附件《内地向香港开放服务贸易的具体承诺的补充和修正三》、《〈安排〉补充协议四》附件《内地向香港开放服务贸易的具体承诺的补充和修正四》、《〈安排〉补充协议五》附件《内地向香港开放服务贸易的具体承诺的补充和修正五》和《〈安排〉补充协议六》附件《内地向香港开放服务贸易的具体承诺的补充和修正六》的补充和修正。与前七者条款产生抵触时，以本协议附件为准。

（三）本协议附件中的“服务提供者”，应符合《安排》附件 5《关于“服务提供者”定义及相关规定》的有关规定。

二、金融合作

支持符合条件的内地期货公司在香港设立的子公司在港依法开展业务。

三、贸易投资便利化

（一）为进一步增强在贸易投资便利化领域的合作，双方同意将产业合作、教育合作补充列入《安排》贸易投资便利化领域，及将中医药产业合作列入产业合作领域具体内容，并据此：

1. 将《安排》第十七条第一款修改为：

“一、双方将在以下领域加强合作：

1. 贸易投资促进；

2. 通关便利化；

3. 商品检验检疫、食品安全、质量标准；

4. 电子商务；

5. 法律法规透明度；

6. 中小企业合作；

7. 产业合作；

8. 知识产权保护；

9. 品牌合作；

10. 教育合作。”

2. 将《安排》附件 6 第二条修改为：

“二、双方同意在贸易投资促进，通关便利化，商品检验检疫、食品安全、质量标准，电子商务，法律法规透明度，中小企业合作，产业合作，知识产权保护，品牌合作，教育合作 10 个领域开展贸易投资便利化合作，有关合作在根据《安排》第十九条设立的联合指导委员会的指导和协调下进行。”

3. 将《安排》附件 6 第九条修改为：

“九、产业合作

双方认识到，两地根据优势互补的原则，加强产业合作与交流，将有利于两地产业和整体社会经济的发展。

(一) 中医药产业合作

中医药作为中华民族优秀文化的组成部分，具有巨大的市场应用前景和经济效益。双方在推动中医药产业化发展、促进中医药现代化和国际化等方面各具优势，开展这一领域的合作对双方经济和社会发展具有重要意义。双方同意加强在中医药产业发展领域的合作。

1. 合作机制

加强和完善两地政府部门间的联系合作机制，推动两地中医药产业合作的发展。

2. 合作内容

根据两地中医药合作的状况及发展趋势，双方同意加强以下方面的合作：

(1) 相互通报各自在中药法规建设和中医药管理方面的情况，实现信息共享。

(2) 加强在中医药科研方面的合作，交流和分享中药发展战略和行业发展导向等方面的信息资料。

(3) 加强在中药注册管理方面的沟通与协调，实现中药规范管理，为两地的中药贸易提供便利。

(4) 在临床试验的设施管理和临床试验的法规要求等方面开展合作，以期达到双方对临床试验数据的相互承认。

(5) 开展中药质量标准方面的交流与合作，共同促进中药质量标准的提高。

(6) 支持两地中医药企业的合作，共同开拓国际市场。

(7) 加强中医药产业的贸易投资促进和产业合作。

(8) 交流和协商解决中医药产业合作中出现的问题。

3. 其他实体的参与

双方支持和协助中医药产业合作领域半官方和非官方机构的参与，包括支持内地中国中医药科技开发交流中心与香港赛马会中药研究院有限公司业已建立的合作。

(二) 会展产业合作

会展产业具有很强带动能力和发展潜力。加强两地会展产业合作，对于推动两地经济发展和促进两地经贸交流具有重要意义。双方同意加强在会展产业领域的合作，支持两地会展产业共同发展。

1. 合作机制

利用双方相关政府部门现有的合作渠道，通过交流、磋商，加强信息沟通。

2. 合作内容

双方同意加强以下方面的合作：

(1) 内地支持和配合香港举办大型国际会议和展览会。

(2) 为推动香港会展产业的发展，应香港特区政府要求，经国家主管部门同意，内地有关部门将为内地参展人员办理赴香港出入境证件及签注提供便利，以方便内地企业和人员参加在香港举办的会展活动。

3. 其他实体的参与

双方同意支持两地会展产业领域相关的半官方机构、非官方机构和业界在促进两地会展产业合作中发挥作用。

（三）文化产业合作

两地文化产业具有很强带动能力和发展潜力，且有较强的互补性。加强两地文化产业合作，对于推动两地文化产业发展具有重要意义。双方同意通过促进文化产业合作，共同创造双赢的局面。

1. 合作机制

利用双方相关政府部门现有的合作渠道，通过交流、磋商，加强信息沟通，支持两地文化产业共同发展。

2. 合作内容

双方同意加强以下方面的合作：

（1）支持、加强两地在文化产业方面的交流与沟通。

（2）在文化产业的法律法规制定和执行方面交换信息。

（3）及时研究解决文化产业交流中出现的问题。

（4）加强在考察、交流、展览等方面的合作。

（5）共同探讨开拓市场和开展其他方面的合作。

3. 其他实体的参与

双方同意支持两地文化产业领域相关的半官方机构、非官方机构和业界在促进两地文化产业合作中发挥作用。

（四）环保产业合作

环保产业合作对于推动两地经济发展和促进两地经贸交流具有重要意义。双方同意加强在环保产业领域的合作，支持两地环保产业共同发展。

1. 合作机制

在联合指导委员会的指导和协调下，建立有关工作组，加强双方在环保产业领域的合作。

2. 合作内容

双方同意加强以下方面的合作：

（1）加强两地在环保产业合作领域的交流与沟通。

（2）在环保产业的法律法规制定和执行方面交换信息。

（3）加强在培训、考察等方面的合作。

（4）通过展会推介、举办研讨会等多种方式加强两地环保产业领域的合作。

（5）探讨进一步促进营商便利化的合作建议，以支持两地环保产业发展。

3. 其他实体的参与

双方同意支持和协助半官方机构、非官方机构和业界在促进两地环保产业合作中发挥作用。

（五）创新科技产业合作

创新科技合作对于推动两地经济社会发展具有重要意义。双方同意加强在创新科技领域的合作，支持两地创新科技产业共同发展。

1. 合作机制

通过两地政府部门间的合作机制，加强双方在创新科技领域的合作。

2. 合作内容

双方同意加强以下方面的合作：

（1）加强两地在创新科技领域的交流和信息资源共享。

（2）逐步把香港科研机构和企业纳入国家创新体系，鼓励香港科研人员和机构参与国家科技计划。

（3）加强两地在高新技术研发和应用、基础科学研究等领域的交流与合作，藉此探讨市场开拓。

3. 其他实体的参与

双方同意支持和协助半官方机构、非官方机构和业界在促进两地创新科技产业合作中发挥作用。"

4. 在《安排》附件 6 中增加一条作为第十二条，其后条款序号依次顺延。第十二条内容为：

"十二、教育合作

双方同意加强在以下方面的合作：

（一）加强两地在教育合作领域的交流与沟通。

（二）加强教育信息的交流。

（三）加强在培训、考察等方面的合作。

（四）通过专业交流协作、举办研讨会等多种方式加强教育领域的合作。

（五）支持内地教育机构与香港高等院校在内地合作办学，合作建设研究设施，培养本科或以上高层次人才。"

（二）双方同意进一步加强商品检验检疫、食品安全、质量标准领域的合作，并据此将《安排》附件 6 第五条第（二）款增加第 5、6 项，内容为：

"5. 双方将进一步密切有关主管机构之间的合作，建立定期互访机制，开展消费品安全领域的合作。

6. 积极推动香港检测实验室与已加入设有国家成员机构的认证检测国际多边互认体系（如 IECEE/CB 体系）的内地认证机构开展合作，成为该互认体系所接受的检测实验室。"

四、附件

本协议的附件构成本协议的组成部分。

五、生效

本协议自双方代表正式签署之日起生效。

本协议以中文书就，一式两份。

本协议于二〇一〇年五月二十七日在香港签署。

中华人民共和国 商务部副部长 姜增伟	中华人民共和国 香港特别行政区财政司司长 曾俊华

附件：

内地向香港开放服务贸易的具体承诺的补充和修正七[②]

部门或分部门	1. 商业服务 A. 专业服务 d. 建筑设计服务（CPC8671） e. 工程服务（CPC8672） f. 集中工程服务（CPC8673） g. 城市规划和风景园林设计服务（城市总体规划服务除外）（CPC8674）
具体承诺	1. 允许取得内地一级注册建筑师或一级注册结构工程师资格的香港专业人士作为合伙人，按相应资质标准要求在内地设立建筑工程设计事务所。 2. 对上述合伙企业中香港与内地合伙人数量比例、出资比例、香港合伙人在内地居留时间没有限制。 3. 允许通过互认取得内地一级注册建筑师资格的香港专业人士在广东注册执业，不受在香港注册执业与否的限制。 4. 允许通过互认取得内地一级注册结构工程师资格的香港专业人士在广东注册执业，不受在香港注册执业与否的限制。

续　表

部门或分部门	1. 商业服务
	A. 专业服务
	h. 医疗及牙医服务（CPC9312） j. 分娩及其有关服务、护理服务、理疗及辅助侯疗服务（CPC93191） 药剂服务
	8. 与健康相关的服务和社会服务
	A. 医院服务 B. 其它人类卫生服务
	医院服务（CPC9311） 疗养院服务
具体承诺	1. 允许香港服务提供者在上海市、重庆市、广东省、福建省、海南省以独资形式设立医院。③ 2. 对香港服务提供者在广东省设立合资、合作医院的投资总额不作要求。 3. 对香港服务提供者在上海市、重庆市、广东省、福建省、海南省设立的合资、合作医院的内地与香港双方的投资比例不作限制。 4. 允许香港法定注册医疗卫生专业人员④来内地短期执业。短期执业的最长时间为三年，期满需要延期的，可以重新办理短期执业。 5. 香港服务提供者在广东省设立的合资、合作医疗机构的立项审批工作交由广东省省级卫生行政部门负责。 6. 允许香港服务提供者在广东省设立独资、合资、合作疗养院，提供医疗服务。⑤
部门或分部门	1. 商业服务
	F. 其他商业服务
	e. 技术检验和分析服务（CPC8676） 货物检验服务（CPC7490）
具体承诺	在中国强制性产品认证制度（CCC）领域，允许经香港特区政府认可机构（香港认可处）认可的具备中国强制性产品认证制度相关产品检测能力的香港检测机构，以香港本地加工的（即产品加工场所在香港境内）CCC 目录内的部分产品为试点，与内地指定机构开展合作，承担 CCC 认证检测任务。具体合作安排按照《中华人民共和国认证认可条例》有关规定执行。

续 表

部门或分部门	1. 商业服务 F. 其他商业服务 专业设计服务（CPC87907）
具体承诺	允许香港服务提供者以独资形式在内地提供专业设计服务。
部门或分部门	2. 通信服务 D. 视听服务 录像分销服务（CPC83202） 录音制品的分销服务 电影和录像的制作和分销（CPC9611） 电影院服务 华语影片和合拍影片 有线电视技术服务 合拍电视剧 其他
具体承诺	1. 允许香港服务提供者在内地设立独资、合资或合作企业，从事音像制品制作业务。 2. 允许香港永久性居民中的中国公民申请内地《音像制品经营许可证》，在内地设立个体工商户。
部门或分部门	4. 分销服务 A. 佣金代理服务（不包括盐和烟草） B. 批发服务（不包括盐和烟草） C. 零售服务（不包括烟草） D. 特许经营
具体承诺	允许香港服务提供者在内地设立的分销企业分销香港出版的图书。其销售的香港版图书须由国家批准的出版物进口经营单位代理进口。
部门或分部门	7. 金融服务 B. 银行及其他金融服务（不包括保险和证券） a. 接受公众存款和其他应付公众资金 b. 所有类型的贷款，包括消费信贷、抵押信贷、商业交易的代理和融资 c. 金融租赁 d. 所有支付和汇划工具，包括信用卡、赊账卡和贷记卡、旅行支票和银行汇票（包括进出口结算） e. 担保和承诺 f. 自行或代客外汇交易

续　表

具体承诺	1. 香港银行比照《中华人民共和国外资银行管理条例》的有关规定，在内地申请设立外商独资银行或外国银行分行，提出申请前应在内地已经设立代表处1年以上。 2. 香港银行的内地营业性机构申请经营人民币业务，应具备下列条件：提出申请前在内地开业2年以上且提出申请前1年盈利。 3. 香港银行在内地设立的外资银行营业性机构可建立小企业金融服务专营机构。具体要求参照内地相关规定执行。 4. 香港银行的内地营业性机构申请经营对内地港资企业的人民币业务，应具备下列条件：提出申请前在内地开业1年以上且提出申请前1年盈利。[⑥]
部门或分部门	7. 金融服务
	B. 银行及其他金融服务
	证券服务 期货服务
具体承诺	深化内地与香港金融服务及产品开发的合作，同意适时在内地推出港股组合ETF（交易型开放式指数基金）。
部门或分部门	8. 与健康相关的服务和社会服务
	C. 社会服务
	通过住宅机构向老年人和残疾人提供的社会福利（CPC93311） 残疾人日间看护服务（CPC93321） 非通过住宅机构提供的社会福利（CPC93323） 残疾人康复服务
具体承诺	1. 允许香港服务提供者以独资民办非企业单位形式在内地举办养老机构，提供养老服务。 2. 允许香港服务提供者以独资民办非企业单位形式在内地举办残疾人福利机构。
部门或分部门	9. 旅游和与旅游相关的服务
	A. 饭店（包括公寓楼）和餐馆（CPC641—643） B. 旅行社和旅游经营者（CPC7471） C. 导游（CPC7472） 其他
具体承诺	允许在北京市和上海市设立的香港独资或合资旅行社，申请试点经营北京市和上海市居民（具有北京市和上海市正式户籍的居民）前往香港、澳门的团队旅游业务。

续 表

部门或分部门	10. 娱乐、文化和体育服务 A. 文娱服务（除视听服务以外）
具体承诺	允许香港服务提供者在内地设立内地方占主导权益的合作互联网文化经营单位和互联网上网服务营业场所。
部门或分部门	11. 运输服务 C. 航空运输服务 d. 航空器的维修和保养服务（CPC8868） 机场管理服务（不包括货物装卸）（CPC74610） 其他空运支持性服务（CPC74690） 计算机订座系统（CRS）服务 空运服务的销售和营销服务
具体承诺	1. 允许香港服务提供者在内地设立的独资、合资、合作航空运输销售代理企业销售国内航线的机票。 2. 允许香港服务提供者以独资或拥有控制性股权形式，在内地经营航空器维修和保养业务。
部门或分部门	服务部门分类（GNS/W/120）未列出的部门 专业技术人员资格考试
具体承诺	允许香港永久性居民参加内地土地估价师资格考试。成绩合格者，发给内地的《土地估价师资格证书》。
部门或分部门	服务部门分类（GNS/W/120）未列出的部门 个体工商户
具体承诺	允许香港永久性居民中的中国公民依照内地有关法律、法规和行政规章，在内地各省、自治区、直辖市设立个体工商户，无需经过外资审批，不包括特许经营，其从业人员不超过 8 人。营业范围为：居民服务中的婚姻服务（不含婚介服务）；漫画图书、动漫电子游戏租赁服务；动画音像制品租赁服务⑦；兽医服务：宠物诊所（仅限在城市开办）⑧。

注：

①《安排》中，内地系指中华人民共和国的全部关税领土。

②部门分类使用世界贸易组织《服务贸易总协定》服务部门分类（GNS/W/120），部门的内容参考相应的联合国中央产品分类（CPC，United Nations Provisional Central Product Classification）。

③应符合内地关于外商投资设立独资医院的有关规定。

④根据香港法例的规定，12类香港法定注册医疗卫生专业人员在香港执业前，必须向有关管理局或委员会注册。当中包括医生、中医、牙医、药剂师、护士、助产士、医务化验师、职业治疗师、视光师、放射技师、物理治疗师、脊医。

⑤须符合内地《医疗机构管理条例》及《医疗机构管理条例实施细则》的有关规定。

⑥实施时间由双方有关行业主管部门商定。

⑦申请人须持《音像制品经营许可证》办理工商注册登记。

⑧申请人须持“动物诊疗许可证”办理工商注册登记。

128

《内地与香港关于建立更紧密经贸关系的安排》补充协议八

为进一步提高内地[①]与香港特别行政区（以下简称“香港”）经贸交流与合作的水平，根据：

2003年6月29日签署的《内地与香港关于建立更紧密经贸关系的安排》（以下简称“《安排》”）及于2003年9月29日签署的《安排》附件；

2004年10月27日签署的《〈安排〉补充协议》；

2005年10月18日签署的《〈安排〉补充协议二》；

2006年6月27日签署的《〈安排〉补充协议三》；

2007年6月29日签署的《〈安排〉补充协议四》；

2008年7月29日签署的《〈安排〉补充协议五》；

2009年5月9日签署的《〈安排〉补充协议六》；

2010年5月27日签署的《〈安排〉补充协议七》，

双方决定，就内地在货物贸易领域和服务贸易领域对香港扩大开放、加强金融合作、旅游合作及促进贸易投资便利化签署本协议。

一、货物贸易

双方决定将《安排》附件2《关于货物贸易的原产地规则》第五条第（一）款第3项修改为：

“3.‘从价百分比’是指一方原产的原料、组合零件的价值，以及在该方产生的劳工价值和产品开发支出价值的合计与出口制成品离岸价格（FOB）的比值应大于或等于30%，并且最后的制造或加工工序应在该方境内完成。具体计算公式如下：

$$\frac{\text{原料价值}+\text{组合零件价值}+\text{劳工价值}+\text{产品开发支出价值}}{\text{出口制成品的FOB价格}}\times 100\%\geqslant 30\%$$

（1）‘产品开发’是指在一方境内为生产或加工有关出口制成品而实施的产品开发。开发费用的支付必须与该出口制成品有关，包括生产加工者自行开发、委托该方境内的自然人或法人开发以及购买该方境内的自然人或法人拥有的设计、专利权、专有技术、商标权或著作权而支付的费用。该费用支付金额必须能按照公认的会计准则和《关于实施1994年关税与贸易总协定第7条的协定》的有关规定明确确定。

（2）上述‘从价百分比’的计算应符合公认的会计准则及《关于实施1994年关税与贸易总协定第7条的协定》。

（3）一方使用另一方原产的原料或组合零件在该方构成出口制成品的组成部分的，在计算该出口制成品的从价百分比时，该原料或组合零件应当视为原产于该方；该出口制成品的从价百分比应大于或等于30%，且在不记入该另一方原产的原料或组合零件价值时的从价百分比应大于或等于15%。”

上述修改将于2012年4月1日起实施。

二、服务贸易

（一）自2012年4月1日起，内地在《安排》、《〈安排〉补充协议》、《〈安排〉补充协议二》、《〈安排〉补充协议三》、《〈安排〉补充协议四》、《〈安排〉补充协议五》、《〈安排〉补充协议六》和《〈安排〉补充协议七》开放服务贸易承诺的基础上，在法律、建筑、技术检验分析与货物检验、人员提供与安排、分销、保险、银行、证券、医院、旅游、公路运输、专业技术人员资格考试和个体工商户等13个领域进一步放宽市场准入的条件，并在跨学科的研究与实验开发服务、与制造业有关的服务、图书馆、档案馆、博物馆和其他文化服务3个新领域增加开放措施。具体内容载于本协议附件。

（二）本协议附件是《安排》附件4表1《内地向香港开放服务贸易的具体承诺》、《〈安排〉补充协议》附件3《内地向香港开放服务贸易的具体承诺的补充和修正》、《〈安排〉补充协议二》附件2《内地向香港开放服务贸易的具体承诺的补充和修正二》、《〈安排〉补充协议三》附件《内地向香港开放服务贸易的具体承诺的补充和修正三》、《〈安排〉补充协议四》附件《内地向香港开放服务贸易的具体承诺的补充和修正四》、《〈安排〉补充协议五》附件《内地向香港开放服务贸易的具体承诺的补充和修正五》、《〈安排〉补充协议六》附件《内地向香港开放服务贸易的具体承诺的补充和修正六》和《〈安排〉补充协议七》附件《内地向香港开放服务贸易的具体承诺的补充和修正七》的补充和修正。与前八者条款产生抵触时，以本协议附件为准。

（三）双方决定将《安排》附件5《关于“服务提供者”定义及相关规定》作如下修改：

1. 将第三条第（一）2款第（1）项修改为：

“拟在内地提供服务的香港服务提供者在香港提供服务的性质和范围，应符合附件4、本附件的规定，内地法律法规和行政规章对外商投资主体的业务性质和范围有限制性规定的从其规定。”

2. 将第六条第（一）1款第（7）项修改为：

"其他证明香港服务提供者在香港从事实质性商业经营的有关文件或其副本，如香港法例、附件 4 或本附件有关香港业务性质和范围规定所需的牌照、许可或香港有关部门、机构发出的确认信。"

3. 上述修改将于 2012 年 4 月 1 日起实施。

（四）本协议附件中的"服务提供者"，应符合《安排》附件 5《关于"服务提供者"定义及相关规定》的有关规定。

三、金融合作

（一）支持内地银行在审慎经营的前提下，利用香港的国际金融平台发展国际业务。

（二）支持香港的保险公司设立营业机构或通过参股的方式进入市场，参与和分享内地保险市场的发展。加强双方在保险产品研发、业务经营和运作管理等方面的合作。

四、旅游合作

（一）联合提升内地与香港旅游服务质量，建立健全内地与香港旅游市场监管协调机制，规范旅游企业诚信经营，维护游客合法权益，共同推动内地赴港旅游市场健康有序发展。

（二）推进内地与香港旅游海外联合推广工作。联合开发内地与香港"一程多站"旅游精品线路，有效利用海外旅游展览会联合开展宣传推广，进一步密切两地海外旅游办事处的合作。

（三）支持内地与香港旅游企业拓宽合作范畴。鼓励和引导内地与香港旅游企业和社会资本互相进入对方市场，重点支持香港服务提供者在内地设立旅行社；加强在旅游科技研发、景区景点开发方面的深度协作；探讨旅游产业化合作的路径。

（四）采取联合开展人才培训、开发内地旅游新业态等相关措施，加大力度支持以香港为母港的邮轮旅游发展。

五、贸易投资便利化

（一）双方同意进一步加强商品检验检疫、食品安全、质量标准领域的合作，并据此将《安排》附件 6 第五条第（二）款第 2 项动植物检验检疫和食品安全增加以下内容：

"双方同意积极推进《国家质检总局与香港商务及经济发展局关于进口葡萄酒经香港中转内地的检验安排谅解备忘录》的磋商进程，积极开展合作。"

（二）双方同意进一步加强创新科技产业领域的合作，并据此将《安排》附件6第九条第（五）款第2项增加第（4）、（5）项合作内容为：

“（4）结合制定实施国家‘十二五’科技发展等规划，加强两地在科技产业领域的合作，使香港科技资源进一步融入国家创新体系。

（5）加大支持香港科技创新的力度，不断扩展两地科技合作的新形式，如支持在香港建立国家工程技术研究中心分中心，以适当形式在香港设立高新技术产业化基地等。”

六、附件

本协议的附件构成本协议的组成部分。

七、生效

本协议自双方代表正式签署之日起生效。

本协议以中文书就，一式两份。

本协议于二〇一一年十二月十三日在香港签署。

中华人民共和国 商务部副部长 蒋耀平	中华人民共和国 香港特别行政区财政司司长 曾俊华

附件：

内地向香港开放服务贸易的具体承诺的补充和修正八[②]

部门或分部门	1. 商业服务 A. 专业服务 a. 法律服务（CPC861）
具体承诺	1. 进一步密切内地与香港律师业的合作，探索完善两地律师事务所联营方式。 2. 研究扩大取得内地法律职业资格并获得内地律师执业证书的香港居民在内地从事涉及香港居民、法人的民事诉讼代理业务范围。

续 表

部门或分部门	1. 商业服务 A. 专业服务 d. 建筑设计服务（CPC8671） e. 工程服务（CPC8672） f. 集中工程服务（CPC8673） g. 城市规划和风景园林设计服务（城市总体规划服务除外）（CPC8674）
具体承诺	1. 允许通过互认取得内地建筑领域各专业资格的香港专业人士在广东注册执业，享有与内地拥有相同专业资格专业人士同等待遇。 2. 对取得内地一级注册建筑师互认资格的香港专业人士，按照内地有关规定作为广东省内工程设计企业申报企业资质时所要求的注册执业人员予以认定。 3. 对取得内地一级注册结构工程师互认资格的香港专业人上，按照内地有关规定作为广东省内工程设计企业申报企业资质时所要求的注册执业人员予以认定。
部门或分部门	1. 商业服务 C. 研究和开发服务 c. 跨学科的研究与实验开发服务（CPC853）
具体承诺	允许香港服务提供者以合资、合作或独资形式在内地提供自然科学跨学科的研究与实验开发服务。
部门或分部门	1. 商业服务 F. 其他商业服务 e. 技术检验和分析服务（CPC8676） 货物检验服务（CPC7490）
具体承诺	允许经香港特区政府认可机构（香港认可处）认可的具备中国强制性产品认证（CCC）制度相关产品检测能力的香港检测机构承担 CCC 认证检测任务的范围在《〈安排〉补充协议七》的基础上扩大至现行所有需 CCC 认证的香港本地加工的产品。
部门或分部门	1. 商业服务 F. 其他商业服务 i. 与制造业有关的服务（CPC884 除 88442 外、CPC885）
具体承诺	允许香港服务提供者以合资、合作或独资形式在内地提供与制造业（《外商投资产业指导目录》禁止类除外）有关的服务。

续　表

部门或分部门	1. 商业服务 F. 其他商业服务 k. 人员提供与安排服务（CPC872）
具体承诺	对香港服务提供者在人力资源和社会保障部批准建立的人力资源服务产业园区设立人力资源服务机构的最低注册资本要求，比照所在市的内地企业实行。
部门或分部门	4. 分销服务 A. 佣金代理服务（不包括盐和烟草） B. 批发服务（不包括盐和烟草） C. 零售服务（不包括烟草） D. 特许经营
具体承诺	对于同一香港服务提供者在内地累计开设店铺超过 30 家、销售来自多个供应商的不同种类和品牌的产品（包括粮食），允许香港服务提供者试点在广东以独资形式经营。
部门或分部门	7. 金融服务 A. 所有保险和与其相关的服务 a. 人寿险、意外险和健康保险服务（CPC 8121） b. 非人寿保险服务（CPC8129） c. 再保险和转分保服务（CPC81299） d. 保险辅助服务（包括保险经纪、保险代理服务）（CPC8140）
具体承诺	允许香港的保险经纪公司在广东省（含深圳）试点设立独资保险代理公司，经营区域为广东省（含深圳），申请人须满足以下条件： （1）申请人在香港经营保险经纪业务 10 年以上； （2）提出申请前 3 年的年均保险经纪业务收入不低于 50 万港元，提出申请上一年度的年末总资产不低于 50 万港元； （3）提出申请前 3 年无严重违规和受处罚记录； （4）申请人在内地设立代表处时间一年以上。

续 表

部门或分部门	7. 金融服务 B. 银行及其他金融服务（不包括保险和证券） a. 接受公众存款和其他应付公众资金 b. 所有类型的贷款，包括消费信贷、抵押信贷、商业交易的代理和融资 c. 金融租赁 d. 所有支付和汇划工具，包括信用卡、赊账卡和贷记卡、旅行支票和银行汇票（包括进出口结算） e. 担保和承诺 f. 自行或代客外汇交易
具体承诺	允许香港银行在内地注册的法人银行参与共同基金销售业务。
部门或分部门	7. 金融服务 B. 银行及其他金融服务 证券服务 期货服务
具体承诺	1. 继续支持内地符合条件的证券类金融机构在港设立分支机构及依法开展业务。 2. 深化内地与香港金融服务及产品开发的合作，允许以人民币境外合格机构投资者方式投资境内证券市场。
部门或分部门	8. 与健康相关的服务和社会服务 A. 医院服务 医院服务（CPC9311）
具体承诺	在上海市、重庆市、广东省、福建省、海南省基础上，允许香港服务提供者在内地所有直辖市及省会城市以独资形式设立医院。③
部门或分部门	9. 旅游和与旅游相关的服务 A. 饭店（包括公寓楼）和餐馆（CPC641—643） B. 旅行社和旅游经营者（CPC7471） C. 导游（CPC7472） 其他
具体承诺	优化现有的广东省“144 小时便利签证”政策，放宽预报出境口岸的规定，适时研究调整成团人数规定要求。

续 表

<table>
<tr><td rowspan="2">部门或分部门</td><td>10. 娱乐、文化和体育服务</td></tr>
<tr><td>C. 图书馆、档案馆、博物馆和其他文化服务（CPC963）</td></tr>
<tr><td>具体承诺</td><td>1. 进一步密切内地与香港图书馆业的合作，探索合作开展图书馆服务。
2. 允许香港服务提供者以独资形式在内地为图书馆提供专业服务。
3. 允许香港服务提供者以独资形式在内地提供博物馆专业服务。</td></tr>
<tr><td rowspan="3">部门或分部门</td><td>11. 运输服务</td></tr>
<tr><td>F. 公路运输服务</td></tr>
<tr><td>a. 客运服务（CPC7121、CPC7122）
b. 货运服务（CPC7123）
c. 商用车辆和司机的租赁（CPC7124）
d. 公路运输设备的维修和保养服务（CPC6112、CPC8867）
e. 公路运输的支持服务（CPC744）</td></tr>
<tr><td>具体承诺</td><td>为香港司机参加内地机动车驾驶证考试设立繁体试卷，并为香港司机在深圳设立一个指定考试场地方便应试。</td></tr>
<tr><td rowspan="2">部门或分部门</td><td>服务部门分类（GNS/W/120）未列出的部门</td></tr>
<tr><td>专业技术人员资格考试</td></tr>
<tr><td>具体承诺</td><td>允许符合相关规定的香港永久性居民参加内地测绘师资格考试，成绩合格者，发给资格证书。</td></tr>
<tr><td rowspan="2">部门或分部门</td><td>服务部门分类（GNS/W/120）未列出的部门</td></tr>
<tr><td>个体工商户</td></tr>
<tr><td>具体承诺</td><td>1. 允许香港永久性居民中的中国公民依照内地有关法律、法规和行政规章，在内地各省、自治区、直辖市设立个体工商户，无需经过外资审批，不包括特许经营，营业范围为：
(1) 租赁和商务服务业中的包装服务中的以下项目：为商场、超市或其他客户提供商品分类、分包、保鲜、贴标签、加盖印记等服务；专门为连锁店、超市提供货物的配货、分装、包装的服务；以配货、分包装为主的配送公司（中心）的服务；对一般产品提供分包、再包装服务；礼品包装服务。</td></tr>
</table>

续 表

具体承诺	(2) 租赁和商务服务业中的办公服务中的以下项目：标志牌、铜牌的设计、制作服务；奖杯、奖牌、奖章、锦旗的设计、制作服务。 (3) 室内娱乐活动中的以休闲、娱乐为主的动手制作活动（陶艺、缝纫、绘画等）。 2. 放宽香港永久性居民中的中国公民在内地各省、自治区、直辖市设立个体工商户从业人员人数和营业面积的限制： (1) 从业人员不超过 10 人。 (2) 零售业；餐饮业；居民服务和其他服务业中的理发及美容保健服务；洗浴服务；家用电器及其他日用品修理；货物、技术进出口；摄影及扩印服务；洗染服务；汽车、摩托车维修与保养；仓储业的营业面积不超过 500 平方米。

注：

①《安排》中，内地系指中华人民共和国的全部关税领土。

②部门分类使用世界贸易组织《服务贸易总协定》服务部门分类（GNS/W/120），部门的内容参考相应的联合国中央产品分类（CPC，United Nations Provisional Central Product Classification）。

③应符合内地关于外商投资设立独资医院的有关规定。

澳门篇

三十二　内地与澳门关于建立更紧密经贸关系安排

129

内地与澳门关于建立更紧密经贸关系的安排

前　言

为促进内地①和澳门特别行政区（以下简称“双方”）经济的共同繁荣与发展，加强双方与其他国家和地区的经贸联系，双方决定签署《内地与澳门关于建立更紧密经贸关系的安排》（以下简称“《安排》”）。

第一章　总　则

第一条 目标

通过采取以下措施，加强内地与澳门特别行政区（以下简称“澳门”）之间的贸易和投资合作，促进双方的共同发展：

一、逐步减少或取消双方之间实质上所有货物贸易的关税和非关税壁垒；

二、逐步实现服务贸易自由化，减少或取消双方之间实质上所有歧视性措施；

三、促进贸易投资便利化。

第二条 原则

《安排》的达成、实施以及修正应遵照以下原则：

一、遵循“一国两制”的方针；

二、符合世界贸易组织的规则；

三、顺应双方产业结构调整和升级的需要，促进稳定和可持续发展；

①《安排》中，内地系指中华人民共和国的全部关税领土。

四、实现互惠互利、优势互补、共同繁荣；

五、先易后难，逐步推进。

第三条 建立与发展

一、双方自2004年1月1日起开始实施《安排》下货物贸易和服务贸易自由化的具体承诺。

二、双方将通过不断扩大相互之间的开放，增加和充实《安排》的内容。

第四条 中国加入世界贸易组织法律文件中特定条款的不适用

双方认识到，内地经过20多年的改革开放，市场经济体制不断完善，内地企业的生产与经营活动已经符合市场经济的要求。双方同意《中国加入世界贸易组织议定书》第15条和第16条，以及《中国加入世界贸易组织工作组报告书》第242段的内容不再适用于内地与澳门之间的贸易。

第二章 货物贸易

第五条 关税

一、澳门将继续对原产内地的所有进口货物实行零关税。

二、自2004年1月1日起，内地将对附件1中表1列明的原产澳门的进口货物实行零关税。

三、不迟于2006年1月1日，内地将对附件1中表1以外的原产澳门的进口货物实行零关税。具体实施步骤载于附件1。

四、任何根据本条第三款取消进口关税的货物应补充列入附件1中。

第六条 关税配额和非关税措施

一、一方将不对原产于另一方的进口货物采取与世界贸易组织规则不符的非关税措施。

二、内地将不对原产澳门的进口货物实行关税配额。

第七条 反倾销措施

双方承诺一方将不对原产于另一方的进口货物采取反倾销措施。

第八条 补贴与反补贴措施

双方重申遵守世界贸易组织《补贴与反补贴措施协定》及《1994年关税与贸易总协定》第16条的规定，并承诺一方将不对原产于另一方的进口货物采取反补贴措施。

第九条 保障措施

如因《安排》的实施造成一方对列入附件1中的原产于另一方的某项产品的进口激增，并对该方生产同类或直接竞争产品的产业造成严重损害或严重损害威胁，该方可在以书面形式通知对方后临时性地中止该项产品的进口优惠，并应尽快应对方的要求，根据《安排》第十九条的规定开始磋商，以达成协议。

第三章　原产地

第十条　原产地规则

一、适用于《安排》下货物贸易优惠措施的原产地规则载于附件2。

二、为保证货物贸易优惠措施的实施，双方决定建立和加强行政互助，包括制订和实施严格的原产地证签发程序，建立核查监管机制，实行双方发证和监管机关联网、电子数据交换等措施，具体内容载于附件3。

第四章　服务贸易

第十一条　市场准入

一、一方将按照附件4列明的内容和时间对另一方的服务及服务提供者逐步减少或取消实行的限制性措施。

二、应一方的要求，双方可通过协商，进一步推动双方服务贸易的自由化。

三、任何根据本条第二款实行的服务贸易自由化措施应补充列入附件4。

第十二条　服务提供者

一、《安排》中“服务提供者”的定义及相关规定载于附件5。

二、任何世界贸易组织其他成员的服务提供者，如系根据一方的法律所设立的法人并在该方从事附件5中规定的“实质性商业经营”，则有权享受另一方在《安排》下给予该方服务提供者的优惠。

第十三条　金融合作

双方采取以下措施，进一步加强在银行、证券和保险领域的合作：

一、支持内地金融机构到澳门开展业务；

二、支持内地银行在澳门以收购方式发展网络和业务活动；

三、鼓励、协助和支持澳门与内地银行、证券和保险机构之间的业务交流；

四、加强金融监管部门之间的合作和信息共享。

第十四条　旅游合作

一、为进一步促进澳门旅游业的发展，内地允许北京市、上海市和广东省的广州市、深圳市、珠海市、东莞市、中山市、江门市、佛山市、惠州市的居民个人赴澳门旅游，并不迟于2004年7月1日在广东省全省范围实施。

二、双方加强在旅游宣传和推广方面的合作，包括促进相互旅游以及开展以珠江三角洲为基础的对外推广活动。

三、通过合作，提高双方旅游行业的服务水平，保障游客的合法权益。

第十五条　专业人员资格的相互承认

一、双方鼓励专业人员资格的相互承认，推动彼此之间的专业技术人才交流。

二、双方主管部门或行业机构将研究、协商和制订相互承认专业人员资格的具体办法。

第五章　贸易投资便利化

第十六条　措施

双方通过提高透明度、标准一致化和加强信息交流等措施与合作，推动贸易投资便利化。

第十七条　合作领域

一、双方将在以下领域加强合作：

1. 贸易投资促进；

2. 通关便利化；

3. 商品检验、动植物检验检疫、食品安全、卫生检疫、认证认可及标准化管理；

4. 电子商务；

5. 法律法规透明度；

6. 中小企业合作；

7. 产业合作。

二、本条第一款所列领域的具体合作内容载于附件6。

三、应一方的要求，双方可通过协商，增加贸易投资便利化的合作领域或内容。

四、任何根据本条第三款增加的领域或内容应补充列入附件6。

第六章　其他条款

第十八条　例外

《安排》及其附件所载规定并不妨碍内地或澳门维持或采取与世界贸易组织规则相一致的例外措施。

第十九条　机构安排

一、双方成立联合指导委员会（以下简称“委员会”）。委员会由双方高层代表或指定的官员组成。

二、委员会设立联络办公室，并可根据需要设立工作组。联络办公室分别设在中央人民政府商务部及澳门特别行政区政府经济财政司司长办公室。

三、委员会的职能包括：

1. 监督《安排》的执行；

2. 解释《安排》的规定；

3. 解决《安排》执行过程中可能产生的争议；

4. 拟订《安排》内容的增补及修正；

5. 指导工作组的工作；

6. 处理与《安排》实施有关的任何其他事宜。

四、委员会每年至少召开一次例会，并可在一方提出要求后 30 天内召开特别会议。

五、双方将本着友好合作的精神，协商解决《安排》在解释或执行过程中出现的问题。委员会采取协商一致的方式作出决定。

第二十条　杂项

一、除非《安排》另有规定，依据《安排》采取的任何行动不应影响或废止一方依据其作为缔约方在其他协议下所享受的权利和承担的义务。

二、双方应努力避免增加影响实施《安排》的限制性措施。

第二十一条　附件

《安排》的附件构成《安排》的组成部分。

第二十二条　修正

根据需要，双方可以书面形式修正《安排》或附件的内容。任何修正在双方授权的代表签署后正式生效。

第二十三条　生效

《安排》自双方代表正式签署之日起生效。

《安排》以中文书就，一式两份。

《安排》于二〇〇三年十月十七日在澳门签署。

中华人民共和国	中华人民共和国
商务部副部长	澳门特别行政区经济财政司司长
安　民	谭伯源

附件一：

关于货物贸易零关税的实施

一、根据《内地与澳门关于建立更紧密经贸关系的安排》（以下简称《安排》），内地与澳门特别行政区就货物贸易中零关税的实施制定本附件。

二、澳门继续对原产内地的所有进口货物实行零关税。

三、内地自 2004 年 1 月 1 日起分阶段对原产澳门的进口货物实行零关税。“原产澳门的进口货物”指符合《安排》附件 2 规定的货物。澳门经济局按照澳门有关法规的有关规定签发《安排》下的原产地证书。进口享受《安排》中零关税的货物时，进口人应按照《安排》附件 3 的规定向内地海关提交澳门经济局签发的原产地证书。

四、自2004年1月1日起，内地将对本附件表1列明的原产澳门的进口货物实行零关税。表1是本附件的组成部分。内地税则税目调整时，表1的税则号相应进行转换。澳门的生产企业提出要求享受零关税货物的申请时，应依照当年的内地税则号提出。

五、不迟于2006年1月1日，内地将对本附件表1以外的原产澳门的进口货物实行零关税。具体实施步骤如下：

（一）申请和核查

1. 自2004年1月1日起，澳门的生产企业可按澳门特别行政区政府的有关规定，向澳门经济局提出要求享受零关税货物的申请。

2. 申请企业应向澳门经济局提供货物名称和生产能力或预计生产情况的资料和数据。

3. 澳门经济局应对申请企业提供的资料和数据进行核查和认定，按照现有生产货物和拟生产货物分别汇总。

（二）确认和磋商

1. 每年6月1日前，澳门经济局应将其分别汇总的货物名称、生产能力或预计生产情况的资料和数据提交商务部。

2. 商务部在收到澳门经济局提交的上述材料后，应会同内地有关部门与澳门经济局在当年8月1日前共同核定和确认货物清单。

3. 货物清单确认后，海关总署应与澳门经济局就有关货物的原产地标准进行磋商。双方应于当年10月1日前完成原产地标准的磋商。

（三）公布和实施

1. 对澳门现有生产的货物，根据双方达成的一致意见，内地将货物清单及相应的原产地标准分别补充列入本附件表1和附件2表1。自完成磋商后第二年1月1日起，内地根据澳门经济局签发的原产地证书，准予有关货物按照《安排》零关税进口。

2. 对拟生产的货物，根据双方达成的一致意见，内地应将有关货物的原产地标准补充列入附件2表1。申请企业正式投产后，经澳门经济局核查，由澳门经济局通知商务部，经双方共同确认，内地将有关货物清单补充列入本附件表1。自双方确认后第二年1月1日起，内地根据澳门经济局签发的原产地证书，准予有关货物按照《安排》零关税进口。

3. 双方应于每年12月1日前公布磋商确认的货物清单及原产地标准。

（四）澳门经济局每年6月1日后向商务部提交资料要求享受《安排》零关税的货物，降税安排顺延一年。

六、当因执行本附件对任何一方的贸易和相关产业造成重大影响时，应一方要求，双方应对本附件的有关规定进行磋商。

七、本附件自双方代表正式签署之日起生效。

本附件以中文书就，一式两份。

本附件于二〇〇三年十月十七日在澳门签署。

中华人民共和国 商务部副部长 安　民	中华人民共和国 澳门特别行政区经济财政司司长 谭伯源

附件二：

关于货物贸易的原产地规则

一、根据《内地与澳门关于建立更紧密经贸关系的安排》（以下简称《安排》），内地与澳门特别行政区就货物贸易的原产地规则制定本附件。

二、一方直接从另一方进口的在《安排》下实行零关税的货物，应根据下列原则确定其原产地：

（一）完全在一方获得的货物，其原产地为该方；

（二）非完全在一方获得的货物，只有在该方进行了实质性加工的，其原产地才可认定为该方。

三、本附件第二条第（一）款所称“完全在一方获得的货物”是指：

（一）在该方开采或提取的矿产品；

（二）在该方收获或采集的植物或植物产品；

（三）在该方出生并饲养的动物；

（四）在该方从本条第（三）款所指的动物中获得的产品；

（五）在该方狩猎或捕捞所获得的产品；

（六）持该方牌照并悬挂国旗（就内地船只而言）或澳门特别行政区区旗（就澳门特别行政区船只而言）的船只在公海捕捞获得的鱼类和其它海产品；

（七）在持该方牌照并悬挂国旗（就内地船只而言）或澳门特别行政区区旗（就澳门特别行政区船只而言）的船只上加工本条第（六）款所列产品中获得的产品；

（八）在该方收集的该方消费过程中产生的仅适于原材料回收的废旧物品；

（九）在该方加工制造过程中产生的仅适于原材料回收的废碎料；

（十）利用本条第（一）款至第（九）款所列产品在该方加工所得的产品。

四、下列加工或处理，无论是单独完成还是相互结合完成，凡用于以下规定的目的，即视为微小加工处理，在确定货物是否完全获得时，应不予考虑：

（一）为运输或贮存货物而进行的加工或处理；

（二）为便于货物装运而进行的加工或处理；

（三）为货物销售而进行的包装、展示等加工或处理。

五、本附件第二条第（二）款所称“实质性加工”的认定标准，应采用双方同意的下列实质性加工标准：

（一）“实质性加工”的认定标准可采用“制造或加工工序”、“税号改变”、“从价百分比”、“其它标准”或“混合标准”。

（二）“制造或加工工序”是指在一方境内进行赋予加工后所得货物基本特征的主要制造或加工工序。

（三）“税号改变”是指非一方原产材料经过在该方境内加工生产后，所得产品在《商品名称及编码协调制度》中四位数级的税目归类发生了变化，且不再在该方以外的国家或地区进行任何改变四位数级的税目归类的生产、加工或制造。

（四）“从价百分比”是指完全在一方获得的原料、组合零件、劳工价值和产品开发支出价值的合计与出口制成品离岸价格（FOB）的比值应大于或等于30%，并且最后的制造或加工工序应在该方境内完成。具体计算公式如下：

$$\frac{\text{原料价值}+\text{组合零件价值}+\text{劳工价值}+\text{产品开发支出价值}}{\text{出口制成品的 FOB 价格}}\times 100\%\geqslant 30\%$$

1.“产品开发”是指在一方境内为生产或加工有关出口制成品而实施的产品开发。开发费用的支付必须与该出口制成品有关，包括生产加工者自行开发、委托该方境内的自然人或法人开发以及购买该方境内的自然人或法人拥有的设计、专利权、专有技术、商标权或著作权而支付的费用。该费用支付金额必须能按照公认的会计准则和《关于实施1994年关税与贸易总协议第7条的协议》的有关规定明确确定。

2.上述“从价百分比”的计算应符合公认的会计准则及《关于实施1994年关税与贸易总协议第7条的协议》。

（五）“其它标准”，是指除上述“制造或加工工序”、“税号改变”和“从价百分比”之外的双方一致同意所采用的原产地确定方法。

（六）“混合标准”是指同时使用上述两个或两个以上的标准确定原产地。

六、简单的稀释、混合、包装、装瓶、干燥、装配、分类或装饰不应视为实质性加工；企业生产或定价措施的目的在于规避本附件条款的，也不应视为实质性加工。

七、在确定货物原产地时，不应考虑货物制造过程中使用的能源、工厂、设备、机器和工具的产地；也不应考虑虽在制造过程中使用但不构成货物成分或组成部件的材料的产地。

八、下列情况在确定货物的原产地时应忽略不计：

（一）随所装货物一起报关进口并在《中华人民共和国海关进出口税则》中

与该货物一并归类的包装、包装材料和容器；

（二）与货物一起报关进口并在《中华人民共和国海关进出口税则》中与该货物一并归类的附件、备件、工具及介绍说明性材料。

九、双方以《中华人民共和国海关进出口税则》8位数级税目为基础，按照本附件所规定的标准，制订《享受货物贸易优惠措施的澳门货物原产地标准表》(本附件表1)。本附件表1是本附件的组成部分。在《安排》下，满足本附件表1规定的原产地标准的货物方可视作已在澳门进行了实质性加工。

任何根据《安排》附件1第五条实施零关税的原产澳门的货物和拟在澳门生产的货物的原产地标准应补充列入本附件表1。

十、根据《安排》实行零关税的原产货物，应符合直接运输规则。

下列情况下应视为符合直接运输规则：

（一）货物直接从一方运输至另一方口岸。

（二）货物经过香港运输，但：

1. 仅是由于地理原因或运输需要；

2. 未进入香港进行贸易或消费；

3. 除装卸或保持货物处于良好状态所需的工作外，在香港未进行任何其它加工。

（三）经过香港运输的货物，应向申报地海关提供下列单证：

1. 在出口方签发的联运提单；

2. 出口方发证机构签发的原产地证书；

3. 货物的原厂商发票；

4. 符合本条第二款第（二）项所列三个条件的证明文件。

十一、本附件实施后，如因生产技术改进或其它原因，一方认为需要对本附件的内容或本附件表1内有关货物的原产地标准作出修订，可向另一方提出磋商要求并提交书面说明及支持数据和资料，通过《安排》第十九条设立的联合指导委员会磋商解决。

十二、本附件自双方代表正式签署之日起生效。

本附件以中文书就，一式两份。

本附件于二〇〇三年十月十七日在澳门签署。

中华人民共和国
商务部副部长
安　民

中华人民共和国
澳门特别行政区经济财政司司长
谭伯源

附：表1　享受货物贸易优惠措施的澳门货物原产地标准表（略）

附件三：

关于原产地证书的签发和核查程序

一、根据《内地与澳门关于建立更紧密经贸关系的安排》（以下简称《安排》），内地与澳门特别行政区就原产地证书的签发和核查程序及加强双方监管合作制定本附件。

二、澳门原产地证书发证机构为澳门特别行政区经济局。澳门发证机构的任何变更应及时通知海关总署。

三、澳门原产地证书的内容和格式见表格 1。该表格是本附件的组成部分。原产地证书内容及格式的任何变更应经双方磋商确定。

四、澳门经济局应将原产地证书的印章式样提交海关总署备案。原产地证书印章式样的任何变更应及时通知海关总署。

五、《安排》下实行零关税的原产澳门的货物向内地出口前，应由出口人或生产企业按规定向澳门经济局申领原产地证书。

六、澳门经济局签发的原产地证书，应符合下列要求：

（一）原产地证书上具有唯一的编号；

（二）一份原产地证书只能对应一批同时进入内地的货物。一份原产地证书可包括不多于 5 项 8 位数级税目的货物，而这些税目的货物必须同属于《安排》附件 1 表 1 所列明的货物；

（三）原产地证书上列明指定的单一报关口岸；

（四）原产地证书的产品内地协制编号，按适用的《中华人民共和国海关进出口税则》8 位数级税号填写；

（五）原产地证书的计量单位，按实际成交计量单位填写；

（六）原产地证书不许涂改及叠印，否则应重新签发；

（七）原产地证书的有效期为自签发日起 120 天；

（八）原产地证书依据表格 1 的格式用 A4 纸印制，所用文字为中文。此项文字要求应不迟于 2004 年 7 月 1 日实施；

（九）如原产地证书被盗、遗失或毁坏，出口人或生产企业可在保证原证未被使用的基础上，向澳门经济局书面申请签发一份原证的副本，且该副本上应注明“经证实的真实副本”。如原证已被使用，则后发副本无效。如后发副本已被使用，则原证无效。

七、双方采取联网核查的方式对实行零关税的澳门货物的原产地申报进行管理，并通过专线将下列情况以电子数据方式传送到海关总署：

（一）自 2004 年 1 月 1 日起，在每季度结束后 10 日内，澳门经济局应将上季度享受零关税的澳门货物的生产及发证资料，传送海关总署备案；

（二）澳门经济局签发原产地证书后，应立即将原产地证书的基本情况，包括原产地证书编号、出口人名称、工业准照编号、报关口岸、产品内地协制编号、货物名称、计量单位及数量、金额及币制等信息经专线传送到海关总署；

（三）申报地海关将澳门经济局所传送的电子资料与进口人申报时呈交的原产地证书核对无误后，应在7天内完成核注并向澳门经济局反馈；

（四）双方认为有必要的其它信息。

八、双方可将执行《安排》附件2的原产地规则及本附件所需的行政互助纳入海关总署与澳门海关或其它有关机构的合作互助安排，交换相关信息，包括由澳门进入内地货物的原产地的信息、原产地证书内容真伪、享受零关税优惠的澳门货物是否符合原产地规则及其它有助于监管本附件正确实施的信息。如有需要，经双方同意后，可派员到对方进行实地访问，了解情况。

九、经任何一方核查证实实行零关税的货物不符合《安排》附件2表1和本附件的规定时，双方即互相通报，并按适用法律采取行动。

十、双方应对有关进口货物原产地核查交流的资料予以保密，未经原产地证书申请人同意不得泄露或用作其它用途，但司法程序要求提供的除外。

十一、本附件自双方代表正式签署之日起生效。

本附件以中文书就，一式两份。

本附件于二〇〇三年十月十七日在澳门签署。

中华人民共和国 商务部副部长 安　民	中华人民共和国 澳门特别行政区经济财政司司长 谭伯源

附件四：

关于开放服务贸易领域的具体承诺

一、根据《内地与澳门关于建立更紧密经贸关系的安排》（以下简称《安排》），内地与澳门特别行政区就开放服务贸易领域的具体承诺制定本附件。

二、自2004年1月1日起，内地对澳门服务及服务提供者实施本附件表1所列明的具体承诺。表1是本附件的组成部分。有关通信服务中的增值电信服务的承诺自《安排》签署翌日起实施。

三、对于本附件未涉及的服务贸易部门、分部门或有关措施，内地按《中华人民共和国加入世界贸易组织议定书》附件9《服务贸易具体承诺减让表第2条最惠国待遇豁免清单》执行。

四、对于本附件表1所列明的具体承诺的实施，除执行本附件的规定外，还应适用内地有关法律法规和行政规章。

五、自2004年1月1日起，对本附件涵盖的服务领域，澳门对内地服务及服务提供者不增加任何限制性措施。

六、双方将通过磋商，拟订和实施澳门对内地进一步开放服务业的内容。有关具体承诺将列入表2。表2是本附件的组成部分。

七、双方将通过磋商，拟订和实施澳门对内地人员取得澳门专业资格的具体承诺。

八、当因执行本附件对任何一方的贸易和相关产业造成重大影响时，应一方要求，双方应对本附件的有关条款进行磋商。

九、本附件自双方代表正式签署之日起生效。

本附件以中文书就，一式两份。

本附件于二〇〇三年十月十七日在澳门签署。

中华人民共和国 商务部副部长 安　民	中华人民共和国 澳门特别行政区经济财政司司长 谭伯源

附件五：

关于“服务提供者”定义及相关规定

一、根据《内地与澳门关于建立更紧密经贸关系的安排》（以下简称《安排》），内地与澳门特别行政区就“服务提供者”定义及相关规定制定本附件。

二、除非《安排》及其附件另有规定，《安排》及其附件中的“服务提供者”指提供服务的任何人，其中：

（一）“人”指自然人或法人；

（二）“自然人”：

1. 对内地而言，指中华人民共和国公民；

2. 对澳门而言，指中华人民共和国澳门特别行政区永久性居民；

（三）“法人”指根据内地或澳门特别行政区适用法律适当组建或设立的任何法律实体，无论是否以盈利为目的，无论属私有还是政府所有，包括任何公司、基金、合伙企业、合资企业、独资企业或协会（商会）。

三、以法人形式提供服务的澳门服务提供者的具体标准：

（一）除法律服务部门外，澳门服务提供者申请在内地提供附件4中的有关服务时应：

1. 根据澳门特别行政区《商法典》、《商业登记法典》或其它有关法规登记[①]

法规如有规定，应取得提供该服务的准照或许可。

2. 在澳门从事实质性商业经营。其判断标准为：

（1）业务性质和范围

澳门服务提供者在澳门提供服务的性质和范围，应包含其拟在内地提供服务的性质和范围。

（2）年限

澳门服务提供者应已在澳门登记并从事实质性商业经营3年以上（含3年），② 其中：

提供建筑及相关工程服务的澳门服务提供者，应已在澳门登记并从事实质性商业经营5年以上（含5年）；提供房地产服务的澳门服务提供者在澳门从事实质性商业经营的年限不作限制；

提供银行及其它金融服务（不包括保险和证券）的澳门服务提供者，即澳门银行或财务公司，应根据澳门特别行政区《金融体系法律制度》获许可后，从事实质性商业经营5年以上（含5年）；

提供保险及其相关服务的澳门服务提供者，即澳门保险公司，应在澳门登记设立并从事实质性商业经营5年以上（含5年）。

（3）所得补充税

澳门服务提供者在澳门从事实质性商业经营期间应依法缴纳所得补充税。

（4）业务场所

澳门服务提供者应在澳门拥有或租用业务场所从事实质性商业经营，其业务场所应与其业务范围和规模相符合。

提供海运服务的澳门服务提供者，所拥有的船舶总吨位应有50%以上（含50%）在澳门注册。

（5）雇用员工

澳门服务提供者在澳门雇用的员工中在澳门居留不受限制的居民和按澳门有关法规获准在澳门定居的人士应占其员工总数的50%以上。

（二）法律服务部门的澳门律师事务所，申请在内地提供附件4中的有关服务时应：

1. 根据澳门特别行政区有关法规登记设立为澳门律师事务所。

2. 有关律师事务所的独资经营者及所有合伙人应为澳门执业律师。

3. 有关律师事务所的主要业务范围应为在澳门提供本地法律服务。

4. 有关律师事务所、独资经营者或合伙人应依法缴纳所得补充税或职业税。

5. 有关律师事务所应在澳门从事实质性商业经营3年以上（含3年）。

6. 有关律师事务所应在澳门拥有或租用业务场所从事实质性商业经营。

四、除非《安排》及其附件另有规定，以自然人形式提供服务的澳门服务提供者，应为中华人民共和国澳门特别行政区永久性居民。

五、内地服务提供者应符合本附件第二条的定义，其具体标准由双方磋商制定。

六、澳门服务提供者为取得《安排》中的待遇，应提供：

（一）在澳门服务提供者为法人的情况下，澳门服务提供者应提交经澳门有关机构（人士）核证的文件资料、声明，以及澳门特别行政区政府发出的证明书：

1. 文件资料（如适用）

（1）澳门特别行政区商业及动产登记局发出的商业及动产登记证明副本；

（2）澳门特别行政区财政局发出的营业税 M/1 格式申报书副本；

（3）澳门服务提供者过去 3 年（或 5 年）在澳门的公司年报或经审计的财务报表；

（4）澳门服务提供者在澳门拥有或租用业务场所的证明文件正本或副本；[3]

（5）澳门服务提供者过去 3 年（或 5 年）所得补充税申报表及缴税证明的副本；在亏损的情况下，澳门服务提供者仍应提供有关所得补充税申报表及缴税证明的副本；

（6）澳门服务提供者在澳门的雇员在社会保障基金供款凭单副本，以及有关文件或其副本以证明该服务提供者符合本附件第三条第（一）2 款第（5）项规定的百分比；

（7）其它证明澳门服务提供者在澳门业务性质和范围的有关文件或其副本；

（8）从事物流、货代服务及仓储服务的澳门服务提供者应取得澳门特别行政区政府确认其具有提供综合运输服务资格的证明。

2. 声明

对于任何申请取得《安排》中待遇的澳门服务提供者，其负责人应向澳门特别行政区政府作出声明。[4]声明格式由内地和澳门特别行政区双方磋商确定。

3. 证明书

澳门服务提供者将本附件第六条第（一）款第 1 项、第 2 项规定的文件资料及声明提交澳门特别行政区经济局审核。经济局在认为必要的情况下，委托澳门特别行政区有关政府部门、机构或独立专业机构（人士）作出核实证明。[5]经济局认为符合本附件规定的澳门服务提供者标准的，向其出具证明书。证明书内容及格式由内地和澳门特别行政区双方磋商确定。

（二）在澳门服务提供者为自然人的情况下，澳门服务提供者应提供澳门永久性居民的身份证明，其中属于中国公民的还应提供港澳居民来往内地通行证（回乡证）或澳门特别行政区护照。

（三）本附件第六条第（一）款、第（二）款规定的声明、自然人身份证明的复印件，以及经济局认为需要作出核实证明的文件资料，应经澳门特别行政区政府公证部门或内地认可的公证人核证，有关核证的资质与公证书使用的核验程序等由内地和澳门特别行政区双方磋商确定。

七、澳门服务提供者向内地审核机关申请取得《安排》中的待遇，按以下程序进行：

（一）澳门服务提供者申请在内地提供附件 4 中的服务时，向内地审核机关提交本附件第六条规定的文件资料、声明和证明书。

（二）根据法律法规规定的审核权限，内地审核机关在审核澳门服务提供申请时，一并对澳门服务提供者的资格进行核证。

（三）内地审核机关对澳门服务提供者的资格有异议时，应在规定时间内通知澳门服务提供者，并向商务部通报，由商务部通知澳门特别行政区经济局，并说明原因。澳门服务提供者可通过经济局向商务部提出书面理由，要求给予再次考虑。商务部应在规定时间内书面回复经济局。

八、已在内地提供服务的澳门服务提供者申请取得《安排》中的待遇，应按照本附件第六条、第七条的规定申请。

九、本附件自双方代表正式签署之日起生效。

本附件以中文书就，一式两份。

本附件于二〇〇三年十月十七日在澳门签署。

中华人民共和国	中华人民共和国
商务部副部长	澳门特别行政区经济财政司司长
安　民	谭伯源

注：

①在澳门登记的海外公司、办事处、联络处、“信箱公司”和特别成立用于为母公司提供某些服务的公司不属于本附件所指的澳门服务提供者。

②自《安排》生效之日起，双方以外的服务提供者通过收购或兼并的方式取得澳门服务提供者 50％以上股权满 1 年的，该被收购或兼并的服务提供者属于澳门服务提供者。

③申请在内地提供海运服务的澳门服务提供者，应另外提交文件或其副本（已核证）以证明其所拥有的船舶总吨位应有 50％以上（含 50％）在澳门注册。

④任何人如作出虚假或不真实声明，将根据澳门法律承担法律责任。

⑤在电信部门中，有关提供因特网数据中心业务、存储转发类业务、呼叫中心业务和信息服务业务的澳门服务提供者的业务性质和范围，经济局应委托澳门特别行政区政府电信主管部门作出核实证明。

附件六：

关于贸易投资便利化

一、根据《内地与澳门关于建立更紧密经贸关系的安排》（以下简称《安排》），内地与澳门特别行政区就贸易投资便利化合作制定本附件。

二、双方同意在贸易投资促进，通关便利化，商品检验、动植物检验检疫、食品安全、卫生检疫、认证认可及标准化管理，电子商务，法律法规透明度，中小企业合作，产业合作7个领域开展贸易投资便利化合作，有关合作在根据《安排》第十九条设立的联合指导委员会的指导和协调下进行。

三、贸易投资促进

双方认识到相互间的贸易和投资对两地经济和社会发展的重要性，从贸易与投资发展的现实和增长需要出发，双方同意加强在贸易投资促进领域的合作。

（一）合作机制

通过发挥联合指导委员会有关工作组的作用，指导和协调两地贸易投资促进合作的开展。

（二）合作内容

根据双方以往的合作经验，以及两地经贸交流合作的发展情况，双方加强在以下方面的合作：

1. 通报和宣传各自对外贸易、吸收外资的政策法规，实现信息共享。
2. 对解决双方贸易投资领域中存在的普遍性问题交换意见，进行协商。
3. 在促进相互投资及合作向海外投资的促进方面加强沟通与协作。
4. 在举办展览会、组织出境或出国参加展览会方面加强合作。
5. 共同开展经贸促进活动，推动双方与葡语国家的贸易和投资。
6. 对双方共同关注的与贸易投资促进有关的其它问题进行交流。

（三）其它实体的参与

双方注意到，贸易投资促进领域半官方和非官方机构的参与具有积极的影响及意义。双方同意通过各种方式支持和协助这些机构开展贸易投资促进活动。

四、通关便利化

双方认识到两地海关长期密切的合作关系和实行通关便利对双方经济和社会的发展的重要性，同意加强在通关便利化领域的合作。

（一）合作机制

双方通过两地海关部门联合指导和协调通关便利化合作，并通过海关和有关部门专家小组推动通关便利化合作的开展。

（二）合作内容

根据双方不同的通关制度和监管模式的需要以及合作经验，双方加强在以下方面的合作：

1. 建立相互通报制度，通报有关通关及便利通关管理的政策法规。

2. 对双方通关制度的差异及存在的问题进行研究和交流，寻求加强通关便利化合作的具体内容。

3. 探讨拓宽进一步合作的内容，在水运、陆运、多式联运、物流等方式通关中加强监管和提高通关效率方面的合作。

4. 加强在建立口岸突发事件应急机制方面的合作，采取有效措施，最大限度地保持双方的通关顺畅。

5. 建立定期的联系制度，探讨设立海关总署广东分署与澳门海关“粤澳海关口岸通关效率业务小组”的可行性。

6. 研究设立由双方海关组成的“数据交换及陆路口岸通关专家小组”，探讨数据联网和发展口岸电子清关系统的可行性，通过技术手段加强双方对通关风险的管理，提高通关效率。

五、商品检验、动植物检验检疫、食品安全、卫生检疫、认证认可及标准化管理

双方认识到货物贸易及人员往来中保障内地和澳门人民的身体健康和安全的重要性，同意在商品检验、动植物检验检疫、食品安全、卫生检疫、认证认可及标准化领域加强交流。

（一）合作机制

利用双方有关部门现有的合作渠道，通过互访、磋商和各种形式的信息沟通，推动该领域合作的开展。

（二）合作内容

双方同意加强在以下方面的合作：

1. 商品检验监督

为确保双方消费者的安全，双方通过已建立的联系渠道，加强信息互通与交流，并特别注重商品安全的情报交换，共同防范商品安全出现的问题，共同促进检验监督人员的培训合作。

双方研究签署《产品安全合作安排》，建立有关法律法规、安全标准、执行法规工作程序和不安全产品事件的沟通联系渠道，开展技术交流和加强培训。

2. 动植物检验检疫

双方建立检验检疫协调机制，加强在动植物检验检疫和食品安全方面的合作，以便双方更有效地执行各自有关法规。

3. 卫生检疫监管

双方利用现有渠道，定期通报两地的疫情信息，加强卫生检疫的学术交流与合作研究；探讨往返广东各口岸小型船舶的卫生监督问题；加强在热带传染病、

媒介生物调查和防范，特殊物品、核辐射物品的监测和监管，生物性致病因子的运输、检验、治疗和控制等方面的合作。

4. 认证认可及标准化管理

双方推动各自有关机构加强对合格评定（包括测试、认证及检验）、认可及标准化管理方面的合作。

5. 提高检验检疫效率

双方加强在检验检疫通关管理方面的合作，相互提前提供货物的报检资料。同时，探讨双方检验检疫电子联网，口岸检验检疫电子监管的可行性，建立货物及人员检验检疫电子信息交换机制，提高口岸检验检疫通关效率。

六、电子商务

双方认识到，电子商务的应用和推广将给双方的贸易和投资带来更多的机会。双方同意进一步加强在电子商务领域的交流与合作。

（一）合作机制

在联合指导委员会的指导和协调下，建立有关工作组，形成电子商务合作的沟通渠道和协商协调机制，推动双方在电子商务领域的合作和共同发展。

（二）合作内容

双方同意在以下方面开展合作：

1. 在电子商务规则、标准、法规的研究和制定方面进行专项合作，如考虑两地在电子认证方面的互相认可及互通的可行性，创造良好的电子商务环境，推动并确保其健康发展。

2. 在企业应用、推广、培训等方面加强交流与合作。发挥两地政府部门的推动和协调功能，加强电子商务的宣传，推动两地企业相互间交流及促进企业间开展电子商务。

3. 加强在推行电子政务方面的合作，如资料互通的可行性，密切双方多层面电子政务发展计划的交流与合作。

4. 开展经贸信息交流合作，拓展合作的广度和深度。

七、法律法规透明度

双方认识到，提高法律法规透明度是促进两地经贸交流的重要基础。本着为两地工商企业服务的精神，双方同意加强提高法律法规透明度领域的合作。

（一）合作机制

通过联合指导委员会设立的有关工作组和互设的代表机构开展合作。

（二）合作内容

双方同意加强在以下方面的合作：

1. 就投资、贸易及其它经贸领域法律法规的颁布、修改情况交换信息资料。

2. 通过报刊、网站等多种媒体及时发布政策、法规信息。

3. 举办和支持举办各种形式的经贸政策法规说明会、研讨会。

4. 通过内地 WTO 咨询点、中国投资指南网站、中国贸易指南网站、澳门特别行政区经济局及贸易投资促进局网站等为工商企业提供咨询服务。

八、中小企业合作

双方认识到，中小企业的发展对于增加就业机会、促进经济发展、保持社会稳定具有重要意义，双方同意共同促进两地中小企业交流与合作。

（一）合作机制

在双方政府部门间建立促进两地中小企业合作的工作机制，促进两地中小企业合作和共同发展。

（二）合作内容

双方同意支持和促进以下方面的合作：

1. 通过交流与考察，共同探讨支持中小企业发展的策略和扶持政策。

2. 考察、交流双方为中小企业服务的中介机构的组织形式和运作方式，并推动中介机构的合作。

3. 建立为两地中小企业提供信息服务渠道，定期交换有关出版刊物，设立专门网站，逐步实现双方信息网站数据库的对接和信息互换。

4. 通过各种形式组织两地中小企业直接交流与沟通，促进企业间的合作。

5. 以澳门作为经贸合作平台，促进两地中小企业与海外中小企业的交流和合作。

（三）其它实体的参与

双方支持和协助半官方机构、非官方机构在促进两地中小企业合作中发挥作用。

九、产业合作

双方认识到，两地根据优势互补的原则，加强产业合作与交流，将有利于两地产业和整体社会经济的发展。双方将在中医药产业开展合作，并考虑在适当的时候，开展其它产业的专项合作。

（一）合作机制在联合指导委员会的指导和协调下，在适当的时候成立专责小组，负责有关产业的合作事宜。

（二）合作内容

双方同意加强在以下方面的合作：

1. 根据两地产业发展方向和定位，共同就双方各有优势的特定产业的合作进行专项研究。

2. 双方相互通报有关产业的发展情况、发展方向和法律法规建设情况。

3. 双方加强在有关产业科研、技术合作和科研成果商品化方面的合作。

4. 促进两地企业在有关产业的相互投资合作。

5. 支持两地有关产业的合作，为两地产品贸易提供便利，共同开拓国际市场。

十、根据《安排》第十七条第三款、第四款的规定，凡双方同意增加的贸易投资便利化的合作领域或内容，将补充写入本附件。

十一、本附件自双方代表正式签署之日起生效。

本附件以中文书就，一式两份。

本附件于二〇〇三年十月十七日在澳门签署。

中华人民共和国	中华人民共和国
商务部副部长	澳门特别行政区经济财政司司长
安　民	谭伯源

130

《内地与澳门关于建立更紧密经贸关系的安排》补充协议

为进一步提高内地与澳门特别行政区（以下简称“澳门”）经贸交流与合作的水平，根据于2003年10月17日签署的《内地与澳门关于建立更紧密经贸关系的安排》（以下简称“《安排》”）及附件的规定，双方决定，就内地在货物贸易领域和服务贸易领域对澳门扩大开放签署本协议。

一、货物贸易

（一）自2005年1月1日起，内地对本协议附件1中列明的原产澳门的进口货物实行零关税。本协议附件1是《安排》附件1表1《内地对原产澳门的进口货物实施零关税的产品清单》的补充。

（二）根据《安排》附件2《关于货物贸易的原产地规则》制定的本协议附件1中原产澳门的进口货物的原产地标准载于本协议附件2。本协议附件2是《安排》附件2表1《享受货物贸易优惠措施的澳门货物原产地标准表》的补充。

二、服务贸易

（一）自2005年1月1日起，内地在《安排》附件4《关于开放服务贸易领域的具体承诺》的基础上，在法律、会计、医疗、视听、建筑、分销、银行、证券、运输、货运代理等领域对澳门服务及服务提供者进一步放宽市场准入的条件，扩大澳门永久性居民中的中国公民在内地设立个体工商户的地域和营业范围。具体内容载于本协议附件3。

（二）自2005年1月1日起，内地在专利代理、商标代理、机场服务、文化娱乐、信息技术、职业介绍、人才中介和专业资格考试等领域对澳门服务及服务提供者开放和放宽市场准入的条件。具体内容载于本协议附件3。

（三）本协议附件3中的建筑领域的承诺和分销领域的部分承诺自2004年11月1日起实施。具体见本协议附件3建筑及相关工程服务和分销服务的具体承诺。本协议附件3中澳门银行内地分行从事代理保险业务的承诺自2004年11月1日起实施。

（四）本协议附件3是《安排》附件4表1《内地向澳门开放服务贸易的具体承诺》的补充和修正。两者条款产生抵触时，以本协议附件3为准。

（五）本协议附件3中的“服务提供者”，应符合《安排》附件5《关于“服务提供者”定义及相关规定》的有关规定。

三、对《安排》附件的补充和修正

（一）将《安排》附件1《关于货物贸易零关税的实施》第五条第（三）款第2项修改为：对拟生产的货物，根据双方达成的一致意见，内地将有关货物清单补充列入《安排》附件1表1，将有关货物的原产地标准补充列入《安排》附件2表1。申请企业正式投产后，经澳门经济局核查，由澳门经济局通知商务部，经双方共同确认后，内地即根据澳门经济局签发的原产地证书，准予有关货物按照《安排》零关税进口。

（二）在《安排》附件5《关于“服务提供者”定义及相关规定》第三条第（一）2款第（2）项下增加以下内容：提供航空运输地面服务的澳门服务提供者应已获得澳门从事航空运输地面服务业务的专门牌照，从事实质性商业经营5年以上（含5年），提供机场管理服务的澳门服务提供者如果是航空公司的关联企业，还应适用内地有关法规、规章。

四、附件

本协议的附件构成本协议的组成部分。

五、生效

本协议自双方代表正式签署之日起生效。

本协议以中文书就，一式两份。

本协议于二〇〇四年十月二十九日在澳门签署。

中华人民共和国	中华人民共和国
商务部副部长	澳门特别行政区经济财政司司长
安　民	谭伯源

附件一：第二批内地对原产澳门的进口货物实施零关税的产品清单（已生产产品）（略）

附件二：第二批享受货物贸易优惠措施的澳门货物原产地标准表（略）

附件三：内地向澳门开放服务贸易的具体承诺的补充和修正（略）

131

《内地与澳门关于建立更紧密经贸关系的安排》补充协议二

为进一步提高内地[①]与澳门特别行政区（以下简称“澳门”）经贸交流与合作的水平，根据：

2003年10月17日签署的《内地与澳门关于建立更紧密经贸关系的安排》（以下简称“《安排》”）及其附件；

2004年10月29日签署的《〈安排〉补充协议》，

双方决定，就内地在货物贸易领域和服务贸易领域对澳门扩大开放签署本协议。

一、货物贸易

（一）自2006年1月1日起，内地对原产澳门的进口货物[②]全面实施零关税。零关税进口货物须符合双方磋商确定的原产地标准。

2005年双方已完成磋商的原产澳门货物的原产地标准载于本协议附件1。本协议附件1是《安排》附件2表1《享受货物贸易优惠措施的澳门货物原产地标准表》的补充。

双方决定将《安排》附件1《关于货物贸易零关税的实施》第五条的具体实施步骤修改为：

“（一）提交

1. 自2006年1月1日起，澳门的生产企业可向澳门经济局提交享受零关税的货物清单。

2. 澳门经济局应分别于每年3月1日和9月1日前，将按澳门特别行政区政府的有关规定进行核查和认定后的货物清单提交商务部。

（二）磋商和公布

商务部对货物清单进行确认后转海关总署。海关总署与澳门经济局就有关货物的原产地标准进行磋商。双方应于每年6月1日和12月1日前完成原产地标准的磋商，将有关货物的原产地标准补充列入《安排》附件2表1，并对外公布。

（三）实施

内地将分别不迟于当年7月1日和第二年1月1日根据澳门经济局签发的原产地证书，准予有关货物按照《安排》零关税进口。”

（二）将《安排》附件 2《关于货物贸易的原产地规则》中的第五条内容修改为：

“五、本附件第二条第（二）款所称‘实质性加工’的认定标准，应采用双方同意的下列标准：

（一）‘实质性加工’的认定标准可采用‘制造或加工工序’、‘税号改变’、‘从价百分比’、‘其他标准’和‘混合标准’。

1.‘制造或加工工序’是指在一方境内进行赋予加工后所得货物基本特征的主要制造或加工工序。

2.‘税号改变’是指非一方原产材料经过在该方境内加工生产后，所得产品在《商品名称及编码协调制度》中四位数级的税目归类发生了变化，且不再在该方以外的国家或地区进行任何改变四位数级的税目归类的生产、加工或制造。

3.‘从价百分比’是指完全在一方获得的原料、组合零件、劳工价值和产品开发支出价值的合计与出口制成品离岸价格（FOB）的比值应大于或等于 30%，并且最后的制造或加工工序应在该方境内完成。具体计算公式如下：

$$\frac{\text{原料价值}+\text{组合零件价值}+\text{劳工价值}+\text{产品开发支出价值}}{\text{出口制成品的 FOB 价格}}\times 100\%\geqslant 30\%$$

（1）‘产品开发’是指在一方境内为生产或加工有关出口制成品而实施的产品开发。开发费用的支付必须与该出口制成品有关，包括生产加工者自行开发、委托该方境内的自然人或法人开发以及购买该方境内的自然人或法人拥有的设计、专利权、专有技术、商标权或著作权而支付的费用。该费用支付金额必须能按照公认的会计准则和《关于实施 1994 年关税与贸易总协定第 7 条的协定》的有关规定明确确定。

（2）上述‘从价百分比’的计算应符合公认的会计准则及《关于实施 1994 年关税与贸易总协定第 7 条的协定》。

4.‘其他标准’，是除上述‘制造或加工工序’、‘税号改变和‘从价百分比’之外的、双方一致同意采用的确认‘实质性加工’的其他方法。

5.‘混合标准’，是指同时使用上述两个或两个以上的标准确定原产地。

（二）其他附加条件。当上述第（一）款的‘实质性加工’标准不足以确认原产地时，经双方一致同意，可采用附加条件（如品牌要求等）。”

二、服务贸易

（一）自 2006 年 1 月 1 日起，内地在《安排》和《〈安排〉补充协议》开放服务贸易承诺的基础上，在法律、会计、建筑、视听、分销、银行、旅游、运输和个体工商户等领域进一步放宽市场准入的条件。具体内容载于本协议附件 2。

（二）本协议附件 2 是《安排》附件 4 表 1《内地向澳门开放服务贸易的具体承诺》和《〈安排〉补充协议》附件 3《内地向澳门开放服务贸易的具体承诺的

补充和修正》的补充和修正。与前两者条款产生抵触时，以本协议附件 2 为准。

（三）本协议附件 2 中的“服务提供者”，应符合《安排》附件 5《关于“服务提供者”定义及相关规定》的有关规定。

三、附件

本协议的附件构成本协议的组成部分。

四、生效

本协议自双方代表正式签署之日起生效。

本协议以中文书就，一式两份。

本协议于二〇〇五年十月二十一日在澳门签署。

中华人民共和国
商务部副部长
廖晓淇

中华人民共和国
澳门特别行政区经济财政司司长
谭伯源

注：

①《安排》中，内地系指中华人民共和国的全部关税领土。

②进口货物不包括内地有关法规、规章禁止进口的和履行国际公约而禁止进口的货物，以及内地在有关国际协议中作出特殊承诺的产品。

132

《内地与澳门关于建立更紧密经贸关系的安排》补充协议三

为进一步提高内地[①]与澳门特别行政区（以下简称“澳门”）经贸交流与合作的水平，根据：

2003年10月17日签署的《内地与澳门关于建立更紧密经贸关系的安排》(以下简称“《安排》”)；

2004年10月29日签署的《〈安排〉补充协议》；

2005年10月21日签署的《〈安排〉补充协议二》，

双方决定，就内地在服务贸易领域对澳门扩大开放及双方在贸易投资便利化领域增强合作签署本协议。

一、服务贸易

（一）自2007年1月1日起，内地在《安排》、《〈安排〉补充协议》和《〈安排〉补充协议二》开放服务贸易承诺的基础上，在法律、建筑、会展、视听、分销、旅游、运输和个体工商户等领域进一步放宽市场准入的条件。具体内容载于本协议附件。

（二）本协议附件是《安排》附件4表1《内地向澳门开放服务贸易的具体承诺》、《〈安排〉补充协议》附件3《内地向澳门开放服务贸易的具体承诺的补充和修正》和《〈安排〉补充协议二》附件2《内地向澳门开放服务贸易的具体承诺的补充和修正二》的补充和修正。与前三者条款产生抵触时，以本协议附件为准。

（三）本协议附件中的“服务提供者”，应符合《安排》附件5《关于“服务提供者”定义及相关规定》的有关规定。

二、贸易投资便利化

（一）为支持和配合澳门产业结构适度多元化，推动两地会展业的发展，双方一致同意将会展业合作补充列入《安排》贸易投资便利化的产业合作领域，并据此将《安排》附件6第九条修改为：

“双方认识到，两地根据优势互补的原则，加强产业合作与交流，将有利于两地产业和整体社会经济的发展。双方将在中医药产业和会展业开展合作，并考虑在适当的时候，开展其他产业的专项合作。”

（二）为推动两地在知识产权保护领域的合作，双方一致同意将知识产权保护工作补充列入《安排》贸易投资便利化领域，并据此：

1. 将《安排》第十七条第一款修改为：

“一、双方将在以下领域加强合作：

1. 贸易投资促进；

2. 通关便利化；

3. 商品检验、动植物检验检疫、食品安全、卫生检疫、认证认可及标准化管理；

4. 电子商务；

5. 法律法规透明度；

6. 中小企业合作；

7. 产业合作；

8. 知识产权保护

2. 将《安排》附件6第二条修改为：

“二、双方同意在贸易投资促进，通关便利化，商品检验、动植物检验检疫、食品安全、卫生检疫、认证认可及标准化管理，电子商务，法律法规透明度，中小企业合作，产业合作，知识产权保护8个领域开展贸易投资便利化合作，有关合作在根据《安排》第十九条设立的联合指导委员会的指导和协调下进行。”

3. 在《安排》附件6中增加一条作为第十条，以后条款序号依次顺延。第十条内容为：

“十、知识产权保护

双方认识到，加强知识产权保护对于推动两地经济发展和促进两地经贸交流与合作具有重要意义。双方同意加强在知识产权保护领域的合作。

（一）合作机制

通过两地政府部门间的合作机制，加强双方在知识产权保护领域的合作。

（二）合作内容

双方同意加强在以下方面的合作：

1. 通过在澳门设立保护知识产权协调中心，就两地知识产权保护的信息进行交流与沟通。

2. 在知识产权保护的法律法规的制定和执行方面交换信息。

3. 通过考察、举办研讨会、出版有关刊物及其他方式，分享有关资料和信息。

4. 就知识产权保护中出现的问题进行磋商。”

三、附件

本协议的附件构成本协议的组成部分。

四、生效

本协议自双方代表正式签署之日起生效。
本协议以中文书就，一式两份。
本协议于二〇〇六年六月二十六日在澳门签署。

中华人民共和国 商务部副部长 廖晓淇	中华人民共和国 澳门特别行政区经济财政司司长 谭伯源

注：
①《安排》中，内地系指中华人民共和国的全部关税领土。

附件：内地向澳门开放服务贸易的具体承诺的补充和修正三（略）

133

《内地与澳门关于建立更紧密经贸关系的安排》补充协议四

为进一步提高内地①与澳门特别行政区（以下简称“澳门”）经贸交流与合作的水平，根据：

2003年10月17日签署的《内地与澳门关于建立更紧密经贸关系的安排》（以下简称“《安排》”）；

2004年10月29日签署的《〈安排〉补充协议》；

2005年10月21日签署的《〈安排〉补充协议二》；

2006年6月26日签署的《〈安排〉补充协议三》，

双方决定，就内地在服务贸易领域对澳门扩大开放及加强金融合作、促进贸易投资便利化签署本协议。

一、服务贸易

（一）自2008年1月1日起，内地在《安排》、《〈安排〉补充协议》、《〈安排〉补充协议二》、《〈安排〉补充协议三》开放服务贸易承诺的基础上，在法律、医疗、计算机及其相关服务、房地产、市场调研、与管理咨询相关的服务、公用事业、人才中介、建筑物清洁、摄影、印刷、笔译和口译、会展、电信、视听、分销、环境、保险、银行、证券、社会服务、旅游、文娱、体育、海运、航空运输、公路运输、个体工商户等28个领域进一步放宽市场准入的条件。具体内容载于本协议附件。

（二）本协议附件是《安排》附件4表1《内地向澳门开放服务贸易的具体承诺》、《〈安排〉补充协议》附件3《内地向澳门开放服务贸易的具体承诺的补充和修正》、《〈安排〉补充协议二》附件2《内地向澳门开放服务贸易的具体承诺的补充和修正二》和《〈安排〉补充协议三》附件《内地向澳门开放服务贸易的具体承诺的补充和修正三》的补充和修正。与前四者条款产生抵触时，以本协议附件为准。

（三）本协议附件中的“服务提供者”，应符合《安排》附件5《关于“服务提供者”定义及相关规定》的有关规定。其中：

①《安排》中，内地系指中华人民共和国的全部关税领土。

1. 放宽澳门银行或财务公司从事实质性商业经营年限的要求，将《安排》附件5《关于“服务提供者”定义及相关规定》第三条第（一）2款第（2）项有关内容修改如下：提供银行及其他金融服务（不包括保险和证券）的澳门服务提供者，即澳门银行或财务公司，应根据澳门特别行政区《金融体系法律制度》获许可后，从事实质性商业经营5年以上（含5年）；或以分行形式经营2年并且以本地注册形式从事实质性商业经营3年以上（含3年）。

2. 在《安排》附件5《关于“服务提供者”定义及相关规定》第三条第（一）2款第（2）项下增加以下内容：提供第三方国际船舶代理服务的澳门服务提供者，应在澳门登记设立并从事实质性商业经营5年以上（含5年）。

二、金融合作

双方采取以下措施，进一步加强在金融领域的合作：

（一）积极支持内地银行赴澳门开设分支机构经营业务。

（二）为澳门银行在内地中西部、东北地区和广东省开设分行设立绿色通道。

（三）鼓励澳门银行到内地农村设立村镇银行。

三、贸易投资便利化

双方采取以下措施，进一步加强会展业的合作：

内地支持和配合澳门举办大型国际会议和展览会。

四、附件

本协议的附件构成本协议的组成部分。

五、生效

本协议自双方代表正式签署之日起生效。

本协议以中文书就，一式两份。

本协议于二〇〇七年七月二日在澳门签署。

中华人民共和国 商务部副部长 廖晓淇	中华人民共和国 澳门特别行政区经济财政司司长 谭伯源

134

《内地与澳门关于建立更紧密经贸关系的安排》补充协议五

为进一步提高内地[①]与澳门特别行政区（以下简称“澳门”）经贸交流与合作的水平，根据：

2003年10月17日签署的《内地与澳门关于建立更紧密经贸关系的安排》（以下简称“《安排》”）；

2004年10月29日签署的《〈安排〉补充协议》；

2005年10月21日签署的《〈安排〉补充协议二》；

2006年6月26日签署的《〈安排〉补充协议三》；

2007年7月2日签署的《〈安排〉补充协议四》，

双方决定，就内地在服务贸易领域对澳门扩大开放及促进贸易投资便利化签署本协议。

一、服务贸易

（一）自2009年1月1日起，内地在《安排》、《〈安排〉补充协议》、《〈安排〉补充协议二》、《〈安排〉补充协议三》、《〈安排〉补充协议四》开放服务贸易承诺的基础上，在会计、建筑、医疗、计算机及其相关服务、与采矿相关服务、人员提供与安排、与科学技术相关的咨询服务、印刷、会展、分销、环境、银行、社会服务、旅游、海运、航空运输、公路运输、个体工商户等18个领域进一步放宽市场准入的条件。具体内容载于本协议附件。

（二）本协议附件是《安排》附件4表1《内地向澳门开放服务贸易的具体承诺》、《〈安排〉补充协议》附件3《内地向澳门开放服务贸易的具体承诺的补充和修正》、《〈安排〉补充协议二》附件2《内地向澳门开放服务贸易的具体承诺的补充和修正二》、《〈安排〉补充协议三》附件《内地向澳门开放服务贸易的具体承诺的补充和修正三》和《〈安排〉补充协议四》附件《内地向澳门开放服务贸易的具体承诺的补充和修正四》的补充和修正。与前五者条款产生抵触时，以本协议附件为准。

（三）本协议附件中的“服务提供者”，应符合《安排》附件5《关于“服务

①《安排》中，内地系指中华人民共和国的全部关税领土。

提供者”定义及相关规定》的有关规定。

二、贸易投资便利化

为推动两地在品牌领域的合作，双方一致同意将品牌合作补充列入《安排》贸易投资便利化领域，并据此：

1. 将《安排》第十七条第一款修改为：

“一、双方将在以下领域加强合作：

1. 贸易投资促进；

2. 通关便利化；

3. 商品检验、动植物检验检疫、食品安全、卫生检疫、认证认可及标准化管理；

4. 电子商务；

5. 法律法规透明度；

6. 中小企业合作；

7. 产业合作；

8. 知识产权保护；

9. 品牌合作。”

2. 将《安排》附件6第二条修改为：

“二、双方同意在贸易投资促进，通关便利化，商品检验、动植物检验检疫、食品安全、卫生检疫、认证认可及标准化管理，电子商务，法律法规透明度，中小企业合作，产业合作，知识产权保护，品牌合作9个领域开展贸易投资便利化合作，有关合作在根据《安排》第十九条设立的联合指导委员会的指导和协调下进行。”

3. 在《安排》附件6中增加一条作为第十一条，其后条款序号依次顺延。第十一条内容为：

“十一、品牌合作

双方认识到，品牌合作对于推动两地经济发展和促进两地经贸交流具有重要意义。双方同意加强在品牌领域的合作。

（一）合作机制

在联合指导委员会的指导和协调下，建立有关工作组，加强双方在品牌领域的合作。

（二）合作内容

双方同意加强在以下方面的合作：

1. 加强两地在品牌领域的交流与沟通。

2. 在品牌保护的法律法规制定和执行方面交换信息。

3. 加强在培训、考察、出版刊物等方面的合作。

4. 通过网站宣传、展会推介、举办研讨会等多种方式加强两地品牌的推广促进活动。”

三、附件

本协议的附件构成本协议的组成部分。

四、生效

本协议自双方代表正式签署之日起生效。

本协议以中文书就，一式两份。

本协议于二〇〇八年七月三十日在澳门签署。

中华人民共和国 商务部副部长 姜增伟	中华人民共和国 澳门特别行政区经济财政司司长 谭伯源

135

《内地与澳门关于建立更紧密经贸关系的安排》补充协议六

为进一步提高内地①与澳门特别行政区（以下简称“澳门”）经贸交流与合作的水平，根据：

2003年10月17日签署的《内地与澳门关于建立更紧密经贸关系的安排》（以下简称“《安排》”）；

2004年10月29日签署的《〈安排〉补充协议》；

2005年10月21日签署的《〈安排〉补充协议二》；

2006年6月26日签署的《〈安排〉补充协议三》；

2007年7月2日签署的《〈安排〉补充协议四》；

2008年7月30日签署的《〈安排〉补充协议五》，

双方决定，就内地在服务贸易领域对澳门扩大开放及促进贸易投资便利化、推动专业人员资格互认签署本协议。

一、服务贸易

（一）自2009年10月1日起，内地在《安排》、《〈安排〉补充协议》、《〈安排〉补充协议二》、《〈安排〉补充协议三》、《〈安排〉补充协议四》、《〈安排〉补充协议五》开放服务贸易承诺的基础上，在法律、建筑、医疗、研究和开发、房地产、人员提供与安排、印刷、会展、公用事业、电信、视听、分销、银行、证券、旅游、文娱、海运、航空运输、个体工商户等19个领域进一步放宽市场准入的条件。具体内容载于本协议附件。

（二）本协议附件是《安排》附件4表1《内地向澳门开放服务贸易的具体承诺》、《〈安排〉补充协议》附件3《内地向澳门开放服务贸易的具体承诺的补充和修正》、《〈安排〉补充协议二》附件2《内地向澳门开放服务贸易的具体承诺的补充和修正二》、《〈安排〉补充协议三》附件《内地向澳门开放服务贸易的具体承诺的补充和修正三》、《〈安排〉补充协议四》附件《内地向澳门开放服务贸易的具体承诺的补充和修正四》和《〈安排〉补充协议五》附件《内地向澳门开放服务贸易的具体承诺的补充和修正五》的补充和修正。与前六者条款产生抵触

①《安排》中，内地系指中华人民共和国的全部关税领土。

时，以本协议附件为准。

（三）本协议附件中的“服务提供者”，应符合《安排》附件 5《关于“服务提供者”定义及相关规定》的有关规定。

二、贸易投资便利化

双方为加强知识产权保护领域的合作，同意采取以下措施以进一步加强商标领域的交流与合作。

（一）合作机制

国家工商行政管理总局与澳门经济局建立联络机制，加强双方在商标领域的合作。

（二）合作内容

1. 加强两地在商标领域的信息交流。

2. 通过举办研讨会、交流会及网站宣传等形式，增加两地企业对双方商标注册制度的认识。

3. 加强两地在人员培训方面的合作。

三、专业人员资格的相互承认

双方采取以下措施，进一步推动专业人员资格的相互承认：

（一）会计领域

双方将启动两地开展中国注册会计师和澳门核数师考试部分考试科目相互豁免的研究工作。

（二）印刷领域

双方主管部门或行业机构将开展两地印刷技能人员的技术交流工作。

四、附件

本协议的附件构成本协议的组成部分。

五、生效

本协议自双方代表正式签署之日起生效。

本协议以中文书就，一式两份。

本协议于二〇〇九年五月十一日在澳门签署。

中华人民共和国 商务部副部长 姜增伟	中华人民共和国 澳门特别行政区经济财政司司长 谭伯源

136

《内地与澳门关于建立更紧密经贸关系的安排》补充协议七

为进一步提高内地[①]与澳门特别行政区（以下简称"澳门"）经贸交流与合作的水平，根据：

2003年10月17日签署的《内地与澳门关于建立更紧密经贸关系的安排》（以下简称"《安排》"）；

2004年10月29日签署的《〈安排〉补充协议》；

2005年10月21日签署的《〈安排〉补充协议二》；

2006年6月26日签署的《〈安排〉补充协议三》；

2007年7月2日签署的《〈安排〉补充协议四》；

2008年7月30日签署的《〈安排〉补充协议五》；

2009年5月11日签署的《〈安排〉补充协议六》，

双方决定，就内地在服务贸易领域对澳门扩大开放、促进贸易投资便利化签署本协议。

一、服务贸易

（一）自2011年1月1日起，内地在《安排》、《〈安排〉补充协议》、《〈安排〉补充协议二》、《〈安排〉补充协议三》、《〈安排〉补充协议四》、《〈安排〉补充协议五》和《〈安排〉补充协议六》开放服务贸易承诺的基础上，在建筑、医疗、技术检验分析与货物检验、专业设计、视听、分销、银行、社会服务、旅游、文娱、航空运输、专业技术人员资格考试和个体工商户等13个领域进一步放宽市场准入的条件。具体内容载于本协议附件。

（二）本协议附件是《安排》附件4表1《内地向澳门开放服务贸易的具体承诺》、《〈安排〉补充协议》附件3《内地向澳门开放服务贸易的具体承诺的补充和修正》、《〈安排〉补充协议二》附件2《内地向澳门开放服务贸易的具体承诺的补充和修正二》、《〈安排〉补充协议三》附件《内地向澳门开放服务贸易的具体承诺的补充和修正三》、《〈安排〉补充协议四》附件《内地向澳门开放服务贸易的具体承诺的补充和修正四》、《〈安排〉补充协议五》附件《内地向澳门开放服务贸易的具体承诺的补充和修正五》和《〈安排〉补充协议六》附件《内地向澳门开放服务贸易的具体承诺的补充和修正六》的补充和修正。与前七者条款产生抵触时，以本协议附件为准。

（三）本协议附件中的“服务提供者”，应符合《安排》附件5《关于“服务提供者”定义及相关规定》的有关规定。

二、贸易投资便利化

（一）为支持和配合澳门产业结构适度多元化，双方同意将文化产业合作、环保产业合作、创新科技产业合作补充列入《安排》贸易投资便利化的产业合作领域，进一步完善会展产业合作，并在《安排》附件6第九条中增加以下内容：

“一、文化产业合作

两地文化产业具有很强带动能力和发展潜力，且有较强的互补性。加强两地文化产业合作，对于推动两地文化产业发展具有重要意义。双方同意通过促进文化产业合作，共同创造双赢的局面。

（一）合作机制

利用双方相关政府部门现有的合作渠道，通过交流、磋商，加强信息沟通，支持两地文化产业共同发展。

（二）合作内容

双方同意加强以下方面的合作：

1. 支持、加强两地在文化产业方面的交流与沟通。

2. 在文化产业的法律法规制定和执行方面交换信息。

3. 及时研究解决文化产业交流中出现的问题。

4. 加强在考察、交流、展览等方面的合作。

5. 共同探讨开拓市场和开展其他方面的合作。

（三）其他实体的参与

双方同意支持两地文化产业领域相关的半官方机构、非官方机构和业界在促进两地文化产业合作中发挥作用。

二、环保产业合作

环保产业合作对于推动两地经济发展和促进两地经贸交流具有重要意义。双方同意加强在环保产业领域的合作，支持两地环保产业共同发展。

（一）合作机制

在联合指导委员会的指导和协调下，建立有关工作组，加强双方在环保产业领域的合作。

（二）合作内容

双方同意加强以下方面的合作：

1. 加强两地在环保产业合作领域的交流与沟通。

2. 在环保产业的法律法规制定和执行方面交换信息。

3. 加强在培训、考察等方面的合作。

4. 通过展会推介、举办研讨会等多种方式加强两地环保产业领域的合作。

5. 探讨进一步促进营商便利化的合作建议，以支持两地环保产业发展。

（三）其他实体的参与

双方同意支持和协助半官方机构、非官方机构和业界在促进两地环保产业合作中发挥作用。

三、创新科技产业合作

创新科技合作对于推动两地经济社会发展具有重要意义。双方同意加强在创新科技领域的合作，支持两地创新科技产业共同发展。

（一）合作机制

通过两地政府部门间的合作机制，加强双方在创新科技领域的合作。

（二）合作内容

双方同意加强以下方面的合作：

1. 加强两地在创新科技领域的交流和信息资源共享。

2. 逐步把澳门科研机构和企业纳入国家创新体系，鼓励澳门科研人员和机构参与国家科技计划。

3. 加强两地在高新技术研发和应用、基础科学研究等领域的交流与合作，藉此探讨市场开拓。

（三）其他实体的参与

双方同意支持和协助半官方机构、非官方机构和业界在促进两地创新科技产业合作中发挥作用。

四、会展产业合作

会展产业具有很强带动能力和发展潜力。加强两地会展产业合作，对于推动两地经济发展和促进两地经贸交流具有重要意义。双方同意加强在会展产业领域的合作，支持两地会展产业共同发展。

（一）合作机制

利用双方相关政府部门现有的合作渠道，加强交流和信息沟通。

（二）合作内容

双方同意加强以下方面的合作：

1. 内地支持和配合澳门举办大型国际会议和展览会。

2. 为推动澳门会展业的发展，应澳门特区政府要求，经国家主管部门同意，内地有关部门将为内地参展人员办理赴澳门出入境证件及签注提供便利，以方便内地企业和人员参加在澳门举办的会展活动。

（三）其他实体的参与

双方同意支持两地会展产业领域相关的半官方机构、非官方机构和业界在促进两地会展产业合作中发挥作用。”

（二）双方同意将教育合作补充列入《安排》贸易投资便利化领域，并据此：

1. 将《安排》第十七条第一款修改为：

“一、双方将在以下领域加强合作：

1. 贸易投资促进；

2. 通关便利化；

3. 商品检验、动植物检验检疫、食品安全、卫生检疫、认证认可及标准化管理；

4. 电子商务；

5. 法律法规透明度；

6. 中小企业合作；

7. 产业合作；

8. 知识产权保护；

9. 品牌合作；

10. 教育合作。”

2. 将《安排》附件6第二条修改为：

“二、双方同意在贸易投资促进，通关便利化，商品检验、动植物检验检疫、食品安全、卫生检疫、认证认可及标准化管理，电子商务，法律法规透明度，中小企业合作，产业合作，知识产权保护，品牌合作，教育合作10个领域开展贸易投资便利化合作，有关合作在根据《安排》第十九条设立的联合指导委员会的指导和协调下进行。”

3. 在《安排》附件6中增加一条作为第十二条，其后条款序号依次顺延。第十二条内容为：

“十二、教育合作

双方同意加强在以下方面的合作：

（一）加强两地在教育合作领域的交流与沟通。

（二）加强教育信息的交流。

（三）加强在培训、考察等方面的合作。

（四）通过专业交流协作、举办研讨会等多种方式加强教育领域的合作。

（五）支持内地教育机构与澳门高等院校在内地合作办学，合作建设研究设施，培养本科或以上高层次人才。”

（三）双方同意进一步加强商品检验、动植物检验检疫、食品安全、卫生检疫、认证认可及标准化管理领域的合作，并据此将《安排》附件6第五条第（二）款增加第6项，内容为：

“6. 双方将进一步密切有关主管机构之间的合作，建立定期互访机制，开展消费品安全领域的合作。”

三、附件

本协议的附件构成本协议的组成部分。

四、生效

本协议自双方代表正式签署之日起生效。

本协议以中文书就，一式两份。

本协议于二〇一〇年五月二十八日在澳门签署。

中华人民共和国 商务部副部长 姜增伟	中华人民共和国 澳门特别行政区经济财政司司长 谭伯源

附件：

内地向澳门开放服务贸易的具体承诺的补充和修正七②

部门或分部门	1. 商业服务 A. 专业服务 d. 建筑设计服务（CPC8671） e. 工程服务（CPC8672） f. 集中工程服务（CPC8673） g. 城市规划和风景园林设计服务（城市总体规划服务除外）（CPC8674）
具体承诺	1. 允许取得内地一级注册建筑师或一级注册结构工程师资格的澳门专业人士作为合伙人，按相应资质标准要求在内地设立建筑工程设计事务所。 2. 对上述合伙企业中澳门与内地合伙人数量比例、出资比例、澳门合伙人在内地居留时间没有限制。

续　表

<table>
<tr><td rowspan="6">部门或分部门</td><td>1. 商业服务</td></tr>
<tr><td>A. 专业服务</td></tr>
<tr><td>h. 医疗及牙医服务（CPC9312）
j. 分娩及其有关服务、护理服务、理疗及辅助候疗服务（CPC93191）
药剂服务</td></tr>
<tr><td>8. 与健康相关的服务和社会服务</td></tr>
<tr><td>A. 医院服务
B. 其它人类卫生服务</td></tr>
<tr><td>医院服务（CPC9311）
疗养院服务</td></tr>
<tr><td>具体承诺</td><td>1. 允许澳门服务提供者在上海市、重庆市、广东省、福建省、海南省以独资形式设立医院。[③]
2. 对澳门服务提供者在广东省设立合资、合作医院的投资总额不作要求。
3. 对澳门服务提供者在上海市、重庆市、广东省、福建省、海南省设立的合资、合作医院的内地与澳门双方的投资比例不作限制。
4. 允许澳门法定医疗专业人员[④]来内地短期执业。短期执业的最长时间为三年，期满需要延期的，可以重新办理短期执业。
5. 澳门服务提供者在广东省设立的合资、合作医疗机构的立项审批工作交由广东省省级卫生行政部门负责。
6. 允许澳门服务提供者在广东省设立独资、合资、合作疗养院，提供医疗服务。[⑤]</td></tr>
<tr><td rowspan="3">部门或分部门</td><td>1. 商业服务</td></tr>
<tr><td>F. 其他商业服务</td></tr>
<tr><td>e. 技术检验和分析服务（CPC8676）
货物检验服务（CPC7490）</td></tr>
<tr><td>具体承诺</td><td>在中国强制性产品认证制度（CCC）领域，允许经澳门特区政府认可机构认可的具备中国强制性产品认证制度相关产品检测能力的澳门检测机构，以澳门本地加工的（即产品加工场所在澳门境内）CCC目录内的部分产品为试点，与内地指定机构开展合作，承担CCC认证检测任务。具体合作安排按照《中华人民共和国认证认可条例》有关规定执行。</td></tr>
</table>

续 表

<table>
<tr><td rowspan="3">部门或分部门</td><td>1. 商业服务</td></tr>
<tr><td>F. 其他商业服务</td></tr>
<tr><td>专业设计服务（CPC87907）</td></tr>
<tr><td>具体承诺</td><td>允许澳门服务提供者以独资形式在内地提供专业设计服务。</td></tr>
<tr><td rowspan="3">部门或分部门</td><td>2. 通信服务</td></tr>
<tr><td>D. 视听服务</td></tr>
<tr><td>录像分销服务（CPC83202）
录音制品的分销服务
电影和录像的制作和分销（CPC9611）
电影院服务
华语影片和合拍影片
有线电视技术服务
合拍电视剧
其他</td></tr>
<tr><td>具体承诺</td><td>1. 允许澳门服务提供者在内地设立独资、合资或合作企业，从事音像制品制作业务。
2. 允许澳门永久性居民中的中国公民申请内地《音像制品经营许可证》，在内地设立个体工商户。</td></tr>
<tr><td rowspan="2">部门或分部门</td><td>4. 分销服务</td></tr>
<tr><td>A. 佣金代理服务（不包括盐和烟草）
B. 批发服务（不包括盐和烟草）
C. 零售服务（不包括烟草）
D. 特许经营</td></tr>
<tr><td>具体承诺</td><td>允许澳门服务提供者在内地设立的分销企业分销澳门出版的图书。其销售的澳门版图书须由国家批准的出版物进口经营单位代理进口。</td></tr>
</table>

续　表

<table>
<tr><td rowspan="3">部门或分部门</td><td>7. 金融服务</td></tr>
<tr><td>B. 银行及其他金融服务（不包括保险和证券）</td></tr>
<tr><td>a. 接受公众存款和其他应付公众资金
b. 所有类型的贷款，包括消费信贷、抵押信贷、商业交易的代理和融资
c. 金融租赁
d. 所有支付和汇划工具，包括信用卡、赊账卡和贷记卡、旅行支票和银行汇票（包括进出口结算）
e. 担保和承诺
f. 自行或代客外汇交易</td></tr>
<tr><td>具体承诺</td><td>1. 澳门银行比照《中华人民共和国外资银行管理条例》的有关规定，在内地申请设立外商独资银行或外国银行分行，提出申请前应在内地已经设立代表处1年以上。
2. 澳门银行的内地营业性机构申请经营人民币业务，应具备下列条件：提出申请前在内地开业2年以上且提出申请前1年盈利。
3. 澳门银行在内地设立的外资银行营业性机构可建立小企业金融服务专营机构。具体要求参照内地相关规定执行。
4. 澳门银行的内地营业性机构申请经营对内地澳资企业的人民币业务，应具备下列条件：提出申请前在内地开业1年以上且提出申请前1年盈利。⑥</td></tr>
<tr><td rowspan="3">部门或分部门</td><td>8. 与健康相关的服务和社会服务</td></tr>
<tr><td>C. 社会服务</td></tr>
<tr><td>通过住宅机构向老年人和残疾人提供的社会福利（CPC93311）
残疾人日间看护服务（CPC93321）
非通过住宅机构提供的社会福利（CPC93323）
残疾人康复服务</td></tr>
<tr><td>具体承诺</td><td>1. 允许澳门服务提供者以独资民办非企业单位形式在内地举办养老机构，提供养老服务。
2. 允许澳门服务提供者以独资民办非企业单位形式在内地举办残疾人福利机构。</td></tr>
</table>

续 表

部门或分部门	9. 旅游和与旅游相关的服务
	A. 饭店（包括公寓楼）和餐馆（CPC641—643） B. 旅行社和旅游经营者（CPC7471） C. 导游（CPC7472） 其他
具体承诺	允许在北京市和上海市设立的澳门独资或合资旅行社，申请试点经营北京市和上海市居民（具有北京市和上海市正式户籍的居民）前往澳门、香港的团队旅游业务。
部门或分部门	10. 娱乐、文化和体育服务
	A. 文娱服务（除视听服务以外）
具体承诺	允许澳门服务提供者在内地设立内地方占主导权益的合作互联网文化经营单位和互联网上网服务营业场所。
部门或分部门	11. 运输服务
	C. 航空运输服务
	d. 航空器的维修和保养服务（CPC8868） 机场管理服务（不包括货物装卸）（CPC74610） 其他空运支持性服务（CPC74690） 计算机订座系统（CRS）服务 空运服务的销售和营销服务
具体承诺	1. 允许澳门服务提供者在内地设立的独资、合资、合作航空运输销售代理企业销售国内航线的机票。 2. 允许澳门服务提供者以独资或拥有控制性股权形式，在内地经营航空器维修和保养业务。
部门或分部门	服务部门分类（GNS/W/120）未列出的部门
	专业技术人员资格考试
具体承诺	允许澳门永久性居民参加内地土地估价师资格考试。成绩合格者，发给内地的《土地估价师资格证书》。

续　表

部门或分部门	服务部门分类（GNS/W/120）未列出的部门
	个体工商户
具体承诺	允许澳门永久性居民中的中国公民依照内地有关法律、法规和行政规章，在内地各省、自治区、直辖市设立个体工商户，无需经过外资审批，不包括特许经营，其从业人员不超过 8 人。营业范围为：居民服务中的婚姻服务（不含婚介服务）；漫画图书、动漫电子游戏租赁服务；动画音像制品租赁服务⑦；兽医服务：宠物诊所（仅限在城市开办）⑧。

注：

①《安排》中，内地系指中华人民共和国的全部关税领土。

②部门分类使用世界贸易组织《服务贸易总协定》服务部门分类（GNS/W/120），部门的内容参考相应的联合国中央产品分类（CPC，United Nations Provisional Central Product Classification）。

③应符合内地关于外商投资设立独资医院的有关规定。

④澳门法定医疗专业人员包括医生、中医生、中医师、牙科医生、牙科医师、药剂师、药房技术助理、护士、治疗师、按摩师、针灸师、诊疗辅助技术员等 12 类人员。

⑤须符合内地《医疗机构管理条例》及《医疗机构管理条例实施细则》的有关规定。

⑥实施时间由双方有关行业主管部门商定。

⑦申请人须持《音像制品经营许可证》办理工商注册登记。

⑧申请人须持“动物诊疗许可证”办理工商注册登记。

137

《内地与澳门关于建立更紧密经贸关系的安排》补充协议八

为进一步提高内地[①]与澳门特别行政区（以下简称“澳门”）经贸交流与合作的水平，根据：

2003年10月17日签署的《内地与澳门关于建立更紧密经贸关系的安排》（以下简称“《安排》”）；

2004年10月29日签署的《〈安排〉补充协议》；

2005年10月21日签署的《〈安排〉补充协议二》；

2006年6月26日签署的《〈安排〉补充协议三》；

2007年7月2日签署的《〈安排〉补充协议四》；

2008年7月30日签署的《〈安排〉补充协议五》；

2009年5月11日签署的《〈安排〉补充协议六》；

2010年5月28日签署的《〈安排〉补充协议七》，

双方决定，就内地在货物贸易领域和服务贸易领域对澳门扩大开放、加强金融合作、旅游合作及促进贸易投资便利化签署本协议。

一、货物贸易

双方决定将《安排》附件2《关于货物贸易的原产地规则》第五条第（一）款第3项修改为：

“3.‘从价百分比’是指一方原产的原料、组合零件的价值，以及在该方产生的劳工价值和产品开发支出价值的合计与出口制成品离岸价格（FOB）的比值应大于或等于30%，并且最后的制造或加工工序应在该方境内完成。具体计算公式如下：

$$\frac{\text{原料价值}+\text{组合零件价值}+\text{劳工价值}+\text{产品开发支出价值}}{\text{出口制成品的 FOB 价格}}\times 100\%\geqslant 30\%$$

（1）‘产品开发’是指在一方境内为生产或加工有关出口制成品而实施的产品开发。开发费用的支付必须与该出口制成品有关，包括生产加工者自行开发、委托该方境内的自然人或法人开发以及购买该方境内的自然人或法人拥有的设计、专利权、专有技术、商标权或著作权而支付的费用。该费用支付金额必须能按照公认的会计准则和《关于实施1994年关税与贸易总协定第7条的协定》的有关规定明确确定。

（2）上述‘从价百分比’的计算应符合公认的会计准则及《关于实施 1994 年关税与贸易总协定第 7 条的协定》。

（3）一方使用另一方原产的原料或组合零件在该方构成出口制成品的组成部分的，在计算该出口制成品的从价百分比时，该原料或组合零件应当视为原产于该方；该出口制成品的从价百分比应大于或等于 30%，且在不记入该另一方原产的原料或组合零件价值时的从价百分比应大于或等于 15%。”

上述修改将于 2012 年 4 月 1 日起实施。

二、服务贸易

（一）自 2012 年 4 月 1 日起，内地在《安排》、《〈安排〉补充协议》、《〈安排〉补充协议二》、《〈安排〉补充协议三》、《〈安排〉补充协议四》、《〈安排〉补充协议五》、《〈安排〉补充协议六》和《〈安排〉补充协议七》开放服务贸易承诺的基础上，在法律、技术检验分析与货物检验、人员提供与安排、分销、保险、银行、证券、医院、旅游、公路运输、专业技术人员资格考试和个体工商户等 12 个领域进一步放宽市场准入的条件，并在跨学科的研究与实验开发服务、与制造业有关的服务、图书馆、档案馆、博物馆和其他文化服务 3 个新领域增加开放措施。具体内容载于本协议附件。

（二）本协议附件是《安排》附件 4 表 1《内地向澳门开放服务贸易的具体承诺》、《〈安排〉补充协议》附件 3《内地向澳门开放服务贸易的具体承诺的补充和修正》、《〈安排〉补充协议二》附件 2《内地向澳门开放服务贸易的具体承诺的补充和修正二》、《〈安排〉补充协议三》附件《内地向澳门开放服务贸易的具体承诺的补充和修正三》、《〈安排〉补充协议四》附件《内地向澳门开放服务贸易的具体承诺的补充和修正四》、《〈安排〉补充协议五》附件《内地向澳门开放服务贸易的具体承诺的补充和修正五》、《〈安排〉补充协议六》附件《内地向澳门开放服务贸易的具体承诺的补充和修正六》和《〈安排〉补充协议七》附件《内地向澳门开放服务贸易的具体承诺的补充和修正七》的补充和修正。与前八者条款产生抵触时，以本协议附件为准。

（三）双方决定将《安排》附件 5《关于“服务提供者”定义及相关规定》作如下修改：

1. 将第三条第（一）2 款第（1）项修改为：

“拟在内地提供服务的澳门服务提供者在澳门提供服务的性质和范围，应符合附件 4、本附件的规定，内地法律法规和行政规章对外商投资主体的业务性质和范围有限制性规定的从其规定。”

2. 将第六条第（一）1 款第（7）项修改为：

“其他证明澳门服务提供者在澳门从事实质性商业经营的有关文件或其副本，如澳门法例、附件4或本附件有关澳门业务性质和范围规定所需的牌照、许可或澳门有关部门、机构发出的确认信。”

3. 上述修改将于2012年4月1日起实施。

（四）本协议附件中的“服务提供者”，应符合《安排》附件5《关于“服务提供者”定义及相关规定》的有关规定。

三、金融合作

（一）支持内地银行在审慎经营的前提下，利用澳门的国际金融平台发展国际业务。

（二）支持澳门的保险公司设立营业机构或通过参股的方式进入市场，参与和分享内地保险市场的发展。加强双方在保险产品研发、业务经营和运作管理等方面的合作。

四、旅游合作

（一）联合提升内地与澳门旅游服务质量，建立健全内地与澳门旅游市场监管协调机制，规范旅游企业诚信经营，维护游客合法权益，共同推动内地赴澳旅游市场健康有序发展。

（二）推进内地与澳门旅游海外联合推广工作。联合开发内地与澳门“一程多站”旅游精品线路，有效利用海外旅游展览会联合开展宣传推广，进一步密切两地海外旅游办事处的合作。

（三）支持内地与澳门旅游企业拓宽合作范畴。鼓励和引导内地与澳门旅游企业和社会资本互相进入对方市场，重点支持澳门服务提供者在内地设立旅行社；加强在旅游科技研发、景区景点开发方面的深度协作；探讨旅游产业化合作的路径。

五、贸易投资便利化

（一）双方同意进一步加强商品检验、动植物检验检疫、食品安全、卫生检疫、认证认可及标准化管理领域的合作，并据此将《安排》附件6第五条第（二）款第5项增加以下内容：

“鼓励内地符合资格的专业检验检疫机构在澳门设立分支机构，加强与澳门政府现有化验所的技术合作。

研究为内地自澳门进口货物设立预检制度。为支持澳门经济适度多元发展，国家质检总局对澳门输往内地的传统食品、葡萄酒等商品在准入条件、检验检测和通关方面给予便利措施，指定珠海出入境检验检疫局对进口澳门产品实施预检。”

（二）双方同意进一步加强电子商务领域的合作，并据此将《安排》附件6第六条第（二）款第1项增加以下合作内容：

“推进粤澳两地开展电子签名证书互认试点应用。成立工作组，提出两地证书互认的框架性意见。”

（三）双方为进一步加强知识产权保护领域的合作，同意在商标领域增加以下合作内容：

“4. 为保障澳门地区商标注册申请人权益，继续受理其商标注册申请优先权的申请。”

（四）双方同意进一步加强创新科技产业领域的合作，并据此将《安排》附件6第九条第三款第（二）项增加第4、5项合作内容为：

“4. 结合制定实施国家‘十二五’科技发展等规划，加强两地科技产业领域的合作，使澳门科技资源进一步融入国家创新体系。

5. 加大支持澳门科技创新的力度，不断扩展两地科技合作的新形式，如支持在澳门依托相关机构建立科技人才培训基地等。”

六、附件

本协议的附件构成本协议的组成部分。

七、生效

本协议自双方代表正式签署之日起生效。

本协议以中文书就，一式两份。

本协议于二〇一一年十二月十四日在澳门签署。

中华人民共和国 商务部副部长 蒋耀平	中华人民共和国澳门 特别行政区经济财政司司长 谭伯源

附件：

内地向澳门开放服务贸易的具体承诺的补充和修正八②

部门或分部门	1. 商业服务 A. 专业服务 a. 法律服务（CPC861）
具体承诺	1. 进一步密切内地与澳门律师业的合作，探索完善两地律师事务所联营方式。 2. 研究扩大取得内地法律职业资格并获得内地律师执业证书的澳门居民在内地从事涉及澳门居民、法人的民事诉讼代理业务范围。
部门或分部门	1. 商业服务 C. 研究和开发服务 c. 跨学科的研究与实验开发服务（CPC853）
具体承诺	允许澳门服务提供者以合资、合作或独资形式在内地提供自然科学跨学科的研究与实验开发服务。
部门或分部门	1. 商业服务 F. 其他商业服务 e. 技术检验和分析服务（CPC8676） 货物检验服务（CPC7490）
具体承诺	允许经澳门特区政府认可机构认可的具备中国强制性产品认证（CCC）制度相关产品检测能力的澳门检测机构承担CCC认证检测任务的范围在《〈安排〉补充协议七》的基础上扩大至现行所有需CCC认证的澳门本地加工的产品。
部门或分部门	1. 商业服务 F. 其他商业服务 i. 与制造业有关的服务（CPC884除88442外、CPC885）
具体承诺	允许澳门服务提供者以合资、合作或独资形式在内地提供与制造业（《外商投资产业指导目录》禁止类除外）有关的服务。
部门或分部门	1. 商业服务 F. 其他商业服务 k. 人员提供与安排服务（CPC872）

续　表

具体承诺	对澳门服务提供者在人力资源和社会保障部批准建立的人力资源服务产业园区设立人力资源服务机构的最低注册资本要求，比照所在市的内地企业实行。
部门或分部门	4. 分销服务 A. 佣金代理服务（不包括盐和烟草） B. 批发服务（不包括盐和烟草） C. 零售服务（不包括烟草） D. 特许经营
具体承诺	对于同一澳门服务提供者在内地累计开设店铺超过30家、销售来自多个供应商的不同种类和品牌的产品（包括粮食），允许澳门服务提供者试点在广东以独资形式经营。
部门或分部门	7. 金融服务 A. 所有保险和与其相关的服务 a. 人寿险、意外险和健康保险服务（CPC8121） b. 非人寿保险服务（CPC8129） c. 再保险和转分保服务（CPC81299） d. 保险辅助服务（包括保险经纪、保险代理服务）（CPC8140）
具体承诺	允许澳门的保险经纪公司在广东省（含深圳）试点设立独资保险代理公司，经营区域为广东省（含深圳），申请人须满足以下条件： （1）申请人在澳门经营保险经纪业务10年以上； （2）提出申请前3年的年均保险经纪业务收入不低于50万港元，提出申请上一年度的年末总资产不低于50万港元； （3）提出申请前3年无严重违规和受处罚记录； （4）申请人在内地设立代表处时间一年以上。
部门或分部门	7. 金融服务 B. 银行及其他金融服务（不包括保险和证券） a. 接受公众存款和其他应付公众资金 b. 所有类型的贷款，包括消费信贷、抵押信贷、商业交易的代理和融资 c. 金融租赁 d. 所有支付和汇划工具，包括信用卡、赊账卡和贷记卡、旅行支票和银行汇票（包括进出口结算） e. 担保和承诺 f. 自行或代客外汇交易

续 表

具体承诺	允许澳门银行在内地注册的法人银行参与共同基金销售业务。
部门或分部门	7. 金融服务 B. 银行及其他金融服务 证券服务 期货服务
具体承诺	1. 继续支持内地符合条件的证券类金融机构在澳设立分支机构及依法开展业务。 2. 深化内地与澳门金融服务及产品开发的合作，允许以人民币境外合格机构投资者方式投资境内证券市场。
部门或分部门	8. 与健康相关的服务和社会服务 A. 医院服务 医院服务（CPC9311）
具体承诺	在上海市、重庆市、广东省、福建省、海南省基础上，允许澳门服务提供者在内地所有直辖市及省会城市以独资形式设立医院。[③]
部门或分部门	9. 旅游和与旅游相关的服务 A. 饭店（包括公寓楼）和餐馆（CPC641-643） B. 旅行社和旅游经营者（CPC7471） C. 导游（CPC7472） 其他
具体承诺	优化现有的广东省“144 小时便利签证”政策，放宽预报出境口岸的规定，适时研究调整成团人数规定要求。
部门或分部门	10. 娱乐、文化和体育服务 C. 图书馆、档案馆、博物馆和其他文化服务（CPC963）
具体承诺	1. 进一步密切内地与澳门图书馆业的合作，探索合作开展图书馆服务。 2. 允许澳门服务提供者以独资形式在内地为图书馆提供专业服务。 3. 允许澳门服务提供者以独资形式在内地提供博物馆专业服务。
部门或分部门	11. 运输服务 F. 公路运输服务 a. 客运服务（CPC7121、CPC7122） b. 货运服务（CPC7123） c. 商用车辆和司机的租赁（CPC7124） d. 公路运输设备的维修和保养服务（CPC6112、CPC8867） e. 公路运输的支持服务（CPC744）

续　表

具体承诺	为澳门司机参加内地机动车驾驶证考试设立繁体试卷，并为澳门司机在珠海设立一个指定考试场地方便应试。
部门或分部门	服务部门分类（GNS/W/120）未列出的部门
	专业技术人员资格考试
具体承诺	允许符合相关规定的澳门永久性居民参加内地测绘师资格考试，成绩合格者，发给资格证书。
部门或分部门	服务部门分类（GNS/W/120）未列出的部门
	个体工商户
具体承诺	1. 允许澳门永久性居民中的中国公民依照内地有关法律、法规和行政规章，在内地各省、自治区、直辖市设立个体工商户，无需经过外资审批，不包括特许经营，营业范围为： (1) 租赁和商务服务业中的包装服务中的以下项目：为商场、超市或其他客户提供商品分类、分包、保鲜、贴标签、加盖印记等服务；专门为连锁店、超市提供货物的配货、分装、包装的服务；以配货、分包装为主的配送公司（中心）的服务；对一般产品提供分包、再包装服务；礼品包装服务。 (2) 租赁和商务服务业中的办公服务中的以下项目：标志牌、铜牌的设计、制作服务；奖杯、奖牌、奖章、锦旗的设计、制作服务。 (3) 室内娱乐活动中的以休闲、娱乐为主的动手制作活动（陶艺、缝纫、绘画等）。 2. 放宽澳门永久性居民中的中国公民在内地各省、自治区、直辖市设立个体工商户从业人员人数和营业面积的限制： (1) 从业人员不超过10人。 (2) 零售业；餐饮业；居民服务和其他服务业中的理发及美容保健服务；洗浴服务；家用电器及其他日用品修理；货物、技术进出口；摄影及扩印服务；洗染服务；汽车、摩托车维修与保养；仓储业的营业面积不超过500平方米。

注：

①《安排》中，内地系指中华人民共和国的全部关税领土。

②部门分类使用世界贸易组织《服务贸易总协定》服务部门分类（GNS/W/120），部门的内容参考相应的联合国中央产品分类（CPC，United Nations Provisional Central Product Classification）。

③应符合内地关于外商投资设立独资医院的有关规定。

三十三　附　录

138

两岸经贸文化论坛

“两岸经贸文化论坛”是依据2005年4月29日中共中央总书记胡锦涛与中国国民党主席连战达成的“两岸和平发展共同愿景”而设立，由中共中央台办海研中心与中国国民党国政研究基金会共同主办。2006年4月首届“两岸经贸论坛”在北京举行。2006年10月第二届“两岸农业合作论坛”在海南博鳌举行。2007年第三届“两岸经贸文化论坛”在北京举行。此后，论坛名称也开始固定下来，一直沿用至今，每年召开一次。

一、第八届两岸经贸文化论坛（哈尔滨）

2012年7月28日上午九时，以“深化和平发展，造福两岸民众”为主题的第八届两岸经贸文化论坛于在哈尔滨开幕。中共中央台办主任王毅、中国国民党副主席林丰正共同主持开幕式。中共中央政治局常委、全国政协主席贾庆林和中国国民党荣誉主席吴伯雄出席了开幕式。

本届论坛为期两天，围绕“和平发展回顾与前瞻”、“深化经贸合作”、“扩大文教交流”等三项议题进行研讨，以汇集两岸民意，凝聚各界共识，巩固和深化两岸关系和平发展良好局面。来自两岸的359名代表与会。此次参会代表不仅涵盖了国共两党高层及台湾其他党派人士、两岸有关部门负责人、专家学者，也包括两岸经贸、金融、旅游、文化、教育、出版、影视等业界代表人士。47家媒体近180名记者参加此次论坛报道。

二、第七届两岸经贸文化论坛（成都）

2011年5月7日上午，第七届两岸经贸文化论坛在四川成都隆重开幕。中共中央政治局常委、全国政协主席贾庆林和中国国民党荣誉主席吴伯雄出席开幕式并致辞。

本届论坛主题为“深化两岸合作、共创双赢前景”，三项议题分别为“十二五”规划与台湾“黄金十年”蓝图、两岸经济合作框架协议实施与促进两岸经济发展、两岸文教合作与青年交流。

论坛开幕式由中共中央台湾工作办公室主任王毅和中国国民党副主席林丰正

共同主持。国务院侨务办公室主任李海峰，海峡两岸关系协会会长陈云林，四川省省长蒋巨峰，中国国民党副主席蒋孝严，新党主席郁慕明，亲民党秘书长秦金生，无党团结联盟主席林炳坤，以及两岸工商、实业、文化、教育界代表人士，有关专家学者、青年代表近 450 人出席开幕式。

三、第六届两岸经贸文化论坛（广州）

2010 年 7 月 10 日上午，第六届两岸经贸文化论坛在广州白云国际会议中心举行。中共中央政治局常委、全国政协主席贾庆林，中国国民党荣誉主席吴伯雄在论坛开幕式上致辞。开幕式由中台办主任王毅、国民党副主席林丰正主持。

本届论坛的主题是“加强新兴产业合作，提升两岸竞争力”，将围绕促进新能源产业合作、加强节能环保产业合作、深化两岸经济合作等内容进行研讨。开幕式由中台办主任王毅、国民党副主席林丰正主持。与会代表主要包括两岸工业、科技、能源、环保产业界代表人士，以及文化、教育、体育、新闻界的专家学者，共计 400 余人。

四、第五届两岸经贸文化论坛（长沙）

2009 年 7 月 11 日，第五届两岸经贸文化论坛在长沙开幕，中共中央政治局常委、全国政协主席贾庆林和中国国民党主席吴伯雄出席了论坛开幕式。中共中央台湾事务办公室主任王毅和国民党副主席林丰正主持开幕式。

论坛首次以“推进和深化两岸文化教育交流合作”为主题，并设立了三项研讨议题，分别是中华文化的传承与创新，推进两岸文化产业合作，拓展两岸教育交流合作全国政协副主席兼秘书长钱运录，中共湖南省委书记张春，中共湖南省委副书记、省长周强，中共中央台湾事务办公室常务副主任郑立中，中国国民党主席吴伯雄及夫人吴戴美玉，国民党副主席蒋孝严，国民党副主席吴敦义，新党主席郁慕明；亲民党秘书长秦金生，无党籍联盟林炳坤，台湾亲民党主席秦金生，新党主席郁慕明，以及台湾大学、淡江大学等的知名教授在内，会同大陆文化教育界专家学者一起，多达 500 余人出席了开幕式。

五、第四届两岸经贸文化论坛（上海）

2008 年 12 月 20 日上午，第四届两岸经贸文化论坛在上海正式开幕。中共中央政治局常委、全国政协主席贾庆林，中国国民党主席吴伯雄、荣誉主席连战出席开幕式。开幕式由中共中央台办主任王毅与中国国民党副主席、国政研究基金会副董事长林丰正共同主持。

本届论坛主题是“扩大和深化两岸经济交流与合作”，在这个主题之下安排了三项议题：一是拓展两岸金融及服务业合作；二是促进两岸双向投资；三是构建两岸经济交流的制度化安排。

大陆方面出席论坛的还有中共中央台湾工作办公室负责人、海峡两岸关系协会负责人、中共中央台办特邀的嘉宾和专家、大陆相关行业协会的负责人，以及大陆经济界和文化界的人士。台湾方面出席论坛的人员还有国民党中央党部负责人、智库负责人和台湾其他党派人士，国民党智库特邀的嘉宾和专家以及台湾的经济界、文化界人士共计 300 多人。

六、第三届两岸经贸文化论坛（北京）

2007 年 4 月 28 日，第三届“两岸经贸文化论坛”在北京举行，中共中央政治局常委、全国政协主席贾庆林与中国国民党荣誉主席连战出席开幕式并将分别发表演讲。开幕式由中共中央台办主任陈云林和中国国民党副主席林丰正共同主持。

本届论坛主题是“两岸直航、旅游观光、教育交流”，两岸各界人士将就两岸直航、两岸教育交流与合作、大陆居民赴台旅游等议题广泛交流意见，凝聚共识，以进一步促进两岸经济文化交流与合作，推动两岸关系朝着和平稳定的方向发展。刘淇、吴仪、唐家璇、陈至立、刘延东、王岐山以及中国国民党副主席江丙坤、关中、章仁香、林益世，亲民党秘书长秦金生，新党主席郁慕明，无党团结联盟主席林炳坤等出席开幕式。出席这次论坛的代表共约 500 人，其中台湾方面代表近 300 人，大陆方面代表 200 多人。

七、第二届两岸农业合作论坛（海南）

2006 年 10 月 17 日，第二届“两岸农业合作论坛”在海南博鳌举行，中共中央政治局常委、全国政协主席贾庆林和中国国民党荣誉主席连战出席论坛开幕式，并分别发表了演讲。中共中央台办主任陈云林、中国国民党国政基金会副董事长林丰正共同主持。

本届论坛主题是“加强两岸农业合作，实现两岸农业互利双赢”，就“加入 WTO 后两岸农业合作面临之机遇与挑战”、“当前两岸农业合作模式之探讨”、“两岸农业合作发展之问题与对策”三项议题进行研讨。来自海峡两岸的 400 多位农业界人士、专家学者参加。

八、首届两岸农业合作论坛（北京）

2006 年 4 月 14～15 日，“两岸经贸论坛”在北京举办。中共中央政治局常委、全国政协主席贾庆林和中国国民党荣誉主席连战出席并致辞。中共中央台办主任陈云林、中国国民党国政研究基金会副董事长林丰正共同主持。

论坛的主题是“和平繁荣，共同期盼”，就两岸经贸交流与直接通航；两岸农业交流与合作；两岸直航对产业发展策略、企业全球布局的影响；开放两岸直航，促进两岸经贸交流；两岸观光交流对双方经济发展的影响；加强两岸金融交流，促进两岸经贸发展等议题进行深入研讨。国民党四位副主席和国民党中央党部有关部门主管；新党主席郁慕明先生及亲民党代表团；国务院领导和北京市委、市政府的主要领导；以及中央和北京市有关部门负责人，两岸工商企业界知名人士，商务、农业、旅游、海运、航运、金融等领域的团体负责人、著名专家学者，大陆台资企业协会会长等共约 500 人。

139

中国社会科学院台湾研究所

中国社会科学院台湾研究所是经中共中央书记处批准，于1984年9月正式成立的一个全面研究台湾政治、经济、社会、文化、对外关系以及两岸问题的综合性学术机构。

台湾研究所成立以来，作为国家级对台学术研究机构，始终本着“求真务实”的精神，紧紧围绕为中央对台工作服务、为促进祖国统一大业服务的宗旨，密切追踪和分析台湾局势及两岸关系出现的新问题、新情况，深入研究和掌握岛内的社情民意，加强对涉台重大现实问题进行“理论性、综合性、基础性、战略性”研究，取得了丰硕成果，成为享誉海内外的对台研究重镇。

通讯地址：北京市中关村东路21号，100083

电 话：86-10-82864900，86-10-82864910，86-10-82864911

传 真：86-10-82864998

一、研究方向与任务

中国社科院台湾研究所的研究领域主要涉及台湾政治、经济、对外关系、法律、社会历史、文化教育、两岸关系及对台方针政策等问题，形成了自己鲜明的特色。

台湾研究所的主要任务及研究活动包括：1. 按照中国社会科学院的统一规划部署，展开涉台重大科研课题及基础课题研究；2. 承担中央和有关部门涉台委托研究课题，提供研究报告和政策咨询服务；3. 开展两岸学术交流，举办各类学术研讨会，邀请并接受海内外学者专家来访，派遣研究人员赴台或其他国家、地区从事研究、考察、访问等学术活动；4. 建立涉台图书资料和信息网络及对台学术研究资源库；5. 参与祖国大陆涉台学术研究专门人才的培养与教育，等等。

二、人员与机构

中国社会科学院台湾研究所现有科研人员、科研辅助人员及行政人员60余人，其中副高级以上职称研究人员25人，他们大多担任全国一些重要对台涉台部门、研究机构、重点大学的客座教授、研究生导师、特约研究员、兼职理事、顾问等职务。台湾研究所成立以来，先后有10余人享受政府特殊津贴。

台湾研究所内设台湾政治研究室、台湾经济研究室、台湾对外关系研究室、综合研究室、台湾人物研究室等五个研究机构，以及科研室、资料室、办公室、人事处等。二十余年来，台湾研究所不断开拓进取，向前发展，现已形成体系完备、学科齐全、基础扎实、队伍精良的研究体系，是国内规模最大、在海内外具有相当影响力的学术机构。

三、科研成果

中国社会科学院台湾研究所成立以来，承担完成了中央和有关部门委托的大量重要研究课题，并提供了大量有参考价值的综合分析报告；参与了《台湾问题与中国统一》（白皮书）、《一个中国的原则与台湾问题》（白皮书）以及有关重要对台文件、领导人讲话的起草；承担了多项国家社科基金、国家自然科学基金等委托的重大研究课题或特别项目。台湾研究所编辑出版的《台湾总览》、《台湾经济总览》、《当代台湾人物大辞典》、《海峡两岸经贸投资大全》、《台湾机构、社团、企业大全》、《中国国民党全书》、《答台湾同胞问》、《台湾知识问答》等工具书和台湾问题知识读物，对大陆台湾研究和涉台宣传教育起了开拓性的作用。同时，台湾研究所还完成了一大批学术著作，包括《海峡两岸关系概论》、《一国两制与台湾前途》、《台湾问题的由来与发展》、《转型期的台湾》、《两岸经贸关系探讨》、《台湾问题实录》、《民进党执政状况研究》、《民进党政商关系研究》、《民进党大陆政策研究》等，参与编撰的《中国台湾问题》（干部读本）、《中国台湾问题》（大学生读本）、《台湾问题读本》（中共中央党校教材）、《中国台湾问题外事人员读本》等涉台教材具有广泛影响。台湾研究所研究人员每年以个人或合作名义撰写了近百篇有关海峡两岸关系和平统一以及台湾政治、经济、社会、文化、历史等方面的学术论文，对繁荣祖国大陆的对台学术研究发挥了积极作用。

四、学术交流

中国社会科学院台湾研究所自成立以来，始终重视与台湾岛内及海外学术界进行广泛的联系、交流与合作。目前，台湾研究所已与台湾岛内的主要学术机构、大专院校、主要政党的政策研究部门或智库保持经常性的合作关系，与美、日等主要国家的涉台研究机构也进行了广泛的交往，并经常就台湾问题接待一些国家驻华使领馆的访问与交流。台湾研究所每年接待台湾及海外学人来访近百批，先后接待了台湾、香港地区以及美国、日本、俄罗斯及欧盟等主要西方国家的学术界、政界、外交界、工商界等人士，包括一些旅居海外的台湾教授与学者。台湾研究所研究人员也经常应邀参加有关台湾问题、两岸关系研讨会，并多次派出研究人员到美国、日本、香港和台湾等国家和地区进行学术交流与访问。

台湾研究所成立以来还成功主办和联合举办了一系列台湾问题与两岸关系方面的学术研讨会。其中与全国台湾研究会、中华全国台湾同胞联谊会联合举办的

“海峡两岸关系学术研讨会”，自1991年以来每年一次，迄今已达16次，成为海峡两岸及海外学者专家相互切磋、交流心得的一大盛会，在海内外产生了很大影响。自2005年以来受国台办委托，与海峡两岸关系协会、全国台湾研究会等学术团体联合举办纪念江泽民“八项主张”讲话的活动，在中央对台方针政策宣传中扮演着重要角色。

二十年来，通过广泛的学术交流活动，台湾研究所联系了一大批台湾学术界、政界、经济界的人士，并在学术交流中培养和锻炼了大陆许多涉台部门和学术机构的研究人员，扩大了台湾研究所的对外影响，确立了台湾研究所的学术地位。

五、图书资料

台湾研究所资料室设有台港澳报刊阅览室和图书馆，馆藏台港澳图书近3万册、内地图书1万余册、工具书近千册，订有台港澳和海外报刊100多种，内地报刊近百种，并建立有大陆最全、最新的资料信息查询系统和声像资料系统。

六、出版刊物

台湾研究所编辑出版《台湾研究》(双月刊)；《台湾周刊》，并不定期编辑台湾问题有关的专题资料。

《台湾研究》创刊于1988年，2004年由“季刊”调整为“双月刊”，是中国社会科学院台湾研究所主办的综合性学术刊物，以增进全面、客观认识台湾，促进祖国和平统一为宗旨，刊登有关台湾政治、经济、法律、历史、宗教、社会教育、文学艺术以及两岸关系、祖国统一等问题的学术论文，兼载台湾人物介绍、书刊评价以及其他重要研究资料，面向国内外关心台湾问题和祖国统一的人士，是台湾研究者展示学术成果、交流学术心得的园地。

《台湾周刊》创刊于1993年，是由中国社会科学院台湾研究所主办的全面报道、深入分析台湾情况的综合性涉台新闻周刊，它以宣传“和平统一、一国两制”为核心的中央对台方针政策为宗旨，及时报道、分析台湾地区政治、经济、对外关系、社会、人文风物等方面的情况，突出政策性、时效性，兼顾综合性、可读性，为党、政、军、学、企和大陆社会各界读者，尤其是对台涉台部门深入了解台湾情况提供高质量的信息服务。通过不断探索不断创新，《台湾周刊》已发展成为面向全国，政策性、时效性、综合性、可读性兼顾的有特色的综合性刊物。

140

中国台湾网

中国台湾网（www. chinataiwan. org ）简称“台湾网”（www. taiwan. cn ），是国务院台湾事务办公室领导的国家重点新闻网站。

中国台湾网以台湾事务和两岸关系为基本内容，服务于两岸同胞、港澳同胞、海外华侨华人及全球一切关心台湾问题和两岸关系的人士，竭诚实践传播两岸亲情，沟通两岸民意，服务两岸交流之宗旨。

中国台湾网设中文简体、中文繁体、英文三个版本，现有 25 个中文频道，3400 个栏目。建立了新闻评论、视听节目、资讯服务、交流互动等多功能传播平台，积极对台湾事务和两岸关系重大事件进行全面、系统报道和深入、权威解读，实现了新闻的时效性、评论的权威性、文献的完整性、内容的客观性和信息服务的全面性。

中国台湾网面向广大台湾同胞，建立了大陆对台政策、台商服务中心、台资企业在大陆、保护台商合法权益、两岸携手应对国际金融危机、两岸族谱对接、两岸婚恋、求学大陆等一大批特色频道和专栏，成为面向不同群体、提供专项信息、服务台湾同胞、促进两岸交流合作的交互式网络平台。

中国台湾网拥有庞大的涉台信息资源优势，得到众多涉台工作部门、涉台研究机构的鼎力支持和指导，聘请数十位台湾研究资深专家学者为顾问，建立了以各地台办为依托的通讯员队伍，并与两岸众多知名媒体建立了良好的合作关系。

中国台湾网坚持把发展作为第一要务，锐意改革创新，全面推进网站建设，不断丰富网络内容，拓展服务功能，努力成为全球两岸新闻信息的网络枢纽、两岸民间交流交往的新渠道、两岸经济合作交流信息传播的快车道、两岸文化交流的高速路、两岸同胞感情交流的互动平台。

中国台湾网帮助您了解宝岛台湾之秀美神奇，抒发两岸同胞之手足情深，获取两岸交流之无限商机，感受两岸关系之和平发展。

中国台湾网是您的忠实朋友。无论您身处何方，只要您点击进入中国台湾网，便能获取您所需要的两岸信息。

中国台湾网欢迎您！

后 记

这里记录一些必要的补充说明和感谢、感慨、感悟。

丛书从立意、策划、课题立项，再到资料收集、整理、校对直至呈现在大家面前用了整整两年时间，数量也从开始设计的一册增加到五册、十册、十五册，一直到成书的二十册。在整个成书过程中，经过反复考虑，最终将中国现代流通体系所涵盖的内容压缩到二十册。期间有五本书的内容全部进行了替换，约三分之一的文献在完全整理好后又被舍弃。

该丛书的完成首先要感谢北京物资学院各届、各位领导的支持。2003 年从日本回国时，何去何从犹豫了好长时间，最终选择了北京物资学院。北京现代物流研究基地成立于 2004 年 9 月 24 日，是北京市哲学社会科学规划办公室和北京市教育委员会依托北京物资学院成立的大型综合物流研究中心，是一个集物流理论研究、物流学术交流、物流咨询服务、物流人才培训等多种功能于一体的开放性学术平台。本丛书能够顺利的编辑出版得益于物流研究基地所提供的良好学术研究环境。同时对学校的诸位同事、朋友以及那些充满着求知欲、洋溢着青春活力的大学生们表示感谢。

感谢“北京大学现代日本研究班”的所有老师。1990 年，原国家教育委员会与日本国际交流基金合作，在北京大学成立了“北京大学现代日本研究班”，当时中方派出了胡代光、朱绍文、厉以宁、董文俊、田万仓、贾蕙萱、色文、陈为民、梁小民、王建华、刘德有等著名学者组成的教授阵营；日方派遣了庆应义塾大学加藤宽、丸尾直美、竹中平藏教授，政策研究大学院大学（原埼玉大学政策研究科）伊藤大一、吉村融教授，以及笠原清志、松本繁一、高木诚一郎、小林和子等教授，通产省杉山弘（原通产省事务次官）、总务厅堀江正弘、田中一昭等数名政府高级官员。此后，堀江正弘先生升任总务审议官（副部级），竹中平藏教授相继升任经济财政政策担当大臣、金融担当大臣、总务大臣。该班现更名为“北京大学现代日本研究中心”继续存在，我作为第一期学员曾在这里学习一年。

在日本期间，曾在庆应义塾大学 SFC 研究所做访问研究三年，该校浓厚的学术氛围、丰富的课程设置、严谨的研究方法使我收获很多。

感谢在留学期间的指导教师日本庆应大学的丸尾直美教授、香川敏幸教授，早稻田大学的江夏健一教授，拓殖大学的河原祐介教授、折桥靖介教授。

北京物资学院商学院孙静老师自始至终参与了丛书编写的全过程，为此付出了艰辛的劳动；硕士研究生董萌萌、王静同学自 2010 年 10 月以来利用了几乎全部的课余时间，为本书的资料查找、收集与整理做了大量的工作，还有许多研究生也参与了该项工作。

丛书的完成还要感谢北京市哲学社会科学办公室（以下简称“市哲社办”）、北京市教育委员会（以下简称“市教委”）的关心与指导，特别是市哲社办王祥武主任、李建平副主任、刘娟处长、尹岩处长、肖士兵副处长、王鹏调研员，市教委付志峰副主任、张青处长、赵胤惠副处长、车庆珍老师在立项、框架设计和后期编辑过程中分别给予了指导与帮助，在此一并表示感谢。

感谢已年过八旬的爱国侨领韩庆愈先生，感谢新华社原驻东京记者张可喜先生。

最后，特别要感谢（日本）政策研究大学院大学堀江正弘教授与夫人堀江淑子女士。在长达 21 年的交往中，不论是在学业或是生活上都得到了教授一家多方面的帮助和关照。

丛书的策划、编辑、校对得到了中国物资出版社的大力支持，谨表谢忱。特别要感谢相关编辑人员，他们为丛书的出版倾注了大量的心力，正因为有了他们的辛勤工作，此书才得以更完美地与读者见面。

在丛书的编辑过程即将结束之际，我想起了曾经在阳安铁路柳家沟隧道、梅七铁路崔家沟隧道、大秦铁路大岭沟隧道一起工作过的工友与朋友，想起了在东京念书期间曾居住在太田寮、后乐寮、台场国际交流村的寮友与学友。

万事开头难，实际上结尾也不易。每次本丛书在付梓之际，总会有这样或那样的问题出现，出版一次次被延后、问题一次次被解决、丛书一次次被完善，现在，终于问世与大家见面了，颇感欣慰。

孙前进

2011 年 9 月于北京通州大运河畔

[illegible]

[illegible]

2011 年 9 月于北京通州大运河畔